사례로 학습하는

실무지향적 유통전략

조재운 外

학현사

삶의 지혜와 영감을 주신
아버님 영전에 이 책을 바칩니다.

조재운

머리말

유통학은 art와 science적인 요소를 함께 가지고 있다. 유통현상은 보편타당한 원리에 의해 일부 설명될 수 있는 science적 요소가 있는 반면 국가별, 산업별, 시대별 특성은 몇 개의 이론이나 원리로 설명되기 어렵다. 이러한 이유로 유통현상은 art적 요소를 가지고 있다. 학문의 art적 요소를 학습하는 데 가장 효과적인 학습 수단은 사례분석이다.

최근 정보통신 기술 (information and communication technology: ICT)의 발달로 다양한 소매업태가 나타나면서 이러한 새로운 현상을 기존의 유통원리로는 설명하기가 매우 어렵다. 따라서 유통학을 학습하는 데 있어서 유통의 기본원리와 더불어 사례분석을 함께 학습함으로써 통찰력을 기를 수 있다.

본서를 통해 다양한 국가, 다양한 산업, 다양한 시점에서의 유통관련 기업의 사례를 학습하고 이를 통해 이들 기업들의 성공요인과 실패요인을 탐구함으로써 유통의 art적 요소에 관한 직관력을 함양하는 데 도움을 주고자 한다.

지금까지 유통에 특화된 사례 중심적 학습서는 거의 없는 실정이다. 최근 유통업의 규모가 커지고 산업의 중심축이 제조업에서 유통업으로 급속히 이전되고 있는 상황에서 유통의 맥을 파악하는 것은 매우 중요하다. 이러한 유통사례의 학습은 유통학을 공부하는 학생들이나 유통업체 종사자들에게뿐만 아니라 유통업체와 거래하고 유통관련 영업 전략을 수립하는 제조업체 종사자들에게도 매우 유용하다.

본서는 제1 저자 (조재운)가 아주대학교에서 1993년부터 지금까지 유통전략 과목을 강의하면서 학생들과 함께 토론하면서 학습한 내용을 정리한 것이다. 아주대학교에서의 유통전략 강의는 사례 중심으로 이루어진다. 본서를 집필하는 데에 있어서 아주대학교의 학사, 석사, 박사 과정 학생들의 의견과 통찰력이 많은 도움이 되었다. 아주대에서 유통전략 강의를 진행함에 있어 많은 도움을 준 아주대학교 당국, 수많은 아주대 졸업생과 재학생들에게 감사의 뜻을 전한다. 본서의 집필에는 많은 아주대학교 졸업생과 재학생이 참여하였다. 주요 저자는 책 표지에 나타나 있으나 본서의 집필에 기여한 공저자는 책 내지에 표시하였다.

본서의 학습을 통해 유통현상에 대한 이해도가 높아지고 각 기업의 유통효율성을 제고시키며 나아가 효율적인 유통구조가 구축되어 국가 경제의 선진화가 이루어지기를 희망한다.

2020년

광교산 자락 다산관에서

저자 드림

서론

"경제는 유통이다." 과거 세상을 떠들썩하게 했던 어느 사채업자가 한 말이다. 이 사람의 말은 돈의 유통에 관한 것이었다. 돈의 유통은 근본적으로 물자의 유통에 기반한다. 금융경제도 근본적으로는 물자의 유통인 실물경제에 기반한다. 경제성장이 이루어지기 위해서는 물자의 유통이 원활하여야 한다. 각 경제주체가 아무리 열심히 물자를 생산한다 하더라도 원활한 거래가 이루어지지 않는다면 경제는 성장하지 않는다. 거래의 감소로 경제성장이 둔화되는 경우는 많다. 최근 확산되고 있는 코로나 바이러스로 인해 거래가 감소하면서 우리나라의 경제성장률뿐 아니라 글로벌 경제성장률도 예상보다 낮아질 것으로 예측된다. 2000년대 후반 미국발 금융위기가 닥쳤을 때 전 세계적으로 거래가 감소하여 성장률이 둔화되었으며 우리나라나 일본의 경우 거래가 줄어들어, 즉 내수가 진작되지 않아 저성장 기조를 이어가고 있다. 반대로 거래의 활성화로 인해 경제가 활성화되는 경우도 있다. 80년대 초반 신군부의 통금 해제로 인해 거래 시간이 늘어남에 따라 거래가 활성화되면서 경기가 활성화되었고 80년대 말을 기점으로 가처분 소득 증가로 인해 내구재의 소비가 늘어나면서 우리나라 경제는 최고의 호황기를 맞았다. 최근 신흥국의 소득 증가로 인해 내수가 활성화되면서 높은 경제성장을 기록하고 있는 것도 같은 이치이다.

본서는 이러한 물자의 유통에 관한 책이다. 즉 생산된 제품을 인간이 어떻게 거래하고 있으며 그 근본원리는 어떠한가를 본서를 통해 밝히고자 한다. 경제에서 유통은 생산과 소비를 연결시켜 주는 중간다리 역할을 한다. 과거 경영학은 생산 활동을 upstream, 분배를 downstream으로 각 부분을 구분하여 연구하였다. 그러나 정보통신 기술의 발전으로 이제는 기업의 효과적 경영과 조화로운 운영을 위해 두 부분을 통합하여 연구하는 시도들이 나타나고 있다. 공급망관리 (supply chain management)가 대표적인 예이다. 보다 더 근본적인 변화는, 과거에는 생산이 이루어진 다음 점포에서 판매가 이루어졌다면 현대에는 점포에서 소비자의 수요를 감지한 다음 이에 근거하여 생산이 이루어지는, 기업 경영 프로세스에 혁신적 변화가 일어나고 있는 것이다. 즉 upstream과 downstream이 바뀌고 있는 것이다. 따라서 분배 기능을 담당하는 소매기능의 중요성이 더욱 커진 것이다.

유통은 여러 가지 다른 의미를 지니고 있다. 생산과 소비에 이르기까지의 전체 프로세스인 유통구조를 의미하기도 하고 분배기능을 담당하는 도, 소매를 의미하기도 하며 제조업체의 영업 전략을 의미하기도 한다. 그리고 정부도 전체 유통구조에서 하나의 중요한 참여자로서 공정거래법과 상법 등을 통해 효율적인 유통구조를 구축시키기 위해 기업의 유통전략에 관여하고 있다.

기업의 본원적 경쟁력은 제품력과 유통력에 있다고 해도 과언이 아니다. 오늘날 유통망을 구축하는 데 소요되는 비용은 제품개발에 소요되는 비용을 훨씬 능가한다. 예를 들어 캔커피의 연구개발 비용은 우리나라 전체 소매점에 유통망을 구축하는 비용에 비한다면 극히 미미하다. 물론 신제품의 성공은 궁극적으로는 제품의 품질이 좌우한다. 그러나 고품질이 성공의 충분조건은 아니다. 세상에 수없이 많은 아이디어 상품들이 있으나 이들 대부분은 적절하고도 안정적인 유통망을 확보하지 못하여 세상에 빛을 보지 못하고 있다. 또한 제품력과 유통력은 상호 보완관계에 있다. 제품력이 우수하면 양질의 유통망을 구축할 가능성이 커지고 유통망이 확보되면 매출이 증가하고 이익이 증가하여 연구개발을 통해 보다 우수한 제품을 개발할 수 있는 선순환 구조를 만들어 낼 수 있다.

근자에 대형유통업체들의 갑질 논란이 일고 있다. 왜 과거에 없던 이러한 현상이 유통업이 발달하면서 생겨나게 되었는가? 가장 근본적인 원인은 ICT의 발달 때문이다. 과거 소매업은 제조업에 비해 규모가 미미하였다. 따라서 산업의 주도권은 제조업체에 있었다. 제조업은 소수의 제품을 대량생산하는 반면 소매업은 다수의 제품을 취급한다. 인간의 관리적 한계로 인해 취급 품목의 수가 일정 부분을 넘어서면 수작업으로는 재고관리, 물류관리, 품목관리 등의 유통업의 기본 업무를 수행할 수가 없었다. 그러나 정보통신 기술이 이러한 단순한 작업을 자동적으로 수행해 줌으로써 점포의 대형화, 다점포화가 가능하게 되었다. 이는 파워 리테일러 (power retailer)의 등장으로 이어졌고 이들은 막강한 구매력을 바탕으로 강력한 영향력을 행사함으로써 산업 내에서의 파워가 제조업에서 유통업으로 급격히 옮아 가게 하였다.

향후 산업의 주도권은 누가 가지게 될 것인가? 이 물음에 대한 해답은 각 주체가 수행하여야 하는 역할을 보면 자명해진다. 유통업의 경쟁력의 근간은 소비자가 원하는 제품을 소싱하여 저가에 판매하는 것이다. 이를 위해 유통업체는 지속적으로 점포의 대형화, 다점포화 전략을 통해 규모의 경제를 이루기 위한 전략을 구사하여야 한다. 유통업에서도 제조업에서와 마찬가지로 활발한 인수합병이 일어난다. 점포의 대형화는 취급품목의 확대를 의미하고 다점포화는 구매량과 직결된다. 유통업체의 파워의 원천은 대규모 구매에 있다.

이와 달리 제조업은 상대적으로 적은 품목을 생산하고 대부분의 제품이 성숙기에 접어들었으며 파워 리테일러에 비해 거래량이 적기 때문에 매출성장률이 유통업의 매출성장률에 훨씬 못 미친다. 따라서 향후 유통업체의 외형과 제조업체의 외형의 격차는 더욱 커질 것이며 이는 유통업의 파워를 더욱 심화시킬 것이다. 실제로 생필품 분야에서 글로벌 유통기업들의 외형은 수백 조에 이르는 반면, 글로벌 제조업체의 외형은 수십 조에 달한다.

유통은 마케팅 활동의 4대 영역(제품개발, 유통, 커뮤니케이션, 가격) 중 하나이다. 유통전략은 나머지 세 분야와 다른 독특한 특성을 가지고 있다. 타 세 분야는 온전히 기업 내부의 의사결정 사항이며 환경 변화에 대해 탄력적이다. 그러나 유통은 타 기업과의 관계에서 기능이 수행된다. 즉, 아무리 규모가 큰 제조업이라 하더라도 유통기능은 대체로 외부 유통업에 의존한다. 환경이 변한다고 단기간에 유통구조를 바꿀 수 없다는 점에서 유통전략은 비탄력적이다. 또한 타 분야는 어느 정도의 전략적 공통성, 즉 다수의 이론이 있는 반면 유통은 산업에 따라, 국가에 따라, 시대에 따라 그 구조가 상이하다. 따라서 유통현상을 보편타당하게 설명할 수 있는 이론은 거의 없다시피 하다.

유통현상의 또 다른 특징은 새로운 기술과 소비자 취향의 변화로 인해 혁신을 통해 신제품이 끊임없이 출시되듯이 유통구조와 소매업태도 끊임없이 변화한다는 것이다. 80년대 세계 제1의 유통업체였던 Sears의 몰락이나 한때 Wal-Mart보다 훨씬 규모가 컸던 Kmart의 부도는 명멸하는 유통업의 대표적 예이다. 최근에는 혁신적인 사업모델로 무장한 이커머스의 등장이 오프라인 유통업을 위협하고 있다.

마케팅 연구의 주목적은 소비자의 욕구와 행동에 근거하여 매출극대화를 위해 합리적 의사결정을 이끌어 내는 것이다. 따라서 마케팅의 한 분야인 유통의 기본 원리도 소비자의 욕구와 행동으로부터 탐구되어야 한다. 특히 유통현상을 이해하기 위해서는 소비자의 쇼핑 시 욕구와 행동의 이해가 필요하다.

위에서 언급한 바와 같이 오늘날의 경영은 과거와 달리 제조와 유통을 통합하여 이해하는 시각이 절대적으로 필요하다. 제조업체는 소매상의 사업전략, 운영방식, 소매업의 발전추세 등을 이해하여야 하며 유통현상과 유통업 자체에 대해 전문적인 지식을 가지지 않고서는 효과적인 경영전략, 특히 영업전략을 수립할 수 없다. 이는 향후 제조업체는 파워 리테일러에게 점점 의존적이

될 것이기 때문이다. 또한 2000년대 중반부터 성숙기에 들어선 국내 유통업체 간 경쟁이 치열해진 만큼 소매업의 성공요인과 실패요인에 대한 이해와 향후 유통업이 어떤 형태로 변해갈 것인가에 대한 이해가 수반되지 않는다면 비교적 안전해 보이는 사업이 위기를 맞을 수도 있다. 최근까지도 성업 중이었던 백화점과 대형마트의 부진은 급속히 변화하는 유통 환경을 잘 대변해 준다.

본서의 목적은 다음과 같다.

첫째, 본서의 목적을 설명하기에 앞서 본서에서 자주 언급될 용어에 대한 정의가 필요하다. 본서에서는 유통현상과 도소매현상을 다룬다. 일반적으로 혼용되는 이 두 가지 개념의 구분이 필요하다. 유통현상은 생산에서 소비에 이르기까지의 전체 프로세스에 관한 현상이다. 따라서 유통구조는 제조 → 도매 → 소매 → 소비자 등으로 구성되는 시스템을 의미한다. 도소매업은 유통구조의 한 부분의 기능을 수행하는 유통경로 참여자들이다. 따라서 유통은 도소매업을 포함하는 보다 거시적 개념이라고 할 수 있다. 또한 본서에서 유통전략은 제조업체의 마케팅 전략 중 분배, 또는 영업 전략을, 소매전략은 소매업체의 마케팅전략을 의미한다.

둘째, 산업에서의 주도권이 유통업체 (주로 소매)에 있고 이들의 전략이 제조업체 유통전략의 제약조건이 된다는 점에서 다양한 소매업태의 현황과 이들의 마케팅 전략을 먼저 소개한다. 이 부분은 1차적으로 소매업체 종사자, 2차적으로 이들과 거래하는 제조업체의 유통전략 담당자에게 유익할 것이다.

셋째, 제조업체의 유통전략에 관해 논의한다. 효과적인 유통전략은 도소매업체의 마케팅 전략에 대한 이해를 기반으로 하여야 한다. 이 부분은 제조업체의 유통전략 담당자, 영업부서 종사자에게 도움이 될 것으로 믿는다.

넷째, 정부 및 지방자치단체도 유통경로구성원으로서 중요한 역할을 한다. 정부 및 지자체는 공정거래법을 위시한 각종 유통관련 법규로 유통관행에 관여한다. 바람직한 공공기관의 유통관련 정책 방향은 거래의 촉진과 거래의 공정성이다. 본서에서는 유통관련 법적 문제를 논의함으로써 정책입안자가 유통관련 법규 제정 시 참고할 수 있는 논리적 기반을 제공하고자 노력하였다.

다섯째, 전술한 내용을 종합해 볼 때 본서의 목적은 유통참여자인 소비자, 제조업체, 도소매업체, 정책입안자가 유통현상에 대해 동질적 시각을 공유함으로써 물자 유통의 원활화로 인해 경제의 효율성의 제고와 경제 활성화, 나아가 소비자 복지 (consumer welfare)의 증대에 기여하는 데에 있다.

본서의 특징은 다음과 같다.

첫째, 국내외에 제조업체의 유통 (또는 영업)전략과 소매전략에 특화된 전문서적은 많이 발간되어 있지만 이 두 분야를 하나의 일관된 논리로 기술한 서적은 거의 없는 실정이다. 본서는 소비자 행동으로부터 유통의 기본원리를 제시한 다음, 세부적인 소매전략과 이에 따른 제조업체의 유통전략을 일관된 논리로 전개할 것이다.

둘째, 본서는 실무지향적이다. 실무와 무관한 교과서적인 내용을 최소화하고 유통현장에서 발생하는 실무와 국내외 소매업체, 서비스업체, 제조업체의 다양한 사례를 소개함으로써 유통관련 실무에 실질적인 도움이 되는 지침서를 마련하고자 하였다.

셋째, 소비자 행동이론에 근거하여 유통의 근본원리를 도출하고자 노력하였다. 이는 이어지는 유통의 다양한 현상을 이해하는 데 있어 강력한 논리적 기반을 제공한다. 유통은 마케팅의 한 부분이니만큼 유통의 원리를 도출함에 있어 철저히 소비자의 욕구와 행동, 그리고 변화에 초점을 맞출 것이다. 소비자의 욕구와 행동에 관한 심층적이고 다각적인 이해가 수반되지 않는 기업전략은 나침반이 없는 항해와 같다. 본서의 가장 중요한 key word는 '정보'이다. 소비자의 구매는 하나의 의사결정이며, 의사결정을 위해서 반드시 필요로 하는 것이 정보이다. 소비자가 정보를 어떻게 획득하고 이를 어떻게 이용하는가를 탐구하는 것은 유통현상을 이해하는 데에 매우 중요하다.

넷째, 산업에 따라, 국가에 따라 유통구조가 상이하므로 다양한 산업, 다양한 국가의 사례 학습에 중점을 두었다. 이를 통해 일견 공통점이 없어 보이는 다양한 유통현상으로부터 성공요인과 실패요인을 도출하여 최적화된 전략을 제시하고자 노력하였다.

다섯째, 사례연구에서는 모든 유형의 소매업태의 국내외 기업들이 비교 설명될 것이다. 이를 통해 각 산업의 유통구조의 특징과 소매업의 성공요소, 제조업체의 성공적 유통전략을 탐구함으로써 국내뿐 아니라 해외 시장에서의 성공적 유통전략 수립 방안을 제시하고자 노력하였다.

제시된 사례에는 해당 사례 학습 시 주목해야 하는 〈학습목표〉가 제시될 것이다. 또한 사례는 〈생각해보기〉가 있는 주 사례 (main cases)와 비교적 짧은 short cases로 구성되어 있으며 주 사례의 〈생각해보기〉 주제에 관한 답은 본서의 web site에서 확인할 수 있다 (파워포인트 문서 형식). Web site의 파워포인트 문서는 1년에 두 번 개정될 것이며 따라서 독자는 각 기업의 최근 전략을 지속적으로 숙지하게 될 것이다.

여섯째, 정보통신 기술이 소비자의 정보 취득과 활용에 어떤 영향을 미치는가에 대한 고찰은 향후 인공지능 (artificial intelligence: AI)이 일반화되는 4차 산업혁명 시대의 유통업의 추세를 이해하는 데 도움이 된다. 유통업은 새로이 개발되는 정보통신 기술로 인해 진화하고 있다. 정보통신 기술과 인공지능은 Amazon, Google, Apple, YouTube, Netflix, Uber, Airbnb, Facebook과 같은 플랫폼 (platform) 사업의 지속적인 등장과 변화를 촉발하고 있다. 생산자와 소비자를 연결시켜 주는 장터를 제공한다는 측면에서 모든 유통업은 플랫폼 사업이다. 새로운 정보통신 기술과 인공지능 기술은 새로운 플랫폼을 가진 유통업을 탄생시킨다. 인터넷의 발달로 인한 Amazon의 등장, 스마트폰으로 인한 모바일 쇼핑의 활성화는 일례에 불과하다. 본서에서는 analogue 유통 platform business (off-line 유통업)와 internet business (on-line 유통업)의 차이점, 차별화된 성공요소, off-line에서 on-line으로의 이동이 왜, 어떻게 옮아가게 되었는지를 논리적으로 고찰함으로써 향후 유통업의 장래를 예측하고자 노력하였다.

마지막으로 최근의 코로나 팬데믹이 유통구조와 유통산업에 미치는 영향을 고찰하였다. 많은 의료 전문가들이 예상하는 바와 같이 코로나와 같은 질병의 팬데믹이 주기적으로 발생한다면 인간 간 모든 거래의 패러다임이 변화할 것이다.

본서는 다음과 같이 구성되어 있다.

[Part I: 유통 환경의 이해]에서는 역사적 관점에서 인류사에 획을 그은 기술발전 발전과 코로나 팬데믹의 영향으로 유통이 어떻게 진화해왔는지를 고찰하였다 (제1장). 산업혁명 이전 시기부터 최근 코로나 팬데믹 시대에 이르기까지 유통의 변화를 진화적 관점에서 조명해 보는 것은 본서의 내용을 이해하고 유통의 미래를 예측하는 데 도움이 될 것이다. 제2장에서는 향후 본서의 모든 내용의 이론적 기반이 되는 소비자의 욕구와 쇼핑행위에 근거한 〈유통의 기본원리〉를 소개하였고 다음으로 〈유통의 전략적 의의〉를 논의한다 (제3장).

[Part II: 소매상과 소매전략]에서는 유통의 중심이 되는 소매상의 유형 (제4장), 소매상의 마케팅전략 (제5장), 근자에 소매업체가 활발히 전개하고 있는 유통업체상표(private label) 전략 (제6장)을 소개한다. 현대의 사업 환경은 막강한 파워를 가진 파워 리테일러가 주도하고 이러한 파워 리테일러의 전략에 맞춰 제조업체가 유통전략을 구사하여야 하므로 소매상에 관한 내용을 먼저 소개한다.

[Part III: 제조업체, 서비스업체의 마케팅전략과 유통전략]에서는 제조업체의 유통전략 (제7장), 서비스업체의 유통전략 (제8장)에 대해 논의한다. 서비스업체 전략은 전통적 오프라인 서비스업체와 온라인 서비스업체를 구분하여 논의한다.

[Part IV: 유통경로의 관리와 운영]에서는 유통경로의 효율적 운영을 위한 수직적 마케팅 시스템 (제9장)에 관하여, 유통정보시스템 (제10장)에 관하여 논의한다.

부록인 '공정거래법과 가격경쟁'에서는 유통구조가 물가수준에 미치는 영향을 살펴보고 정부의 유통정책에 관한 시사점을 도출하였다.

차례

PART Ⅰ : 유통 환경의 이해

PART Ⅳ : 유통경로의 관리 및 운영

GS25
CJ 오쇼핑
Walmart
Save money. Live better.
신세계백화점
NETFLIX
emart
OLIVE YOUNG
coupang
amazon
Uber

Part I

유통 환경의 이해

Chapter

1

유통의 진화: 산업혁명에서 코로나 팬데믹까지

학습내용

1. 기술발전과 환경변화는 유통구조에 어떤 영향을 미치는가?
2. 유형제품의 유통에서 산업혁명, 정보혁명, 인터넷의 발달, 4차 산업혁명은 어떤 영향을 미치는가?
3. 서비스 유통에서 산업혁명, 정보혁명, 인터넷의 발달, 4차 산업혁명은 어떤 영향을 미치는가?
4. 콘텐츠 유통에서 산업혁명, 정보혁명, 인터넷의 발달, 4차 산업혁명은 어떤 영향을 미치는가?
5. 코로나 팬데믹이 유통에 미치는 영향은 무엇인가?

"The farther backward you can look, the farther forward you are likely to see."
— Winston Churchill

기술적, 환경적 변화는 사람 간의 거래 방식에 변화를 가져온다. 거래 방식의 변화는 이러한 변화에 적합한 유통구조의 발전을 가져온다. 유통의 진화에 커다란 변화를 가져온 인류사적 사건은 산업혁명으로 인한 교통의 발달, 광고 매체의 발달, 정보혁명으로 인한 작업의 자동화, 효율화, 인터넷의 발달로 인한 온라인 유통의 등장, 인공지능의 발달로 인한 mass customization의 실현, 코로나 팬데믹으로 인한 비대면 경제로의 전환 등을 들 수 있다.

본 장에서는 이러한 인류사적으로 중요한 기술적, 환경적 변화가 어떻게 유통구조를 변화시켰는가를 고찰한다. 기술 발전이 유통구조에 미치는 영향은 거래되는 대상에 따라 달리 나타난다. 본 장에서는 거래 대상을 유형의 제품, 요식업, 호텔, 렌터카 등의 전통적 서비스, 비디오, 오디오, 서적, 게임 등의 콘텐츠 서비스로 구분하여 설명한다.

1. 유형 제품 유통의 변화

(1) 산업혁명 이전의 유형 제품의 유통구조

1879년 P&G는 최초의 브랜드인 Star 양초와 전국적으로 판매되는 브랜드(national brand)인 Ivory 비누를 출시한다. 이전까지는 모든 제품이 특정 지역에서만 판매되는 지역 상표 (local brand)였으며 제조업체가 생산한 제품을 전통시장에서 직접 판매하는 방식으로 제품이 유통되었다. 즉, 제조와 유통이 분리되지 않은 직접 유통의 시기였다.

제조 → 소비자

(2) 산업혁명 이후의 유형 제품의 유통구조

산업혁명은 미국에서 19세기 중반 철도의 발달을 촉진시켰으며 1869년 대륙횡단 철도가 완성된다. 이러한 교통의 발달은 전국적 상표 (national brand)의 발달을 가져왔다. 또한, 다양한 매체(mass media)의 발달은 전국적 상표의 발달을 더욱 촉진시켰다. 1882년 P&G는 매거진에 Ivory 광고를 게재하였고 1923년에는 라디오에 Crisco 식용유 광고를 시작하였다. 또한, P&G는 1933년 TV를 이용한 Ivory 광고를 시작하였다. 지금도 미국의 주부들이 많이 시청하는 아침 드라마를 soap opera라고 하는 이유는 이 시간대에 비누, 세제 등의 제품광고가 많이 방영되기 때문이다.

전국적 수송망을 통해 제품을 전국에 배송하고 다양한 매스 미디어를 이용하여 제품을 광고하는 mass marketing 시대가 열린 것이다. 제조업체가 전국의 모든 소비자를 대상으로 직접 판매하는 것은 비효율적이므로 이를 중개하는 중간상인 (intermediaries)이 나타나게 된다. 이때부터 본격적으로 제조와 유통의 분리가 이루어져 오늘날 일반적인 유통구조의 형태가 나타난다.

제조 → 도매 → 소매 → 소비자

이 시기에 나타난 중간상인들은 대부분 제조업체 비해 소규모였기 때문에 이 시기의 유통경로의 주도권은 제조업체에게 있었다. 이러한 오프라인 유통구조는 20세기 후반까지 지속된다. 이 시기에는 다양한 형태의 프랜차이즈 시스템도 나타난다. 1851년 Singer 재봉틀은 대리점망을 구축하였고 1898년에는 자동차 대리점인 딜러체제, 1905년에는 주유소 대리점 제도가 나타난다. 1892년 Coca Cola는 완제품을 만드는 bottling 제도를 시행한다. 잡화점인 Ben Franklin사도 1920년 프랜차이즈 시스템을 구축한다. 서비스 분야에도 프랜차이즈 시스템이 나타나는데 1891년 Martha Matilda Harper Hair Salon이 서비스 프랜차이즈의 효시이다.

(3) 정보혁명 이후의 유형 제품의 유통구조

20세기 후반 정보통신 기술 (information and communication technology: ICT)의 발달로 촉발된 정보혁명은 Wal-Mart, Kroger, Best Buy 등의 power retailer의 등장을 초래하였다. 정보통신 기술은 과거 수작업으로 이루어지던 재고관리, 물류관리, 품목관리 등의 자동화를 가능하게 함으로써 점포 대형화, 다점포화로 특징 지워지는 체인스토어 시대를 열었다.

파워 리테일러는 거대한 구매력을 바탕으로 제조업체와의 관계에서 막강한 파워를 행사하게 되었으며 이로 인해 유통경로에서의 파워는 제조업체에서 거대 소매상으로 이전되게 된다.

이 시기에 나타난 유통구조적 특징 중 하나는 거대 소매상이 제조업체와 직접 거래함으로써 도매상의 역할이 축소되면서 도매상이 유통경로에서 제외되는 탈개입화 현상(disintermediation)이다. 즉 유통의 길이가 짧아지는 것이다.

제조 → 소매 → 소비자

그러나 기존의 소규모 독립소매상이 모두 사라지는 것은 아니므로 이들에게 제품을 공급하는 도매상이 완전히 사라지는 것은 아니며 도매상이 개입하는 유통구조와 소매상이 도매상 역할을 하는 두 가지 유통구조가 병존하게 된다.

(4) 인터넷 등장 이후의 유형 제품의 유통구조

인터넷은 e-commerce와 on-line platform의 등장을 촉발하였다. 플랫폼이란 제품이나 정보가 유통되는 장터이며 온라인 이전에도 전통시장, 백화점, 증권시장 등의 off-line 플랫폼이 존재하였다. 인터넷은 사이버 공간을 무한 창출함으로써 off-line과 달리 거래에 있어서 시간적, 공간적 제약을 제거하는 역할을 한다. 즉, 24시간 언제나 어디서나 거래가 가능하게 되었다. 제조업체가 on-line 플랫폼에서 소비자에게 직접 판매하는 것이 가능해짐에 따라 유통의 길이는 더욱 짧아진다.

제조 → 소비자

예를 들면 Amazon Fulfillment By Amazon (FBA)은 제조업체나 딜러가 제품을 소비자에게 직접 판매할 수 있는 on-line platform이다.

E-commerce와 on-line platform의 등장은 기존의 off-line 소매상에게는 커다란 위협이다. 최근의 코로나 팬데믹은 대면 형태인 off-line 소매업을 더욱 위축시켰다.

그러나 e-commerce나 on-line platform이 off-line 유통을 완전히 대체하지는 않는다. E-commerce의 가장 큰 단점은 배달에 시간이 걸리므로 즉각적인 소비가 필요한 경우에는 소비자는 여전히 오프라인 소매상을 방문한다는 점이다. 예를 들면 편의점이나 독일의 소형 슈퍼마켓인 Aldi의 경우 소비자에게 근접한 위치에 입점해 있고 소비자가 당장 필요로 하는 필수품만을 판매하므로 e-commerce의 영향을 크게 받지 않는다. 또한, Wal-Mart는 e-commerce 사업을 강화하는 한편 혁신적인 O2O (online-to-offline) 전략을 구사함으로써 위기에 현명하게 대처하고 있다. 코로나 팬데믹으로 인해 대면 판매가 위축되는 상황에서도 소비자가 온라인으로 주문 후 키오스크에서 비대면으로 픽업하는 Drive-up & GO (DUG) 서비스를 제공함으로써 오히려 매출 증대를 이룬 바 있다.

지금까지 산업혁명 이전부터 최근의 코로나 팬데믹에 이르기까지 유형 제품의 유통구조의 변화를 살펴보았다. 기술 발전에 의해 신제품이 개발되듯이 유통구조 또한 변화한다.

향후 4차 산업혁명이 어떤 변화를 가져올지에 대한 통찰력이 필요하다. 예상되는 변화 중 하나는 생산 방식의 변화이다. 산업혁명 이전의 의복, 신발 등의 생산은 주문생산 방식 (on demand)이었다. 빅데이터, 인공지능, 3D 프린터, 스마트 팩토리를 비롯한 4차 산업혁명에 의한 새로운 기술 혁신은 산업혁명 이후의 대량생산 방식을 다시 주문생산 방식으로 변화시킬 수 있다. Adidas나

on demand 의류업체인 Stich Fix사는 고객맞춤형 제조방식을 채택하여 크게 성공하고 있다.

역사는 반복된다. 2차 산업혁명은 주문생산 방식을 대량생산 방식으로 바꾸었으며 national brand를 대량판매하기 위한 중간상의 출현을 가져와 유통의 길이가 길어지는 현상을 초래하였다. 정보혁명은 파워 리테일러의 등장을 촉진하였으며 이들이 제조업체와 직거래함으로써 유통의 길이가 짧아지는 결과를 낳았다. 인터넷의 등장은 제조업체가 소비자에게 제품을 판매하는 직접 유통의 재등장을 초래하였다. 그러나 인터넷 시대의 직접 유통과 2차 산업혁명 이전의 직접 유통 간에는 많은 차이가 있다. 기술이 접목된 직접 유통은 높은 효율성으로 인해 가격은 낮아지면서도 개별 고객의 욕구가 충족된다는 점에서 소비자에게 많은 혜택을 가져다준다.

[표 1-1]은 지금까지의 유형 제품의 유통의 진화과정을 요약한 것이다.

표 1-1 유형제품 유통의 진화과정

	2차 산업혁명 이전	2차 산업혁명 이후	3차 산업혁명 (정보혁명)이후	인터넷 등장 이후	4차 산업혁명 이후
주요 촉발 요인 (기술)	–	철도, 매스 미디어(잡지, 라디오, TV)	컴퓨터, 통신 기술 (ICT)	인터넷, 스마트폰	인공지능, 3D 프린터, 스마트 팩토리
생산방식	주문생산 (on demand)	대량생산	mass customization	mass customization 심화	주문생산 (on demand)
주요 유통구조 (기존의 유통 구조와 병존)	제조 → 소비자	제조 → 도매상 → 소매상 → 소비자	제조 → 소매상 → 소비자	제조 → 소비자	제조 → 소비자
유통경로의 주도권	소비자	제조업체	유통업체	on-line platform 구축자	소비자
제품 가격수준	가장 높음	낮음	매우 낮음	가장 낮음	매우 낮음
customization 정도	가장 높음	매우 낮음	높음	매우 높음	가장 높음
유통의 길이	가장 짧음	길어짐	짧아짐	매우 짧아짐	가장 짧아짐

유통의 원리를 재정립하는 이커머스의 원조: Amazon.com

사례

학습목표

1. Amazon의 설립자인 Jeff Bezos가 첫 번째 이커머스 판매 제품으로 서적을 선정한 이유는 무엇인가?
2. Amazon이 운영하는 사업에는 어떤 것이 있는가?
3. Amazon membership program인 Amazon Prime의 특징과 장점은 무엇인가?
4. Amazon의 오프라인 소매상 대비 경쟁 우위는 무엇인가?
5. Amazon의 주 성공요인은 무엇인가?
6. Amazon의 현안에는 무엇이 있는가?

1. Amazon 소개

Amazon이라는 회사 이름의 숨은 뜻을 알고 있는가? Amazon의 로고를 보면 A와 Z를 이어주는 화살표를 볼 수 있다. 이는 A에서 Z까지 모든 물건을 판매한다는 의미이다. 또한 Amazon 강은 세계에서 가장 큰 강으로 세계 1위 online shopping 기업이 되겠다는 설립자 Jeff Bezos의 포부가 담겨 있다. Amazon은 1995년에 인터넷 서점으로 출발하여 세계 최대 인터넷 상거래 기업으로 발전하였다. Amazon은 온라인 쇼핑몰 외에도 디지털 콘텐츠, 클라우드 서비스 AWS, 태블릿 PC Kindle Fire, 의약품 유통, 우주 항공 사업, 오프라인 식품점 사업인 Whole Foods와 Amazon Go 등 다양한 영역으로 사업을 확장하고 있으며 이에 따라 세계 최대 소매기업인 Wal-Mart는 물론, Apple, Google, Netflix, 삼성전자 등 거대 IT기업을 위협하고 있다.

Amazon의 설립자인 Jeff Bezos는 인터넷 사용이 1년 새 2,300배 성장하는 것을 보고 '고객과 제조업체 간의 중개 역할을 하고 전 세계 모든 유형의 제품을 판매하는 인터넷 플랫폼 회사를 구축'하는 것을 목표로 먼저 '모든 책을 판매하는 서점'으로 사업을 시작하였다.

Bezos가 책을 최초의 사업 품목으로 선정한 이유로는 1) 서점 산업은 절대 강자가 없는 파편화된 산업이어서 경쟁력을 갖기가 쉬웠으며, 2) 책은 가짜가 없으며, 3) 썩지 않고, 4) 파손되지 않아서 배송이 쉬웠으며, 5) 무엇보다도 책은 그 종류가 무한하여 아무리 규모가 큰 서점이라 하더라도 오프라인 서점에서는 모든 책을 구비하지 못하지만 인터넷으로 이를 유통시키면 보다 많은 책을 취급할 수 있다는 점을 들 수 있다.

Amazon이 시애틀을 본사로 정한 이유는 시애틀이 Ingram 등의 대형 서적 도매상과 근접했으며, Microsoft 등 기술 클러스터 (연관이 있는 산업의 기업과 기관들이 한 곳에 모여 시너지 효과를 도모하는 산업집적단지)가 집적되어 있어 우수한 IT 인재를 구하기 쉬웠기 때문이다. 더불어, 낮은 판매세 또한 Amazon이 시애틀을 본사로 정하는 데 중요한 요소로 작용했다.

Jeff Bezos는 1994년에 오로지 책만을 온라인에서 판매하기 시작하였으나, 그 후 1997년 온라인 사업을 온라인 음악, 비디오 등의 다양한 분야로 확장해 나가기 시작하였다. 2011년에는 Amazon Web Service (AWS), e-book 리더기인 Kindle 등 다양한 소프트웨어를 구축하기 시작하였으며 2013년에는 Amazon Prime Air를, 2015년에는 스트리밍 서비스를 제공하기 시작하면서 지금의 전자상거래 IT 업계 최고의 기업으로 거듭나게 된다.

Jeff Bezos는 여기서 멈추지 않고 MARS (machine learning, home Automation, robotics, space exploration)를 미래 산업의 핵심 요소로 보고 AI 및 기술적 분야에 대규모 투자를 하고 있다.

2. 사업현황

(1) 전자 상거래 솔루션: Amazon.com

Amazon.com은 Amazon의 가장 주력사업인 온라인 쇼핑몰 사업으로, 크게 두 가지 특징이 있다. 첫째, 원클릭 서비스는 신용카드를 등록한 뒤 한 번의 클릭으로 결제가 이루어지는 서비스이다. 이를 통해 Amazon은 구매 전환율을 상승시켰으며 현재는 Apple에서도 이와 같은 서비스를 제공 중이다. 둘째, 개인화 서비스는 빅데이터를 통하여 고객의 Amazon 초기 화면에 고객별 추천 상품을 제공하는 서비스이다.

(2) 디지털 콘텐츠 사업

디지털 콘텐츠 사업은 크게 e-book과 Amazon 스튜디오 사업으로 나눌 수 있다. e-book의 경우 출판사 네트워크를 동원해 2007년 8.8만 종, 2008년 28만 종

e-book을 확보하여 시장을 선점하였으며, 신간도서의 경우 종이책과 같은 가격을 보장함으로써 종이책 시장 잠식을 우려하는 출판사 반발을 해결하였다. 또한 유통을 넘어 콘텐츠 공급 및 제작을 위해 Penguin Group으로부터 제임스본드 시리즈 판권을 10년간 확보했고 8개 출판사를 인수하기도 하였다. Amazon 스튜디오의 경우, 시나리오 공모전을 통해 TV 시리즈, 영화를 제작하고 디지털 음악 및 비디오 콘텐츠 사업에도 진출하고 있다. 그 결과 2011년 미국 시장점유율은 e-book 63%로 1위, 음악과 비디오는 11.6%, 4.5%로 2위와 4위를 각각 차지했다.

(3) 클라우드 컴퓨팅 (cloud computing) 사업: Amazon Web Service (AWS)

Amazon은 온라인 쇼핑몰 관련 웹 애플리케이션 기술 개발 및 운영 역량을 토대로 2002년 Amazon Web Service를 시작하였다. AWS를 이용하는 기업 솔루션 개발 기업의 출현 등으로 컴퓨팅 수요가 증가함과 동시에 대형 기업이 AWS의 서버와 소프트웨어를 이용하여 재고 관리를 단순화 하는 기업 솔루션을 개발, 판매하면서 Amazon의 클라우드 사업은 성장세를 탔다.

이 서비스는 클라우드 컴퓨팅 서비스를 제공하는데 클라우드란 '서비스 사업자의 서버'라고 할 수 있다. 예상치 못한 트래픽 폭주에도 유연하게 대처하기 위해서 AWS는 대량의 서버, 스토리지, 네트워크 장비를 구비하여 사용자에게 인프라를 대여해준다. 처음에는 가상머신인 'EC2'와 스토리지 서비스인 'S3'가 주력 제품이었지만, 현재는 40개 넘는 서비스를 제공하고 있다. Microsoft의 Azure, Google Cloud 등과 같은 강력한 경쟁자들이 있지만 이 시장에서는 AWS가 압도적 1위를 차지하고 있다. 2019년 4분기 AWS 매출액은 전년 동기 대비 41% 증가한 99억 달러를 기록하였으며 이는 Amazon 매출 (870억 달러)의 약 11%, 영업이익은 무려 60%를 웃도는 수준으로 Amazon의 주요 캐쉬 카우 (cash cow) 사업이다.

(4) Fulfillment by Amazon (FBA)

Amazon은 제3자 판매자 (third party seller)에게 Amazon의 고객 주문 처리 과정인 재고 및 배송을 대행해주는 유료 서비스를 제공하고 있다. 제3자 판매자가 Amazon에서 물건을 판매하는 방법에는 두 가지가 있다. 첫 번째는 주문이 들어오면 판매자가 직접 구매자에게 제품을 배송하는 방법이고, 두 번째는 상품 등록 후 Amazon이 가지고 있는 물류창고에 물건을 보낸 뒤 주문이 들어오면 Amazon이 구매자에게 제품을 배송해 주는 것이다, FBA는 두 번째 방법을 지원해주는 서비스이다.

미국은 워낙 땅이 넓기 때문에 배송이 우리나라처럼 빠르지 못하지만 Amazon의 물류창고는 미국 전역에 분포해 있어서 빠른 배송을 가능하게 하며 뿐만 아니라 판매자가 Amazon 물류창고에 재고를 보관하면 Amazon이 배송을 해주고 그 배송에 대한 책임과 A/S도 책임지고 있다.

(5) Amazon Go

Amazon Go는 오프라인 매장으로 최소한의 직원으로 운영되는 무인점포이다. Amazon Go 어플만 있다면 누구든 출입이 가능하며 필요한 물품을 구매하고 그대로 매장 밖으로 나가면 계산이 되는 서비스이다. 사람들은 줄 설 필요 없이 계산이 가능하며 쇼핑을 보다 빠르고 간편하게 해주는 서비스이다.

3. Amazon의 하드웨어 사업

Amazon은 소프트웨어 산업뿐만 아니라 하드웨어 산업에서도 성공적인 모습을 보이고 있다. Amazon의 대표적인 하드웨어 산업에는 Amazon Kindle, Amazon Echo, Amazon Dash 등이 있다.

(1) Amazon Kindle

Kindle은 Amazon이 2007년 11월 발매한 전자책 단말기 (e-book reader)로, Amazon의 Kindle 스토어에서 구입한 전자책과 신문 · 잡지, 그리고 사전을 이 단말기를 통하여 읽을 수 있다. 종이책과 비슷한 크기로 휴대가 간편하며 이용자들은 Kindle 스토어를 통해서 원하는 전자책을 종이책보다 3~5배 저렴한 가격으로 다운로드하여 볼 수 있다. 또한 Kindle은 휴대폰이나 노트북 PC에 주로 사용되는 LCD 화면이 아니라 발광체가 없는 e-잉크 화면을 사용하여 햇빛 아래에서도 또렷하게 글자가 보이고, 장시간 사용해도 눈이 피로하지 않다는 장점을 가지고 있다.

Panasonic, Sony 등도 유사한 기기를 출시하였지만 기기 가격이 고가이고 콘텐츠가 부족해 실패한 반면, Amazon은 기기 판매 수익보다는 디지털 콘텐츠와 온라인 쇼핑몰 매출을 높이는 저가전략으로 2012년 1사분기 180만 대를 판매하였다. 그러나 태블릿 PC의 등장으로 Kindle의 경쟁우위가 약화됨에 따라 Amazon은 e-book, 음악 및 비디오 콘텐츠와 온라인 쇼핑에 특화함으로써 기존의 Kindle과 태블릿 PC

가 만족시키지 못한 고객층을 공략하기 위하여 Kindle Fire를 출시하였으며 Amazon 클라우드 서비스를 이용한 콘텐츠 저장, 스트리밍 서비스, 웹브라우저 등으로 디지털 콘텐츠 소비를 촉진시켰다. 그 결과 Kindle Fire가 1대에서 3년간 발생하는 매출과 영업이익은 각각 650달러, 136달러이며 영업 이익률은 20%로 성공적인 결과를 거두었다. Kindle Fire는 Kindle이 출시되고 4년 후에 등장한 Amazon만의 태블릿 PC이다. Apple의 iPad나 Android 기반 태블릿 PC와 비교하면 기능면에서는 부족했으나 그 대신 저렴한 가격으로 판매되고 있다. 전후면 카메라를 없애고 저장 공간도 8기가바이트(GB)로 최소화했지만, 1,800만 곡의 노래 · 영화 · 전자책 등 Amazon이 가진 콘텐츠를 제공하는 데 중점을 뒀다는 점이 특징이다.

Kindle과 Kindle Fire는 엄청난 성공을 거두어서 출시되던 날 6시간 만에 품절이 될 정도로 인기가 많았으며 현재까지도 시장 점유율 1위를 차지하고 있다. Kindle Fire 또한 출시된 동시에 큰 인기를 얻었는데 2017년 삼성전자를 밀어내고 세계 태블릿 시장 점유율 2위를 기록하기도 했다.

(2) Amazon Echo

Amazon Echo는 2014년에 출시된 Amazon의 인공지능 스피커이다. 1세대 Echo를 비롯해서 Echo show, look, do와 같은 버전도 출시되었다. Echo는 Alexa라는 음성인식 AI를 사용하고 있다. 사용자는 Alexa에게 음성으로 명령을 하면 Alexa는 음악재생, 알람설정, 날씨정보 제공, 교통정보 제공 등의 많은 기능을 수행한다. 가장 중요한 기능으로는 쇼핑 목록 기능의 제공으로, 쇼핑의 편리함을 더해줌으로써 Amazon.com 이용률도 높아지는 효과를 가져 왔다. 인공지능 스피커의 인기가 높아짐에 따라 경쟁사들도 속출하고 있고, Google Home과 같은 강력한 경쟁자가 존재하지만 현재까지 업계 1위를 차지하고 있다.

(3) Amazon Dash

기존에 쇼핑을 가기로 결정한다면 우선 필요한 물품을 적고 마트에 가서 일일이 찾은 다음에 계산을 해야 했지만 Amazon Dash가 있다면 물건이 떨어진 즉시 Dash를 눌러서 주문하고 계산을 하면 된다. 쇼핑과 사물 인터넷의 만남이라고 불리는 Dash는 원클릭 쇼핑 서비스이다. Dash는 쇼핑에 있어 엄청난 편리함을 제공하지만 Amazon의 다른 서비스인 Amazon Echo 서비스로 인해서 점차 인기가 줄어들고 있는 추세이다.

4. Amazon Prime

Amazon의 멤버십 제도인 Amazon Prime은 2005년 도입되었으며 2019년 현재 가입비는 $119이며 회원으로 가입하면 Amazon에서 구입한 제품의 1일 내 무료 배송, 음악, 영화의 무료 스트리밍, 전자책의 무료 스트리밍 등 다양한 서비스가 제공된다. JP Morgan의 분석에 의하면 이 무료 서비스의 가치는 $785로 추정된다. 이러한 장점으로 인해 2019년 말 현재 회원 수는 전 세계적으로 1억 5천만 명, 미국에서만 1억 1200만 명을 돌파하였으며 미국 가정의 65% 이상이 이 서비스를 이용하고 있다. 또한 이 서비스의 재가입률은 90%가 넘을 정도로 고객 충성도가 높다. Prime 회원은 Amazon에서 연평균 $1,400을 소비하는 반면 비회원은 $600을 소비하는 것으로 조사되었다. 따라서 Amazon Prime 서비스 자체의 이익기여도는 낮지만 이로 인해 발생되는 매출기여도는 매우 높다.

5. 경쟁사 비교

먼저, 미국 전체 소매업을 살펴보면 온라인 산업의 비중은 사상 최고치인 10.7%에 달한다. 뿐만 아니라 2019년 미국의 온라인 시장 매출액은 전년 대비 14% 증가한 5,869억 달러로, 전체 소매 매출 증가율 6%보다 2배 이상 높은 성장률을 기록했다.

이는 쇼루밍 현상에 기인한 것이다. 쇼루밍이란 Wal-Mart, Best Buy 등 오프라인 매장에서 상품을 확인만 하고, 가격이 싼 온라인 몰 등에서 구매를 하는 행위를 일컫는 용어이다. 이미 미국 소비자의 20%가 쇼루밍 소비를 경험했으며, 50% 이상이 매장에서 스마트폰으로 가격 검색을 한 바 있다고 밝혔다. 또한, 2009년까지 서적, DVD 중심이던 Amazon 매출 비중은 2011년 전자기기/일반재화 중심으로 재편되며 판매 품목 다양화가 진행되면서 Amazon과 기존 유통업체와의 경쟁이 심화되고 있다.

그 중 오프라인 소매업계 1위인 Wal-Mart는 전체 매출이 2018년 기준 5,000억 달러로 Amazon의 2,320억 달러보다 2배 이상 더 큰 규모이다. 하지만 Wal-Mart의 온라인 매출은 209억 달러로 Amazon의 1/10 수준이다.

이러한 경쟁에서 승리하기 위해 Amazon은 배송 혁신을 준비하고 있으며, Wal-Mart도 온라인 사업에 집중하고 있다. Wal-Mart의 온라인 강화전략의 핵심은 시맨틱 쇼핑 엔진 Polaris와 이커머스 업체인 Jet.com의 인수이다. Polaris는 Wal-Mart Labs가 개발한 대표적인 검색 툴로 온라인 이용자의 SNS 계정을 이용해 인간관계, 이벤트, 위치 등을 토대로 이용자 기호 분석 및 추천으로 Facebook의 Like 등의 데이터가 자체 상품 인기 점수에 반영되어, Wal-Mart.com에서 이용자가 상품 검색 시 결과를 상단에 노출시키는 것이다. 실제로, Polaris 도입 후 Wal-Mart.com에서 검색 후 구매로 연결되는 비율이 기존 검색 서비스 대비 10~15%가량 증대되었다.

반면에 Amazon은 당일배송을 목표로 캘리포니아, 콜로라도, 샌프란시스코 등 미국 주요 10개 지역을 대상으로 한 당일 배송 서비스 시범 계획을 발표했다. 3년간 10억 달러 이상을 투자해 서부 연안을 비롯한 주요 도시에 10개 이상의 물류 센터를 건설할 계획이며, 관련 인원도 1만 명 이상 채용할 계획이다. 또한, Amazon은 물류 처리 로봇 회사인 Kiva Systems 인수를 통해 창고 내 물류 분류 및 이동 속도의 획기적인 개선으로 당일 배송의 기반을 마련하는 한편 뉴욕, 시애틀, 런던 등 대도시 중심으로 약국과 편의점에 자동 락커인 Amazon 락커를 설치해 소비자가 주문한 물품을 직접 수령하게 하도록 하였다.

6. Amazon의 주요 현안

(1) AWS 서버 장애 문제

Amazon 웹서비스 (AWS)는 클라우드 시장에서 점유율 1위이나 지난해 11월 한국에서는 Amazon 웹서비스의 서버 장애가 발생하여 일부 국내 기업들이 피해를 입었다. 서버가 복구되고 나서도 Amazon 측의 사과나 문제의 원인, 재발 방지 약속은 없었으며 서버는 정상적으로 작동되고 있다는 말로 무책임하게 대응하였다. 한편, Amazon은 미국, 유럽에서도 기술적 오류로 고객 개인정보가 유출되었다고 밝혀졌던 바가 있고 미국, 유럽 전역의 Amazon 사용자에게 e메일만을 전달했을 뿐이다. Amazon은 시스템 해킹이 아니라 내부 오류로 인한 것이라고 해명했지만 구체적인 피해 원인이나 규모를 밝히지 않았고, 문제점이 즉시 해결되었으며 암호 변경도 필요 없다는 변명만을 하는 등, 대처방식에 문제가 있었다. 이러한 웹서비스에서의 문제들의 발생은 시급히 해결해야 할 과제이다.

(2) Amazon Echo 사생활 침해 문제

Amazon의 인공지능 스피커 Echo가 이용자에게 엉뚱한 사람의 녹음 기록을 제공하는 오류를 일으켜 사생활이 침해되는 문제가 논란이 되고 있다. Echo가 가족들 사이의 대화를 녹음해 이를 이메일 주소록에 담긴 사람들에게 무작위로 보내지는 등 Echo에 의한 프라이버시 침해 사례는 많다. 이러한 사례는 그것만으로도 문제가 되지만, Echo에 담긴 음성 데이터를 Amazon의 직원들이 들을 수 있다는 것만으로도 고객에게 기업에 대한 불신을 일으킬 우려가 있다. 본격적으로 대중화되고 있는 스마트 스피커의 문제가 발생하지 않도록 하는 것도 중요하나, Amazon에 대한 불신의 확산을 막는 것 또한 중요한 현안으로 볼 수 있다.

(3) Amazon의 근무 환경 개선

고객에 집중한다는 Amazon의 전략은 효율적으로 운영되고 있지만, 근로자들에게 Amazon은 좋은 근무 환경을 제공하지 않고 있다. Amazon은 직원들로부터 주차비와 간식비까지 받아내는 자린고비 회사로 비난받고 있다. 물류창고 직원들에게 웨어러블 팔찌를 착용하게 하여 하루 총 이동시간과 목표 달성여부를 추적하며, 목표 달성을 하지 못할 시에는 경고메시지가 발송된다. 경고를 받게 되면 직장을 잃을 수도 있다는 두려움 때문에 직원들은 하루 목표치를 달성하기 위해 화장실 사용을 자제하고 소변통을 사용한다고 한다. 이렇게 쉬는 시간도 제대로 갖지 못하며 몸이 아프더라도 해고되지 않으려면 출근해야 한다.

Amazon은 꾸준히 성장하고 있으나, 직원과의 상생관계는 장기적 성과를 제고하기 위해서 반드시 필요하다. Amazon이 더욱 성장하기 위해서는 Google이나 Netflix처럼 복리후생을 제공하여 Amazon 직원의 근무 만족도를 보완해야 할 것이다.

7. 코로나 팬데믹 상황에서의 Amazon의 대응전략

오프라인 매장 방문을 꺼리는 고객들의 생필품 주문이 폭증하면서 Amazon은 위기관리 방안을 마련하였다. 코로나 팬데믹 이후 아마존은 배달 인력 1만 명을 추가로 뽑고, 풀필먼트(fulfillment, 아마존 내 판매 사업자들을 위한 물류 서비스)를 강화하며 대응하고 있다.

세상의 모든 제품들이 다 있다고 알려진 아마존이지만 현재 대다수의 주문은 생필품 위주로 주문이 폭증하고 있다. 따라서 그간 아마존이 셀러들에게 가급적 적은 양의 재고로, 다양한 제품이 판매될 수 있도록 조율하는 방식으로는 보관 및 배달을 통제할 수 없는 상황이 되었다. 아마존은 기존의 골고루 제품을 재고로 쌓아 두는 방식에서, 생필품 중심으로 공간을 확보하고, 이들의 판매와 배송에 집중하고 있다. 최근 아마존은 2020년 4월 5일까지 생필품과 같이 수요가 몰리는 제품을 제외한 다른 제품들은 더 이상 입고할 수 없다고 밝혔다. 이는 주요 판매 채널로 아마존을 활용했던, 생필품이 아닌 제품을 판매했던 소상공인에게는 치명적인 손실이다.

아마존 측의 설명에 따르면, 로봇에 의해서 많은 주문 이행 작업을 진행한다고 밝혔지만 이 업무에서도 많은 부분이 사람에 의해서 진행되며, 타 IT 기업과 달리 재택근무가 불가능하다. 아마존은 대규모의 영업 중지보다는 위생 시설과 안전장치 착용으로 영업을 지속하고 있는 중이다.

생각해보기

1. Company history and profile
2. Amazon이 온라인 서적판매를 하게 된 동기와 Seattle을 본사로 정한 이유는?
3. 단계별 Amazon의 전략과 성과는?
   1). 도입, 성장기(1995-1999)의 전략과 성과는?
   2) dot.com 회사의 몰락과 수익성 현상은 어떠하였는가? (2000-2003)
   3) Platform 사업 확장전략은? (2003-2006)
4. Software 사업 유형과 성과는?
5. Hardware 사업의 유형과 상과는?
6. Prime membership 제도의 내용과 장단점은?
7. 현재 Amazon의 가장 중요한 현안은 무엇이며 여러분의 의견은?
8. Amazon의 최근 전략과 이의 평가는?
9. Amazon의 주 성공 요인은?
10. Amazon의 성장을 위한 여러분의 의견은? 이의 장단점은? 구체적인 action plan을 생각해 보시오.
11. Amazon과 쿠팡의 전략적 차이점은?
12. Amazon의 최근 재무적 성과는?

2. 전통적 (대면) 서비스 유통

(1) 2차 산업혁명 이전

3차 산업혁명인 정보혁명 이전에는 개인 서비스 제공자가 제품이나 서비스를 제공하는 유통형태를 띠었다. 대부분의 식당, 카페, 자동차 정비업, 미장원 등은 개인별 소유였다.

서비스 제공자 → 소비자

(2) 2차 산업혁명 이후

1950년대와 1960년대는 서비스 산업에서 franchise system이 급성장하는 시기이다. TV의 대중화로 인한 전국 광고와 자동차의 보급으로 인한 고속도로의 발달은 서비스 산업의 franchise system을 가속화하였다. Franchise system은 가맹본부 (franchisor)의 노하우와 가맹점 (franchisee)의 투자와 영업이 결합된 형태이다. 고속도로의 발달로 여행 빈도가 늘어나게 되었고 여행 지역에서는 지역 정보 (local information)를 얻기가 어려웠으므로 McDonald's와 같이 우수한 사업 노하우를 가진 서비스 업체는 전국적 TV 광고를 이용하여 브랜드 인지도를 높이고 품질의 일관성을 높임으로써 가맹점을 모집하여 빠른 시간 안에 사업을 확장할 수 있었다. 지역마다 보다 나은 햄버거 식당이 있을 수 있으나 여행자가 그 정보를 얻기가 어렵고 인지도가 높고 친숙한 McDonald's를 선택함으로써 잘못된 선택의 위험을 줄일 수 있다. 이러한 프랜차이즈 시스템의 발달은 서비스 유통의 길이가 길어지는 결과를 가져왔다.

가맹본부 → 가맹점 → 소비자

다음은 초기 주요 franchise 기업과 설립연도이며 대부분 여행 관련 사업임을 알 수 있다.

Martha Matilda Harper Salon (1891)

A&W restaurant (1924)

McDonald's (1952, 1961년 Kroc 인수 후 비약적 발전)

KFC (1952)

Dunkin Donuts (1950)

Hertz Rental Car (1925)

Holiday Inn (1952)

Sheraton Hotel (1937)

Franchise system의 이론적 존립 근거로는 빠른 자금 확보와 직영사원의 도덕적 해이 (moral hazard)를 들 수 있다. 우수한 노하우를 가진 가맹본부는 가맹점주로부터 투자를 받음으로써 사업을 빠르게 확산할 수 있다. 직영점을 운영하는 경우 지점에 파견된 직영사원은 자기 사업이 아니므로 최선을 다하지 않을 수 있다 (moral hazard). 이를 방지하기 위해서는 감시가 필요한데 이는 높은 감시 비용 (monitoring cost)을 수반한다. 반면 가맹점주는 자신의 사업이므로 사업 운영에 최선을 다한다.

(3) 정보혁명 이후의 서비스 유통

정보혁명은 franchise system의 존립 근거에 많은 변화를 가져왔다. 먼저 컴퓨터와 통신기술의 발달은 지점에 파견된 직영사원 업무의 감시 비용을 현저히 낮추었다. 예를 들면 CCTV나 여러 가지 센서에 의해 수집된 지점의 현장 정보는 통신기술에 의해 본사로 전송됨으로써 감시의 효율성을 증대시켰다. 주목할 점은 이 시기에 franchise system이 급격히 확산되던 1950년대와 비교하여 교육수준이 현저히 높아짐으로써 종업원의 전반적인 책임의식이 높아졌다는 점이다. 따라서 직영사원의 도덕적 해이의 정도는 현저히 낮아지거나 통제 가능하게 되었다.

정보혁명은 기업에 관한 정보 획득을 용이하게 하였다. 이는 우량 기업에 대한 투자를 활성화시켰고 이 시기에 venture capital, angel fund, 사모 펀드 등의 새로운 자금조달원이 생겨나면서 우수한 노하우를 보유한 기업은 반드시 가맹점의 투자에 의존할 필요가 없게 되었다. Franchise system은 이익을 공유하는 (profit sharing) 사업 방식이므로 사업성이 뛰어난 경우 가맹점과 이익을 나눠 갖는 대신 자신이 직영함으로써 더 많은 이익을 거둘 수 있다. Coca Cola는 과거 bottling 회사를 가맹점으로 두었으나 현재는 bottling 계열사인 Coca Cola Consolidated Inc.를 직접 운영함으로써 큰 이윤을 기록하고 있다 (수직적 계열화).

Franchise system은 많은 사회적 문제를 야기하기도 하였다. Franchise 사업이 번창하면서 많은 가맹본부가 가맹점 모집에만 몰두하며 가맹점주에게 약속한 품질의 제품이나 서비스를 제공하지 않거나 심지어는 가맹점 모집 후 일순간에 사업을 접는 행위 (먹튀)도 나타나고 있다. 또한, 우리나라의 편의점 가맹사업이나 제빵, 치킨 프랜차이즈, 미국의 Subway sandwich 등은 과도한 수의 가맹점을 출점함으로써 일정 수준의 배타적 영업지역을 보장해 주지 않는 경우가 많다. 이러한 이유로 미국에서는 Federal Fair Franchising Practices Act (FFFPC)에 의해, 한국에서는 공정거래법에 의해 일부 가맹본부의 행위를 규제하고 있다.

가맹점주의 도적적 해이 또한 문제점으로 지적된다. 예를 들어 요식업의 경우 가맹점이 가맹본부에서 정한 조리 방식을 따르지 않는다거나 저품질의 식자재를 사용하는 등의 사례가 빈번히 있다. 최근 들어 우리나라의 최대 요식업 프랜차이즈 기업인 더본코리아의 매출이 정체되고 이익이 급감하는 현상은 프랜차이즈 시스템의 한계를 보여주는 주목할 만한 현상이다.

전 세계적으로 2001년 현재 767,483개의 프랜차이즈 사업이 있고 매 5분에서 8분마다 새로운 프랜차이즈 사업이 생겨나고 있다. 그러나 대부분의 성공한 프랜차이즈 사업은 역사가 오래되었다는 사실은 주목할 점이다.

이와 같이 정보혁명은 도적적 해이의 감소 또는 통제, 자금조달원의 다양화로 인해 franchise 사업의 매력도를 감소시키고 직영사업의 매력도를 높이는 촉매제가 되었다. 우리나라의 대표적 커피 프랜차이즈 기업이었던 카페 베네는 파산한 반면 직영점 체제를 갖춘 Starbucks는 크게 번창하고 있다. 이용업에서 가장 성공한 기업인 주노헤어도 직영체제를 기본으로 하고 있다.

Starbucks 외에도 Coffee Beans, 미국의 약국 체인인 CVS (Customer Value Store) Health Corporation (10,000개의 점포, 2019년 매출액 2,570억 달러) 등의 우량 기업들은 직영점 체제를 가지고 있다. 우리나라의 McDonald's도 더 이상 가맹점을 출점하지 않는다.

수직계열화의 유형인 직영점 체제는 프랜차이즈 체제에 비해 여러 가지 장점이 있다. 가맹점의 종업원은 대부분 시간제 근무자가 많은 반면 직영점의 종업원은 대부분 정규직이다. 직영점 체제의 기업은 상대적으로 규모가 크므로 직업의 안정성이 보장되고 종업원은 애사심과 소속감, 직업에 대한 자부심이 강하다. 회사가 제공하는 여러 가지 복지 혜택과 승진 기회 또한 매력적이다. 이러한 요소들은 조업원의 동기부여와 몰입감을 제고시킨다.

본사 입장에서는 종업원의 이직률이 상대적으로 낮으므로 교육 훈련에 소요되는 시간과 비용을 최소화할 수 있다. 그리고 프랜차이즈 사업에서는 항상 본사와 가맹점 간의 갈등의 가능성이 있는 반면 직영체제에서는 이러한 갈등 자체가 없으며 사업을 통제할 수 있고 본사에서 수립한 전략을 신속하고도 일관되게 추진할 수 있는 장점이 있다. 커피가 아닌 문화를 판매한다고 알려진 Starbucks가 가맹점 체제였다면 추구하는 문화가 소비자 마음속에 일관되게 심어지지 않았을 것이며 CVS가 2014년 수조 원 매출 규모인 담배 판매를 중단한 것도 가맹사업 체제에서는 불가능하였을 것이다.

결론적으로 지난 수십 년간 번창한 프랜차이즈 사업은 정보혁명으로 인해 매력도가 감소하고 있는 반면 수직적 계열화인 직영점 체제가 주목받고 있다. 직영체제로 인해 서비스 유통의 길이가 다시 짧아졌다.

유형 제품의 유통과 같이 서비스 산업에서도 역사는 반복된다. 과거의 서비스의 직접 유통과의 차이점은 과거에는 개인이 자기 소유의 단독점포에서 서비스를 제공한 반면 현대에는 유형제품 유통업에서의 power retailer와 같이 거대 서비스업체에 의해 직접 유통된다는 점이다. 거대 서비스업체의 규모의 경제 실현으로 인해 소비자는 양질의 서비스를 저렴하게 구매하게 되었다.

Power service 제공자 → 소비자

(4) 인터넷의 등장 이후의 서비스 유통

전술한 바와 같이 프랜차이즈 사업이 번창하게 된 가장 중요한 계기는 여행 시 지역 정보를 얻기 힘들다는 점이었다. 이제는 낯선 곳에서도 스마트폰과 social network service (SNS)을 활용하여 신뢰성이 높은 지역 정보를 즉각적으로 얻을 수 있다. 일반적으로 프랜차이즈 가맹점은 인지도는 높으나 최고의 맛, 최고의 가성비를 보장하지는 않는다. 인터넷과 스마트 기기, SNS의 발달은 프랜차이즈 사업의 매력도를 더욱 떨어트릴 것으로 예상된다.

21세기 들어 인터넷과 스마트폰, SNS의 발달은 공유경제의 발달을 촉진하였다. 공유경제는 제8장에서 상세히 소개되겠지만 YOLO (you only live once)와 워라밸 (work–life balance) 문화가 확산되고 gig economy (자투리 시간에 임시로 일하는 경제)가 삶의 대안으로 떠오르면서 Uber (수송, 2009년 설립), Airbnb (숙박, 2008년 설립), WeWork (공유 사무실, 2010년 설립), HRSS (인력공유, 2007), Lending Club (crowd funding, 2006년 설립) 등의 공유기업의 설립이 한때 유행처럼 번져 나갔고 2011년 Time지는 공유경제가 세계를 변화시킬 10대 아이디어 중 하나라고 밝힌 바 있다.

그러나 공유경제 기업은 자산을 소유하지 않은 채 남의 자산을 빌려주고 빌리는 플랫폼만을 제공하므로 Uber 운전자의 성범죄, Airbnb의 몰래카메라 등에서 나타나는 바와 같이 공유경제 서비스업은 서비스업에서 가장 중요한 성공 요인인 품질의 표준화가 보장되지 않는다는 점에서 구조적인 문제점을 가지고 있다. 또한, Uber 운전자가 점차 빈곤층으로 전락하는 예와 같이 자투리 시간에 일하며 삶도 함께 즐긴다는 gig economy의 한계점이 드러나면서 공유경제의 장래에 대해 회의적인 시각이 많다. 또한, 공유경제는 대면 서비스이거나 물건을 공유한다는 점에서 코로나 팬데믹은 공유경제의 존립을 위협하고 있다. 많은 전문가가 예상하듯이 향후 코로나 19와 같은 전염병이 주기적으로 유행한다면 공유경제 사업모델은 종말을 고할 것으로 예측된다.

[표 1-2]는 지금까지의 대면 서비스 유통의 진화과정을 요약한 것이다.

표 1-2 대면 서비스 유통의 진화과정

	2차 산업혁명 이전	2차 산업혁명 이후	3차 산업혁명 (정보혁명) 이후	인터넷 등장 이후
주요 촉발 요인 (기술)	-	고속도로, 매스 미디어 (잡지, 라디오, TV)	컴퓨터, 통신 기술 (ICT)	인터넷, 스마트폰
생산방식	주문생산 (on demand)	대량생산	대량생산	mass custom-ization
주요 유통구조 (기존의 유통 구조와 병존)	서비스 제공업체 → 소비자	가맹본부 → 가맹점 → 소비자	파워 서비스업체 → 소비자	제조 → 플랫폼 → 소비자
유통경로의 주도권 (power)	소비자	가맹본부	파워 서비스업체	플랫폼 구축자
제품 가격수준	가장 높음	낮음	매우 낮음	가장 낮음
customization 정도	가장 높음	매우 낮음	높음	매우 높음
유통의 길이	가장 짧음	길어짐	짧음	가장 짧음

사례

더 싸게, 더 빠르게, 더 편리하게 모빌리티 서비스를 제공한다: Uber

학습목표

1. Uber의 비즈니스 모델의 특징은 무엇인가?
2. Uber의 서비스 유형에는 어떤 것이 있는가?
3. Uber의 경쟁사와 각 사의 특징, 장단점은 무엇인가?
4. 우리나라 차량공유 서비스의 현황은 어떠한가?
5. 차량 공유 서비스의 현안에는 어떤 것이 있는가?

1. Uber의 태동

Travis Kalanick과 Garett Camp는 2008년 파리에서 택시를 잡는 어려움을 경험한 후 2008년 차량공유 서비스의 개념을 고안하여 2009년 주로 샌프란시스코와 실리콘 밸리의 회사 중역들을 위한 차량공유 서비스 기업인 Uber Technologies Inc.를 자본금 20만 달러로 설립하였다. 미국의 대부분의 도시에서는 도시 교통 혼잡을 우려하여 도시 내로 진입할 수 있는 택시 대수에 제한을 두었기 때문에 택시를 이용하는 데 있어 도시인들은 많은 불편을 겪어 왔다. 따라서 Uber의 편리하고, 저렴하며, 즉각적이고도 값싼 서비스에 고객들은 환호했다.

2. Uber의 비즈니스 모델

Uber를 이용하기 위해서 고객은 앱을 다운받고 계정을 개설한 뒤 신용카드를 등록한다. 고객이 Uber 서비스 사용을 신청하면 고객의 위치가 GPS에 의해 확인되고 고객이 제시된 가격에 합의하면 수 초 안에 인근의 Uber 운전자에게 연결된다. 고객은 운전자의 평점을 확인할 수 있고 원하면 평점이 낮은 운전자를 거부할 수 있다. 또한 고객은 Uber 차의 위치를 추적할 수 있고 운전자와 통화할 수도 있다. 서비스가 완료되면 등록된 신용카드에 요금이 부과되고 이메일로 영수증이 전송된다. 교통 수요가 많은 경우에는 고객이 1.2배 단위의 요금을 지불할 수 있는 'surge pricing'제도가 있었으나 이러한 가격정책은 고객들의 반발을 불러와 2016년에 폐지되었다.

Uber의 장점은 단순한 거래 과정, 즉각적 반응, 저가격에 있다. 한 리서치 회사의 조사에 의하면 Uber차의 92%가 10분 안에 도착한 반면 택시는 16%만이 도착하였고, 택시의 37%가 20분 이후에 도착한 반면 Uber가 20분을 넘겨 도착한 경우는 불과 1%에 불과했다.

운전자 입장에서는 여유 시간에 부수입을 올릴 수 있고 자기 소유의 차 사용을 극대화할 수 있으며 자기가 원하는 시간에 일할 수 있다는 장점이 있다.

Uber 본사 입장에서는 차량을 소유하지 않은 플랫폼 사업을 운영하므로 큰 자본 투자 없이도 사업을 시작하고 운영할 수 있다.

3. Uber 서비스의 유형

- UberX: Uber의 기본 서비스
- UberBlack: 고급세단을 이용한 럭셔리 서비스
- UberPool: 같은 방향으로 가는 고객을 최대 4명까지 이동시켜주는 카풀 서비스
- UberEats: 식당에 주문한 음식을 배달해주는 서비스
- UberRush: 자전거나 도보로 가까운 곳에 물품을 배달해주는 서비스
- UberCargo: 물품을 배달하는 밴 서비스 (홍콩에만 있음)

4. Uber의 경쟁사

(1) 미국의 Lyft

Uber는 '휠체어 라이드 서비스'제공이 경쟁적 강점이고 Lyft는 Uber보다 친근한 이미지를 가지고 있다. Lyft는 고객의 운전자에 대한 불안감을 해소하기 위한 일환으로 캐주얼하고 친근한 이미지를 주기 위해 차량에 분홍색 콧수염을 붙이고, 마치 고객이 친구 차에 타는 것처럼 가능하면 승객을 앞자리에 앉도록 하는 등의 노력을 해왔다. 뿐만 아니라, Lyft는 승객에게 신뢰감을 주기 위해서 운전 경력 3년 이상, 나이는 23세 이상이며 사고 경력과 범죄 이력이 없는 운전자를 이용하고 있다. 이러한 노력의 결과로 2015년 Uber의 점유율이 90%가 넘었으나 2018년에 이를 60% 정도까지 떨어뜨리며 점유율을 잠식하고 있다.

(2) 중국의 Didi Chuxing (디디추싱)

디디추싱 (Didi Chuxing)은 텐센트가 투자한 디디다처 (Didi Dache)와 알리바바 그룹이 투자한 Kuaidi Dache (콰이디다처)가 합병한 회사이다. 디디추싱은 2016년 Uber 차이나를 인수하며 주목을 끌었으며, 사실상 중국 내에서는 차량공유 산업에서 독점기업이라고 볼 수 있다. 디디추싱은 해외 업체와의 제휴를 통해 1,000개 이상의 도시에서 세계 시장의 80% 점유율을 차지하고 있으며 2018년 상반기 기준 이용자수가 5억 5,000만 명을 넘었다. 뿐만 아니라, 디디추싱은 유럽과 아프리카에서 급성장하고 있는 Taxify와 전략적 파트너십을 맺으며 5개 대륙에서 영향력을 확대하고 있다. 디디추싱은 막대한 자금력과 중국에서의 성공을 발판으로 기업 가치 60조 원의 유티콘 기업 2위의 글로벌 기업으로 약진할 것으로 예상된다.

디디추싱과 Uber의 차이점은 '결제 시스템, 지도, 기타 서비스' 세 가지로 분류할 수 있다. 둘의 결정적인 차이점 중 하나인 결제 시스템은 Uber의 중국 사업 진출 당시의 문제점을 보여준다. 디디추싱은 중국 소비자가 신용카드를 많이 갖고 있지 않다는 점을 고려하여 현금 지급을 허용했고 중국에서 인기 높은 텐센트의 위챗 지급 결제 시스템을 이용하였다. 그에 반해서 Uber는 도입 당시 현금 지급을 허용하지 않았으며 이는 고객에게 불편함을 초래하였다. 두 번째 Uber와 디디추싱의 차이점으로 지도를 들 수가 있다. Google지도에 기반을 둔 Uber는 Google지도가 정상 작동되지 않는 중국에서 바이두지도로 전환해야 했다. 이런 기술 전환을 마치고 사업을 시작할 때쯤에는 이미 디디추싱이 중국 시장의 80%를 점유했기 때문에 Uber는 디디추싱과의 경쟁에서 뒤져질 수밖에 없었다. 뿐만 아니라 디디추싱은 대리 운전 호출, 렌터카 호출, 기업용 차량 공유, 미니버스 호출, 고급 차량 호출, 자전거 공유 등 Uber가 갖추지 못한 많은 서비스를 중국 시장에서 제공하였다.

(3) 동남아의 Grab

Grab은 싱가포르를 비롯한 동남아 8개국에서 운영되고 있다. 디디추싱처럼 현금결제를 기본으로 하는 시스템을 갖추고 있다. 대부분의 동남아 사람들은 신용카드보다 현금을 더 많이 사용하기 때문에, Grab는 현금지불을 적극적으로 수용하는 정책을 폈다. 나중에 Uber가 뒤늦게 현금 결제를 도입했다고 하나 이는 뒤늦은 움직임으로 평가되었다. Grab은 가격이 투명하고 바가지요금이 없으며 운행 기록 보존으로 안전성을 보장하고 있다.

5. Uber의 재무적 성과

Uber는 2018년 13조의 매출, 연평균 118%의 성장률을 보였지만, 3조의 운영 손실이 발생했다. 또한 2018년 들어 성장률이 급격히 둔화되고 있어서 앞으로 카 셰어링 사업에서의 성장과 수익성에 대해 회의적 시각이 많다. 이러한 우려는 2019년 기업공개 시 기대에 못미치는 결과를 초래했다. Uber의 재무적 성과 중 가장 우려하는 점은 장기 부채 비율이 계속해서 상승하고 있다는 것이다. 적자액은 2018년에 2017년 대비 다소 감소했지만 아직까지도 막대한 손실을 입고 있다.

6. 우리나라의 차량 공유 서비스

(1) 서비스 현황

현재 우리나라에서 차량 공유 서비스를 대표하는 두 기업은 카카오택시와 타다이다. 차량 공유 시장은 카풀 서비스로 알려진 '라이드 셰어링' 시장과 차량 단기 렌탈 서비스로 대표되는 '카 셰어링' 시장 (예를 들면 소카)으로 구분되는데 국내에서는 '라이드 셰어링'에 대한 규제로 인해 '카 셰어링' 시장만이 성장하고 있는 모습이다.

(2) 외국과의 차이와 이유

우리나라의 '여객 자동차 운송 사업법'은 지자체 등으로부터 운송허가나 택시면허를 발급받지 않은 업체나 개인이 자가용으로 돈을 받고 운송행위를 하는 것을 불법으로 규정하고 있다. 또한 정부의 택시 사업 보호로 인해 Uber는 한국 진출에 실패하였다. 즉, 한국 정부는 택시가 과포화인 상태에서 Uber가 들어온다면 택시산업이 더 어려움에 처할 것이라고 보고 Uber의 도입을 규제하고 있다. 2017년 7월 말 기준 서울시 택시면허 대수는 7만여 대, 운전기사는 8만여 명으로 집계되었다. 전국적으로는 택시 면허 대수가 25만여 대, 운전기사가 27만여 명에 달한다. 이러한 택시기사 단체는 정부나 지방자치단체가 무시할 수 없는 강력한 이익집단이며 이들의 표를 의식한 정치적 고려 또한 차량공유 서비스의 도입에 걸림돌이 되고 있다.

(3) 우리나라 차량 공유 서비스의 발전 방안

택시기사들의 임금구조를 개편해서 택시 사업 자체의 생명력을 키워 줌으로써 차량공유 서비스의 도입에 대한 반발심을 낮출 수 있다. 한국의 택시 사업자는 현재 사납금 즉, 택시회사가 차량 대여나 관리비 명목으로 택시기사에게 막대한 비용을 지불할 것을 요구한다. 이러한 사납금을 낮추는 방안을 통해 차량공유 서비스 도입에 대한 반발심을 줄일 수 있다. 뿐만 아니라, 우리나라에서 공유 경제 사업 자체에 대한 규제는 심각한 사안이다. 현재 한국에서는 4차 산업 혁명에 필수적인 공유경제 서비스나 빅데이터 관련 사업 등이 규제되고 있다. 외국에서 허용되는 공유경제에 대한 규제를 완화하면서도 기존 사업자의 이익이 침해되지 않는 제도를 도출하는 지혜가 필요하다.

7. 차량 공유 서비스의 현안

(1) 법적, 제도적 규제

법적, 제도적 규제는 공유경제의 성공에 가장 큰 걸림돌이다. 미국은 신규 사업에 대해 일단 허용한 후 문제가 생기면 규제를 하는 네거티브 규제 (negative regulation) 방식을 택하고 있으나, 우리나라는 신규 사업에 대해 법규가 없으면 규제하고 문제점이 없다고 판단되면 이를 허가해 주는 포지티브 규제 (positive regulation) 방식을 택하고 있다. 포지티브 규제를 보완하는 규제 샌드박스 정책이 있기는 하지만 우리나라의 이러한 규제 방식은 신규 사업, 특히 4차 산업 혁명 시대에 새로이 나타나는 신규 사업의 성공을 가로막는 커다란 걸림돌이다.

혁신적 공유모델이 가지는 반경쟁적 측면, 소비자 보호, 운영의 합법성 여부는 공유경제 모델의 지속적인 관심사이다. 전 세계적으로 우리나라의 경우와 같이 정부나 시민단체는 Uber와 같은 혁신적 기업들이 저렴한 가격에 서비스를 제공함에 따라 택시와 같은 전통적 산업 기반이 붕괴되고 많은 실업자가 양산되는 것을 우려한다.

(2) 도덕적 현안

Uber는 회사가 운전자를 원하는 곳으로 보내는 식으로 그들을 조종하여 운전자를 기만한다는 도덕적 비판을 받기도 한다. Uber는 행동과학의 원리를 이용해 배후에서 회사에만 이득이 되는 쪽으로 운전자들을 조종해 왔다고 비난받는다.

(3) 신뢰도의 문제

Uber의 투명하지 못한 가격 체계 (surge pricing 제도 등), 운전자의 보험 미가입, 운전자에 대한 혜택 미비 (뉴욕에서는 이 사안에 관련해 Uber 드라이버의 시위가 있었음), 승객의 안전 문제 (강도, 성폭행 등), 운전자 이력의 미검토로 인한 운전자 자질의 문제, 고객의 신용카드 정보 유출 등의 안전 문제는 Uber가 해결해야 할 과제이다.

8. 코로나 팬데믹 상황에서의 Uber의 대응전략

세계 최대 차량호출업체 Uber가 올해 1분기 코로나 타격으로 손실이 눈덩이처럼 불어났다. 차량 운행량이 지난해 같은 기간보다 80% 넘게 줄어든 탓이다. 그나마 음식 배달 대행 사업인 'Uber 이츠'가 성장한 덕분에 더 큰 손실은 면했다.

Uber는 7일 1분기에 매출액 35억 4000만 달러, 순손실 29억 4000만 달러의 실적을 거뒀다고 이날 발표했다.

월스트리트저널(WSJ)에 따르면 Uber는 지난해 1분기에 비해 매출액 (31억 달러)이 14.2% 늘었지만, 순손실 (10억 9천만 달러)도 169.7% 급증했다. 지난해 상장 후 이 회사가 실적을 공개한 세 분기 가운데 가장 큰 손실이다.

매출 역시 소폭 늘긴 했지만, 금융정보업체 팩트셋이 집계한 월가 컨센서스 (실적 전망치 평균) 35억 3000만 달러에 비하면 다소 낮은 수준이다. 반면 순손실은 컨센서스 13억 8000만달러보다 더 높았다.

다라 코스로샤히 Uber 최고경영자는 실적 발표 콘퍼런스콜에서 "4월 한 달 동안 차량호출 사업이 1년 전 같은 기간보다 약 80% 위축됐다"고 말했다. 1분기는 1~3월 기준이지만, Uber 핵심 서비스인 Uber Ride의 수요가 코로나로 인한 외출 감소로 전 세계적으로 줄면서 올해 내내 부정적인 영향을 미친 것으로 추정된다.

다만 Uber Eats는 코로나 사태를 틈타 크게 성장했다. 자택 대피령으로 발이 묶인 사람들이 배달 서비스를 이용해 좋아하는 식당의 음식을 주문해 먹었기 때문이다. Uber Eats의 총 주문액은 1년 전보다 52% 증가한 46억8000만 달러에 달했다. 전 분기보다 7% 늘어난 것이다.

코스로샤히 CEO는 "Uber Eats가 창출하는 비즈니스 기회는 우리가 생각한 것보다 더 커지고 있다"며 "(음식점뿐 아닌) 소매점에서 Uber 플랫폼을 이용해 소비자들에게 상품을 보낼 수 있도록 하는 새로운 서비스를 구상하고 있다"고 말했다.

그러나 이번 분기 Uber 매출의 일등공신인 Uber Eats는 Grubhub, DoorDash, Postmates와 같은 쟁쟁한 경쟁 업체들과 미국 시장에서 치열한 경쟁을 벌이고 있다. 이들 서비스 대비 뚜렷한 차별점이나 우위를 선점한 지역도 찾기 어렵다.

여기에 최근에는 캘리포니아주를 중심으로 노동자 대우와 해고 문제가 불거지고 있다. 캘리포니아에서는 현재 Uber 운전자들을 계약직원이 아닌 임직원으로 간주, 건강보험 혜택과 직원 보호법 등을 적용해주어야 하는지에 관한 논쟁이 벌어지고 있고, 이에 대한 법적 소송이 진행 중이다.

Uber는 돌파구를 마련하기 위해 새 비즈니스를 찾고 있다. 미국 최대 전동 킥보드 공유 스타트업 '라임'은 6일 Uber를 포함한 주요 투자자들로부터 총 1억 7000만 달러의 투자를 유치했다고 밝혔다. 여기에 3700명에 달하는 감원 계획까지 내놨다. 지난해 말 기준 Uber 전체 직원(2만 6900명) 중 14%에 해당한다. 코스로샤히 CEO는 올해 기본급 100만 달러를 포기했다.

CNBC는 "미국 금융 전문가들은 올 2분기에 Uber 실적이 1분기보다 더 나쁠 것으로 본다. 3월 말까지는 미국 내 많은 지역에서 코로나 타격이 크지 않은 상황이었기 때문"이라며 "2분기까지 비용 절감으로 손실을 얼마나 줄이느냐가 Uber 사활의 관건"이라고 분석했다.

Uber는 미국 전역 44개주에서 경제 재개가 고려 중이라는 보도가 나오면서 뉴욕증시에서 11% 오른 30.93달러로 마감했다. 당장 실적은 만족스럽지 않았지만, 최근 3주 동안 운행량이 늘어나며 낙관적인 견해가 늘어난 덕분인 것으로 추정된다.

생각해보기

1. 공유경제의 진화와 역사는?
2. 공유경제를 선도하는 요소는?
3. 자동차 공유경제의 현황
4. Uber의 company history, profile, business model
5. 미국시장의 경쟁사, 장단점 및 향후 전망은?
6. 유럽시장의 경쟁사, 장단점 및 향후 전망은?
7. 중국시장의 경쟁사, 장단점 및 향후 전망은?
8. 동남아시장의 경쟁사, 장단점 및 향후 전망은?
9. 우리나라에서의 차량공유 서비스 현황은? 왜 차량공유 서비스가 외국처럼 발달하지 않았는가? 우리나라에서 차량공유 서비스가 발달하기 위한 여러분의 의견은?
10. 현재 차량 공유 서비스의 가장 중요한 현안 (법적, 사회적, 도적적 등)은 무엇이며 여러분의 의견은 (globally)?
11. Uber의 최근 전략과 이의 평가는?
12. Uber의 주 성공 요인은?
13. Uber의 성장을 위한 여러분의 의견은? 이의 장단점은? 구체적인 action plan을 제안하시오.
14. Uber의 최근 재무적 성과는?

3. 디지털 콘텐츠 유통

(1) 정보혁명 이전의 콘텐츠 유통

콘텐츠가 유형 제품화하기 전에는 현장에서 생산되고 동시에 소비되었다. 이를 서비스의 비 분리성 (service inseparability)이라고 한다. 영화, 음반, 서적 등은 원래 무형의 콘텐츠였다. Edison이 축음기를 발명하기 전까지는 음악을 듣기 위해서는 음악회에 가야 했다. 축음기 발명 이후 아날로그 LP, 디지털 CD 등의 기술 발전으로 음악 콘텐츠가 유형 상품화되었다. 예전에는 현장에서 감상하는 연극이나 뮤지컬만이 있었고 영상기술이 발명된 후 영화가 탄생하였다. 서적도 종이가 발명되기 전까지는 구전으로 전해져 왔다.

콘텐츠 생산자 → 소비자 (생산과 동시 소비)

(2) 정보혁명 이후의 콘텐츠 유통

이렇듯 콘텐츠는 원래는 무형이었으나 기술 발전으로 유형 제품화되었다. 콘텐츠가 유형 제품화되면서 off-line 유통사 (레코드 판매점, 서점, 비디오 판매점)에 의해 판매되거나 상영 (영화) 또는 대여되었다 (비디오). 미국에서 음반 유통의 강자는 Tower Records였다. 영화의 유통경로는 극장이었고 VCR이 발명된 후 영화는 비디오 형태로 판매되거나 대여되었다. 세계 최대의 비디오샵은 Blockbuster였다. 서적 유통의 대표적 소매상은 Barns & Noble이다.

콘텐츠 생성 → off-line 유통사 또는 기기 → 소비자

특히 1980년대에 디지털 기술이 발달하고 CD 플레이어, VCR 등 전자제품이 널리 보급되면서 초기의 공유경제에 해당하는 렌탈 사업이 번창하였다. 미국의 Blockbuster가 대표적이고 일본의 Tsutaya는 비디오뿐만 아니라 CD, 서적 등도 대여해 주었다.

콘텐츠 생성 → 렌탈샵 → 소비자

PC와 전자 게임기가 발명되면서 전통적으로 유형 제품이었던 게임이 콘텐츠화되었다. 디지털 시대 이전의 아날로그 게임으로는 Monopoly, 화투, 카드 등이 있었다. 디지털 시대로 접어들면서 Nintendo Wii, Microsoft Xbox, Sony Playstation 등의 console game이 나타났다.

(3) 인터넷 이후의 콘텐츠 유통

인터넷의 발달은 유형 상품이나 전통적 서비스 유통과 비교해 볼 때 콘텐츠 유통을 가장 획기적으로 변화시켰다. 인터넷의 발달로 online streaming service가 가능해지면서 유형화되었던 콘텐츠가 다시 무형화된다. 콘텐츠의 무형화에 의한 온라인 스트리밍 서비스는 기존의 오프라인 콘텐츠 유통업체인 Tower Records, Blockbuster의 몰락을 가져왔다. 변화의 시작은 비교적 파일 용량이 작은 on-line music streaming service였다. 1993년 최초의 music on-line streaming service 업체인 Internet Underground Music Archives (IUMA)를 필두로 2005년 Pandora, 2007년 Amazon Music, 2008년 Spotify, 2011년 Google Play Music, 2015년 Apple Music 등 수없이 많은 music on-line streaming service가 나타났다. 이 분야는 현재 과당 경쟁과 차별화의 어려움으로 인해 수익을 실현하기가 매우 어려우며 Amazon의 경우 Prime member를 유치하기 위한 수단으로, Apple의 경우 기기를 판매하기 위한 목적으로 이 사업을 강화하고 있다.

전자책 (e-book)의 기원은 매우 오래되었으나 on-line ebook은 Amazon이 Kindle을 출시하면서 본격화되었다. 초고속 인터넷이 일반화되면서 파일 용량이 큰 on line video streaming service가 제공되었다. 2006년 Amazon이 서비스를 개시하였고 비디오 대여 사업을 하던 Netflix가 2007년, Hulu가 2008년 이 사업에 진출하였고 2019년 Disney가 기존의 방대한 영화 콘텐츠와 더불어 Hulu를 인수하면서 Disney Plus를, Apple 또한 2019년 Apple TV Plus 서비스를 개시하였다. 전통 영화나 드라마는 아니지만, 일종의 video streaming service인 YouTube가 2005년 서비스를 개시하였고 2006년 Google

이 이를 인수하면서 비약적인 발전을 하게 된다.

콘텐츠 유통의 두드러진 특징은 주로 구독모델로 서비스가 제공된다는 점이다. 콘텐츠 하나하나의 판매가 아닌 일정 금액의 멤버십 구독료를 내고 콘텐츠를 무한으로 소비하는 구독모델이 일반화되고 있다. 구독모델은 제8장에서 자세히 논의될 것이다.

또한, HMO, Netflix, Disney Plus 등은 자체 제작한 콘텐츠를 공급함으로써 유통의 길이가 짧아지는 효과를 가져왔다. 앞에서 살펴본 유형 제품이나 전통적 서비스 산업에서와 같이 유통의 길이가 다시 짧아지는 역사가 반복된다.

제작 → 구독모델 플랫폼 → 소비자

인공지능의 발달은 온라인 스트리밍 서비스의 customized된 추천서비스를 가능하게 하여 스트리밍 산업의 비약적인 발전에 이바지하였다. 대표적인 추천서비스의 예로 Netflix의 cinematch, Amazon의 matching engine, Apple Music의 추천서비스 등을 들 수 있다.

[표 1-3]은 지금까지의 콘텐츠 유통의 진화과정을 요약한 것이다.

표 1-3 콘텐츠 유통의 진화과정

	기술 발전 이전	정보혁명 이후	인터넷 등장 이후	4차 산업혁명 이후
제품의 형태	무형	유형	무형	무형
생산방식	생신과 동시 소비	mass production	mass customization	주문생산 (on demand)
주요 유통구조 (기존의 유통 구조와 병존)	생산 → 소비자	제조 → 도매상 → 소매상 → 소비자	생산 → 플랫폼 → 소비자	생산 → 플랫폼 → 소비자
유통경로의 주도권 (power)	소비자	유통업체	on-line platform 구축자	소비자
제품 가격수준	가장 높음	낮음	매우 낮음	가장 낮음
customization 정도	매우 높음	매우 낮음	높음	가장 높음
유통의 길이	가장 짧음	가장 길음	짧음	매우 짧음

사례

구독형(subsciption) on-line video streaming service의 거인: Netflix

학습목표

1. 구독모델이란 무엇인가?
2. 미디어 산업의 변천 과정은 어떠한가?
3. Netflix 발전에 IT는 어떤 영향을 미쳤는가?
4. Netflix의 주 성공요인은 무엇인가?
5. Netflix의 위협요소는 무엇인가?
6. 위협 요소에 대한 Netflix의 대응전략은 무엇이며 그 성과는 어떠한가?

1. Netflix의 역사

수학과 인공지능을 전공한 Reed Hastings가 창립한 Netflix는, 오늘날 세계 최대의 인터넷 엔터테인먼트 서비스 기업이다. 2019년 현재 1억 5천만 명의 유료회원을 보유하고 있으며, 다양한 언어를 지원하며 합리적인 요금으로 유저들의 많은 사랑을 받고 있다. 최고의 화질과 사운드로 원하는 콘텐츠를 이용할 수 있다는 점 또한 장점이다.

Netflix는 Reed Hastings와 Marc Randolph가 1997년 공동 창업하였다. 사업 초기에는 오프라인 매장이 없이 온라인 웹사이트로만 월정액 회원을 모집하여, 회원들이 보고 싶어 할 것 같은 DVD를 추천해서 배송까지 해주었다. 사업 초반에 자체적으로 개발한 추천알고리즘인 '시네매치 알고리즘'은 소비자들에게 호평을 받았다.

당시 대형 비디오 체인이었던 '블록버스터'와 경쟁하던 도중, 창업주들은 DVD 대여 시장의 어두운 미래를 예측하고 2007년 스트리밍 사업에 착수하게 된다. 주변 반응은 매우 부정적이었다. 특히나 새로운 미디어에 대한 불신과 적개심을 가졌던 할리우드 제작사들 때문에, Netflix는 겨우 1천 편의 아주 적은 콘텐츠로 스트리밍 서비스를 시작한다. 그러나 예상과 달리 Netflix의 온라인 스트리밍 서비스는 폭발적인 성장세를 이룩했고 2009년 750만 명이었던 구독자 수가 2011년 1,200만 명까지 폭발적으로 증가했다.

2. 미디어 시장의 변화

(1) 제3의 물결

미디어 시장은 라디오에서 시작하여 TV, 인터넷 방송으로 진화하였다. 이를 구분하여 세 가지의 물결로 표현할 수 있다. 각 물결은 이전 것을 완전히 대체하기까지 시간이 소요되기 때문에 단절하듯 발전하는 것이 아니라 어느 정도 중복되어 존재하는 시기를 가진다.

제1의 물결은 '단순 시청형 → 정보 선택형'의 시대로, 미디어 라디오 방송에서 시작하여 흑백 TV와 컬러 TV에 이르는 시기를 말한다. 초기에는 방송 제공자와 시청 채널이 소수였기 때문에 시청자들은 기본적으로 미디어 업체가 제공하는 것만 시청할 수 있었다. 정보를 수동적으로 받아들이는 시청자에게 한 가지 통제된 메시지를 전하기에는 매우 효과적인 방법이었고 나치의 괴벨스가 했던 것처럼 효과적인 선전 수단으로 사용되기도 했다. 그러나 방송 제공자가 늘고 기술이 발달하면서 시청자들은 여러 방송 제공자들과 채널 중에서 원하는 정보를 제공하는 것을 선택할 수 있게 되었다. 그러나 이때까지도 대부분의 방송들은 매우 세분화된 개별적인 시청자 층을 노리기보다는 불특정 다수의 대중을 대상으로 하고 있었다.

제2의 물결은 '정보 선택형 → 정보 맞춤형'시대로, 디지털 TV와 케이블 TV가 이를 주도하였다. 기술의 발달로 화질과 음향이 더욱 선명해지고 추가 비용을 지불하면 독립적인 미디어를 즐길 수 있게 되었다. 아직 대부분의 미디어가 불특정 다수의 대중을 대상으로 하고 있을 때 이들은 시청자들을 세분화하여 특정 계층의 사람들이 선택적으로 방송을 볼 수 있게 일종의 니치 마케팅을 시도했다. 예를 들어 케이블 채널 중에 골프 전문 채널과 같은 특정 스포츠, 취미 활동, 경제, 종교에 집중하는 방식으로 기존 방송들이 충족시키지 못하는 시청자들의 욕구를 충족한 것이다. 이를 '정보 맞춤형 미디어'라고 한다.

마지막으로 제3의 물결은 '정보 맞춤형 → 정보 창조형'시대로, 인터넷을 통해 콘텐츠를 제공하는 OTT (over the top), 인터넷 스트리밍, AR/VR 등에 의해 구현되었다. 인터넷의 발달로 인한 실시간 양방향 소통이 이러한 변혁을 가능하게 하였다. 이로 인해 기존의 거대 미디어 기업뿐 아니라 YouTube와 같은 일반적인 대중의 각 개인이 방송을 할 수 있는 여건이 갖춰졌으며 미디어 제공자와 소비자가 쌍방향으로 의사소통을 할 수 있게 되었다. 이는 정보 맞춤형을 넘어서 시청자들 역시 정보를 창조하는 '정보 창조형'혁신을 가져왔다.

(2) Netflix와 IT의 발전

Netflix 스트리밍 서비스의 급격한 확장은 IT의 발전과 큰 연관성이 있다. 2014년 4G 인터넷 통신 시대가 도래하면서 유·무선 인터넷 통신 속도가 매우 빨라졌다. 이로 인해 시청자들은 빠른 속도로 영상을 제공받을 수 있게 되었고 이는 실시간 스트리밍 시청을 가능하게 하였다. 또한 무선 네트워크 속도의 발전은 장소의 제약을 제거해 주었고 언제 어디서나 시청자가 동영상 스트리밍 서비스를 즐길 수 있게 해주었다. 디지털 TV, IPTV의 시대의 도래, 다양한 스마트 디바이스의 출현, 새로운 형태의 플랫폼, 네트워크의 고속화 등이 OTT 서비스의 대중화를 불러왔고 시공간의 제약을 없앰으로써 실시간 스트리밍 서비스가 가능하도록 했다. 이로 인해 다양한 기기로 원하는 콘텐츠를 시청할 수 있게 된 것이다.

3. IT 기술 발전에 따른 Netflix의 대응책

IT기술의 발전에 따라 Netflix는 두 가지의 대응책을 내놓았다.

첫 번째는 스트리밍 서비스이다.

IT기술 발전에서 가장 눈에 띄는 것은 네트워크 속도와 디바이스의 발전 그리고 데이터 요금제의 변화이다. 그리고 이는 스트리밍 서비스의 가능성을 열어준 요인들이다. 기존의 콘텐츠 제공 플랫폼이 다운로드의 형태를 띠고 있었다면 스트리밍 서비스는 번거로운 다운로드 절차를 생략하고 YouTube처럼 손쉽게 콘텐츠를 접할 수 있도록 해주었다.

두 번째로 '시네매치 알고리즘'을 통한 개인 맞춤 추천 서비스이다.

미디어의 발전으로 소비자는 더 이상 주어진 대상이 아닌 자신이 원하는 것을 선택하여 보기를 원한다. 하지만 대다수의 콘텐츠 서비스는 평균적으로 우수한 콘텐츠를 제공할 뿐 개인의 취향을 고려하지 않는다. 하지만 빅데이터 기술과 정교한 알고리즘은 개인의 취향에 적합한 콘텐츠를 제안한다. 이 서비스는 개인이 시청한 콘텐츠와 초기 회원가입 시 응답한 설문과 시청한 동영상을 바탕으로 개인의 취향에 가장 부합하는 콘텐츠를 추천한다. 이를 통해 유명한 콘텐츠가 아니어서 존재하는지 몰랐지만 본인의 취향에 맞는 콘텐츠를 발견할 수 있다.

4. Netflix의 혁신과 성공요인

Netflix의 성공 요소로는 크게 세 가지가 있다. 첫 번째는 IT 기술의 활용, 두 번째는 다양한 플랫폼으로의 확장, 마지막은 공격적인 콘텐츠 확보이다.

(1) IT 기술 활용

Netflix는 최초는 아니지만 OTT의 선두주자로 동영상 스트리밍 사업에 진출하였다. 그 결과 시장의 선두주자효과 (pioneering effect)를 가져올 수 있었다. 이것이 가능했던 이유는 먼저 빅데이터의 활용에 있다. 현재 미디어 서비스는 점차 개인화 방향으로 진전되고 있다. 시청자들은 단순히 방송사에서 방영하는 순서대로 보는 것이 아니라 자기가 보고 싶은 것만 골라서 마음대로 보기를 원한다. 이때 Netflix는 이전처럼 단순히 평점 위주의 추천이 아니라 빅데이터 분석을 통해 개개인의 취향에 맞는 콘텐츠를 제공하는 혁신을 이룩하였다. 또한 이 데이터를 바탕으로, 존재하고 있지만 주목 받지 못한 장르들을 발굴하여 고객 만족도를 높이고 더 나아가 고객들이 원하는 콘텐츠를 집중적으로 제공함으로써 비용 절감 효과를 거두었다.

그리고 스트리밍 서비스 초기에 인터넷 환경이 제각각인 미국에서 서비스를 시작하면서 낙후한 인터넷 인프라에서도 드라마 한 편을 모두 볼 수 있는 스트리밍 기술을 개발하였다. 그 결과 이 기술은 인터넷이 느린 지역에서도 고객들이 원활하게 Netflix를 즐길 수 있는 토대가 되었으며 글로벌 진출 시 큰 도움이 되었다.

(2) 다양한 플랫폼으로 확장

Netflix는 플랫폼 확장을 위해 케이블 TV 세톱박스를 통해 Netflix를 시청할 수 있게 하였다. 이 전략은 아직 PC로 Netflix를 시청하는 데 익숙하지 않은 사람들에게 쉽게 접근하는 효과를 가져왔다. 여기에 그치지 않고 연결 기기들을 게임기, 블루레이 플레이어, 스마트폰 등 기타 인터넷 연결 기기들로 확장하고 API (application programing interface: 응용 프로그램 프로그래밍 인터페이스) 개방을 통해 여러 모바일 기기들로 Netflix를 시청할 수 있게 되면서 언제 어디서나 고객에게 다가갈 수 있게 되었다. 아직 개인 PC를 통한 시청이 47%를 차지하는 등 생각보다 플랫폼 다양화 효과가 없다는 지적이 있지만 고객이 원하는 기기로 Netflix를 볼 수 있다는 점은 여전히 강력한 장점인 것은 확실하다.

(3) 공격적인 콘텐츠 확보

Netflix의 성공 요소 중 가장 중요한 것은 동영상 스트리밍 OTT 기업들 중에선 최초로 오리지널 콘텐츠를 확보한 것이다. 단순 송출에서 벗어나 경쟁력 있는 자체 상품을 만든다는 점에서 PB 전략과 상통한다고 볼 수 있다. Netflix는 항상 오리지널 콘텐츠 위주로 광고를 하며 기술 기업이 아닌 엔터테인먼트 기업이란 점을 강조한다.

이것이 가능한 이유는 Netflix가 Amazon이나 Costco처럼 멤버십 제도를 운영하기 때문이다. 대부분의 동영상 스트리밍, OTT 서비스는 개별적인 작품을 따로 팔기 때문에 콘텐츠의 흥행이 중요하다. 그러나 Netflix는 멤버십 제도 (구독 서비스(subscription service)라고 함)이기 때문에 시청자들이 개별적인 콘텐츠를 얼마나 보는 가가 아니라 시청자들이 플랫폼에 얼마나 가입하는가가 중요하다. 따라서 개별 콘텐츠의 흥행에 신경 쓰며 사람들이 몰리는 장르에만 투자하는 것이 아니라 수요층이 적은 장르에도 충분한 투자를 해서 다양한 욕구를 가진 최대한 많은 고객들이 가입, 재가입을 하도록 유도한다. 주류 장르만 보는 시청자와 비주류 장르만 보는 시청자 모두 같은 금액의 회원비를 지불하기 때문이다. 이 점에서 80/20 법칙에서 20%의 상위 고객에만 집중하는 Costco와 80%의 고객들까지 모두 품으려는 Netflix의 전략에는 차이점이 있다.

이러한 멤버십 제도에 힘입어 Netflix는 제작자 친화적인 환경을 제공한다. 콘텐츠 제작들에게 Netflix가 환영 받는 이유는 기존 미디어 산업과 달리 충분한 금액을 투자해주고 간섭을 최소화하기 때문이다. 실제로 Netflix는 할리우드에서 흥행에 실패해 투자를 받지 못하는 유명 감독들을 기용해 지속적으로 작품들을 제작하고 있다.

5. Netflix에 대한 위협 요소

Netflix를 위협하는 요소는 두 가지가 있다.

첫째는 경쟁업체이다.

Netflix의 IT 기업에서 콘텐츠 기업으로의 전환은 OTT시장에서 시사하는 바가 크다. OTT 시장은 기술 평준화로 인해 더 이상 기술로 승부하는 것이 아닌 얼마나 매력적인 콘텐츠를 많이 구비하여 고객들을 끌어 모으느냐가 중요해졌다. 여기서 Netflix는 기존의 인기 있는 자체 콘텐츠를 가진 기존 거대 미디어 공룡들과 싸워야 한다.

미국의 대표적인 케이블 유료영화채널인 HBO는 콘텐츠 사업 분야의 투자액이 25억 달러 수준이다. Netflix의 120억 달러에 비하면 아주 적은 수준이지만 HBO는 개별 프로그램에서 여전히 지배적인 위치에 있다. 특히나 이들의 오리지널 콘텐츠인 '왕좌의 게임'과 '웨스트월드'는 갖가지 어워즈들에서 인기 후보군에 올랐으며,

다른 인기 콘텐츠들 또한 독자들 사이에서도 선풍적인 인기를 끌고 있다. 이 분야에서 진정한 가성비의 아이콘이라고 할 수 있다.

Disney는 기존에 보유했던 콘텐츠들을 바탕으로 Disney 자체 브랜드로 스트리밍 서비스를 시작했다. 더불어 21세기 폭스 인수를 위한 713억 달러 거래를 통해 Disney는 Hulu의 지분 60%를 소유하게 된다. 이렇게 되면 Disney는 자체 스트리밍 서비스, 훌루, ESPN+의 세 가지 서비스를 갖게 되고, 번들과 같은 서비스로 자사 경쟁력을 제고시킬 수 있다. 또한 콘텐츠에는 Pixar, Marvel, Disney, 스타워즈를 만든 Lucas Film과 National Geographic 등이 포함되어 있어 Netflix에게는 매우 강력한 경쟁자가 될 수 있다.

2019년에 개시된 가입형 온라인 스트리밍 서비스인 Disney Plus는 이미 Netflix에게 치명타를 가했다. 무료체험 7일, 월 6.99달러, 연 69.99달러로 가격을 책정한 Disney 플러스는 11월 12일에 미국, 캐나다, 네덜란드에서 공식 서비스를 시작하였다. 첫날에만 회원 가입 천만 명, 앱 다운로드 3백20만 회를 달성하면서 Disney 주가는 7% 급등했고 Netflix 주가는 11% 하락하였다. 북미 시장에서 독점적인 지위를 노리던 Netflix가 무너진 것이다. 물론 초기에는 Netflix나 Disney Plus를 둘 다 구독하는 고객들도 있지만 YouTube의 사례에서 볼 수 있듯이 승자가 시장을 독식하는 IT업계에서는 서비스를 바꿀 생각이 있는 고객이 북미 6천만 고객 중 천만 명이나 있다는 것은 Netflix에게 큰 타격이다. 이미 Disney는 2019년 말 Netflix의 자사 콘텐츠 이용에 대한 계약 연장을 거부했다. 이 Disney 콘텐츠들은 대부분 Netflix에서 시청자 수 상위권에 있는 작품들로, 이 작품들을 보는 것을 좋아하는 고객들이 자연스럽게 Disney Plus로 빠져나갔다. 그리고 Disney Plus는 방대한 클래식 애니메이션뿐만 아니라 마블, 픽사, 스타워즈를 비롯하여 아동뿐만 아니라 성인들의 취향까지 아우르기 위해 20세기 폭스까지 보유하면서 콘텐츠 면에서도 경쟁력을 갖는다. 2018년 5월 시가총액이 Disney를 잠깐 넘어섰던 Netflix는 Disney Plus의 약진으로 흥망성쇠의 기로에 놓여있다. 따라서 Netflix는 2021년에 콘텐츠 제작에만 25조 원을 쓸 것이라고 발표하는 등 총력을 다하고 있다.

마지막으로 Amazon이다. Amazon은 수십 년에 걸쳐 스트리밍 시장에 꾸준히 투자를 진행해왔다. Amazon은 인터넷쇼핑 서비스와의 결합을 통해 경쟁력을 높이고 있는데, 특히 구독료는 Netflix에 비해 매우 저렴하다. 이들은 규모에 걸맞게 스트리밍 서비스에 대해 향후 장기적이고 대규모적인 투자 역량까지도 보유하고 있다.

두 번째 위협 요소는 채무 관련 이슈이다.

스트리밍 시장이 정면 대결 양상으로 치닫고 있어 냉전시대를 연상하는 콘텐츠 '군비경쟁'이 갈수록 심해지고 있다. 이러한 치열한 경쟁 상황에서 상대적으로 물적 자원이 취약한 선두주자인 Netflix의 성장세가 지속될 수 있을 지에 관심이 쏠리고 있다. 가장 취약한 부분은 Netflix의 높은 채무 비율이다. 2018년 기준, Netflix가 애당초 계획했던 오리지널 콘텐츠 제작에 투입될 예산은 80억 달러였지만 실제로는 90억 달러를 지출했다. 결론적으로 10억 달러에 달하는 손실이 난 것이다.

Netflix는 꾸준히 외부 채권 판매 등을 통해 자금을 조달해 왔다. 2018년 말 기준, Netflix의 전체 채무는 84억 달러에 이르렀다. 아이러니하게도, 이 84억 달러의 대부분은 최근 3년 사이에 차입한 금액이다. 최근 급부상한 오리지널 콘텐츠 부분의 지출이 꾸준히 재무적인 부담을 주고 있다. 특히 2018년에만 콘텐츠 제작비에 15조 원을 투자한 상황에서 2021년에 25조 원 가까이를 더 투자하는 것은 Netflix의 재정에 더 큰 부담을 줄 것이다.

6. Netflix의 최근 전략과 행보

(1) IT 기업에서 엔터테인먼트 산업으로의 진화

최근 Netflix는 IT 기업에서 엔터테인먼트 기업으로 변모하는 중이다. 실제로 2017년을 기준으로 기술개발 투자비보다 콘텐츠에 더 많이 투자하고 있다.

CEO Reed Hastings는 "우리는 IT 기업보다 콘텐츠 제작사와 더 가깝다"라고 강조한다. Netflix는 타 OTT 기업들보다 플랫폼에 더 많은 돈을 투자하고 있으며 2012년 대비 2016년에 오리지널 콘텐츠가 3,000% 급상승했다.

그 결과 주요 IT 기업인 FAANG[1] 중에서 빠르게 성장함으로써 IT 산업군에서 독립되어 주가가 탈동조화하는 모습을 보여주었다. 이는 더 이상 Netflix가 IT 기업이 아니라는 것을 보여준다고 해석할 수 있다.

1) Facebook, Amazon, Apple, Netflix, Google의 앞 알파벳을 딴 단어. 미국 증시를 이끄는 5개의 거대 IT 기업들을 부르는 용어.

(2) 미주/유럽 시장 포화와 아시아 시장의 진출

현재 미국과 유럽 시장은 강력한 경쟁자들의 등장으로 시장이 포화상태에 이르렀다. 따라서 Netflix는 적극적으로 아시아의 한국, 일본, 인도 등으로 진출하고 있다. Netflix에게 있어 아시아 시장은 블루 오션으로 간주되며 콘텐츠에 대한 규제가 많은 중국을 제외하고 거의 모든 아시아 국가들로 진출했다고 볼 수 있다.

이러한 Netflix의 적극적인 아시아 진출은 다른 미디어 시장에도 긍정적 영향을 주고 있다. 예를 들어 Netflix의 일본 진출 이전에는 일본 애니메이션을 미국으로 수입하는 것에는 제약이 있었다. 보통 몇몇 배급사들이 일본 애니메이션을 독점적으로 수입하여 몇몇 방송사, OTT 서비스들에게만 제한적으로 공급하였다. 이 과정에서 지나친 검열과 저품질의 자막, 더빙 등으로 미국 시청자들의 원성이 많았다. 배급 자체를 배급사가 독점했기 때문에 이러한 문제점이 잘 고쳐지지 않았다. 그러나 Netflix는 애니메이션 제작사에게 충분한 투자 환경만을 제공하여 콘텐츠 품질을 높였다. 또한 자체적으로 더빙 및 자막을 지원하여 Netflix 사이트를 통해 전 세계로 유통했기 때문에 유통 구조도 단순화되었고 해외 진출도 용이해졌으며 시청자들의 서비스에 대한 피드백도 적극적으로 처리할 수 있게 되었다. 그 결과 미국 애니메이션 팬들에게 Netflix는 긍정적인 평가를 받았다.

Netflix의 아시아 진출에서 눈에 띄는 것은 한국에 대해 적극적으로 진출을 시도하는 것이다. Netflix의 한국 시장 공략에는 여러 가지 이유가 있다.

먼저 해당 시장을 압도적으로 지배하고 있는 토종 OTT 서비스가 없다는 점이다. 기존의 Watcha나 Wavve라는 토종 OTT 서비스가 생겨났지만 아직은 Netflix에 필적할 만하지 않다.

아시아 시장 중 서양기업들이 먼저 공략하는 국가는 인구가 많은 중국과 인도이다.

그러나 중국의 경우 정부의 검열로 인해 Netflix의 다양한 콘텐츠들의 개성을 살리기도 어려울뿐더러 중국 정부의 규제 아래에 이미 자리를 잡고 있는 토종 OTT 기업들이 존재하기 때문에 Netflix가 시장에 정착하기 어렵다.

인도 시장의 경우 대부분의 사람들이 스마트폰으로 콘텐츠를 시청하는 경우가 많기 때문에 내수 시장 여건이 상당히 좋다. 물론 인도 시장의 70%를 차지하고 있는 Hotstar라는 토종 OTT 기업이 존재하나 콘텐츠 차별화로 고객을 모은 뒤 현지화를 진행하거나 과감하게 Hotstar를 인수하는 전략을 쓸 수 있었다. 그러나 2019년 초 Disney가 20세기 폭스를 인수하면서 폭스의 자회사인 Hotstar 역시 Disney의 지배권 아래로 들어가게 되었다.

한국은 국가 크기나 인구수에 비해 인터넷 환경과 영화산업이 잘 발달되어 있다. 한국인들의 티켓 파워는 세계적으로 무시할 수 없는 수준이며 한국의 문화 콘텐츠 생산 능력 역시 매우 뛰어나다. 최근 개봉한 기생충에서 알 수 있듯이 한국의 콘텐츠는 세계적으로 그 수준을 인정받았으며 다양한 장르의 드라마들이 여러 해외 국가들 사이에서 한류 열풍을 이끌면서 선전하고 있다. 따라서 먼저 한국 시장에 안정적으로 정착해 고객들을 모으고 한국 내 콘텐츠들을 확보한다면 일본, 동남아 시장 같이 이미 한류에 익숙한 국가들에 더 수월하게 진출할 수 있다. 따라서 Netflix는 충분히 준비되지 않은 상황에서 한국 시장에 진출하였으며 이로 인해 자막 이슈와 느린 업데이트 문제가 발생하였다. 대량의 콘텐츠를 단시간에 한국에서 서비스하려다 보니 실력이 검증되지 않은 번역가들을 많이 이용하였고 정식 자막보다 불법 자막으로 영화나 미드를 보는 것이 더 편할 정도라는 평가가 나왔다. 또한 한국으로 콘텐츠를 들여오기 위해서는 검열기관인 영상물등급위원회를 거쳐야 하는데 이때 문제가 되는 것이 느린 업데이트이다. 영상물등급위원회에서 Netflix가 들여오는 대량의 콘텐츠를 심의하고 검열하는 과정에서 자연스럽게 병목현상이 발생하는 것이다. 이는 영상물등급위원회라는 검열기관의 고질적인 문제이나 충분히 준비되지 않은 상황에서 한국 진출을 서두른 Netflix의 책임도 크다. 이는 오히려 한국 고객들의 불만을 가져왔으며 한국에서의 Netflix의 이미지를 해치는 요인이 되었다. Disney Plus가 Netflix보다 한참 늦은 2021년에 한국 시장에 진출하겠다고 선언한 것은 Netflix의 사례를 참고하였을 가능성이 높다.

(3) 최근 행보에 대한 평가

거대 자본을 앞세운 Netflix의 공격적인 확장 정책은 많은 우려를 낳았다. 현재 미국의 대표적인 IT 기업들은 거대 자본을 앞세워 인수합병과 공격적인 확장 정책을 통해 몸집을 불렸다. 이러한 모습은 과거 20세기 초 거대 독점 자본이 경제를 지배하던 산업 환경이 현재 거대 자본을 가진 IT 기업들에 의해 재현되는 것이 아닌가라는 우려를 낳고 있다.

한때 미국 주식시장을 견인하는 거대 IT 기업들을 뜻하는 FAANG의 일원 중 하나로 Netflix(N)가 꼽혔다는 것 자체가 이러한 부정적인 시각을 반영한다. 그만큼 Netflix의 공격적인 확장을 경계하는 시선들이 많다. Netflix를 비난하는 사람들은 이러한 소수 거대 자본의 미디어 시장 독점은 미디어 콘텐츠의 독점뿐만 아니라 콘텐츠 과잉 생산을 유발해 콘텐츠의 질을 떨어뜨릴 것이라고 우려한다. 이는 장기적으로 독과점으로 이어져 결국 미디어 시장의 다양성과 개성을 감소시킬 것이라고 예견한다.

하지만 이에 대한 반론 역시 존재한다. 일단 기존 미디어 산업을 왜곡시킨 것은 Disney 같은 미디어 공룡 기업과 거대 방송사들의 몫이 크다는 점이다. 2017년 흥행 10위 안의 영화들을 보면 모두 블록버스터 시리즈들이며 모두 기존의 거대 미디어 회사들이 제작한 것이다.

Netflix는 미디어 산업의 신규 진입자에 불과하며 오히려 제작사 친화적 접근법으로 산업에 활력을 불어넣고 있다. 또한 여러 콘텐츠들을 발굴함으로써 개인화가 진행 중인 미디어 시장의 소비자들로부터 긍정적인 반응을 얻고 있다. 따라서 Netflix가 미디어 독과점 기업이라는 비판은 부당하다는 의견도 있다.

7. 코로나 팬데믹 상황에서의 Netflix의 대응전략

코로나 19로 인해 봉쇄령, 재택근무가 전 세계적으로 확산되고 있다. 규칙적 스케줄이 있는 전통적인 일상이 무너지고 집에서 여유시간을 활용하기 위한 여가거리가 필요했고 이를 충족시킬 수 있는 것이 대표적인 것이 온라인 비디오 스트리밍(over the top: OTT) 서비스이다.

코로나 19로 인해 봉쇄령이 내려지면서 2020년 1분기에 1,600만 명이 Netflix에 신규로 가입하였다. 이는 2019년 4분기 신규 가입자의 2배이다. 또한 6월 말까지 750만 명이 추가 가입할 것으로 예상하고 있다.

유럽에서는 넷플릭스 스트리밍 수요가 급증하면서 트래픽이 몰리자 인터넷 업체들의 부담을 줄이기 위해 일시적으로 영상 품질을 낮추는 조치를 취했다. 또한 고객 서비스 향상을 위해 직원 2,000명을 추가 고용하였다.

그러나 글로벌 시장에서 신규 가입자 증가는 이익에 크게 기여하지 않는다. 코로나 19로 인해 달러를 제외한 통화들의 가치가 하락하여 글로벌 매출 증가 효과가 크지 않기 때문이다. 또한 봉쇄 조치가 본격적으로 풀리기 시작하면 성장세가 감소될 것으로 예상된다. 이에 대해 Netflix는 봉쇄 조치 해제는 언제 집에 머무는 것이 해제될지 모르는 상황에서 단지 추측에 불과하다고 주장하고 있다.

그럼에도 불구하고 투자자들은 대부분의 사람들이 실내에 머무르는 현 상황이 Netflix에게 호재라고 보았고 이러한 추세를 반영되어 코로나 사태 이후 주가가 30% 상승하였다.

생각해보기

1. Netflix의 프로파일과 역사
2. 미디어 시장의 최근 변화는?
3. IT 기술 발전에 따른 Netflix의 대응책은 무엇인가?
4. Netflix의 혁신과 성공요인은 무엇인가?
5. Netflix가 처한 위협 요소에는 어떤 것이 있는가?
6. Netflix의 최근 전략과 성과는?
7. Netflix의 최근 재무적 성과는?

4. 기술 혁명과 코로나 팬데믹의 영향 요약

지금까지 산업혁명부터 인터넷의 발달로 이어진 인류의 기술발전이 초래한 유통의 변화를 거래 대상을 유형 제품, 전통적 서비스, 콘텐츠 서비스로 나누어 개관하였다. 아래에서는 각 기술 발달의 영향을 약술하였다.

(1) 산업혁명의 영향

산업혁명은 교통의 발달에 이바지하여 mass production, mass marketing의 발달을 촉진하였다. 또한, 신문, 잡지, 라디오, TV 등 mass media의 발달은 이러한 경제 체제를 더욱 심화시켰다. 이 시기에 전국적 브랜드 (national brand)가 등장하고 이를 효율적으로 유통하기 위하여 도매상, 소매상 등의 중간상이 출현하게 되면서 제조와 유통의 분리가 일어나고 유통의 길이가 길어진다. 또한, 이 시기에 여러 산업에서 프랜차이즈 시스템이 나타나기 시작하였다. 이러한 유통구조는 19세기 말부터 20세기 말까지 약 100년간 지속된다.

(2) 정보혁명의 영향

정보통신기술은 과거 수작업으로 이루어지던 재고관리, 물류관리, 품목관리 등의 자동화를 가능하게 함으로써 점포 대형화, 다점포화로 특징 지워지는 체인스토어 시대를 열었다. 파워 리테일러가 등장하면서 도매상이 배제되기 시작하면서 유통의 길이가 짧아진다. 또한, 정보혁명은 프랜차이즈 시스템의 매력도를 떨어트리는 계기가 되었다. 서비스 제공업체가 직영체제를 갖추기 시작하면서 서비스 유통의 길이가 짧아진다.

정보혁명은 원래 무형의 자산이었던 콘텐츠가 유형 상품화하는 계기가 되었다. 전자기기의 발달로 유형화된 콘텐츠는 중간상인에 의해 판매되거나 렌탈업체를 통해 대여되었다.

(3) 인터넷의 영향

e-commerce와 인터넷 플랫폼이 발달하면서 유통의 길이가 더욱 짧아진다. 이 시기에 나타난 가장 큰 변화는 20세기 말 크게 번창한 전문점 (category killer)의 쇠퇴이다. 예를 들어 과거 전자기기에 관한 정보를 Best Buy 등 오프라인 소매점에서 얻고 구매하던 소비자가 인터넷에서 정보를 얻고 오프라인에서 제품을 확인한 후 (showrooming) 이커머스에서 구매하는 현상이 나타났다. 인터넷과 스마트 기기, SNS의 발달로 다양한 omni channel이 등장하였고 정보 획득이 용이해지면서 프랜차이즈 시스템의 매력도를 보다 더 하락시켰다. 이러한 기술은 서비스산업에서 공유경제 모델의 출현을 낳았고, 온라인 스트리밍 서비스는 유형화되었던 콘텐츠를 다시 무형화하였고 구독경제형 온라인 콘텐츠 스트리밍 사업이 번창하는 계기가 되었다.

(4) 4차 산업혁명의 영향

4차 산업혁명은 생산방식을 변화시킨다. 3D 프린터, 빅데이터, 인공지능, 로봇, 스마트 팩토리 등의 기술은 산업혁명 이후의 대량생산 방식을 다시 주문생산 방식 (on demand)으로 변화시킨다. 인공지능은 탐색의 편리성을 더욱 강화함으로써 이커머스가 더욱 번창하는 계기가 되었고 mass customization 또는 1:1 marketing이 강화되면서 구독경제가 발달하는 촉매제가 되었다. 대면형 서비스업에서는 서비스 제공자가 점차 로봇으로 대체되고 있다. 콘텐츠 유통에서는 고객별 추천 기능이 핵심경쟁력이다. 이를 위해 인공지능을 이용한 고객의 빅데이터 분석이 필수적이다.

(5) 코로나 팬데믹의 영향

많은 의료 전문가들이 예상하는 바와 같이 향후 주기적으로 변종 바이러스의 팬데믹이 발생한다면 기존 산업의 명암이 극명히 갈라지게 될 것이다.

가장 커다란 변화는 mobility 산업에서 나타날 것이다. 사람의 mobility 수요는 줄어들 것이고 대신 사람에게 전달되어야 하는 물건에 대한 mobility 수요는 늘어날 것이다. 비대면 사업인 이커머스의 발달과 이로 인한 배달사업의 번창이 지속될 것이고 전통적 오프라인 소매점은 퇴조하겠지만 Wal-Mart의 주문 후 비대면 픽업 서비스인 Drive-Up and GO와 같은 창의적인 옴니 채널을 구축한다면 오프라인 소매업의 장래가 마냥 어두운 것만은 아니다. Wal-Mart나 창의적인 옴니 채널 전략을 구사하는 오프라인 기업은 이커머스의 가장 큰 약점인 배달 시간으로 인한 소비의 지연 (latency)의 불편함을 적극 활용할 수가 있다.

신종 바이러스의 창궐로 인한 주기적 팬데믹은 전통적 대면 서비스업, 특히 공유경제에 심각한 타격을 줄 것이고 집에 머무는 시간이 늘어나면서 영화, 음악, 서적, 게임 등의 비대면 서비스인 콘텐츠 사업이 번창할 것으로 예상되며 이러한 콘텐츠 사업의 기본 모델인 구독경제모델이 주목받을 것으로 전망된다.

재택근무가 일상화할 가능성이 크고 이러한 비대면, 재택근무 환경의 최적화를 위해 5G 통신망과 인공지능이 비약적으로 발전할 것이고 이러한 기술을 선제적으로 도입하는 기술 기업들의 독과점화는 더욱 심화될 것이다.

바이러스 팬데믹은 부동산 시장의 양극화를 가져와서 주택 시장은 활성화하는 반면 오피스, 상가에 대한 수요는 크게 감소할 것이다.

재택근무가 늘어나면서 주택 내 소비재에 대한 수요가 높아질 것이다. 고가 하이파이 오디오, 대형 스마트 TV, 고급 소파 등의 가구, 실내장식, 건자재 사업 등이 번창할 것으로 예상된다.

참고문헌

Kotler and Armstron(2019). *Principles of Marketing*, 17th edition. Prentice Hall.

A very brief history of franchising. https://www.informit.com/articles/article.aspx?p=360649&seqNum=2

History of P&G: Timeline and Facts. https://www.thestreet.com/personal-finance/history-of-procter-and-gamble

P&G Homepage. https://us.pg.com/

P&G Wikidepia. https://en.wikipedia.org/wiki/Procter_%26_Gamble

P&G History. https://www.pg.com/en_US/downloads/media/Fact_Sheets_CompanyHistory.pdf

What is a franchise?. https://www.franchise.org/faqs/basics/what-is-a-franchise

공유경제. http://www.korea.kr/special/policyCurationView.do?newsId=148868025&pWise=-main&pWiseMain=L4

공유경제, 약인가? 득인가?. https://brunch.co.kr/@pandora/51Uber home page, https://www.uber.com/kr/ko/What is the shraing economy? https://www.businessbecause.com/news/insights/6736/what-is-the-sharing-economy

Pros and cons of sharing economy. http://www.koreaittimes.com/news/articleView.html?idxno=91226

구독경제란 무엇인가?. https://mirakle.mk.co.kr/view.php?year=2019&no=120133

구독경제 급성장, 소비 개념을 바꾸고 있다. http://www.foodbank.co.kr/news/articleView.html?idxno=57396

구독경제 전성시대. https://cm.asiae.co.kr/article/2020012811271718835

Guide to subscription business models for 2019. https://www.priceintelligently.com/blog/subscription-business-model

Subscription economy enters mainstream. http://www.koreatimes.co.kr/www/tech/2020/02/133_277835.html

Amazon 사례

김창중(2006). "아마존닷컴의 성공사례에 관한 연구". 석사학위논문, 동국대학교.

김가을, 박선진, 진현석, 변상선(2019). "4차 산업혁명 시대의 마케팅 전략: 아마존(Amazon)". 한국정보통신학회 종합학술대회 논문집, 23(2), 107-108.

빈창현, 전병준(2019). "전자상거래 경쟁력 확보를 위한 플랫폼과 물류 혁신: 아마존 사례". 전자무역연구, 17(4), 1-22.

사토 마사유키(2019). 아마존 룰: 경영 철학, 시스템, 소통방식, 그리고 14개 리더십 원칙으로 알아보는 글로벌 기업 아마존의 성공 비결. 정문주 옮김, 위키미디어.

존 로스만(2017). 아마존 웨이: 세계에서 가장 파괴적인 기업 아마존의 모든 것. 김정혜 옮김. 와이즈맵.

Amazon Homepage. https://www.amazon.com/

Amazon Wikipedia. https://en.wikipedia.org/wiki/Amazon_(company)

Amazon Korea. https://byline.network/2019/06/16-55/

Amazon history stock price quote. https://finance.yahoo.com/quote/AMZN/

Amazon Prime. https://en.wikipedia.org/wiki/Amazon_Prime

Amazon Web Services. https://www.amazonaws.cn/en/

Amazon: coronavirus Comapany Impact report. https://www.businesswire.com/news/home/20200529005293/en/Amazon-Coronavirus-COVID-19-Company-Impact-Report-2020

History of Walmart: Timeline and Facts. https://www.thestreet.com/markets/history-of-walmart-15092339

아마존 성공요인

https://m.post.naver.com/viewer/postView.nhn?volumeNo=27643167&memberNo=43606008https://happist.com/567810/%EC%B0%A8%ED%8A%B8%EB%A1%9C-%EC%9D%BD%EB%8A%94-%ED%8A%B8%EB%A0%8C%EB%93%9C-%EC%95%84%EB%A7%88%EC%A1%B4-%EC%97%B0%EB%8F%84%EB%B3%84-%EB%A7%A4%EC%B6%9C-%EC%98%81%EC%97%85%EC%9D%B4%EC%9D%B5-%EA%B7%B8/http://www.iconsumer.or.kr/news/articleView.html?idxno=8713

http://www.ulogistics.co.kr/test/board.php?board=column2&page=1&command=body&-no=519

https://www.hankyung.com/international/article/2017101724631

https://www.slideshare.net/pageraum2/201710-81040681

https://news.joins.com/article/23273650

https://www.slideshare.net/pageraum2/201710-81040681

아마존 실패사례

https://happist.com/540903/%EC%8B%A4%ED%8C%A8%EB%A5%BC-%EB%91%90%EB%A0%A4%EC%9B%8C%ED%95%98%EC%A7%80-%EC%95%8A%EB%8A%94-%EC%95%84%EB%A7%88%EC%A1%B4%EC%9D%98-%EC%8B%A4%ED%8C%A8-%EC%82%AC%EB%A1%80%EB%93%A4-10%EA%B0%80%EC%A7%80/

아마존 전략

http://digitaltransformation.co.kr/2019%EB%85%84-%EC%A3%B-C%EB%AA%A9%ED%95%B4%EC%95%BC%ED%95%A0-%EC%95%84%EB%A7%88%EC%A1%B4amazon%EC%9D%98-5%EA%B0%80%EC%A7%80-%EC%A0%84%EB%9E%B5/

http://www.lgeri.com/report/view.do?idx=18368

닷컴 버블

https://ko.wikipedia.org/wiki/%EB%8B%B7%EC%BB%B4_%EB%B2%84%EB%B8%94

https://www.hankyung.com/finance/article/2019052422531

https://www.asiae.co.kr/article/2010030900071576634

https://www.blockmedia.co.kr/archives/66716

https://www.edaily.co.kr/news/read?newsId=02591206592902336&mediaCodeNo=257

아마존 프라임

https://ko.wikipedia.org/wiki/%EC%95%84%EB%A7%88%EC%A1%B4_%ED%94%84%EB%9D%BC%EC%9E%84

아마존의 시대, 이대로 괜찮은가

https://newspeppermint.com/2018/04/26/ageofamazon/

http://www.donga.com/news/article/all/20200103/99068870/1

http://www.mediasr.co.kr/news/articleView.html?idxno=42420

http://www.etoday.co.kr/news/view/1590938

아마존 재무 현황

https://mgmresearch.com/amazon-revenues-and-profits-analysis-2019-update/

http://blog.naver.com/PostView.nhn?blogId=jinlezza&logNo=221321410581&categoryNo=0&parentCategoryNo=0

아마존 vs 쿠팡

https://byline.network/2019/01/18-42/

https://dvdprime.com/g2/bbs/board.php?bo_table=comm&wr_id=20140916

아마존 AWS

https://aws.amazon.com/ko/

https://www.venturesquare.net/582856

아마존의 미래

https://techrecipe.co.kr/posts/14838

http://weekly.chosun.com/client/news/viw.asp?ctcd=c05&nNewsNumb=002464100010

Fulfillment By Amazon (FBA). https://sell.amazon.com/fulfillment-by-amazon.html

Uber 사례

4차산업 선두주자?… "우버, 美 대중교통이용 줄이고 교통체증 늘렸다". https://www.businessinsider.com/uber-launches-public-transit-las-vegas-second-city-denver-2020-1

경제이슈: 우버 영업 금지법. https://www.opinionnews.co.kr/news/articleView.html?idxno=33357

리프트, 분기 매출 10억佛 돌파에도 흑자 요원...시간 외 5% 하락. https://stonebc.com/archives/14224

승차공유? 차량공유? 한국 모빌리티 서비스 따져보니. http://channel.mk.co.kr/golf/news/view_new.php?sc=30600032&cm=%B1%B3%C5%EB&year=2019&no=515511&-selFlag=&relatedcode=

'우버'는 이제 업계 1위가 아니다. http://m.hani.co.kr/arti/economy/it/896979.html#cb

우버(Uber)의 뒤를 바짝 쫓는 제대로 된 후발주자, 리프트(Lyft). https://1boon.kakao.com/cidermics/1930

우버, 3700명 일시 해고...코로나19에 공유기업 '휘청'. http://m.kmib.co.kr/view.asp?arcid=0924123263

우버가 한국에서 계속 실패하는 이유. https://mobisoftinfotech.com/resources/blog/uber-business-model-explained/

카풀 반쪽 허용… 타다 상생안에 쏠리는 눈. http://www.gri.re.kr/gri-issue-brief/?pageid=16&uid=21037&mod=document

Uber Homepage. https://www.uber.com/

Uber Wikidedia. https://en.wikipedia.org/wiki/Uber

Coronavirus: Uber announces drastic cuts to secure its future. https://www.bbc.com/news/business-52711649

The history of how Uber went from the most feared startup in the world to its massive IPO. https://www.businessinsider.com/ubers-history

Uber business model explained: from start to finish. http://www.newspim.com/news/view/20200212000095

Uber Eats. https://www.ubereats.com/https://brunch.co.kr/@godnjs988/5

Uber has expanded public transit options to Las Vegas. http://www.biztribune.co.kr/news/

articleView.html?idxno=233897

Uber Technologies Revenue 2017-2020 | UBER. https://www.macrotrends.net/stocks/charts/UBER/uber-technologies/revenue

Netflix 사례

[4차]넷플릭스 알고리즘 분석(151106). https://www.slideshare.net/itsociety/4-151106-58384116

송민정(2015). 동영상 스트리밍 기업인 넷플릭스의 비즈니스모델 최적화 연구 -비즈니스모델 혁신 이론을 토대로, KABS 방송통신연구.

넷플릭스의 역사: DVD 대여에서 스트리밍 성공에 이르기까지 (BBC 코리아). https://www.bbc.com/korean/news-42829225

넷플릭스가 스타트업의 전설이 된 요인 3가지. https://www.huffingtonpost.kr/2017/01/11/story_n_14117826.html

넷플릭스, 드디어 '원수'를 파트너로 끌어들였다. http://www.mediatoday.co.kr/news/articleView.html?mod=news&act=articleView&idxno=142508#csidx8bd0353e5b4752a91d1247acc77ab55

넷플릭스 · 유튜브는 '콘텐츠 포식자'… 제작 · 유통 · 투자 무차별 공습. https://www.hankyung.com/life/article/2018082449381

넷플릭스의 거침없는 국내 시장 질주. https://www.mk.co.kr/news/business/view/2018/06/387031/

넷플릭스, "한국 오리지널 콘텐츠를 세계로. https://www.bloter.net/archives/329575

넷플릭스, 일본 애니메이션 산업을 흔들다. http://www.kobiz.or.kr/new/kor/commBoard/news/commNewsView.jsp?seq=2188&blbdComCd=601001

넷플릭스와 디즈니가 한국에서 벌이는 미디어 대전 l 한국이 갑자기 VIP 국가로 부상한 이유. https://www.youtube.com/watch?v=DwN3gngcnGo

넷플릭스 코로나19 기간 1억 시간 시청 늘었다. https://www.sedaily.com/NewsVIew/1Z2LVOINKW

넷플릭스, "한국 오리지널 콘텐츠를 세계로. https://www.bloter.net/archives/329575

넷플릭스 '오늘의 TOP 10'으로 본 K드라마 저력…'킹덤' 주요국 1위. http://sports.khan.co.kr/entertainment/sk_index.html?art_id=202003211906003&sec_id=540201#csidxbcfa00f369ca680b7a09fcece0db88b

내년 한국에서 벌어지는 넷플릭스와 디즈니의 미디어 세계 대전 l 우리가 팝콘을 준비해야 하는 이유 l 1부 왕좌의 게임. https://www.youtube.com/watch?v=sv1Ti1hH4mA

디즈니, 마블, 픽사를 한 번에? 디즈니 플러스 사전 예약 시작. https://hypebeast.kr/2019/9/disney-plus-streaming-service-preorder-live-sign-up-early-now-monthly-subscription

디즈니 플러스 북미 공식 출시, 한국은 언제?. https://hypebeast.kr/2019/11/disney-plus-official-launch-10-million-sign-ups

북미 OTT 시장 지각변동, 넷플릭스 · 아마존에 HBO맥스 · 피콕 가세. http://it.chosun.com/site/data/html_dir/2020/01/03/2020010302647.html

영화계의 넷플릭스를 꿈꿨던 무비패스 실패 사례. https://happist.com/562008/%EC%98%81%ED%99%94%EA%B3%84%EC%9D%98-%EB%84%B7%ED%94%8C%EB%A6%AD%EC%8A%A4%EB%A5%BC-%EA%BF%88%EA%BF%A8%EB%8D%98-%EB%AC%B4%EB%B9%84%ED%8C%A8%EC%8A%A4-%EC%8B%A4%ED%8C%A8-%EC%82%AC%EB%A1%80/

코로나19: 도시가 문을 닫으며 달라진 주말의 의미. https://www.bbc.com/korean/news-52211990

코로나19: 전 세계 봉쇄조치로 넷플릭스 가입자 1600만명 늘어. https://www.bbc.com/korean/international-52378213

콘텐츠 냉전시대…넷플릭스, 계속 성장할까. http://www.zdnet.co.kr/view/?no=20181024152756&re=R_20190118083654

Netflix Homepage. https://www.netflix.com/

Netflix Wikipedia. https://en.wikipedia.org/wiki/Netflix

Cinematch. https://www.algorithmhalloffame.org/algorithms/cinematch/

History of Netflix in Short : Revolutionizing Video Content We Watch. https://brandriddle.com/netflix-history/

How Netflix Works. https://electronics.howstuffworks.com/netflix2.htm

Netflix genre codes: How to find 'hidden' movies and TV shows. https://7news.com.au/entertainment/netflix-australia/netflix-genre-codes-how-to-find-hidden-movies-and-tv-shows-c-590095

Netflix's history: From DVD rentals to streaming success. http://www.bbc.co.uk/newsbeat/article/42787047/netflixs-history-from-dvd-rentals-to-streaming-success

Netflix lifted the lid on how the algorithm that recommends you titles to watch actually works. https://www.businessinsider.com/how-the-netflix-recommendation-algorithm-works-2016-2

The Fascinating History of Netflix. https://interestingengineering.com/the-fascinating-history-of-netflix

Chapter 2

유통의 기본원리

학습내용

1. 관여도란 무엇인가?
2. 소비자의 쇼핑 시 욕구와 구매 행동을 고려할 때 생필품 (저관여 제품) 유통과 전문품 (고관여 제품)유통의 기본 원리가 어떻게 다른가?
3. 생필품 구매 시 소비자는 어떤 욕구를 가지고 있으며 생필품의 유통원리는 무엇인가?
4. 전문품 구매 시 소비자는 어떤 욕구를 가지고 있으며 전문품의 유통원리는 무엇인가?
5. 선진 외국과 우리나라의 전문품 유통의 차이는 무엇인가?
6. 공동소매점과 전속대리점의 차이는 무엇인가?
7. 전숙대리점의 장단점은 무엇인가?
8. 매입판매와 위탁판매의 차이는 무엇인가?
9. 위탁판매의 문제점은 무엇인가?
10. 수수료 (위탁) 백화점의 문제점은 무엇인가?
11. 전속대리점, 위탁판매, 수수료 백화점이 소비자 물가에 미치는 영향은 어떠한가?
12. 우리나라의 낙후된 전문품 유통의 개선책은 무엇인가?
13. 인터넷의 발달은 전문품 유통에 어떤 변혁을 가져왔는가?

사례

모든 것은 Wal-Mart로 : Walmartrization

학습목표

1. Wal-Mart의 역사를 살펴볼 때 품목 구성 (merchandising) 전략은 어떻게 변화하였는가?
2. Wal-Mart의 여러 소매업체 유형의 특징은 무엇인가?
3. Wal-Mart가 매출 기준 1위 기업이 된 주요 성공 요인은 무엇인가?
4. 근자에 Wal-Mart의 매출이 정체된 이유는 무엇인가?
5. 이커머스의 확산에 대한 Wal-Mart의 대응 전략은 무엇인가?

1. Wal-Mart 소개

Sam Walton이 아칸소 주에서 작은 잡화점을 연 것에서부터 시작한 Wal-Mart는, 현재 전 세계 27개국에 걸쳐 220만 명의 종업원을 거느리고 1만여 개의 매장을 운영하고 있는 매출액 기준 세계 1위의 기업이다. Wal-Mart에서 취급하는 상품은 거의 모든 종류의 생활소비재이며, 특히 식품류가 전체 매출액의 50% 이상을 점유하고 있다.

Sam Walton의 첫 직장은 J. C. Penney 백화점으로 근무기간은 1년 정도였지만 이 경험은 소매점 경영에 많은 것을 느끼고 배우는 기회가 되었다.

2차 세계대전 이후 미국 아칸소 주로 돌아온 Sam Walton은 자신의 돈에 친척과 군대에게 빌린 돈을 보태 잡화점인 Ben Franklin 잡화점을 인수했다. 인수 시 Ben Franklin 잡화점은 연 매출 7만 달러 정도의 가게였지만 2년 만에 모든 빚을 갚고 5년 후에 연 매출 25만 달러를 기록하여 주변 네 개의 주로 가게를 확장하였다. 그러나 임대차 계약 실수로 건물주가 계약 갱신을 거부하면서 Sam Walton은 잡화점을 5만 달러에 팔아야만 했다.

사업체를 잃은 Sam Walton은 좌절하지 않고 1962년 아칸소 주 벤튼 빌에서 Wal-Mart Discount City라는 이름으로 첫 Wal-Mart를 개장하였다. 비슷한 시기에 Kmart를 위시한 수많은 업체가 디스카운트 사업을 개시하였다. 도심이 아닌 소규모 도시와 교외지역에 입점하는 전략을 택한 Wal-Mart는 값싼 상품을 제공하면서 매장별 수익을 높여가게 된다. 1969년에는 아칸소와 미주리에 18개의 Wal-Mart 매장을 열었고, 1976년도에 매장 확대의 필요성으로 인해 증권시장에 상장하여 1억 7,500만 달러 상당의 가치를 가진 상장 회사가 되었다. 그 결과 1987년에는 Sears와 Kmart에 이어 세 번째로 큰 소매 업체가 되었다. 1991년 멕시코를 시작으로 해외 28개국으로 사업을 확장하였으나 일부 해외 사업은 성공하였고 독일, 영국, 한국 시장 등에서는 실패함으로써 글로벌화에 한계를 보이기도 하였다. 90년대에 들어 Sears마저 제친 Wal-Mart는 Wal-Mart 슈퍼센터, Sam's Club, Neighborhood Market, Walmart.com 등 계속해서 매장 형태를 확장하면서 지금까지 세계 1위의 소매업체뿐 아니라 전 업종에 걸쳐 매출액 기준 1위 자리를 지키고 있다. Wal-Mart는 Sam Walton-Davis Glass-Lee Scott으로 이어지는 CEO 승계를 성공적으로 이어가면서 기업 내부적으로 큰 혼란 없이 안정적인 사업을 영위하고 있다.

Wal-Mart는 대략 5가지 형태의 매장들로 구성되어 있다.

(1) Wal-Mart Discount Store

1962년에 처음 문을 연 Wal-Mart의 오리지널 매장이다. 비식품만을 취급하고 평균 직원 200명이 운영하며 평균 106,000평방피트 (2,980평)의 크기이다. discount store의 효시는 1948년 미국에서 개장한 Korvettes이다.

(2) Wal-Mart Supercenter

1990년에 문을 연 Wal-Mart 오프라인 매장 중 가장 큰 메가 스토어이다. 식품과 비식품을 모두 판매하며 직원 300명에 약 182,000평방피트 (5,100평)의 대형 매장으로 24시간 영업한다. 슈퍼센터에서는 신선 제품부터 전자제품에 이르는 거의 모든 제품을 판매하며 은행, 오토 케어 센터, 가든 센터 같은 부수적인 전문점을 취급하고 있다. 유럽의 하이퍼마켓인 Carrefour를 모방한 매장 형태로서 식품을 취급하면서 2000년대 Wal-Mart의 성장을 주도한 업태이다.

(3) Sam's Club

1983년부터 운영된 회원제 도매 클럽이다. 회원제 도매 클럽인 Price Club과 Costco를 견제하기 위해 만들어졌으며 이름은 창업자인 Sam Walton에서 유래되었다. 보통 Wal-Mart discount store가 70,000SKU (stock keeping unit: 재고관리단위)를 가지고 있는 것에 비해 현저히 적은 3,500SKU를 보유하고 있지만 Wal-Mart discount store와 별도의 재고를 가지고 도매 수량으로 제품을 판매하고 있다. 그 결과 Wal-Mart 매장의 마진 평균인 23%보다 낮은 13%의 마진율을 부과하고 있으며 Sam's Club은 Wal-Mart 수익의 12%를 차지하고 있다. 2018년 말부터 Amazon의 무인 매장인 Amazon Go에 대항하기 위한 무인 매장인 Sam's Club Now의 거점으로 활용되고 있다.

(4) Wal-Mart Neighborhood Market

기존 Wal-Mart 매장들과 달리 도심 커뮤니티 고객을 대상으로 하는 소형 매장이다. 직원 95명을 보유한 38,000평방피트 (1,000평) 크기의 소형 매장으로 슈퍼 센터보다 식료품, 신선 제품, 생필품, 의약품을 더 중점적으로 다룬다. 설립 목적에 따라 교외지역에 입주하던 기존 Wal-Mart 오프라인 매장들과 달리 도심에 적극적으로 진출하고 있다.

(5) Walmart.com

Wal-Mart는 1996년부터 이커머스를 시작하였으나 2006년에 전자 상거래를 위한 웹 사이트를 재설계하여 운영하므로, 이커머스 업체로서는 비교적 후발업체이다.

그러나 2016년 Jet.com을 인수하면서 Wal-Mart는 이커머스 분야를 강화한다. 현재 Jet.com을 비롯하여 여러 소매 기업들이나 브랜드를 인수하면서 이커머스에도 확고한 입지를 다지고 있으며 Walmart.com에서는 픽업 서비스와 같이 기존 Wal-Mart 오프라인 매장과 연계한 옴니 채널 (omni-channel)전략을 구사하고 있다.

Wal-Mart는 자체 혁신에 의해 비즈니스 모델을 창안하였다기보다는 선진 기업을 벤치마킹하여 성장한 기업이다. 비식품만을 판매하는 discount store는 Korvettes를, Sam's club은 Price Club을, Supercenter는 Carrefour를, 이커머스는 Amazon을 모방하였다. 그러나 Wal-Mart는 모방에 그치지 않고 각각의 비즈니스 모델을 더욱 발전시켜 경쟁력을 확보하게 된다.

Wal-Mart의 역사에서 가장 획기적인 사건은 이전까지 비식품만을 판매하던 사업 (discount store)을 확대하여 1988년부터 식품을 취급하는 supercenter 사업을 시작한 것이다. 식품의 특성상 고객의 방문빈도가 늘어나서 미국 국민의 Wal-Mart 월평균 방문빈도가 6회에서 8회로 늘었고 방문 시 식품과 비식품을 동반구매하면서 평균

객단가가 늘어났다. 이러한 전략적 변화로 Wal-Mart는 2000년대부터 2010년대 중반까지 연평균 17%의 성장을 기록하였다.

2. Wal-Mart가 과거 매출 기준 유통업체 1위가 된 주요 성공요인은?

작은 시골 할인점에서 시작한 Wal-Mart가 다른 경쟁사들을 누르고 유통업계 1위가 될 수 있었던 이유는 1) EDLP (Every Day Low Price)로 대표되는 최저가 정책과 2) 고객 접근 전략이다.

(1) 최저가 정책

EDLP (Every Day Low Price: 상시저가전략)는 Wal-Mart를 대표하는 단어이다. 현재 유통 트렌드가 변화함에 따라 이에 맞춰 Wal-Mart 역시 프리미엄 브랜드 입점을 통한 브랜드 이미지 상승을 노리고 있지만 절대 EDLP만큼은 포기하지 않고 있다. Wal-Mart의 거의 모든 도전과 전략이 최저가 정책을 위해 발생했다고 보아도 무방할 것이다. 대표적으로 1) 지가가 도심보다 싼 교외 지역에 입점, 2) 적극적인 정보기술 활용, 3) 정보기술을 활용한 물류 최적화, 4) 10~15%의 저마진 정책을 예로 들 수 있다.

(2) 고객 접근 전략

Wal-Mart가 처음 오픈했을 당시 최고의 할인 매장이었던 Kmart와 달리 교외 지역에 입점한 것은 교외지역의 낮은 지가뿐 아니라 그 동안 주목 받지 못한 고객에게 접근할 수 있다는 장점이 있었기 때문이다.

미국은 소수의 대도시 지역을 제외하고는 넓은 국토에 인구가 흩어져 살고 있다. 이러한 상황에서 교외 지역을 중심으로 입점한다는 것은 교외 지역에 주로 살고 있는 하층민들을 고객으로 끌어들이고 합리적인 소비를 원하는 중산층들까지 Wal-Mart로 오도록 유도할 수 있다는 것을 의미했다. 실제로 당시 Kmart와 Wal-Mart의 매장당 수익을 비교하면 Wal-Mart의 매장당 수익이 Kmart의 매장당 수익보다 훨씬 높게 나타났다.

이후 Wal-Mart는 매장 수와 매장의 크기를 넓히면서 더 많은 고객들을 끌어들일 수 있는 접근성을 확보하였고, 미국인 80%의 생활권 내에 적어도 하나의 Wal-Mart가 존재하고 있다. Wal-Mart의 최저가 전략과 다양한 상품의 제공은 원스톱 쇼핑을 가능하게 하여 넓은 범위의 중산층과 하층민들을 고객으로 품는 원동력이 되었다.

그러나 이 두 가지 경쟁우위는 2000년대에 들어서 경쟁사들로부터 도전을 받게 된다. 최저가 전략은 다른 경쟁사들 역시 Wal-Mart를 벤치마킹하여 정보기술의 도입과 물류 최적화를 통해 일반화되었고 더욱이 물리적인 매장이 없는 이커머스는 가격적인 면에서나 SKU의 규모 면에서 Wal-Mart를 오히려 능가하는 경쟁력을 가지게 되었다. 또한 단순히 가격이 싸다는 것은 새로운 소비 주체가 된 밀레니얼 세대와 Z세대에게 그다지 매력적인 것이 아니다. 소비자들도 학습을 통해 가격이 싸면 그만큼 희생되는 것이 많다는 것을 인지하게 되었고 이로 인해 Wal-Mart는 자연스럽게 싸구려 점포라는 이미지를 갖게 되었다.

접근성 면에서도 타 오프라인 할인점 경쟁사들과의 차이가 줄어들게 된다. 90년대 경기호황 시에는 경쟁사들과 매장 출점 경쟁을 하였으나 2000년대 경기가 침체되면서 매장을 감축해야 하는 상황을 맞이하게 되었고 특히 이커머스는 집 앞까지 상품을 배달하기 때문에 접근성이 오프라인 매장 (offline store)에 비해 편리하며 지속적인 자동화를 통해 최대 비용 증가 원인 중 하나인 인건비 문제를 해결하는 데 매진하고 있다.

3. 미국의 생필품 소매업 현황과 환경

2010년대에 Amazon이 한창 성장하던 시기 일부 전문가들은 "오프라인 소매는 죽었다"라고 말할 정도로 미국의 대형 오프라인 유통업체들은 위축되었다. 그러나 아직 오프라인 업체는 여전히 소매업의 대부분을 차지하고 있으며 앞으로도 계속 변화해 나갈 것이다.

연간 글로벌 소매 매출 규모는 꾸준히 성장하여 2018년 약 3경 원에 이르렀다. 이 중 미국의 소매가 차지하는 비중은 이의 절반에 해당한다. 산업규모가 큰 만큼 전통적으로 소매업은 타 산업에 비해 급격한 변화가 빈번히 일어나지 않았다. 점포 운영이나 물류에서 IT를 도입한 점과 이커머스가 등장한 것을 제외하고는 특별한 기술적 발전을 찾아보기 어렵다. 소매업은 기술에 의존하여 가치를 창출하는 것보다는 가격을 낮추되 지출을 줄이고 효율성을 극대화하는 방법인 cost leadership이 경쟁의 핵심이었다. 하지만 근자에 들어 모든 소매기업이 가격 혁신을 외치면서 코스트 리더십만으로는 경쟁할 수 없는 상황을 맞이하게 되었다. 적자 마진을 오래 유지할 수 없기 때문에 업체 스스로가 고객 니즈에 초점을 맞추기 위해 변화해야 하며 저가 이외의 부가가치를 만들어 내야 했다. 바야흐로 디지털과 물리적 경험의 결합 (online to offline: O2O)이 소매업의 미래가 된 것이다.

주목할 만한 사실은 Amazon과 같은 온라인 기반 소매 기업들이 시장을 빠르게 잠식하고 있었지만, 오프라인 소매업체들은 이에 대해 빠르게 실행에 옮기지 못하고 있다는 것이다. 그 이유는 다음과 같다.

(1) 기술의 차이

온라인 유통이 태동될 무렵 많은 오프라인 기업들이 이커머스 사업에 진출하였다. 그러나 이들은 이커머스의 가장 중요한 성공요소인 기술력을 보유하고 있지 않았다. 이들은 많은 제품을 온라인상에 나열하여 싼 값에 판매하는 것이 이커머스의 성공요인이라 생각하였지만 Amazon과 같은 이커머스 전문 기업은 매칭 엔진 (marching engine)을 통해 고객이 필요로 하는 제품을 추천 (recommendation)하는 앞선 기술을 보유하고 있었다. 실제로 Amazon의 설립자인 Jeff Bezos는 Amazon을 유통기업이라기보다는 기술기업으로 정의하고 있다. 이러한 기술력은 향후 클라우드 사업인 Amazon Web Service (AWS)에 진출할 수 있는 기반이 되었다. 오프라인 기업들은 많은 시행착오를 거치면서 자신들이 이커머스 사업을 직접 운영하기에는 기술 관련 핵심 경쟁력을 갖추기가 어렵다고 판단하였고, 대형마트인 Target을 위시하여 많은 오프라인 기업들은 Amazon에 이커머스 사업을 의뢰하게 된다. 우리나라에서도 신세계와 롯데 등의 전통적인 오프라인 유통의 강자가 이커머스 사업에 뒤쳐진 가장 큰 원인은 이러한 기술적 문제가 있다.

(2) 시장 점유율 차이

미국에서 이커머스가 소매 매출 중 차지하는 비율은 2018년도 현재 약 10%에 머무르고 있다. 아직 대부분의 소비자들은 오프라인 매장에서 직접 물건을 보고 사는 것을 선호하고 있는 것이다. 오프라인 소매업자들은 10%의 점유율에 불과한 이커머스를 심각한 경쟁자로 보지 않는 성향이 아직 팽배해 있다.

(3) 온-오프라인 영역 확장의 성과

현재 오프라인 기반 소매업자들은 온라인 소매업자들을 벤치마킹하면서 이윤도 어느 정도 확보하는 안정적인 디지털화 과정을 겪고 있으며 Amazon을 비롯한 이커머스 기업들은 식품 같은 카테고리에서 의미 있는 성과를 내지 못하고 있다. 이러한 소매 시장의 판도는 Amazon이 오프라인 슈퍼마켓인 Whole Foods를 인수하면서 급격하게 바뀌기 시작하였다. A부터 Z까지 모든 영역과 소비자들을 잡겠다는 Amazon의 Whole Foods 인수의 파급력은 매우 컸다. Amazon이 Whole Foods를 인수할 당시 Whole Foods의 경쟁업체인 Supervalu 주식은 14.4%, Kroger주식은 9.2% 하락했다는 것이 이를 잘 나타내 준다.

앞서 언급한 바와 같이 소매업의 미래는 디지털과 물리적 경험의 결합에서 온다는 것을 모르는 기업은 없다. 이제부터는 누가 더 빠르게 이를 실현하는가에 성패가 달려 있다.

4. 근자에 Wal-Mart가 경쟁우위를 잃게 되면서 매출이 정체된 원인은?

Wal-Mart가 2010년대 들어서면서 경쟁우위를 상실한 이유를 알기 위해서는 현재 미국 소비자들의 세 가지 트렌드를 먼저 이해할 필요가 있다.

(1) 중간 소득층의 감소와 상위 소득층의 증가

전통적으로 미국에서는 가구당 소득에서 중산층이 가장 많은 비중을 차지하고 있었다. 그러나 시간이 지남에 따라 소득 양극화가 진행되면서 중산층은 감소하고 상위 소득자가 증가하는 추세를 보이고 있다. 저소득층의 비율은 큰 변화가 없다는 것을 감안할 때 중산층을 겨냥한 기업들은 자신들의 전략을 수정할 필요가 있었다. 이 트렌드에 부응하지 못한 기업으로 한때 중산층의 큰 인기를 끌었지만 지금은 몰락하고 있는 Sears를 예로 들 수 있다.

(2) 소비 주역이었던 베이비 부머 세대의 퇴조와 밀레니얼과 Z세대의 부상

베이비 부머 세대는 한때 소비 인구 중 가장 많은 비중을 차지하였지만 이들이 은퇴하면서 구매력이 감소하고 있다. 반면 새로운 특성을 보이면서도 강력한 구매력을 가진 밀레니얼 세대 (millennial generation)가 전면에 부각되기 시작했으며 새로운 문화를 형성하는 Z세대 (Z generation)가 소비 주체로 등장하고 있다. 이미 청년기에 들어선 밀레니얼 세대는 강력한 소비 주체이며 Z세대 역시 2030년이 지나면서 새로운 주요 수요층이 될 것으로 예상된다. 이들은 베이비 부머 세대와 달리 고도로 발달한 디지털 기술에 매우 익숙하며 이를 삶의 일부로 받아들이고 있다.

(3) 이커머스의 성장

2018년 현재 이머커스의 매출 비중은 전체 소매 매출의 10%에 지나지 않지만 꾸준히 성장하고 있으며 2022년에는 그 비중이 15%에 이를 것으로 전망된다. 온라인 유통이 시공간을 초월한 물류 혁신을 통해 가격적인 면에서 우위를 차지한 것은 차치하고라도 위에서 언급한 바와 같이 밀레니얼과 Z세대는 과거 베이비 부머 세대보다 오프라인 마켓에 대한 의존도가 낮기 때문에 이 세대의 소비문화를 분석하여 혁신적으로 대처하는 것이 필요하다.

이 중 Amazon은 가장 강력한 경쟁자이다. 이커머스에서 Amazon의 점유율은 2018년 49%를 기록하였다. 그리고 소비 주역으로 자리 잡고 있는 밀레니얼이 가장 선호하는 브랜드(44%)가 바로 Amazon이다. Amazon이 이렇게 높은 시장점유율과 밀레니얼의 지지를 받게 된 것은 집 앞까지 상품을 배달하는 물류 시스템 덕분이며 이러한 높은 접근성과 편리성을 무기로 상위 소득층까지 그 영역을 확대해 나가고 있다.

이에 반해 Wal-Mart는 중산층과 하위 소득층을 기반으로 성장한 유통업체로서 브랜드 이미지가 저가 이미지로 굳어져 있다. 변화하는 소비 트렌드에서 "Always Low Price"는 "Wal-Mart = 저가격 = 저품질"의 이미지로 이어질 수밖에 없었다. 이로 인해 합리적 가격에 고급품을 판매하는 Whole Foods나 Target과 비교했을 때 충성 고객을 확보하기가 쉽지 않다는 단점이 있다. 그렇다고 중산층과 저소득층을 완전히 확보하고 있는 것도 아니다. 흥미로운 점은 Wal-Mart가 시골과 교외지역에서 성장하여 Kmart를 물리친 것처럼 가난한 시골 지역과 은퇴자들을 타겟 마켓으로 교외지역에서 빠르게 성장하고 있는 소규모 염가 소매업체인 Dollar General이 Wal-Mart의 위치를 위협하고 있다.

5. 이커머스의 확산에 따른 Wal-Mart의 대응전략

Wal-Mart는 Jet.com 인수를 비롯하여 온라인 소매에 빠른 속도로 영역을 확장하고 있으며 새로운 비즈니스 모델을 고안하고 있다. 현재 소매업계에서 가장 두드러지는 비즈니스 모델의 변화는 크게 4가지이다. 그리고 Wal-Mart는 이 4가지 비즈니스 모델들을 기존 오프라인 유통망과 결합시키면서 빠르게 적용하고 있다.

(1) Click-to-Brick (Click & Mortar라고도 불림) 모델

온라인 매출 중 절반 이상은 재방문 시에 발생하며 80% 이상은 소비자들이 오프라인 매장에서 확인 후 구매한다. 그 이유는 고객이 온라인에서 구매를 할 경우 제품을 직접 만지고, 느껴보지 못하기 때문이다. Click-to-Brick 모델은 이러한 오프라인의 절대적인 이점을 살려 디지털과 결합하는 모델이다. 여기서 중요한 것은 Click-to-Brick 모델은 오프라인 소매업자가 온라인 사이트를 개설하거나 온라인 소매업자가 기존의 쇼룸과 유사한 형태의 매장을 갖는 것과는 다르다. 기존 소매기업들이 다른 영역으로 사업을 확장하는 것과 달리 Click-to-Brick이 가지는 진정한 의미는 머천다이징과 브랜드 경험의 혁신이다.

1) 머천다이징 (merchandising)

오프라인에서는 공간 제약이 존재하기 때문에 한정된 공간을 최대한 활용하여 매출을 극대화해야만 한다. 한 마디로 잘 팔릴 품목 위주로 진열해야 한다. 이때 오프라인 기업은 자신이 가진 고객의 구매 데이터를 이용하여 베스트셀러만 골라 진열하고 온라인 스토어와 동일한 혜택을 주면서도 매출을 유지하며 동시에 재고관리를 효율적으로 할 수 있다.

2) 브랜드 경험

온라인 소매업자가 순수하게 브랜드를 경험할 수 있는 오프라인 매장을 여는 방법이다. 따라서 이 매장은 매출을 내지 않아도 되며 재고를 가지고 있지 않기 때문에, 큰 공간이 필요하지 않다. 그리고 여기서 중요한 것은 한 브랜드가 채널을 여러 개 갖게 되면서 온라인과 오프라인에서의 경험을 동일화시키는 것이다.

Wal-Mart가 Click-to-Brick 모델을 활용하고 있는 남성 패션 브랜드인 BONOBOS를 인수한 것도 이러한 점에 착안한 것이다.

(2) Click & Collect

온라인에서 간단하게 장을 본 후 고객이 원하는 시간에 오프라인 매장으로 가서 제품을 픽업해오는 서비스이다. 오프라인 스토어의 단점은 고객이 직접 이동해서 제품을 살펴보고 선택해야 하는 시간과 노력이 수반되는 쇼핑이라는 번잡한 과정이 필요하다는 점이다. 그러나 고객이 온라인으로 제품을 골라 (click) 직원이 이를 모아 원하는 시간대에 픽업 (collect)할 수 있게 해준다면 고객 입장에서 매우 편리하다. Kroger의 경우 재고가 없으면 유사상품이나 PB 상품을 고객이 원래 주문한 가격으로 판매한다.

이는 Click & Collect만이 가지는 절대적인 장점인 직접성과 접근성을 살리면서도 디지털과 물리적 경험을 합치는 것이다. Wal-Mart는 90%의 미국인들이 Wal-Mart 매장에 접근할 수 있다는 점을 활용하여 Click & Collect 모델을 효과적으로 운영하고 있다. 고객이 배송을 받지 않고 직접 픽업하면 가격은 더 저렴해지고 직접 쇼핑하는 것보다 시간을 절약할 수 있다. Wal-Mart 역시 별도의 물류비용 없이 제품을 판매할 수 있으며 주문한 물건을 픽업하기 위해서 고객이 매장 방문 시 추가적인 구매를 유도하는 효과도 얻을 수 있다.

(3) Scan & Go

Scan & Go는 계산대에 대기할 필요 없이 모바일 앱 등으로 스캔(결제)하고 지나갈 수 있게 하는 모델이다. Amazon Go는 공개되면서 한때 주목 받았으나 한 번에 수용 가능한 인원이 한정되어 있기 때문에 대형 마트에서는 시기상조라는 평가를 받고 있다. 실제로 첫 Amazon Go는 기술상 문제로 수용인원이 20명 정도로 한정되어서 개점이 미뤄진 적이 있었다. 물론 기술의 발달로 더 많은 인원의 수용이 가능할 것이지만 대형 Amazon GO 매장에 갑자기 많은 사람들이 몰릴 경우 오류 없이 계산이 될지는 아직 미지수다.

반면 Wal-Mart의 Walmart Pay는 매우 간단한 모바일 결제 시스템이다. 미국 전역 5,000개에 달하는 모든 Wal-Mart 매장에서 Walmart Pay를 사용할 수 있다. Walmart Pay가 매력적인 이유는 많은 자금을 들이지 않고도 고객에게 큰 편의를 제공하는 서비스라는 것이다. 소매업에 있어 현재 가장 중요한 것은 속도이며 기술이 완벽할 필요는 없다. Amazon Go와 같이 카트에 물건을 실으면 자동 결제가 되는 기술적으로 완벽한 시스템은 아니라 하더라도 고객에게 편의를 제공할 수 있는 최소한의 시스템만으로도 고객만족을 제고할 수 있다.

(4) Last Mile Delivery

Last Mile Delivery는 소비자에게 전달되는 마지막 루트 및 과정을 의미한다. 실제로 물류 과정 중 가장 복잡하고 큰 비용을 차지하는 부분이며 소비자와 직접 연결된 루트이기 때문에 고객 경험과 밀접한 관련이 있다. Last Mile Delivery는 비용을 낮추는 효율성에 대한 문제와 고객 경험에 대한 문제, 두 가지를 동시에 해결해야 하는 어려운 과제이다.

Wal-Mart는 last mile delivery를 위해 230만 명에 달하는 내부 인프라를 활용하기 시작했다. 대표적으로 Walmart Associate Delivery가 있다. Jet.com을 인수하면서 Wal-Mart 이커머스 부문 사장으로 이직하게 된 Mark Louer 팀의 아이디어에서 비롯된 이 서비스는 직원이 퇴근하면서 주문 상품을 배송하는 것이다. 직원들은 최종 배송서비스를 통해 더 많은 수익을 올릴 수 있고, Wal-Mart는 이로 인해 천문학적인 비용을 절감할 수 있으며, 고객들은 좀 더 개인화된 서비스를 받을 수 있게 된다.

6. 소비자 구매 트렌드를 고려할 때 Wal-Mart의 향후 전망은?

위에서 Wal-Mart의 매출 감소 요인 3가지를 살펴보았다. Wal-Mart 역시 여기에 대응하여 새로운 전략들을 고안하여 시행하고 있다.

(1) 상위 소득층 확장, 밀레니얼, Z세대를 겨냥한 전략

1) 상위 소득층을 겨냥한 전략

저가 브랜드라는 이미지가 강한 Wal-Mart는 무리하게 기존 이미지를 바꾸려고 하기보다는 프리미엄 이미지를 가진 브랜드들과 협업하는 전략을 택하고 있다.

대표적인 사례로 미국의 고급 백화점인 Lord & Taylor 브랜드를 Wal-Mart에 입점시켰다.

또한 2018년 6월, Jet.com에서 Amazon Prime 멤버십과 유사한 'Jet Black'이라는 구독 (subscription) 서비스를 시작하였다. 월 50달러라는 상당히 비싼 구독료를 책정하고 있지만 상위 소득층을 겨냥한 것인 만큼 그 이상의 프리미엄 서비스를 제공하고 있다. 'Jet Black' 서비스는 Wal-Mart가 실리콘 밸리에 설립한 신기술 사업부 Store No.8의 인공지능 기술과 홈, 건강, 육아, 패션, 웰빙 등에 걸친 Wal-Mart의 전문 지식을 결합해 보다 개인화되고, 큐레이션된 서비스 제공을 목표로 하고 있다.

'Jet Black'의 눈에 띄는 서비스 중 하나는 텍스트 메시지로 쇼핑할 수 있는 서비스이다. 예를 들어 메시지로 애인이 생일을 맞았는데 선물이 필요하다고 보내면 관련 상품을 추천하고, 그 상품을 다음날까지 배송해주는 서비스이다. 그러나 아직 한계가 많다는 평가를 받고 있다.

2) 오프라인 매장 강화와 이커머스를 접목한 멀티 채널 전략 (multi-channel strategy)

이미 소비 주체로 떠오른 밀레니얼, Z세대에게 Wal-Mart는 올드한 구세대 브랜드에 가깝다. 그렇지만 앞으로 유통 시장에서 살아남기 위해서는 이들을 적극적으로 공략해야 한다.

이를 위해 Wal-Mart가 취한 전략은 젊은 세대에게 핫한 브랜드를 인수해 Wal-Mart 라인업에 포함시키는 전략이다. 이를 통해 밀레니얼과 Z세대에게 독점적인 콘텐츠를 제공할 수 있는 브랜드 포트폴리오를 구성하고 있다. 그리고 미국 가전 소매업인 Best Buy 등은 Amazon과 같은 이커머스 기업들이 가지고 있지 않은 오프라인 점포의 강점을 활용하여 매장 경쟁력을 강화하고 있다. 이는 아직 오프라인 매장이 전체 소매점 매출의 90%를 차지하고 있는 상황에서 매우 강력한 효과를 보이고 있다. 대표적인 사례로는 다음과 같은 전략이 있다.

① 매장 리모델링
② 매장 픽업 서비스
③ Endless Aisle (인터액티브 디스플레이를 이용, 상품 검색 및 주문)
④ Scan & Go & Walmart Pay
⑤ 도심으로 진출하는 Neighborhood Market
⑥ 글로벌 확장

3) 매장 리모델링

Wal-Mart는 매장에서 최상의 쇼핑 경험을 제공할 수 있도록 기존의 제품 진열중심에서 쾌적한 쇼핑 공간을 만드는 방향으로 매년 500개 정도의 매장을 리모델링하고 있다. Sam's Club을 제외한 미국 내 Wal-Mart 매장 수는 2018년 1월 말 기준 4,761개이므로 만약 매장 전부를 리모델링한다면 10년 가까이 걸릴 대규모 작업이지만 더 이상 미룰 수 없는 과제인 것이다. Wal-Mart는 더 넓은 통로, 더 낮은 선반으로 고객이 쉽게 상품을 찾을 수 있도록 하며, 멀리서도 쉽게 상품 구역을 식별할 수 있도록 사인 디자인을 개선하고 인터액티브 디스플레이 기술 적용을 위해 매장 구조와 위치를 바꾸고 있다. 그 결과 리모델링한 Wal-Mart 매장 모습은 어떤 면에서는 전문점인 Best Buy의 매장과 비슷한 고급스러운 느낌이 나고 있다. Wal-Mart는 낡은 이미지를 벗기 위해 Best Buy 등 선진 업체를 열심히 벤치마킹하고 있다.

4) 매장 픽업 서비스

이커머스와 오프라인 매장을 효율적으로 활용할 수 있는 방법이 바로 온라인으로 주문하고 매장에서 바로 상품을 찾아가는 픽업서비스라고 할 수 있다. 최근 오프라인 매장을 가진 유통업체들이 경쟁적으로 시도하는 방법이지만 Wal-Mart는 이를 가장 적극적으로 도입해 5,000여 개 오프라인 매장의 장점을 최대로 활용하고 있다. 오프라인 매장 픽업이 가능한 매장 수는 2016년 600개에서 2017년 1,100개로 증가했고 2018년에 700개가 추가되어 1,800개에 도달했다. 그리고 2019년 초에는 미국 내 4,600여 개 매장 중 현재 2,100개에 달하는 픽업 서비스 매장을 올 연말까지 3,100개로 늘릴 계획이라고 밝혔다.

① Wal-Mart 그로서리 픽업 (Walmart Grocery Pickup)

이러한 서비스를 위해서는 고객들이 빠른 시간에 상품을 전달받을 수 있는 픽업 공간이 필요하고, 추가 쇼핑을 쉽게 할 수 있는 구조를 만들어야 한다. 대표적으로 자동차에서 바로 픽업하는 Drive-up & Go (DUG) 서비스를 위한 자동차 픽업스테이션이 있다. 자동차 픽업스테이션에 고객이 차를 타고 매장을 찾아오면 직원들이 주문한 물건을 고객 차에 실어주는 서비스를 제공한다. 고객 입장에서는 싼 값에, 그리고 빠른 시간에 물건을 찾아갈 수 있고 매장에서 물건을 추가로 더 사갈 수 있기 때문에 Wal-Mart에게도 이득이 된다.

② 자동 키오스크 서비스

전술한 Wal-Mart 그로서리 픽업 서비스와 맥을 같이하지만 픽업을 자동화된 키오스크로 대체했고 24시간 운영된다는 점이 특징이다. 자동 키오스크 서비스는 매장 주차장에 대형 자동 키오스크를 설치하고 여기서 24시간 내내 구매한 상품을 자동으로 픽업할 수 있는 서비스이다. 고객이 온라인으로 주문하면, 매장 직원이 주문받은 상품을 포장해 키오스크에 넣어놓고, 고객은 24시간 언제든지 5자리 픽업 코드를 입력하면 키오스크에서 물건을 찾아갈 수 있다.

아직 일부 매장에서만 테스트 중이며 30달러 이상의 물품을 구입했을 때만 이용 가능하지만 고객이 원하는 시간, 원하는 방식으로 물품을 픽업할 수 있다는 점에서 시장 반응은 매우 긍정적이다.

5) Endless Aisle (인터액티브 디스플레이를 이용, 상품 검색 및 주문)

Endless Aisle은 제한된 상품 진열공간을 극복하기 위해 상품을 직접 전시하는 대신 인터액티브 디스플레이에서 상품을 검색하고 제품 구매 시 매장 직원이 구매 상품을 가져다주는 서비스이다. 보통 서핑보드나 텐트와 같이 부피가 큰 물건들을 이런 식으로 판매하고 있다.

6) Scan & Go와 Walmart Pay

대형마트를 이용하는 사람들이 항상 경험하는 것이지만 사람들이 붐비는 시간에는 계산대 앞에 한참 대기해야 하는 경우가 많다. GPShopper에 따르면 미국 인터넷 사용자의 48%는 계산대에서 줄을 설 필요가 없는 Scan & Go 기술이 쇼핑을 더 쉽게 만들 것으로 믿고 있으며 43%는 계산대에서 기다리는 것보다는 빠르게 스캔하고 쇼핑을 마치고 싶어 한다.

이러한 부정적인 고객 경험을 줄이기 위해 Amazon Go에서는 체크아웃 없이 그냥 간다는 것을 주요 차별점으로 부각시키고 있다.

Wal-Mart는 Amazon Go 수준은 아니지만 큰 투자 없이 계산 과정을 줄이는 방안을 제시하고 있다. 그중 하나가 Scan & Go로 개인 스마트폰이나 Wal-Mart가 제공하는 기기로 길게 줄을 설 필요 없이 빠른 속도로 구매 상품을 계산하는 것이다.

그러나 이 기술 적용은 현재 보류 중에 있다. 생각보다 사용률도 너무 낮았지만 셀프 체크아웃으로 인해 절도가 많이 늘었기 때문이다.

7) 도심으로 진출하는 Neighborhood Market

소비자들의 니즈가 다양화되고, 가족 규모가 작아지면서 소규모로 구매하는 경향이 높아짐에 따라 대규모 할인점의 효용이 점점 떨어지고 있다. 따라서 초대형 할인점으로 넓은 지역을 커버하는 대신 주거지 근처에 위치하여 쉽게 방문할 수 있는 작은 규모의 쇼핑센터의 필요성이 증가하고 있다. 시골지역 거주지 중심에 위치해 저렴한 지역 할인점 역할을 하면서 크게 성장하고 있는 Dollar General도 위와 같은 컨셉에 충실한 매장 방식이라고 할 수 있다.

Wal-Mart도 이러한 트렌드에 맞추어 오래전부터 식료품 판매 중심의 Neighborhood Market이라는 비교적 작은 규모의 도시형 마트를 활성화시키고 있다. Discount store는 지속적으로 감소하고 있고, supercenter와 Neighborhood Market은 증가 추세를 보이고 있다. 이 중에서도 Neighborhood Market은 2012년 이후 거의 3배로 증가할 정도로 빠르게 출점을 늘리고 있다.

8) 공격적인 글로벌 확장

미국 내 Wal-Mart 매출은 매장 리모델링 등을 통해 1~2%의 안정적인 성장률을 보이다가 2018년을 기준으로 전술한 여러 전략들이 빛을 발휘하고 그로서리 부문이 성장함으로써 주가가 상승하고 있다. 그러나 인터내셔널 부문은 2017년 중반부터 부진을 겪고 있다. 인터내셔널 매출이 성장세로 전환했다고는 하지만 미국 시장은 그 이상으로 성장하고 있으므로 글로벌 비중은 줄어들 것이라는 전망이 우세한 이유이다.

Wal-Mart의 인터내셔널 매출 성장이 정체된 것은 그동안 Wal-Mart가 글로벌 시장의 핫 트렌드인 이커머스 부분 투자를 소홀히 해 경쟁력을 강화하지 못했기 때문이며, 따라서 글로벌 시장에서 성과를 내려면 글로벌 이커머스에 대한 대안을 찾아야 할 것이다. Wal-Mart는 이러한 문제를 인식하고 글로벌 마켓에서 이커머스 경쟁력을 갖추기 위해 파트너십 및 투자를 강화하고 있다. Wal-Mart는 해외 시장에 오프라인 매장을 진출시키는 전략보다는 이커머스 관련 기업의 적극적인 인수와 공동투자를 통해 이커머스 사업을 강화하고 있다.

Wal-Mart의 글로벌 이커머스 투자는 이미 진출해 있는 오프라인 유통과 이커머스를 연결해 쇼핑 경험을 확대하는 목적의 파트너십 방식 (멕시코, 칠레, 아르헨티나 등), 현지 이커머스 업체와 합작회사를 세워 이커머스 시장에 대응하는 방식 (중국, 일본), 그리고 현지 이커머스 업체 자체를 인수하는 방식 (인도)과 같이 다양한 방식으로 이루어지고 있다. Amazon이 현지에 직접 이커머스 법인을 세워 공격적으로 이커머스에 도전하는 것과는 달리 Wal-Mart는 이미 과거에 해외 시장에서 경험한 실패를 거울 삼아 단계적으로 조심스럽게 접근하고 있다. 그리고 기회가 되면 인도 Flipkart의 인수처럼 과감한 투자를 하는 경우도 있다.

다음은 글로벌 마켓에서 Wal-Mart가 진행 중인 전략들이다.

① 중국 :
- 2016년에 중국에서 이커머스 사업을 매각
- JD.com과 제휴를 통해서 중국 이커머스 시장 가능성을 계속 살피는 중
- JD.com과 5억 달러를 투자해 온라인 식료품점인 Dada-JD Daojia를 설립하면서 협력 관계를 더욱 강화
- Dada-JD Daojia는 중국 전역에 10만 개 이상의 소매점과 거래를 하고 있

으며, 과일, 야채, 식료품 등을 주문 후 1시간 내 배송을 목표

② 일본 : • 2위 이커머스 업체 라쿠텐과 전략적 제휴
• 강력한 경쟁자인 Amazon이 일본에서 1위 이커머스 업체로 성장하고 있기 때문에 Wal-Mart로서는 그냥 방치할 수 없는 시장
• 라쿠텐과 온라인 식료품 배당 서비스 회사를 공동으로 투자해 설립
• 라쿠텐과 Wal-Mart의 자회사 Seiyu GK은 일본에서 'Rakuten Seiyu Netsuper'라고 불리는 새로운 온라인 식료품 배달 서비스를 시작하기 위해 합작회사를 통해서 일본에서 온라인 식료품 시장을 공략하겠다는 계획

③ 인도 : • 인도 제일의 이커머스 업체 Flipkart 인수
• Flipkart는 Amazon 출신인 사친 반살과 비니 반살이 설립하였으며 인도 이커머스 시장을 놓고 Amazon과 경쟁
• 그러나 Wal-Mart는 얻을 수 있는 것에 비해서 지나치게 높은 가격에 인수했다는 평이 많음

④ 아르헨티나 : • Mercadoni와 파트너십
• Mercadoni는 아르헨티나 수도인 부에노스아이레스에서 주문 후 2시간 배송 서비스를 제공
• Wal-Mart 고객은 Mercadoni 쇼핑몰에 접속해 Wal-Mart 상품을 주문하면 Mercadoni 주문 및 배송 프로세스에 따라 상품을 받을 수 있음

⑤ 멕시코/칠레 : • 2018년 Cornershop을 2억 2천5백만 달러에 인수
• Cornershop은 멕시코와 칠레에서 슈퍼마켓, 약국 그리고 특수 소매상들의 온라인 주문 배송 서비스 (on-demand delivery)를 제공하는 업체
• Wal-Mart의 강력한 공급망 체인과 스토어 네트워크를 활용해 중남미에서 옴니채널 기능을 강화하고 이커머스 중심의 성장을 도모하겠다는 전략의 일환

7. 코로나 팬데믹 상황에서의 Wal-Mart의 대응전략

코로나19 위기는 이미 Amazon에 밀린 수많은 유통업체의 생존을 위협하고 있다. 5월에만 고급 백화점 Neiman Marcus, 의류업체 J.Crew Group Inc., 양판점 J. C. Penny가 파산신청에 들어갔다.

그러나 코로나19로 인한 전 세계적인 실업대란 가운데에서도 Wal-Mart를 비롯한 일부 유통업계는 채용 규모를 늘리고 있다. Wal-Mart는 4월에 매장 · 유통센터 · 배달 업무를 위해 5만 명을 추가로 고용하는 등 총 23만 5000명의 시간급 직원을 새로 고용했다. Amazon도 4월에 직원 7만 5,000명을 추가 고용한다는 계획을 발표했다.

Wal-Mart는 미국 전역에 퍼져 있으며 넓은 주차장을 가지고 있다는 것을 이용해 드라이브 스루 식 코로나19 검사장을 설치하였다. Wal-Mart 입장에선 고객들이 Wal-Mart에 방문할 기회이기도 하나 증상자들이 대거 몰리면서 감염이 급증할 리스크 역시 존재하였다. 실제로 위에 언급된 검사소가 있는 오로라 Wal-Mart 매장의 경우, 코로나19 확진자가 다수 발생해 이 중 3명이 목숨을 잃었다.

Wal-Mart의 글로벌 매출은 코로나 발생 이후 8.6% 증가한 1,346억 2000만 달러, 순이익은 4% 늘어난 40억 달러로 집계됐다.

코로나19 팬데믹 속에서 미국인들의 사재기로 인하여 Wal-Mart는 화장지와 소독제품 등에 대한 수요 급증으로 수혜를 입었고 기타 생활필수품 매출도 크게 증가하였다.

3월 1일까지 3개월간 미국 내 매출이 1년 전보다 74% 급증했고 동일 점포 매출은 같은 기간 10% 늘었다. 코로나19의 확산이 본격화되면서 자택대기령(stay-at-home order)이 선포되자 소비자들이 식료품과 생필품을 대량으로 사들였기 때문이다. 또한 이 기간 점포를 방문하는 고객 수는 줄었지만, 인당 매출액이 16.5% 급증했다. 창고형 회원제 매장인 Sam's Club 매출도 12% 증가했다. 특히 미국 정부가 코로나19 긴급 부양책으로 1인당 1,200달러를 지급한 4월 중순에 매출이 급증했다. 이 기간 중 신규 고객이 무려 4배 가까이 늘었고 이들 중 대부분이 첫 구매 이후 반복적으로 쇼핑을 했다. 다만 코로나19와 물류창고 직원들의 임금 상승과 상여금 지급으로 9억 달러의 추가 비용이 발생했다.

자택대기령으로 Wal-Mart의 온라인 매출은 큰 폭으로 상승했다. Wal-Mart의 온라인 매출은 이 기간 74%나 증가했다. 2019년 동 기간의 37% 증가보다 2배 높은 성장세를 보여준 것이다. 현재 이커머스 매출은 본사 전체 매출의 8%를 차지한다.

Wal-Mart 온라인 매출 증가 원인 중 하나는 Wal-Mart가 택배 서비스를 강화한 것이다. Wal-Mart는 Amazon을 적극 벤치마킹하여 Amazon Prime과 같은 연회비 98달러에 무제한 배달서비스를 제공하고 있다. 4월 중순 주요 생필품, 전자제품을 대상으로 2시간 이내 상품 배송 서비스도 시작하였다. 4월까지는 미국 내 약 100개 점포에서만 시범적으로 운영하였지만 이 달 중 2000개 매장으로 확대할 계획이다.

또한 고객이 온라인 주문 후 제품 픽업을 위해 매장을 방문하면 직원이 트렁크에 실어주는 드라이브 스루 서비스도 미국 전역에서 1000개 매장으로 확대하였다. Wal-Mart는 미국 내 5천 개 이상의 매장이 있고 넓은 주차 공간을 확보하고 있으며 드라이브 스루 서비스로 배송비를 절약할 수 있다. 소비자도 불특정 다수와의 접촉을 피하고 신선제품도 직접 눈으로 살펴보면서 구매할 수 있고, 코로나19로 경제 사정이 어려울 때 배송수수료를 아낄 수 있어서 서로 윈-윈하는 현명한 omni channel 전략이라고 할 수 있다.

온라인 매출 증가는 인건비 상승으로 인한 비용 증가 충격을 흡수할 수 있게 해 주었다.

Wal-Mart의 매출 증가는 오프라인 업체가 이커머스 최고 강자인 Amazon과 어떻게 경쟁하여야 하는지를 여실히 보여주고 있다.

Wal-Mart는 최근 몇 년간 이커머스가 대세가 되면서 Amazon과의 경쟁에서 일방적인 열세에 있었다. 그러나 Wal-Mart는 이익 감소를 감내하면서 Amazon에 대항하기 위한 이커머스에 투자를 지속하였다. 결과적으로 매출이 증가하기 시작했으며, 순이익은 계속 줄지만 EBITDA(법인세 · 이자 · 감가상각비 차감 전 영업이익)는 저점을 찍고 이익 창출능력이 서서히 강화되고 있음을 보여주고 있다. Wal-Mart는 이커머스 분야에서도 Amazon과 성공적으로 경쟁하고 있음을 보여주는 것이다.

코로나19 사태에서 Wal-Mart의 매출 증가는 Wal-Mart가 Amazon에게 부족한 오프라인 매장이라는 자산을 잘 활용한 결과이다. Amazon은 특급배송 서비스를 위해 막대한 물류센터 건설이라는 투자를 감내해야 했지만, 미국 전력에 오프라인 매장의 촘촘한 공급망을 이미 확보하고 있는 Wal-Mart로서는 투자 비용을 아낄 수 있었다. 이는 코로나19 확산으로 소비자들의 쇼핑방식이 급격히 바뀌었음에도 Wal-Mart가 더 신속하게 서비스를 확대 시행할 수 있는 비결이 되었다. 위에서 언급된 드라이브 스루 서비스의 경우 Amazon도 벤치마킹하여 유기농 식품 유통업체인 Whole Foods 500여 개 매장 중 150곳에서 이 픽업서비스를 도입했다.

Wal-Mart는 온라인 매출 급증이라는 기세를 몰아 이커머스에 더 속도를 내고 있다. 우선 Wal-Mart는 Amazon에 비해 강점을 가질 수 있는 제품 라인업을 확대하고 있다. 이를 위해 독자적 성장 (organic growth) 전략을 버리고 과감하게 외부 업체와 손을 잡고 있다. 대표적으로 미국 최대 온라인 중고의류업체인 ThredUp을 Wal-Mart닷컴에 입점시켰다. 코로나19로 인해 경제적으로 타격을 입은 소비자들이 중고의류 구매를 늘리고 있다는 점에 착안한 전략이다. 맥밀런 CEO는 "우리는 이커머스를 공격적으로 확대하겠다"고 예고하였고, 이를 위해 식료품에 비해 상대적으로 마진이 높은 공산품이나 가정용품, 전자제품으로까지 온라인 제품 라인업을 확대할 전망이다.

그러나 Wal-Mart의 미래가 마냥 밝지만은 않다. 코로나19로 인한 봉쇄 조치에 따른 불확실성 증가로 Wal-Mart는 남은 회계연도에 대한 실적 전망을 철회할 정도이다. 온라인 매출 증가가 인건비 상승 충격을 어느 정도 흡수하였다고 하지만 시간제 근로자 23만 5000명 추가 고용, 초과, 위험근무 수당 상승, 방역 비용 증가는 단기적인 수익성 압박요인으로 작용할 것이다. 외형 성장을 어떻게 수익성 회복으로 연결시킬 수 있을지가 Wal-Mart의 남은 과제이다.

생각해보기

1. Wal-Mart history and profile
2. Wal-Mart가 과거 매출 기준 유통업체 1위가 된 주요 성공요인은?
3. 미국의 생필품 소매업 현황과 환경은 어떻게 변화하고 있는가?
4. On-line retailer의 확산이 Wal-Mart에 미치는 영향은 어떠한가?
5. Wal-Mart의 경쟁자와 각 경쟁사의 장단점은? 향후 전망은?
6. 근자에 Wal-Mart가 경쟁우위를 잃게 되면서 매출이 정체된 원인은?
7. 소비자 구매 트렌드를 고려할 때 Wal-Mart의 향후 전망은?
8. Wal-Mart 의 성장을 위한 전략과 장단점은?
9. Wal-Mart와 이마트의 전략적 차이점은?
10. Wal-Mart의 최근 재무적 성과는?

1. 제품관여도 (product involvement)에 따른 유통원리

기업이 어떤 유통업체를 대상으로 어떤 유통전략을 추구할 것인지는 소비자의 제품 구매습관과 쇼핑패턴에 따라 달라진다. 제품을 소비자 구매 관습의 관점에서 분류하면 저관여제품 (low involvement product, 생필품)과 고관여제품 (high involvement product, 전문품)으로 크게 나누어 볼 수 있다. 관여도란 어떤 제품의 구매결정에 투입하는 소비자의 시간 및 정보수집 노력을 말한다. 자동차와 같은 고관여제품의 경우, 특정 모델의 구매결정까지 오랜 시간과 많은 정보를 필요로 하는 반면, 라면과 같은 저관여제품의 구매는 짧은 시간 내에 적은 정보로도 구매결정을 한다. 제품관여도의 차이에 따른 소비자행동의 차이는 마케팅 전략의 차이를 가져오고 유통전략에도 큰 차이를 가져온다.

먼저, 야채, 생선, 과자 등의 식품과 비누, 치약, 샴푸 등의 생필품은 제품의 유사성은 없지만 소비자는 이들을 함께 구매하고자 하는 '동반구매욕구'가 강하다. 이는 쇼핑 시 시간과 노력을 절약하고자 하기 때문이다. 따라서 구매의사결정에 많은 정보가 필요하지 않고 자주 구매되고, 단가가 싸고, 셀프서비스로 구매할 수 있는 생필품은 제품의 특성과 관계없이 한 점포에 모아서 판매함으로써 (통합의 원리), 소비자의 원스톱쇼핑 (one-stop-shopping) 욕구를 충족시킬 수 있다. 미국의 Wal-Mart, 프랑스의 Carrefour, 우리나라의 이마트는 주로 생필품을 통합하여 고객의 이러한 욕구를 충족시킴으로써 경쟁력을 확보하고 있다.

반면 전문품은 구매의사결정 시 많은 정보를 필요로 하고 구매가 빈번히 일어나지 않고, 고가이며 목적구매를 하기 때문에 생필품 유통에서 중요한 '동반구매'는 그다지 중요하지 않다. 예를 들어 자동차, 오디오, 컴퓨터, 침대 등의 전문품을 한꺼번에 구매하는 경우는 거의 없다. 대신 여러 상표와 모델을 동시에 비교하고자 하는 소비자의 '동시비교욕구'가 강하다. 예를 들어, 소비자는 하나의 상표만을 취급하는 나이키나 아디다스 대리점보다, 여러 개의 운동화 브랜드를 모아서 판매하는 ABC 마트를 더욱 선호한다.

이렇듯, 우리가 흔히 쓰는 용어인 one-stop-shopping의 의미는 제품관여도에 따라 달라지며, 각 제품의 관여도에 따라 유통업의 발전방향이 결정된다. 전통적으로 생필품은 품목 간의 동반구매가 중시되어, 모든 생필품을 전부 취급하는 (통합의 원리) 대형마트가 주 유통업태가 되었고, 전문품은 품목 간의 동반구매보다는 한 품목의 다양한 모델의 동시비교가 중시되어 각 품목은 분리되되 (분리의 원칙), 한정된 품목의 다양성을 갖춘 대형할인전문점 (category killer)이 주 유통업태가 되었다. 유통선진국에서 발달한 가전전문점, 가구전문점, 사무용품 전문점, 스포츠용품 전문점 등이 그 예이다.

이렇듯 생필품과 전문품의 경우 각각 상이한 논리가 지배하여 (통합과 분리의 원칙) 생필품은 주로 대형마트, 전문품은 주로 카테고리 킬러가 주 유통경로가 되는 현상을 '유통의 양극화 (channel bipolarization)'라고 한다. 이에 따른 전략적 시사점으로는 생필품의 주요 유통업인 대형마트이건, 전문품 소매업인 카테고리 킬러건 일정 규모 이상의 점포일수록 경쟁력을 가진다는 점이다. 이는 소비자의 동반구매욕구와 동시비교욕구를 충족시키기 위해서 많은 품목이나 다양한 모델을 취급하여야 하는데, 이를 위해서는 점포규모가 어느 정도 대형화되어야 하기 때문이다. 그러나 점포의 대형화가 반드시 SKU의 증가를 의미하지는 않는다. 이마트나 Wal-Mart 등 전통적 소매점은 약 70,000~100,000 SKU를 취급하는 반면 회원제 도매 클럽인 Costco나 Traders는 4,000 SKU, 독일의 슈퍼마켓인 Aldi는 700~1,000 SKU를 취급하면서도 점포당 높은 매출을 기록하고 있다. 이는 과다한 SKU는 쇼핑 스트레스 (shopping stress)로 인해 소비자의 구매의사결정을 어렵게 만들기 때문이다.

지금까지 논의한 유통업의 발달원리는 **[표 2-1]**에 요약되어 있다.

(1) 저관여제품의 유통원리: 카테고리의 통합

저관여제품의 유통은 통합의 논리의 지배를 받는다는 가설을 역사적으로 검증해보자. 먼저 미국의 생필품 유통업태의 역사를 살펴보자. 1930년 Michael Cullen은 재래시장에서 각각 따로 판매되던 식품을 한 매장 내에 통

표 2-1 관여도별 소비자 구매특징 및 유통전략

관여도	저관여상품	고관여상품
쇼핑 시 필요로 하는 정보의 양	적음	많음
구매 빈도	높음	낮음
단가	낮음	높음
주요상품	생필품	전문품
구매행위	습관적 구매, 충동적 구매	계획구매
판매방식	self-service	대인판매 (판매원 보조)
one-stop shopping의 의미	여러 카테고리의 동반구매	단일 카테고리의 다양한 브랜드와 모델의 동시비교
merchandising 원칙	여러 카테고리의 통합	각 카테고리의 분리
대표적 업태	대형마트 (supercenter, hy-permarket)	대형할인전문점 (카테고리 킬러)
주 성공요인	원가우위, 상품통합정도	원가우위, model의 다양화
예	이마트 (한국) Wal-Mart (미국) Carrefour (프랑스) Tesco (영국) Metro (독일)	하이마트 (한국가전) Best Buy (미국 가전) Home Depot (미국 Home Improvement Center) ABC마트 (일본 신발)

합하여 판매하는 슈퍼마켓 (super market) 개념을 창안하였다. 또한 Wal-Mart는 discount store로 비식품 (general merchandise)의 통합을 완성하였다. 여기서 discount store는 비식품만을 취급하는 소매업태이며, 식품과 비식품을 함께 판매하는 우리나라의 대형마트와 구별된다.

그 후 1980년대까지 미국의 생필품 유통은 크게 슈퍼마켓과 discount store가 식품과 비식품을 나누어 담당하고 있었다. 따라서 앞에서 설명한 생필품 구매의 '통합의 원리'가 완성된 단계는 아니었다. 각 업태가 취급하는 품목의 제한이 있었기 때문에 점포 규모가 그다지 크지 않아서 슈퍼마켓의 경우 평균 5,000m^2, 할인점의 경우 평균 7,000m^{2}의 크기를 유지하였다.

그 후, 1970년대 들어 회원제 도매 클럽 (membership wholesale club: MWC)이 생필품 부분통합의 성공사례라 할 수 있다. Costco, Sam's Club 등으로 대표되는 MWC 업태는 기본적으로는 초저가 비식품 유통업태지만 포장식품과 냉동식품을 추가함으로써 생필품의 부분통합을 시도하여 큰 성공을 거두었다. 이러한 품목의 통합에 따라 MWC의 평균 점포 크기는 14,000m² (약 4,200평) 정도로 대형화되었다.

1990년대 들어서서 supercenter (우리나라의 대형마트와 유사) 업태가 나타나면서 생필품의 통합이 더욱 가속화된다. 평균 18,000m² (약 5,400평) 정도의 규모를 갖춘 이 업태는 식품을 취급하는 슈퍼마켓과 비식품을 취급하는 discount store를 완전 통합한 것이다. 저관여제품의 통합이라는 관점에서 보면 1930년대에 나타난 슈퍼마켓에 의한 식품의 통합이 약 60년간의 진화과정을 거치면서 슈퍼센터에 의해 식품과 비식품의 완전통합으로 완성된 것이다.

생필품 통합의 예는 프랑스의 생필품 유통의 경우에서도 찾아볼 수 있다. 미국과는 달리 프랑스는 1960년대에 이미 생필품의 통합판매를 이룩하였다. Carrefour가 시조인 프랑스의 대표적 생필품 유통형태인 hypermarket (하이퍼마켓; 평균 매장 크기, 20,000m² (약 6,000평))이 바로 그것인데, 50년이 지난 지금까지도 이를 대체하는, 더욱 규모가 큰 유통업태가 나타나지 않고 있다.

우리나라의 경우에도 한국형 슈퍼센터 (대형마트)의 효시라 할 수 있는 이마트는 1990년대 초반 3,000m² 정도의 규모로, 슈퍼센터로서는 소형으로 출발하였으나 시행착오를 거치면서 최근에 개점하는 점포들은 15,000m² 이상의 규모를 갖추고 있다. 이러한 매장의 대형화는 취급 품목 수를 늘린 데에 기인한 것이다. 영업경험을 쌓으면서 '통합의 원리'를 터득한 결과, 2000년대 중반 들어 우리나라도 이제 질적으로나 양적으로 생필품 유통에 한해서는 완전 통합화가 이루어져서 소비자의 욕구를 충족시키는 선진국형 유통 환경이 만들어졌다고 할 수 있다.

(2) 저관여제품의 유통의 양극화

e-commerce는 전문품 유통에 크게 영향을 미쳤다. e-commerce 도입 초

기에는 책, CD, DVD, 가전 등의 제품이 주요 품목이었다. 그러나 최근에는 e–commerce의 영역이 생필품으로까지 확대되면서 심지어 신선식품까지도 e–commerce를 통해 판매되고 있다. 쿠팡이나 마켓 컬리가 신선식품 판매에 매우 적극적이다. 미국의 e–commerce 판매 비중이 11%인 것에 반해 우리나라는 코로나 사태를 겪으면서 e–commerce 판매 비중이 50%를 넘어섰다.

향후 e–commerce의 약진은 지속될까? 소비자는 여전히 신선식품을 구매할 때 신선도를 중요시하므로 전통적 오프라인 점포의 중요성이 사라지지는 않을 것이다. 비식품과 포장식품의 경우 주문과 배달의 편리성으로 인해 e–commerce의 약진이 더욱 두드러질 것이다. 그러나 식품은 주로 마트나 슈퍼마켓, 편의점을 통해 유통될 것으로 전망된다. 최근 E–Mart가 신선식품 비중을 늘리는 것도 이러한 고객의 욕구에 부응하기 위함이다.

Hypermarket이나 supercenter의 등장으로 식품과 비식품이 통합되었다면 internet의 등장은 다시 비식품 (포장식품 포함)과 신선식품이 분리되는 현상을 가져온 것이다. 새로운 기술이 나타나면 역사는 회귀한다.

ToysЯus의 사례는 저관여제품의 '통합의 원리'로 설명될 수 있다. 먼저 장남간의 관여도는 그다지 높지 않다. 따라서 장난감은 다른 제품과의 '동반구매'가 가능한 품목이다. 과거 비식품만을 취급하는 Wal–Mart discount store는 점포 규모가 그다지 크지 않아서 장난감 매장 규모가 그리 크지 않았으나 Wal–Mart가 비식품과 식품을 함께 취급하는 대형화된 슈퍼센터 매장을 개설하면서 장난감 매장의 크기가 커졌다. 따라서 장난감 SKU도 늘어나 ToysЯus의 SKU와의 격차가 줄어들었다. 따라서 소비자는 Wal–Mart에서도 주요 장난감을 구매할 수 있게 되었다. 만약 장난감의 제품관여도가 매우 높다면 장난감이 타 제품과 분리되어 판매되는 장난감 카테고리 킬러 사업이 가능할 수 있으나 소비자는 장난감을 굳이 장난감 전문 매장인 ToysЯus를 따로 방문하여 구매하는 대신 타 저관여제품을 구매할 때 장난감을 '동반구매'하는 쇼핑 행태를 보인 것이다. 즉, 장난감의 제품관여도를 고려할 때 슈퍼센터가 나타나면서 장난감을 전문적으로 판매하는 카테고리 킬러 사업은 성공하기 어려워진 것이다.

사례 슈퍼센터의 등장으로 몰락의 길을 걷는 ToysЯus

올바른 가격결정 전략을 찾아내고, 이를 잘 시행하는 것은 기업의 성공에 결정적 역할을 하며, 때로는 기업의 생존을 결정하기도 한다. 아마도 초대형 장난감 소매업체인 ToysЯus 만큼 이를 잘 아는 기업은 없을 것이다. 30여 년 전에 이 회사는 소규모 자영 완구 소매업체와 백화점 체인에게 가격정책과 관련하여 뼈아픈 교훈을 주었으며, 이로 인해 많은 업체가 도산하였다. 그러나 최근 들어 거꾸로 ToysЯus가 자신이 만든 가격책정 전략 때문에 쓴 맛을 보고 있다.

1970년대 후반 들어 ToysЯus는 소비자에게 항시 저가격으로 다양한 장난감을 제공함으로써 장난감 소매업계의 전문할인점 (category killer)으로 부상하였다. 그 당시 장난감시장을 지배했던 소규모 완구소매점과 대형백화점의 완구 부문은 ToysЯus의 폭넓은 상품구색, 편의성, 저가격에 대적할 수 없어 곧바로 뒷전으로 밀렸다.

1980년대와 1990년대 초반에 걸쳐 폭발적인 성장을 이룬 ToysЯus는 미국 장난감 시장에서 25%의 점유율을 차지하면서 전국에서 가장 큰 장난감 소매업체가 되었다. 그러나 1990년대 들어 Wal-Mart가 완구소매업계의 강자로 부상하면서 ToysЯus의 성공은 거의 하룻밤에 끝이 나는 것으로 보였다. Wal-Mart는 완구구매자에게 더욱 설득력 있는 가치제안을 제시했다. ToysЯus와 비슷하게, Wal-Mart도 훌륭한 상품구색과 편의성을 제공하면서 장난감을 더 저렴하게 판매하였다. Wal-Mart는 상시 저가격에 머물러 있는 것이 아니라 초저가 (rock-bottom price)를 제공하였다.

한 분석가의 말에 따르면 "엄청난 규모의 매장, 다양한 상품구색, 매우 효율적인 공급망으로 무장한 Wal-Mart는 소비자에게 좋은 품질, 높은 수준의 선택과 편의성, 매우 싼 가격을 제공할 수 있다. 뿐만 아니라 Wal-Mart는 매우 다양한 품목의 재고가 있는 대형소매업체이기 때문에 완구제품을 미끼상품 (loss-leader)으로 활용할 수 있다. 즉 더 마진이 높은 다른 상품을 구매하도록 고객을 점포로 유인하기 위해 손해를 보고 완구제품을 판매하는 것이다. 그러나 특정 상품 (즉 완구)에 전문화된 ToysЯus는 그럴 만한 여력이 없다." 1998년에 Wal-Mart는 ToysЯus를 제치고 전국에서 가장 큰 완구판매업체가 되었다.

ToysЯus는 Wal-Mart의 초저가 전략에 대응하면서 반격하였지만, 결과는 참담하였다. 2003년 크리스마스시즌을 비즈니스위크가 소개한 기사를 보자. 수천 명의 유아에게 Hokey Pokey Elmo는 2003년 크리스마스시즌에 가장 인기 있는 선물이었다. 그러나 ToysЯus에게는 Elmo가 악화되어 가는 회사 상황을 보여주는 대상물이 되었다. 즉 Elmo를 너무 싼 가격으로 판매해야 했던 것이다. 크리스마스시즌 두 달 전인 10월에 Wal-Mart는 Elmo의 가격을 25달러에서 19.50달러로 인하함으로써 모든 경쟁사를 놀라게 했는데, 이 가격은 많은 소매업체의 매입가격보다 4.5달러나 더 저렴한 것이었다. ToysЯus도 판매가격을 19.99달러로 인하했고, 연쇄적인 가격인하 전쟁이 벌여졌다. 모든 소매점이 인기 인형을 29.99달러에 판매할 수 있을 것으로 생각했던 전 CEO John Eyler는 "우리 회사가 선택할 수 있는 대안은 단기이익 혹은 장기시장점유율이었지만, 시장점유율을 보호하는 대안을 선택했습니다." 라고 이야기했다.

크리스마스시즌 3년 연속 실망스런 영업실적의 저조한 실적으로 ToysЯus 연간 매출이 5% 하락했고, 순이익은 27% 하락했다. 이에 반해 Wal-Mart는 좋은 실적을 보였다. CEO Lee Scott은 2003년을 훌륭한 완구시즌이라고 부르며, 완구를 높은 마진을 실현하는 매우 수익성이 높은 제품범주라고 말했다. ToysЯus가 Wal-Mart와 가격경쟁을 벌일 여력은 전혀 없다. 한 업계 전문가는 말한다. "나라면 그런 게임을 하길 원하지 않을 겁니다."

2005년 초반 Wal-Mart는 완구시장에서 25%의 점유율을 차지했다. 이에 반해 ToysЯus의 점유율은 15%로 떨어졌다. 2005년 후반부에 새로운 소유주가 ToysЯus를 인수했다. 한때 완구시장을 지배했던 이 소매업체가 완구사업에서 철수하고, 성장성과 수익성이 높은 BabiesЯus 사업 단위에 전력투구할 것이라는 소문이 있었지만, 새로운 소유주는 완구산업에서 계속 사업을 할 것이라고 단언했다.

그러나 ToysЯus는 완전히 새로운 게임을 계획하고 있다. 우선 원가절감을 위해 실적이 저조한 점포 100개 정도를 폐점했으며, 마케팅 전략을 수정하고 있다. 승산이 없는 전면적인 가격전쟁에서 한 걸음 물러난 것이다. 그 대신 판매실적이 저조한 상품을 제거하고, 판매력이 높은 브랜드와 고마진의 전속적 품목 (ToysЯus에서만 판매되는 Bratz 혹은 Barbie 인형)을 강화하였다.

Wal-Mart, Target 등 경쟁업체와 차별화하기 위한 노력의 일환으로, ToysЯus는 점포 분위기, 쇼핑객 경험, 고객 서비스 등을 향상시키는 데 역점을 두고 있다. 점포를 청결하게 하고, 통로를 정돈하고, 고객에게 완구구매에 대한 조언을 해줄 수 있는 종업원을 더 많이 채용하고 있다. CEO Gerald Storch는 "당신이 대형할인점

체인을 발견할 수 있으면 운이 좋은 편입니다. 그러나 고객이 우리 점포를 방문했을 때, 우리 종업원은 10살짜리 소년의 생일에 가장 좋은 장난감이 무엇인지 말해줄 수 있지요. 왜냐하면 우리가 하는 일이 장난감을 파는 것이니까요."라고 이야기한다. Storch회장은 더 밝아지고 정돈된 매장과 더 나아진 서비스가 더 높은 가격과 마진을 실현하는 데 도움을 줄 것으로 기대한다.

이러한 노력에도 불구하고 ToysЯus는 가격에 민감해진 완구구매자를 다시 얻기 위한 힘겨운 전쟁을 벌여야 한다. 사실 ToysЯus는 몇 십 년 전에 이러한 구매자를 창출하는 데 일조했다.

다음의 예를 살펴보자. 조지아주 알파레타에 거주하는 Aurore Boone은 아이가 탈 자전거를 구입하기 위해 Wal-Mart를 방문했다. 그녀는 어떤 것들을 파는지를 살펴보기 위해 ToysЯus도 방문했다. 그녀와 남편 Mark는 장난감 구매에 사용되는 연 500달러 중에서 반 이상을 Wal-Mart에서 지출하고, 그 나머지는 Target 같은 점포들에서 지출한다. Wal-Mart가 다른 점포에 비해 더 싸기 때문에 다른 품목들도 그곳에서 구매할 수 있다.

ToysЯus가 완구를 판매할 수 있을지는 문제가 되지 않는다. 왜냐하면 110억 달러의 매출을 실현하고 여전히 세계에서 가장 큰 소매업체 가운데 하나이기 때문이다. 문제는 이익을 내면서 완구를 판매할 수 있느냐 하는 것이다.

이를 위해 ToysЯus는 올바른 고객가치와 가격책정 방식을 찾아내야 한다. 비즈니스위크는 다음과 같이 결론을 내린다. "완구산업에서 800파운드 덩치인 고릴라로서 60년대와 70년대에 저가격, 기본 실내장식, 대형점포를 무기로 영세 완구업체를 전멸시킨 ToysЯus가 새로운 험한 세상을 경험하고 있다. 완구제품은 싸야 한다고 소비자에게 가르쳤던 이 완구체인점이 교훈을 혹독하게 학습하고 있다."

사례

세계 최대의 가전소매상: Best Buy

학습목표

1. Best Buy의 역사를 고려할 때 제품 구색 (merchandising)은 어떻게 변화하였는가?
2. Best Buy의 주요 전략은 어떻게 변화하였는가?
3. 미국 전자제품 소매업의 특징과 변화는 무엇인가?
4. Best Buy의 주요 경쟁자와 각 경쟁사의 전략적 특징은 무엇인가?
5. Best Buy의 주 성공요인은 무엇인가?
6. Best Buy가 고전하게 된 원인은 무엇인가?
7. Best Buy가 위기를 돌파하기 위해 새로이 도입한 'Renew the Blue' 전략의 핵심은 무엇인가?
8. Best Buy와 하이마트의 전략적 차이는 무엇인가?

1.Best Buy 소개

Best Buy는 미국 내 최대 전자제품 판매업체로 전 세계에 약 1,300개의 점포를 가지고 있다. Best Buy는 1966년 Richard Schulze와 James Wheeler가 함께 개설한 '사운드 오브 뮤직 (Sound of Music)'이라는 이름의 오디오 전문점을 모태로 시작하였다. 이 회사는 초기에는 주로 음향기기를 판매하던 소형 체인업체였으나 음향기기 시장의 경쟁이 치열해지자 전자제품으로 판매 품목을 넓히기 시작하였다. 이후 빠른 속도로 성장하며, 1983년 지금의 Best Buy로 사명을 변경하고 다양한 제품군을 갖춘 슈퍼스토어로 업태를 전환하였다. Best Buy는 1987년 처음으로 뉴욕 증권거래소에 상장하였으며 이때 기업 로고를 현재의 Yellow Tag로 변경하였다.

2. Best Buy의 전략 변화

Best Buy의 사업전략은 몇 개의 단계를 거쳐 진화하였다.

(1) Concept 1

Concept 1은 제품라인을 확장하면서 종업원이 고객이 원하는 제품을 쉽게 찾을 수 있도록 적극적으로 대응한 방식이었다. 그러나 소비자 조사 결과, 직원들의 판촉 활동이 소비자들에게 불편함을 야기한다는 점을 발견하였고 고객들이 쉽게 물건을 고를 수 있도록 하는 'Grab-and-Go (concept 2)' 전략을 취하게 된다.

(2) Concept 2

Best buy의 이 전략은 Wal-Mart 가격에 Circuit City의 분류 방식을 결합시킨 것으로, 고객이 직접 상품을 보고 선택하는 방식이었다. 이는 이전의 방식과 달리 영업사원들이 개별 고객에게 주의를 기울이는 노력이 감소되어 고용 비용이 1/3 수준으로 감소하는 효과가 있었다. 뿐만 아니라 이 방식은 소비자들에게 큰 호응을 얻었고 이는 주 경쟁자인 Highlands가 파산하는 결과를 가져왔다. 이후 Best Buy는 제품라인을 계속 확장하여 1997년 DVD 하드웨어, TV 등을 상품 카테고리에 포함시켰다. 하지만 상품 카테고리를 확대하는 전략은 통제를 힘들게 하였다.

(3) Concept 3

Best Buy는 오프라인 전자제품 소매업의 경쟁력이 저하됨에 따라 온라인 시장인 Bestbuy.com 사업을 개시한다. 또한 2000년대에는 공격적인 인수 합병을 통해 새로운 성장을 도모하였다. Best Buy는 워싱턴, 캘리포니아, 오리건 주 전역에 13개 지점을 두고 있는 고급 가전제품 체인인 Magnolia를 8천8백만 불에 합병하였다. 이듬해에는 Musicland를 4억 3천만 불에 인수하였다. 또한 이 쇼핑몰에 본사를 둔 엔터테인먼트 소매점을 인수함으로써 Best Buy는 약 650개의 Sam Goody와 약 400개의 Sun Coast 영화관 등 북미 전역에 1,300개 매장을 추가로 이용할 수 있게 되었다. 또한 2002년에는 기술 지원업체인 Geek Squad를 인수한다. 이를 통해 Best Buy는 365일 고객들에게 기술 지원과 상담을 제공할 수 있게 되었다. 이후 Best Buy는 2004년까지 전 점포에 Geek Squad 서비스를 확대하였고 2017년 Geek Squad의 매출은 Best Buy 전체 매출의 26%를 차지할 정도로 성장하였다. 2018년 5월부터는 연간 $199에 Geek Squad 서비스를 무제한으로 이용할 수 있는 유료화 모델을 도입했는데 지금까지 가입자 수가 100만 명에 달한다. 이와 반대로 음악 분야의 Musicland는 매출 감소로 인해 사모펀드에 인수되기도 하였다. 이후 Best Buy는 글로벌 시장으로 사업 영역을 확장하였다. 2001년 캐나다의 전자 제품 소매체인 Future Shop을 인수하는 것을 시작으로 2006년 중국의 전자제품 소매업체 Zangsui Fivestar Appliance의 지분을 인수하면서 사업 영역을 확장하였다. 1년 후인 2007년 1월, 중국 상하이에서 첫 Best Buy 매장을 오픈하기도 하였으며 또한 2008년 멕시코와 터키에 매장을 열었고, 영국 및 다른 유럽 국가에도 매장을 열었다. 그러나 이 사업은 순조롭지 않았고 2012년 중국, 터키, 영국의 매장을 철수하게 되었다. 이후 북미 시장에 집중하고자 아시아, 유럽 시장에서 완전히 철수하기로 결정하였다. 2013년 6월 Carphone Warehouse 그룹에 유럽 시장 지분을 매각하였고, 2015 중국 시장 지분을 매각하여 중국 시장으로부터 완전히 철수하였다.

(4) Concept 4: Customer Centricity

Best Buy는 시장조사 결과 구매금액이 높으며 반품을 하지 않는 수익집단 (angel)과 구매금액이 낮으며 반품을 자주하는 비수익 집단 (devil)이 존재한다는 사실을 발견하게 된다. 따라서 Best Buy는 모든 소비자 군을 목표로 하지 않고 angel 고객 군을 1) 부유한 전문직 종사자, 2) 얼리어답터, 3) 엔터테인먼트를 중시하는 가정적인 남성, 3) 자녀 교육에 관심이 있는 가정주부, 5) 중소기업주 등 5가지로 세분화해 매장 특징에 맞는 제품을 구비했다. 일례로 부유한 전문직 종사자를 대상으로 한 매장은 홈시어터 제품 비중을 확대했다.

3. 미국 전자제품 소매산업의 변화

20세기 후반 미국의 전자 소매산업은 빠르게 성장하였다. 제2차 세계대전 이후 미국 인구의 상당수가 도시에서 교외로 이주하면서 교외 소매센터의 필요성이 대두되었고 이와 더불어 기술 비용이 감소하면서 TV와 다른 가전제품에 대한 수요가 급증하였다. 한마디로 가전 시장의 호황기가 시작된 것이다. 가전 시장의 주요 신규 고객은 처음으로 주택을 소유한 사람들로, 가격에 민감한 계층이었다. 이들은 고객 서비스 대신 저렴한 가격을 선호하면서 기존의 가전전문점 대신 할인점이 급속히 성장할 수 있는 핵심 요인이 되었다.

이러한 성장세는 1980년대 후반까지 지속되다가 VCR 시장이 포화 상태가 되면서 시장의 성장이 둔화되었다. 1990년대 초반 미국 내 가구의 98%가 적어도 하나의 컬러 TV를 보유하였고, 77%가 VCR을 보유하였다. 이때 미국 내 B2C 전자제품 매장은 1만 개 이상이었다. 그러나 시장 포화로 1990년대 해당 산업의 성장률은 신규 구매 대신 기존 기기 교체와 업그레이드에 국한되었다. 그 결과 산업 내 경쟁은 점차 심화되었고 Highlands와 같은 많은 회사들이 파산하게 되었다.

이후 1990년대 중후반 ICT 산업의 발전으로 인해 개선된 경제 상황은 다시 Best

Buy, Circuit City와 같은 대형 소매업체의 상승을 뒷받침하는 계기가 되었다. 특히 1998년 Best Buy와 Circuit City의 매출은 각각 21%와 48% 증가하였다. 그러나 이러한 호황은 그리 오래가지 않았다. 이 무렵 온라인 소매업이 탄생하면서 가전 산업에 큰 변화를 가져오게 되었다.

1998년 시장 내 새로운 경쟁자인 Amazon.com은 음악 CD를 온라인에서 파는 것을 시작으로 전자제품 소매업에 뛰어 들었다. 이후 잠재력이 큰 온라인 시장에 Circuit City, Tweeter Home Entertainment Group, Outpost.com 등이 뛰어들었고, 2000년 오프라인 최대 가전 소매업체 Best Buy 또한 BestBuy.com 사업을 시작하였다.

2000년대 초에 디지털 카메라와 DVD에 대한 관심이 증가함에 따라 가전소매업은 또 다른 급속한 확장세를 이어갔다. 한편 이때 산업의 또 다른 큰 변화로 오프라인 업체들의 통합이 이루어진 결과, 1994년부터 2007년까지 3대 소비자 전자 소매업체인 Best Buy, Circuit City, Radio Shack의 시장 점유율이 약 22%에서 45%로 증가하였다.

2005년부터 2007년까지 가전산업복합성장률 (CAGR)은 약 6%였다. 이후 글로벌 경기침체가 시작되면서 성장률은 2008년 3.4%, 2009년 0.4%로 떨어졌다. 2010년부터는 업종이 회복되기 시작했지만 그 후 몇 년간 성장은 비교적 완만했다. 2017년 미국 가전 구매 고객 1인당 평균 매출은 439.09달러로, 가장 인기 있는 제품으로는 스마트폰, 메모리 카드, 블루투스 스피커/헤드폰, 스마트 TV, 노트북, USB 드라이브 등이다. 전자제품 소매 시장은 1990년대 호황기를 거쳐 온라인 소매업의 등장으로 소비자 접근성이 증가하면서 급속도로 성장해왔으나 시장의 포화로 2018년 이후 성장률은 점차 둔화될 전망이다.

4. 전자 소매산업의 특징

전자제품 소매시장의 특징은 경기 변동의 영향을 크게 받는 편이고, 계절적 (cynical & seasonal) 영향이 커서 일반적으로 4/4분기 휴가철 산업 매출이 다른 분기 매출액을 초과한다. 대부분의 가전제품은 재량 구매 (discretionary buying)이기 때문에, 판매는 소비자 신뢰, 실업, 부동산 시장, 금융 시장 등의 거시 경제 요소와 직접적으로 연관된다. 또한 전체적인 소득 수준이 증가함에 따라, 가전 소비에 있어서 첨단기술이 접목된 high-end 프리미엄 가전 시장이 성장하는 중이다. 즉 가전소비는 소득수준, 생활수준과 높은 상관관계를 가지고 있다.

전자제품 산업의 또 다른 두드러진 경향은 끊임없이 떨어지는 가격 (ever-falling

price)이다. 가격은 하락하면서 동시에 기능과 스타일 등을 지속적으로 개선해야 하기 때문에 제품 수명 주기는 점점 더 짧아진다. Best Buy가 가격을 낮추기 위해 실행한 한 가지 방법은 PL (private label) 제품을 개발하는 것이다. 이 예가 Best Buy의 자체 브랜드 Insignia 이다.

전자제품에 대한 소비자의 인식은 점차 변화하였다. 제품의 가격이 하락하고 기술은 더욱 발전하여 다양한 상품군이 출시되지만, 소비자들의 관심은 이미 차세대 제품으로 옮아 간다. 휴대폰은 한때 제임스 본드 영화에서만 볼 수 있는 판타지 기기였다. 1980년대 휴대전화는 여피족들의 상징과 같았지만, 현 시대에는 거의 모든 사람들이 휴대전화를 가지고 있다. 뿐만 아니라 노트북, 대형 TV, 스마트폰은 대중들 사이에서 없어서는 안 될 필수품이 되었다. 오늘날 이와 같은 신상품은 내일이면 Wal-Mart의 세일 상품이 되므로 다른 가전 소매 업체들은 상품에 대한 고객의 반응이 뜨거울 때 판매를 해야 한다. 따라서 현대 가전제품 산업에서는 차별화 전략뿐만 아니라 소비자 수요를 이해하고 예측하는 것이 필수적이다.

5. Best Buy의 성공요인

(1) 제품라인의 확대

음향기기를 판매하던 소규모 점포였던 Best Buy는 가전 시장이 급속히 성장할 것을 예견하여 음향기기뿐 아니라 TV, VCR, 게임, 컴퓨터, 컴퓨터 주변기기 등으로 제품라인을 확대하여 전자제품 관련 카테고리 킬러 매장으로 변신함으로써 소비자의 원스톱 쇼핑을 가능하게 하였다.

(2) 고객중심주의 (customer centricity)

Best Buy는 고객의 편의와 시장변화에 매우 민감하다. 시장조사를 통하여 고객의 불편함을 해소하고 시장을 세분화하였으며 환경 변화에 맞게 점포 컨셉에 변화를 주었다.

(3) 정교한 타게팅

Best Buy는 모든 소비군 확보를 목표로 하지 않고 고객군을 부유한 전문직 종사자, 얼리어답터, 가정적인 남성, 가정주부, 중소기업주 등 5가지로 세분화해 매장 특징에 맞는 제품을 구비했다. 일례로 교육에 관심이 많은 가정주부를 타겟으로 하는 매장에는 교육용 컴퓨터, 소프트웨어 등의 제품 비중을 확대하였다.

(4) 판매원의 커미션 제도 (commission) 폐지

Best Buy는 고객의 니즈에 따라 상품의 구색을 갖추고 가격을 책정하며 S자형 제품 진열대를 사용한다. 매장 내에는 원색의 판촉용 라벨을 붙여 놓지 않아 '정보오염' 없이 모든 공급업체가 공평하게 경쟁할 수 있는 플랫폼을 제공하고 있다. 또한 공급업체가 파견한 판촉사원을 쓰지 않고 종업원의 판매 인센티브인 커미션 제도를 사용하지 않음으로써, 상품 자체의 경쟁력에 의존한 판매를 실현했을 뿐만 아니라 소비자에게도 전혀 새로운 차별화된 구매 경험을 선사했다.

(5) 선진화된 운영시스템

제품이 생산돼 매장에 도착하기까지 모든 과정에서 운송시스템 팀은 소매 · 재고관리시스템 팀과 연계를 유지하며, 재고관리시스템 팀은 수요 예측/보충시스템을 통해 광고, 계절 변동 등에 따라 제품 수요에 대응한다. 한편 매번 취해지는 모니터링 결과는 하나도 빠짐없이 데이터베이스화되어 특정 제품의 예측모델에 활용된다.

6. 이커머스와 새로운 경쟁자의 출현으로 인한 Best Buy의 위기

(1) 새로운 경쟁자의 출현

1) Wal-Mart

Wal-Mart는 세계 최대의 소매업체로서 전 세계에서 가장 높은 매출액을 올리고 있는 기업이다. Wal-Mart는 뛰어난 공급망관리로 소비자에게 저렴한 가격에 다양한 상품을 제공하고 있다. Wal-Mart 매장은 가족 의류, 건강 및 미용 보조 기구, 장난감, 가정용품, 하드웨어, 잔디 및 정원 용품, 자동차 등의 분야 등 거의 모든 제품을 취급하고 있다. 가전제품 외에도 온라인 유통업체들과 경쟁하기 위해 Walmart.com을 출범시켰고, 2017년까지 Wal-Mart 온라인 매출은 60% 증가했다. 2016년 Wal-Mart가 Jet.com을 인수한 후 온라인과 오프라인 모두 매출이 증가했다.

Wal-Mart는 기존 Best Buy의 최대 경쟁자인 Circuit City가 붕괴하자 전자제품 소매 시장에 공격적으로 뛰어들었다. 2010년 5월, Wal-Mart는 블루레이 플레이어, HDTV, 홈시어터 시스템, DVD와 블루레이 영화, 홈네트워크용 무선제품 등을 대폭 확대하겠다고 발표했다. 뿐만 아니라 스마트폰 제품매출도 60% 가까이 늘렸다. 당시 Wal-Mart의 홈 엔터테인먼트 수석 부사장은 이 회사의 전략을 다음과 같이 설명했다. “우리는 사용자들이 필요한 것을 빨리 찾고, 새로운 기술에 대해 배우고, 상위 브랜드들 간의 가격을 비교하고, 매일 놀라운 가치를 찾을 수 있도록 해주는, 엔터테인먼트 분야의 잘 정의된 쇼핑 경험을 제공한다. 최고의 가격과 놀라운 가치에 대한 우리의 노력은 항상 최우선이다.”

Wal-Mart의 야심찬 도전과 달리, 매출은 부진했다. 이에 Wal-Mart는 2012년 매장 내 전자제품 진열공간을 줄이겠다는 계획을 발표했다. Wal-Mart는 제품의 수요가 줄어들고 온라인 구매가 진행되면서 전자제품을 진열, 판매할 공간이 많이 필요하지 않으며, 전자제품은 이윤이 낮다고 판단했다.

그러나 Wal-Mart는 최근 들어 저가 전자제품을 대폭 할인하여 가격에 민감한 고객층의 구매를 유도하는 전략을 사용하고 있다. 또 최근 온라인과 IT 산업에 큰 비중을 두며 다양한 전략을 시도하여 2016년 이후 Wal-Mart는 전자제품 시장에서 Amazon.com을 뒤쫓고 있다. Wal-Mart는 가장 선도적인 유통업체이기 때문에 HDTV, 스마트폰 등 범용적 전자제품을 주로 공략하고 있다.

2) Amazon.com

Amazon은 소비자의 원스톱 쇼핑을 통해 상품 구매나 서비스 이용에 들이는 비용을 최소화하기 위한 모든 방안을 모색하고 즉시 실행하며, 다양한 제품과 서비스를 최저가에 공급한다.

Amazon의 Prime 회원이 되면, 미국에서 당일 또는 2일 내에 배송이 이루어진다. 또한, 무료로 전자책을 볼 수 있고 (Kindle이 없어도 휴대폰이나 PC로 가능), 무료로 사진 저장 공간을 제공하고, Amazon hotdeal을 30분 전에 구입할 수 있는 등 여러 가지 혜택이 제공된다. Amazon은 1994년 Jeff Bezos에 의해 온라인 서적 소매업자로 설립되었다. 초기 Amazon의 비즈니스 모델은 웹사이트에서 소비자가 구매를 요청하면 Amazon은 도매업자에게 주문을 하고 입고된 서적을 Amazon에서 배송하는 시스템이었다.

Amazon의 경쟁력은 선택의 폭, 당일 배송 서비스와 결합한 온라인 쇼핑의 편리함, 그리고 경쟁업체들에 비해 저렴한 가격으로 제품을 판매하는 것이다. 2017년 Whole Foods 인수전까지 Amazon의 물리적 매장 미보유는 부동산 임대료, 재고비용, 인건비에 소요되는 비용을 절감하여 그것을 소비자에게 저렴한 가격에 제품을 제공할 수 있게 하였다.

그러나 Best Buy와 같은 전통적인 소매상들은 그들의 매장들이 시간이 갈수록 Amazon 같은 온라인 소매업태를 위한 쇼룸 역할을 하고 있다는 것을 알고 있다.

사람들은 Best Buy에 와서 제품을 직접 보고 제품 정보를 얻는다. 이후 정보 검색을 통해 가격을 비교하고 가격이 더 낮으면 Amazon에서 직접 구매한다. Amazon의 가전 매출은 전체 온라인 판매의 43%를 차지하며, 전체 전자제품 소매시장에서 Best Buy에 바짝 뒤쫓고 있기 때문에 이러한 방식은 효과가 있는 것으로 보인다.

(2) TV 시장의 포화

이러한 강력한 경쟁자의 출현과 더불어 Best Buy의 위기의 또 다른 요인은 주력 판매 제품인 평면 TV의 시장포화이다. Best Buy는 이를 극복하고자 전동바이크, 당구대, 주방기기 등으로 제품라인을 확대하고 있으나 크게 성공하지 못하였다.

7. Renew the Blue

이러한 위기를 돌파하기 위해 2012년 새로 CEO로 부임한 Joly는 'Renew the Blue'라는 전략으로 위기를 타계한다.

(1) 매장분위기 개선

우선 매장의 침침한 조명을 밝은 조명으로 바꾸고 시장과 같은 혼잡한 점포 분위기를 백화점과 같이 잘 정돈된 분위기로 바꾸었으며 친절하고 전문성 있는 판매사원을 양성하였다.

매장에서 온라인으로 주문한 고객에게 제품을 직접 배송할 수 있게 되어 배송 시간을 개선한 뒤로, 고객들의 반응이 상당히 호의적이었으며 2013년 말에는 처음으로 배송 시간에서 Amazon을 앞서는 성과를 낼 수 있었다.

시장 상황도 개선되었다. IT 산업의 발전과 고객의 구매력이 상승하면서 전자제품 시장은 급속도로 성장하였다. 하지만 이러한 시장의 성장은 곧 경쟁자들의 시장 진입을 불러왔다. Best Buy는 이러한 시장 환경 변화에 차별화된 마케팅 전략으로 대응하였다. 첫 번째 전략은 핵심 역량에 집중하는 것이었다. 경쟁사인 Radio Shack은 90년대 초까지 업계 부동의 1위였지만 타이어 전문점 등으로 사업을 확장한 반면에 Best Buy는 전자제품 판매에 집중한 결과 시장 점유율 1위를 가져올 수 있었다. 또 다른 전략은 영업 방식에서 경쟁사와 차별화를 시도한 점이다. Best Buy는 고객이 영업 사원의 과도한 영업에 부담을 느낀다는 점에 착안하여 'Grab and Go' 전략을 취하여서 고객이 상품을 쉽게 보고 구매할 수 있도록 하여 경쟁사와 차별화된 방식을 채택하였다. 이러한 전략은 소비자들로부터 큰 호응을 얻을 수 있었고 그 결과 경쟁업체들을 제치고 업계 1위가 될 수 있었다.

(2) Geek Squad 기능 강화

Best Buy는 고객들에게 24시간 365일 방문하여 기술 지원과 상담 기능을 수행하는 Geek Squad를 무제한 이용할 수 있는 서비스를 도입하였다. 이는 고객들이 단순히 제품을 구매하도록 유도하는 것이 아니라 기술의 도움을 받아 삶을 풍요롭게 하는 방식이라고 볼 수 있다. 또한 이 제도를 통해 수집된 고객의 경험을 데이터베이스화해 모든 회사 프로세스에 적용하였다. 이처럼 Best Buy는 기업이 고객과의 관계를 구축하고 삶의 중요한 요소가 되는 것이 중요하다고 판단하였다.

(3) O2O (online-to-offline) 비즈니스 강화

한때 Best Buy는 Amazon과 같은 온라인 소매업체의 쇼룸으로 불리기도 하였다. 그러나 Best Buy는 이런 현상을 역이용하여 기존 점포를 옴니채널의 배송거점으로 활용하고 고객들이 체험하고 즐길 수 있는 공간으로 탈바꿈시키는 전략으로 혁신하였다. Best Buy는 오프라인 매장을 비용이 나가는 공간이 아닌 고객 경험창출과 효율적인 배송서비스를 제공할 수 있는 자산으로 활용하고 있다. 오프라인 매장은 온라인에서 주문한 제품을 직접 수령할 수 있는 Click & Collect의 공간으로 활용하고 있다. 이를 통해 단순히 가격을 중시하는 고객보다 높은 품질에 기꺼이 가격을 지불하는 우량 고객을 유치할 수 있었다.

(4) Shop-in-Shop 전략

Best Buy는 오프라인 매장의 장점을 살려 Apple, Microsoft, 삼성 등의 'shop-in-shop' 형태의 체험공간을 제공하여 전문 상담원을 배치하는 등 온라인 소매업체와 차별화된 가치를 제공하는 데 노력을 기울였다. Best Buy는 가격 경쟁만으로는 Amazon과 같은 온라인 소매유통업체와 경쟁할 수 없다는 것을 깨닫고 자신들만의 강점인 '쇼룸과 고객서비스'를 강화하는 방식을 채택하여 차별화하였다. 이와 같은 차별화된 서비스 전략을 통해 Best Buy는 시장의 급속한 변화와 수많은 경쟁자들의 시장 진입에도 살아남을 수 있었던 것이다.

이러한 새로운 전략을 구사한 결과 2년 만에 매출은 26% 상승하고 이익은 43% 증가하였다. 2019년 현재 Best Buy는 1,187개의 매장을 보유하고 있으며 시가총액은 약 26조 5,964억 원이다.

8. Best Buy와 하이마트의 전략적 차이점

Best Buy와 한국의 최대 전자제품 소매업체인 하이마트는 카테고리 킬러라는 사업의 형태에서 유사점을 가진다. 그러나 Best Buy와 하이마트는 시장과 영업 전략에서 다소 차이를 보인다. 먼저 시장적인 측면에서 1966년 설립된 Best Buy와 1987년 설립된 하이마트는 사업 초기 산업의 발전과 경제 성장을 통한 구매력 증가로 소비자들의 수요가 급증하면서 성장했다는 점은 비슷하다. 그러나 Highland, Circuit City, Wal-Mart 등 수많은 오프라인 전자제품 소매업체와 Amazon이라는 온라인 소매업체 등 강력한 경쟁자가 있었던 Best Buy와 달리 한국에서는 하이마트와 크게 경쟁할 수 있는 업체들이 존재하지 않았다. 비록 G마켓, 쿠팡, 11번가와 같은 온라인 소매업체들이 존재하긴 했지만 신뢰도 및 운영 체계의 미흡으로 인해 하이마트에 큰 타격을 주지는 않았다. 이로 인해 하이마트는 상대적으로 덜 경쟁적인 상황에서 급속도로 성장해 왔다.

Best Buy와 하이마트는 영업 전략 측면에서도 차이를 보인다. Best Buy는 영업 사원들의 영업 활동을 최소화하는 'Grab and Go' 전략을 통해 소비자들이 자유롭게 상품을 보고 선택할 수 있도록 하였다. 이후에는 온라인 소매업체와의 경쟁에서 살아남기 위해 반드시 구매가 목적이 아니어도 체험이나 다양한 조언을 위해 자유로운 분위기 속에서 구매가 이루어지는 환경을 조성하여 고객들을 유치하기 위해 노력하였다. 뿐만 아니라 Geek Squad를 통해 고객들에게 기술적으로 도움을 주고 온라인 소매업체가 따라할 수 없는 차별화된 서비스를 제공하는 전략을 취했다. 반면 하이마트의 경우 고객은 대부분 구매를 목적으로 방문하고 다른 경쟁업체가 크게 없는 상황에서 고객은 점포 선택의 폭이 좁기 때문에 영업 사원들은 한 번에 여러 가지 품목을 구매하도록 유도하는 경향이 있다. 이처럼 Best Buy와 하이마트는 전자제품 카테고리 킬러라는 공통점이 있으나 경영전략과 서비스 측면에서는 매우 상이하다.

9. 코로나 팬데믹 상황에서의 Best Buy의 대응전략

미국 최대 가전 양판점 Best Buy가 코로나19 대응 지침을 마련했다. 매장에 들어오는 고객을 제한하고 설치 중단, 온라인 상담 서비스를 강화하는 등 사람 간 접촉을 최소화하는 방안을 잇달아 선보이고 있다. 3월 31일 업계에 따르면 Best Buy는 코로나19 감염 예방을 위한 대응 지침을 세우고 지속 업데이트 중이다.

Best Buy는 일부 매장 운영 시간을 단축했다. 문을 연 일부 매장은 고객의 매장 방문을 전면 금지했다. 대신 '도로변 픽업서비스 (curbside pickup)'를 개시했다. 소비자가 Best Buy 홈페이지에서 제품을 구매한 후, 차를 몰고 인근 Best Buy 매장에 들러 매장에 도착했음을 알리면 된다. 주차 차량 위치 정보까지 제공하면 직원이 그곳까지 구매 물건을 가지고 온다. Best Buy는 일련의 과정을 Best Buy 모바일 애플리케이션 안에서 모두 가능하도록 설계했다. 고객이 매장 안으로 들어오지 않도록 하고 최대한 사람 간 접촉을 최소화하려는 목적에서다.

Best Buy는 대형 가전에 대한 배송 서비스는 일부 제공하지만 가정 내 방문, 설치 서비스는 일시 중단했다. 소비자 집 대문 앞까지만 배송한다. 기존에 제공해 온 폐가전 재활용 서비스도 멈췄다.

Best Buy는 대면 상담을 전면 중단하고 온라인 가전 배치 상담서비스를 개시했다. 베스트 바이 가상 인 홈 상담서비스 (virtual in-home consultations)에서는 채팅, 영상을 통해 소비자 가정의 가전제품 선택, 스마트홈, 제품 고장 상담을 진행한다.

Best Buy 관계자는 "지금까지 제공해 온 다양한 고객 서비스를 중단해 유감"이라면서 "코로나19 예방을 위해 전 임직원이 최선을 노력을 기울이고 있어 양해를 구한다"고 밝혔다.

생각해보기

1. Company history and profile
2. 가전시장의 역사 및 변화 추세는?
3. 과거와 현재의 경쟁자는? 각 사의 장단점은?
4. 가전시장의 특성과 각 경쟁사의 장단점을 고려할 때 각 사의 향후 전망은?
5. Best Buy의 과거 핵심 성공요인은 무엇이었는가?
6. 이커머스가 Best Buy에 미친 영향은 무엇이며 이에 대한 Best Buy의 대응전략은 무엇인가? 그 성과는?
7. 현재 Best Buy의 가장 중요한 현안은 무엇이며 여러분의 의견은?
8. Best Buy의 재성장을 위한 여러분의 의견은? 이의 장단점은? 구체적인 action plan은?
10. Best Buy와 하이마트의 전략적 차이점은?
11. Best Buy의 최근 재무적 성과는?

(3) 고관여제품의 유통원리: 카테고리의 분리와 취급 모델의 다양성

전술한 바와 같이 고관여제품의 유통원리는 각 카테고리는 분리되되 한정된 품목의 다양한 브랜드와 모델이 동시비교 가능한 카테고리 킬러가 주 유통업태가 된다는 점이다. 전문품은 주로 대리점, 백화점, 카테고리 킬러를 통해 유통된다. 대리점이나 백화점은 독자들에게 익숙한 형태이지만 카테고리 킬러는 다소 생소할 수 있다. 카테고리 킬러란 특정 품목 (category)에 특화되어 모든 브랜드와 모델을 구비하여 저가에 판매하는 선진국형 전문점 유통업태이다.

우리나라에는 가전 카테고리 킬러인 하이마트와 신발 카테고리 킬러인 ABC 마트가 그 예이다. 유통선진국에서 1970년대부터 발달한 이 업태는 미국의 경우 장난감 (ToysЯus), 가전 (Best Buy), home improvement center (Home Depot), 가구 (IKEA), 사무용품 (Staples) 등, 거의 모든 분야에서 전문품 유통의 주류를 형성하고 있다. 그러나 우리나라는 유통선진국과 달리 카테고리 킬러의 출현을 저해하는 유통관행이 많이 남아 있어 전문품의 유통선진화가 이루어지지 않고 있다.

2. 선진외국과 우리나라의 전문품 유통의 차이

[그림 2-1]에서 보는 바와 같이 선진외국과 한국의 전문품 유통구조에는 커다란 차이가 있다. 선진외국에서는 카테고리 킬러가 여러 생산자로부터 자유롭게 제품을 구매하여 다양한 상표를 저가에 판매하는 반면 (공동소매점), 우리나라에서는 소매상이 특정 제조업체의 제품만을 대행해서 판매한다.

이렇게 특정 제조업체는 전속계약을 맺은 소매상에게만, 또한 소매상은 특정 제조업체만의 제품을 판매하는 형태를 전속대리점 제도 (exclusive dealing)라고 하는데, 우리나라에서는 아직도 대부분의 전문품 유통이 이 방법에 의존하고 있다. 독자들도 경험하였듯이 우리나라의 가전, 의류, 신발, 가구대리점 등에서는 대체로 한 제조업체의 제품만을 판매한다. 우리나라 유통의 또 다른 특징은 위탁판매제도 (consignment)이다. 아래에서는 전속대리점과 위탁판매제

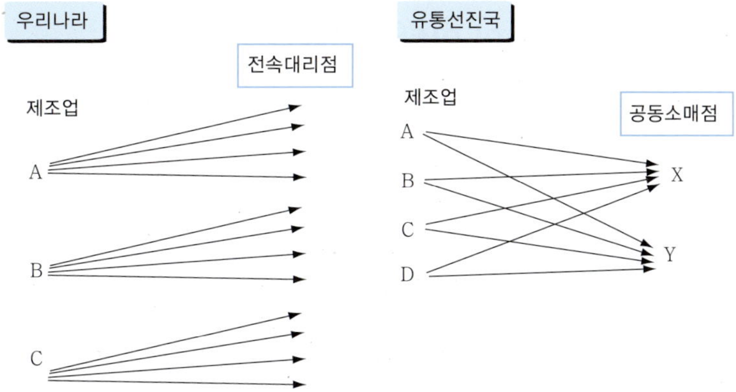

그림 2-1 유통선진국과 우리나라 전문품 유통의 차이

도의 특징과 장단점에 관해 논의한다.

3. 공동소매상과 전속대리점

공동소매상이란 카테고리 킬러와 같이 소매상이 여러 제조업체의 상품을 구비하여 판매하므로 여러 제조업체들이 공동으로 사용하는 소매상이고, 전속대리점은 소매상이 특정 제조업체의 제품만을 전속으로 판매하는 소매상이다. 소비자가 전문품 구매 시 여러 브랜드의 '동시비교' 욕구를 가지고 있다는 점을 감안할 때 이 제도는 소비자 지향적이지 않다. 예를 들어, 신발을 사려 할 때 ABC 마트처럼 Nike, Adidas, New Balance 등 모든 브랜드를 한 곳에 모아놓은 점포와 Nike 매장이 인접해 있다면 소비자는 어떤 점포를 선호할 것인가? 물론 one-stop-shopping이 가능한 공동소매점을 선호할 것이다.

그러나 하나의 제품을 판매하는 점포가 성공하는 경우도 있다. Apple사의 Apple Store가 대표적인 성공사례인데 이는 Apple 제품이 매우 높은 고객충성도를 갖기 때문에 성공하였다. 최근 가전 카테고리 킬러인 하이마트의 성장이 둔화되고 LG전자의 베스트샵이나 삼성전자의 디지털플라자, 쿠쿠 등의 단일 브랜드 점포가 다시 경쟁력을 회복한 이유도 이 상표들에 대한 소비자의 선호도가 매우 높아졌기 때문이다.

4. 매입판매제도 (buying)와 위탁판매제도 (consignment)

대리점제도와 더불어 우리나라의 유통구조의 또 다른 특징은 위탁판매제도이다. 제조업체와 중간상 간의 거래형태에는 매입과 위탁이 있다. 매입이란 제품의 소유권과 재고에 대한 책임이 중간상에게 이전되는 제도이고 위탁은 이러한 기능을 제조업체가 수행하는 제도이다. 위탁제도의 문제점은 제조업체에게 과다한 유통기능, 특히 재고부담 기능이 부과된다는 것이다. 소매상 입장에서는 팔다 남은 재고를 전량 제조업체에게 되돌려 줄 수 있기 때문에 실제 판매할 수 있는 물량보다 많은 양을 주문하게 되고, 또한 재고부담을 지지 않기 때문에 판매에 최선을 다하지 않을 수 있다.

역사적으로 우리나라에서 상업은 그다지 중시되지 않았고, 또한 소매업에서 가장 중요한 머천다이징 노하우 (merchandising knowhow)가 발달되지 않았다. 머천다이징 노하우란 소매상이 자기의 주요 타겟 고객이 선호하는 제품을 예측하여 최적 제품구색을 갖추는 능력이라고 할 수 있다. 특히 계절성이 있고 제품수명이 짧은 패션산업의 경우, 머천다이징 노하우가 없는 소매상들이 재고를 부담하는 것을 꺼리게 되었고, 따라서 의류제조업체는 빠른 시간 내에 판매처를 확보하기 위해 위탁판매제도를 이용하게 되었다.

이 제도는 제조와 유통의 미분리라는 측면에서 전근대적인 제도라 할 수 있다. 유통 선진국에서는 이러한 위탁판매의 예를 찾아보기가 어렵다.

5. 유통업태의 유형

소매업은 공동소매점과 전속대리점의 여부, 매입판매제도와 위탁판매제도의 여부에 따라 네 가지 유형으로 대별될 수 있다. 즉, 매입전속대리점, 위탁전속대리점, 매입공동소매점, 위탁공동소매점으로 구분할 수 있다.

표 2-2 유통업태의 유형

공동/전속 \ 매입/위탁	매입	위탁
공동	매입공동소매점 (예: 대형마트)	위탁공동소매점 (예: 수수료 백화점)
전속	매입전속대리점 (예: 가전대리점)	위탁전속대리점 (예: 의류대리점)

매입전속대리점은 우리나라에서 흔히 볼 수 있는 유형으로 가전대리점 등이 그 예이며, 위탁전속대리점은 주로 계절성이 있는 패션용품을 판매하는 유통업체가 그 예이다. 매입공동소매점은 대형마트나 슈퍼마켓과 같이 다양한 생필품을 판매하는 유통업체이다. 위탁공동소매점은 우리나라의 수수료 백화점이 그 예이다.

아래에서는 전속대리점제도의 장단점, 위탁판매제도의 특징과 문제점에 관해 설명한다.

6. 전속대리점제도의 장단점

먼저 전속대리점제도가 어떠한 문제점을 가지고 있는지 살펴보자.

첫째, 전속대리점제도는 제조업체 간, 소매업체 간의 경쟁을 저해한다. **[그림 2-1]**에서 보는 바와 같이 선진국형 유통구조에서는 소매업자가 여러 제조업자로부터 자유로이 제품을 구매하여 판매하므로 경쟁력이 없는 제조업체의 제품은 일차 고객인 소매상에게 외면당하게 된다. 따라서 제조업자들은 경쟁력 있는 소매점을 확보하기 위해서 품질과 가격 면에서 치열하게 경쟁하게 된다.

공동소매점 업태에서는 소매상간의 가격, 서비스 경쟁도 촉진된다. 모든 소매점이 동등한 자격으로 모든 제조업체의 제품을 판매할 수 있는 기회가 주어지므로 소매업체는 경쟁력 있는 제조업체와의 거래를 유지하기 위해서 경쟁력 있는 가격과 서비스를 기반으로 치열하게 경쟁하게 된다.

우리나라 유통구조에서는 대리점이 특정 제조업체의 상표를 보호된 특정 상권 (exclusive territory)에서 판매하는 판매의 독점이 보장되어 있기 때문에 상대적으로 경쟁이 감소된다. 공동소매점을 통한 제조와 유통의 분리는 각 경제주체가 자기의 전문 영역에 역량을 집중하고 타 연관 영역은 타 전문 대리인 (agent)을 활용함으로써 규모의 경제가 실현될 수 있다. 이것이 전문화, 분업화의 최대 장점이다.

둘째, 전속대리점제도는 산업의 진입장벽 (entry barrier)을 높임으로써 새로운 경쟁자의 출현을 저지하여 경쟁을 저해하고 중소기업의 발전을 가로막는다. 선진국형 유통구조에서는 모든 제조업체가 소매점을 공동으로 사용하므로 우수한 기술을 보유하고 있는 기업은 신규기업이라 할지라도 별도의 대리점을 개설하지 않고도 기존의 공동소매점을 활용할 수가 있다. 반면 우리나라에서는 우수한 제품을 가진 제조업체라 할지라도 자체 대리점망을 구축하여야 한다. 이를 위해서는 막대한 자금이 소요될 뿐 아니라 능력 있는 대리점주를 확보하기도 쉽지 않다. 이러한 독자 대리점망을 구축할 수 있는 기업은 막대한 자본과 인적자원을 보유한 대기업일 수밖에 없다. 따라서 아무리 경쟁력 있는 제품을 생산할 수 있다 하더라도, 영세한 중소기업은 제조와 유통이 분리되어 있지 않은 우리나라의 유통환경에서 성공하기가 쉽지 않다.

이렇듯 유통환경이 중소기업의 경쟁력을 결정하는 중요 요소임을 보여주는 대표적인 사례가 밥솥 전문기업인 쿠쿠이다. 과거 전자제품이 대부분 가전대리점을 통해 판매되었을 때는 쿠쿠가 밥솥 하나만을 판매하는 대리점을 개설할 수가 없었다. 이는 전속대리점주가 어느 정도의 이윤을 확보하기 위해서는 최소한의 제품구색이 갖춰져야 하기 때문이다. 따라서 쿠쿠의 유일한 유통전략 대안은 대리점망을 가지고 있는 대기업에 주문자상표부착 방식 (original equipment manufacturing: OEM)으로 제품을 납품하는 것이었다. 실제로 쿠쿠는 오랜 기간 동안 LG전자에 밥솥을 OEM으로 납품하던 기업이었다.

그러나 유통산업이 발달하면서 대형마트, 가전전문점, 인터넷, TV 홈쇼핑, 백화점 등 다양한 공동소매점이 생겨나면서 이제 쿠쿠는 더 이상 LG전자에 유통을 의존하지 않고 공동소매상을 유통경로로 활용할 수 있게 되었다. 그리고 우수한 제품력을 바탕으로 밥솥산업에서는 독보적 지위를 확보하게 된 것이다. 만약 가전 전속대리점만이 유일한 유통대안이었다면 쿠쿠의 신화는 없었을 것이다.

이렇듯 유통업체, 특히 공동소매상이 많이 출현하면 독자 유통망을 보유할 수 없는 중소기업도 우수한 기술력만 있다면 얼마든지 성공할 수 있다. 쿠쿠의 사례는 정부가 중소기업 경쟁력을 제고시키기 위해 취할 수 있는 하나의 정책방안을 제시해 준다. 다름 아닌 공동소매점의 육성이다. 바람직한 기업환경이란 각 경제주체가 자기의 전문 영역만을 집중적으로 육성하고 타 영역을 공동으로 사용하여 규모의 경제 (economy of scale)가 실현되는 것임을 앞에서 지적한 바 있다. 우리나라의 대리점체제하에서는 제조업체가 판매망을 구축하는 기능까지 수행해야 하므로 중소기업에게는 매우 힘든 환경일 뿐만 아니라 새로운 산업에 진입하는 것이 구조적으로 봉쇄되기 쉽다.

셋째, 전속대리점제도는 경우에 따라 만성적인 공급초과 (chronic oversupply)를 야기하여 물가를 상승시키고 자원의 낭비를 초래할 수 있다. 선진국형 유통구조에서는 소매상이 필요한 만큼의 주문을 하면 제조업자는 이에 맞게 생산량을 결정한다. 즉 소매상이 중개자 역할을 하여 수요와 공급이 균형을 이루게끔 하는 것이다.

그러나 전속대리점하에서는 제조업체가 독자적으로 생산량을 결정하여 자사 소속의 대리점에게 배분하기 때문에 소매상이 수급조절기능을 수행할 가능성이 낮다. 또한 제조업체는 전속대리점들에 비해 월등한 파워를 가지므로 제조업체의 재고가 과다할 경우 제조업체는 전속대리점에게 밀어내기 식의 강압적 행동을 할 가능성이 커진다. 근자에 사회문제화되고 있는 제조업체의 갑질 논란도 전속대리점 관행과 무관하지 않다.

특히 전속대리점제도가 위탁판매제도와 결합될 때 소매업체가 재고책임을 떠안지 않기 때문에 공급과잉이 일어날 가능성이 더욱 커진다. 우리나라에서 전체 소매매출의 13.5%에 달하는 의류 유통은 대부분 위탁판매제도에 의해 이루어진다. 전술한 바와 같이 의류는 계절이 지나면 그 가치가 쉽게 소멸되고 (perishable), 따라서 재고위험이 매우 크므로 소매업체는 재고를 부담하지 않으려고 하기 때문에 위탁판매제도가 일반화되어 있다. 위탁전속대리점은 재고위험이 없어서 제조업체로부터 많은 양의 제품을 공급받기를 원하므로 이러한 위탁판매제도하에서는 과잉생산으로 인해 공급초과가 나타날 가능성이 커진다.

일시적인 공급과잉은 물가 하락을 가져오지만 만성적 공급초과는 제조업체에게 재고부담을 주게 되고 이는 다시 원가 상승을 초래하여 물가가 상승하는 결과를 가져올 수 있다. 매입의 경우 대리점이 재고부담을 지므로 판매할 수 있는 물량만큼만 주문하고 판매가 부진할 때는 가격을 인하함으로써 시장기능이 작동된다. 또한 매입 시에는 재판매가격유지 (resale price maintenance: RPM)가[1] 불법이어서 제조업체가 가격통제를 할 여지가 없게 된다. 이에 비해 위탁판매 제도는 재판매가격유지제도의 규제 대상이 아니므로 제조업체가 소매가격을 유지하고자 하는 욕구가 커서 가격을 인하할 가능성이 낮아진다. 즉, 매입제도하에서는 제조업체와 유통업체간의 거래 (1차거래)가 발생하고 유통업체와 소비자 간의 거래 (재판매)가 일어나므로 RPM이 적용된다. 그러나 위탁판매제도 하에서는 제조업체와 유통업체간 소유권이 이전되는 거래가 일어나지 않고, 제품에 대한 소유권이 제조업체에게 있으므로 제조업체가 최저가격을 강제할 수 있다 (재판매가격유지규제제도 미적용). 독자들은 제품업체와 유통업체 간 거래가 매입으로 이루어지는 일반 제품에는 소비자가격이 표시되어 있지 않

1) 재판매가격유지규제제도란 상품을 생산 또는 판매하는 사업자가 상품을 재판매하는 사업자에게 거래단계별 가격을 정하여 그 가격대로 판매하도록 강제하거나 이를 위하여 구속조건을 붙여 거래하는 행위를 규제하는 법. 즉, 제조업자는 유통업자에게 판매하는 도매가격에만 관여해야 하며, 유통업자가 소비자에게 판매하는 소매가격 결정에 관여하는 행위를 금지하는 법. 이 법의 취지는 소매업체간의 가격경쟁을 활성화하여 소비자가격을 낮추는 데 있음. 즉 소비자이익을 향상시키는 법규임. 저작권이 있는 제품에 대하여는 이를 허용하고 있다. 매입제도 하에서는 제조업체가 소매상에게 제품을 판매하므로 재판매가격유지규제제도의 규제 대상이 되는 반면, 위탁판매하에서는 제조업체가 소매상에게 판매한 것이 아니며 제품의 소유권은 제조업체에게 있으므로 제조업체는 소비자가격을 임의로 결정할 수 있음.

지만 위탁으로 거래되는 의류에는 소비자가격이 표시되어 있는 것을 기억할 것이다. 이러한 현상은 우리나라의 의류 가격이 전 세계적으로 매우 높은 수준인 주요 원인이다.

또한 이 제도는 위탁판매제도의 특성상 가두 위탁전속대리점이 쇠락한 원인이기도 하다. 90년대 들어 백화점이 전국적으로 확산되면서 동시비교, 주차 편리성, 쾌적한 쇼핑환경 등 서비스 측면에서 절대적 우위를 가진 백화점과의 경쟁에서 모든 면에서 열악한 환경에 있으면서도 제조업체의 재판매가격유지 정책에 의해 백화점과 동일한 가격으로 경쟁해야 하는 의류 위탁전속대리점이 급속히 쇠락한 것은 당연한 결과이다. 과거 대표적 자영업이었던 의류대리점이 백화점의 번창으로 인해 몰락함으로써 우리나라의 중산층이 붕괴된 것도 의류소매업의 위탁제도와 무관하지 않을 것으로 판단된다. 대표적 자영업이었던 의류대리점의 경쟁력을 회복하는 길은 모든 면에서 우위에 있는 백화점보다 싼 가격에 제품을 판매하는 것이다. 이를 실현하기 위해서는 대리점 제도가 위탁에서 매입으로 전환되어야 한다. 이로 인해 유통업태 간 가격경쟁이 촉진되어 의류가격이 인하될 가능성이 커진다. 과거 의류대리점이 안일하게 재고부담을 지지 않으면서 단순판매 기능만을 수행하며 일정 수수료를 취하는 위탁판매방식은 더 이상 가두 의류소매점이 생존할 수 있는 방식이 되지 않는다. 이제는 의류대리점이 매입을 통해 가격 결정권을 가지고 백화점 대비 가격경쟁력을 갖는 것만이 의류대리점이 생존할 수 있는 전략이다. 이를 위해서는 의류전속대리점은 소매업의 가장 중요한 기능인 머천다이징 노하우를 개발해야 한다.

아주 평범한 얘기지만 수행하는 역할이 많은 시장참여자는 경쟁에서 살아남는 반면 역할이 미미한 경우에는 도태된다. 따라서 의류산업의 경우 전속대리점이 매입 기능을 수행하고 시장에서의 경쟁력에 비례하여 가격 조정을 할 수 있을 때 시장기능이 작동하여 의류의 수급이 조정되고 가격도 안정될 것이다. 의류산업뿐 아니라 우리나라의 모든 대리점들이 머천다이징 노하우를 개발하기 위해 노력한다면 바이어 (buyer)나 머천다이저 (merchandizer)라는 전문 직군이 새로

이 나타나 국가 경제적으로 고용기회를 확대시키는 계기가 될 것이다.

이러한 전속대리점제도의 경제적 비효율성에도 불구하고 이 제도는 제조업체나 소매업체에게 여러 가지 이점도 제공해 준다.

첫째, 제조업체는 이 제도를 이용함으로써 소매업체가 제조업체에 보다 의존하게 되므로 소매업체가 보다 많은 판매노력을 기울이게 할 수 있다.

둘째, 일부 소매업체의 무임승차 (free-riding)를 예방할 수 있다. 할인점과 같이 저가전략을 추구하는 중간상은 제조업체가 원하는 풀 서비스를 고객에게 제공하지 않음으로써 비용을 절감하는 반면, 풀 서비스를 제공하는 소매상들은 서비스제공에 따른 비용을 자신이 부담하게 된다. 소비자는 풀 서비스를

중견기업의 전속대리점에 기반한 유통전략: 차별화된 유통망과 서비스로 시장 공략

이들 업체는 삼성전자, LG전자 등 일부 대기업만 활용하는 전속 유통망 및 서비스 체제를 도입, 시장을 선도하고 있다. 막대한 비용과 인력이 투입되는 문제로 자체 유통망 및 서비스 체제를 운영할 엄두를 내지 못하고 있는 대부분 중소·중견업체들과는 대조적이다. 고객을 최접점에서 직접 대하다 보니 고객의 니즈와 불만 사항 등을 철저히 파악해 제품력과 고객만족도를 높일 수 있는 밑거름이 되고 있다.
쿠쿠전자는 전국에 103개의 자체 전문점을 운영하고 있다. 이 전문점들은 애프터서비스까지 전담하며 고객 만족도를 높이는 데 일조하고 있다. 자체 전문점 매출은 전체의 18% 가량을 차지하며 유통업체들의 입김으로부터 한층 자유로울 수 있게 하는 효과도 거두고 있다. 동양매직은 전국에 256개의 서비스 센터를 가동하고 있다. 회사 측은 서비스 센터에서 근무하는 설치기사들에 대해 체계적이고 정기적인 교육을 실시한다. 주력 제품이 가스오븐레인지나 식기세척기 등이다 보니 어느 제품보다도 설치기술이 중요하기 때문에 이는 절대 경쟁력을 유지하는 데 든든한 버팀목이 되고 있다. 위니아만도도 전국에 210여 개의 전속대리점을 운영하고 있다. 특히 전속대리점에 1000여 명의 배송 및 애프터서비스 인력을 두고 시장 공략의 효율성을 높이고 있다. 마미로봇은 "만든 사람이 바로 소비자에게 판매한다"는 유통 철학을 갖고 있다. 그러다 보니 자체 홈페이지를 통한 판매비중이 전체 매출의 20%에 달할 정도로 높다. 높은 품질의 제품을 실용적인 가격으로 판매해 고객 만족도를 높이겠다는 게 최고경영자의 경영 철학이다. 실제 마미로봇의 로봇청소기는 30만 원대로 타사 제품들의 절반 수준에 불과하다.

자료원: 이데일리, 2013.05

제공하는 소매상에게서 관련 정보나 서비스를 얻고, 실제 구매는 할인점에서 하는 경우가 많은데, 이를 할인점의 무임승차라 한다.

셋째, 경쟁사가 유능한 중간상을 확보하는 것을 막을 수 있다. 이를 시장봉쇄 (market foreclosure)라 한다.

넷째, 장기적인 전속거래를 통해 안정적 공급처를 확보하며 매출에 대한 예측이 수월해지고 생산계획의 최적화를 제고시킬 수 있다.

전속소매점에게도 다양한 이점이 있다.

첫째, 보다 안정적인 가격으로 제품을 공급받고 이의 배송도 정기적으로 자주 이루어질 수 있다.

둘째 제조업체와의 거래의 수가 줄고 거래량이 증가하여 비용을 절감할 수 있다.

셋째, 복수브랜드 취급 시 발생하는 추가재고비용을 줄일 수 있고 해당 제조업체로부터 강력한 촉진지원과 기타 지원을 받을 수 있다.

7. 위탁판매제도의 문제점

앞에서 언급한 매입과 위탁판매제도에 관해 좀 더 자세히 살펴보자. 과거에는 우리나라에 위탁판매가 일반적이었으나 지금은 의류, 가구 등 극히 일부 품목을 제외하고는 매입 제도가 주류를 이루고 있다. 위탁제도의 문제점은 제조업체에게 과다한 유통기능, 특히 재고부담 기능이 부과된다는 것이다. 소매상 입장에서는 팔다 남은 재고를 전량 제조업체에게 되돌려 줄 수 있기 때문에 실제 판매할 수 있는 물량보다 많은 양을 주문하게 되고, 또한 재고부담을 지지 않기 때문에 판매에 최선을 다하지 않을 수 있다.

따라서 위탁판매관행은 앞서 언급한 공급과다를 부채질하게 되고 제조업자의 과다한 재고부담은 제품원가를 상승시켜 소비자물가 (consumer price)를 상승시키게 된다. 예를 들어, 위탁판매제도를 시행하고 있는 의류산업의 경우 연평균 최소 20% 이상의 재고가 제조업체에 누적되고 있으며 이는 의류가격의 상승으로 이어지고 있다. 이러한 이유로 우리나라의 의류 및 패션관련 제품의 가격은 세계에서 가장 높은 수준이다.

위탁판매체제하에서는 소매상이 재고부담을 지지 않는다는 면에서 일견 소매상에게 매우 이로운 제도인 것 같이 보이지만 이는 매우 단편적인 시각이다. 이 체제하에서는 소매상들이 모든 소매업의 핵심역량이라고 할 수 있는 머천다이징 노하우를 개발하는 능력을 배양할 동기가 없다는 점에서 소매상에게 치명적일 수 있다.

위탁판매제도하에서는 단순히 제조업체가 만들어준 제품을 전시하고 대리판매만을 하기 때문에 소매상에게 가장 필요한 역량인 머천다이징 노하우(merchandising knowhow), 즉, 고객이 원하는 제품구색에 대한 예측력을 제고시키는 노력을 기울이거나 자기의 의뢰인 이외의 소스로부터 제품을 선별할 수 있는 안목을 키우려는 노력 또한 필요하지 않다. 자기 역할에서 핵심 역량을 가지지 못할 때는 반드시 도태된다. 의류 위탁대리점이 백화점이라는 천적을 만나서 급속히 쇠락한 사례가 이를 증명해 준다.

의류산업의 경우, 이러한 머천다이징 노하우를 보유하고 있는 소매상이 있다. 바로 유명 제조업체 브랜드 대리점이 아닌 시장의류 소매상이다 (예를 들어 밀리오레, 두타의 의류소매상들). 이들은 인접한 도매시장인 평화시장에서 제품을 매입하여 자기 고객이 원하는 제품구색을 갖추어 판매한다는 점에서 시장의류 제조업체에게는 공동매입소매상의 역할을 제공하고 있다. 재래시장이라고 해서 매우 낙후된 구조적 문제점을 가지고 있다고 생각하기 쉽지만 제조와 유통이 분리되어 있고 이로 인해 제조업체 간, 소매업체 간 경쟁이 치열하다는 점에서 유명 제조업체 브랜드 (national brand) 유통에 비해 보다 선진화한 구조이며 이로 인해 시장 의류의 가격 대비 품질은 매우 높다. 평화시장의 제조업체나 도매상은 소비자의 욕구를 가장 잘 알고 있는 소매상의 구매취향을 파악하여 순발력 있게 제품을 기획하여야 하고 소매상은 수없이 많은 시장의류 품목 가운데 자기 고객의 취향에 맞는 제품을 구매하기 위해 최선을 다하게 된다. 이

과정에서 치열한 가격, 품질, 디자인 경쟁이 일어나는 것은 물론이다.

결론적으로 제조와 유통기능의 분리가 경제적 효율성을 제고시킨다는 관점에서 볼 때, 두 기능이 미분리된 가장 원시적인 유통구조인 위탁대리점판매제도는 개선되어야 할 제도이다. 유통 선진국에는 위탁판매제도가 없다는 사실은 우리나라 유통구조의 발전에 시사하는 바가 크다. 이 제도는 생산자, 소매업자, 소비자 모두에게 해가 되는 매우 후진적 제도이다.

생산자에게는 과잉공급과 과다한 재고부담으로 인한 폐해, 소매상에게는 핵심 경쟁력 배양에 대한 무관심으로 인한 경쟁력 약화, 소비자에게는 높은 가격, 자신의 취향에 맞는 제품의 구득 가능성 저해라는, 누구에게도 이롭지 않는 제도이다.

8. 수수료 백화점 (commission department store)의 문제점

우리나라의 백화점은 위탁공동소매상이라고 할 수 있다. 서양의 유통선진국에서는 유례가 없으나, 일본에서 비롯되어 주로 동양권에 널리 퍼져 있는 수수료 백화점에서나 볼 수 있는 위탁공동소매점의 형태는 매우 기형적 구조라 할 수 있다. 예를 들어 대형마트에서 수만 가지 제품을 위탁으로 판매한다면 이는 매우 비효율적일 뿐 아니라 점포 운영이 거의 불가능할 것이고 관리 비용도 매우 높을 것이다.

우리나라 백화점은 제조업체에게 판매할 공간을 제공하는 대가로 수수료를 징수한다. 이러한 백화점의 수수료징수 제도 또한 개선되어야 할 분야이다. 백화점의 제품은 각 제조업체 소유이며 판매원 또한 제조업체 직원이다. 점포 공간 제공만을 제외한 모든 기능을 제조업체가 수행하는 셈이다. 따라서 한국의 백화점은 엄격한 의미에서 유통업이 아니라 점포임대업이라 할 수 있다. 이 또한 제조와 유통의 미분리의 전형적인 예이다. 이 제도는 일본이 서양의 백화점제도를 도입하면서 왜곡시킨 관행이다. 유통선진국의 경우, 백화점이 모든 제품을 매입하기 때문에 재고부담 등의 모든 기능을 백화점이 수행한다 (매입백화점).

우리나라의 경우, 백화점이 우리나라 유통산업의 근대화에 기여한 점을 부인할 수 없지만 진정한 소매기능 (머천다이징, 재고부담, 판매 등)을 수행하지 않고 과다한 수수료 (최대 35%인 경우도 있음)를 부과한다는 점에서 백화점 운영의 개선책이 절실히 요구된다.

백화점이 활성화되면서 재래시장에 입점한 대리점이 몰락하고 있다.

이는 고객이 백화점을 선호하기 때문이다. 그렇다면 고객을 끌어들이는 백화점의 파워의 원천은 무엇인가? 화려한 인테리어? 우수한 입지? 친절한 서비스? 아마도 고객이 가장 선호하는 것은 제품의 다양성일 것이다.
그렇다면 우리나라에서는 아직도 성장세를 보이는 백화점이 서구에서는 사양화되고 있는 이유는 무엇일까? 다름 아닌 카테고리 킬러의 등장이다.
카테고리 킬러란 우리말로 대형할인 전문점에 해당하는 업태로 소수의 연관된 카테고리에 전문화, 대형화하여 저가로 제품을 판매하는 업태를 말한다. 백화점보다 더욱 다양한 모델을 보유하고 저가에 판매한다. 백화점은 각 층이 하나의 카테고리 킬러라고 볼 수 있는데 서양에서 백화점은 높은 지가, 고급 서비스, 고가 인테리어 비용 등으로 카테고리 킬러와의 전쟁에서 패한 것이다.
우리나라에도 가전 부문에서는 하이마트와 같은 카테고리 킬러가 있긴 하지만 아직 질적으로나 양적으로 미미한 상황이다. 이렇듯 우리나라의 유통은 저관여제품 분야에서는 매우 선진화되어 있으나 고관여제품 분야에서는 매우 낙후된 모습을 보이고 있다.

9. 전속대리점제도와 위탁판매제도의 상대적 폐해

여기서 전근대적인 우리나라의 두 가지 제도인 전속대리점제도와 위탁판매제도의 상대적인 폐해의 정도에 관해 논의해 보자. 저자는 근자에 '소매형태가 소비자 물가지수에 미치는 영향'이라는 연구를 수행한 적이 있다. 전술한 바와 같이 소매형태는 전속/공동여부, 매입/위탁여부에 따라 네 가지 유형으로 대별된다. 즉, 모든 소매점은 매입전속대리점, 위탁전속대리점, 매입공동소매점, 위탁공동소매점으로 구분할 수 있다.

이 연구의 주요 결과는 매입공동소매점을 주 유통경로로 사용하는 제품의 경우 (주로 생필품, 대형마트나 슈퍼마켓을 통해 유통), 지난 10년간 소매물가 상승률이 연평균 2.5%로 나타난 반면 매입전속대리점을 통해 유통되는 제품 (신발, 화장품 등)의 연평균 물가상승률은 2.7%로 나타났다. 위탁전속대리점을 이용하는 제품의 경우 연평균 물가상승률은 무려 5.7%에 달했다.

위탁공동소매점의 경우 (우리나라의 백화점)는 별도로 분리하지 않았지만 주로 위탁전속대리점을 사용하는 패션용품이 백화점의 주요 품목인 점을 감안하면 위탁공동소매점의 경우도 위탁전속대리점의 경우와 크게 다르지 않을 것이다.

패션제품의 경우 다양한 소매업태가 발달하지 않아 백화점의 파워가 강력한 상황에서 백화점이 우월적 지위가 남용되어 입점업체에게 과다한 수수료를 부과하고 있는 것은 주지의 사실이다. 참고로 의류의 경우 백화점의 수수료가 전속대리점의 수수료보다 일반적으로 높은 점을 감안하면 위탁전속대리점보다 백화점의 폐해가 더 크다고 추론할 수 있다.

결론적으로 소비자물가 측면에서만 평가한다면 전속대리점제도보다 위탁판매제도가 더 많은 위해 요소를 가지고 있다고 할 수 있다.

10. 전속대리점, 카테고리 킬러, 백화점의 관계

유통업의 다양한 업태는 상호 연관성을 가지고 있다. 지금까지 나타난 모든 소매업태는 도입, 성장, 성숙, 쇠퇴의 사이클을 보여 왔다. 한 업태의 쇠퇴는 한 소비자의 욕구를 더욱 충실히 충족시켜서 이를 대체하는 새로운 경쟁업태가 출현하기 때문에 나타난다. 대표적인 예를 들면, 미국의 경우 백화점은 할인점과 카테고리 킬러에 의해 쇠퇴하였고 (앞에서 언급한 유통의 양극화), 슈퍼와 할인점은 슈퍼센터에 의해 성장이 정체되었다.

우리나라 오프라인 유통업의 미래에 커다란 영향을 미치는 가장 중요한 변수 중 하나는 위탁전속대리점제도의 존속 여부이다. 지금까지 진행된 오프라인 유통업의 발달은 주로 전속대리점체제를 갖고 있지 않은 생필품 분야에 국한되어 있고 전문품을 취급하는 고관여제품의 유통에서는 상대적으로 느리게 진행되고 있다. 미국 등 선진국에서는 100여 년 전부터 전속대리점이 산업집중화 문제와 반경쟁적 효과가 있다고 판단하여 공정거래법 (fair trade law, 예: Clayton Act 3)에 의해 강력히 규제됨으로써 공동소매점의 발달을 촉진하였다.

유통업의 발전, 진화 측면에서 보면 전문점을 취급하는 전속대리점제도는 다상표를 취급하는 공동소매상의 출현을 가로막고 있다. 공동소매상이 다상표를 동시에 취급하려 해도 제조업체는 상호 전속관계에 있는 전속대리점에게만 제품을 공급해야 하기 때문이다.

선진국에서 대형할인점과 함께 유통업의 양대 산맥을 이루는 카테고리 킬러의 발전은 우리나라의 균형 있는 유통업의 발전을 위해 필요하다. 경제적 효율성 측면이나 동시비교구매를 원하는 소비자의 욕구를 고려할 때 우리나라에 만연해 있는 전속대리점제도는 조만간 쇠퇴할 가능성이 높다. 전술한 바와 같이 의류 유통의 주요 소매상인 백화점의 발달로 인해 의류전속대리점사업이 쇠퇴하였다.

그렇다면 거의 모든 국가에서 사양화되고 있는 백화점사업이 우리나라에서만 비교적 지속적으로 성장하고 있는 이유는 무엇일까? 이는 앞에서 소개된 매입공동소매상 (카테고리 킬러나 매입백화점)이 우리나라에서 발달하지 않았기 때문이다.

특정 제품 카테고리에 전문화하여 백화점보다 다양한 제품을 구비하고 할인 판매하는 카테고리 킬러가 나타나면 동시비교 욕구를 충족시키는 백화점이라 할지라도 브랜드나 모델의 다양성, 가격에서 열세인 백화점은 이 업체들과 경쟁할 수 없다. 실제로 서양에서 카테고리 킬러가 발달하면서 백화점 산업이 급속히 사양화되었다. 또한 이러한 현상은 우리나라에 가전 카테고리 킬러 (예: 하이마트)가 등장하면서 가전제품의 백화점 매출비중이 급속히 줄어든 사례에서도 찾아볼 수 있다.

이러한 현상은 유통선진국에서 이미 진행되어서 80년대 카테고리 킬러의 발달로 인하여 전통적인 백화점 사업이 사양화되었다. 현재 선진국의 백화점은 우리나라의 백화점과 같이 모든 품목을 파는 범용백화점 (general department store)의 개념에서 타 품목은 각각의 카테고리 킬러 (예를 들면 전자제품 전문점, 스포츠 전문점, 가구 전문점, 장난감 전문점 등)에 의해 쇠퇴하고 패션품목 (고급의류, 구두, 화장품, 액세서리 등)만을 취급하는 패션 전문 백화점 (fashion specialty department store) 개념으로 변모하고 있다.

범용백화점 개념의 대표적 기업인 Sears 백화점이 쇠퇴한 반면, 패션 전문 백화점인 Macy's, Nordstrom 백화점 등은 아직 명맥을 유지하고 있다.

결론적으로 우리나라 전문품 유통의 구조변화에 가장 중요한 변수는 전속대리점, 특히 위탁전속대리점의 존속 여부이며, 이 부문에 대한 변화가 없이는 전문품 유통업의 선진화는 기대하기 어렵다. 또한 이 변화는 카테고리 킬러와 백화점의 장래를 좌우할 커다란 변수이다 (**[그림 2-2]** 참조).

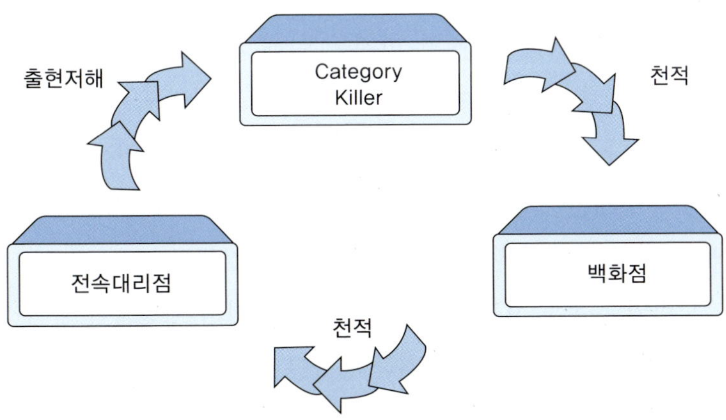

그림 2-2 전속대리점, 카테고리 킬러, 백화점의 관계

11. 전문품 유통 문제점의 해결 방안

이에 대한 대안으로 부상하고 있는 것이 거대복합쇼핑몰이다. 복합쇼핑몰에 백화점과 전속대리점이 한 지붕 아래 병존하게 되면 소비자의 동시비교 욕구를 충실히 만족시키면서 경쟁이 촉진되어 소비자 이익이 증대될 수 있다. 이러한 환경하에서는 전속대리점의 가장 큰 약점인 동시비교 기능이 강화되어 백화점 대비 경쟁력을 가질 수 있다. 70년대에 미국에서 나타나기 시작한 쇼핑몰은 최근에는 쇼핑, 식사, 오락, 레저 등의 요소를 두루 갖추고 대형화, 복합 화된 시설로 one-stop-service를 실현하고 있다. 스키장을 갖춘 두바이몰, 캐나다의 실내 해수욕장을 갖춘 쇼핑몰 등은 복합몰의 결정판이라 할 수 있다. 우리나라에도 COEX 몰, 여주 아웃렛 몰, 스타필드 등 복합쇼핑몰이 등장하고 있다.

복합쇼핑몰의 가장 큰 장점은 주차가 편리하고 쇼핑, 오락, 외식 등이 한꺼번에 해결되며 동시비교가 용이하다는 점이다. 양복을 사는 경우를 가정해 보자. 재래시장 안의 여러 곳의 대리점을 둘러보려면 주차도 불편하고 여러 매장을 둘러보기가 용이하지 않지만 한지붕 아래 쾌적한 공간에서의 점포방문은 매우 용이하다. 즉, 쇼핑몰에서는 대리점이라 할지라도 동시비교욕구가 쉽게 충족될 수 있다. 의류를 포함한 패션의 매출이 대부분인 우리나라 백화점을 대체할 유통형태는 복합쇼핑몰이라고 할 수 있다. 이러한 유통기반을 조성하는 데에 중앙 및 지방정부가 관심을 가져야 할 것이다.

온라인, 모바일 유통도 고관여제품 유통의 문제점의 개선책이 될 수 있다. 우리나라 백화점이 해외 백화점보다 월등히 높은 이익을 창출함에도 불구하고 새로운 경쟁자가 출현하지 않는 이유 중 하나는 기존의 백화점이 좋은 입지를 선점 (시장봉쇄: market foreclosure)하였으므로 새로운 진입자가 기존 백화점에 필적할 만한 매력적인 입지를 확보하기가 어렵기 때문이다. 오프라인에서는 매력적인 입지가 제한적인 것에 반해 온라인에서는 무한한 사이버 공간이 창출된다. 실제로 온라인 유통의 선두 주자인 Amazon의 등장은 오프라인 소매업체에게는 커다란 위협이 되고 있다. 우리나라에서도 쿠팡, 네이버 쇼핑, G Market과 같은 오픈 마켓이 무한한 공간을 창출하여 다수의 소매업체를 소비자에게 연결시켜 준다는 점에서 전문품 유통의 대안이 될 수 있다.

두바이몰: "내 공간" 개념 창출-라이프스타일 선언

사례

두바이몰은 내부 층 면적으로 세계 최대의 매장이다. 이 프로젝트는 UAE 최대 부동산 개발업체 Emaar Properties의 소매 자회사인 Emaar Malls Group이 개발하여 운영하고 있다. 2008년 4월, 문을 열던 당시 두바이몰은 1,200개 이상의 매장과 Galeries Lafayette와 Bloomindale's 같은 핵심 백화점 (anchor department store)을 포함한 165개 이상의 신규 또는 특별 브랜드로 구성되어 있다.

매주 750,000명이 고객이 이곳으로 몰려든다. 중동에서는 소매 영역 확보를 위한 경쟁이 매우 치열하다. 특히 걸프협력회의 (Gulf Cooperation Council: GCC) 회원국에는 2021년까지 전 세계 8대 매장 중 다섯 개가 위치하게 될 것이다. 두바이는 거친 사막 기후로 인해 몰 문화가 발달하였으며 1인당 쇼핑 면적의 총량이 가장 높았다. 몰은 UAE 사람들에게 있어 서로 어울리며 주말과 명절을 보내는 제2의 집이 되었다. 몰은 이러한 군중이 자주 드나들며 돌아다니고, 교류하고, 쇼핑하고, 탐험하고, 식사를 하고, 유흥을 즐길 수 있는 공간과 분위기를 만들어내는 기능을 수행한다. 이것은 오감이 모두 결합되는 실험적인 과정이다. Kevin Roberts와 Martin Lindstrom과 같은 마케팅 구루에 따르면, 소비자는 오감이 모두 표적이 되었을 때 구매도와 충성도가 높아진다고 한다.

두바이몰은 총 1,210만 제곱피트에 달하는 공간으로, 전 가족이 즐길 수 있는 소매, 식사, 놀이 등의 종합적인 라이프스타일 경험을 제공한다. 개장 첫 해에 계획된 표적 고객층을 넘어서는 3,700만여 명이 방문하여, 전 세계에서 고객이 가장 많이 몰리는 플랫폼이 되었다. 세계에서 가장 큰 분수로서 저녁 시간대에 20분에 한 번씩 쇼를 보여주는 두바이 분수, 기네스 세계 기록을 가진 실내 아쿠아리움, 올림픽 규모의 스케이팅 아이스링크, 22개 상영관을 갖고 있는 두바이 최대 메가플렉스 영화관, 실내 스키장, 2층에 걸친 76,000제곱피트의 실내 테마파크 SEGA Republic, 아이들을 위한 '에듀테인먼트' 역할극 컨셉의 KidZania 등을 갖추고 있다.

더 중요한 것은, 고객이 돌아보고, 탐험하고, 쇼핑할 수 있는 1,200여 개 소매점과 고객의 필요를 채울 수 있는 160여 개의 식품 및 음료 아웃렛이 있다는 점이다. 고객의 폭넓은 선택을 돕기 위해, 두바이몰은 웹 사이트 www.thedubaimall.com에 정보를 제공할 뿐 아니라 고객 정보를 이용하여 홍보와 이벤트의 성격에 따라 주변 지역의 주택에 홍보물을 배포하며, 라이프스타일, 엔터테인먼트, 여행 관련 매체에 홍보물 또는 라디오 광고를 하고, 매장 내에서 내부 행사와 활동을 알리기 위해 최첨단 멀티미디어 시스템을 활용한다.

UAE는 2009년 AT Kearney Global Retailers List에서 시장 매력도가 높은 지역 중 4위를 기록했다. UAE를 특별하게 만드는 것은 6백만여 명의 인구 중 상당수가 일일 개인 소비액이 평균 26.80달러인 국외거주자들이라는 점이다. 이 같은 소비액은 일일 소비액이 평균 3.50 달러인 다른 지역들과 달리 아랍 세계에서는 가장 높은 수치이다. 고객들은 특정한 고급 브랜드에 50%의 프리미엄을 지불할 의사가 있었다. 시장조사기관인 A. C. Nielsen이 세계적인 명품 브랜드에 대해 51개국을 대상으로 조사한 내용에 따르면 UAE의 쇼핑객 중 43%는 명품 브랜드가 확실히 다른 제품보다 높은 품질을 제공하며, 조사 대상자 다섯 명 중 세 명은 사회적 지위를 표현하기 위해 디자이너 브랜드의 옷을 입는다고 답했다.

두바이몰에는 지정된 고급 제품 구역이 있는데, Fashion Avenue에는 루이 비통, 아르마니, 샤넬, 디올, 펜디와 같은 세계적인 haute couture 브랜드 매장이 70여 개 이상 입점해 있다. 패션 애비뉴는 대리석 바닥, 대리주차가 되는 VIP 전용 입구, 입구의 레드 카펫, 피아니스트나 플루티스트와 같은 음악 시설 등을 갖추어 개인화된 분위기를 형성한다. Gold Souk는 세계에서 가장 큰 금시장으로, 아라베스크형 시장과 같이 꾸며진 구역에 220개의 아웃렛을 갖고 있다. 구불구불한 통로, 청동으로 된 낙타 동상, 종마, 야자나무를 갖춘 골드 수크는 그 자체로 여행지이자 금과 다이아몬드 소매의 천국이다.

경험은 SOSIMO (sounds, sights and motion) 중 하나라는 것을 보여주기 위해, 두바이몰은 최첨단 기술에 투자했다. 이로써 '쇼퍼테인먼트' 환경이 형성될 수 있었다. 방문객들은 멀티미디어 디스플레이를 사용해 시각적 여행을 한다. 예를 들어, 패션 애비뉴는 완전히 접을 수 있는 LED 내장 통로, 무대를 둘러싼 여덟 개의 LED 기

등, 위에서부터 낮게 위치한 다섯 개의 영상 고리를 모두 세계적인 음향 시스템과 결합시켜 놓았다. 세계 최대의 실내 금시장은 반짝이는 22미터 너비의 Treasure Dome에 계속 변화하는 영상과 이미지를 디스플레이 할 수 있는 붙박이형 천문관 형태의 영사 시스템을 갖추었다. 아이스링크는 스포츠 경기 전광판이나 라이브 공연 영상의 두 배가 넘는 20미터 초대형 디스플레이를 갖고 있다.

전체적으로, 두바이몰에는 400개 이상의 고화질 LED 디스플레이와 300개 이상의 광고판이 설치되어 있다. 이러한 설비는 광고주가 하나의 이미지를 몰 전체를 통해 영사하여 모든 방문객의 주목을 끌 수 있는 '고급스러운 순간'을 가질 수 있도록 해준다. 목표는 고객의 기억에 아로새겨지는 'WOW' 할 정도로 놀라운 순간을 제공하는 것이다.

A. C. Nielsen의 조사에 따르면, 오락적인 쇼핑 (recreational shopping)은 조사에 응답한 전 세계 고객 중 74%가 쇼핑을 즐길 거리로 바라본다고 답할 정도로 널리 퍼져 있다. 조사에서는 주말과 월말의 쇼핑은 가족 활동으로 간주되는 경향이 많은 것으로 밝혀졌다. 고객이 주로 원하는 요인은 편안함, 안전, 식사하기 좋은 시설, 오락 시설 등이었다. 두바이몰은 이 모든 것을 제공하며 고객을 고려하는 관점에서 설계되었다. 4층까지 순전히 몰에 적합한 크기와 규모로 구성된 공간에서 소매점들은 제품 분류에 기반한 구역에 따라 밀집되어 있다. 예를 들어, 고급 패션 소매점들은 모두 패션 애비뉴에 위치해 있고, 아동복과 임산부용 소매점은 아쿠아리움과 푸드코트가 가까이 있는 2층에, 시계와 보석류는 1층에, 그리고 스포츠 웨어와 야외 활동 상품점들은 두바이 아이스 링크 옆의 '엔터테인먼트 구역'에 위치하고 있다. 오락기구도 같은 전략에 따라 배치되어 있는데, SEGA Republic, REEL Cinemas, KidZania, 두바이 아이스링크 등은 몰의 '엔터테인먼트 워크' 구역에 있다. 방문객은 어떤 체험을 할 것인지 '지도'를 그려볼 수 있다.

몰 방문이 거의 네 배 가까이 증가했다는 것을 상기하면, 두바이몰이 얼마나 잘 설계되었는지 알 수 있다. 두바이몰에는 14,000대의 차를 수용할 수 있는 세 개의 주차장이 있다. 또한 층별 색채코드로 몰 전체를 통해 찾아볼 수 있는 매장 목록을 제공한다. 20곳의 고객 서비스 데스크를 갖추고, 출입구와 주요 행사장에서 고객을 도와주는 '이동하는' 고객 서비스 직원을 배치해둔다. 몰 운영시간은 지역 축제와 필요에 따라 달라진다. 예를 들어, 라마단 기간 (낮 동안 금식하는 기간)에는 개장시간이 오전 1시로 확대된다. 라이브 공연과 행사도 열린다. 이런 것들이 두바이몰을 기억에 남을 만한 경험으로 만들어준다.

12. 전문품 유통의 추세

최근 전문품 유통에서 주목할 현상은 '전문품 구매의 생필품 구매화(commoditization)'이다. 과거에는 소비자가 전문품 구매 시 영업사원으로부터 도움을 받아 구매하는 것이 일반적이었지만 점차 생필품 구매와 같이 셀프서비스로 전문품을 구매하는 현상이 나타나고 있다. 이러한 현상은 인터넷의 보급과 인터넷 쇼핑 (e-commerce)의 발달에 기인한다. 인터넷에서 제품에 관한 정보를 입수하고 전문품 매장에서 물건을 확인한 후 (showrooming) 실제 구매는 가격이 싼 대형마트나 인터넷몰에서 하는 행태를 보이고 있다.

예를 들어 대표적 가전매장인 Best Buy의 매출이 정체하는 반면, Wal-Mart와 Amazon의 가전매출이 급증하고 있다. 또한 생필품을 주로 판매하는 독일의 슈퍼마켓 체인인 Aldi는 PC 판매점유율 1위를 기록하고 있다.

우리나라에서도 전통적으로 생필품을 취급하던 유통업체들이 취급품목을 전문품으로 확대하고 있다. 향후 미국의 Amazon과 같이 규모가 크고 신뢰도 높은 강력한 인터넷쇼핑몰이 등장하면 우리나라에서도 '전문품 구매의 생필품 구매화'가 심화할 것으로 전망된다.

참고문헌

Kotler and Armstrong(2019). *Principles of Marketing*, 17th edition, Prentice Hall.

안광호, 조재운, 한상린(2019). **유통원론**, 제4판, 학현사.

조재운(1995). "소매형태가 소비자물가에 미치는 영향에 관한 연구,"소비자학 연구, 5(2), 79-88.

______(2017). "전속대리점, 위탁제도, 백화점 수수료 제도의 문제점과 공공 정책 제언," 연구보고서, 아주대학교.

조재운, 하춘(2007). "전속대리점과 공동소매점의 결정요인에 관한 연구," 경영학연구, 36(7), 1843-1864.

탁은경(1999). "수직적 통합, 시장집중도, 소비자물가에 관한 연구". 석사학위논문, 아주대학교.

Aghion, P. and P. Bolton(1987). "Contracts as a Barrier to Entry". *American Economic Review,* 77(June), 388-401.

Asker, J.(2004). "Diagnosing Foreclosure due to Exclusive Dealing". working paper, New York University.

Bernheim, B. D. and M. D. Whinston(1985). "Common Marketing Agency As a Device for Facilitating Collusion". *Rand Journal of Economics*, 16(2), 269-281.

Besanko, D. and M. K. Perry(1994). "Excusive Dealing in a Spatial Model of Retail Competition". *International Journal of Industrial Organization*, 12(3), 297-329.

Bork, R. H.(1978). *The Antitrust Paradox: A Policy at War by Itself*. New York, Basic Books.

Brennan, T.(1989). "Understanding Raising Rival's Cost". *Antitrust Bulletin*, 33(1), 95-114.

Comanor, Wi. S. and H. E. Frech III(1985). "The Competitive Effects of Vertical Agreements?". *American Economic Review*, 75(4), 539-546.

Fumagalli, C. H. and M. Motta(2006). "Exclusive Dealing and Entry When Buyers Compete". *American Economic Review*, 96(3), 785-797.

Fumagalli, C. H. and M. Motta, and T. Ronde(2012). "Exclusive Dealing: Investment Promotion Facilitate Ineffient Foreclosure". *Journal of Industrial Economics*, 60(4), 599-608.

Gal-Or, E.(1991). "A Common Agency with Incomplete Information". *Rand Journal of Economics*, 22(2), 274-286.

Heide J. B., S. Dutta, and M. Bergen(1998). "Exclusive Dealing and Business Efficiency: Evidence from Industry Practice". *Journal of Law and Economics*, 42(2), 387-407.

Iglesias, V. and R. Vazquez(2010). "The Moderating Effects of Exclusive Dealing Agreements on Distributor Satisfaction". *Journal of Strategic Marketing*, 9(3), 215-231.

Innes, R. and R. J. Sexton(1994). "Strategic Buyers and Exclusionary Contracts". *American Economic Review*, 84(3), 565-584.

Jacobson, J. M.(2002). "Exclusive Dealing, Foreclosure, and Consumer Harm". Antitrust Law Journal, 70(1), 311-369.

Klein, B. and K. M. Murphy(2008). "Exclusive Dealing Intensifies Competition for Distribution". *Antitrust Law Journal*, 75(1), 433–458.

Krattenmaker, T. G. and S. C. Salop(1986). "Anticompetitive Exclusion: Raising Rival's Costs to Achieve Power Over Price". *Yale Law Journal*, 96(December), 209–293.

Landeo, C. M. and K. E. Spier(2009). "Naked Exclusion: An Experimental Study of Contract with Externalities". *American Economic Review*, 99(5), 1850–1877.

Lee, D.(2015). "The Competitive Effect of Exclusive Dealing in the Presence of Renegotiation Breakdown". *Review of Industrial Organization*, 47(1), 25–50.

Lin, Y. J.(1990). "The Dampening of Competition effects of Exclusive Dealing". *Journal of Industrial Economics*, 39(2), 209–223.

Marin, P. L. and R. A. Sicotte(2001). "Exclusive Contracts and Market Power: Evidence from Ocean Shipping". CEPR Discussion Paper No. 2828. Available at SSRN: https://ssrn.com/abstract=273192

Martimort, D.(1996). "Exclusive Dealing, Common Agency, and Multiprincipals Incentive Theory". *Rand Journal of Economics*, 27(1), 1–31.

Marvel, H. P.(1982). "Exclusive Dealing". *Journal of Law and Economics*, 25(1), 1–25.

Mathewson, G. F. and R. A. Winter(1987). "The Competitive Effects of Vertical Agreement: Comments". *American Economic Review*, 7(June), 1052–1062.

Melamed, A. Do.(2006). "Exclusive Dealing Agreements and Other Exclusionary Conduct–Are There Unifying Principles?". *Antitrust Law Journal*, 73(2), 375–412.

Nurski, L. and F. Verboven(2016). "Exclusive Dealing as a Brrier to Entry? Evidence from Automobiles". *The Review of Economic Review*, 83(3), 1156–1188.

O'Brien, D. and G. Shaffer(1993). "On the Dampening–of–Competition Effect of Exclusive Dealing". *Journal of Industrial Economics*, 42, 215–221.

Posner, R. A.(1981). "The Next step in the Antitrust Treatment of restricted Distribution: Per se Legality". *University of Chicago Law Review*, 48(1), 6–26.

Rasuman, E. B., J. M. Ramseyer, and J. S. Wiley Jr.(1991). "Naked Exclusion". *American Economic Review*, 81(4), 1137–1145.

Rey, P. and J. E. Stiglitz(1988). "Vertical Restraints and Producers'Competition". European Economic Review, 32(3), 561–568.

Salop, S. C. and D. T. Sheffman(1983). "Raising Rival's Cost". *American Economic Review*, 73(2), 267–27.

Sass, T. R.(2005). "The Competitive Effects of Exclusive Dealing: Evidence from U.S. Beer Industry". *International Journal of Industrial Organization*, 23(2), 203–225.

Sass, T. R. and M. Gisser(1993). "Agency Cost, Firm Size, and Exclusive Dealing". *Journal of Law and Economics*, 26, 431–451.

Scherer, F. M.(1980). *Industrial Market Structure and Economic Performance*. Boston, Houghton Mifflin.

Schwartz, M.(1987). "The Competitive Effect of Vertical Agreements: Comments". *American Economic Review*, 77(5), 1063–1068.

Segal, I. and M. D. Winston(2000). "Naked Exclusion: Comment". *American Economic Review*, 90(1), 269–309.

Steiner, R. L.(2004). "Exclusive Dealing + Resale Price Maintenance: A Powerful Anticompetitive Combination". Southwestern University Law Review, 33(4), 447–476.

Steuer, R. M.(1983). "Executive Summary of the Antitrust Laws". *Cornell Law Review*, 69(1). 101–134.

Williamson, O. E.(1979). "Transaction cost economics: The Governance of Contractual Relations". *Journal of Law and Economics*, 22(2), 233–262.

Zenger, H.(2010). "When does Exclusive Dealing Intensify Competition for Distribution? Comment on Klein and Murphy". *Antitrust Law Journal*, 77(1), 205–211.

Zhang, A.(1993). "An Analysis of Common Sales Agents". *Canadian Journal of Economics*, 26(1), 134–149.

Wal-Mart 사례

15만명 채용한 월마트, 직원 5만명 더 뽑는다. https://www.sedaily.com/NewsVIew/1Z1JBNGVRN

2019년 주목할 유통 마케팅 트렌드 10. https://happist.com/567828/2019%EB%85%84-%EC%A3%BC%EB%AA%A9%ED%95%A0-%EC%9C%A0%ED%86%B5-%EB%A7%88%EC%BC%80%ED%8C%85-%ED%8A%B8%EB%A0%8C%EB%93%9C-10/

경험점유율로_경쟁하는_시대 1. http://www.the-pr.co.kr/news/articleView.html?idxno=20781

내 마음 읽는 쇼핑 도우미... 유통업계 '빅데이터'날개 달다. https://www.hankookilbo.com/News/Read/201701052082378251

"매장 방문 줄어든다…월마트, 온라인 강자로 탈바꿈 위해 '잰걸음' 월마트 유통IT 혁신 배우자". https://biz.chosun.com/site/data/html_dir/2017/11/28/2017112801267.html

마트에서 냉장고까지 직배송을 제안하는 월마트의 새로운 실험 그리고 미래 쇼핑의 모습. https://happist.com/555890/%eb%a7%88%ed%8a%b8%ec%97%90%ec%84%9c-%eb%83%89%ec%9e%a5%ea%b3%a0%ea%b9%8c%ec%a7%80-%ec%a7%81%eb%b0%b0%ec%86%a1%ec%9d%84-%ec%a0%9c%ec%95%88%ed%95%98%eb%8a%94-%ec%9b%94%eb%a7%88%ed%8a%b8%ec%9d%98/

미국 기업 월마트의 알리페이 사용 금지 이유. https://news.kotra.or.kr/user/globalAllBbs/kotranews/album/2/globalBbsDataAllView.

미국 소매시장 패러다임이 변하고 있다. https://news.kotra.or.kr/user/globalAllBbs/kotranews/album/2/globalBbsDataAllView.do?dataIdx=157523&searchNationCd=101001

리테일의 미래 (Future of Retailing). http://thestrategist.io/futureofretailing/

히라카와 가스미(2015). 소비를 그만두다. 더숲.

소셜 게놈. https://terms.naver.com/entry.nhn?docId=1689765&cid=43667&categoryId=43667

아마존고와 같은 스캔앤고(Scan-and-Go) 기술이 유통의 미래일까?. https://happist.com/567909/%EC%95%84%EB%A7%88%EC%A1%B4%EA%B3%A0%EC%99%80-%EA%B0%99%EC%9D%80-%EC%8A%A4%EC%BA%94%EC%95%A4%EA%B3%A0scan-and-go-%EA%B8%B0%EC%88%A0%EC%9D%B4-%EC%9C%A0%ED%86%B5%EC%9D%98-%EB%AF%B8%EB%9E%98%EC%9D%BC/

아마존 대항마, 코스트코가 사는 법. http://www.econovill.com/news/articleView.html?idxno=344509

아마존에 밀린 월마트 이커머스 성장, 월마트 미래 전망이 어두워지다. https://happist.com/558651/%EC%A0%80%EC%A1%B0%ED%95%9C-%EC%9B%94%EB%A7%88%ED%8A%B8-%EC%9D%B4%EC%BB%A4%EB%A8%B8%EC%8A%A4-%EC%84%B1%EC%9E%A5-%EC%9B%94%EB%A7%88%ED%8A%B8-%EB%B6%88%EC%95%88%ED%95%9C-%EB%AF%B8%EB%9E%98-%EC%A0%84/

아마존에 배워서 되치기 한판 '크로거'온라인 쇼핑 득세 과당 경쟁에 소매업자 흔들. https://m.post.naver.com/viewer/postView.nhn?volumeNo=17611005&memberNo=17369166&vType=VERTICAL

'아마존 천하' 붕괴하는 미국 소매업계. http://magazine.hankyung.com/business/apps/news?popup=0&nid=01&c1=1011&nkey=2018081301185000141&mode=sub_view

아무도 주목하지 않았던 시골마을 소형 할인 유통점 Dollar General의 성장. https://metabranding.blog.me/221121420666

오프라인 매장 혁신으로 진화된 옴니채널 추구. https://happist.com/562580/%ec%9b%94%eb%a7%88%ed%8a%b8-%ec%a0%84%eb%9e%b5-%ec%97%b0%ea%b5%ac-1-%ec%98%a4%ed%94%84%eb%9d%bc%ec%9d%b8-%ec%a0%84%eb%9e%b5-%eb%b0%a9%ed%96%a5%ec%84%b1/

온라인 쇼핑 득세 과당 경쟁에 소매업자 흔들. https://news.joins.com/article/22953801

옴니채널 쇼핑. https://terms.naver.com/entry.nhn?docId=2060070&cid=43667&categoryId=43667

월마트가 야심차게 인수한 Jet.com이 결국 실패한 이유. https://happist.com/562542/%ec%9b%94%eb%a7%88%ed%8a%b8%ea%b0%80-%ec%95%bc%ec%8b%ac%ec%b0%a8%ea%b2%8c-%ec%9d%b8%ec%88%98%ed%95%9c-jet-com%ec%9d%b4-%ea%b2%b0%ea%b5%ad-%ec%8b%a4%ed%8c%a8%ed%95%9c-%ec%9d%b4%ec%9c%a0/

월마트 내년부터 매장서 '알파봇'이 식료품 배달. http://www.fnnews.com/news/201808060647451894

월마트 온라인 그로서리 픽업 (Online Grocery Pickup). http://thestrategist.io/walmart-pickup/

월마트와 아마존의 온라인 커머스 전쟁. https://verticalplatform.kr/archives/8658

월마트의 번성과 케이마트의 몰락. https://m.post.naver.com/viewer/postView.nhn?volumeNo=12099962&memberNo=36826345

월마트의 '언제나 저가'전략이 '공룡' K마트 이겼다. https://www.hankyung.com/news/article/2013121979111

월마트, 영상 스트리밍 서비스 출시 계획 철회. http://www.zdnet.co.kr/view/?no=20190118102544

월마트의 오프라인 전략. http://thestrategist.io/walmart-offline/

월마트 유통IT 혁신 배우자. http://www.dt.co.kr/contents.html?article_no=2007111302010760704002

월마트의 위기… IT기업 발빠른 배송에 밀렸다. http://www.seoul.co.kr/news/newsView.php?id=20151016016013

월마트 전략 연구 1 - 오프라인 매장 혁신으로 진화된 옴니채널 추구. https://happist.com/562580/%ec%9b%94%eb%a7%88%ed%8a%b8-%ec%a0%84%eb%9e%b5-%ec%97%b0%ea%b5%ac-1-%ec%98%a4%ed%94%84%eb%9d%bc%ec%9d%b8-%ec%a0%84%eb%9e%b5-%eb%b0%a9%ed%96%a5%ec%84%b1/

월마트 전략 연구 2 - 고소득층과 밀레니얼을 겨냥하는 이커머스 전략. https://happist.com/562626/%EC%9B%94%EB%A7%88%ED%8A%B8-%EC%A0%84%EB%9E%B5-%EC%97%B0%EA%B5%AC-2-%EA%B3%A0%EC%86%8C%EB%93%9D%EC%B8%B5%EA%B3%BC-%EB%B0%80%EB%A0%88%E-

B%8B%88%EC%96%BC%EC%9D%84-%EA%B2%A8%EB%83%A5%ED%95%98%EB%8A%94/
월마트 전략 연구 3 - 공격적인 글로벌 이커머스 공략을 추진하다. https://happist.com/562651/%ec%9b%94%eb%a7%88%ed%8a%b8-%ec%a0%84%eb%9e%b5-%ec%97%b0%ea%b5%ac-3-%ea%b3%b5%ea%b2%a9%ec%a0%81%ec%9d%b8-%ea%b8%80%eb%a1%9c%eb%b2%8c-%ec%9d%b4%ec%bb%a4%eb%a8%b8%ec%8a%a4-%ea%b3%b5%eb%9e%b5%ec%9d%84/
월마트 코로나19 무료 검사소 오픈. http://www.focuscolorado.net/news/articleView.html?idxno=40014최근 월마트
월마트, 코로나19 특수 누려…이커머스 매출 74% 급증. https://www.etoday.co.kr/news/view/1896510
월마트, 코로나발 '사재기'에 매출 급증. http://www.newspim.com/news/view/20200520000001
유통공룡 월마트의 코로나 극복기. https://www.edaily.co.kr/news/read?newsId=01587526625774168&-mediaCodeNo=257
최근 월마트 실적에서 읽어보는 네가지 인사이트 - 아마존과의 비교. https://happist.com/567957/%EC%B5%9C%EA%B7%BC-%EC%9B%94%EB%A7%88%ED%8A%B8-%EC%8B%A4%EC%A0%81%EC%97%90%EC%84%9C-%EC%9D%BD%EC%96%B4%EB%B3%B4%EB%8A%94-%EB%84%A4%EA%B0%80%EC%A7%80-%EC%9D%B8%EC%82%AC%EC%9D%B4%ED%8A%B8/
'혁신의 아이콘'으로 거듭나는 유통 기업들. https://news.naver.com/main/read.nhn?mode=LSD&mid=sec&sid1=004&oid=050&aid=0000047406
中 QR결제, 세계시장 판도 바꾸다...日서는 '수수료율 0%' 경쟁. http://www.etnews.com/20190122000169
Pankaj Ghemawat, Stephen P. Bradley & Ken A. Mark(2009). Wal-Mart Stores in 2003, Harvard Business Review.
Stephan Meier & Felix Oberholzer-Gee(2016). Wal-Mart In Search of Renewed Growth, Columbia Caseworks.
Supply Chain Management at Wal-Mart(2017). Ivey School of Business Foundation.
Wal-Mart Homepage. https://corporate.walmart.com
Wal-Mart Wikipedia. https://en.wikipedia.org/wiki/Walmart
Walmart's History and Mission Statement. https://www.thebalancesmb.com/history-of-walmart-and-mission-statement-4139760
Walmart Releases 2019 Annual Report and Proxy Statement. https://corporate.walmart.com/newsroom/2019/04/23/walmart-releases-2019-annual-report-and-proxy-statement

Toys Яus 사례

아마존 플랫폼서 지름길만 찾으려다... 토이저러스, 핵심경쟁력 잃고 몰락. https://dbr.donga.com/article/view/1203/article_no/8435
장난감 천국 토이저러스 부활하나... 한국에선 오히려 성장. https://m.blog.naver.com/businessinsight/221378690031
Toy Яus Homepage. https://www.toysrus.com/
Toy Яus Wikipedia. https://en.wikipedia.org/wiki/Toys_%22R%22_Us

Toy Яus is back. Here's a look inside its first new store. https://www.cnbc.com/2019/11/27/toys-r-us-is-back-heres-a-look-inside-its-first-new-store.html

Best Buy 사례

베스트바이. https://news.samsung.com/kr/tag/%EB%B2%A0%EC%8A%A4%ED%8A%B8%EB%B0%94%EC%9D%B4

베스트바이는 어떻게 옴니채널전략을 추진하였는가?. http://digitaltransformation.co.kr/%EB%B2%A0%EC%8A%A4%ED%8A%B8%EB%B0%94%EC%9D%B4best-buy%EB%8A%94-%EC%96%B4%EB%96%BB%EA%B2%8C-%EC%98%B4%EB%8B%88%EC%B1%84%EB%84%90%EC%A0%84%EB%9E%B5%EC%9D%84-%EC%B6%94%EC%A7%84%ED%95%98%EC%98%80/

베스트바이 실적. https://kr.investing.com/equities/best-buy-earnings

베스트바이의 부활 "상품 아닌 경험을 팔았다". https://biz.chosun.com/site/data/html_dir/2019/03/27/2019032701732.html

'아마존 시대'에 美 베스트바이가 살아남는 비결은. https://www.hankyung.com/it/article/2019032723171

아마존 시대에 베스트바이가 잘 나가는 이유. http://www.ttimes.co.kr/view.html?no=2018072515527753274&daum

아마존 전성시대에 '베스트바이'는 어떻게 살아남았나. https://www.asiae.co.kr/article/2019082216244877525

캐나다에서 성공한 듀얼브랜드 전략 중국에선 처참히 무너진 이유는?. https://dbr.donga.com/article/view/1203/article_no/7987/ac/magazine

Amazon Almost Killed Best Buy. Then, Best Buy Did Something Completely Brilliant. https://www.inc.com/justin-bariso/amazon-almost-killed-best-buy-then-best-buy-did-something-completely-brilliant.html

Best Buy Homepage. https://www.bestbuy.com/

Best Buy Wikipedia. https://en.wikipedia.org/wiki/Best_Buy

Best Buy 2020: Building the new blue's growth strategy. https://corporate.bestbuy.com/best-buy-investor-day-details-best-buy-2020-building-the-new-blue-growth-strategy/

Best Buy Co., Inc. history, profile and history video. https://www.companieshistory.com/best-buy/

Best Buy Co. SuccessStory. https://successstory.com/companies/best-buy-co

Best Buy provides business update related to COVID-19. https://corporate.bestbuy.com/best-buy-provides-business-update-related-to-covid-19/

How Best Buy Used CX Strategy to Rebound from a Retail Apocalypse. https://www.customercontactweekdigital.com/customer-experience/articles/best-buy-customer-experience

Six Reasons Why Best Buy Will Continue To Dominate. https://www.forbes.com/sites/joanverdon/2019/09/26/a-better-best-buy-six-reasons-to-bet-on-it/#4306fc4a72ea

The Heroic Rise Of Best Buy's Omnichannel Customer-Centricity Model. https://etaileast.wbresearch.com/blog/customer-centricity-model-best-buy

Chapter 3

유통전략의 이해

학습내용

1. 유통의 발생과정은 어떠한가?
2. 유통경로의 개념과 유통의 전략적 특징은 무엇인가?
3. 중간상이 필요한 이유와 유통경로가 창출하는 효용, 유통경로의 기능은 무엇인가?
4. 유통산업의 산업화 과정과 유통업체의 역할변화는 무엇인가?
5. 최근의 주요 유통구조의 변화는 무엇인가?
6. 최근 우리나라의 주요 유통 환경의 변화는 무엇인가?

사례

최소의 상품구색으로 최대의 점당 매출을 올리는 Costco Wholesale

학습목표

1. 미국의 소매업은 어떻게 변화해 왔는가?
2. Costco Wholesale의 기존 소매업체 대비 차별화 전략은 무엇인가?
3. Costco Wholesale의 유료 membership 제도의 특징과 장단점은 무엇인가?
4. Costco Wholesale이 효율성을 높이기 위해 도입한 전략은?
5. Costco Wholesale의 경쟁력을 높이는 기타 전략에는 무엇이 있는가?
6. Costco Wholesale의 경쟁사와 각 사의 전략적 특징 및 장단점은 무엇인가?
7. Costco Wholesale의 주 성공요인은 무엇인가?
8. 우리나라의 트레이더스와 Costco Wholesale의 전략적 차이점은 무엇인가?
9. Costco Wholesale의 위협요인은 무엇인가?

1. Costco Wholesale 소개

Costco는 회원제 도매 클럽 (membership wholesale clubs: MWC, 창고형 할인매장으로 칭하기도 하나 본서에서는 공식 명칭인 회원제 도매 클럽으로 칭함)이라는 소매상의 특별한 유형 중 하나이다. 다른 소매업체와 달리 회원제 도매 클럽은 고객이 매장에서 쇼핑하려면 연간 멤버십을 구입해야 한다. Costco는 식품 및 잡화를 회원에게 저렴한 가격에 제공하는 창고 체인이며, 낮은 가격을 유지할 수 있는 비결로는 제품의 대량 판매, 운영 경비 최소화, 빠른 재고 회전율, 낮은 마진율 등을 꼽을 수 있다. 가장 가까운 경쟁자는 같은 방식으로 운영되는 Sam's Club (Wal-Mart의 한 사업 부문)과 BJ's Wholesale이다.

Costco Wholesale Corporation의 역사를 살펴보기 위해서는 회원제 도매 클럽의 원조 격인 Price Club의 역사를 살펴볼 필요가 있다. 1976년 캘리포니아 주 샌디에고에서 Sol Price에 의해 탄생한 Price Club은 비행기 격납고를 창고로 개조하여 B2B 사업을 영위하는 도매상으로 사업을 시작하였다. 1980년 일반 소비자를 대상으로 하는 소매상으로 사업 영역을 확장하여, 이후 캘리포니아를 중심으로 미국 서부 전역, 캐나다, 멕시코까지 급속한 성장을 이룩하였다.

Costco의 설립자인 James Sinegal은 한때 Price Club에서 일하며 1979년부터 1983년까지 부사장을 역임한 바 있다. 이때의 경험을 밑바탕 삼아 1983년 투자가 제프리 브로트먼과 함께 워싱턴 주의 커클랜드에서 Costco를 창업하였다. 6년 만에 매출 30억 달러를 달성하는 등 괄목할 성장을 이루었으며, 1993년 Costco의 모태라고 할 수 있는 Price Club을 인수하며 PriceCostco라는 회사가 되었다. 1997년 현재의 사명인 Costco Wholesale Corporation으로 회사명을 변경하며, 모든 매장을 Costco로 리뉴얼하여 현재의 모습을 갖추었다.

2019년 현재 Costco는 전 세계 약 12개에서 782개의 매장 (미국 543개, 한국 16개)과 약 9,800만 명의 멤버십 회원을 보유하고 있으며, 약 245,000명의 직원을 고용하고 있다. 2018년 회계연도 기준으로 1,384억 달러의 매출을 기록하였다.

2. 미국의 소매업의 변화

미국의 소매업은 19세기 후반 백화점과 일반상점의 등장을 시작으로 본격화되어 시간의 흐름에 따라 새로운 업태들이 등장하며 많은 변화를 겪어 왔다. 다만, 기존 업태들과 함께 새로운 형태의 업태가 등장하여 한 시기에 공존하는 모습으로 시장이 변화해왔다. 새로이 등장하는 업태들은 기존의 업태가 갖는 특징들을 보완하거나 새롭고 상반된 경쟁력을 갖춰 소비자들의 선택을 받아오고 있다.

먼저 60년대의 주 유통업태인 백화점 (department store)은 한 공간에서 다양한 품목을 쇼핑할 수 있는 원스톱 쇼핑 (one-stop-shopping)을 제공하여 지속적인 성장을 보였으나, 70년대부터 점차 매출이 줄어들며 쇠퇴하기 시작하였다. 70년대는 할인점 (discount store)의 전성시대로 백화점과 같은 원스톱 쇼핑을 표방했으나 더 낮은 가격과 접근성을 내세워 시장을 확보해 갔다. 비슷한 시기에 등장한 카테고리 킬러 (category killer)는 할인점과 마찬가지로 낮은 가격으로 제품을 제공하지만 품목 취급을 보다 전문화하여 경쟁력을 확보하였다. 80년대 등장한 회원제 도매 클럽은 멤버십, 대량 판매, 제한된 품목 (stock keeping unit: SKU)을 특징으로 절약된 비용을 통한 저가전략을 구사하였다. 마지막으로 21세기에 들어서며 발전된 IT 기술을 기반으로 한 온라인 쇼핑몰은 인터넷, 모바일을 통한 간편한 쇼핑과정과 집 앞까지 배달해주는 편리함으로 기존의 오프라인 소매점들을 위협하고 있다.

(1) 백화점

백화점은 산업혁명으로 부를 축적한 중산층의 등장과 소비자 사회 성장에 기반하여 성장해왔다. 대표적인 백화점으로는 R. H. Macy & Company (1858년 설립),

Bloomingdale Brothers, Inc. (1872년 설립)과 같은 회사들을 꼽을 수 있는데, 이들은 뉴욕에서 시작하여 이후 전국적으로 점포를 확장하였다. 백화점의 등장은 소비자들에게 새로운 쇼핑 경험을 제공한다는 특징을 보였다. 이는 한 공간에서 다양한 제품을 구매할 수 있으며, 우수한 고객 서비스를 제공한다는 점에서 새로운 가치를 선보였다. 이와 같은 새로운 소비 경험은 소비자로부터 긍정적인 평판을 얻으며 소매업에 혁명을 불러 일으켰다.

20세기 가장 눈에 띄는 백화점은 1925년에 오픈한 Sears이다. 1945년까지 Sears는 10억 달러의 매출을 올렸고 1950년대와 1960년대 내내, 의류부터 가전제품 및 주택 수리 용품에 이르기까지 모든 것을 판매하여 전국적으로 점포를 확장했다. 그러나 1970년대 중반부터 2002년까지 어려움을 겪고 매각되었다.

(2) 할인점 (discount store)

할인점은 1960년대에 본격적으로 발달하였다. 백화점과 비슷한 점은 한 공간에서 광범위한 제품 라인을 판매한다는 점이다. 하지만 백화점보다 더 낮은 가격에 제품을 제공한다는 점에서 경쟁력을 가질 수 있었다. 저소득층 소비자를 대상으로 하는 할인점은 호화로운 인테리어, 높은 수준의 서비스와 같은 쇼핑 경험을 강조하는 백화점과 달리 최저가로 상품을 제공하는 데 초점을 맞추었다. 할인점은 1960년에 20억 달러의 매출을 올리는 등 성공적인 등장 이후 40년 이상 번창하였다. 할인점의 대표주자는 잘 알려진 Wal-Mart이다. Wal-Mart는 Sam Walton에 의해 설립되었으며, 2000년대 유통공룡으로 불릴 만큼 성공한 세계 최대 규모의 할인점이다.

(3) 카테고리 킬러 (category killer)

할인점과 비슷한 시기 등장한 또 하나의 소매업태는 카테고리 킬러이다. 카테고리 킬러는 할인점과 같이 최저가를 목표로 하고 있지만 할인점이 모든 생필품을 취급하는 것과 달리 카테고리 킬러에서는 하나의 범주의 제품을 전문적으로 판매한다. 하나의 카테고리만을 취급하므로 Wal-Mart와 같은 할인점에 비해 해당 품목에 있어서는 훨씬 풍부한 상품 구색을 갖출 수 있었으며, 제품에 대한 보다 전문성을 갖춘 서비스를 제공할 수 있다는 강점을 가졌다. 또한 적은 품목을 취급함으로써 할인점보다 더 큰 규모의 효율성 달성이 가능하여 해당 품목 시장에서 할인점보다 유리한 고지를 점할 수 있었다.

(4) 회원제 도매 클럽 (membership wholesale club)

1970년대 중반에 도매상의 새로운 트렌드인 회원제 도매 클럽이 등장했다. 회원제 도매 클럽은 할인점처럼 구매자에게 최고의 가치를 최저가로 제공하는 것을 목표로 한다. 다만 몇 가지 방식을 통해 가치를 전달하는 방식에서는 할인점과 다른 방식을 선보였다.

먼저, 회원제 도매 클럽은 멤버십을 가입한 고객만이 쇼핑을 할 수 있는 매장을 운영한다. 또한, 약 4,000개의 매우 제한된 품목만을 다룬다. 각 카테고리에 두세 개의 브랜드를 취급하며 묶음 판매를 한다. 제한된 두세 가지 브랜드를 대용량으로 판매함으로써, 공급 업체와 상대로 유리하게 협상하고, 제품을 저렴하게 확보해, 고객에게 저렴한 가격으로 판매할 수 있다. 마지막으로 운영비 최소화를 통해 최저가를 실현하고 있다. 매장 자체를 창고 형식으로 운영하는 등 운영비를 최소화하여 낮은 마진율에도 불구하고 수익성을 유지할 수 있었다.

회원제 도매 클럽은 일부 국가에서는 성공을 거두었으나, 일부 국가에서는 그다지 성공적이지 않았다. 캐나다와 멕시코에서는 나름 성공적이었지만 유럽, 남미, 아시아에서는 그다지 성공적이지 못했다. 회원제 도매 클럽의 저렴한 가격의 매력은 전 세계 소비자에게 공통적으로 다가갔지만, 소비자 구매 행동의 차이, 부동산 비용에 따른 주거 형태의 차이, 정부의 규제 등의 이유로 세계 전역에서 성공을 이끌어내는 데는 한계를 보였다. 대표적인 회원제 도매 클럽으로는 Costco와 Wal-Mart가 운영하는 Sam's Club (Sam's Club) 등이 있다.

(5) 온라인 쇼핑몰 (online shopping mall)

IT 기술의 발달과 함께 21세기 유통업계에는 온라인 쇼핑몰이란 새로운 시장 지배자가 등장했다. 온라인 쇼핑몰은 별도의 매장을 운영하지 않고, 중앙 물류센터를 통해 제품을 운송함으로써 저렴한 가격을 제공할 수 있었다. 등장 초기, 소매업 시장 전체가 온라인으로 이동할 것이라는 예측도 있을 만큼 그 파급력은 매우 클 것으로 예상되었다. 그러나 소비자행동 변화는 예상만큼 극적이지는 않았다. 초기 온라인 쇼핑몰로의 이동은 제한적인 품목에 한해 이루어져서 주로 매장을 방문하지 않아도 제품에 대한 정보를 확인할 수 있고, 배송비용의 부담이 크지 않은 전자제품, 책, 소프트웨어, 음반 등과 같은 제품이 주를 이뤘다. 반면 의류, 식품, 가구 등 구매 전 실물을 통한 확인이 중요하고, 표준화되지 않으며 배송이 까다로운 제품들은 온라인 쇼핑으로의 이동에 제한을 겪었다. 최근 IT 기술의 발달과 소비자 인식의 긍정적인 변화는 온라인 쇼핑 시장의 저변을 점차 확대하고 있으나, 여전히 전통적인 소매업체들만의 매력과 장점이 있어서 2019년 현재 미국의 온라인 유통의 비중은 10%에 머물고 있다.

3. Costco의 전략

Costco의 구체적인 전략을 살펴보기 이전에 설립자인 Jim Sinegal의 말을 통해 Costco가 달성하고자 하는 목표를 가늠해보자. Jim Sinegal은 "비용을 낮추고 그만큼의 이익을 회원들에게 돌려준다"라는 경영이념을 역설하였으며, 최적의 6가지 경영철칙 (Six Rights, 가격/상품기획/시간/장소/품질/매장상태)을 통해 효과적인 기업 운영을 하고 있다. 여기서 주목할 점은 Costco는 '최선 (best)'이 아닌 '최적 (right)'이라는 가치를 추구한다는 점이다. 기업과 고객 한 쪽이 최선을 얻기 위해서는 다른 한 쪽의 희생과 손실이 불가피하다. Costco는 그 중간 지점에서 모두가 수긍할 수 있는 균형을 찾기 위해 최적을 추구하고 있다. 이와 같은 Costco의 경영철칙은 지금부터 살펴볼 다양한 전략에 녹아 있다.

(1) 멤버십 제도

Costco의 특징은 유료 멤버십 제도이다. 기존의 다른 소매업태에서는 볼 수 없던 특징으로, 유료 멤버십에 가입한 고객만 쇼핑할 수 있는 제도이다. Costco의 멤버십 제도는 최초의 구독모델이라고 할 수 있다. 이 정책의 장점으로는, 첫째, 고객의 신상정보와 구매정보를 수집할 수 있어 마케팅 전략 수립 시 기초자료로 활용된다. 둘째, 회원의 충성도를 높일 수 있다. Costco의 고객들은 본인이 Costco의 회원임을 자랑스러워하며 Costco에 대해 신뢰하고 있다. 다만, 최근 이와 같은 자랑스러움과 충성도가 갖는 효과는 소비자들의 적응과 유사한 경쟁자들의 등장으로 일부 희석되는 경향이 있다. 셋째, Costco에서 자주 쇼핑을 해야 지불한 연회비의 효용을 극대화할 수 있다는 심리적 압박감을 줌으로써 고객의 방문빈도를 높인다.

또 다른 멤버십 제도의 장점은 비정기적인 고객을 걸러낼 수 있다는 점이다. 그 결과 Costco는 자신에게 높은 가치를 두는 고객들을 확보해 마니아적 반응을 얻을 수 있다. 그리고 연회비를 통해 수익을 얻을 수 있다. 실제로 연회비가 Costco의 이윤 중 70%의 비중을 차지하고 있으며 이로 인해 최대 마진 14% 유지 정책을 실행할 수 있게 해준다.

Costco의 경영진은 고객의 카트에 실린 상품들이 아니라, 매장에서 쇼핑하는 고객의 최대화를 목표로 한다. Costco는 '고객이 많이 구매할수록'이 아니라 '고객이 만족하고 멤버십을 유지, 확대할수록' 수익이 나는 비즈니스 모델이다.

소비자 입장에서 멤버십 제도의 가장 큰 장점은 소비자가 멤버십을 가짐으로써 특권 의식을 통해 진지한 쇼핑과 할인이라는 감정을 지속시켜준다는 점이다. 그리고 소비자가 지불한 멤버십 연회비는 Costco의 주 수익원이 되며 이는 가격할인으로 소비자에게 돌아온다. 또한 한 번 정기권을 구매하면 외국에서도 사용 가능하다. 그 밖에 구매 금액의 2%가 포인트로 적립되어 현금처럼 사용할 수 있으며 회원에게는 분기별로 쿠폰 북이 제공되어 할인 혜택을 확인할 수 있다.

하지만 단점으로는 비회원은 입장 자체가 금지된다는 것이다. 그리고 이 회원증 점검을 이유로 출입 절차가 번거로워지고 추가적인 노동력이 필요해진다. 또한 여러 사람 출입 시 반드시 카드 명의자가 대동해야 하는 불편함도 있다. 그리고 멤버십 비용의 본전을 뽑기 위해 과소비가 조장된다. 따라서 멤버십 제도는 Costco에 가끔 가는 사람에겐 경제적이지 못하다.

(2) 효율, 효율, 효율

Costco는 효율적인 운영전략을 통한 고품질 저가 제공이라는 목표를 달성하고 있다. 이와 같은 저가 정책을 가능하게 하는 전략들을 1, 14, 4000이라는 숫자를 통해 살펴보도록 하자.

1) 1 : only 1 카드

처음 Costco를 방문한 소비자는 생소한 경험을 하게 될 것이다. 쇼핑을 마친 계산대에서 오직 한 가지 카드와 현금으로만 결제할 수 있기 때문이다. 이는 다른 소매업체에서는 보기 힘들다. 일반적으로 고객의 편의를 높이기 위해 다양한 지불방법을 제공하는 것이 당연하게 받아들여진다. 그렇다면 Costco가 하나의 카드만 사용하도록 하여 발생할 수 있는 소비자의 불편을 감수하는 이유는 무엇일까?

여기에는 두 가지 답이 가능하다. 먼저, 저렴한 가격을 달성하기 위한 목적이 있다. 국가 간 차이는 있겠지만 우리나라에서 일반적인 카드 수수료율은 2~2.5% 수준이다. 그러나 Costco는 2000년부터 삼성카드와, 2019년부터 현대카드와 독점 계약하여 0.7%라는 낮은 수수료율을 지불하고 있으며, 여기서 절약되는 비용은 자연스레 저렴한 가격을 위한 도구로 활용된다.

또 다른 답은 Costco의 타겟시장에서 찾을 수 있다. Costco의 타겟시장은 비교적 명확하다. 바로, 중소도매상과 현금 보유력이 있는 부유한 고객들이 그 대상이다. Costco의 명확한 타겟시장은 저소득층을 타겟으로 하는 경쟁자인 Sam's Club과 차별화된다. 이처럼 결제 수단을 현금과 특정 카드로 제한함으로써 Costco는 자신들의 1 카드 전략을 수용할 수 있는, 현금보유력이 있는 고객에 집중할 수 있다. 이는 고객관리 측면에서 효율적인 운영을 가능케 하는 전략으로 볼 수 있다.

2) 14 : 마진율 14%

Costco는 고객에게 더 많은 가치를 전달하기 위해 마진율 14%의 원칙(PL 상품인 Kirkland Signature의 경우 15%)을 지키고 있다. 설립자인 Jim Sinegal은 이렇게 고정된 마진율에 대해 "이는 우리도 돈을 벌고 고객도 만족할 수 있는 적당한 기준이며, 16%나 18%로 인상하는 순간 Costco가 가격과 비용을 최소화하려 했던 모든 노력들이 무너져 내릴 것"이라고 강조했다. Costco의 낮은 마진율은 약 30% 수준인 우리나라 대형마트의 마진율에 비해 현저히 낮은 수준이며, Costco가 원하는 고객 가치 창출의 큰 근원이 되고 있다.

3) 4,000 : 4,000 SKU (stock keeping unit)

Costco는 제한된 4,000여 개의 품목 (SKU)을 대량으로 판매한다. 구색은 다양하게 시도하되 구색당 두세 가지 품목만을 제공하는 방식이다. 4,000여 개의 품목 중에는 매장을 방문하면 항상 만날 수 있는 상품과 PL상품을 포함하며, 시즌상품과 트렌드에 맞는 기획 상품을 주기적으로 빠르게 교체하여 (early in early out 전략) 지금 사지 않으면 다음에 없을지도 모른다는 심리적 압박감을 주어서 구매로 이어지게끔 한다. 이는 재고비용과 가격인하에 따른 매출이익 손실을 성공적으로 방지하고 있다. Costco는 주기적으로 15% 정도의 제품을 교체한다. 이는 새로운 제품에 대한 호기심을 불러일으켜서 고객의 점포 방문빈도를 높이는 효과를 가져온다. 또한 교체된 신제품을 여러 곳에 무작위로 진열하여 소비자로 하여금 신제품을 찾아다니게 함으로써 (보물찾기: treasure hunt) 매장 체류 시간을 높여 객단가를 높이고 있다.

그렇다면, 이처럼 단순하고 제한된 품목 구성이 고객과 제조사의 입장에서 어떻게 받아들여지는지에 대해 살펴보자.

먼저, 고객의 입장에서 제한된 품목은 양날의 검과 같다. 선택의 폭이 제한되어 만족도가 떨어질 수도 있으며, 반대로 고민의 여지를 덜어주어 (shopping stress 감소) 간

편한 쇼핑이 될 수도 있다. 두 가지 결과의 차이는 제품의 품질에 좌우된다. 여기서 Costco의 차별화된 전략 중 하나인 구매대행 (buying agent) 전략을 살펴볼 필요가 있다. 여기서 말하는 구매대행이란 소비자의 선택을 대신하여 (pre-selecting) 최고의 제품을 최저가에 제공함으로써 고객이 보다 쉽고 편한 쇼핑을 할 수 있도록 돕는다는 것이다. 다만, 이 전략에도 한계가 있다. 예컨대 생필품처럼 고객이 선택의 과정에서 피로감을 겪는 반복적인 구매 제품에 대해서, 혹은 쇼핑에 피로감을 느끼는 특정 소비자 집단에게는 만족도에 긍정적인 영향을 기대할 수 있지만 전문적 제품과 쇼핑을 즐기는 소비자에게는 역효과가 있을 수 있기 때문이다.

다음으로 제조사의 입장에서 긍정적 측면으로는 Costco는 매출을 증가시킬 수 있는 광범위한 유통 채널을 제공한다. 또한 Costco는 공급업체로부터 제한된 품목만 구입함으로써 제조사는 생산 구조의 단순화를 통해 제품 생산 비용을 크게 줄일 수 있다. 동시에, Costco는 고객에게 제공되는 가격의 절감을 위해 제조사에게 강력한 구매자의 위치를 이용해 비용 절감을 요구할 수 있다. 예를 들어 대중적인 진통제인 Advil의 경우 Costco는 세계에서 가장 큰 애드빌 구매자는 아니지만, 250정 Advil에 있어서는 가장 큰 구매자이다. 다만 이 경우, 제조사의 매출 증가는 기대할 수 있지만 증가한 매출이 이익 증가로 이어지는 것은 제한적이다.

4) 기타 전략

위에서 살펴본 대표적인 전략 외에도 고객에게 전달되는 가치의 극대화를 위해 Costco는 다양한 전략을 구사한다.

① Costco만의 제품라인업

먼저, 제품 측면에서 유명 브랜드 제품의 확대를 통한 가치 창출이다. Costco의 강력한 시장점유를 바탕으로 다른 채널에 공급되지 않는 기존 브랜드의 제품을 함께 기획, 공급하는 방식이다. 예를 들어 Levi's 청바지, Polo 침구, Compaq 컴퓨터와 같은 제품들을 제공한다.

② Kirkland Signature

또 하나의 전략은 자체상표인 Kirkland Signature이다. 이를 통해 수요는 있으나 시장에는 잘 알려져 있지 않은 다양한 고품질의 저가 제품들을 제공하고 있다. 약 200여 가지의 Kirkland Signature 상품은 Costco 전체 매출의 약 15%를 차지한다.

③ 묶음 판매 (bulk size)

미국에서 membership wholesale club은 원래 중소상인이나 대형 식당을 대상으로 대용량으로 패키징된 제품들을 판매하였기에 묶음 판매를 하는 전통이 이어지고 있다. 이처럼 매장과 창고를 통합한 환경은 진열과 보관비용의 절약에 효과적이다. 다만 이러한 대용량 포장 제품은 Costco의 타겟 시장인 주거공간이 여유롭고, 구매력이 있는 소비자들에게만 효과적인 전략으로 평가될 수 있다.

④ 크로스도킹 (cross docking)과 진열대와 창고의 일체화

물류에 있어서 Costco는 효율성을 높이기 위해 크로스도킹 (cross docking)이라는 시스템을 개발하였다. 크로스도킹은 제조사에서 직접 창고에 적재물을 내리고, Costco의 직원이 이를 통합하여 매장으로 가는 트럭에 싣는 시스템으로 기존의 물류 운송과 관리에 비해 단순화 구조를 통해 효율성을 높일 수 있다. 실제로 Costco는 크로스도킹 시스템을 통해 비용을 절감하였다.

Costco에는 창고가 없다. 진열대 위에 물건을 쌓아두고 진열대의 물건이 소진되면 매장 내 지게차가 진열대 위에 쌓여 있는 물건들을 진열대로 내려놓는다.

⑤ 이중보증제 (double guarantee)

이중보증제란 상품보증제와 회원보증제라는 두 측면의 보증을 제공하는 Costco의 운영방식이다. 여기서 상품보증제란 고객이 구입한 상품에 만족하지 않을 경우 언제든 전액 환불해주는 제도를 말하며, 회원보증제란 회원 가입 후 회원으로서 만족하지 않을 경우 연회비를 전액 환불해주는 제도를 말한다. Costco는 이와 같은 이중보증제를 운영함으로써 감수해야 하는 손실이 발생할 것이다. 하지만 이중보증제를 통해 품질과 서비스에 대한 자신감을 보이고 있으며 이는 자연스럽게 Costco에 대한 고객의 신뢰로 연결되어 브랜드 가치를 높이는 데 일조하고 있다.

4. Costco의 경쟁사

(1) 미국시장에서의 경쟁사: Sam's Club과 BJ's

미국시장 내에서 Costco의 경쟁자는 Sam's Club과 BJ's Wholesale Club을 꼽을 수 있다. 두 기업은 각각 Costco와 공통점과 차이점을 가지고 있다.

먼저, Wal-Mart가 운영하는 Sam's Club은 매장 수와 회원 수에 있어 Costco를 능가하는 가장 큰 경쟁자이다. 그러나 총 매출액, 매장당 매출액 및 영업 이익은 Costco에 미치지 못한다. Sam's Club의 부진에는 몇 가지 원인이 있다. 먼저, Sam's Club은 Wal-Mart에 뿌리를 둔 기업이다. 그로 인해 전통적으로 저소득 고객을 타겟으로 하여 Costco에 비해 고객의 방문당 지출이 적다. 또한 기존의 브랜드인 Wal-Mart와의 차별점이 적어 상당수의 고객이 회원비를 내고 Sam's Club을 방문하는 대신 회원비가 없는 Wal-Mart를 찾는 경향이 강하다.

BJ's는 초창기 Costco가 시장에 정착하는 데 도움이 되었던 전략과 유사한 전략을 택하고 있다. BJ's는 약 200여 개의 매장을 가지고 있어 규모 면에서는 Costco에 비해 작지만 효율에 있어서는 우위를 보이는 부분이 있다. BJ's는 Costco와 마찬가지로 중산층의 구매력을 갖춘 소비자를 타겟으로 삼는다. 또한 이에 걸 맞는 고급 제품을 제품라인에 포함시켜 고객당 매출을 높이고, 보조 제품의 활용을 통해 매장 방문을 늘리는 등 Costco와 유사한 전략을 구사한다. 매장 규모는 Costco보다 작은 반면, 취급하는 품목의 수는 조금 더 다양하다. 그리고 쇼핑 경험에 대한 고객의 만족도를 높이기 위해 Costco에 비해 시설 (바닥재, 조명, 표지판 등)에 대한 투자에 적극적이다.

이처럼 BJ's의 Costco와 유사하면서도 다른 전략은 Wal-Mart와 같은 할인점과 Costco와 같은 회원제 도매 클럽 사이에 자신을 포지셔닝하여 틈새시장을 공략하는 데 효과적이다. Costco와의 경쟁관계 분석에 있어 중요한 요인은 앞서 언급한 틈새시장의 규모와 그 시장에 대한 소비자의 수요에 있다고 할 수 있다.

(2) 한국시장에서의 경쟁사: 빅마켓 (VIC Market), 트레이더스 (Traders)

Costco가 우리나라에 진출한 후 국내 대형 유통기업은 Costco와 유사한 매장들을 런칭하며 경쟁구도를 형성하였다.

빅마켓은 2012년 6월에 롯데에서 Costco와 같은 회원제 도매 클럽을 벤치마킹하여 런칭한 매장이다. 빅마켓은 금천점 오픈 이후 현재 전국적으로 5개 매장 (금천점, 도봉점, 영등포점, 신영통점, 킨텍스점)을 보유하고 있다. 빅마켓은 Costco와 같이 유료 멤버십 제도를 운영 중이나 Costco에 비해 낮은 수준의 가입비를 책정하고 있다. 첫 달 매출은 목표치의 20%를 상회한 100억 원을 기록하고 4개월 만에 10만 명의 회원을 확보하는 등 오픈 초기 시장의 좋은 반응을 얻었다. 이는 '경쟁사보다 10원이라도 싸게 팔겠다'는 가격정책과 Costco보다 다양한 편의시설 등에 기인한 것으로 볼 수 있다.

그러나 초기의 좋은 시장 반응에도 불구하고 지속적인 수익 확보에 실패하며 현재 이렇다 할 수익을 내지 못하고 있다. 그 이유로는 회원제 수익이 저가 가격정책의 낮은 마진을 보전하기에 충분치 않고 많은 편의시설이 장기적으로 비용부담으로 작용했기 때문이다. 또한 Costco에 비해 낮은 인지도와 상품 구색, 가격, 화제성 등에서도 열위를 보이고 있다. 이와 같은 빅마켓의 부진으로 롯데는 회원제 도매클럽의 출점을 늘릴 경우 차라리 숍인숍(shop-in-shop) 형태의 비회원제 창고형 할인점인 마켓D를 확대하는 방안을 고려하고 있다.

이마트 트레이더스는 신세계 그룹에서 선보인 창고형 할인매장이다. 다만, Costco와의 큰 차이는 회원제가 아니라는 점이다. 역설적이지만 이와 같은 비회원제가 이마트 트레이더스로서는 Costco에 비해 고객들의 접근성이 높아 고객수를 늘릴 수 있다는 장점이 있다. 그러나 장기적으로는 Costco와 같은 상품을 판매할 경우, 이마트 트레이더스는 Costco에 비해 저렴한 가격으로 상품을 제공하는 데 어려움을 겪거나 가격을 유지하기가 어려울 수 있다. 왜냐하면 Costco의 가격 전략 안에 포함되어 있는 멤버십 수익을 통한 수익의 보전이 이마트 트레이더스에게는 해당하지 않기 때문이다. 또한 이마트 트레이더스는 Costco와 정서적 차별성도 갖는다. Costco는 제공하는 상품을 국내 현지화하지 않아 고객에게 마치 미국에서 쇼핑을 하는 듯한 느낌을 주는 특별한 정서적 경험을 제공한다. 하지만 이마트 트레이더스는 수입 제품을 늘리고는 있으나 국내 상품이 높은 비중을 차지하여 소비자가 쇼핑을 통해 경험하는 정서는 기존 이마트와 큰 차별성이 없으며, Costco의 그것과는 차이를 보인다.

그럼에도 불구하고 트레이더스는 이마트와의 동반 구매를 통한 구매단가 절감, 대형마트 고객과 연회비를 기피하는 고객의 흡입 등으로 계속 번창하고 있으며 이마트는 트레이더스 사업을 더욱 공격적으로 전개할 계획을 가지고 있다. 또한 Costco와 트레이더스 간 경쟁은 창고형 매장 사업 규모를 키워나가고 있다.

5. Costco 코리아의 위협요인

지금까지 전 세계 매출 1위 매장 (양재점)을 보유한 한국에서 성공가도를 이어온 Costco를 위협하는 요인은 최근 변화하는 시장 환경에서 찾을 수 있다. 가장 직접적인 위협은 창고형 매장의 새로운 강자인 트레이더스다. 트레이더스 등장 이후 Costco의 매장이 늘어났음에도 불구하고 연회원 수는 감소하고 있다. Costco의 회장인 Jim Sinegal 회장이 한국을 방문하면 트레이더스 매장을 들러 꼼꼼히 점검한다. 이는 Wal-Mart와 Carrefour를 물리친 이마트의 저력을 의식하기 때문이다.

다음은 온라인 시장의 확대이다. 2000년대 초반 인터넷으로 시작한 온라인 쇼핑은 최근 스마트폰 보급의 급속한 확대로 인해 모바일 시장의 확장을 촉진시키고 있다. 특히 초기 온라인 쇼핑의 한계로 지적되던 신선식품 등의 온라인 유통도 진화를 거듭하여 당일 주문/당일 배송, 새벽 문 앞 배송 등 고도화된 서비스로 제공되고 있어 그 세를 나날이 넓혀가고 있다. 이와 같은 온라인 유통이라는 큰 흐름에 대비하는 Costco의 대응전략은 그리 적극적이지 않은 것으로 보인다. Costco는 2001년부터 Costco 온라인을 운영해오고 있으나 타 대형 유통기업의 대응에 비해 다소 소극적인 것으로 평가된다. Costco의 온라인 쇼핑몰은 오프라인 매장의 접근력을 보완하는 데 그치는 수준으로 평가되며, 쿠팡, 이마트의 SSG.com 등과 같은 공격적인 투자와 전환에 비교했을 때 부족한 UI (user interface) 등으로 인해 큰 강점을 보이지 못하고 있다. 다만, 이와 같은 Costco의 온라인 전략은 고객들이 그리 쉽게 변하지 않을 것이라는 믿음과 더불어 가격과 품질로 승부한다는 자신감에서 나오는 것으로 과연 이 결정이 어떤 결과를 불러올지 지켜볼 필요가 있다.

다음으로 시장 내부로부터의 변화는 1인 가구의 증가를 뽑을 수 있다. 1인 가구의 증가로 인한 경제적 변화를 일컫는 솔로코노미 (Soloconomy, solo+economy)라는 용어가 등장할 정도로 바야흐로 1인 가구 수가 급속도로 증가하고 있다. 이와 같은 변화는 다양한 산업에 영향을 미치고 있으며 특히 유통시장에서 가장 빠른 변화를 보이고 있다. 예를 들면 가정간편식 시장이 급속히 성장하고 있고 편의점 식품에 대한 인기도 꾸준히 상승하고 있다. 이처럼 소량포장, 소형화를 선호하는 시장의 추세는 전통적으로 Costco가 추구해온 전략과 대척점에 있다고 볼 수 있다. 전통적으로 Costco가 공략하고자 하는 목표시장이 대형포장된 상품을 집에 비축해둘 수 있는 경제력을 지닌 중산층이기 때문에 최근의 1인 가구, 특히 우리나라의 경우 원룸 등 공간이 좁은 주거 환경에서 생활하는 1인 가구에게는 대형포장이 부담일 수 있다. 더욱이 자가용으로 접근해야 하는 Costco의 입지 또한 편의점 등 경쟁상대에 비해 장기적으로 약점이 될 가능성이 있다.

그러나 이러한 1인 가구는 원래 Costco의 타겟 마켓이 아니었으므로 그 파장은 타 소매업태에 비해 적을 것으로 예측된다.

6. 코로나 팬데믹 상황에서의 Costco의 대응전략

2020년 초 전 세계를 휩쓴 코로나 바이러스 사태가 장기화 조짐을 보이며 많은 기업들이 타격을 입고 있는 가운데 Costco는 전년 대비 개선된 실적을 보이고 있다. 이처럼 예상치 못한 실적 호재는 코로나로 인해 시장이 변화했고 Costco가 고수해 온 전략이 그 변화에 유효했기 때문으로 평가된다. 코로나 팬데믹은 미국 등 엄격한 봉쇄령이 시행된 시장의 소비자들로 하여금 식료품, 생필품 등을 대량 구입하여 비축하려는 현상을 가져왔다.

Costco의 기존 전략인 대량 묶음형태의 상품 제공, 저렴한 가격은 이와 같은 사재기 수요를 소화하기에 최적의 전략이다. 타 경쟁업체 입장에서는 사재기 수요를 유발하는 상품군인 생필품과 식료품은 마진율이 높지 않아 경쟁사에서는 해당 수요를 공략하여도 큰 이익을 얻기 어려운 계륵과 같은 상황이었다. 하지만 영업 이익의 70%가 연회비로 구성된 Costco에게는 이러한 생필품의 사제기 수요는 수익으로 이어졌다. 결과적으로 2020회계연도 2분기 매출액은 전년 대비 10.4% 증가한 391억 달러를 기록하는 등 우수한 실적으로 이어졌다.

다만 이러한 호황이 오래 이어지지는 않을 것으로 전망된다. 코로나로 인한 사재기 수요가 단기적으로 Costco의 실적에 긍정적인 영향을 미쳤다는 점은 분명하나, 사재기 현상의 지속여부가 불투명하므로 Costco는 장기적으로 언택트 경제에 대비할 전략 마련이 필요하다.

생각해보기

1. Costco의 history and company profile
2. 미국 전체 생필품 소매업태 현황과 추이는?
3. Costco target market의 특징은?
4. 전통적 소매업체와의 운영방식의 차이는?
5. Costco와 타 membership wholesale club business 경쟁사의 전략적 차이와 장단점은?
6. Membership 제도의 장점과 단점은?
7. 이커머스의 확산이 Costco에 미치는 영향은 어떠한가?
8. 현재 Costco의 가장 중요한 현안은 무엇이며 여러분의 의견은?
9. Costco의 최근 전략과 이의 평가는?
10. Costco의 주 성공요인은 무엇인가?
11. Costco의 성장을 위한 여러분의 의견은? 이의 장단점은? 구체적인 action plan을 제안하시오.
12. Costco와 트레이더스의 전략적 차이점은?
13. Costco의 최근 재무적 성과는?

유통은 국민경제적인 측면에서 생산과 소비를 연결시켜 주는 기능을 하며 기업 측면에서는 생산된 제품에 시간 및 장소의 효용을 더해 줌으로써 부가가치를 창출하는 기능을 갖는다. 따라서 유통업의 발전 없이는 거시경제 측면에서 생산과 소비 간의 원활한 순환이 이루어지기 어려우며, 기업 측면에서는 편리한 시간과 장소에서 자신이 원하는 상품을 구매하고자 하는 소비자 욕구를 충족시킬 수 없다.

1. 유통의 발생과정

유통은 경제, 사회, 문화의 발전과 변화에 따라 함께 변화하게 된다. 따라서 유통의 발생 및 변화과정을 살펴보는 것은 미래의 유통구조변화를 예측하는 데 매우 중요하다 (**[그림 3-1]** 참조).

유통기능은 자급자족 시기에서 물물교환 시기로 이전하면서 발생하였다. 이러한 초보적인 수준의 유통기능에서 생산과 소비를 연결시켜 주는 고유기능으로 발전한 시기는 '초기 산업사회에서 후기 산업사회로 이행하면서부터'라고 보는 것이 적절할 것이다. 자급자족 사회에서는 생산과 소비가 동시에 이루어지므로 유통기능이 발생할 여지가 없었다. 그러나 산업혁명에 의해 대두된 초기 산업사회에서 대량생산이 가능해짐에 따라 생산과 소비가 분리되는 초보적인 유통기능의 발생이 이루어졌다. 즉, 기업에 의해 대량생산된 제품들이 소비자에게 전달되어 대량소비가 이루어지기 위해서 생산과 소비를

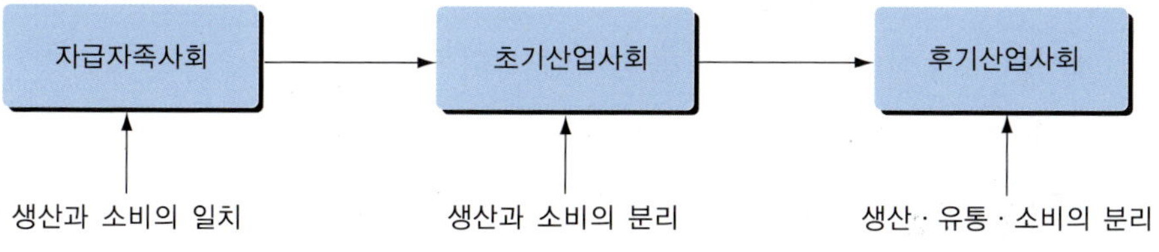

그림 3-1 유통의 발생과정

연결시키는 유통기능이 필요하게 된 것이다.

그러나 이 단계에서의 유통기능은 단순히 생산된 제품의 집하와 분배에만 치중되었으며, 초기 산업사회에서 후기 산업사회로 진입하면서 제조, 유통, 소비가 명확하게 분리되기 시작하였다. 즉, 초기 산업사회에서는 소비자의 욕구가 다양하지 않았으므로 제조업자의 판매부서나 독립 유통업자들에 의한 단순한 분배 기능의 수행만으로도 소비자의 욕구를 충족시킬 수 있었다. 그러나 후기 산업사회로 넘어가면서 고객의 욕구가 다양화됨에 따라 이를 충족시키기 위해 제조업체들은 다품종 소량생산 시스템과 유연생산 시스템(flexible manufacturing system)으로 전환하였다. 이러한 변화에 맞추어 제조업체는 생산기능을, 유통업체는 다양한 유통기능을 전문적으로 수행하는 경영기능의 분업화가 이루어졌다. 이러한 기능분화는 경제발전 척도의 하나로 인식될 수 있는데, 제조부문에서는 연구개발, 기획, 생산, 마케팅 등의 세부기능으로, 유통에서는 도매, 소매, 물류, 정보취급 등의 세부기능으로 더욱 분화되고 있다.

최근에는 제조 · 유통 · 소비로 이루어지는 수직적 유통경로상에서 힘 (power)의 중심이 제조에서 유통으로 이전되기 시작하였다. 이러한 유통업의 힘의 증대는 유통업체의 대형화, 제조업자상표 수의 증가로 인한 경쟁의 심화, 유통업체의 고객정보수집의 용이성 증가 등의 결과이다.

2. 유통경로의 개념과 전략적 중요성

(1) 유통경로의 개념

유통경로의 개념은 일반적으로 국가경제 측면에서의 유통산업과 제조업자 측면에서의 유통전략의 두 가지 측면에서 살펴볼 수 있다.

1) 유통산업 (channel industry)

유통산업이란 '도매상, 소매상, 물적유통기구 등과 같이 유통기능을 수행 ·

지원하는 유통기구들의 집합'을 의미한다. 우리나라의 경우 1960년대 이후 주로 제조업 부문 중심의 성장이 이루어졌으나, 제조업과 유통업 간의 불균형이 심화된 1980년대 이후에는 유통산업의 육성과 활성화가 주요 과제가 되었으며, 1990년대 이후에는 파워 리테일러 (power retailer)가 등장하면서 유통업이 국가 경제에서 차지하는 역할이 더욱 중요하게 되었다.

2) 유통경로

유통경로는 '제조업자→도매상→소매상→소비자'로 이어지는 수직적 연계를 설계 · 관리하는 과정'이다.

마케팅 개념이 명확하게 정립되지 않았던 1950년대까지는 유통이 마케팅의 전부로 인식되었던 시기조차 있었다. 그러나 기업들이 고객의 욕구를 경쟁사보다 더 잘 충족시키기 위해서 통합적 마케팅 노력을 기울이게 되면서 유통은 통합적 마케팅전략 중 하나로 받아들여지고 있다. 유통경로는 특정 제품이나 서비스가 사용될 수 있도록 하는 과정과 이에 참여하는 일체의 상호의존적인 조직으로 표적시장의 소비자들이 적절한 시간에, 접근 가능한 위치에서, 필요한 제품을 구매할 수 있도록 하는 효용을 창출하는 역할을 수행한다.

(2) 유통경로의 전략적 중요성

제조업자의 유통경로에 관한 의사결정은 기업이 제품이나 서비스를 그들의

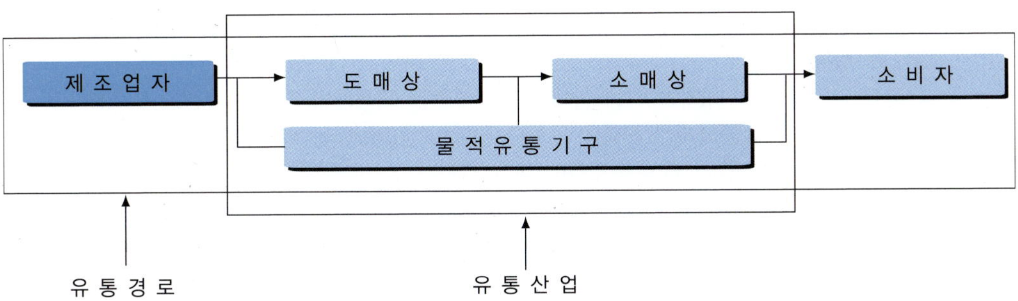

그림 3-2 유통경로와 유통산업의 구조

표적시장에 효율적으로 도달시키는 방법을 결정하는 것으로 기업의 핵심 성공요인 중 하나이다. 유통경로의 전략적 중요성은 유통전략은 다른 마케팅믹스 전략과는 달리, 한번 내려진 의사결정을 쉽게 변화시킬 수 없는 비탄력성과 유통경로의 지역성에 있다.

유통력으로 경쟁하는 캔커피 레쓰비

커피 하면 동서식품이나 네슬레를 연상하겠지만 캔커피의 시장점유율 1위 브랜드는 레쓰비이다. 이 브랜드는 음료회사인 롯데칠성음료가 제조하는 브랜드이다. 여기에서 우리는 여러 가지 시사점을 생각해볼 수 있다.

먼저 레쓰비의 경쟁력은 기술을 바탕으로 하는 제품력이 아니라 타 음료나 제과류의 유통망을 활용하는 유통력에 있다는 점이다. 레쓰비를 생산하는 롯데칠성음료는 음료나 제과류의 주요 유통경로인 편의점, 구멍가게, 자판기, 대형마트 등에 이미 영업조직과 물류시설, 기타 유통 관련 노하우를 보유하고 있다. 커피전문기업인 동서나 네슬레에 비해 브랜드파워는 떨어지지만 유통에서는 경쟁우위를 보유하고 있는 것이다. 이러한 전략은 기존의 유통시스템에 제품을 첨가하는 '범위의 경제'를 실현하는 것으로 해석할 수 있다.

유통망이 전무하였다면 이러한 레쓰비의 성공은 가능하지 않았을 것이다. 예를 들어 식음료 유통기반이 전혀 없는 자동차회사가 캔커피사업을 할 수 있겠는가? 많은 마케팅 전문가나 실무자들은 제품력보다 유통력 (또는 영업력)의 중요성을 강조하고 있다. 삼성전자 임원이 미국을 방문하면 반드시 방문하는 곳이 미국 최대의 가전 전문점인 Best Buy인 것도 같은 이유에서다.

유통 장악력이 로컬 가전기업의 핵심역량으로 작용하고 있는 중국 가전시장

최근 중국 가전시장의 화두는 가격전쟁이 아닌 유통전쟁이라고 해도 과언이 아닐 것이다. Best Buy를 위시한 다국적 기업은 중국 진출 초기부터 지금까지 유통 개척 및 관리에 대한 어려움을 겪으면서 퇴출된 반면, 중국 로컬 기업들은 지난 10여 년 간 꾸준히 유통에 투자를 해왔고, 현재는 유통에 대한 장악력이 곧 로컬 기업의 핵심역량으로 작용하고 있다.

다국적 기업은 로컬 기업에 비해 상대적으로 우월한 제품개발 기술과 브랜드 이미지를 가지고 있으며, 중국시장 진출의 목표가 판매량 증가보다는 가시적 이윤추구에 있었기 때문에 로컬 기업처럼 유통개척에 대한 의지가 절실하지 않았다. 그러나 현지 영업담당 실무자의 말에 따르면, 가전제품의 판매량과 가장 연관성이 높은 지표는 브랜드 인지도나 판매촉진 활동보다는 매장점유율인 것으로 나타났으며, 이 매장점유율을 확대하기 위한 노력은 여타 마케팅 활동보다 더 많은 시간과 비용이 소요된다고 한다.

실례로 국내 모 기업은 화북 지역의 저조한 판매성과가 유통 장악력이 떨어지기 때문인 것으로 판단하고, 폐쇄적인 가전 유통을 개척하는 대신 인터넷 쇼핑몰 등 새로운 채널로의 전환을 모색하고 있기도 하다.
Haier, TCL, Lenovo 등 중국 로컬 대기업들은 백색가전, TV, IT 등 분야에서 다국적 기업을 밀어내고 지난 수년간 마켓 리더의 자리를 굳건히 지키고 있다. 특히 Haier는 에어컨, 냉장고, 세탁기 등 백색가전 부문에서 모두 1위를 기록하고 있으며, 소비자들이 'Haier 제품이 없는 가전매장은 돌아볼 가치도 없다'고 말할 정도로 확고한 유통 장악력을 가지고 있다. 실제로 다국적기업이 가전전문점에 입점하기 위해서는 한화 수천만 원에 달하는 입점비와 판촉비용을 지불해야 하는 반면, Haier는 아무런 대가도 지불하지 않고 매장 내 가장 좋은 위치에 무혈입성하고 있는 것이 현실이다.
그렇다면 왜 로컬 기업이 중국 가전시장에서 이처럼 선전하고 있는가? 브랜드 인지도 및 선호도 상승, 제품품질의 전반적인 상승, 규모의 경제에 의한 가격경쟁력 확보 등 여러 가지 원인이 있겠지만, 그 이유 중 하나로 유통에 대한 적극적인 투자를 꼽을 수 있다. 중국 로컬 기업은 1995년부터 대리상에 대한 의존도를 축소하고, 소매유통에 직접 관여하는 유통모델을 채택해 왔다. TCL의 경우 2000년 기준 전국에 31개의 분공사, 25,000여개의 판매점을 구축했으며, 이러한 유통에 대한 적극적인 투자는 TCL의 핵심 경쟁력으로 작용하고 있다.
중국의 가전유통은 기존의 '제조업체-도매상-소매유통'의 체제가 조금씩 무너지면서 대형화, 전국화된 체인 형태의 신유통이 성장하고 있다. 화북 지역의 따중띠엔치 (大衆電器), 궈메이 (國美), 화중 지역의 쑤닝 (蘇寧) 등 가전 전문 연쇄점들은 대도시 시장을 중심으로 빠르게 성장해가고 있으며, 이로 인해 북경, 상해 등 대도시의 백화점에서는 더 이상 가전제품을 판매하지 않거나 조만간 매장에서 퇴출시킬 예정이다. 반면 가전 전문 연쇄점은 수 년 사이 빠르게 성장하여 상해의 경우 전체 가전 판매액의 15.8%를 점유하고 있다. 현재와 같은 추세가 계속된다면 백화점에서는 더 이상 가전제품 매장을 찾아보기가 힘들게 될 전망이다.

1) 유통경로의 비탄력성

유통경로는 제품, 가격, 유통경로, 촉진으로 구성되는 마케팅믹스 중에서 유연성이 가장 낮다. 제품의 수정이나 폐기, 가격의 수정, 광고나 판매촉진전략의 변경 등은 경영자의 의사결정에 따라 쉽게 수정 가능하고 시장상황에 맞추어 탄력적인 적용이 가능하다.

그러나 한번 결정된 유통경로의 구조는 장기간에 걸쳐서만이 수정 가능하고, 또한 유통경로의 수정에는 막대한 자본이 요구되므로 유통구조의 결정은 기업의 성장과 생존에 상당한 영향을 미치게 된다. 예를 들어, 과거 국내 가전

업계는 대리점 체제의 유통구조를 가졌으나 1990년대에 할인점 및 가전 카테고리 킬러 체제로의 전환이 이루어졌다. 그러나 기존의 대리점 체제를 카테고리 킬러 체제로 전환하는 데 상당한 자본과 시간이 요구되었고 가전제조업체의 유통지배력이 약화되었으나 가전업계는 유통구조를 신속하게 변화시키지 못하였다. 최근 LG전자의 베스트샵이나 삼성전자의 디지털 플라자와 같은 가전 제조업체의 직영점이나 대리점이 하이마트와 같은 가전 카테고리 킬러와의 경쟁에서 다시 우위를 점하는 데는 상당한 시간과 자본투자가 필요하였다.

2) 유통경로의 지역성

유통경로는 각국의 특성에 따라 고유한 형태가 존재한다. 일반적으로 유통경로는 각 나라의 고유한 역사적 배경과 시장 환경에 의하여 영향을 받게 되므로 국가에 따라 상당히 다른 특성을 띠고 있다. 예를 들어, 미국 기업이 일본시장에 진출하는 데 있어 가장 결정적인 장애물 중 하나가 일본 유통경로의 복잡성과 이질성인 것으로 지적되고 있다.

우리나라 유통경로의 특성 중 하나는 도매상이 매우 취약하고 제조업자의 유통지배력이 매우 강하다는 것이다. 물론, 최근에 대형마트와 이커머스 업체의 성장으로 소매상의 유통지배력이 강화되긴 했지만, 전문품의 경우 여전히 제조업자 중심의 유통경로의 특성을 띠고 있다. 이는 국토의 협소함과 제조업자의 유통지배력에 대한 강한 욕구 때문이다. 그러나 미국의 경우에는 광활한 국토를 가지고 있어 제조업자가 자신이 모든 소매업체를 관리하는 것이 어려우므로 일찍부터 도매상들이 발달했다. 또한 소매업의 경우에도 미국에서는 넓은 국토와 자동차 문화의 발달로 일찍부터 교외지역의 쇼핑몰이나 할인점 등의 대규모 소매점이 발달하였으나, 국내의 경우에는 80년대까지 자동차 보급의 미비, 교통의 복잡함 등의 원인으로 주로 시내 중심가나 부도심권에 소규모 소매점이 위치하였다.

3. 유통경로의 유용성

(1) 중간상의 필요성

유통경로에서 중간상은 불필요한 개입으로 상품가격만 높이고 있다는 비판을 받기도 한다. 물론 중간상에게 제공되는 높은 마진으로 제품가격이 높아지는 것은 사실이지만 이러한 가격의 인상은 중간상이 창출하고 있는 효용에 의해 정당화된다. 중간상의 필요성은 다음의 네 가지 근거에 의해 설명될 수 있다.

1) 총거래수 최소의 원칙

중간상의 참여는 생산자와 소비자 간의 직접거래에 비해 거래빈도의 수 및 이로 인한 거래비용을 낮춘다. **[그림 3-3]**은 총거래수 최소의 원칙에 따른 거래의 경제성을 보여준다. 중간상이 개입하지 않은 경우에는 제조업자와 소비자가 직접 거래를 할 수밖에 없으므로 총거래수는 9번이 된다. 그러나 중간상이 개입하게 되면 거래 수가 6번으로 감소하게 된다. 따라서 중간상의 개입으로 거래의 총량이 감소하게 되어 제조업자와 소비자 양자에게 실질적인 비용

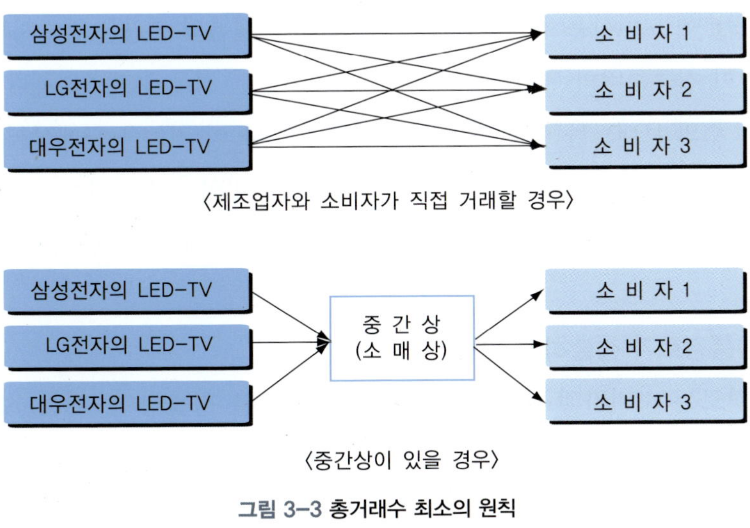

그림 3-3 총거래수 최소의 원칙

절감효과를 가져다준다.

2) 분업의 원리

유통경로에서 다양하게 수행되는 기능들, 즉 수급조절, 보관, 위험부담, 정보수집 등을 제조업자가 모두 수행하기보다는 전문성을 갖춘 유통업체에게 맡기는 것이 보다 경제적일 수 있다. 즉, 제조업자는 생산에, 그리고 유통업자는 판매에 전문화함으로써 보다 경제적이고 효율적인 유통기능의 수행이 가능하다.

3) 변동비우위의 원리

비용을 고정비와 변동비로 구분할 때 제조분야에서는 고정비가 차지하는 비중이 변동비보다 상대적으로 커서 생산량이 증가할수록 단위당 생산비용이 감소하는 규모의 경제를 실현할 수 있다. 그러나 유통분야는 제조분야에 비해 변동비의 비중이 상대적으로 크므로 제조와 유통의 통합보다는 중간상에게 유통기능을 분담시키는 것이 비용 면에서 훨씬 유리할 수 있다.

4) 집중준비의 원리

유통경로에 도매상을 개입시킴으로써 보관되는 제품의 총량을 감소시킬 수 있다는 것이 집중준비의 원리이다. 즉, 도매상이 없는 경우에 제조업체나 소매상은 많은 수의 브랜드를 항상 대량 보관하여야 하나 이 기능을 도매상이 분담함으로써 소매상은 적정량을 보관할 수 있다. 집중준비의 원리는 소매상의 필요성에 관한 개념이기보다는 도매상의 존재를 뒷받침하는 개념으로 볼 수 있다.

(2) 유통경로가 창출하는 효용

유통경로는 소비자의 욕구를 충족시키는 효용을 창출하여, 이를 소비자에게 제공하고 있다. 유통경로가 제공하는 효용으로는 시간효용, 장소효용, 그리고 소유효용이 있다.

시간효용 (time utility)은 소비자가 제품이나 서비스를 구매하기 원하는 시간에 공급함으로써 발생되는 효용을 의미한다. 예를 들어, 24시간 영업을 하는 편의점은 소비자가 원하는 시간에 언제나 이용할 수 있으므로 슈퍼마켓보다 소비자에게 더 많은 시간효용을 제공한다. 이러한 높은 시간효용의 제공으로 인해 편의점은 슈퍼마켓보다 고가에 제품을 판매할 수 있다.

장소효용 (place utility)은 소비자가 편리한 장소에서 제품이나 서비스를 구매할 수 있을 때 발생된다. 예를 들어, 중간상이 없다면 소비자는 새로 나온 LG전자 냉장고를 구매하기 위해 직접 공장까지 찾아가야 하므로 그 소비자는 제품구매에 상당한 시간과 비용을 투자해야 할 것이다. 그러나 소비자의 거주지에 위치한 중간상은 소비자의 제품구매를 용이하게 해준다.

소유효용 (possession utility)은 제품이나 서비스가 제조업자에서 소비자로 이전되어 소비자가 제품이나 서비스를 사용할 수 있는 권한을 갖는 것을 유통경로가 도와줌으로써 발생한다. 중간상들은 제조업체 대신 고객들에게 신용판매나 할부판매를 제공함으로써 제품의 소유를 돕게 된다.

이와 같이 유통경로는 제품이나 서비스에 시간, 장소, 소유효용을 창출하여 제품의 부가가치를 높임으로써 소비자들이 얻게 될 효용을 증대시키고 제조업자의 판매를 높이는 역할을 한다.

4. 유통경로의 기능

전술한 효용 창출을 위해 중간상은 교환과정의 촉진, 제품구색 불일치의 완화, 소비자와 제조업자의 연결, 고객 서비스의 제공과 같은 기능을 수행하고 있으며 **[그림 3-4]**는 이러한 유통기능을 주요 경로구성원인 도매상과 소매상으로 나누어 보여주고 있다.

(1) 교환과정의 촉진

유통경로의 가장 중요한 기능은 교환과정의 촉진이다. 제조업체와 소비자

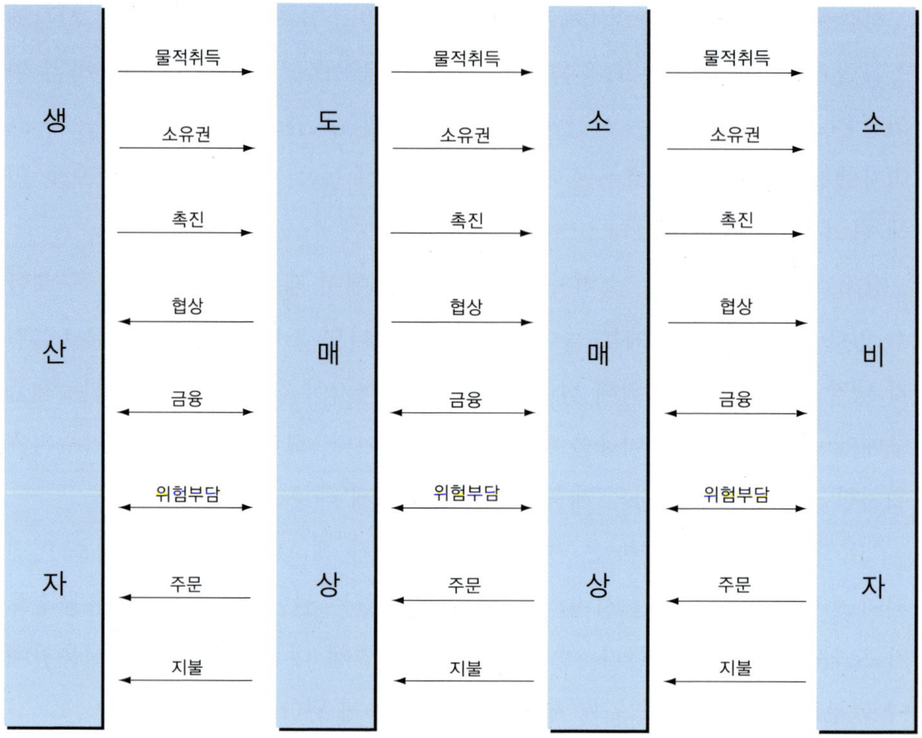

그림 3-4 유통경로구성원의 세부 기능

사이에 중간상이 개입하게 되면 제조업자는 소수의 중간상과 거래할 수 있으므로 수많은 소비자와 개별적 거래를 하는 불편에서 벗어날 수 있다. 즉, 중간상의 개입으로 교환과정을 보다 단순화시킬 수 있으므로 보다 많은 거래를 효율적으로 이루어낼 수 있다.

(2) 제품구색과 생산량/구매량 불일치의 완화

유통경로의 또 하나의 주요한 기능은 제품구색과 구매량의 불일치를 완화하는 것이다. 제조업자는 소비자의 구매품목에 비해 소수의 제품을 대량생산한다. 이에 비해 소비자들은 수많은 품목을 소량 구매한다. 이 같은 양자의 차이에서 발생하는 제품구색과 구매량의 차이는 유통경로 구성원의 구색 갖추기 (assortment)와 소량화 (bulk-breaking)에 의해 해소될 수 있다. 이마트는 수많은 제조업체의 품목을 구비하여 (assortment) 소비자의 수많은 품목의 구매 욕구를 충족시키고 있다. 제조업체는 도매상에 트럭 단위의 판매를 하며 도매상은 소매상에게 박스 단위의 판매를 하고 소매상은 소비자에게 낱개 단위를 판매함으로써 중간상은 소량화 (bulk-breaking) 기능을 수행하고 있다. 이러한 구색 갖추기와 소량화는 중간상의 핵심 기능이다.

(3) 소비자와 제조업자의 연결

유통경로는 구매자와 제조업자를 효율적으로 연결해 주는 기능을 수행한다. 제조업자들은 목표 잠재고객들이 어디에 위치하고 있고 어떻게 그들에게 도달할 수 있는지를 알기 어렵기 때문에, 이를 파악하기 위해서는 상당한 탐색비용을 지불하여야 한다. 그러나 중간상들은 제조업자에 비해 소비자와 가까이 있으므로 고객 정보의 획득이 상대적으로 용이하다. 즉, 제조업자들은 중간상을 활용하여 적은 비용으로 더 많은 잠재고객에 도달할 수 있으며, 소비자들의 탐색비용도 절약된다.

도요타는 딜러를 상대로 가격차등화를 통해 고객 정보의 획득을 용이하게 하는 정책을 구사한다. 신차 출시 시 주문 시기에 따라 딜러에게 판매하는 가격을 달리 한 것이다. 딜러는 싼 가격에 신차를 매입하고 판매율을 높이기 위해 빠른 시기에 소비자의 욕구를 신속히 파악하는 데에 전력을 다하게 되고, 도요타는 딜러들의 조기 주문에 근거하여 어떤 모델을 얼마나 생산할 것인지를 결정하게 된다.

(4) 고객서비스 제공

유통경로의 또 다른 기능은 고객서비스 제공기능이다. 유통경로는 제조업자를 대신하여 소비자에게 애프터서비스의 제공과 제품의 배달, 설치, 사용방법 교육 등의 서비스를 제공한다. 예를 들어, Caterpillar사의 장비가 고장이 난 경우 판매 대리점이 빠르게 수리해 준다. 이와 같은 중간상이 제공하는 서비스가 제품 구매에 결정적인 역할을 하는 경우가 많으며, 일반적으로 복잡하거나 애프

사례 대리점과의 유대감을 강화하는 Caterpillar

70년이 넘게, Caterpillar는 건설 중장비, 채광, 벌채 장비의 세계 시장을 지배해 왔다. Caterpillar의 잘 알려진 노란색 트랙터, 크롤러, 적재기, 불도저 트럭은 어떤 건설현장에서도 흔히 볼 수 있다. Caterpillar는 약 200개 국가에 300가지 이상의 제품을 판매하고 있으며, 매출은 연 400억 달러에 이른다. Caterpillar는 전 세계 건설 중장비와 농기계 사업에서 37%의 시장점유율을 차지하고 있는데, 이는 2위 기업인 Komatsu의 두 배이다.

Caterpillar가 지속적으로 성장하게 된 데는 고품질의 제품, 유연하고 효율적인 생산 공정, 혁신적인 신제품의 꾸준한 출시 등 여러 가지 이유가 있다. 그렇지만 이것이 Caterpillar가 세계시장을 지배하게 된 가장 중요한 요인은 아니다. Caterpillar는 그 요인을 고객에 대한 집중, 모든 고객의 욕구를 충족시키는 훌륭한 일을 수행하는 세계 전역 200개의 뛰어난 독립 대리점 (딜러) 집단으로 본다. Caterpillar의 전 최고경영자인 Fites는 다음과 같이 말한다.

"제품이 우리 공장을 떠나면 대리점에게 인계된다. 그들은 고객을 접하는 일선에 배치된다. 그러므로 제품의 수명기간 동안 그 제품과 함께 한다. 기계가 배달되었을 때 그 기계가 고객이 원하는 대로 잘 작동되는지 확인하고, 기계 조작자를 훈련시킨다. 그들은 기계 상태를 세밀하게 점검하고, 고장 때문에 큰 비용이 발생하지 않도록 수리일정을 계획하는 등 기계 수명기간의 처음부터 끝까지 제품 서비스를 제공한다. 고객은 Caterpillar를 400억 달러 이상 판매하는 기업으로 인지하지만, 대리점은 Caterpillar가 단지 많은 제품을 파는 기업이라기보다 세계 어디에서나 제품과 함께하는 기업이라는 이미지를 만들고 있다. 대리점은 '우리 장비를 사는 것은 곧 회사를 사는 것이다'라는 우리의 좌우명을 철저하게 보여주고 있다."

"Buy the Iron, Get the Company." 그것은 강력한 가치제안이다. 그것은 또 고객이 Caterpillar 장비를 살 때 Caterpillar 가족의 일원이 된다는 것을 의미한다. Caterpillar와 대리점은 고객에게 가치를 제공할 수 있는 더 좋은 방법을 찾고자 협력한다. 대리점은 제품설계와 배송에서 제품 서비스와 지원, 시장 정보수집과 고객의 피드백에 이르기까지 거의 모든 면에서 중요한 역할을 한다.

기계고장이 큰 손실을 의미하는 중장비 산업에서 Caterpillar의 특별한 서비스는 고객을 획득하고 유지하는 데 엄청난 경쟁 우위를 제공한다. 예를 들어, Caterpillar의 고객인 Freeport-McMoran을 생각해보자. 이 회사는 1년 365일, 하루 24시간 동안 세계에서 가장 큰 구리광, 금광을 운영하고 있다. Freeport-McMoran은 수억 달러의 적하기와 트랙터, 2040톤, 2000마력 이상의 트럭 등을 포함하여 수억 달러에 이르는 500대 이상의 Caterpillar 광산 및 건설 장비를 사용한다. 장비 중 대부분이 100만 달러 이상이다. Freeport-McMoran은 장비가 고장 나면 즉시 손실을 입게 되므로 자사가 사용하고 있는 장비와 서비스에 기꺼이 많은 돈을 지불하고 있다. 이 회사는 최상의 지원이 이루어지는 Caterpillar의 우수한 유통 네트워크에 의지하고 있는 셈이다.

Caterpillar와 대리점의 관계는 단지 공식적인 계약과 사업상의 협정, 그 이상인 강력한 동반자 관계이다. 동반자 관계는 다음과 같은 기본적인 원칙에 기초를 두고 있다.

- **대리점의 수익성**: Caterpillar의 규칙은 '고통뿐만 아니라 이득도 함께 나눈다(Share the gain as well as the pain)'이다. Caterpillar는 호경기 때 자사가 모든 이익을 얻으려고 하기보다는 대리점과 이익을 공유하며, 불경기 때는 대리점을 보호한다. 1980년대 중반, 침체되는 세계적인 건설장비 시장과 치열한 경쟁에 직면했을 때, Caterpillar는 상당한 경제적 손실을 감수하면서 대리점을 보호했다. 3년 동안 10억 달러의 손실을 보았지만 대리점은 손실을 입지 않았다. 그러나 경쟁사의 대리점은 치열한 경쟁을 하다가 파산했다. 그 결과 Caterpillar는 자사의 유통 시스템을 원상태로 유지하면서 경쟁적 위치는 전보다 더 강력해졌다.
- **특별한 대리점 지원**: Caterpillar는 대리점에게 특별한 지원을 제공한다. 이러한 지원은 회사의 부품운송 시스템에서 두드러지게 나타나난다. Caterpillar는 전 세계에 36개의 유통센터와 1,500개의 서비스 시설을 운영하고 있는데, 거기에는 320,000가지의 서로 다른 부품을 확보하고 있고 하루에 84,000개의 부품이 배송된다. 대리점은 재고, 창고, 트럭, 진단 설비, 서비스 설비, 정보기술에 막대한 투자를 한다. Caterpillar와 판매상은 세계 어느 곳이든 48시간 내에 부품 공급을 보장한다. 이 회사는 주문한 부품 중 80%를 즉시 배송하고, 주문이 접수된 그 날에 99% 이상을 배송한다. 반면에 경쟁사 고객은 부품 하나에 4~5일을 기다리는 것이 보통이다.
- **커뮤니케이션**: Caterpillar는 완벽하게, 자주, 솔직하게 대리점과 소통한다. Fites는 "우리와 대리점 사이에 비밀은 없어요. 우리는 전 세계의 모든 대리점

의 재무제표와 주요 운영 자료를 가지고 있습니다. 또한 대리점은 실질적으로 서비스 정보, 판매추이와 예측, 고객만족 조사, 기타 주요 자료의 최신 데이터베이스에 실시간 접근이 가능하죠"라고 말한다.

Caterpillar는 대리점이 잘 운영되고 있다는 것을 확인하기 위해 각 대리점의 매출, 시장 포지션, 서비스 역량, 재무상태, 기타 성과 측정치를 면밀하게 조사한다. 또한 모든 대리점이 성공하기를 진심으로 원하고 있으며, 문제가 생겼을 때 도와주기 위해 노력한다. 그 결과 많은 대리점은 오랜 시간 동안 지속적으로 Caterpillar의 가족적인 사업 파트너가 되고 있다.

- **개인적인 관계**: Caterpillar는 공식적인 사업상의 관계뿐만 아니라 일종의 가족적인 관계로 딜러와 개인적 유대 관계를 맺고 있다. 한 Caterpillar 임원은 다음과 같은 예를 든다. "내가 퇴임한 부사장 Chappy Chapman을 골프장에서 보았을 때, 그는 항상 딜러 또는 그 아이의 안부를 묻습니다. 또 내가 딜러를 볼 때마다 그들도 Chappy는 잘 지내는지 묻지요. 그것은 우리가 가진 관계의 일종입니다. 나는 대부분의 딜러를 개인적 친구로 여깁니다."

Caterpillar의 최상의 유통 시스템은 경쟁 우위의 중요한 원천이 된다. 이 시스템은 상호신뢰와 공유된 목표에 대한 확고한 기반에서 구축된다. Caterpillar와 대리점은 함께 성취하고 있는 것에 상당한 자부심을 느낀다. 피츠는 이렇게 말한다. "재무적인 협정 그 이상의 것을 실제로 만들어내고 있는 전 세계의 대리점 사이에는 동지애가 있습니다. 그들은 그들이 세계를 움직이게 하는 기계를 만들고, 판매하고, 관리하는 조직의 일원이므로 세계를 위해 좋은 일을 한다고 느끼고 있어요."

터서비스가 신속히 이루어져야 하는 경우 및 고가 또는 사이즈가 큰 제품들의 경우 중간상이 제공하는 서비스가 제품구매에 특히 중요한 역할을 한다.

5. 유통산업의 변화과정과 유통업체의 역할변화

(1) 유통산업의 산업화 과정

우리나라의 유통산업은 90년대 이후 크게 발전하고 있다. 오래전부터 유통산업이 발전한 선진국과는 달리 우리나라의 유통업이 비교적 최근에 발달한 이유는 무엇일까? 그 이유로는 제조업 중심의 산업화를 들 수 있고, 일반적으로 제조업의 산업화가 완성된 다음 유통업의 산업화가 시작되는 점을 들 수 있다. 제조업이 유통업에 앞서 발달하는 것은 자연스런 현상으로, 대부분의 나라에서도 이러한 순서로 산업화가 진행된다. 다만 중동의 산유국이나 캐나다와 같이 자원이 풍부한 나라는 필요한 물자를 외국에서 수입하기 때문에 제조업보다 유통업이 먼저 발달하는 경우도 있다. 부존자원이 없는 우리나라는 경제발전을 위해 제조업 중심의 수출주도형 경제정책을 펴왔으며, 따라서 유통부문에는 정부의 지원이나 민간부문의 대규모 투자가 이루어지지 않았다. 지금까지 경제성장을 주도한 전통적 제조업은 대체로 1990-2000년대를 기점으로 성숙기를 맞이함에 따라 미래의 기업성장을 이끄는 데 한계에 이르렀다. 이를 대체할 투자대안으로 부상한 것이 유통업이다.

우리나라의 산업화 과정을 산업수명주기에 근거하여 좀 더 자세히 살펴보자. 산업수명주기란 한 산업이 시작되어 (도입기), 빠른 성장세를 보이다가 (성장기), 성장세가 둔화 (성숙기), 쇠퇴기에 이르면 다른 산업이 새로운 성장산업으로 대체 출현하는 과정을 일컫는다. 여기에서 산업화란 다음의 세 가지 의미를 담고 있다.

첫째, 대규모 자금이 그 산업에 유입되어야 한다. 우리나라의 경우 그동안 대부분의 자금이 제조업에 투입되었으며 이에 따라 제조업의 산업화는 진전된 반면 자금이 유입되지 않은 유통업, 서비스업의 산업화는 상대적으로 부진하였다.

둘째, 규모의 경제 현상 (economy of scale)이 나타나야 한다. 제조업의 경우 산업화가 진행되면서 생산의 집중화를 가져와 대량생산에 의한 규모의 경제 현상이 나타났다.

셋째, 영업영역의 전국화 또는 국제화이다. 이 기준은 첫째, 둘째 기준과 무관하지 않다. 제조업의 경우 전국적 상표 (national brand)는 말 자체가 의미하듯이 전국을 대상으로 하여 어느 지방을 가든 같은 상표들이 경쟁하고 있다. 이에 반해 유통업의 경우 대기업에 속하는 유통업체라 할지라도 과거에는 주로 특정 지역만을 영업지역으로 한정하고 있었으며 (예를 들어 서울의 신세계백화점, 대전의 동양백화점, 대구의 대구백화점), 최근 들어 전국적 유통망으로 발전하고 있다 (예: 롯데백화점, 이마트, GS25).

표 3-1 산업별 산업수명주기

	도 입 기	성 장 기	성 숙 기	도입기 ➡ 성숙기
제 조 업	60년대	70~80년대	90년대 중반	25~30년
유 통 업	90년대 초반	2000년대	2010년대	15~20년
서비스업	90년대 중반	2010년대	?	?

우리나라의 산업화는 경제성장 초기에는 제조업 중심으로 이루어져 왔다. 위의 **[표 3-1]**에서 보는 바와 같이 60년대 초가 제조업 산업화의 도입기라 할 수 있고, 70년대와 80년대에 급격한 성장을 이룩하였으며, 90년대 중반부터 성숙기의 징후를 보였다. 제조업의 경우 산업화 시작 (도입기)에서 완성 (성숙기)에 이르기까지 약 30-35여 년의 기간이 소요되었음을 알 수 있다. 이러한 경제성장속도는 세계적으로 유례가 없는 것이어서 경제학자들은 우리나라의 이러한 경제성장모형을 압축 경제성장 (compressed economic development)이라고 부른다.

유통업은 1990년대부터 본격적으로 발전하기 시작하여 대부분의 업태가 2010년대 중반부터 성숙기의 징후를 보이고 있다. 즉, 산업화과정이 제조업에 비해 빨리 진행되었음을 알 수 있다. 이렇듯 유통업의 산업화가 제조업에 비해 빨리 완성된 이유로는 유통업의 업태가 제조업에 비해 비교적 단순하고, 90년대 들어서서 제조업에서 축적된 대규모 자본이 유통업에 대거 투입되었다는 점을 들 수 있다. 실제로 과거 유통산업의 도입기인 90년대 초반 30대 대기업 중 약 3분의 2에 해당하는 업체가 유통업에 진출하였거나 이를 준비하고 있었지만 성장 후기인 2000년대 중반 후부터는 유통업을 포기하는 기업이 속출하였다. 참고로 유통업의 산업화가 완성되면 다음으로 서비스업의 산업화가 촉진될 것이다. 최근 들어 외식산업, 교육산업, 의료산업, 관광산업, 기타 서비스 산업으로의 투자가 활발히 진행됨을 볼 때 향후 우리나라의 새로운 성장 동력은 서비스 산업이 될 것임이 확실해 보인다. 특히 서비스산업은 고용창출 효과가 매우 커서 소득의 분배, 생활의 질의 향상에 크게 기여할 것이다.

지금까지의 논의는 한 국가의 산업화 과정의 일반적 모형으로, 대부분의 선진국의 경우에도 제조업, 유통업, 서비스업의 순으로 산업화가 이루어졌음을 알 수 있다.

(2) 제조업체와의 관계에서 유통업체의 영향력과 역할 변화

오늘날 유통구조에서 유통업체의 영향력은 갈수록 커지고 있다. 가장 눈에 띄는 예를 보면 무엇보다도 소비재 산업에서의 유통업체의 영향력 증대를 꼽을 수 있다.

우리나라의 경우 유통시장이 전면 개방된 1996년 이전에는 제조업이 유통채널을 장악하고 있었다고 해도 과언이 아니다. 제조업 지배의 유통구조에서는 제조업체가 거대한 생산규모를 바탕으로 상품기획에서부터 포장, 제품광고 등 생산에서 판매에 이르는 전 과정에 직접 관여하고 심지어는 소비자 구매패턴 조사까지도 담당함으로써 소비자 수요 파악이 가능한 유일한 채널주체의 역할을 맡아 왔다. 이 상황에서 일부 백화점을 제외한 대부분의 유통업체들은 그 규모가 영세하여 강력한 협상력을 갖지 못했다.

그러나 유통시장 개방 이후 외국의 다국적 유통업체들과 국내 업체들이 여러 유통업에서 치열한 다점포화, 대형화 경쟁을 벌이면서 구매력 (buying power)을 확보하게 된 유통업체들의 영향력이 증대되기 시작하였다.

이제 유통업체들은 그들에게 주어진 영향력을 바탕으로 이전과는 다른 역할을 수행하기 시작하고 있다. 생산업체가 맡아 왔던 상품기획, 생산, 홍보, 판매 등 상당 부분의 기능과 역할을 유통업체가 수행하게 되었으며, 소비자들과의 일차적 접촉에서 오는 소비자 정보를 유통업체가 축적, 활용하기 시작한 것이다. 더 나아가 각 유통업체가 자체 브랜드 (private label: PL 또는 private brand: PB라고도 불림)를 개발, 시장점유율을 높임으로써 소비자들이 이제까지 주로 사용해 왔던 제조업체 브랜드 (national brand)는 강력한 도전을 받고 있다. 유통업체들이 이처럼 힘을 얻게 된 배경을 좀 더 구체적으로 살펴보면 다음과 같다.

첫째, 유통업계의 대형화와 집중화 현상이 유통업체의 영향력을 증가시켰다. 유통업체들의 시장 확장은 특정 유통업체의 국내시장 확장뿐만 아니라 다국적 유통업체의 해외시장 진출이 가속화되면서 전 세계적으로 활발하게 펼쳐지고 있다. 이 결과 소매업의 시장점유율이 몇몇 대규모 유통업체들에 집중되는 현상이 일어나게 되는데, 높은 시장점유율을 갖춘 유통업체들은 제조업체와의 협상을 자신들에게 유리한 방향으로 이끌어 가게 된다.

이러한 대형화와 집중화에 맞추어 유통업체 내부에서는 중앙집권화된 의사결정과정을 개발하게 된다. 즉, 이전에는 각 점포의 점장들이 각자 자신들의 매장에 맞는 마케팅 전략을 수립하곤 했었지만, 이제는 이 같은 방식으로는 더 이상 경쟁력을 갖추기 힘들다고 판단하여 대부분의 대형 유통업체들은 본부에서 정책을 결정하여 각 지점에 일괄적으로 통보함으로써 결정이행과정이 보다 신속하고 효율적으로 이루어질 수 있도록 하고 있다.

둘째, 소비자 행동이 대형 유통업체에 유리한 방향으로 변하고 있다. 충동구매 대신 계획구매를 하는 소비자들이 늘어 감에 따라 이들은 자신들이 작성한 구매 리스트에 올라 있는 품목을 모두 구비하고 있는 대형 매장을 찾아 원스톱쇼핑 (one-stop-shopping)을 추구하는 경향을 보이고 있다. 이와 더불어 자동차를 보유한 가정이 많아지면서 이제 소비자들은 매장까지의 거리가 어느 정도인지에 그다지 신경 쓰지 않게 되었다. 이러한 추세에 따라 지가가 저렴하고 대형부지 확보가 가능한 교외 지역에 대형 매장이 지속적으로 개발되었고, 소비자들의 변화된 구매패턴에 부합하는 이러한 매장의 증가는 소비자들이 쇼핑을 함에 있어 '어떠한 제품과 브랜드를 쇼핑할 것인가?'보다는 '어느 점포가 저렴한 가격에 내게 필요한 물건을 판매하고 있는가?'라는 문제가 보다 중요한 관심사가 되었다.

셋째, 정보통신 기술의 발달이 유통업체의 영향력 증대에 기여하였다. 유통업체들은 재고관리, 물품배송, 주문 등 유통의 여러 분야에서 정보통신 기술을 활용함으로써 점포운영비를 대폭 낮추고 기업경영의 효율성을 배가시킬 수 있게 되었다. 또한 정보통신 기술의 발달은 유통업체들의 정보수집 능력을 키워주어 유통업체들은 풍부한 소비자 데이터를 기반으로 공급업체 및 소비자들과의 관계를 유리하게 구축함으로써 제조업체에 비해 경쟁우위를 점할 수 있게 되었다.

이렇게 유통업체들의 파워가 강해짐에 따라 유통업체 브랜드 (private label: PL)의 개발이 더욱 활발해져, 고객충성도를 강력하게 구축하지 못한 제조업체 브랜드 (national brand)는 유통업체에 대한 제품공급이 더욱 어려워지는 현상이 발생하고 있다. 나아가 각 유통업체들에 의한 경쟁적 PL 개발은 더욱 우수한 품질의 PL 제품을 만들어내게 되었고, 그 결과 경쟁력이 약한 2류 제조업체 브랜드뿐 아니라 확고한 시장지위를 구축한 일류 생산업체 브랜드 제품마저도 위협을 받고 있다.

유통업체의 영향력 증가는 유통채널에 참여하는 주체들, 즉 제조업체, 도매업체, 소매업체의 역할 변화를 가져왔다. 전통적인 유통구조상에서 제조업체, 도매업체, 소매업체는 각각 다음과 같은 고유한 기능을 수행했다. 제조업체는 제품생산 및 제품의 브랜드 개발을 담당했으며 제품의 홍보와 가격결정 및 도매업체를 대상으로 한 판매를 맡았다. 그리고 도매업체는 제조업체로부터 제품을 구입하고 제조업체로부터 멀리 떨어진 지역에 제품을 수송하며 소매업체에 제품을 판매하는 역할을 담당했다. 도매업체로부터 제품을 구입하고 제품의 보관, 전시, 홍보, 소비자들을 대상으로 한 판매 등은 소매업체들이 담당하였다..

그러나 유통업체 (특히 소매업체) 영향력의 증가는 과거 제조업체, 도매업체들이 수행하던 일부 기능을 소매업체들이 복합적으로 수행하게 하였다. 대표적인 예로 소매업체의 경우 PL의 도입을 통해 제품 및 브랜드 개발 등 과거에는 제조업체 고유의 기능이었던 것에 직접 관여함으로써 자사제품에 대한 소비자들의 호감도를 높이고 이익을 높이는 등 제조업체와 도매업체에 비해 높은 경쟁우위를 갖게 되었다.

(3) 유통구조의 변화와 중간상의 탈개입화 (disintermediation)

첨단 정보통신 기술의 활용으로 인한 점포의 대형화, 다점포화로 특징 지워지는 파워 리테일러의 등장은 유통산업의 집중화, 독과점화를 가져왔고 이들 업체들은 과거 도매상들이 수행하던 구색 갖추기 (assortment), 보관, 운송 기능을 직접 수행함으로써 타 중간상, 특히 도매상을 유통구조에서 퇴출시키는 결과를 가져왔다. 이러한 현상을 탈개입화 (disintermediation)라 하며, 그 결과 과거에 비해 유통구조가 짧아졌다.

여기서 주목할 것은 중간상이 사라진다고 해서 그들이 수행하던 기능이 사라지는 것이 아니며 그 기능들은 다른 유통참여자에 의해 수행되어야 한다는 점이다. 이를 '경로배열의 원리'라 한다. 예를 들어 도매상이나 물류회사들이 유통구조에서 퇴출된다면 그들이 수행하던 물류 기능은 제조업체나 소매업체에 의해 수행된다.

(4) 유통구조의 수렴화 (channel convergence)

파워 리테일러의 등장으로 인한 탈개입화는 산업에 따라, 국가에 따라 상이하던 유통구조를 유사하게 만들었는데 이를 '유통구조의 수렴화 (channel convergence)'라 한다. 예를 들어 미국의 생필품 유통은 과거 제조업체 → 공동도매상 → 소매상의 경로를 거쳤는데 현재는 제조업체 → 소매상 구조로 바뀌었다. 한국의 생필품 유통도 과거 제조업체 → 전속도매상 → 소매상의 경로에서 제조업체 → 소매상으로 변화하여 미국의 생필품 유통구조와 한국의 생필품 유통구조가 유사해졌다. 또한 전문품 유통도 세계적으로 제조업체 → 소매상으로 수렴하고 있다.

이러한 유통구조의 변화는 거대 유통업체들의 글로벌화를 촉진하는 계기가 되었고 이는 한 국가에서의 소수 소매상의 독과점뿐 아니라 글로벌 시장에서의 독과점화를 촉발하고 있다.

[그림 3-5]는 유통구조의 수렴화를 나타낸다. 동서양 모두 아직 과거의 유통구조와 현재의 유통구조가 공존하고 있으며 향후 파워 리테일러의 글로벌

화에 의해 유통구조의 수렴화가 더욱 진전될 것으로 예상된다.

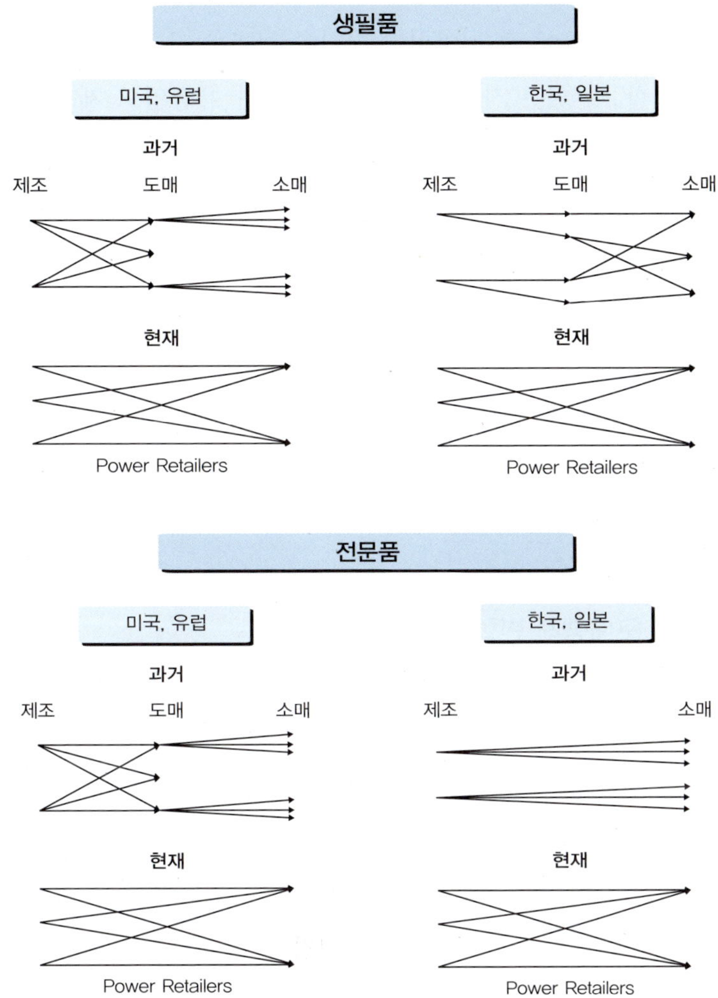

그림 3-5 유통구조의 수렴화

6. 한국 유통산업의 환경변화

(1) 유통업체의 대형화 및 다점포화의 가속화로 인한 유통산업의 과점화

국내 유통산업의 높은 성장성에 기인하여 다수의 대기업과 글로벌 유통기업들이 국내 유통업계에 진출하여 복잡한 경쟁상황이 지속되었으나 대부분 실패하였다. 당시 전통적으로 유통업을 운영하지 않았던 기업들은 유통업이 대규모 자본을 투입하여 좋은 입지에 적절한 설비를 갖추고 상품을 진열하는 것만으로 성공할 수 있는 사업으로 생각하였으나 유통업도 제조업과 마찬가지로 고도의 다양한 노하우가 필요하므로 이러한 노하우를 갖추지 않은 채 유통업에 진출한 기업들은 대부분 실패할 수밖에 없었다. 그 결과 대체로 전통적인 유통업체들만이 성공하였다.

전통적인 유통기업인 롯데, 신세계, 현대백화점 등 소위 '빅3'라고 불리는 기존 대형 유통업체들이 대형마트, 백화점영역에서 유망 상권을 선점하기 위해 공격적인 다점포화를 추진하면서 수도권 중심의 확장전략에서 벗어나 지방 출점을 가속화하였다. 또한 이들은 기업형 슈퍼, TV 홈쇼핑, 편의점, 인터넷 쇼핑 등에도 활발히 진출하여 소매 재벌 (retail conglomerate)의 형태를 띠고 있다.

(2) 소비자의 구매행태 변화

핵가족화로 가구 수가 지속적으로 증가하고 있다. 이러한 가구 수의 증가는 주로 도시에 집중되어 대규모 소매점의 성장을 촉진하고, 높아진 구매력은 소매점이 규모의 경제를 실현할 수 있는 토대를 제공하였다.

경제성장으로 인한 소득수준의 향상으로 소비자들은 고급화 · 다양화된 상품과 서비스를 요구하고 문화 · 교육 · 오락 · 여가 활동에 대한 관심을 증대시켰다. 이는 전근대적인 유통업체인 재래시장과 구멍가게의 쇠퇴를 초래하였고 현대화된 시스템을 갖춘 백화점, 편의점, 대형마트, 인터넷 쇼핑 등과 같은 업태가 성장하는 계기가 되었다.

급속한 자동차의 보급으로 소비자들의 쇼핑이 도심 주거지에서 탈피하는 경향을 보였고, 이는 대형 소매점의 교외입지를 가능하게 하였으며 도심지역의 대형소매점들은 다른 성장방향을 모색하게 되었다. 도시화의 초기에는 인구집중에 따라 상권의 도심 집중현상을 야기했으나 급속한 도시화의 진전에 따라 상권이 부도심, 교외주거지역, 위성도시 등으로 분산되고 있다.

소비자 계층도 다변화하고 있다. 밀레니얼 세대 (millennial generation)와 Z세대 (Z generation)가 경제활동에 본격 참여함으로써 고감각 상품에 대한 선호가 증가하고 있으며 1인 가구의 증가로 인해 소포장 단위의 제품구색과 시간과 장소의 편리성 및 빠른 배달이 소매업의 핵심 성공요인으로 자리 잡았다. 2017년 기준 우리나라의 1인 가구 수는 562만 가구로 전체 가구의 28.6%를 차지하고 있으며 그 수는 빠르게 늘어나고 있다. 또한 65세 이상의 고령화 인구가 전체 인구의 15.5%에 이르는 8백만을 돌파하였다. 이러한 소비자 계층의 다변화는 소매상의 명확한 타겟 마켓 전략 및 포지셔닝 전략의 필요성을 증대시켰다.

또한 핵가족화 현상과 맞벌이 부부의 증가는 시간 압박 (time pressure)을 초래하여 야간 및 휴일 쇼핑이 증가하고 있는 추세이다.

(3) 업태 간 경쟁 격화

1990년대 초반 이후 다양한 유통 신업태들이 빠른 속도로 생성 · 발달함에 따라 동종 업태 간 경쟁뿐만 아니라 이종 업태 간 경쟁이 가속화되기 시작했다. 유통산업의 성장 초기, 업태 간 경쟁의 핵심은 대형마트의 성장이다. 대형마트를 중심으로 유통업계의 구조가 재편성되면서 대형마트의 위상이 급부상하였다. 1990년대 초반까지만 해도 전국에 소재하고 있는 1,500여 개의 재래시장과 90여 개의 백화점이 양대 유통업태로 우리나라 소매업을 지배하였으나 1990년대 중반 이후 그 양상이 급속히 변하였다.

한편 1988년 우리나라에 처음 소개된 편의점 또한 지속적인 성장을 보였는데, 편의점의 수가 2019년 말 42,000여 개를 넘어서면서 주택가의 구멍가게와 슈퍼마켓을 급속히 대체해 나가고 있다. 또한 인터넷 쇼핑이 급속히 성장하고 있고 스마트폰 보급으로 모바일 쇼핑도 빠른 속도로 활성화되고 있다.

이러한 다양한 소매업태의 발달은 동일 제품이 여러 다양한 유통 채널을 통해 판매되는 복수 채널 (multi channel)화를 가속화시켰으며 따라서 동일 업태 내뿐만 아니라 이종 업태 간 경쟁이 더욱 치열해지면서 다자간 복합경쟁의 양상을 보이고 있다.

이러한 업태 간 경쟁은 지속될 것으로 보인다. 정보화 · 대형화 · 전략적 제휴 등에 기반을 둔 업태 간 치열한 경쟁은 유통산업을 보다 효율적이고 고객지향적으로 변화시킬 것이며 이로 인한 최대의 수혜자는 소비자이다.

이마트, 초저가로 쿠팡과 본격 전쟁

이마트가 쿠팡 등 최근 크게 성장한 온라인 유통업체와 가격전쟁을 선포했다.
이마트는 올해 초부터 장바구니 물가안정을 위해 진행해 오던 '국민가격 프로젝트'를 더욱 강화, '에브리데이 국민가격'을 8월 1일 선보인다고 31일 밝혔다.
에브리데이 국민가격은 올해 초 정용진 신세계그룹 부회장이 강조한 상시적 초저가 유통구조 혁신을 실현한 행사다. 철저한 원가분석을 바탕으로 유사한 품질 상품에 비해 가격은 30~60%가량 저렴하며, 한번 가격이 정해지면 가격을 바꾸지 않는다. 이마트가 상시적 초저가 상품을 선보이는 이유는 국내 유통시장을 두고 쿠팡 등 온라인 업체와 전쟁을 벌이고 있는 가운데 가장 중요한 '가격경쟁력'을 강화하기 위해서다.
이마트는 1차로 와인, 다이알 비누 등 30여 개 상품을 선보인 후 올해 200여 개를 시작으로 상품을 늘려 향후 500여 개까지 초저가 상품을 확대할 계획이다.
이를 위해 이마트는 올해 초부터 '상시적 초저가' 상품을 만들기 위한 프로젝트에 돌입했다. 고객의 구매빈도가 높은 상품을 선정한 후 고객이 확실히 저렴하다고 느끼는 '상식 이하의 가격'을 '목표가격'으로 설정했다. 목표가격 설정 후 이마트는 기존과 전혀 다른 원가구조를 만들기 위한 유통구조 혁신을 진행했다.
첫 번째는 압도적인 대량매입이다. 유통업체들은 원가를 낮추기 위해 협력업체로부터 5~10배가량의 물량을 추가로 매입한다. 그러나 이마트는 수십~수백 배 대량매입을 통해 가격을 획기적으로 낮췄다.
기존 이마트가 해외 와이너리로부터 와인을 수입하는 경우 단일 품목은 평균 3,000병가량 수입하던 것에 반해 이번에는 300배가 넘는 100만 병 수입을 약속해 가격을 낮췄다.
두 번째는 프로세스 최적화다. 기존 제품의 생산에서 판매까지 프로세스를 세분화한 후 각 단계에서 원가를 절감할 수 있는 방법을 통해 원가구조를 혁신했다.
세 번째는 신규 해외구입처 발굴이다. 해외생산을 위한 구입처 발굴 시 기존에 거래하던 곳뿐만 아니라 원가경쟁력 있는 신규 구입처의 상품품질 및 원가 등을 비교해 초저가 상품을 선보인다. 예를 들어, 피넛버터는 미국 또는 중국에서 구입한 상품을 판매하고 있었지만 최근 인도 구입처를 발굴해 최대 50% 저렴한 상품을 개발했다.
마지막으로 상품의 부가기능 디자인 포장 등을 간소화해 원가를 낮추는 방식이다. 이마트는 TV의 핵심가치인 영상에 집중하는 대신 와이파이, 스마트 기능 등을 제외해 가격을 크게 낮췄다. 이갑수 이마트 사장은 "이번에 선보이는 상시적 초저가 상품은 26년간 이마트 상품개발 역량을 총 집결해 탄생한 것으로 국내 유통시장에 새로운 기준을 제시하겠다"고 밝혔다.

자료원: 내일신문 뉴스 2019. 7. 31.

"밀리면 끝장"…오프라인 '생존경쟁' vs 온라인 '새판짜기'
초저가 아니면 초고가…'소비 양극화' 고착

올해에는 소비 양극화가 더 심해질 것으로 관측된다. 급격한 경기 침체, 소득 분배 악화 등으로 소비가 위축된 가운데 저가품과 고가품만 팔리는 양극화 현상이 두드러질 것으로 보인다. 이에 따라 온라인몰과 초저가 경쟁을 벌이는 대형마트와 슈퍼마켓의 매출 하락 폭이 커지고, 고가 상품을 판매하는 백화점, 면세점 등은 비교적 양호한 실적을 낼 것으로 전망된다.

이런 현상은 유통업체의 매출 변화에서도 단적으로 드러난다. 국내 백화점 중 명품 브랜드를 가장 폭넓게 갖춘 신세계백화점은 지난해 명품 소비 트렌드의 덕을 톡톡히 봤다. 신세계백화점의 작년 3분기 영업이익은 660억 원으로 전년 대비 12.2% 늘며 최대치를 기록했다. 신세계백화점의 해외 명품 매출 비중은 30% 중반으로 23.5% 수준인 업계 평균보다 훨씬 높다.

롯데백화점 · 현대백화점의 매출을 견인한 것도 명품이다. 두 업체의 작년 1~10월 럭셔리 제품 매출은 전년 대비 24% 늘었다. 이런 추세는 올해도 이어질 전망이다. 안지영 IBK투자증권 연구원은 "백화점은 소비 양극화에 따라 명품 매출이 급증하며 지난해 대형점포 위주로 고성장을 이어갔다"며 "올해도 백화점의 해외 명품 매출은 두 자릿수 증가세를 이어갈 것으로 보인다"고 말했다.

반면 대형마트의 수익성은 악화됐다. 이마트와 롯데마트의 작년 3분기 영업이익은 40.3%, 61.5% 감소했다. 고가 상품이 없는 데다 온라인 쇼핑몰과의 초저가 경쟁으로 수익성이 악화된 탓이다. 올해는 가격 경쟁만으로 '현상 유지'가 어려워질 것으로 예상되면서, 기업들이 특단의 대책으로 생존을 모색할 것으로 보인다. 이마트는 이미 올해 140개 점포 중 30% 이상을 미래형 매장으로 재단장해 '고객이 가고 싶은 매장'으로 거듭나겠다는 계획을 밝힌 바 있다. 자료원: 헤럴드경제 2019. 12. 31.

인터넷의 발달과 스마트폰의 보급은 언제 어디서나 주문이 가능한 이커머스 시장 규모를 급신장시켰으며, 특히 빠른 배달로 무장한 쿠팡, 마켓컬리와 같은 이커머스 기업들은 젊은 층뿐 아니라 과거 대형마트의 주소비자인 주부층마저도 빠르게 흡수함으로써 과거 부동의 1위 소매업태였던 대형마트의 매출 규모는 2018년 기준 33조 원인 반면, 이커머스 매출 규모는 70조 원에 달한다. 물론 유통업의 스타로 부상한 이커머스 업체에게도 해결해야 할 난제는 있다. 주문의 편리성, 넓은 상품 구색, 빠른 배송 등을 구현하기 위해서는 많은 비용이 소요되므로 매출은 급성장하고 있으나 수익성은 점차 악화되고 있다. 쿠팡의 경우 2018년도 4조 4천억 원의 매출로 전년 대비 64.7% 성장하였으나 영업 손실은 1조 원을 넘어섰다. 이는 '계획된 적자'라고 하지만 매출이 늘어날수록 영업 손실이 늘어나는 현 상황을 역전시키기 위해서는 압도적 선도자가 되어야 한다. 하지만 신세계, 롯데 등 대기업들이 이커머스에 본격적으로 진출하고 있고 기타 중소업체들이 치킨 게임을 하고 있는 상황에서 이러한 이커머스 업체의 극심한 경쟁은 쉽게 끝나지 않을 것으로 보인다.

(4) 기술 환경의 변화와 이에 따른 무점포 소매업의 성장

컴퓨터를 이용한 정보의 수집 · 처리 · 가공기술과 통신관련 기술의 급속한 발달에 따른 정보네트워크화는 유통업체와 유통시스템의 구조에 큰 영향을 주고 있다. 미국의 Wal-Mart는 컴퓨터 네트워크, POS, EDI 시스템, 위성통신망 등의 첨단 유통정보 기술에 대한 투자를 통해 거대 소매업체로 성장하였으며 최근에는 무선바코드 (RFID)를 활용한 첨단 운영시스템까지 도입하고 있다.

시간 압박을 받고 있는 현대인의 인터넷 쇼핑에 대한 선호는 지속될 것으로 보인다. 인터넷 쇼핑은 언제, 어디서나 제품을 구매할 수 있다는 장점이 있으나 배달 시간으로 인해 소비가 지연되는 단점이 있다. 이러한 단점을 보완하기 위해 쿠팡의 로켓와우, 마켓컬리 등은 새벽배송이라는 획기적 배송 방법을 사용하고 있다. 그러나 이러한 전략은 비용 상승을 부추기는 문제점이 있다.

이커머스 비즈니스의 또 다른 단점은 제품의 비접촉 구매로 인해 구매 전환율과 신뢰도가 떨어지는 데 있다. 이를 극복하기 위해 이커머스 업체들은 TV 홈쇼핑과 같은 방송을 통해 상품설명 콘텐츠를 제공하고 있다. 티몬은 2019년 9월부터 미디어커머스 서비스인 티비온 (TVON) 라이브를 시작하였다. 티비온에서는 2019년 1시간당 1억 원 매출상품이 8개나 나오는 등 좋은 효과를 내고 있다.

인터넷 쇼핑업체들이 인터넷 쇼핑의 편리성과 빠른 배달이라는 두 가지 과제를 어떻게 효율적으로 수행할 것인지가 미래의 인터넷 쇼핑의 성공을 좌우할 것으로 보인다.

(5) 소매업의 양극화

경제의 저성장 기조와 1인 가구의 증대는 구매의 양극화를 초래하였다. 최근의 유통업의 추세는 편의점, 이커머스의 약진, 창고형 매장의 선전, 대형마트와 백화점의 쇠퇴로 요약할 수 있다. 편의성을 중시하는 소비자층은 편의점과 이커머스를 선호하고 가격에 민감한 대단위 가구는 창고형 매장을 선호하는 구매의 양극화 현상을 보이고 있다. 대형마트는 이러한 환경 변화에 적극적으로 대처하지 못함으로써 쇠퇴기에 접어들고 있다. 대형마트들은 초저가 전략으로 난관을 타개하고자 노력하고 있으나 성과는 기대 이하이며 대형마트의 쇠락은 소비자의 구매행태 변화, 과도한 출점, 정부의 규제, 오프라인 매장의 부동산세 증가 등 복합적이고 구조적인 요인에 기인한 것이며 이러한 환경요인은 기업의 전략 및 전술로 통제할 수 없으므로 대형마트가 과거와 같은 성장기를 재현하기는 어려울 것으로 판단된다.

이렇듯 과거에는 소매업의 경쟁이 동종 소매업태 간의 경쟁이었던 반면 근자에는 이종 업태 간의 경쟁이 더욱 심화되었으며 따라서 경쟁구도도 보다 복잡해졌다. 이러한 치열한 경쟁 구도에서 최대의 수혜자는 소비자이다. 소비자는 인터넷 등을 통해 필요한 정보를 쉽게 얻은 후 같은 제품을 구매하더라도 상황에 따라 가장 높은 가치를 제공하는 소매업체를 선택할 수 있게 되었다

대형마트 규제, 유통업 벼랑 끝으로 내몰았다

롯데쇼핑이 700개 점포 중 200개를 정리한다는 구조조정 계획을 지난 13일 발표했다. 롯데쇼핑이 백화점, 슈퍼, 마트를 줄인다고 밝힌 것은 1979년 창사 이래 처음이다. 그만큼 유통업계에 미치는 충격도 컸다.

유통업계는 롯데쇼핑 움직임을 한국 유통업 다운사이징의 신호탄으로 보고 있다.

'저성장' '인구 감소' '규제' 등 유통업을 둘러싼 구조적인 문제가 노출되면서 오프라인 유통업의 위기도 본격화하고 있다. 이 가운데 정부가 이제라도 과도한 유통규제를 풀어야 한다는 목소리가 커지고 있다. 대표적인 유통규제가 유통산업발전법이다. 대형마트 영업시간 제한과 휴일 월 2회 의무휴업은 시대착오적일 뿐만 아니라 난센스다.

물류 배송은 밤 시간에 움직여야 경쟁력이 높다. 대낮 서울의 꽉 막힌 도로를 생각하면 이해하기 쉽다. 하지만 대형마트는 '새벽배송'을 하고 싶어도 자유롭게 움직일 수 없다. 온라인으로 주문받은 상품을 영업시간(오전 10시~자정) 외에는 처리할 수 없다. 국내 유통업체들은 멀쩡한 마트 시설을 놔두고 별도로 물류센터를 짓는 중복 투자를 해야 한다. 물류창고 투자가 과열되면서 버블 위험도 커지고 있다.

대형마트의 휴일 강제 휴업은 소비자의 라이프스타일을 바꿔 놓았다. 주말에 가족끼리 마트에 가서 장을 보며 먹고 마시는 대신 주중에 휴대폰 쇼핑 앱을 이용해 모바일로 장을 보는 게 익숙해졌다. 무심코 마트에 갔다가 '오늘은 쉬는 날'이란 사인을 보고 발걸음을 돌린 경험은 주말밖에는 장을 볼 시간이 없는 맞벌이부부에게는 악몽이다.

대형마트 휴업일을 주말이 아닌 평일로 바꿔달라는 소비자와 업계 의견을 정부가 외면하는 이유가 궁금하다. 인위적인 규제로 오프라인 마트의 불편한 경험치를 소비자에게 축적시키는 것은 문재인정부가 강조하는 공정 경쟁과도 거리가 있다. 전통시장과 중소 유통업체를 보호하자는 규제 취지는 못 살리고 외국계 온라인 쇼핑업체에 역차별을 당하는 측면 역시 고려해야 한다. 현재 이커머스 1위 이베이코리아 (지마켓 · 옥션)와 2위 쿠팡 모두 외국계 회사다. 이들 업체 성장에는 유통산업발전법이 일정 부분 기여한 게 사실이다.

빅데이터 시대는 규모의 경제가 중요하다. 데이터가 클수록 유리하다. 소비자들은 이미 휴대폰 하나로 자유롭게 국경을 넘나들며 구매를 하고 있다. 미국 Amazon이나 중국 알리바바와 같은 빅데이터 유통업체에 맞서는 한국 유통업 성장 정책이 필요하다.

한국 유통업의 몰락이 고용에 미칠 파장도 간과해서는 안 된다.

대형마트 한 곳에는 롯데쇼핑이나 신세계 이마트 같은 대기업 직원뿐 아니라 주차요원부터 시식행사를 위한 협력업체 도우미 직원까지 보통 500명 정도가 일한다고 한다. 마트 200개가 없어지면 단순 계산으로 일자리 10만 개가 사라지는 셈이다. 누구를 위한 규제인지 다시 한 번 고민해 볼 때다.

자료원: 매일경제 2020. 2. 17.

참고문헌

Kotler and Armstrong(2019). *Principles of Marketing*, 17th edition, Prentice Hall.

안광호, 조재운, 한상린(2019). **유통원론**, 4판, 학현사.

Costco 사례

15% 마진, 가성비와 품질의 코스트코. https://brunch.co.kr/@lshkorea/18

이마트 추격에도 꿈쩍 않는다는 코스트코 불변의 '1등'. https://1boon.daum.net/dispatch/5f1028f5ff6f4a2771fee325

코스트코 3만8500원 vs 트레이더스 0원, 누가 이길까?. https://news.mt.co.kr/mtview.php?-no=2020040709175667350

코스트코는 왜 한국에서 승승장구할까. http://m.businesspost.co.kr/BP?command=mobile_view&num=4365

Todd Rose(2018). 평균의 종말, 21세기북스.

Ann Leamon & David E. Bell(1999). Costco Company, Inc, Havard Business Review.

Brian Tayan & Maureen McNichols(2003). Costco Wholesale Corporation Financial Statement Analysis, Stanford Graduate School of Business.

Costco Homepage. https://www.costco.com/

Costco Wikipedia. https://en.wikipedia.org/wiki/Costco

4 Problems With Costco's Business Model. https://www.investopedia.com/articles/markets/011216/4-problems-costcos-business-model-cost.asp

7 ways the coronavirus has changed Costco. https://www.businessinsider.com/coronavirus-has-changed-shopping-working-at-costco-2020-6

Better Buy: Costco vs. Beyond Meat. https://www.nasdaq.com/articles/better-buy%3A-costco-vs.-beyond-meat-2020-07-20

Business Strategy Lessons From Costco Business Model. https://fourweekmba.com/costco-business-model/

Costco has a brilliant strategy that allows it to get great press, save mpney, and pay workers $15 per hour. https://www.businessinsider.com/costco-keeps-costs-low-pay-high-no-pr-2019-3

Costco is beating Walmart and Amazon with the 'best business model' in retail. https://www.businessinsider.com/why-costcos-business-model-is-so-great-2016-2

Costco's Mission, Business Model, Strategy & SWOT. http://panmore.com/costco-mission-business-model-strategy-swot

Costco's (COST) Sturdy Comps, Price Management to Fuel Sales. https://finance.yahoo.com/news/costcos-cost-sturdy-comps-price-131301633.html

Costco's Simple Strategy For Outperforming Wal-Mart And Target. https://www.businessinsider.com/costcos-simple-strategy-2014-9

Costco's Winning Business Model Strategy. https://www.talkativeman.com/costco-business-model-strategy/

Costco SWOT Analysis(2020). https://bstrategyhub.com/costco-swot-analysis/Costco to reduce coronavirus senior shopping hours, https://www.foxbusiness.com/lifestyle/costco-cut-special-operating-hours-july-coronavirus

Costco Wholesale Corp. history, profile and history video. https://www.companieshistory.com/costco-wholesale/

How Costco Makes Money (COST). https://www.investopedia.com/articles/investing/070715/costcos-business-model-smarter-you-think.asp

How Costco uses $5 rotisserie chickens and free samples to turn customers into fanatics. https://www.cnbc.com/2019/05/22/hooked-how-costco-turns-customers-into-fanatics.html

Is a Costco membership actually worth it?. https://www.nytimes.com/wirecutter/money/costco-membership/

The hisotry of Costco-A TImeline-COstco-Business Report. https://costco-business-report-courtneyt.weebly.com/the-history-of-costco---a-timeline.html

What makes Costco so Sucessful?. http://www.brianwoolf.com/?action=bw_article_read&id=49

GS25
CJ 오쇼핑
Walmart
Save money. Live better.
신세계백화점
NETFLIX
emart
OLIVE YOUNG
coupang
amazon
Uber

Part II

소매상과 소매전략

Chapter 4

소매상

학습내용

1. 소매상의 본질, 중요성, 기능은 무엇인가?
2. 업종과 업태의 개념의 차이는 무엇인가?
3. 소매업의 변천은 어떻게 설명될 수 있는가?
4. 소매업태의 유형과 각 업태의 주요 특징은 무엇인가?
5. 최근 급속히 확산되고 있는 이커머스의 주요 유형에는 어떤 것들이 있는가?

사례 시간과 공간의 편리성을 팔다: Seven Eleven Japan

학습목표

1. 편의점의 개념은 어떻게 태동되었으며 미국의 Seven Eleven이 Seven Eleven Japan에 인수된 배경은 무엇인가?
2. Seven Eleven Japan의 주요 전략적 특징은 무엇인가?
3. Seven Eleven Japan의 정보시스템의 주요 특징은 무엇인가?
4. Seven Eleven Japan의 물류시스템의 주요 특징은 무엇인가?
5. Seven Eleven Japan과 우리나라의 CU, GS25의 전략적 차이는 무엇인가?
6. 편의점 사업의 미래와 예상되는 변화는 무엇인가?

1. Seven Eleven Japan 소개

Seven Eleven은 1927년 미국 텍사스주 댈러스의 오크클리프 구역의 Southland Ice Company에서 비롯되었다. 이 회사는 큰 냉장고에 우유 · 빵 · 달걀 등 식료품을 보관하여 동네 사람들의 편의를 위해 저녁과 일요일에 판매하였다. 이 새로운 아이디어는 고객들을 만족시켰고, 매출이 점차 증가하여 이를 계기로 편의점 (convenient store)이라는 새로운 소매업의 개념이 생기게 되었다. 이때까지 소매업은 제조업과 같이 9–5시까지만 영업을 하였고 일요일엔 영업을 하지 않았다. 지금도 유럽의 일부 국가에서는 저녁이나 휴일엔 영업을 하지 않는 관습이 남아 있다. 1946년 이 회사는 당시로서는 획기적으로 7일 내내 오전 7시에서 오후 11시까지 영업하는 전략을 구사하였고, 이를 강조하는 뜻으로 사명을 Seven Eleven으로 바꾸게 된다. 1964년에는 'Speedee–Mart'사를 인수하여 가맹 사업을 시작하였다. 1962년에 텍사스주 오스틴의 한 점포에서 24시간 영업을 시험 운영하였고, 그 다음해인 1963년 라스베이거스, 포트워스, 댈러스에서 연중무휴 24시간 운영 점포가 개설되었다.

Seven Eleven Japan (SEJ)은 1973년 11월 일본의 슈퍼마켓 체인인 Ito–Yokado와 미국의 Seven Eleven을 운영하는 The Southland Corporation 간의 지역 라이센스 계약에 따라 설립되었다.

SEJ의 토시후미 스즈키 (Toshifumi Suzuki) 회장 겸 CEO는 1974년 5월 도쿄 시내에 첫 매장을 오픈한 이래로 6년 만에 1,000호 점포를 달성하고 1992년에는 2,000점포를 달성하였다.

이후 Seven Eleven은 미국보다 일본에서 더욱 번창하였다. 1980년대 미국 주유업체들이 편의점 사업을 전개하고 슈퍼마켓이나 할인점 등이 24시간을 영업을 함으로써 미국의 Seven Eleven 운영사인 Southland사는 파산 위기에 몰렸고, 이에 일본 내에서 Seven Eleven 체인을 운영하던 일본의 슈퍼마켓 체인인 Ito-Yokado가 1991년에 Southland사 지분의 64.3%를 사들였다. 2005년에는 SEJ가 본사를 완전히 인수 합병하여 Seven & I Holdings가 되었다. 이는 몇 안 되는 지점의 본사 인수 사례 중 하나이다.

2. 일본 지점의 미국 본사 인수 배경

미국에서 스즈키 도시후미가 본 Seven Eleven은 작은 매장에서 긴 영업시간 동안 운영하면서 할인 없이 매출을 내는 미국의 선진 유통 그 자체라고 생각했다. 특히 4,200개의 매장을 관리하는 매뉴얼의 존재는 상당히 매력적인 것이었다. 그러나 스즈키 도시후미는 글로벌 진출에 관심이 없는 Southland사와 교섭에서 난항을 겪었고 본사에서도 편의점 도입을 반대하여 불리한 조건 속에서도 Seven Eleven의 지역 프랜차이즈권을 얻게 된다.

기존 Seven Eleven 매뉴얼은 금전등록기 사용법 같은 접객 매뉴얼에 불과했다. 게다가 당시 일본 소매업계의 트렌드는 대형화였고 이는 Ito-Yokado 내에서도 반발을 불러왔다. 이러한 상황 속에서 스즈키 도시후미는 "소형 매점도 대형 매장처럼 생산성을 높여 성장할 수 있다"고 말하고 벤처 자금을 마련해 일본의 첫 Seven Eleven을 오픈했다. 그는 Seven Eleven에서 반복적인 연구와 실험을 진행했다. 먼저 일본 사정에 맞게 Seven Eleven을 변형해서 도입했다. 미국 Seven Eleven에 있던 큰 냉장고는 일본의 작은 매장에 넣기 힘들었다. 따라서 냉장고를 작게 개조해서 매장에 진열하였고 이는 오늘날 모든 편의점 냉장고의 기준이 되었다. 또한 모의 매장에서 상품진열 시뮬레이션을 되풀이하면서 최적의 매장 구조와 상품 진열 방안을 고안하였다. 가장 큰 수확은 '팔리는 물건'과 '팔리지 않는 물건'을 발견하여 구분하기 시작한 것이다. 그 결과 신속한 소량 배송이라는 물류 혁신을 달성할 수 있었다.

한편 1990년대에 Seven Eleven 미국 본사는 위기에 처했다. 메이저 석유회사들이 잇따라 주유소에 소형 마트를 설치하면서 시장점유율이 급속히 하락한 것이다. 시장점유율 감소는 자연스럽게 수익성 감소로 이어졌다. 당시 부사장이던 Jim Keith는 그 원인이 Seven Eleven의 핵심역량인 '판매 기술'을 살리지 못했기 때문이라고 분석했다. 따라서 일본 지점의 성공 사례를 도입했다. 핵심역량이 아닌 모든 것을 아웃소싱 (outsourcing)함으로써 비용을 절감하고 빠른 성장과 고수익을 추구하려고 노력하였으나 결국 1990년에 파산했고 일본 지점에 회사 지분 70%를 양도했다. 그러나 이마저도 2005년에 완전히 인수합병 되었다.

현재 SEJ는 일본에서만 2만 개 매장을 보유하고 있으며, 전 세계 18개국에 진출하여 6만여 개의 매장을 보유하고 있다. 3.5시간마다 Seven Eleven 매장 하나가 오픈되고 매일 5,500만 명의 고객이 매장을 방문하고 있다. 일본에서는 2018년 기준 편의점 점유율 42%를 차지하고 있으나 드럭 스토어, 인터넷 쇼핑몰, 24시간 식료품점들이 등장하면서 유통업계 경쟁이 심화되어 신규 출점을 자제하고 있다.

3. Seven Eleven Japan의 전략

(1) 신선도 유지 전략

SEJ 고객의 67%가 매장에서 도보로 10분 이내에 거주한다. 그리고 고객 중 56%는 적어도 일주일에 두 번 SEJ 점포를 방문한다. 이들이 구매하는 제품의 대부분이 신선식품이다. 이에 따라 SEJ는 신선도 유지를 최우선시하며 이를 위해 SEJ는 첨단 정보 시스템을 통해 부패하기 쉬운 제품의 품질을 효율적으로 관리하고 있다.

대표적인 신선 제품이 도시락이다. 많은 일본인 근로자와 학생들이 점심 도시락을 구입하고 있고 고품질의 도시락은 대규모 매출과 고객 충성도, 브랜드 이미지를 창출하기 때문에 SEJ는 도시락을 가장 중요한 전략적 제품으로 간주하며 신선함과 품질을 유지하기 위해 노력하고 있다. 도시락은 하루 3번 배달되고 유통 기한에 따라 색상이 구분된다. 직원들은 스캐너 단말기 (scanner terminal)를 사용하여 제품의 신선도를 확인하고 일정시간이 지나면 이를 폐기한다.

SEJ의 신선도 유지 전략은 변화하는 고객의 니즈와 취향을 적시에 수용할 수 있도록 확장되었다. 고객이 동일한 제품에 지루해하지 않도록 하기 위해 매출이 부진한 제품들은 제거하고 새로운 제품들로 선반이 채워진다. 실제로 각 매장에서 판매하는 2,500 SKU 중 약 절반이 매년 교체된다.

(2) Seven Eleven Japan의 머천다이징

2019년 기준 SEJ의 품목의 매출 비중은 다음과 같다.

- 패스트푸드 30.8%
- 비식품 30.2%
- 가공식품 26.1%
- 일반식품 12.9%

SEJ는 각 품목에 대한 판매 동향을 추적하여 제품을 계속 판매할지 아니면 중단할지를 결정한다. 대부분의 신제품은 1~2주 만에 판매량이 정점에 도달한 다음 감소한다. 매장당 판매량이 일정 수준으로 떨어지면 추천 목록에서 제품이 삭제된다. 최근 제품 수명주기가 짧아지고 새로운 제품이 대거 출시되고 있으므로 신제품이 퇴출되는 속도가 빨라지고 있다.

SEJ는 신제품 개발에 있어 제조업체를 지원하기 위해 POS 데이터를 적극 활용한다. 이를 통해 SEJ는 향후 추세를 예측하고 미래의 소비자 니즈를 예측하는 전문적 능력을 갖추었고, 많은 제조업체들은 신제품 개발에 관한 정보를 SEJ에 의존하고 있으며 SEJ와 함께 제품을 개발, 출시하기도 한다. SEJ는 제조업체와의 '독창적인' 제품의 공동 개발을 일본 소매 산업에서 핵심 차별화 요소로 간주한다.

(3) 정보 시스템 구축

SEJ의 일반 매장은 평균적으로 1,200평방피트 (약 33평) 정도의 소규모 공간으로 인해 2,500 SKU만을 취급한다. 따라서 어떤 품목을 선반에 놓아야 하는지, 언제 선반 위에 놓아야 하는지, 재고 부족과 과잉 재고를 막기 위해 각 품목 중 얼마나 많은 품목을 주문해야 하는지 결정하는 것이 매우 중요했다. 선반 공간 제약 조건 하에서 이익을 최대화하기 위해 SEJ는 잘 팔리는 제품은 대량 구매하고 부실한 실적을 보이는 제품은 과감히 제거함으로써 재고 회전율을 높였다. 이러한 상품구색의 최적화는 정보시스템을 통해 이루어지는데, 시스템을 구축하고 유지하는 데 많은 비용이 들었지만 SP (sales point) 시스템에서 신제품 개발에 이르기까지 SEJ의 모든 공급망 단계가 전체 정보 시스템 내에서 구현되었다.

(4) 신규 매장 오픈 전략

SEJ의 매장 관리자는 새로운 매장 입점 결정을 위해 위치, 시장, 인구를 포함한 135가지 관련 요인 목록을 검토하는 일련의 지침을 따른다. 성공적인 매장 개점 및 증가에 대한 성과를 측정하는 통계로 활용되는 지표는 첫 번째 회계 연도의 신규 매장의 평균 일일 매출이다.

SEJ는 6세대 정보 시스템의 일부로 판매 추세 분석을 용이하게 하기 위해 추가로 매장 데이터베이스를 도입하였다. 상점을 분류하는 기존의 방법은 물리적 위치에 기반한 것이었다. 동일한 등급의 매장은 비슷한 판매 패턴을 보였지만 아직 설명할 수 없는 변수가 많다는 점에 착안하여 SEJ는 모든 매장을 5개의 위치/거래 지역으로 나누는 또 다른 분류 체계를 추가하였다. 5개의 분류 기준은 사무실/쇼핑 지역, 비즈니스 지역, 주거 지역, 가두 지역, 복합물 지역 등이다. 또한 이 시스템은 철도역, 병원, 공장, 시청, 대학 등 근처에 있는 20가지 유형의 '영향력 있는' 시설의 유무를 고려한다. 이 정보시스템은 다음과 같은 질문에 답하는 데 도움이 되었다.

- 팬티 호스 판매 상위 10개 매장은 어느 것인가?
- 왜 특정 상점은 주말에 가장 높은 매출을 얻는 반면 인접 상점은 그렇지 않은가?
- 같은 동네에 있는 매장에서 동일한 TV 광고에 대해 다른 반응이 나타나는 이유는 무엇인가?

SEJ는 점포를 전국적으로 드문드문 분산하지 않고 특정 지역에 집중하는 전략을 구사하는데, 이러한 매장 입점 전략을 'dominant opening strategy (DOS)'라고 한다. 특정 지역에 매장을 집중하여 해당 지역의 중요 고객층을 독점하는 것이다. 일본에는 점포 간 거리 제한이 없으므로 각 점포가 500m 반경 내에 있게 하여 특정 지역을 완전히 커버하도록 하는 것이다. DOS의 장점은 단일 트럭으로 작은 지리적 영역의 여러 상점을 방문하여 물류의 효율성을 극대화하고 경쟁을 최소화하는 것이다. 이를 통해 SEJ는 물류에 필요한 트럭 수를 줄일 수 있고 집중된 지역에서 브랜드 인지도를 높일 수 있다.

4. Seven Eleven Japan의 정보 시스템

SEJ는 1979년 전자 거래 시스템 (electronic data interchange: EDI)을 도입하여 상점 관리자가 본사 호스트 컴퓨터에 연결된 매장 내 단말기를 사용하여 상품을 주문할 수 있게 하였다. 그러나 이 시스템을 통해 SEJ는 주문 절차를 간소화할 수는 있었지만 시장 차별화 요소로는 충분하지 않았다. 다음 단계로 SEJ는 1982년 POS (point of sale) 시스템을 도입하여 각 SKU의 관리에 혁명을 가져왔다. 이후 양방향 통신을 통해 가맹점이 POS 컴퓨터와 중앙 데이터베이스에 직접 접속하여 POS 데이터 열람 및 분석을 할 수 있게 하였다. 1998년 SEJ는 대규모 투자를 통해 인터넷/인트라넷, 위성 통신을 사용한 5세대 정보 시스템을 도입했다. 4억 7,500만 달러를 투입하여 2006년 도입된 6세대 POS 시스템의 핵심 기능은 매장과 SEJ의 중앙 데이터 센터 사이의 광섬유 네트워크와 매장 내 무선 네트워크를 통해 매장에서 판매 분석을 할 수 있게 해주는 LTA (location, trade, area: 위치, 거래, 지역) 데이터베이스였다.

점포 정보 시스템의 핵심은 SC (store computer), POS 레지스터, GOT (graphic order terminal), ST (scanner terminal), ATM (automatic teller machine) 및 다기능 복사기를 연결하는 근거리 무선 통신망이다. 각 상점에는 두 개 이상의 레지스터가 있다. POS 레지스터로는 7 & I 브랜드 'Nanaco' 및 기타 카드와 같은 현금 및 전기 요금을 수령할 수 있다. GOT는 주문/판매 데이터 및 머천다이징 정보와 같은 다양한 통계 정보를 그래픽, 차트 및 그림 형태로 표시하는 정보 단말기 역할을 한다. 다기능 복합기는 복사기, 프린터 및 온라인 티켓 예약 단말기 역할을 한다. 각 매장은 광섬유 네트워크에 의해 SEJ의 중앙 데이터 센터 (HQ)에 연결된다.

레지스터에 수집된 제품 판매 정보는 광섬유 네트워크를 통해 SEJ 본사로 전송된다. 또한 판매원은 데이터 정보를 정교화하기 위해 별도의 키패드로 고객의 성별과 추정 연령을 입력한다. 수집된 POS 데이터는 매장 관리자와 본사가 데이터를 동시에 업데이트하고 분석할 수 있는 SC 시스템에 의해 처리된다. 매장 관리자는 현장의 GOT를 통해 실시간 정보를 얻을 수 있으므로 관리자는 다음과 같은 분석을 할 수 있다.

(1) 개별 항목의 시간별 판매 동향

이 정보는 시간별, 일별 또는 주별로 검토할 수 있으므로 관리자는 납품 일정을 최적화하고 과다 주문과 품절을 최소화할 수 있다.

(2) 추세 분석 스크랩

개별 품목의 스크랩 경향 분석은 품절률을 최소화하여 선반 공간의 기회비용을 줄여준다. 각 제품이 선반에 얼마나 오래 머무르는지를 모니터링함으로써 점포 관리자는 잘 팔리는 제품의 재고를 충분히 비축할 수 있다.

(3) 개별 제품별 재고 부족 순위

이 정보는 신선도와 적시 배달이 필요한 패스트푸드 품목을 관리하는 데 특히 중요하다.

(4) 신제품 판매 추세

이 정보는 머천다이징 및 신제품 개발에 대한 의사 결정의 기반을 구축한다.

(5) 고객 프로파일별, 시간별 판매 추세

이 정보는 납품업체의 마케팅 전략 수립, 특히 타게팅 전략 수립에 가장 유용하다.

POS 및 주문 데이터는 실시간으로 광섬유 기반 사설망을 통해 본사로 전송된다. 본사는 POS 데이터를 처리하고 이를 가공하여 주문 정보를 제조업체, 도매업체 및 유통업체에 전달한다. 처리된 POS 데이터는 제조업체 및 각 매장의 현장 운영 카운슬러 (operating field counselor: OFC)에게 피드백된다. 따라서 SEJ의 공급 체인은 실시간 피드백 루프를 형성한다.

OFC는 SEJ의 정보 피드백 루프에서 중요한 역할을 한다. OFC는 7-8개의 매장을 관리하면서 주 2회 이상 상점을 방문하여 본사 메시지를 전달하고 그 주의 핵심 전략을 구사하는 데 도움을 준다. 또한 매장에서 정보를 수집하고 관리자에게 보고할 주간 보고서를 작성한 후 관리자와의 회의를 통해 전략 내용을 공유한다. SEJ는 매주 OFC를 도쿄로 모이게 하는 대신 화상 회의 기술을 사용하는 것을 고려했으나 대면 회의의 장점인, 정보 시스템으로 잡히지 않는 미묘하면서도 때로는 풍부한 것을 토론을 통해 도출하기 위해 시행하지는 않았다. 그러나 2007년부터 SEJ는 격주로 OFC 회의를 개최했다. 이는 매장 관리자에게 많은 데이터 분석 기능을 위임할 수 있는 6세대 POS 시스템 출시 덕분이다. 정보 피드백 루프는 SEJ의 본사 및 매장 관리자가 수행하는 다양한 의사결정의 기초가 되었다. 의사결정 사항에는 일일 주문, 매장 레이아웃, 상품 유지 여부, 신제품 개발 및 신규 매장 오픈이 포함된다.

POS 데이터는 주문 프로세스의 핵심이었다. 그러나 다른 업체와 차별화되는 것은 POS 데이터를 최대한 활용하는 데 요구되는 축적된 노하우다. 각 매장 관리자는 기상 조건, 이웃 학교 및 사무실 행사, 새 아파트 또는 비즈니스의 오픈과 같은 여러 요인을 고려하여 주문량을 결정한다.

SEJ는 주문 프로세스를 가속화하기 위해 GOT (graphic order terminal)를 채택했다.

GOT는 배터리 구동식 917g 핸디형 태블릿 컴퓨터이다. 점장이 주문한 제품 번호를 입력하면 주문을 하는 동안 동일한 화면에서 재고 수준과 판매 동향을 확인할 수 있다. 그런 다음 GOT를 상점 컴퓨터 (store computer: SC)에 연결하고 데이터를 전송한다. 주문은 광섬유 네트워크를 통해 본사로 이전되고 호스트 컴퓨터에서 집계되어 처리된다. 본사에서 처리된 주문 데이터는 제조사, 도매업자 및 유통 센터로 전송되어 생산 및 물류 계획에 활용된다. 주문은 대체로 하루에 한 번 이루어지지만 패스트푸드와 신선 식품은 하루에 세 번, 잡지는 하루에 한 번, 음식물은 일주일에 세 번 배달된다. 도시락의 경우 주문은 30분 안에 공급 업체에 전달되며 주문 데이터는 주문서, 배달 경로 및 생산량으로 재구성된다. 제품 배달이 완료되면 제품 바코드가 SC에 연결된 스캐너 터미널 (ST)로 스캔된다. 재고는 본사 및 매장 관리자가 공동으로 관리하는데 SEJ는 POS 데이터와 축적된 노하우를 사용하여 권장 재고 수준을 권고한다.

5. Seven Eleven Japan의 물류 시스템

SEJ의 물류 시스템은 적시에 효율적인 방법으로 기업 및 매장 관리자의 의사결정을 지원하도록 설계되었다. SEJ는 기존의 일본 물류 관습에서 벗어나 물류 분야에서 다양한 혁신적 개념을 도입했다.

(1) 공급 업체 유통 센터의 공동 배송 프로그램

기존의 일본 유통 시스템에서 각 제조업체는 독점적으로 제품을 유통하는 자체 지정 물류업체를 보유하고 있었다. 그러나 이 시스템은 SEJ가 사용하기에는 여러 가지 문제점을 가지고 있었다. 첫째, 매일 너무 많은 트럭이 각 상점을 방문하므로 제품을 싣고 내리는 데에 많은 시간이 소비되었다. 둘째, 각 트럭은 종종 적게 투입되어 운송 시스템의 효율성을 저하시켰다. 셋째, 각 트럭은 여러 경로로 여러 매장을 방문해야 하므로 '정시 배송' 시스템이 작동하지 않았다.

매장 내 저장 공간이 제한되어 있기 때문에 SEJ는 소량 단위로 제품을 구매해야 하지만 일본의 제조업자들과 도매업자들은 대용량 배달에 익숙했다. 따라서 SEJ 물류의 효율화를 위해 전통적 물류 방식을 변경해야 했다.

SEJ의 첫 번째 물류 전략인 지역 배달 및 공동 배달 프로그램은 1976년 도시락 및 오니기리와 같은 패스트푸드 품목으로부터 시작되었다. SEJ는 한 도매업자를 지정해 공급업체의 물류센터 (supply distribution center: SDC)에서 상품을 수합하여 제품군을 공급하게 하였다. 같은 제품군은 단일 트럭으로 배달되기 때문에 각 점포의 평균 배송 건수는 70건에서 40건으로 줄어들었다.

1980년대 초반, SEJ는 온도 기반 공동 배송 시스템을 도입하였다. 이 시스템은 동일한 온도 영역을 필요로 하는 제품군은 특정 지역의 단일 SDC에서 처리되어 단일 트럭으로 배송되었다. 이 시스템은 1990년 각 점포로의 평균 배송 건수를 하루 40건에서 12건으로 감소시켰고 2010년에는 하루 9건으로 줄였다. 그 결과 물류비는 2/3로 줄었고 투자 회수 기간은 6개월로 단축되었다.

(2) 배달 작업

어느 시점에 어떤 경로를 취해야 하는지에 대해 SEJ의 시간표는 오차 범위가 10분 이내로 엄격히 지켜졌다. 예를 들어 주간보다 교통량이 적은 야간에 더 많은 물류량이 배정되었다. 운전자가 한 상점에서 보내는 평균 시간은 1분 30초로 정하였으며 상점 관리자가 상자의 내용을 확인하기 전에 운전자는 가게를 떠난다. 트럭이 너무 일찍 도착했다면, 운전자는 매장이 바쁜 시간 동안 밖에서 기다린다. 트럭 회사는 운전자와 무선 통신을 통해 매장에 도착한 시간, 가져온 상자 및 반품된 상자 수, 배달 실수 및 늦은 배달 시간 등을 포함하여 모든 배달 활동에 관한 사항들을 기록한다. 이 성과 보고서는 SEJ 본부에 제출된다.

납품이 30분 이상 지연되었을 때, 운송 회사는 배달된 제품의 총 마진에 해당하는 벌금을 점주에게 지불한다. 이러한 비상사태가 발생했을 때, 트럭 운전사, 점장 및 SEJ의 본사는 신속한 조치를 취하기 위한 의사소통 체계를 구축하였다.

(3) 다양한 교통수단 활용

일본에서 교통 불확실성에 대처하기 위해 SEJ는 수송 수단을 오토바이, 선박 및 헬리콥터로 다양화했다. 이는 1995년 고베 지진 당시 많은 사람들에게 도움을 주었다. 그날 SEJ는 고베 지역에 점포가 없음에도 불구하고 7대의 헬리콥터와 125대의 오토바이를 사용하여 지진 희생자들에게 음식을 기부하였다.

6. 7dream.com

SEJ는 인터넷 혁명에 대응하여 여러 회사들과 함께 전자상거래 회사인 7dream.com을 새로 설립하였다. 7dream.com의 기본 아이디어는 고객이 웹 사이트에서 많은 제품을 주문하고 2~3일 후에 매장에서 제품을 수령함으로써 'click & mortar'를 창출하는 것이다. 대부분의 일본인은 지하철로 통근하기 때문에 귀갓길에 SEJ 지하철 매장에 들러 주문한 제품을 수령할 수 있다. SEJ의 149개의 물류 센터 중 하나에서 주문 제품이 다른 제품과 함께 매장으로 출하되었기 때문에 배송비가 낮아진다는 것도 장점이다.

7. Seven Eleven Japan과 GS25, CU의 전략적 차이점

현재 SEJ이든 GS25든 CU든 간편식 제품군 확대에 집중하고 있다. 한국 역시 일본처럼 고령화가 진행되고 1인 가구가 늘어나고 있기 때문에 소비 성향이 유사해지고 있기 때문이다. 그러나 급변하는 유통환경에 대처하는 생존 전략에는 다소 차이가 있다. SEJ의 경우 다양한 서비스를 제공하며 친절하고 깨끗한 점포를 강조하고 있지만 GS25는 모바일 어플 등 디지털 플랫폼을 통한 성장을 강조하고 있다. 한편 CU는 최근 배달 플랫폼 기업과의 연계를 통한 배달서비스를 강화하고 있고 Amazon Go와 같은 무인점포 개발에도 적극적이다.

한편 SEJ와 GS25, CU가 처한 경쟁 환경은 다르다. 일본에서 SEJ는 일본 편의점 빅 3사와 함께 외식업, 약국, 드럭 스토어와도 극심한 경쟁을 하고 있다. 그러나 GS25, CU는 상품 구색 면에서 개인 슈퍼와 기업형 슈퍼마켓 (super super market: SSM)과 경쟁하고 있다. 한국 편의점의 공격적 영업 전략과 수적 우세는 이들과의 경쟁에서 우위를 점하게 되었다. 특히 한국의 편의점은 기업형 슈퍼마켓 (super super market)의 출점 규제 법안 덕분에 유리한 고지를 차지하고 있다.

편의점의 법적 규제 면에서 일본 편의점들은 출점 거리 제한이 없다. 이로 인해 SEJ는 한 지역에 집중적으로 점포를 배치하는 도미넌트 전략을 사용할 수 있었다. 그러나 근접한 매장들은 충분한 배타적 영업 구역을 확보하지 못하기 때문에 가맹점주들이 충분한 수익을 얻지 못할 수 있다는 문제점이 있다. 한국의 경우에는 동일 브랜드 편의점에 대한 출점 제한이 있다. 따라서 각 편의점은 일정한 영역을 배타적 영업 구역으로 가지고 있으므로 일본에 비해 동일 브랜드 간 경쟁은 저하된다.

한국과 일본의 편의점 운영 방식은 근본부터 다르다. 일본은 본사가 점포를 임차하고 제반 시설까지 갖추어 운영자를 모집하는 '위탁 가맹'이 대부분인 반면, 한국은 점주가 점포를 임차하고 본사를 선택하는 '완전 가맹' 형태가 지배적이다. 따라서 일본 편의점 점주들은 오너라기보다는 실질적으로는 계약직 관리자의 역할에 더 가깝다. 일본 편의점 본사는 점주를 '직원'처럼 대하고 실제로 가맹점주들은 노동조합을 결성하고 있다. 따라서 '직원'을 선발하듯이 여러 차례 면접과 경쟁을 통해 가맹점주를 선별하여 안정적으로 관리하는 측면이 크다. 즉, 일본의 편의점은 본사가 많은 리스크를 부담하는 대신 그만큼 점포를 통제하고 통일성을 강화하는 전략을 취하고 있다. 한편 우리나라의 '완전 가맹' 방식은 '위탁 가맹'과 달리 가맹점주가 직접 점포를 임차하고, 본사가 물건을 공급하고, 판매수익을 점주에게 더 많이 배분하는 제도이다. 따라서 일본에서는 특정 지역에 편의점을 집중 개점하더라도 가맹점주에게 어느 정도의 수익은 보장되지만 한국은 넓은 배타적 영업 구역을 보장해 주지 않으면 가맹점주가 손해를 볼 가능성이 커진다.

SEJ와 GS25는 할인 정책에도 뚜렷한 차이가 있다. SEJ는 주요 품목의 가격 할인에 집중하는 반면 GS25는 1+1, 1+2 등의 증정 행사에 치중한다. 언뜻 보면 '물건을 반값 할인하느냐', '반값 할인된 것을 묶어서 정가에 2개를 파느냐'는 같아 보이지만 GS25는 후자가 보다 고객들의 마음을 끈다고 판단한다.

8. 편의점의 미래와 예상되는 변화

편의점 천국인 우리나라나 일본에서 편의점은 계속해서 진화하고 있다. 초기에는 24시간 365일 영업하며 고객이 언제, 어디서든 생필품을 구매하는 컨셉이 가장 큰 특징이었고, 이런 편리성이라는 점포 컨셉은 고객들로부터 큰 호응을 얻었다. 초기 편의점에서 판매되는 상품은 주로 공산품과 약간의 신선상품이었고 사실상 편의점은 '심야 슈퍼마켓'의 역할을 했다고 볼 수 있다.

그러나 타겟 마켓의 구성과 욕구의 변화로 인해 최근의 편의점에 대한 인식이 크게 변화하였다. 청소년층이나 1인 가구에게 편의점은 필요한 수준을 넘어 근처에 없으면 생활에 지장이 생기는 '사회 인프라'로까지 인식되고 있다. 이에 따라 편의점의 전략 또한 크게 변화하였다.

최근 편의점 매출 중 성장세가 가장 높은 것은 즉석간편식이다. 이는 1인 가구의 증가와 고령화에 기인한다고 볼 수 있다. 1인 가구의 증가와 고령화는 집에서 요리하는 횟수를 감소시켰고, 예전에는 가족이 함께 먹기 위한 요리를 하기 위해 마트에서 식자재를 구매하는 경우가 많았다면 최근에는 혼자 간편하게 먹기 위한 가공식품의 구매가 증가하고 있는 추세다.

편의점 식품은 즉석에서 먹을 수도 있고 짧은 시간에 전자레인지로 데우는 것만으로도 한 끼 식사를 간단히 해결할 수 있다. 최근 모든 편의점들이 조리된 상품을 중심으로 판매기한이 긴 상품을 개발하고 있다. 바로 먹을 수 있고 바로 쓸 수 있는 상품의 구성비가 아직 높은 것은 사실이지만, 그럼에도 불구하고 조리 식품과 1인분용 샐러드, 커팅야채, 커팅과일 등의 매출이 증가하고 있다. 최근에는 편의점에서 유통기한이 긴 상품을 한꺼번에 구매하고 가정에서 보관하여 원할 때 원하는 양만큼 먹을 수 있는 소비 행태도 나타나고 있다. 이러한 현상은 대량으로 보관하기 어려운 식품을 대량으로 판매하는 슈퍼마켓이나 대형마트에게는 커다란 위협요소이다.

그동안 편의점 체인은 FF (fresh food: 도시락, 햄버거, 김밥, 삼각 김밥, 샌드위치 등) 매출 증대에 힘써왔다. 특히 일본의 SEJ와 한국의 GS25가 이러한 상품구색 전략으로 경쟁 우위를 점할 수 있었고, 충성도 높은 고객을 확보하여 점유율을 높여 왔다.

간편식을 원하는 소비자의 욕구가 증가함에 따라 향후에는 기존의 FF와 더불어 냉장, 냉동조리상품, 디저트빵, 샐러드, 조리면 등의 매출 비중이 늘어날 것으로 예상된다. 또한 카운터 근처에 진열되는 즉석조리상품의 매출이 점차 늘어나고 있다. 디저트빵의 경우, 편의점 빵의 일반 슈퍼마켓 대비 경쟁적 차별점은 시간대에 따라 수요 대응이 가능하다는 점이다. 편의점에서는 하루 3번 정도 갓 제조한 디저트빵을 배송한다. 하지만 슈퍼마켓의 경우 빵을 계속 굽지 않는다. 특히 심야 시간대에는 낮 시간대나 이른 저녁에 구운 빵이 진열되어 있는 상태이기 때문에 구색과 재고량이 적다. 반면 편의점은 아침, 점심, 저녁, 하루 세 번 공장에서 갓 구워진 빵을 판매할 수 있다. 그리고 세 번 납품할 때마다 시간대에 따라 다양한 수요를 겨냥한 제품 구색을 갖출 수 있다. 출근 · 등교하는 아침 시간대에는 조식용 빵 구색, 점심시간에는 디저트용 제품구색, 심야 시간대에는 저녁식사 대용 조리빵 구색을 갖출 수 있다. 복수의 납품으로 구색에 변화를 줄 수 있는 것이 경쟁 업태인 슈퍼마켓과 차별화할 수 있는 결정적 요인이다.

최근 우리나라 편의점들은 카운터 FF (어묵, 군고구마, 치킨, 원두커피 등)를 강화하고 있다. 카운터 FF 또한 슈퍼마켓과 차별화할 수 있는 상품으로, 이러한 상품의 차별화 포인트는 '원하는 것을', '원할 때', '원하는 만큼', '갓 만든' 4가지이다. 사전에 조리를 해놓고 판매하는 슈퍼마켓과 달리 편의점의 카운터 FF는 주문조리가 가능하다는 장점이 있다. 고객이 내점한 시간에 구매하고자 하는 상품이 다 팔려도 근무자에게 원하는 상품의 조리를 의뢰하면 15~20분 안에 음식을 만들어 준다. 또한 냉장 배송은 음식 본연의 맛의 유지가 가능하므로 샐러드와 같은 신선 식품의 수요 증대에 기여하고 있다. 최근 냉장, 냉동 조리식품을 중심으로 PB 상품이 증가하고 있는데 이런 추세 또한 해당 상품 카테고리의 매출이 확대되고 있다는 것을 반증한다. 향후에는 기존의 즉석 조리식품과 더불어 냉장, 냉동 조리식품의 매출이 늘어날 것이며, 디저트빵과 샐러드, 조리면 등으로 상품 구색이 확대되면서 편의점은 꾸준히 성장할 것으로 예상된다.

편의점에게 위협 요소도 있다. 쿠팡, 마켓컬리, SSG.com 등 싸고 빠른 배송 전략을 취하는 이커머스 업체들이 신선한 식품을 빠른 시간에 배달할 수 있는 역량을 키워감에 따라 편의점의 소비자층을 잠식하고 있다. 그러나 이커머스가 아무리 배송 시간을 단축한다 하더라도 이커머스의 약진이 편의점 사업에 미치는 영향은 대형마트나 슈퍼마켓만큼 크지는 않을 것으로 판단된다.

결론적으로 편의점의 성패는 빠르게 변화하는 고객의 라이프스타일을 파악하여 이에 맞는 제품구색과 서비스를 제공하는가에 달려있다고 판단된다.

9. 코로나 팬데믹이 편의점 업계에 미친 영향

GS25 · CU 등 편의점이 정부가 국민들에게 지급하는 긴급재난지원금 사용처로 결정되면서 매출이 증가하고 있다. 코로나바이러스 감염증 사태가 터진 후 매출이 증가한 데 이어, 이번 정부 지원금 결정으로 또 다시 실적 호조가 예상되기 때문이다.

편의점 업계는 코로나 사태 후 '집 앞에서 편하게 제품을 살 수 있다'는 강점이 부각되면서 올해 1분기 매출이 크게 늘었다. GS25를 운영하는 GS리테일은 1분기 매출 2조 1419억 원, 영업이익 888억 원을 기록했다. 전년 대비 각각 2.8%, 314.7% 증가한 규모다. 같은 기간 BGF리테일 (CU 운영)의 매출은 1조 3931억 원으로 3.2% 증가했다. 다만 병원 · 대학가 · 관광지 등 특수 입지 점포가 많은 특성으로 인해 영업이익은 29.7% 감소했다.

여기에 13일부터 정부가 전 국민에게 지급한 재난지원금을 편의점에서 사용할 수 있게 되면서, 편의점업계 실적은 더 좋아질 전망이다. 이 지원금은 오는 8월까지 사용할 수 있고, 유흥 · 레저 · 사행업소에서 사용할 수 없기 때문에 먹거리를 중심으로 한 생필품 구매에 사용할 가능성이 크다. 백화점 · 대형마트 · 기업형 슈퍼마켓(SSM)과 쿠팡을 비롯한 온라인 쇼핑몰 등 대기업으로 분리되는 온 · 오프라인 채널에선 재난지원금을 사용할 수 없어 편의점으로 소비자가 몰릴 수 있다는 것이다. GS리테일 등 편의점 본사는 대기업이지만, 매장의 90% 이상이 중소상인이 운영하는 가맹점이기 때문에 재난지원금 사용이 가능하다.

배달 등 언택트 (비대면) 서비스를 강화하는 등 편의점 업계가 코로나 사태에 빠르게 대응하고 있다는 점도 실적 증가 요인으로 꼽힌다. GS25, CU는 물론 Seven Eleven, 이마트24 등 주요 편의점은 올해 초 배달 애플리케이션 (앱) 요기요, 부릉 등과 손잡고 배달 서비스에 나섰다. 코로나 사태에 맞춰 집 밖으로 나오지 않아도 제품을 구매할 수 있도록 서비스 수준을 높인 것이다.

편의점 업계 관계자는 "편의점의 최대 강점은 빠르게 시장 변화에 맞춰 변신하는 능력"이라며 "코로나 이후 배달 매출이 늘고 있다"고 말했다.

생각해보기

1. Company history and profile
2. Seven Eleven Japan이 미국의 본사를 인수하게 된 배경은?
3. SEJ의 주 타겟층은? 변화의 필요는 없는가? 한다면 어떻게 확장시킬 것인가?
4. 정보 시스템을 통해 어떤 정보가 수집되고 처리되며 어떻게 이용되고 있는가?
5. 제품 구색, 개발과 관련된 차별적 전략은?
6. Seven Eleven의 최근 경영전략과 이에 대한 평가는?
7. Seven Eleven Japan의 주 성공요인은?
8. Seven Eleven Japan의 성장을 위한 여러분의 의견은? 이의 장단점은? 구체적인 action plan을 제안하시오.
9. 일본 Seven Eleven과 GS25, CU의 전략적 차이점은?
10. SEJ의 최근 재무적 성과는?

제3장에서 설명한 바와 같이 소비자 욕구의 다양화 및 시장의 세분화, 기술의 발달과 같은 유통환경의 변화로 인해 끊임없이 새로운 업태의 소매상이 등장하고 있고 기존 소매상들 간의 경쟁 역시 보다 격렬해지고 있다. 소매시장에서의 경쟁은 이미 동종업태 내의 소매상들 간의 경쟁에서 벗어나 상이한 소매업태들 간의 경쟁으로까지 확산되었고, 이에 따라 소매상의 경영이 혁신 지향적이지 않고는 생존하기조차 어렵게 되었다. 또한 국내의 경우 도매업의 발달이 상대적으로 부진하고 최근의 유통산업에서의 변화가 소매업에 의해 주도되고 있는 상황에 비추어 볼 때 유통경로상에서 소매업이 차지하는 중요성이 보다 커지고 있다. 본 장에서는 소매상에 대한 기초적인 개념, 소매상의 유형, 그리고 소매업의 미래에 대해 다루기로 한다.

1. 소매상의 본질과 중요성

(1) 소매업의 정의

소매업의 영어인 'retailing'이란 '쪼갠다'란 어원을 가지고 있다. 즉 대량의 포장을 쪼개어서 최종 소비자에게 판매하는 것이다. 소매업은 '개인적 혹은 비영리적 목적으로 구매하려는 최종소비자에게 재화나 서비스를 판매하는 것에 관련된 활동을 수행하는 개인이나 조직'으로 정의된다. 따라서 소매상의 고객은 영리기업 또는 기관 구매자가 아닌 최종소비자이며, 이들 개별 소비자의 구매동기는 매우 다양하다. 소비자들의 욕구가 비교적 동질적이었던 과거에는 단순한 상품구색을 통해 이들의 욕구를 충족시킬 수 있었으나, 1980년대 이후 소비자들의 욕구가 다양화되고 소비에서 개성화를 추구하게 됨에 따라 소매상들은 소비자들의 변화에 민감하게 대응하여야만 생존이 가능하게 되었다.

소매상은 최종소비자들의 다양한 욕구를 충족시켜야 하므로 다양한 형태의 소매점들이 출현하였다. 이러한 다양한 형태의 소매점은 규모, 업태, 점포 유무에 따라 여러 가지의 분류가 가능하다. 소매상의 규모 면에서 보면 연간 매출액이 3천만 원 미만의 가족 생계형인 작은 구멍가게에서부터 최근 백화점으로서는 사상 처음 단일 매장 매출 2조 원이 넘은 신세계백화점 강남점과 같은 거대 소매점까지 매우 다양한 규모의 소매상들이 존재한다. 업태별로 보면 전근대적인 재래시장이나 구멍가게에서부터 현대적인 소매업태인 백화점, 할인점, 편의점, 창고형 할인매장, 최근의 인터넷 쇼핑, 모바일 쇼핑 등의 다양한 업태로 구성되어 있다.

2. 소매상의 기능

소매상은 제조업체 → 도매상 → 소매상 → 소비자로 구성되는 전통적 유통경로의 마지막 단계에 위치하여 최종소비자와 직접 접촉한다는 점에서 제조업체와 도매상의 판매성과에 큰 영향을 미친다. 소매상은 유통경로상에서 제조업체와 소비자를 위해 양자 사이에서 **[그림 4-1]**과 같은 기능들을 수행한다.

소매상이 제조업자를 위해 수행하는 기능은 도매상이 제조업자에게 수행하는 기능과 동일하다. 그 이유는 도매상이 없는 경우에는 소매상이 도매상의 기능을 동시에 수행하여야 하기 때문이다.

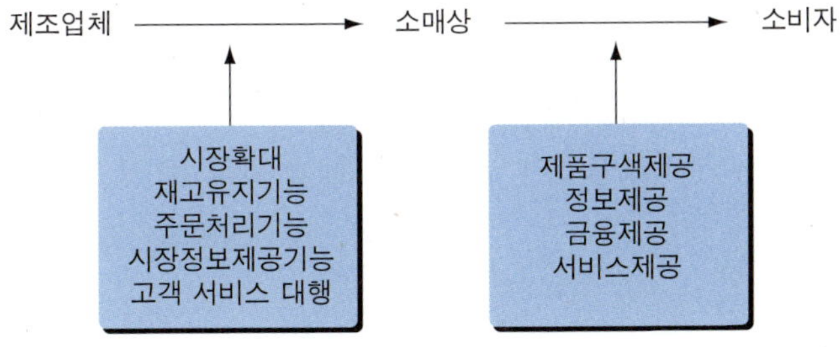

그림 4-1 소매상의 기능

소매상이 소비자에게 제공하는 기능은 다음과 같다.

첫째, 소매상은 소비자가 원하는 상품구색을 제공한다. 소매상은 여러 공급업자들로부터 제품과 서비스를 제공받아 다양한 상품구색을 갖춤으로써 소비자들에게 제품선택에 소요되는 비용과 시간을 절감할 수 있게 하고 선택의 폭을 넓혀준다. 소매상이 소비자에게 제공하는 제품구색의 폭과 깊이는 개별 소매상 전략에 따라 달라진다. 일반적으로 전문점은 제품구색의 폭이 좁은 대신 깊이가 깊고, 회원제 도매 클럽은 구색의 폭이 넓은 대신에 깊이는 얕은 편이다. 백화점 같은 경우는 구색의 폭이 넓고 깊이도 깊다.

둘째, 소매상은 소비자에게 필요한 정보를 제공한다. 소매상은 소매광고, 판매원 서비스, 점포 디스플레이 등을 통해 고객에게 제품관련 정보를 제공하여 소비자들의 제품구매를 용이하게 한다.

셋째, 소매상은 자체의 신용정책을 통하여 소비자의 금융 부담을 덜어주는 금융기능을 수행한다. 즉, 소매상은 제조업체 대신 소비자와의 거래에서 발생하는 여러 유형의 비용을 부담한다든지 고객에게 신용이나 할부판매를 제공하는 등의 기능을 수행한다.

넷째, 소매상은 소비자에게 애프터서비스의 제공과 제품의 배달, 설치, 사용방법의 교육 등과 같은 서비스를 제공한다. 동종 및 이종 소매업태들 간의 경쟁격화와 경쟁제품들 간에 제품성능에서의 표준화 등에 따라 소매상이 제공하는 양질의 서비스가 특정 제품 및 점포를 선택하는 데 있어 결정적인 역할을 하는 경우가 많으며, 일반적으로 제품의 설치에 전문적인 기술을 필요로 하거나 고가 또는 크기가 큰 제품들의 경우에는 이러한 소매점의 부가적인 서비스가 소비자의 구매의사결정에 중요한 역할을 하고 있다.

3. 업종과 업태의 구분

1990년대 들어 우리나라의 소매업이 발달하면서 업태란 용어가 자주 사용된다. 과거에는 업종이란 용어가 주로 사용되었는데, 업종과 업태의 차이는 다음과 같다. 업종은 소매상이 판매하는 상품군에 따른 전통적인 분류방법으로, 의류점, 가전점, 가구점, 양화점, 정육점 등이 그 예이다. 업태는 소매점의 마케팅전략에 따른 분류방법으로, 구체적으로 제품구색, 입지, 판매방식, 영업시간, 광고, 가격전략 등에 의해 소매점의 업태가 결정된다. 마케팅전략 수립의 첫 번째 단계는 타케팅 전략이며 타겟은 주 고객층을 의미하므로 업태적 분류는 고객 지향적이라고 할 수 있다. 백화점, 할인점, 슈퍼센터, 양판점, 카테고리 킬러, 전자상거래 등은 업태에 의한 소매업 분류의 예이다. 업종은 생산자, 제품 중심적 시각이고, 업태는 소비자, 전략 지향적 시각이라고 할 수 있다 (**[표 4-1]** 참조).

표 4-1 업종과 업태의 비교

	시각	주도자	분류 기준	점포 크기	주요유형	장점
업종개념	생산자	제조업체	제품유형	소규모	대리점	제조업체의 통제 용이
업태개념	소비자	소매업체	소매전략	대규모	할인점, 카테고리 킬러	소비자 편의, 소매 효율 증대, 거래촉진

업태적 개념에서는 소매점은 어떤 제품도 판매할 수 있다. 생필품을 판매하는 독일의 슈퍼마켓인 Aldi는 컴퓨터를 팔고 있고 목재, 공구 등 가정수리제품을 판매하는 미국의 Home Depot는 가전제품을 팔고 있다. 중요한 것은 업태 구분은 판매하는 제품에 있지 않고 타겟 고객층이 누구인가에 있다. 여기서 중요한 것은 고객의 내점 빈도이며 고객의 빈도가 높고 고객의 점포충성도가 높은 소매업태가 경쟁 우위를 가진다는 점이다. Aldi의 경우 고객이 전자제품보다 식료품을 사러 자주 점포를 방문하므로 구매 확률이 높고, 고객의 점포충성도가 높으므로 Aldi가 판매하는 제품을 신뢰하고 구매한다. 실제로 독일에서 Aldi의 컴퓨터 소매매출 점유율은 1위였다. Costco는 제품판매를 넘어 보험도 판매한다. 이 또한 고객의 Costco에 대한 높은 점포애호도가 있기에 가능하다. Amazon은 서적, 의류, 공구, 장난감, 액세서리 등 자동차를

제외한 거의 모든 것을 판매한다. 이러한 사례는 현재 소매업에서는 창의적인 제품구색의 중요성을 보여주고 있으며 제조업체 입장에서도 창의성과 상상력을 바탕으로 새로운 유통망을 개척할 필요가 있음을 보여준다. 실제로 삼성전자는 Home Depot에서 전자제품을 판매하고 있으며 Best Buy는 내점 고객이 많은 Macy's 백화점에 입점해 있다.

역사적으로 소매업에 업태개념이 도입되면서 소비자의 편의성, 소매점의 효율성이 획기적으로 개선되었다. 업종적 시각을 가진 소매상에게는 어떤 제조업체의 어떤 제품을 판매할 것인가가 거의 유일한 전략적 결정사항이다. 반면 업태적 시각에서는 표적고객의 선택이 가장 중요한 전략적 의사결정이며, 이에 따라 표적고객의 특성과 라이프스타일에 소구할 수 있는 영업 전략의 결정이 이루어진다.

소매업에 업태개념이 도입된 것은 서구의 백화점과 슈퍼마켓이 효시이다. 그 이전에는 의복, 구두, 가구, 식품, 생활용품, 문구 등이 각각의 점포에서 개별적으로 판매되었으나 고가의 전문품 (고관여제품)은 백화점이 일괄 취급하고, 저가 생필품 (저관여제품)의 유통은 슈퍼마켓이 담당하게 되었다. 즉 업태개념이 도입됨으로써 제품유형에 따른 업종의 구분이 무의미해지고 주 방문고객 (타겟마켓)이 필요로 하는 제품을 함께 판매함으로써 소비자에게는 일괄구매 (one-stop-shopping)의 편리를 제공하고, 소매상은 매출을 증대할 수 있게 되었다.

근래에는 업종적 성격이 강한 점포에도 이러한 업태개념이 도입되고 있다. McDonald's는 햄버거 식당이지만 주요 표적고객인 어린이에게 장난감을 판매함으로써 큰 성공을 거두었다. 또한 미국에서는 높은 내점빈도의 장점을 활용하여 방문 고객을 대상으로 비디오 대여사업을 하기도 하였다.

우리나라에서는 1990년대 이후 대형마트가 발달하면서 업태개념이 본격적으로 도입되기 시작하여, 할인점의 주 취급품목인 생필품 유통의 효율성이 획기적으로 제고되었다. 현대 소매업의 개념은 업태 중심적이다. 표적고객이 명확히 정의되고, 이들의 라이프스타일에 관한 연구가 이루어지고, 이를 토대로 그들에게 소구하는 제품구색, 입지, 광고판촉, 영업방법, 가격전략이 수립되어야 한다.

4. 소매업태의 변천과정

소매환경의 변화에 따라 매우 다양한 소매업태들이 등장하고 사라졌으며 이러한 변화는 앞으로도 계속될 것이다. 이러한 소매업태의 변천과정을 설명하여 주는 이론들로는 소매업 수레바퀴 이론 (wheel of retailing theory), 소매 아코디언 이론 (retail accordion theory), 소매 수명주기 이론 (retail life cycle theory), 빅 미들 이론 (big middle theory) 등 여러 가지가 있으나, 어느 한 이론도 소매업태의 변천과정 전부를 설명하지는 못하고 그 일부분만을 설명할 뿐이다.

본 절에서는 그 중 많이 인용되는 이론들을 중심으로 지금까지의 여러 유형의 소매업의 변천 과정을 살펴보고 이를 바탕으로 향후 소매업이 어떻게 변화할 것인가를 전망하고자 한다.

(1) 소매업 수레바퀴 이론 (the wheel of retailing theory)

소매업 수레바퀴 이론에 의하면 새로운 형태의 소매상은 유통시장진입 초기에 저가격, 저마진, 저서비스의 점포운영방식 (low profile)으로 소매시장에 진입하여 (entry phase) 기존의 고가격, 고마진, 고서비스의 소매업태를 대체한다. 그러나 시장에 성공적으로 진입한 이후 동일 유형의 소매점들 사이에 경쟁이 격화됨에 따라 경쟁우위의 확보를 위해 보다 세련된 설비와 서비스를 더하며 고비용, 고가격, 고서비스의 소매점 (high profile)으로 전환된다 (trade-up phase).

이에 따라 저가격, 저마진, 저서비스의 혁신적 소매업태가 새로이 시장에 진입할 여지를 제공하게 되며 (vulnerable phase), 이러한 소매업태 역시 동일한 변화과정을 거쳐 다시 새로운 유형의 소매업태에 의해 대체된다는 것이다.

소매업 수레바퀴 이론은 근래에 개발된 새로운 업태인 할인점, TV 홈쇼핑,

카테고리 킬러, 인터넷 전자상거래 등의 성공적인 소매시장 진입을 효과적으로 설명해 주는 면이 있지만, 가격만을 소매업 변천의 주원인으로 보고 있다는 한계가 있다. 실제로 우리나라보다 먼저 오랫동안 소매업 변천과정을 거친 유통선진국의 경우 백화점, 편의점, 고가 전문점 등 일부 업태는 고가격을 유지하면서도 다른 소매기능을 강화하여 경쟁력을 확보하고 있다. 또한 가격이 주요 경쟁요소인 할인점 업태는 가격 외에 상품구색, 고객편의성 등을 강화하는 방향으로 발전하고 있다.

결론적으로 소매업 수레바퀴 이론은 가격이 가장 중요한 시기인 소매업 진화의 초기단계의 변천과정을 설명하는 데는 효과적이지만, 근래의 비가격 측면에 기반한 소매업 진화과정은 설명하지 못하는 한계를 지닌다. 우리나라 소매업은 1980년대까지 발전이 정체된 상태로 머물러 있었으나, 1990년대 들어서 선진국에서 긴 진화과정을 통해 가장 진화된 최신의 업태가 한꺼번에 도입되었기 때문에 소매업 수레바퀴 이론을 검증하기가 어렵다.

(2) 소매 아코디언 이론 (retail accordion theory)

제품구색의 변화에 초점을 맞춘 소매이론으로서 제품구색이 넓은 소매업태가 한번 발전한 후 다음 단계에는 좁은 제품구색의 소매업태가 발전하고 이러한 순환이 반복해서 나타난다는 이론이다. 즉 아코디언처럼 제품구색이 늘었다 줄었다 하는 과정이 되풀이되면서 변화해 가는 것을 의미한다. 소매 아코디언 이론이 초점을 두고 있는 부분은 가격이나 마진이 아니라 상품구색의 변화이다.

소매 아코디언 이론은 저관여상품 소매업태와 고관여상품 소매업태의 발전과정을 구분하여 보지 못한 결함을 지니고 있다. 생필품과 같은 저관여상품을 구매할 때 소비자는 한꺼번에 많은 품목을 동시에 구매하기 원하기 때문에 이를 취급하는 슈퍼나 할인점의 품목 수는 증가하는 반면, 가전제품과 같은 고관여상품을 구매할 때는 특정 상품의 다양한 모델의 동시 비교를 원하기 때문에 카테고리 킬러와 같은 좁고 깊은 상품구색을 갖춘 소매업태가 발전하게 된

업종적 접근으로 실패한 에스콰이어의 패션리더 (Fashion Leader)와 업태적 접근으로 성공한 엘칸토의 무크 (Mook)

90년대에 제화업계는 젊은 층을 공략하기 위해서 새로운 신사화 브랜드를 출시하였다. 대표적인 것이 에스콰이어의 Fashion Leader와 엘칸토의 Mook이다. 하지만 이들의 소매전략의 차이에서 신제품의 성패가 결정되었다.

에스콰이어의 소매전략은 업종별 소매전략으로, 제품중심으로 매장을 차별화하여 신사화는 에스콰이어 매장에서, 케쥬얼화는 영에이지 매장에서 판매하는 방식이었다. 신사화 신제품인 Fashion Leader는 기존의 에스콰이어 매장에서 판매되었다. 즉 신세대의 감성에 호소하는 패셔너블한 구두와 장년층 구두가 같은 매장에 섞여 있었던 것이다. 고객은 매장에 들어서는 순간 제품보다 내점고객 (patronage)이 누구인가에 의해 이 매장에 내게 맞는 물건이 있을 것인가를 직감적으로 판단한다. 우스꽝스럽게 들리겠지만 젊은 층을 타겟으로 하는 나이트클럽에서 고객의 나이를 제한하여 소위 '물관리'를 하는 것도 이러한 이유에서다.

Fashion Leader는 신세대 감각의 새로운 브랜드라고 광고하였으나 막상 신세대 고객이 매장에 들어서는 순간 자기보다 나이가 많은 성인들이 고객의 대부분이고 기성세대를 타겟으로 하는 제품이 섞여 있을 때 젊은 고객은 이 매장에서는 자기에게 적합한 제품을 찾지 못할 것이라는 것을 직감하게 되는 것이다.

이러한 에스콰이어의 업종적 전략은 제조업체가 자신의 타겟고객을 명확히 하듯이 소매점의 타겟고객을 명확히 하는 업태적 시각 (고객중심)으로 바꾸는 것이 바람직하다. 즉 에스콰이어 매장은 장년층을 타겟으로 하여 장년풍의 신사화와 캐쥬얼화를 취급하고 영에이지는 젊은 층을 타겟으로 하여 이들이 선호하는 디자인의 신사화, 캐쥬얼화를 취급하는 것이 바람직할 것이다. 이렇게 함으로써 제품 컨셉뿐 아니라 인테리어, 고객에 의해 만들어지는 점포분위기, 점포입지 등의 전략이 동질적 고객을 타겟으로 일관되게 전개될 수 있다.

이에 비해 엘칸토는 젊은 층을 타겟으로 하는 Mook를 출시하면서 에스콰이어와 달리 젊은 층을 타겟으로 하는 독립된 매장을 통해 판매함으로써 점포이미지를 이들에 맞게 디자인하여 큰 성공을 거두었다. Mook는 업태적 시각을 취하였으며 젊은 층을 타겟으로 하여 신사화뿐 아니라 캐주얼화, 벨트, 지갑, 의류 등을 판매하는 토탈 패션 매장을 전개하였다.

그 결과 Fashion Leader는 실패하였고 Mook는 큰 성공을 거두었다.

다. 이러한 소비자의 관여도에 따른 쇼핑행태에 대한 구분 없이 단순히 새로이 생겨나는 소매업태의 구색의 넓이와 깊이만을 보면 제품구색이 넓은 업태가 한번 발전하고 다음으로 제품구색이 좁은 업태가 발전하는 것 같은 착시 현상이 일어날 수 있다.

(3) 소매 수명주기 이론 (retail life cycle theory)

이 이론은 제품수명주기와 유사하게 특정 유형의 소매업태가 도입기, 성장기, 성숙기, 쇠퇴기의 단계를 거치는 것으로 보고 있다. 새로운 소매업태는 성공하는 경우 도입 초기에 높은 성장률을 보이게 된다. 미국의 경우에는 백화점은 19세기 후반, 슈퍼마켓은 1930년대, 할인점은 1960년대에 비약적인 초기 성장을 이룩하였다. 그러나 성숙기에 진입함에 따라 소매점들은 포화된 시장에서 새로운 유형의 소매업태와 가격, 서비스, 상품구색 측면에서 치열한 경쟁을 벌이게 된다. 따라서 기존 소매점들의 시장점유율과 이익이 지속적으로 감소하게 되고 혁신적인 신업태가 나타나면 궁극적으로 기존 소매점들은 쇠퇴기로 접어들게 된다.

소매 수명주기의 각 단계를 좀 더 자세히 살펴보자. 도입기는 새로운 유형의 소매업태가 탄생하여 시장에 진입하는 시기이다. 이 단계에서는 매출성장률이 높고 경쟁자의 수는 적지만 초기 투자비용으로 인해 수익성은 낮거나 적자이다. 이 시기의 소매업태들은 탄탄한 원가구조, 특징 있는 제품구색과 서비스, 좋은 입지(오프라인 소매업의 경우), 차별화된 촉진방법 등으로 경쟁력이 있기 때문에 소비자들이 이 새로운 소매업태를 수용하게 되며, 이 단계의 후반기에는 매출액이 급격히 증가하게 된다. 대형 복합몰이나 로켓 배송을 표방하는 쿠팡, 새벽배송을 표방한 마켓컬리, 이동통신 정보기술을 기반으로 하는 모바일 유통 (m-commerce) 등이 이 단계에 있거나 이미 다음 단계로 발전하였다고 할 수 있다.

다음 단계인 성장단계는 새로운 유형의 소매업태가 시장 전체로 확산되는 시기이다. 초기 성장단계와는 달리 경쟁자가 다수 출현하게 되고 매출액도 급격히 높아진다. 이 단계에 들어선 소매업태들은 투자비용이 감소되기 때문에 이익이 증가한다. 반면 기존 경쟁업태들은 경영상의 어려움을 겪게 된다. 그러나 경쟁자나 모방자가 다수 출현하기 때문에 새로운 점포를 열고 기존의 점포를 새롭게 하거나 상품의 구색을 바꾸는 시도를 하기도 한다. 이 단계의 초기에는 규모의 경제를 실현하게 되고 이익은 최대가 된다. 우리나라의 경우 아웃렛과 TV 홈쇼핑, 전통적 인터넷 쇼핑몰, 회원제 도매 클럽 등이 현재 이 단계에 있는 소매업태들이다.

성숙단계에서는 전체적으로 시장점유율이 안정되며, 규모의 경제 이상으로 규모가 커져 수익성은 감소하고 경영도 복잡하게 된다. 대체적으로 이때에 혁신적인 소매업태가 출현하게 된다. 이 단계에 있는 미국의 소매업체들로는 체인스토어, 백화점, 오프프라이스 (off-price) 소매업태 등이 있고, 우리나라의 경우 백화점을 들 수 있다.

마지막 쇠퇴단계에서는 새로운 유형의 소매업태에게 경쟁력을 잃게 되고 시장점유율, 이익 등 모든 면에서 급격한 하락이 있게 된다. 우리나라의 경우 전통적인 재래시장과 영세한 슈퍼마켓 등이 이 단계에 위치해 있고 최근 대형마트도 이 단계에 가까워진 것으로 판단된다. 그러나 이들 중에서도 현재의 경쟁적인 환경에 살아남을 수 있는 작고 강한 기업을 만들어 회생하는 경우도 있다.

(4) 빅 미들 이론 (big middle theory)

2005년 Levy, Grewal, Peterson, and Connoly는 소매업의 진화를 설명하는 빅 미들 이론을 주창하였다. 이들에 의하면 새로운 혁신적 소매업은 두 가지 형태로 시장에 진입하는데, 첫 번째 형태는 저가격을 무기로 시장에 진입하는 소매업이고 두 번째 형태는 혁신적 가치로 시장에 진입하는 소매업이다. 소매업은 초반에는 틈새 시장전략 (market niche strategy)을 구사하지만 이들이 성공하기 위해서는 가격경쟁력과 높은 혁신성으로 무장하여 대중적인 큰 시장 (big middle)에 진입하여야 한다는 것이다. 가장 많은 소비자가 밀집되어 있는 시장이 바로 big middle이지만 새로운 소매업태는 대부분 big middle로 진입하는데 실패하고 어려운 상황 (in-trouble)으로 전락하는 경우가 대부분이다. 또한 big middle은 모든 소매상들에게 가장 매력적인 시장이므로 한편으로는 가장 위험하고 경쟁적인 시장이다. 따라서 성공적으로 big middle로 진입한 기업이라 할지라도 지속적으로 혁신하거나 가격 경쟁력을 높이는 등 소비자에게 제공하는 가치를 제고하는 데 실패하면 in-trouble 기업이 될 수 있고, in-trouble 기업도 새로운 포지셔닝 전략을 구사하여 가치를 높이면 big middle로 재진입할 수 있다. **[그림 4-2]**는 빅 미들 이론을 그림으로 나타낸 것이다.

현재 big middle에 해당하는 기업으로는 Wal-Mart, Costco (한국에서는 트레이더스), Amazon (한국에서는 쿠팡), Zara, IKEA, Aldi 등 우량 소매업체라고 할 수 있으며 매출 추이로 봐서 Wal-Mart나 이마트가 이커머스와의 경쟁에 가장 취약할 것으로 전망되므로 in-trouble 기업이 될 가능성이 매우 클 것으로 판단된다. 또한 한때 강력한 SPA (Specialty retailer of Private label of Apparel)였던 미국의 GAP도 Zara 등 글로벌 SPA 기업과의 경쟁에서 패배하여 in-trouble 기업으로 전락하였다. 가전전문점인 Best Buy는 한때 big middle을 점하였으나 경쟁력을 상실하여 in-trouble이 되었다. 그러나 애프터 세일 서비스를 강화하여 다시 big-middle로 진입한 사례라고 할 수 있다.

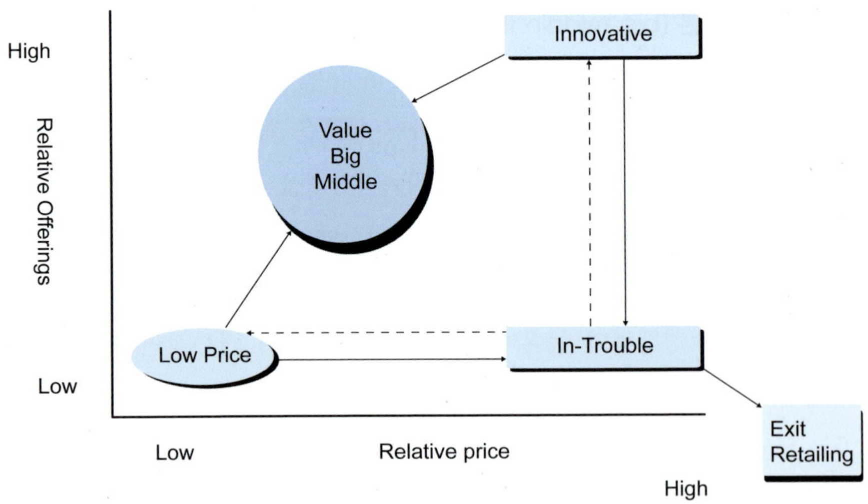

그림 4-2 빅 미들 이론

Innovative 유형의 기업으로서 big middle로 진입하는 데 실패한 사례로는 Groupon을 위시한 소셜 커머스 (social commerce)라고 할 수 있다. 그러나 쿠팡은 원래 소셜 커머스 업체였으나 일반적 이커머스 기업으로 변신하여 big middle로 진입하는 데 성공하였다.

현재 innovative 유형의 소매상이면서 big middle 후보가 될 가능성이 가장 큰 소매업은 M-commerce, 미국에서 은퇴자 등 저소득층을 공략하여 크게 성공하고 있는 Dollar General, 독일의 Aldi와 같은 hard discounter (초저가 할인점), 회원 등록을 하여 샘플, 신제품 등을 제공받거나 Netflix와 같이 무한정 콘텐츠를 시청할 수 있는 subscription economy (구독 경제), 마켓컬리와 같은 배달 전문 기업 등을 들 수 있으며, 가격 경쟁력으로 진입한 big middle 후보로는 일본의 돈키호테, 다이소 등을 들 수 있다.

Big middle을 점하기 위해서는 가격경쟁력, 혁신적 제품구색, 효율적인 공급망관리, 적절한 포지셔닝, 첨단 정보통신기술의 활용, 점포 운영의 최적화 등이 요구된다.

5. 소매업의 유형

소매상의 형태는 점포 믹스전략, 점포유무, 특징 등의 기준에 의해 분류될 수 있다.

(1) 소매점포 믹스전략에 의한 점포 소매상의 업태적 분류

점포 소매상들은 소매점포 믹스전략에 의해 여러 가지 업태로 분류가 가능하다. 일반적으로 소매점포 믹스전략은 입지, 구색, 서비스, 가격수준, 영업시간 등의 통합된 조합에 따라서 매우 다양하게 수립될 수 있기 때문에 다양한 점포 소매상의 유형이 존재하게 된다.

점포 유무에 따른 점포의 구분은 **[표 4-2]**와 같다. 아래에서는 우리나라와 외국에 존재하고 있는 주요 소매점 유형을 소개한다.

표 4-2 소매상의 분류

구분			특징	국내외의 예
점포 소매상	생필품	구멍가게, 재래시장	소비자와 가장 근접, 외상판매 가능, 소비자 대면판매, 단독점포로 한정된 제품판매	중부시장, 남대문시장
		편의점	편리성 추구, 긴 영업시간	GS25, 세븐일레븐, CU
		슈퍼마켓	저비용, 저마진, 한정된 제품구색	홈플러스 익스프레스
		연금매장	특정계층을 위해 구매 시 보조기능 역할을 수행	공무원 · 농협 · 축협 연금매장
	생필품 + 전문품	할인점(대형마트)	항상 저렴한 가격, 유명상표 판매, 정상적 상품을 싸게 판매함	이마트, 롯데마트, 홈플러스
		회원제 도매 클럽	회원제, 상품구색 한정 (고회전 품목중심)	코스트코, 트레이더스
		하이퍼마켓	저마진, 저가격 판매, 대형슈퍼마켓+할인점 접목	프랑스까르푸
		슈퍼센터	저가격 할인 및 셀프서비스	미국 K마트, 월마트
	전문품	양판점	가격은 백화점과 할인점 중간	Sears, Ito-Yokado
		백화점	고가격, 넓은 제품구색, 최상의 서비스 제공	롯데, 현대, 신세계 백화점
		전문점	특정 제품계열 내에서 다양한 상품구색	Radio shack
		팩토리 아웃렛	주로 재고상품을 저가판매	여주아웃렛, 파주아웃렛
		카테고리 킬러	특정상품군만 전문적 취급, 체인화 및 저마진, 비용절감	토이즈러스, ABC마트 Best Buy Home Depot
무점포 소매상	생필품 + 전문품	자동판매기	24시간 셀프서비스, 상품구색 한정	
		직접판매	판매자가 소비자를 직접 방문하거나 인터넷을 통하여 직접 판매	한국암웨이, 화장품 및 건강식품 업체
		통신우편판매	통신수단, 우편에 의한 판매방식	카탈로그 판매
		텔레마케팅	전화를 통한 판매	

구분			특징	국내외의 예
무점포 소매상	생필품 + 전문품	TV 홈쇼핑	케이블TV를 통한 판매	현대홈쇼핑, GS홈쇼핑, CJ오쇼핑
		온라인 쇼핑	인터넷을 통한 가상공간에서의 판매	다수의 인터넷 쇼핑몰 및 Open Market
		모바일 커머스	이동 중에도 무선인터넷과 첨단 통신 기술을 통해서 상거래가 이루어짐	다수의앱기반 소셜커머스 업체

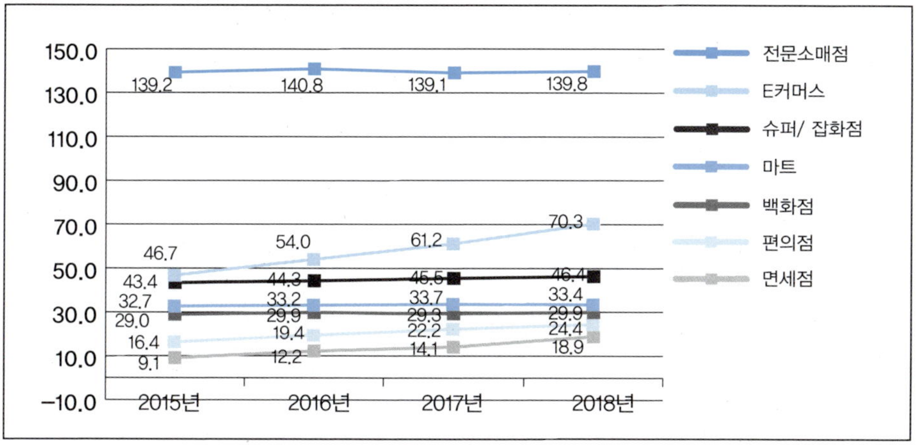

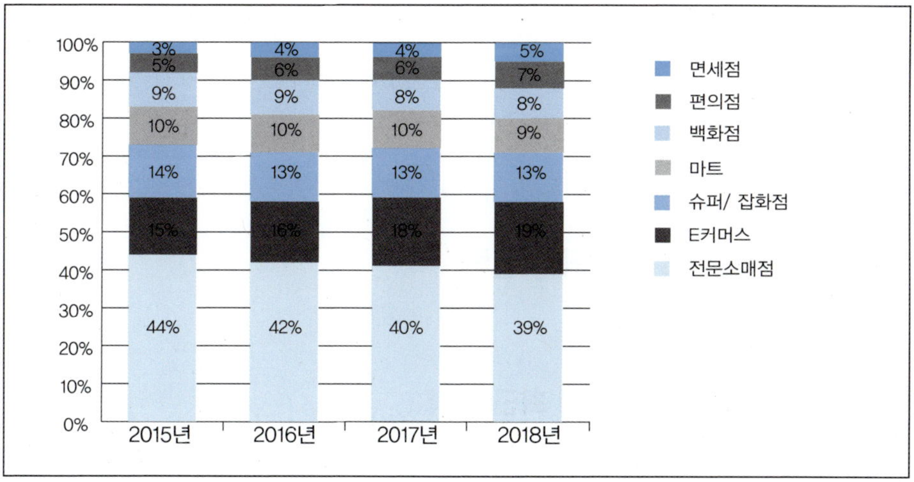

그림 4-3 한국의 소매유형별 매출 비중 (전문소매점은 자영업자나 재래시장의 매출)

1) 편의점 (convenience store)

편의점은 상대적으로 소규모 매장 (대체적으로 60m² 이상 230m² 이하)으로 인구밀집지역에 위치해서 24시간 영업을 하며 재고회전이 빠른 식료품과 편의품, 문방구 등의 한정된 제품계열을 취급한다. 즉, 편의점은 연중휴무 24시간 영업이라는 시간 편리성, 접근이 용이한 지역에 위치하는 지리적 편의성 (아파트단지 등 주택밀집지역이나 유동인구 및 야간활동인구가 많은 지역), 다품종 소량의 유명상표를 주로 취급하는 상품 편의성을 특징으로 하고 있다. 편의점은 슈퍼마켓보다 다소 높은 가격을 유지하는데, 이는 다른 업태들에 비해 편의점의 경쟁적 우위인 장소효용 (location utility)과 구매자들이 24시간 구매가 가능한 시간상의 접근 편리성이 편의점의 높은 가격을 상쇄함으로써 가능하다. 우리나라의 편의점 산업은 점포 기준 과포화 상태여서 경쟁이 치열하므로 외국에 비해 가격이 그다지 높지는 않다.

국내의 경우에는 1988년 올림픽 선수촌에 등장한 Seven Eleven이 최초의 편의점이었다. 편의점은 1988년 우리나라에 본격적으로 도입된 후 30년 만에 그 수가 42,000개가 넘어설 정도로 비약적으로 성장하였다. 이들 편의점들은 전통적인 구멍가게를 대체하는 한편 야간 제품구입을 가능케 하고, 도심권 내에 구멍가게가 들어가기 어려운 곳에 진입함으로써 수요를 창출하는 역할을 하고 있다. 편의점에 관한 자세한 내용은 본 장의 SEJ 사례를 참조하기 바란다.

사례 일본 편의점 3사의 최근 전략

1. Seven Eleven Japan의 최근 전략

SEJ는 2017년 가맹점 지원과 마켓 변화에 대응할 새로운 전략을 내놓으며 변화를 예고했다.

(1) 로열티 1% 특별 삭감 실시

현재 일본 편의점 환경은 매우 어려운 상황이다. 〈표 1〉은 2000년부터 2016년까지 동경의 최저임금 추이를 표시한 것이다. 2000~2006년까지는 거의 변화가 없던 시급이 2007~2016년에 걸쳐 10년간 216엔이나 상승했다.

SEJ는 인건비 증가로 인한 가맹점의 경영 압박을 타계하기 위해 2017년부터 로열티를 1% 삭감하여 가맹점의 수익 향상에 도움이 되는 상생전략을 펴고 있다.

사실 그동안 SEJ의 신상품개발 노력, 매장 레이아웃의 변경 등의 전략을 통해 가맹점 매출은 전년 대비 55개월 연속으로 증가하고 있으나 가맹점 수입과 가맹점이 지출하는 인건비가 동반 상승하는 추이를 보이고 있고 이러한 경향은 지속되고 있다. SEJ는 가맹점의 수익이 떨어지면 브랜드에 대한 만족도와 동기부여가 하락하고 이는 전체 수익의 감소로 이어질 수 있다고 판단했다. 로열티 삭감은 기존 점주의 의욕을 촉진하고 신규 경영주를 확보할 수 있는 계기가 될 것이다. 이러한 SEJ의 상생전략은 최근 우리나라도 경험하고 있는 급격한 최저임금 상승으로 인해 고전하고 있는 편의점 업계에서 가맹본부가 취하고 있는 정책과 크게 비교된다.

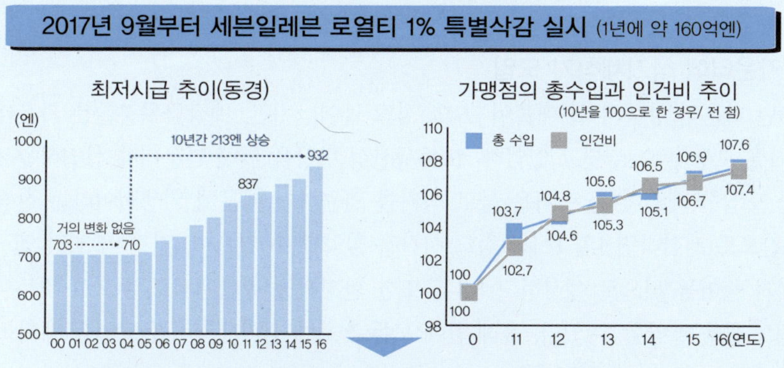

〈표 1〉 일본의 최저 시급 추이와 편의점 가맹점의 총수입 추이

(2) 카운터 위치를 매장 안쪽 정면으로 변경

SEJ는 2017년 봄부터 새로운 레이아웃으로 점포를 변경하고 있다. 〈표 2〉의 왼쪽 레이아웃이 편의점이 탄생한 뒤 지금까지 이어져 오고 있는 레이아웃으로 입구 바로 오른쪽에 매거진이 있고 왼쪽에 카운터가 배치되어 그곳에서 어묵과 커피, 후라이드 상품을 주

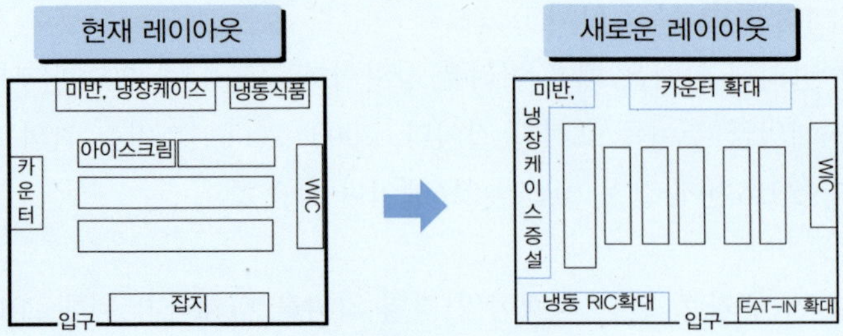

〈표 2〉 SEJ의 점포 레이아웃 변경

문할 수 있다. 안쪽 정면에는 미반과 냉장 케이스 등이 있다. 이러한 전통적 레이아웃을 고객의 니즈 변화에 맞춰 오른쪽과 같은 레이아웃으로 변경하고 있다. 고객이 내점하면 바로 왼쪽에 냉장 케이스, 안쪽 정면에 카운터를 배치하였다. 카운터는 현재보다 2m 정도 길이가 늘어났다. 그리고 왼쪽의 미반 냉장 케이스도 지금보다 최소 2대 정도 늘어났다. 기존의 20개 정도의 점포에서 새로운 레이아웃을 테스트하고 있는데 현재 1일 점당 3~5만 엔 정도 매출이 늘어나고 있는 것으로 나타났다. 올해는 기존점 800점, 신규점 1,100점에 새로운 레이아웃을 적용할 계획이다. 그리고 5년 후인 2021년까지 기존점 10,000점과 신규점 약 17,000점에 새로운 레이아웃을 적용할 예정이다.

(3) 카운터에 식기세척기 도입

2016년 카운터 상품의 일 매출이 260% 정도 늘어났지만, 매장근무자들은 카운터 상품의 집기를 모두 손으로 씻고 있었다. 노동생산성 향상을 위해 카운터에 삽입하는 식기세척기를 도입할 계획이다. 뜨거운 물로 식기를 멸균하기 때문에 위생적이라는 장점도 있다. 시간으로 계산하면 1일 1시간 정도 시간을 절약할 수 있으며, 연간 약 30만 엔 정도의 인건비가 줄어들 것으로 예상하고 있다. 또한 환경적인 측면에서도 손으로 씻는 것보다 20% 정도 물을 절약할 수 있다. 올해 안에 모든 점포에 식기세척기를 도입할 계획이다.

(4) 카트에 IC 태그 장착

SEJ는 IC 태그를 도입해 서플라이체인 시스템의 효율성을 높이는 테스트를 예정하고 있다. 이를 통해 물류, 작업분담, 점포에서의 검수작업의 효율성을 높일 예정이다. 구체적으로 물류 센터에서 카트에 각 점포로 배송되는 상품을 실은 다음, 카트에 IC 태그를 부착하고 그것을 power gate가 붙어 있는 트럭에 옮겨 점포로 배송한다. 지금까지는 운반용기에 넣은 전표를 한 장씩 체크하면서 스캐너로 모든 상품

8월에 RFID를 활용한 점포검수 효율화 실증실험

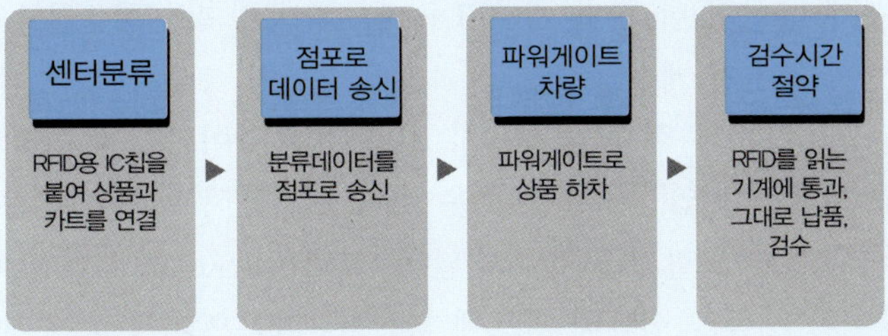

을 검수했는데, IC 태그가 부착된 카트는 scanner를 통과하면 자동 검수가 가능하다. 일반적으로 1일 검수시간이 약 170분 정도 소요되는데 이를 도입하면 약 8분으로 줄어든다. 이 시스템을 전 카테고리에 적용하면 점당 연간 약 80만 엔의 비용을 줄일 수 있다. 이것은 점포뿐 아니라 물류센터의 효율성 개선으로도 이어진다. 현재 물류 센터가 인력부족 등 다양한 문제를 가지고 있기 때문에 IC 태그의 도입은 물류환경을 획기적으로 개선할 것으로 기대된다.

(5) SEJ 앱 도입

Seven Eleven 앱은 고객이 스마트폰으로 회원등록을 하고 계산할 때 자신의 바코드를 제시하면 구입한 상품의 카테고리별로 배지를 모을 수 있도록 하는 제도이다. 예를 들어 주먹밥 카테고리의 경우 상품을 계속 구매하면 동메달에서 은, 금, 플래티넘으로 랭크가 올라가 관련정보와 쿠폰을 얻을 수 있다. 앱을 개발한 목적은 앱을 통해 고객과의 접점을 늘리려는 것이다. 또한 개개인의 고객에게 쇼핑 이력에 따른 고객 맞춤 정보를 제공하는 목적도 있다. 또한 스마트폰 앱을 활용한 점포 지원 대책도 실험 중에 있다. 이 전략은 오프라인 점포의 상품을 온라인으로 주문하면 최단 2시간 만에 지정 장소로 상품을 배달해 주는 것이다.

2. Lawson의 최근 전략

(1) Lawson 후레시 픽 (fresh pick)

"이커머스와 오프라인을 융합해 보다 편리한 서비스를 실현시킬 것이다." (CEO 다케마스 사다노부)

Lawson의 CEO인 다케마스는 2018년 결산발표에서 이커머스와 오프라인의 융합을 강조했는데 융합의 한 가지 예가 'Lawson 후레시 픽'이다. 일본의 편의점 업계는 기존점당 고객수가 계속 줄어드는 가운데 객단가 증대를 통해 매출을 유지해왔다. Lawson도 기존점 객수 증가율이 2년 연속 마이너스를 기록했는데 이번 Lawson 후레시 픽의 '픽업'이라는 새로운 서비스를 통해 평소 편의점을 이용하지 않는 고객을 점포로 유도할 것으로 기대된다. 고객은 Lawson 후레시 픽 전용 앱을 설치한 뒤 구매할 제품을 선택해 카트에 넣는다. 다음으로 수령할 시간과 점포를 지정하면 계산 바코드가 뜬다. 이 서비스는 구매 금액이 세금포함 1,000엔 이상이면 이용 가능하다. 아침 8시까지 예약하면 당일 18시 이후 지정하는 Lawson 점포에서 상품을 픽업할 수 있다. 배송 상황은 고객의 스마트폰으로 확인 가능하다. 점포로 구매한 상품을 배송하는 것은 기존 물류를 활용한다. 당일 8시까지 예약이 확정되면 9시에 물류센터에서 상품을 출하하고 낮 동안 냉장 배송 센터에서 상품을 보관한 뒤 출하하여 당일 오후에는 지정 점포로 배송하여 보관한다. 점포 측의 부담을 경감시키기 위해 상품은 봉지에 담겨 점포로 배달되고 WIC에서 보관한다. 오프라인 점포에는 3,500 SKU 정도밖에 진열하지 못한다. 그러나 후레시 픽은 스마트폰을 통한 서비스이기 때문에 무제한으로 SKU를 확대할 수 있다. 고객은 집에서 기다릴 필요도 없고 멀리 점포에 갈 필요도 없다. 저녁에 가까운 Lawson에 가기만 하면 된다. 가맹점의 입장에서 보면 발주도 진열도 불필요하고 신선식품을 취급해도 폐기 걱정이 없기 때문에 서비스를 제공하는 데 부담이 없다. 현재는 동경과 카나가와 200점에서 실험적으로 시행 중이며 하반기부터 수도권으로 확대할 예정이다.

(2) 자동 잔돈계산기가 도입된 POS

카운터 업무 효율화를 위해 자동 잔돈계산기가 도입된 POS를 전 점에 도입할 계획이다. 계산 시 고객이 스스로 지폐와 동전을 기계에 넣어서 자동 계산한다. 일본은 우리나라보다 현금을 많이 사용한다.

슈퍼마켓의 경우 POS 1대에 자동계산기가 2대인 경우가 많다. 편의점의 경우 공간이 부족하기 때문에 POS 1대에 자동 잔돈계산기 1대가 있어서 고객이 몰리면 근무자가 다음 고객과 옆 카운터로 이동해 상품을 계산한다. 잔돈계산기 POS 도입에 대해 다케마스 사장은 다음과 같이 이야기한다. "비현금화 시대가 오는데 왜? 라는 질문을 받는데 반대로 질문을 하고 싶다. 비현금 사회는 언제를 말하는 것인가? 현재 점포의 현금결제가 약 80% 정도를 차지하고 있다. 이미 100개 이상의 점포에 자동 잔돈계산기 POS를 도입하고 있는데 성과는 만족스럽다. 현금을 주고받지 않아 편해졌다는 근무자의 의견이 많았다. 지금까지는 거스름돈 계산이 자주 틀려 힘들었는데 그것이 해소되었다는 것이었다."

시니어 근무자의 경우 편의점의 카운터 업무가 부담스럽기는 하다. 편의점 점원 중 시니어가 차지하는 비중이 큰 일본에서는 시니어 근무자들이 젊은 근무자들과 비교해 잔돈을 빨리 셀 수 없다는 문제가 있다. 잔돈계산기 POS의 또 다른 효과는 업무 효율의 증대이다. 자동 잔돈계산기 POS 테스트 결과 1일 2시간의 업무 시간을 줄일 수 있는 것으로 나타났다. Lawson은 이 2시간을 카운터 FF 제조, 판촉활동 등에 투자해 일 매출을 늘릴 계획이다.

(3) 점내 조리상품 판매 강화

Lawson은 2016년부터 매주 금요일 16시부터 21시 59분까지 튀김, 닭꼬치의 타임세일을 시행하고 있다. 튀김의 경우 이미 3월 9일부터 팩 판매가 가능한 1만 2,000점에서 카운터 조리를 실시하고 있으며, 스낵 상품에서 반찬용 조리상품으로까지 구색을 확대하고 있다. 타임세일을 실시하는 목적은 저녁식사 수요 강화의 일환으로 대량구매를 유도하기 위함이다. 가격도 슈퍼마켓과 비교했을 때 경쟁력을 가질 수 있는 가격대로 설정했다. 닭꼬치의 경우 Seven Eleven이 6개월 이상의 실험점 테스트를 끝내고 올해부터 도입한다. 일본의 편의점 빅3가 카운터 FF로 치열하게 경쟁하고 있다. Lawson은 올해 1월 리뉴얼을 거쳐 현재 안정적인 매출을 보이고 있으며 7~8월 매출이 증가하는 시기를 겨냥해 새로운 상품을 선보일 계획이다. 또한 닭고기 희소부위를 사용하여 조리한 상품, 조리 방법 등에 변화를 주면서 Lawson만의 차별적 전략을 구사할 계획이다. 튀김과 닭꼬치 외에도 조리 제품 라인을 확대하여 그릴치킨과 닭가슴살 튀김 등의 신상품도 개발할 계획이다. Lawson은 카운터 FF 제품을 스낵이라기보다 식사로도 모자람이 없는 메뉴로 계속 개발하여 매일 이용해도 질리지 않는 매장을 만들고자 한다. 한편 점내에서 미반과 샌드위치를 점내에서 제조하는 '마치카도츄보' 라인 또한 확대하였다. 현재 약 4,300점에서 실시하고 있는데 2018년 말까지 약 6,000점, 전 점포수의 43%까지 확대시킬 예정이다. 주방 기기의 경우 IH 조리기구 도입을 추진하고 있다. IH를 이용하면 고기와 야채 볶음류, 가츠동, 오야코동과 같은 계란을 이용한 상품도 제공할 수 있게 된다. 예전에는 튀기거나 전자레인지로 조리한 상품을 주로 선보였는데 IH가 도입되면서 보다 손으로 만든 느낌, 갓 만든 느낌을 줌으로써 소비자의 만족도를 높였다.

3. Family Mart의 최근 전략

(1) 기존점 품격 향상을 위한 3가지 중점과제에 투자

편의점의 '기존점 품격 향상'을 위한 전략은 크게 3가지로 나눌 수 있다. 첫 번째는 점포기반 강화, 두 번째는 상품력 강화, 세 번째는 점포 오퍼레이션 강화다.

첫 번째인 점포기반 강화의 경우 늦어도 2018년 11월까지 브랜드 통합을 완료하는 것이다. 계획하는 누계 5,000점 가운데 이미 80% 정도 브랜드 통합을 완료하였다. 2017년까지 전환된 점포의 경우 일 매출과 내점 고객수가 모두 순조롭게 늘어나고 있다. 일 매출은 51만 3,000엔으로, 전환 전과 비교해 11%, 내점 고객 수는 829명으로 전환 전과 비교해 12% 증가하였다.

"점포 개발의 경우 신규점 출점보다 빌드 & 스크럽에 힘을 쓸 것이다. 기존점의 경쟁력 강화를 위한 빌드 & 스크럽 전략은 매우 만족한 결과를 가져오고 있다. 신규점을 많이 출점하기보다 식사 코너 (eat-in)와 주차장 증설, 화장실 리뉴얼 등 매장 환경 개선에 집중하는 빌드 & 스크럽 전략이 투자효과가 큰 것으로 나타났다. 신규점의 경우 지금 이상으로 엄격한 기준을 적용하여 출점할 것이다." (사와다 사장)

두 번째, 경쟁력 있는 상품을 개발한다. 구체적으로 커피 집기 고급화를 1년 반에 걸쳐 전 점포에 전개할 것이다. 2018년 중 5,400대를 교체하였고, 총 2만 7,000대를 도입할 계획을 가지고 있다. 도입에 앞서 실험점 판매를 검증한 결과 매출이 전년 대비 113% 증가하였다.

세 번째, 점포 오퍼레이션 강화의 경우 몇 가지 대책을 계획하고 있다. 첫 번째가 점포에서 검수를 하지 않는 것이다. 2017년 12월부터 실험을 시작하였으며 대상 상품은 신문, 잡지, 담배 등을 제외한 전체의 약 80% 정도의 상품으로 작업의 삭감효과는 1일 약 50분, 납품 대기 시간을 합치면 약 2시간 정도를 절약할 수 있었다.

물류센터의 업무 개선을 통해 결품율도 줄어들고 있어 점포에서 검수하지 않아도 실질적으로 대부분 결품이 발생하지 않는다고 판단했지만, 납품 시 상품이 빈 것을 걱정하는 점주도 있었기 때문에 2018년 4월부터 원하는 점포에서만 실시하였다.

업무 효율화를 위한 두 번째 조치는 2018년 2월부터 실험을 시작한 집기개량이다. 샌드위치, 조리 상품을 진열하는 선반을 슬라이드로 바꿨으며, 이를 통해 1일 약 40분을 절약할 수 있게 되었다. 페이싱 스탠드도 새롭게 개량해 종이 팩 음료처럼 작은 사이즈의 상품을 꺼내는 것을 간소화할 수 있게 되었다.

업무효율개선을 위한 세 번째 조치는 청결 관련 업무를 개선한 것이다. 2017년 9

월부터 화장실 청소의 경우 일회용 시트 사용과 정리 작업 축소를 통해 청소 1회당 약 14분을 줄일 수 있게 되었다. 이러한 개선된 업무 효율화를 통해 1일 약 3.5시간을 절약하는 것으로 나타났다. Family Mart 부사장인 카토 토시오는 작업 시간 삭감에 대해 다음과 같이 이야기했다. "3.5시간 절감으로는 만족하지 않는다. 오퍼레이션 개혁을 위해 가맹점을 대상으로 설문조사를 진행하거나 직접 방문해 개선할 과제를 확인하였다. 이번은 설비투자를 통해 3.5시간을 줄였다. 일상 작업 수행 시 어떻게 정리 정돈할지 그리고 보관은 어떻게 해야 할지, 청소도구는 어떻게 정리할지 등 세부적인 부분까지 개선하려고 하고 있다."

(2) 셀프 스캐너의 도입

고객이 직접 바코드를 스캔하는 셀프 스캐너를 도입하였으며 셀프 스캐너는 1일 1시간 절감의 효율화를 기대할 수 있을 것으로 보인다. 동시에 점심 피크 타임 등에는 비현금 POS를 통해 고객의 대기 시간을 줄이고 있다.

(3) 신규점포의 신중한 출점

Family Mart는 2016년 9월 Circle K와 통합하면서 그해 말 총 점포 수 1만 8,125점, 2017년 말 1만 7,232, 2018년 말 계획 1만 6,854점으로 7% 이상 점포수를 축소하고 있다. 향후 편의점의 성장성에 대해 어떻게 생각하고 있을까? Family Mart Holdings CEO인 다카야나기는 다음과 같이 이야기한다. "업계 전체적으로 점당 내점 고객수가 감소하고 있다. 이것만으로 간단하게 결론을 낼 수 없겠지만, 점포수를 늘리면 점당 내점 고객수가 떨어지기 때문에 단순히 점포수를 늘리는 것보다 기존 점포에 보다 많은 고객을 내점하게 하는 것이 전체적으로 효율적일 것이다. 즉, 저효율 점포를 많이 출점하는 것보다 숫자는 적더라도 고효율 점포를 만드는 것이 좋지 않을까 생각한다." Family Mart는 2019년 이후 조금씩 점포를 늘릴 계획이지만, 기본적으로는 지금 있는 점포의 품격을 높여 일 매출이 높은 점포를 늘리는 것에 집중할 것으로 보인다. 내년 이후에는 수익성이 높고 경쟁력 있는 점포를 출점할 계획이다.

2) 슈퍼마켓 (super market)

슈퍼마켓은 신선식품, 가공식품, 일상용품, 가정용품 등을 중점적으로 취급하는 소매점으로 점포의 규모가 편의점이나 구멍가게에 비해 크고, 마진이 낮으며, 셀프서비스를 특징으로 하는 소매점이다.

슈퍼마켓은 대공황으로 인한 극심한 불황으로 절약소비패턴이 확산되던 시기였던 1930년 Michael Cullen이 미국의 뉴욕에 King Kullen을 개점한 것이 효시이다. 슈퍼마켓이란 새로운 형태의 소매상이 생겨날 수 있었던 이유는 당시 미국의 역사적 배경에 있다. 자동차와 냉장고 보급의 확산은 소비자로 하여금 1회 대량구매를 가능하게 하였고, 대도시 거주자의 교외지역으로의 거주지 이동은 교외의 저렴한 지역에 입지를 정할 수 있는 여지를 제공해 주었다. 또한 제조업자 상표 (national brand)의 증가로 인해 전국적으로 제품의 질이 균등하게 되었다는 점도 한 원인이 되었다. 이러한 배경하에 슈퍼마켓은 셀프서비스에 의한 쇼핑을 도입함으로써 저렴한 가격을 실현할 수 있었다.

국내의 경우에는 1968년 뉴서울 슈퍼마켓이 효시지만 본격적인 기업형 슈퍼마켓의 도입은 1971년 8개의 독립점포를 그룹으로 만들어 출범한 새마을 슈퍼체인본부에 의해 시작되었다.

미국의 슈퍼마켓은 우리나라의 슈퍼마켓보다 훨씬 규모가 커서 평균 1,200평 규모이다. 슈퍼마켓은 출범한 이후 30년이 지난 1960년대 중반에 성숙기에 도달하였지만 아직도 식품 유통에서 가장 큰 비중을 차지하고 있다, 일본에서는 1950년대에 본격적으로 출현하여 1970년대에는 소매업태 가운데서 매출 1위의 호황을 누렸다. 이에 비해 우리나라는 본격적인 슈퍼마켓 체인이 발족한 이래 수십 년이 지난 현재에도 점포 규모가 작고 구멍가게 수준이어서 크게 성장하지 못하고 있다. 미국의 경우에는 슈퍼마켓의 비중이 소매업에서 아직도 크지만 우리나라에서는 백화점, 대형마트, 이커머스 등이 식품을 대량으로 취급함으로써 슈퍼마켓의 존립을 위협하고 있다.

2005년 유통대기업들이 기존의 소형점포를 대형화 (300평 이상)하거나 생식품의 강화를 통해 대형마트와의 차별화를 추구하는 기업형 슈퍼마켓 (super super market: SSM) 사업에 진출하였으나 영세 상인을 보호하고자 하는 정부 규제로 인해 크게 발달하지 못하였다.

사례

Whole Foods: 차별화 포지셔닝 전략을 구사하는 유기농 슈퍼마켓

최근 Wal-Mart는 거의 모든 제품을 판매한다. 이는 Wal-Mart가 제품군과 상관없이 거의 모든 유형의 소매상과 치열하게 경쟁한다는 것을 의미한다. 실제로 Wal-Mart는 장난감 시장에서 ToysЯus보다 판매량이 많고, 식료품에 있어서는 식료품 전문 소매상 Kroger보다 1.5배 더 많이 판매한다. 또한 Wal-Mart는 전자제품 소매상 Best Buy의 매출에 심각한 타격을 준다. 규모가 크거나 작거나 거의 모든 소매상은 Wal-Mart와 경쟁해서 살아남을 수 있는 전략을 모색하고 있다.

그렇다면 당신은 Wal-Mart 같은 거인과 어떻게 경쟁하겠는가? 가장 좋은 답은 적어도 정면대응은 하지 말라는 것이다. 현명한 경쟁자는 그 대신에 자신만의 영역을 신중하게 선택한다.

사실 여기서 Wal-Mart 이야기를 하자는 것이 아니다. 이제 소규모의 고급 식료품 체인 Whole Foods 마켓에 관한 이야기를 하려 한다. Whole Foods 마켓은 Wal-Mart와 같은 거대한 소매상의 위협 속에서 자사만의 영역을 개척하여 성공한 매우 드문 소매상이다. Wal-Mart가 전 세계에 11,000개 이상의 점포를 가지고 있는 것에 비해, Whole Foods는 184개의 점포만을 가지고 있다. 또한 연간 Wal-Mart의 매출이 2018년 약 5,000억 달러 (비식품 포함)인 것에 비해, Whole Foods는 약 47억 달러에 불과하다.

규모 면에서나 매출액 면에서나 둘 간의 경쟁은 대등해 보이지는 않는다. 그러나 Whole Foods는 나날이 번창하고 있다. Whole Foods의 성공은 Wal-Mart와는 차별적인 포지셔닝에 있다. Whole Foods는 대량판매와 저마진을 추구하기보다는 고소득층 고객을 표적으로 하여 그들에게 유기농 자연식품을 제공한다. 한 분석가는 말한다. "다른 식료품 소매상이 Wal-Mart 때문에 속을 태우고 견제하느라 뒷걸음치는 동안, Whole Foods 매장의 제품은 여느 때처럼 잘 팔리고 있고, 유제품 냉장고에 있는 유기농 달걀은 신선하며, 육류는 지금까지도 성장 호르몬을 첨가하지 않고 있습니다."

Whole Foods의 가치제안은 '완벽한 (건강한) 식품, 완벽한 (건강한) 종업원, 완벽한 (건강한) 지구 (Whole Foods, Whole People, Whole Planet)'라는 자사의 표어에 잘 나타나 있다.

계산대에는 수제 치즈덩어리들이 가득 올려져 있다. 줄지어 있는 외국산 과일들 가운데 놓인 medjool dates (미국, 이스라엘 등지에서 나는 덜 말린 곶감 같은 나무열매)가 고객을 유혹한다. 과일 패스츄리 근처에는 사보리 빵 (savory herb로 만든 빵)이 놓여 있고, 고급 레스토랑에서나 볼 수 있는 참깨로 덮여진 참치 요리도 준비되어 있다. Whole Foods는 자사의 포지셔닝에 맞도록 점포에 있는 대부분의 제품에 '유기농 (organic)', '100% 자연산 (100% natural)', '첨가물 없음 (contains no additives)'이라는 라벨을 붙인다. Whole Foods 종업원들은 언제나 웃는 얼굴이며, 고객에게 특정 치즈와 잘 어울리는 와인을 제안하는 것을 기쁘게 생각한다. 간혹 그들은 하던 일을 잠시 멈추고 peanut butter maltball (땅콩버터로 만든 초코볼)의 장점을 고객에게 설명하기도 한다. 이 모든 것들이 눈을 피로하지 않게 하는 자연색상의 매장 인테리어와 부드러운 조명 아래에서 일어나는 일들이다. 이러한 일들이 식료품 쇼핑이 맞는가? 그렇다. 대부분의 사람들이 이러한 사실을 다 알고 있는 것은 아니다. Whole Foods는 일반적인 슈퍼마켓 체인에서는 얻을 수 없는 것들로 고객과 함께 신비함을 창출해내고 있다. 그렇다. Whole Foods는 특별하다.

Whole Foods 웹 사이트는 자사의 포지셔닝을 더욱 강력하게 해준다. 이 사이트는 creamy dill sauce를 얹은 고구마 팬케이크, 구운 basmati와 건포도로 속을 채운 송어, 두부와 tempeh (콩을 발효시킨 인도네시아 음식), 그 밖의 다른 콩 식품 요리와 같은 건강식품의 요리법을 알려준다. 또한 이 사이트는 홀 헬스 MD (whole health MD)와 American Botanical Council을 출처로 한 광범위한 건강 정보들로 가득 차 있다. 이 사이트를 통해서 고객은 100가지 허브의 의학적인 사용법부터 침술, 반사요법 (마사지나 지압술 등을 통해 건강을 증진시키는 방법), 동종요법 (인체에 질병증상과 비슷한 증상을 유발시켜 치료하는 방법)과 대체의학에 이르기까지 건강과 관련된 모든 주제를 알아볼 수 있다.

Whole Foods의 온라인과 오프라인 매장을 방문하는 것은 쇼핑 그 이상의 것이다. 그것은 바로 경험이다. Whole Foods에서의 경험은 Wal-Mart에서는 찾을 수 없는 것이다. "우리는 매혹적이고, 즐겁고, 독특하고, 딱딱하지 않고, 편안하고, 매력적이고, 교육적인 점포환경을 조성합니다. 우리가 원하는 것은 고객이 우리 매장에서 친구를 만나고, 또 새로운 친구를 사귀는 만남의 장소가 되는 것입니다"라고 회사 관계자는 말한다.

마케팅 계획 수립에 있어서 Whole Foods는 모든 사람을 대상으로 하지 않는다. Whole Foods 고객은 텍사스주 오스틴, 콜로라도 주 볼더, 미시간 주 앤아버와 같은 대학타운에 살고 있는 부유하고, 자유롭고, 고등교육을 받은 사람들이다. 그들의 연간 가구수입은 미국 평균 가구수입에 비해 거의 8,000달러를 상회한다. 또한 건강에 관심이 많고, 그들이 먹는 음식에 신경을 쓰고, 자연환경 훼손을 걱정한다. 그리고 그들은 사회적 복리와 같은 기업정신이 없는 상업적인 기업을 혐오하는 사회 개량자 (good-doer) 성향을 띤다. 따라서 Whole Foods는 Wal-Mart와 같은 할인점과 경쟁할 필요가 전혀 없다. 사실 Whole Foods 고객은 Wal-Mart에서 쇼핑하기보다는 Wal-Mart 불매운동을 할 사람들이다.

Whole Foods는 '상호의존 선언 (declaration of interdependence)'하에, 단순히 식품을 파는 것 그 이상의 의미 있는 일을 하고 있으며, '완벽한 식품, 완벽한 종업원, 완벽한 지구'라는 자사의 표어에 부끄럽지 않게 행동하고 있다고 자부한다. 이것은 Whole Foods가 고객과 종업원을 비롯해서 공급자와 자사가 운영하고 있는 점포가 위치한 지역사회의 행복과 삶의 질에 관심을 갖는다는 것을 의미한다.

Whole Foods의 고객에 대한 관심은 상당하다. "우리는 우리 고객이 만족하고 기뻐하는 수준까지 최선을 다합니다. 우리는 고객이 우리 점포에서 쇼핑하는 일이 항상 그들이 기대하는 것 이상이길 바라기 때문입니다"라고 Whole Foods 대변인은 말한다. 또한 Whole Foods는 그들의 종업원에게도 상당히 신경을 쓴다. 과거 9년 동안 Whole Foods는 Fortune지가 선정하는 '미국의 일하기 좋은 100대 기업'에 선정되어 왔다. 이와 더불어 Whole Foods는 그들의 공급자에게도 주의를 기울인다. '상호의존 선언'이 의미하는 바와 같이, Whole Foods는 그들의 거래 파트너들을 응대하는 데 힘을 합쳐야 하는 동맹자로 본다. 그래서 그들의 파트너를 존중하며, 공정하고 성실하게 대한다. 또한 자사의 파트너도 자신을 그렇게 대해 주길 기대한다.

Whole Foods는 지역사회에도 관심을 갖는데, 자발적인 지역 봉사활동을 하는 종업원에게는 금전적인 지원을 해준다. 그리고 지역 환경에 투자를 한다. 캘리포니아주의 버클리에 있는 한 점포는 점포에서 필요한 전력의 대부분을 태양 에너지 패널로부터 공급받는다. 또한 Whole Foods는 자사의 세후 수익의 5%를 비영리 조직에 기부한다.

강력한 표적시장 선정, 포지셔닝과 더불어 이러한 공약은 Whole Foods를 미국에서 가장 빠르게 성장하는 기업이면서, 가장 수익이 높은 식료품 소매상이 되게 하였다. 현재 Whole Foods는 세계 1위 자연식품 체인이다. Whole Foods는 점포 1평방피트당 평균 689달러의 매출액을 올리고 있는데, 이것은 전통적인 식료품 소매상의 두 배에 달하는 수치이다. 그리고 총이익은 Kroger와 같은 전통적인 경쟁자의 1.5배인 35%에 달한다. 이처럼 Wal-Mart의 공격으로 매출액과 이익의 성장이 둔화되거나 심지어 하락하고 있는 다른 식료품 소매상과 대조적으로, Whole Foods의 매출액과 이익은 4년 전에 비해 2배이다.

Whole Foods는 전 세계시장에서 Wal-Mart와 직접적으로 경쟁할 수 없다. Whole Foods는 Wal-Mart의 규모의 경제 효과, 막강한 구매력, 효율적인 로지스틱스 (logistics), 넓은 상품구색, 최저가격에 필적할 수 없으며, 그렇게 하려고도 하지 않는다. 대신에 Wal-Mart가 응대할 수 없는 고객을 표적으로 하고, 그들에게 Wal-Mart가 제공할 수 없는 가치를 제공하고 있다. Wal-Mart와 다른 전통적인 식료품 소매상과 차별적인 포지셔닝을 함으로써 Whole Foods는 엄청난 수익을 올릴 수 있었다. Whole Foods의 최고경영자는 다음과 같이 말한다. "모든 사람이 가장 낮은 가격의 평범한 식품을 원하는 것은 아닙니다."

이와 같은 Whole Foods의 성장잠재력과 오프라인 매장의 필요성을 인식한 Amazon은 2017년 Whole Foods를 인수하였다.

3) 드럭 스토어 (drug store)

드럭 스토어는 주로 의약품과 그 외에도 건강 · 미용 제품 (health and beauty: H&B), 기타 잡화 등을 판매하는 소매업이다. 세계에서 가장 큰 드럭 스토어는 2018년 기준 미국 내에 9,967개의 점포를 가지고 있고 1,341억 달러의 매출을 기록한 CVS (Consumer Value Store) Health이다. 국내 드럭 스토어의 시작은 GS와 왓슨스가 협약해 개점한 GS왓슨스이나 지금은 CJ에서 운영하는 올리브영이 국내 드럭 스토어 1,500개 중 1,200개를 점하는 등 압도적 1위이고 2016년 매출 1조 원 달성 후 급성장하여 2018년 매출 2.8조 원을 기록하였다.

올리브영은 미국과 일본 드럭 스토어의 의약품 판매 비중이 각각 75%와 30%이지만 의약품 판매를 줄이고 화장품 등 H&B 판매에 집중함으로써 젊은 고객을 적극 공략하고, 최근 파워유튜버를 활용한 제품 홍보로 광고효과를 극대화하였으며, 뷰티한류열풍으로 점포를 해외관광객의 필수 쇼핑코스화 함으로써 크게 성공할 수 있었다.

우리나라에서는 외국에 비해 드럭 스토어가 크게 발달하지 못하였는데 그 이유는, ① 의약품을 판매하는 약국이 전국에 22,300여 개가 이미 포진하고 있고, ② 미샤, 스킨푸드 등 중저가 화장품이 독립 매장으로 영업 중이었기 때문에 판매할 H&B 제품들이 많지 않았다는 점을 들 수 있다.

올리브영은 사업 초기에 국내 화장품브랜드를 다수 취급하려고 했으나, 화장품업체의 자체 전문점 운영으로 상품 조달에 실패하였다. 그러나 국내브랜드 대신 해외 다양한 브랜드를 수입하여 젊은 여성 소비자층을 확보하는 데 성공하였다. 올리브영의 성공에 자극받아 GS리테일이 랄라블라, 이마트가 부츠를 개점하였으나 크게 성공하지는 못하였다.

[그림 4-4] 각국의 드럭 스토어의 제품 판매 비중은 우리나라 드럭 스토어의 특징을 잘 보여준다.

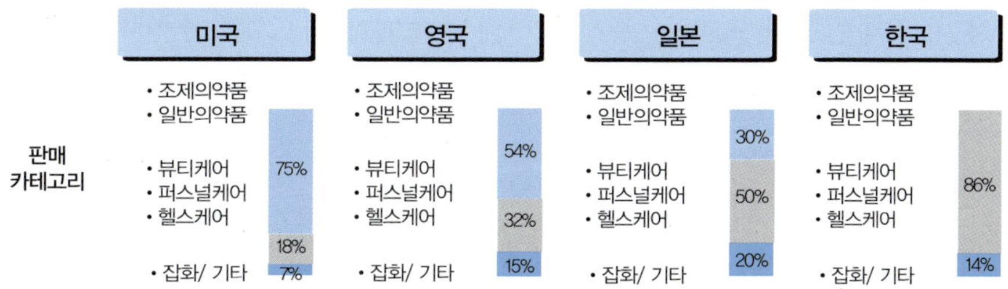

그림 4-4 각국의 드럭 스토어의 제품 판매 비중

4) 할인점 (discount store)

할인점은 저가 대량판매의 영업방식을 토대로 하여 비식품을 일반 상점보다 항상 저렴한 가격으로 판매하는 소매상을 말한다. 할인점의 특징은 ① 항상 저렴한 가격에 판매하며 (every day low price: EDLP) ② 유명상표를 판매하며 ③ 불량품이나 재고가 아니라 정상적인 상품을 싸게 판매한다는 것이다.

할인점은 저가격을 강력한 경쟁도구로 활용할 수 있기 위해서 비용상의 우위를 달성하여야 한다. 할인점은 체인화를 통한 대량구매의 실현, 셀프서비스 도입에 의한 인력의 절감, 지가가 저렴한 지역에 입지, 건물 및 내부 장식에 대한 투자의 최소화, 소매업체 상표의 도입에 의한 마진율 확대, POS 도입과 높은 재고회전율의 상품선정에 의한 재고비용의 절감을 통해서 원가를 최대한 절감하고자 하였다.

현재 미국 최대의 할인점은 Wal-Mart이지만, 할인점의 효시는 1948년에 개점한 Korvettes이다. 미국에서는 1960년대 들어 Korvettes의 영향을 받아 수백 개의 할인점 체인들이 치열한 가격 경쟁을 벌였으나 Kmart, Wal Mart, Target 등 빅 3만이 살아남았으며 최근 Kmart마저 도산하였다.

미국 할인점의 두 가지 큰 특징은 가격과 상품구성에 있다. 첫째, 저렴한 가격이 할인점의 주요 성공요인이다. 둘째, 상품구색 면에서 할인점은 주로 일반 생활용품군의 유명제조업자의 상표를 판매하는데, 제품넓이는 광범위한 반면 제품깊이는 얕다. 즉 여러 다양한 제품군을 취급하지만 한 제품군 내에서는 상품회전율이 높은 소수의 유명브랜드만을 취급하고 있다. 상품구색 면에서 미국 할인점의 또 다른 특징의 하나는 초기에 하드웨어나 의류를 중심으로 시작되었기 때문에 식료품 부분의 비중이 낮다는 것이다. 상품구성을 보면 대략 하드웨어 상품이 매출의 40~60%를, 의류 등의 소프트 상품이 30~50%를, 그리고 건강 및 미용 상품이 15% 정도를 차지하고 있다.

국내에서 할인점 (대형마트)이라고 불리는 이마트, 홈플러스, 롯데마트는 비식품을 주로 취급하는 미국의 할인점과는 구별되며 아래에서 설명될 유럽의 하이퍼마켓이나 미국의 슈퍼센터에 해당된다.

5) 회원제 도매 클럽 (membership warehouse club: MWC)

회원제 도매 클럽은 소비자에게 일정한 연회비를 받고 회원인 고객에게만 30~50% 할인된 가격으로 정상품을 판매하는 유통업태이다. 취급 품목은 가공식품 · 잡화 · 가정용품 · 가구 · 전자제품 등 4천 SKU에 이르고 있고 판매가에서 마진을 별로 남기지 않고 (Costco의 경우 최대 14%) 고객의 연회비에서 이익을 내는 영업 전략을 취하고 있다. 또 매장은 거대한 창고형으로 실내장식은 거의 없으며 진열대에 상품을 상자째 쌓아놓고 고객이 직접 고르게 하는 묶음 판매를 통해 인건비를 최소화하고 있다.

1976년 미국의 Price Club이 효시이나 Price Club은 이후 생겨난 Costco와의 경쟁에서 패배하여 Costco에 합병되었다. 국내에서는 1994년 신세계백화점이 미국 Price Club과의 제휴로 영등포구 양평동에 출점한 Price Club (현재는 Costco가 인수하여 명칭을 Costco Wholsale Club으로 변경)이 효시이다. 회원제 도매 클럽에 관한 자세한 설명은 3장의 Costco 사례를 참조하기 바란다.

6) 하이퍼마켓 (hypermarket)

하이퍼마켓은 슈퍼마켓, 할인점의 원리를 결합한 유형의 소매점으로, 대규모의 매장(20,000m²)에 식품, 일상용품뿐만 아니라 의류, 가구, 기계류 등도 취급하고 있다. 하이퍼마켓의 효시는 1963년 설립된 프랑스의 Carrefour이다. Carrefour는 미국의 슈퍼마켓과 할인점의 개념을 유럽의 도시구조에 적합한 소매업태로 변형시킨 하이퍼마켓을 만들어 프랑스 최대 소매업체로 발전하게 되었다. 한국의 대형마트, 미국의 슈퍼센터는 하이퍼마켓이 각 나라의 특징에 맞게 변형시킨 소매업태이다.

7) 슈퍼센터 (supercenter)

1990년대 미국의 생필품 유통의 획기적 사건은 슈퍼센터의 빠른 확산이다. 슈퍼센터의 원래 모형은 유럽의 하이퍼마켓이었다. 1980년대 말 미국의 소비자도 생필품의 일괄구매를 원한다고 판단한 미국 유통업체들이 유럽의 하이퍼마켓을 도입하였으나 결과는 실패였다. 평균 면적 6,500평의 하이퍼마켓이 1,200평의 슈퍼마켓, 2,500평의 할인점, 3,000평의 멤버십 도매 클럽 등 하이퍼마켓보다 규모가 작은 소매점에서의 쇼핑에 익숙해 있던 미국인에게 위압감과 불편함을 주었기 때문이다. 미국의 할인점인 Wal-Mart나 Kmart는 이러한 실패를 타산지석으로 삼아 점포 규모를 5,000평 정도로 줄이고 디스플레이도 위압적이 아닌 아늑한 쇼핑분위기를 내는 방향으로 전략을 수정하여 오늘날 미국의 대표적 생필품 업태로 거듭났다. 슈퍼센터에 관한 자세한 내용은 2장 Wal-Mart 사례를 참조하기 바란다.

8) 재래시장

한국에서의 재래시장은 쌀, 생선이나 야채 등의 식품은 물론 의류나 잡화 등의 일상생활용품에서 전기, 가구 등의 내구재들에 이르기까지 다양한 상품 구색을 갖추고 비교적 저렴한 가격으로 판매한다. 재래시장은 생선가게, 야채 가게, 옷가게 등 업종적 점포들로 구성되어 있어서 현대의 업태적 소매업체와의 경쟁에서 불리하다.

재래시장은 전통적으로 대도시에서 대규모로 도매거래의 중심 역할을 맡아 온 동대문, 남대문 시장 등 일부를 제외하고는 대부분 생필품과 공산품을 판매하며 주택가 등에 위치하면서 사회 · 경제적으로는 서민이 주로 이용하는 소매 유통기능을 담당해 왔다.

선진국에서는 대체로 도심에 위치한 재래시장을 재개발하여 성공한 사례들이 있다. 런던의 Covent Garden Market, 두바이의 Souks, 인도 Deli의 Dilli Haat 등은 여행자들의 필수 관광지로 꼽힌다. 이들 재래시장의 공통점은 방문자로 하여금 쇼핑과 더불어 역사와 문화를 경험하게 하는 것이다. 우리나라에서는 재래시장을 활성화하기 위해 지방자치단체들이 막대한 지원금을 들여 지붕을 덮어 아케이드화 하는 등 하드웨어의 개선에만 치중하여 재래시장 고유의 역사와 전통을 오히려 훼손하고 있다. 재래시장이 문화와 역사와 접목된다면 현대적 소매점에서는 느낄 수 없는 새로운 경험을 제공한다는 점과 도심에 위치하여 접근성이 좋다는 점에서 다시 재도약할 수 있는 가능성이 있다.

최근에는 재래시장 내에 소규모 마트가 입점하여 상생을 모색하는 방안이 시도되고 있다.

이마트는 지자체와 협의하여 상권이 쇠락한 재래시장에 100평 규모의 노브랜드 매장을 입점시키고 있으며 이 매장에서는 재래시장의 주력상품인 신선식품을 판매하지 않고 있다.

상생스토어에는 스터디룸, 키즈카페 등을 설치해 젊은 고객을 유입하고 있다.

9) 양판점 (general merchandising store: GMS)

양판점은 의류 및 생활용품을 중심으로 다품종을 대량 판매하는 대형 소매점으로, 점포 형태 및 상품구성은 백화점과 거의 유사하지만 대량매입과 다점포화, PB 개발 등으로 가격 면에서 백화점보다 저렴하다는 차이가 있다. 따라서 GMS는 백화점과 할인점의 중간 형태로서 규모는 백화점, 운영은 할인점 형태를 유지하는 독특한 형태이다.

대표적인 GMS는 1893년 설립된 미국의 Sears이며 일본에서 크게 번창하였다. 식품형 대형 슈퍼마켓으로도 불리는 일본의 GMS는 미국식 문화가 유입하기 시작하던 1960년대부터 기하급수적으로 증가하였다. 그러나 1973년 대규모 소매점법이 제정돼 GMS 출점이 제약을 받았고 최근에는 편의점이나 이커머스 등에 경쟁력을 잃으면서 점포수가 크게 줄었다. 한국의 대형마트처럼 식품뿐만 아니라 의류와 주거 관련 상품 등을 모두 판매한다.

GMS의 특징은 다음과 같다. 첫째, 일본의 GMS는 슈퍼마켓이 성장하여 대형화된 것이지만 상품구색이나 서비스는 백화점에 가깝다. 둘째, 식료품 · 의류품 · 잡화 등 거의 모든 유형의 제품을 취급하고 있다. 셋째, 중급품 · 대중품의 일괄구매가 가능하고 백화점 수준의 품목수를 보유하고 있다.

국내에서는 롯데잠실점의 새나라백화점이 본격적인 대중양판점이라고 할 수 있으나 실패로 끝났다. 우리나라에서 대중양판점이 실패한 이유는 다음과 같다. 첫째, 다양한 중저가 상품의 PB 개발이 이루어지지 않아 기존 백화점과의 상품차별화에 실패하였다. 둘째, 대중양판점의 필수 성공요소인 다점포가 이루어지지 않아 규모의 경제를 실현하는 데 실패하였다. 셋째, 고가 제품의 경우 한국인의 유명 브랜드 선호도가 높고 저가 의류제품은 시장의류 대비 경쟁력이 미비하여 고객 확보에 실패하였다.

10) 백화점 (department store)

백화점은 의류, 가정용 설비용품, 신변잡화류 등의 각종 상품을 부문별(department)로 구성하여 소비자들이 일괄구매를 할 수 있도록 하고 주로 직영으로 운영하는 대규모 소매 점포를 의미한다. 1867년 파리에 오픈한 프랑스어로 좋은 거래를 뜻하는 Le Bon Marché 백화점이 효시이며 이후 미국의 Marshall Field's (1852년 개점), Macy's (1858년 개점), Montgomery Ward (1872년 개점) 백화점이 잇따라 개점하면서 백화점은 미국에서 꽃을 피우게 된다. 우리나라 최초의 백화점은 1930년 개점한 현 신세계백화점 명동점의 전신인 경성 미스코시 백화점 (일본 최초의 백화점인 미스코시 백화점의 경성 분점)이다.

백화점은 1990년대 초까지 낙후된 우리나라 유통산업에서 유일한 근대적 대형점으로 독점적 지위를 누리면서 매년 20% 가까운 성장을 하였고 재래시장과 함께 유통의 주도적 역할을 수행하였다. 그러나 1990년 이후 대형마트의 발달과 최근 이커머스 등의 다양한 신 유통업의 발달로 경쟁력을 상실하였다.

외국의 경우에도 1960년대까지 전성기를 구가하였으나 할인점과 카테고리 킬러의 발달로 쇠퇴기를 맞게 되었으며 Nieman Marcus, Nordstrom, Sax Fifth Avenue와 같이 고급 패션으로 차별화한 백화점을 제외하고는 파산 또는 인수 · 합병되었다. 최근 코로나 팬데믹으로 인해 백화점 매출이 급감하면서 Nieman Marcus, Lord & Taylor 백화점마저도 파산하였다. 그러나 한국의 백화점은 다음과 같은 여러 가지 개선 노력을 통해 대체로 현상 유지를 하고 있는 상황이다.

- 백화점 3사 모두 세계 최대, 국내 최고 랜드마크 백화점을 표방하고 있다. 2010년에 부산에 오픈한 신세계 센텀시티점은 세계에서 가장 큰 백화점으로 등록되었으며 현대백화점 무역센터점은 2018년 강남 대표백화점을 표방하며 취급 브랜드수를 600여 개로 확대하였다.
- 기존 카테고리의 층별 구성에 획기적 변화를 주어서 고층에 위치한 식당가를 지하 1층으로 이동하여 세계적인 레스토랑과 전국적인 유명 맛집을 유치하고 있다. 또한 1층에 명품관이 있다는 불문율을 깨고 신세계백화점

광주점은 1층에 생활전문관을 설치하고 있다.

- 꾸미는 남자를 일컫는 젠더뉴트럴 (gender neutral) 고객을 주요 타켓으로 남성코너에 의류 · 구두 · 취미용품 등을 구비해 토털 쇼핑 솔루션을 제공하고 있다.

서양의 백화점과 일본을 위시한 동양의 백화점은 형태는 유사하지만 구조적으로는 커다란 차이가 있다. 먼저 서양의 백화점은 식품 및 일상 생활용품을 취급하지 않으며 주로 패션 제품만을 취급한다. 따라서 서양의 백화점은 동양의 백화점에 비해 규모가 작다. 또한 서양의 백화점은 매입백화점, 즉 재고부담을 지는 데 반해 일본형 백화점은 수수료 백화점으로 재고부담 기능을 수행하지 않는다 (수수료 백화점의 문제점은 2장 참조).

백화점은 유통업태 중 가장 고비용 구조이고 제품회전율도 가장 낮아서 서양에서와 같이 우리나라에서도 향후 더욱 쇠퇴할 것으로 전망된다.

11) 전문점 (specialty store)

전문점은 대형할인전문점인 카테고리 킬러의 전신인 소규모 점포로, 취급하는 제품계열이 한정되어 있으나 해당 제품계열 내에서는 다양한 품목들을 취급하고 있다. 미국에는 전기, 소형가전 전문점인 Radio Shack, 오디오 전문점인 Sound of Music, 의류전문점인 The Limited, 가구전문점인 Jordan's, 서적전문점인 Barns & Nobles 등이 그 예이며 전문점의 경쟁적 우위는 제품의 전문적 구색과 서비스 제공에 있다.

전문점은 업태적 성격이 강하다. 따라서 이러한 미국의 소형 전문점들은 80년대에 급속히 확산된 카테고리 킬러에 의해 쇠퇴하였다.

우리나라에서는 과거 소리사, 약국, 의류대리점, 신발대리점 등이 여기에 해당한다.

12) 카테고리 킬러 (category killer)

카테고리 킬러는 할인형 대규모 전문점으로서 이커머스가 등장하기 전까지 가장 각광받은 전문품 소매업태 중의 하나이다. 미국의 ToysЯus (완구), Best Buy (가전), Staples (사무용품), Home Depot (건자재, 공구 등 주택관리에 필요한 제품) 등이 대표적인 카테고리 킬러이다. 이 업태는 특정 제품계열에서 전문점보다 깊은 상품구색을 갖추고 매우 저렴하게 판매하는 것이 특징이다. 전문점의 일종으로 기존 전문점이 높은 수준의 서비스와 적당한 깊이의 제품구색으로 고마진, 저회전율 정책을 취하고 있으나, 카테고리 킬러는 대량구매와 대량판매 그리고 낮은 비용으로 저렴한 상품가격을 제시한다. 따라서 카테고리 킬러의 가장 중요한 경쟁적 무기는 상품의 깊이와 저렴한 가격이다. 카테고리 킬러에 관한 논의는 2장 ToysЯus 사례와 Best Buy 사례를 참조하기 바란다.

13) 아웃렛 (outlet)

아웃렛의 효시는 팩토리 아웃렛이다. 팩토리 아웃렛에서는 제조업체가 자사의 재고품이나 약간의 하자가 있는 제품을 판매한다. 그 후 유통업체가 여러 유명 제조업체의 재고품을 초저가로 판매하는 소매업태가 나타났다.

국내의 아웃렛으로는 1980년대 중반에 에스에스패션의 이코노샵을 필두로 반도패션 (현 LF 패션) 등의 상설할인매장이 등장하였고 1990년대 들어서 Polo, Guess, Beanpole, Fila 등의 할인매장이 서울 송파구 문정동과 양천구 목동, 경기도 죽전 등에 아웃렛 단지를 형성하였다.

이랜드가 1994년 서울 당산동에 출점한 2001 아웃렛은 이랜드의 각종 재고의류를 60~80%까지 할인된 가격으로 판매하여 국내 의류업계의 가격파괴를 선도하였다. 이랜드의 2001 아웃렛이 성공을 거둠에 따라 1998년에는 세이브존이 진입하였다.

미국에서는 백화점과의 경쟁을 피하기 위해 도심에서 자동차로 1~2시간 거리의 교외에 대형몰을 운영하는데, 미국 1위 아웃렛 업체는 뉴저지에 본사를 두고 있는 Chelsea Property Group이며, 패션브랜드에 매장을 임대하는 방식으로 운영한다. 아웃렛 운영의 목적은 현금회전에 압박을 주는 재고의 원활한 처리에 있다. 따라서 큰 폭의 할인된 가격을 제시하지만 재고품이 아닌 정상품을 상시저가 (everyday low price: EDLP)로 판매하는 할인점과는 차이가 있다.

2007년에는 국내에서 최초로 신세계 첼시에서 전 세계의 다양한 명품 브랜드들을 모아놓고 판매하는 교외형 프리미엄 아웃렛몰인 여주 아웃렛을 개장해 큰 인기를 끌었고, 뒤이어 2008년 말 롯데 김해 아웃렛이 오픈해 개점 1년 만에 300만 명 이상의 방문객과 매출 1,700억 원의 높은 성과를 거두었다. 향후 국내 유통시장에서 아웃렛은 계속 성장할 것으로 예상되고 있다.

(2) 무점포 소매상

소매상의 형태는 지금까지 살펴본 점포 믹스전략에 따라 분류될 수도 있지만, 소매활동을 수행하는 데 필요한 점포의 유무에 따라 점포 소매상과 무점포 소매상으로도 나눌 수 있다. 앞서 살펴본 소매상들은 점포의 유무기준으로 보면 모두가 점포 소매상에 해당된다. 다음에서는 무점포 소매상에 대해 살펴보기로 하겠다.

무점포 소매상은 비교적 최근에 도입되고 있는 소매업태지만, 교통난, 맞벌이 등으로 쇼핑시간의 여유가 없는 소비자들에게는 시간을 절약해 주는 시간의 효용을 제공해 주며, 소매업자 입장에서는 무점포이므로 점포비용의 절감, 입지조건에 관계없이 목표고객에의 접근 가능, 고객의 잠재수요의 자극 등과 같은 이점을 가진다는 점에서 앞으로 지속적인 성장이 예상된다. 무점포 소매상으로는 자동판매기, 방문판매, 인터넷과 TV 홈쇼핑을 포함한 통신판매 등이 있다.

1) 자동판매기 (vending machine)

자동판매기란 동전을 투입하거나 카드를 넣으면 사용자가 원하는 물건 (예를 들어, 차표, 담배, 커피, 음료 등)이 자동적으로 나오게 하는 기계이다.

자동판매기는 24시간 판매와 셀프서비스를 그 특징으로 하며 파손가능성이 적은 편의품을 주로 판매한다. 자동판매기는 설치비용이 높고 파손될 위험이 높기 때문에 대체로 높은 판매가격 수준을 유지한다.

자동판매기의 장점으로는 인력부족 보완, 24시간 무인판매 시스템과 현금판매에 의한 높은 자금회전, 소자본에 의한 운영, 좁은 면적의 이용, 인건비 상승에 대한 해결책 등을 들 수 있다.

자동판매기의 종류로는 음료 자동판매기, 식품 자동판매기, 티켓 자동판매기, 자동서비스기(ATM, 집찰 · 개찰기 등), 일상용품 자동판매기(위생용품 · 신문 · 잡지 자동판매기), 증명사진 자동촬영기, 스티커 사진기, 인형 뽑기 등이 있다. 자동판매기 사업은 일본에서 매우 번창하고 있다.

2) 방문판매 (door-to-door sales)

영업사원을 이용한 방문판매는 가장 오래된 역사를 가진 무점포형 소매업인데, 국내의 경우 조선시대에 집들을 돌아다니면서 신변잡화류를 판매하였던 방물장수가 여기에 해당된다. 유제품을 판매하는 한국 야쿠르트, 학습지의 판매와 교육을 제공하는 웅진, 대교 등의 출판업계, 1980년대 화장품 업체들은 방문판매를 주요 유통경로로 사용하는 대표적 업체들이다.

미국의 경우 대표적인 방문판매 업체로 Tupperware (플라스틱 용기)와 Avon (화장품)이 있다. Tupperware는 집주인을 섭외하고 그들을 통해 사람들을 모은 다음 Tupperware 파티를 개최하여 자사의 제품을 전시 · 판매하고 집주인에게는 사례품을 주는 방식을 취한다. Avon사는 지역별 책임판매원을 채용하고, 책임판매원이 여성 영업사원을 고용하는 방식을 도입하고 있는데, 여성 영업사원은 자신의 거주지를 중심으로 독점판매권을 부여받고 판매에 따른 수수료를 받는 영업방식을 통해 화장품 업계에서 성공을 거두었다. 최근 들어 방문판매는 인건비의 증가, 높은 마진율, 취업 주부의 증가, 교통체증으로 인한 여행시간의 증가 등의 요인으로 인해 경쟁력이 떨어지고 있으나, 화장품과 건강식품, 정수기 등 몇몇 시장에서는 여전히 중요한 유통채널로 지속적으로 성장하고 있다.

방문판매의 가장 큰 장점은 일단 구매자와의 인적 네트워크를 형성하면 판매 품목을 다변화할 수 있다는 점이다. 예를 들어 웅진은 학습지인 씽크빅으로 시작하였으나 주부와의 인적 네트워크를 이용하여 정수기, 비데, 공기정화기 등의 제품을 추가 판매하였으며 나아가 외국의 유명 가전제품으로까지 제품라인을 확대하였다.

3) 통신판매

통신판매는 측정 가능한 반응 (가령, 소비자들로부터의 주문이나 문의)을 얻거나 거래를 성사시키기 위해 한 가지 혹은 그 이상의 광고매체를 사용하는 쌍방향 의사소통의 마케팅시스템을 말한다. 통신판매는 사용되는 커뮤니케이션 수단에 따라 다시 우편통신판매 (direct mail), 텔레마케팅 (telemarketing), TV 홈쇼핑, 전자상거래 (이커머스) 등으로 나누어진다.

상품은 신문, 잡지, 라디오, 텔레비전, 인터넷 등에 의해 광고 · 선전되며, 전자결제, 신용카드 등에 의해 대금을 지급받는다. 우편주문 대신 전화주문에 의한 경우, 통신판매업자가 적당한 장소에 비치한 카탈로그를 검토하여 구두로 주문하는 일도 있다. 어떤 방법이든 통신판매의 특징은 카탈로그 (전자카탈로그 포함)를 보고 상품을 선택하는 등, 상품의 실물은 전혀 보지 않은 채 성립되는 상거래라는 점에 있다. 그 때문에 카탈로그의 상품설명내용이 소비자의 주목을 받을 만한 것이라야 한다는 것은 불가결의 조건이다.

IKEA는 성경 다음으로 많은 부수의 카탈로그를 통해 점포 판매뿐 아니라 무점포 판매에서도 많은 매출을 올리고 있다.

이하에서는 통신 판매의 각 유형을 자세히 살펴보기로 한다.

① 우편통신판매 (direct mail)

우편통신판매란 공급업자가 광고매체 (주로 우편으로 보내진 카탈로그)를 통하여 판매하고자 하는 상품 또는 서비스에 대한 광고를 하고 고객으로부터 통신수단 (전화, 팩스, 이메일 등)을 통해 주문을 받은 상품을 직접 또는 우편으로 배달하는 판매방식이다. 우편통신판매에서 성공의 관건은 표적고객의 선정과 고객정보 수집을 통한 데이터베이스 구축, 그리고 적절한 상품의 선정을 들 수 있다. 우편통신판매에서 취급하는 상품은 포장 식품을 포함하여 모든 제품이 가능하나 일반적으로 표준화 · 규격화된 제품이 주류를 이루고 있다.

우편통신판매는 19세기 후반 미국에서 최초로 등장하였고 대표적인 우편통신판매 업체로는 1872년에 설립된 Montgomery Ward와 1886년 시계 통신판매로 성장한 Sears를 들 수 있다. 미국에서는 쇼핑할 시간이 부족한 주부들을 대상으로 유명 의류, 고급 포장 식품 등에 특화된 카테고리의 통신판매가 성행하였다.

국내에서는 1976년 신세계백화점이 카드고객을 대상으로 주문엽서에 의한 우편통신판매를 한 것이 최초의 통신판매이다. 1990년대 들어서면서 본격적으로 유명 백화점과 우체국이 자체적으로 실시하거나, 개별 기업들이 신용카드 회사들과 연계하여 우편통신판매를 하고 있으나 2000년대 들어서는 인터넷 쇼핑의 생활화로 통신판매시장이 점차 축소되고 있는 실정이다.

② 텔레마케팅 (telemarketing)

텔레마케팅은 전화로 표적고객층에 제품정보를 제공한 후 제품구매를 유도하거나, 고객이 TV · 라디오 광고나 우편광고를 보고 수신자부담 전화번호를 이용하여 주문을 하는 소매업태이다. 소비자는 전문교환수가 제공하는 제품정보를 듣고 바로 주문을 하거나 또는 자동화 텔레마케팅 시스템 (ARS)을 통해 주문을 한다.

1970년대부터 텔레마케팅이 보급되기 시작한 미국의 경우 1980년대 후반 들어 성장을 보였다. 특히 Fortune지 선정 5백대 기업 중 텔레마케팅을 채택한 업체는 1986년 34%에서 1990년 66%로 증가하였다. 미국의 대형 소매업체인 J. C. Penney사는 3,000만 명 고객의 성명, 주소, 지금까지의 거래명세 등을 데이터베이스화 하였으며, 고객으로부터 주문이나 제품에 관한 문의전화가 오면 교환수는 고객에 관한 정보와 문의제품에 관한 정보를 컴퓨터 단말기에 호출하여 이와 함께 컴퓨터 화면에 나타나는 대화순서에 따라 고객과 대화를 할 수 있는 시스템을 활용하고 있다. 이 시스템을 통해 개별 고객에 맞는 판매나 조언을 할 수 있으며, 새로운 고객정보를 데이터베이스에 추가하여 그

후의 판매에 활용한다.

그러나 이커머스의 등장과 교환원의 인건비가 상승하고 시간 압박이 심한 현대인에게 상품 소개를 하는 전화는 매우 성가시므로 텔리마케팅은 점차 경쟁력을 잃고 있다.

③ TV 홈쇼핑

TV 홈쇼핑은 장시간의 TV 광고 (informercial: information과 광고를 의미하는 commercial의 합성어)를 통해 제품구매를 즉각적으로 유도하는 직접반응광고로부터 유래되었다. 미국의 경우 1980년대부터 광고비용이 공중파방송인 네트워크 TV에 비해 매우 저렴한 케이블 TV의 등장으로 장시간의 광고를 보여주고 곧바로 전화로 주문하는 직접반응광고가 활성화되었다. 케이블 TV가 직접반응광고의 주요 매체수단으로 이용되는 이유는 네트워크 TV의 매체비용이 너무 비싸서 비용 대비 광고효과를 충분히 거두기 어려울 뿐 아니라 광고시간이 너무 짧아 인포머셜로서의 직접반응광고의 특성을 살릴 수 없기 때문이다. 이에 따라 미국의 경우 30분, 1시간, 심지어는 2시간 이상의 프로그램 형태로 제작된 informercial이 케이블 TV를 통해 방영되었다. 이 방식이 발전하여 오늘날 전문 채널에서 제품을 판매하는 TV 홈쇼핑으로 발전하였다.

TV 홈쇼핑 채널을 이용한 주문방식은 홈쇼핑 전문방송국이 케이블 TV를 통해 상품들을 소개 · 설명하면 TV시청자들이 전화로 주문을 하는 무점포판매방식이다. 케이블 TV를 이용한 홈쇼핑은 가정에서 편안히 앉아서 TV에 방영되는 상품 중에서 마음에 드는 것을 전화로 주문을 하면 집까지 배달해 주기 때문에 편리하고, 가격도 10~30% 정도 저렴하며, 시간을 절약할 수 있을 뿐 아니라 상품을 구매하지 않더라도 유익한 상품정보를 얻을 수 있다는 이점이 있어 빠른 속도로 성장하였다. 최근에는 양방향 인터넷 TV인 IPTV의 보급이 급성장하면서 TV 홈쇼핑의 성장을 돕고 있다.

현재 전 세계적으로 TV 홈쇼핑은 사양화되고 있으나 우리나라에서는 아직도 번창하고 있다. 그 원인으로는 주요 공중파 채널 사이 사이에 홈쇼핑 채널이 있어서 채널을 돌리다가 홈쇼핑에 쉽게 노출된다는 점, 시대 트렌드에 맞는 상품 개발, 우리나라 소비자들의 높은 충동구매 성향 등을 들 수 있다. TV 홈쇼핑의 가장 큰 장점은 단위 시간당 매출이 업계 최고라는 점이다. 저녁 피크 시간대 1시간 매출이 7억 원에 이르러 타 업태의 추종을 불허한다. 두 번째 장점은 방송이라는 미디어 특성상 TV를 통해 매출뿐 아니라 상품 또는 브랜드 홍보에 탁월하다는 점이다. TV 홈쇼핑을 이용하는 기업은 온라인에서 판매되는 제품의 홍보를 위하여 TV 홈쇼핑을 이용하기도 한다.

우리나라의 경우 TV 홈쇼핑은 1995년 10월 1일 홈쇼핑 채널 방송이 시작된 이후 급속도로 그 규모가 증가하여 왔다. 짧은 기간에도 불구하고 2018년 현재 유료방송 가입자 수는 3,200만 명으로 IPTV (internet protocol TV)가 1500만 명, 지역케이블TV (Communcation Antenna TV: CATV)가 1400만 명, 위성방송이 300만 명을 기록하고 있다. 가입자의 지속적인 증가, 상품구색의 확대, 케이블 TV 수신료 인하 등으로 우리나라 TV 홈쇼핑 시장은 지속적으로 확대되고 있으며 쇼핑 호스트, 홈쇼핑 머천다이저와 같은 신종 직업이 각광을 받고 있다. 현재 우리나라의 홈쇼핑 시장은 GS홈쇼핑, CJ오쇼핑, 현대홈쇼핑, 롯데홈쇼핑 등 대기업들이 주도하고 있다.

국내 케이블 TV 산업은 200여 개의 프로그램 공급자 (program provider: PP), 119개의 시스템 운영자 (system operator: OS), 티브로드, 헬로비전 등 다수 사업자가 운영하는 전송망사업자 (network operator: NO)로 구성되어 있다. TV 홈쇼핑 사업을 영위하기 위해서는 우수한 상품조달 능력, 체계적인 물류시스템, 효율적인 고객데이터 관리 및 다양한 고객서비스가 요구된다. 이러한 사업핵심역량은 카탈로그, 인터넷 쇼핑 등 관련 무점포 산업으로의 성공적인 진출을 가능하게 한다.

최근 TV 홈쇼핑은 액세서리, 가전제품 등의 유형상품에서 해외관광, 보험, 금융 등의 서비스 상품까지 판매영역을 확대하고 있다. 1995년 이후 급성장하던 홈쇼핑 시장은 2000년대 후반 성장세가 둔화되었다가, 2012년 쌍방향 녹화홈쇼핑인 T커머스 채널이 늘어나면서 재성장세로 들어섰다. 2019년 현재 5개의 라이브방송과 10개의 T커머스 방송 등 15개 채널이 운영 중이다.

TV 홈쇼핑 및 인터넷 쇼핑몰은 배송업체와 보완적 관계를 갖고 있기 때문에, TV 홈쇼핑 및 인터넷 쇼핑몰의 매출성장은 배송업체의 시장규모를 확대시키는 데 기여한다. 그러나 CJ오쇼핑이나 현대홈쇼핑은 계열사의 배송업체와 계약되어 있고, 타 홈쇼핑업체도 대형업체와 계약되어 있어, 일부 배송업체만이 시장 확대의 수혜를 받고 있다.

TV 홈쇼핑 업체에 대한 주 공급자는 제조업체나 수입업체 등인데, 홈쇼핑 업체가 팔릴 만한 상품을 선정하여 판매 후 이익을 나누는 형식으로 계약이 이루어지므로 공급자의 힘은 상대적으로 약하다.

홈쇼핑 호스트는 새롭게 떠오르는 인기직종이다. 홈쇼핑 호스트는 상품을 스타로 만드는 직업인데, 상품의 장점과 이용방법, 상품의 가격경쟁력, 배송의 편리함 등의 상품정보를 생동감 있게 소개한다. 홈쇼핑 호스트는 프로그램을 쇼프로그램처럼 재미있게 진행해야 하며, 정확한 정보전달을 통해 소비자에게 신뢰감을 주어야 한다. 홈쇼핑 호스트는 생방송으로 진행되는 도중에 발생하는 판매량 추이와 시청자 반응을 파악하여 즉시 방송멘트로 활용하기도 한다. 홈쇼핑 호스트는 단순한 상품소개 진행자가 아니라 방송진행기법, 상품지식, 소비심리 파악 등에 대한 전문가가 되어야 한다.

④ 전자상거래 (electronic commerce: e-commerce)

전자상거래란 인터넷을 통해 가상공간 (cyber space)에서 이루어지는 모든 경제적 교환행위 및 이를 지원하는 활동으로 정의될 수 있다. 최근 가장 성장률이 높은 업태이며 오프라인 기반의 전통적 마케팅은 주로 중간 상인을 통해 수행되는 (agent marketing) 반면, 전자상거래에서의 마케팅은 기업과 고객 간의 직접적 거래를 활성화시키는 직접마케팅 (direct marketing)의 성격을 갖는다. 즉, 인터넷상에서의 거래인 전자상거래는 고객이 자신의 필요에 의하여, 자신의 주도하에 웹 사이트를 방문하여 이루어진다. 고객이 웹 사이트를 방문하게 되면 고객의 특성과 관심 제품에 관한 기록이 남게 되고, 이것은 향후 그 고객의 개인 특성을 반영한 추천 제품을 제시하는 개인화된 (customized) 마케팅의 기본 자료로 사용된다. 이러한 거래과정을 통해 고객과 판매자는 일회적인 거래의 관계를 넘어 지속적인 관계를 형성하게 된다. 따라서 온라인 소매업체는 기업의 제품에 부합되는 표적고객을 찾아 그 표적을 대상으로 마케팅을 수행하기보다는 고객의 정보를 바탕으로 고객과 오랜 관계를 유지하는 데 마케팅활동의 초점을 맞춘다.

온라인 판매자는 고객의 구매정보와 기호를 바탕으로 고객의 소비생활을 설계해 주는 노력인 관계마케팅 (relationship marketing)과 소비자의 기호에 효과적으로 대처하기 위해 고객과의 정보교류와 상호작용을 실행하는 인터액티브 마케팅 (interactive marketing)을 토대로 고객충성도와 마케팅활동의 효율성을 높이고 있다.

i) 전자상거래의 장단점

인터넷의 등장은 디지털경제와 사이버 기업의 출현을 촉발시키고 전 세계의 사람들이 하나의 거대한 망 속에 연결되는 가상사회의 출현을 가져왔다. 1990년대 중반 이후 인터넷 이용의 급격한 증가는 이커머스가 우리의 일상생활 깊숙이 자리 잡는 데 토대가 되었다.

전자상거래는 고객과 기업 모두에게 많은 이익을 가져다준다.

고객의 관점에서 보면 첫째, 소비자들은 상품을 구매하는 데 있어 시간적·공간적 제약을 받지 않는다. 즉 소비자는 원하는 시간과 장소에서 자신이 원하는 상품을 구매할 수 있다. 둘째, 상품구매에 필요한 정보를 쉽게 획득할 수 있다. 소비자는 검색엔진의 도움을 받아 해당 상품에 대한 여러 판매 기업들의 가격정보뿐 아니라 자기가 관심을 가질 만한 상품의 정보까지도 얻을 수 있어 최선의 구매를 할 수 있다.

한편 전자상거래는 기업들에게 다음과 같은 이점을 제공한다.

첫째, 물리적인 진열공간 (유형의 점포)이 필요 없기 때문에 저렴한 비용으로 상품의 전시·판매가 가능하다. 사이버공간에 전시하는 데 필요한 소프트웨어 개발비용 (즉 사이버공간 구축을 위한 초기비용)과 실제운용비용은 유형점포의 값비싼 획득·운영비용과 비교할 때 훨씬 저렴하다. 그러나 인공지능 (artificial intelligence: AI)을 이용한 고성능 검색엔진이나 맞춤형 매칭 알고리즘 (matching algorithm)을 개발하기 위해서는 막대한 초기 투자가 수반된다 (예를 들면 Netflix의 Cinematch, Amazon의 개인별 추천 (recommendation) 매칭 엔진 등).

둘째, 저렴한 비용으로 고객을 확보할 수 있다. 전통적 광고매체인 신문이나 TV을 이용하지 않고도 Google, 네이버 같은 포털 서비스나 Facebook, Instagram 등의 SNS를 통해 상품의 이미지나 동영상, 체험 리뷰 등으로 오프라인 유통 대비 적은 비용으로 사이트 방문이나 구매를 유도할 수 있다.

셋째, 등록 (registration) 시 수집한 고객의 인구통계학적 특성과 구매행위 (구매량, 구매시기, 구매빈도)를 분석하여 개별고객의 특성 및 욕구에 맞는 개인화된 (customized) 마케팅 전략을 수립할 수 있다.

한편 인터넷 유통은 다음과 같은 한계점 또한 지니고 있다. 첫째, PC나 모바일의 화면을 통해 상품정보를 고객에게 전달하기 때문에 모든 정보를 제공하는 데 한계가 있다. 둘째, 주문한 상품의 배송이 지연됨으로 인해 소비자 불만이 야기될 수 있다. 셋째, 원활한 상품배송을 위해 신속하고 효율적인 물류시스템이 구축되어야 하고, 이를 위해 많은 투자비용이나 통합적 물류시스템이 요구된다. 넷째, 고객이 실제 물건을 보고 구매하는 것이 아니므로 반품율이 높다. 다섯째, 소비자는 실제 물건을 보았을 때 충동구매를 할 가능성이 커지는데, 가상공간에서는 실제 물건을 보여줄 수가 없기 때문에 충동구매를 유도하기가 어렵다.

ii) 전자상거래의 유형

상거래의 유형에는 기업 대 소비자 (business to customer: B2C), 기업 대 기업 (business to business: B2B), 소비자 대 소비자 (customer to customer: C2C), 소비자 대 기업 (customer to business: C2B)이 있다.

가) 기업과 소비자 간의 전자상거래 (B2C, 인터넷 쇼핑몰)

기업과 소비자 간의 전자상거래는 일반적으로 소비자들에게 상품의 판매를 통해 수익을 실현하는 인터넷 쇼핑몰을 말한다. 인터넷 쇼핑몰은 전자상거래

중에서도 가장 발달되어 있으며 무형의 소매점을 가상공간에 구현한 것이다.

소비자는 웹 브라우저 화면을 통해 인터넷 쇼핑몰에서 취급하는 상품을 볼 수 있으며, 원하는 상품들을 장바구니에 모아 두었다가 신용카드, 계좌이체, 전자페이 등의 전자지불시스템을 이용하여 결제하게 된다. 첨단 B2C 업체는 빅데이터 분석을 통해 개개인들에게 맞춤 서비스, 맞춤 웹사이트 등의 서비스를 제공하고 있다.

쇼핑몰은 판매형태에 따라 단순히 몰들에 대한 하이퍼링크만을 제공하는 유형 (예: yahoo.com, 네이버쇼핑), 하나의 사업자가 자신의 상품들만을 파는 단일몰 유형 (nike.com), 그리고 여러 판매자 (vender)들에게 사이버 공간을 제공하는 오픈 마켓 (예: Amazon.com, gmarket.co.kr) 유형 등으로 분류될 수 있다. 단순히 몰들에 대한 하이퍼링크만을 제공하는 경우는 자체적으로 상품을 판매하지 않고 하이퍼링크만을 제공하고 하이퍼링크에 대해 쇼핑몰로부터 수수료를 받거나 기타 광고수입을 올리는 경우를 말한다. 야후 (http://www.yahoo.com/)가 대표적인 예라고 할 수 있다. 하나의 사업자가 자신의 상품만을 파는 단일 몰은 한 기업이 상품의 조달 및 판매 기능을 모두 수행하는 경우이며 생산자가 직접 생산품을 파는 경우나 백화점이 여러 생산자로부터 상품을 납품받아 판매하는 경우 등을 예로 들 수 있다. 최근 들어 오픈 마켓은 온라인 유통시장의 외형적 성장을 견인하며 급성장하고 있다.

국내에서 인터넷 쇼핑몰 서비스는 1996년 6월 데이콤의 인터파크 쇼핑몰의 개점에 의해 처음으로 시작되었다. 인터파크 개점 이후 롯데, 이베이, CJ오쇼핑 등의 대형 유통업체들이 잇따라 인터넷 쇼핑몰을 개점하였고 오늘날 인터넷 전자상거래는 모든 소비자들의 생활 속에 깊숙이 자리 잡았다.

B2C 형 이커머스 사업의 자세한 내용은 2장의 Amazon 사례를 참조하기 바란다.

나) 기업 간 전자상거래 (B2B)

기업과 소비자 간 거래뿐 아니라 기업과 기업 간의 거래에도 전자상거래가 폭넓게 활용되고 있다. 즉 가상공간 (인터넷)을 통해 자사제품을 기업고객에게 판매하거나 필요한 부품을 공급업체로부터 조달하는 기업들이 늘어나고 있는 것이다.

중국의 alibaba.com의 설립자인 마윈 회장은 B2B를 통해 세계의 공장인 중국 부품업체들을 부품의 구매업체에게 연결하는 B2B 사이트를 개설하여 큰 성공을 거두었다.

B2B 산업에서 인터넷의 발달 이전에 존재했던 중간상의 역할이 배제되는 중간상 배제현상이 빈번히 발생되는데, 현재 미국의 반도체 업체인 Intel의 경우 기업과 기업 간의 직거래가 매출액의 50% 이상을 차지하고 있고 그 변화 속도는 나날이 증가하고 있다. 또 다른 예로 미국의 네트워크 대표기업인 Cisco도 매출의 80~90%가 인터넷을 통해 이루어지고 있다. 따라서 기업과 기업 간의 거래에 있어서는 인터넷을 통한 거래방식이 가장 중요한 채널로 빠르게 자리 잡고 있다. B2B 거래는 거래내역에 대한 데이터베이스를 구축하고, 산업재 중간상을 배제함으로써 주문비용감소, 재고비용감소 등의 장점이 있다.

다) 소비자 대 소비자 간 전자상거래 (C2C)

이 방식은 벼룩시장을 인터넷에 옮겨 놓은 것과 같다. 인터넷이 종이 무가지 벼룩시장에 비해 시간 · 공간의 제약을 극복할 수 있는 장점을 가지므로 더 크고 효율적인 거래시장이 생성되고 있다. 이 유형은 P2P (pear to peer)라고도 불리며 과거 미국의 무료 음원 사이트인 Napster, 우리나라의 소리바다가 그 예이다. C2C 거래는 종종 저작권 문제에 있어서 불법적 요소를 가지고 있는 경우가 많다.

라) 소비자 대 기업 간 거래 (B2C)

이 방식은 역경매라고 불리며 소비자가 자신이 원하는 제품이나 서비스를 제안하는 경매를 하면 기업이 입찰에 응하는 형식이다. 예를 들어 Priceline.com은 고객이 원하는 여행관련 서비스를 제안하면 기업이 가격을 제안하여 경매를 하는 사이트이다.

참고문헌

Kotler and Armstrong(2019). *Principles of Marketing*, 17th edition, Prentice Hall.

안광호, 조재운, 한상린(2019). **유통원론**, 4판, 학현사.

Seven Eleven Japan 사례

[2018 소비자정책포럼] 김수년 코리아세븐 미래전략팀장 "무인편의점 IT인력 일자리 창출". https://www.ajunews.com/view/20180620092134364

7-Eleven: Revitalising the Slurpee brand - Researching the Slurpee brand. https://www.afrbiz.com.au/case-studies/7-eleven-revitalising-the-slurpee-brand/Page-3.html

가정간편식 세계적 열풍①:일본…'간편한 한끼'식품 산업 미래 성장동력. http://www.think-food.co.kr/news/articleView.html?idxno=83627

고령화 시대 틈새 시장 노려… '편의점 트럭'으로 어르신 공략. http://news.chosun.com/site/data/html_dir/2017/05/17/2017051700044.html

과일 · 채소도 편의점에서…1~2인용 신선식품 인기. https://www.yna.co.kr/view/AKR20160410038600030

[규제 풀어 소비 살리자③] "일본 편의점 소비 키워드는 시니어 · 건강". http://www.etoday.co.kr/news/view/1712177

[맞수열전]편의점 2위 쟁탈전 GS25 vs 세븐일레븐…점포당 매출(GS25) vs 점포 수 확대(세븐일레븐). https://www.mk.co.kr/news/business/view/2012/11/722959/

"상식 뒤집을 때 고객 니즈 보인다"…'세계최대 편의점' 성장 비결. https://www.hankyung.com/international/article/2011091379271

"새벽배송 1위 마켓컬리 잡는다"…헬로네이처, 부천에 첨단물류센터. https://www.hankyung.com/economy/article/2019021410191

세븐일레븐, '2019 상품 전시회'..."신선식품이 미래". https://www.msn.com/ko-kr/money/topstories/%EC%84%B8%EB%B8%90%EC%9D%BC%EB%A0%88%EB%B8%90-2019-%EC%83%81%ED%92%88-%EC%A0%84%EC%8B%9C%ED%9A%8C%EC%8B%A0%EC%84%A0%EC%8B%9D%ED%92%88%EC%9D%B4-%EB%AF%B8%EB%9E%98/ar-BBV229h#page=2

세븐일레븐, 구미 · 수원에 미래형 스마트 편의점 개점. https://www.mk.co.kr/news/society/view/2019/03/194002/

세븐일레븐, 핵심사업 뺀 모든분야 아웃소싱. https://www.mk.co.kr/news/special-edition/view/2007/12/662433/

슈퍼 + 약국 + 빨래 + 은행 + 헬스 + 숙박 + 자전거… 없는 게 없다, 못할 게 없다… 일본 편의점의 대변신. http://weeklybiz.chosun.com/site/data/html_dir/2018/10/04/2018100402083.html

'숨은 공간의 마력' …세븐일레븐, 매출 3개월만에 28%↑. http://biz.newdaily.co.kr/site/data/html/2016/04/06/2016040610011.html

위기의 편의점 업계, 올해 각사 생존전략은. http://www.segyefn.com/newsView/20190128002740#0BhL-

Costco home page, https://www.costco.com/
일본에 먹으러가자. http://kcanari.egloos.com/4077273
일본의 CVS 업계의 마케팅전략. https://m.cafe.daum.net/tamamkt/3saf/485
자판기형 무인편의점 '세븐일레븐 익스프레스' 등장. https://www.yna.co.kr/view/AKR20180820030900030
전구 교체도 편의점에서? 고령화시대, 일본 편의점의 무한 변신. https://news.joins.com/article/21674897
최저수익보장제는 과연 '수입'을 보장해줄까. https://m.post.naver.com/viewer/postView.nhn?volumeNo=18652442&memberNo=39094895&searchRank=29
팔방미인 편의점…이색 상품부터 서비스까지. https://news.mt.co.kr/mtview.php?no=2018032609242668135
편의점, 모바일 결제 서비스 다양화 "젊은층 고객 잡아라". http://www.asiatoday.co.kr/view.php?key=20190512010006204
편의점에 가면 인구변화 트렌드가 있다?. https://www.sktinsight.com/107075
편의점을 보면 라이프스타일이 보인다. http://www.the-pr.co.kr/news/articleView.html?idxno=15102
편의점이야 카페야 … 매출 2배로 뛴 이유 있었네. https://news.joins.com/article/22580328
[해외 진출에 속도 내는 국내 편의점] 중고(최저임금 인상, 치솟는 임대료, 점포 경쟁)'피해 새로운 블루오션으로. http://jmagazine.joins.com/economist/view/317852
혼돈의 편의점 시장 확장? 기술 혁신? 서비스 차별화?. http://www.econovill.com/news/articleView.html?idxno=357503
K푸드열풍...한식 세계화 업그레이드판(版) 나왔다. http://www.econovill.com/archives/129110
7-Eleven Japan Homepage. https://www.sej.co.jp/in/en.html
7-Eleven Wikipedia. https://en.wikipedia.org/wiki/7-Eleven
7-Eleven Inc - Strategic SWOT Analysis Review. https://www.marketresearch.com/GlobalData-v3648/Eleven-Strategic-SWOT-Review-13317331/
7-ELeven is the next retailer to test chasherless stores. https://techcrunch.com/2020/02/06/7-eleven-is-the-next-retailer-to-test-cashierless-stores/
7-Eleven Marketing Mix (4Ps) Strategy. https://www.mbaskool.com/marketing-mix/services/17046-7-eleven.html
7-Eleven pricing strategy. https://www.slideshare.net/AimalJumazada/7-eleven-pricing-strategy
7-Eleven's Evolving Strategy Keeps Us Ahead Of The Game. https://ncasef.com/2608-7-elevens-evolving-strategy-keeps-us-ahead-of-the-game/
7-Eleven Shifts Marketing Strategy to Win Supermarket Customers. https://progressivegrocer.com/7-eleven-shifts-marketing-strategy-win-supermarket-customers
Positioning 7-Eleven for the Future. https://cstoredecisions.com/2018/10/12/positioning-7-eleven-for-the-future/
Seven-Eleven is revolutionising grocery distribution in Japan. https://www.sciencedirect.com/science/article/abs/pii/S0024630197000733
Seven-Eleven Japan's competitive strategy. https://www.studocu.com/en-us/document/university-of-wisconsin-milwaukee/introduction-to-supply-chain-management/assignments/seven-eleven-japans-competitive-strategy/1966589/view
Supply chain analysis of Seven-Eleven Japan. https://www.researchgate.net/publication/332864174_Supply_chain_analysis_of_Seven-Eleven_Japan

Chapter

5

소매상의 마케팅전략

학습내용

1. 소매전략의 수립절차는 어떠한가?
2. 쇼핑 시 소비자 욕구는 무엇인가?
3. 소매전략 수립 시 시장세분화는 어떻게 시행하는가?
4. 소매전략에서 타게팅 전략은 어떻게 수립하는가?
5. 소매점의 포지셔닝 전략에는 어떤 유형이 있는가?
6. 소매매출을 증대시키는 전략에는 어떤 것이 있는가?
7. 고객수를 늘리는 전략에는 어떤 것이 있는가?
8. 고객방문빈도를 높이는 전략에는 어떤 것이 있는가?
9. 1회 구매액을 높이는 전략에는 어떤 것이 있는가?
10. 소매믹스 전략이란 무엇이며 이의 구성요소는 무엇인가?
11. 소매믹스 전략 수립 절차는 어떠한가?
12. 향후 소매산업은 어떻게 변화할 것인가?
13. 각 소매업태의 미래는 어떻게 될 것인가?

사례 세계 최대의 가구 소매상: IKEA

학습목표

1. IKEA의 비즈니스 모델의 특징은 무엇인가?
2. IKEA의 매장 관리 전략의 특징은 무엇인가?
3. IKEA는 고객의 평균 방문 빈도를 높이기 위해 어떤 전략을 구사하고 있는가?
4. IKEA는 고객의 1회 구매량 (객단가)을 높이기 위해 어떤 전략을 구사하고 있는가?
5. 최근 IKEA의 전략적 변화에는 어떤 것이 있는가?

1. IKEA의 역사

Ingvar Kamprad가 스웨덴에 설립한 가구 소매 기업 IKEA는, 오늘날 52개의 국가에 424개의 매장을 둔 세계 굴지의 가구 판매 기업이다. 합리적인 가격과 북유럽 스타일의 모던한 가구 디자인이 주요 장점으로 꼽히며 '많은 사람들을 위한 더 좋은 생활을 만든다'는 비전 아래 전 세계인의 사랑을 받고 있다.

1943년 소규모 잡화상으로 시작한 IKEA는 1948년 가구 사업을 시작하였으며, 1955년부터 자체 가구 디자인을 시작하였다. 이때 시작된 DIY 제품군 및 Flat pack system은 오늘날 IKEA가 가지는 가격경쟁력의 시초가 되었다. 1965년 스웨덴 스톡홀름에 최초의 오프라인 매장을 오픈하였고 이는 IKEA 광명점 오픈 전인 2014년 6월까지 세계 최대 규모의 매장이었다. 1960년 노르웨이와 덴마크를 시작으로 글로벌 시장에 첫발을 내딛었고, 이후 1980년대 세계 경제 성장에 힘입어 본사를 네덜란드로 옮기고, 미국 등 세계 각지의 시장에 진입하여 다국적 기업의 면모를 갖추며 오늘날과 같은 현대적 기업 형태를 완성하였다. 이후 지속적인 시장 확대로 IKEA는 전 세계에 52개의 국가에 422개의 매장을 개설한 세계 최대 가구유통업체로 발전할 수 있었다. 취급 제품군에 있어서도 1996년 조립식 주택, 1997년 아동용 가구, 소품 등 많은 확장을 이룩하며 경쟁력을 갖추어 가고 있다.

2019년 기준 종업원 수는 211,000명에 이르며 52개 국가에 422여 개의 매장을 보유하고 있고 9.57억 명이 IKEA 매장들을 방문하였으며 매출액은 전년 대비 6.5% 성장한 413억 유로를 기록하였다.

2. IKEA의 Business model

(1) Store Concept

IKEA의 뛰어난 매출과 성장세에 큰 도움을 준 부분으로 소비자 심리의 적절한 활용, 고객 경험 강화 등 여러 방법을 통하여 효율성과 경쟁력을 두루 갖추고 있다.

IKEA는 주로 도심에서 벗어난 외곽 지역에 대규모의 매장을 건설한다. 다만 도심에서 쉽게 접근할 수 있도록 큰 도로와 인접한 곳을 부지로 선정하는데 이러한 부지 선정은 IKEA에게 많은 이점을 가져다준다. 첫 번째는 임대료의 감축이다. IKEA는 합리적인 가격을 가장 큰 무기로 삼고 있는데, 외곽 지역의 저렴한 임대료는 기타 간접비의 지출을 줄여 제품이 소비자에게 더 저렴한 가격으로 제공되도록 돕는다. 두 번째는 넓은 부지의 확보가 가능하다는 점이다. 단순히 개별적인 가구를 전시하여 판매하지 않고 일정한 라이프스타일의 형태로 전시를 진행하며, 가구에서부터 생활에 필요한 소품들까지 다양한 제품을 취급하는 IKEA에게 넓은 부지는 필수적이다. 또한 넓은 부지는 먹거리 판매 시설 입점, 미로와 같은 매장 구조 등 IKEA가 지향하는 방향으로 매장을 구성함에 도움을 준다. 따라서 외곽에 입지하여 확보한 넓은 부지에 입점하는 것은 단순히 매장이 넓은 것 그 이상의 이점을 가져다주는 것이다.

IKEA는 단순히 개별적인 가구만을 고객에게 제시하지 않는다. IKEA는 일정한 라이프스타일의 형태로 실제로 집에 설치된 가구의 모습을 고객에게 제공하며, 직접 누워보거나 사용해보는 체험의 기회를 제공한다. 이렇게 다양한 제품을 노출시키는 전략은 고객이 연관된 더 많은 물품을 구매하도록 유도할 뿐만 아니라 고객이 매장이 아닌 집이라는 공간에 있다고 인식하게 하여 편안함을 느끼도록 한다. 이렇게 라이프스타일을 제시하여 체험하도록 하는 IKEA의 매장 구성 전략은 놀라울 정도로 치밀하다. 예를 들자면 세탁실을 표현하는 부스의 경우 세탁기 안에는 실제 빨랫감이 들어가 있고 아이의 방을 꾸며 놓은 부스의 경우 아이의 장난감, 옷 심지어 기저귀까지 배치되어 있다. 이렇게 구성된 치밀하고 현실적인 전시는 IKEA가 매장에 방문한 소비자의 경험관리에 많은 노력을 쏟고 있음을 시사한다.

IKEA에서는 별도로 길을 찾을 필요가 없다. 아니, 찾을 수가 없다. 매장의 길이 단 하나뿐이기 때문이다. IKEA 매장의 쇼룸은 하나의 길로 소비자가 이동하게 하며, 바닥에 화살표를 부착하여 소비자의 이동을 의도적으로 특정한다. 이렇게 구성된 매장은 소비자의 고민을 최소화하여 쇼핑에 오로지 집중하도록 한다. 또한 미로와 같은 구조를 가져 최대한 많은 제품이 소비자에게 노출되도록 한다.

(2) Product Range

IKEA는 매우 다양한 제품을 판매한다. 그들의 제품은 크게 두 가지 부분에서 다양성을 가진다. 기능적 측면, 디자인적 측면이 바로 그것이다. 이를 명확히 이해하기 위해서는 IKEA의 비전인 '많은 사람들을 위한 더 좋은 생활을 만든다'를 살펴볼 필요가 있다. 앞서 언급된 것처럼 IKEA는 단순히 개별적인 가구를 판매하지 않는다. 라이프스타일, 이른바 소비자에게 삶의 형태를 판매하는 것이다. 이를 실현하기 위해서 IKEA는 매우 다양한 제품을 판매한다. 침대, 소파, 책장과 같은 가구는 물론이고, 양초, 전등, 식기류 심지어는 자전거와 여행용 캐리어까지 판매한다. 이러한 제품들은 각기 다양한 디자인으로 제공되며 각자의 라이프스타일에 맞게 선택할 수 있다.

가구 소매업체인 IKEA는 놀랍게도 먹거리로 유명하다. 스웨덴의 대표 음식 미트볼에서부터 피자, 핫도그 심지어 한국에서는 김치볶음밥을 판매하기도 한다. 이렇게 IKEA가 먹거리에 많은 신경을 쓴 이유는 설립자 Kamprad의 다음과 같은 말에서 잘 알 수 있다. '공복에 식욕이 채워지지 않은 사람에게 상품을 파는 게 가장 어렵다' 매장을 한번 도는 것에 약 2km의 이동거리가 필요한 IKEA의 특성상 먹거리를 판매하는 것은 고객 편의를 위해 필수적인 부분이다. 이러한 먹거리 판매는 고객 편의 이외에 다양한 이점을 IKEA에게 제공하는데, 후술할 IKEA의 주요 성공 요인에서 자세히 다루도록 하겠다.

(3) Product Design

IKEA는 스스로 디자인한 물건만을 판매한다. 이는 통제력 강화를 통한 비용 절감, 안정적 제품 공급 등 다양한 이유가 있겠지만, 대표적인 이유는 IKEA의 디자인 철학 'Democratic Design'을 온전히 담기 위해서다. IKEA의 비전과 상통하는 Democratic design은 고객에게 합리적인 가격을 가진, 훌륭한 품질을 가진 제품을 제공하는 데 일조한다. Democratic design의 특징은 제품 디자인 이전에 가격의 결정한다는 것에 있는데 일반적인 가격결정 정책이 물품 제조과정에 들어가는 재료비, 인건비, 운송비 등을 합한 비용에서 일정 마진을 더하는 형태인 것과 비교한다면 눈에 띄는 차별점이라 볼 수 있다. 또한 Democratic design은 5가지의 디자인 가치를 가지고 있는데, 다음과 같다; form (디자인), function (기능), quality (품질), sustainable (지속가능성), affordability (합리적인 가격). IKEA에서 판매되고 있는 모든 제품은 앞선 5가지의 디자인 가치를 담고 있다.

IKEA의 제품 디자인에는 또 다른 특별함이 숨어 있다. 그것은 바로 제품 디자인

과정에서 이루어지는 협업이다. IKEA는 제품 디자인 과정에서 상품의 제조가능성 여부를 빠르게 파악하기 위하여 디자이너가 제조업자와 같은 장소에서 근무하며 상호의존적 관계를 형성하고 있다. 이러한 협업은 3D 모델링과 3D 프린팅을 이용한 시제품 제작과 더불어 제품 디자인 단계에서 발생하는 불필요한 시행착오를 줄이는 효과를 가지고 있다.

또한 IKEA는 디자인에 Do it your self (DIY)와 Flat-pack furniture의 개념을 적극 활용한다. 소비자가 직접 제품을 조립하는 DIY의 특성상 조립단계에서 발생하는 비용이 줄어들고 제품을 넓고 평평한 판 형태로 포장이 가능해져 재고 비용 및 유통 비용이 대폭 감소하는 것이다. 이는 후술될 유통 부분에서 자세하게 서술하도록 하겠다.

이렇듯 IKEA는 제품의 디자인에서부터 비용 절감을 위해 많은 노력을 쏟고 있다.

(4) 제조

'퍼시픽 스탠다드'에 따르면 2013년 기준 IKEA가 연간 사용하는 목재의 양은 전 세계 산림의 1%에 해당하는 1천 627만m^3에 달한다고 한다. 그렇다면 IKEA는 어떻게 엄청난 양의 목재를 안정적으로 공급받는 것일까? 이에 대한 답은 다음의 일화에서 찾아볼 수 있다. 1958년 IKEA는 급격히 늘어난 주문량, 원자재 불매 운동의 여파로 목재 공급에 어려움을 겪은 경험이 있다. 이때 Kamprad는 안정적인 원자재 수급을 위하여 덴마크로 눈을 돌렸고 덴마크의 원자재 공급업체와 계약을 체결하게 되었다. 이러한 행위에는 IKEA의 향후 원자재 공급과 제조 전략에 지속적인 영향을 끼치게 되는 두 가지 전략이 녹아있었다. 첫 번째는 인건비의 절감이다. 당시 스웨덴 평균 임금의 1/4 수준이었던 폴란드는 원가 절감을 위한 매력적인 선택지였고 이러한 원가 절감 방식은 오늘날에도 이어져 IKEA의 가구 제조공장이 인건비가 저렴한 나라들에 설치되도록 하였다. 이에 더해 제조공장의 85% 이상을 자동화하여 최소한의 인건비를 투입하고 있다. 두 번째는 장기계약이다. 1960년대 영국과 독일의 가구 제조업체들은 소량의 자재를 구매하고 빠른 배송을 위해 상당한 추가 배송료를 지불하는 것이 일반적이었는데, IKEA의 경우 공급업자들과 대량의 장기 공급계약을 체결하여 불필요한 배송 비용을 줄이고 원자재 공급단가를 낮추었다. 이러한 IKEA의 전략은 오늘날 더욱 발전하였는데, 단순히 장기계약 체결을 넘어 공급업체에게 원자재 가공 기술, 생산 설비, 유통 방법에 대한 조언과 지원을 통해 더욱 굳건한 계약 관계와 효율적인 비용 절감을 이끌어내고 있다.

추가적으로 IKEA는 원자재의 효율적인 활용에도 힘쓰고 있는데, 생산 제품의

50% 이상에 지속가능하거나, 재활용된 원자재를 이용하고 있다. 이는 후술될 IKEA의 최근 전략 부분에서 자세히 설명하도록 하겠다.

(5) 유통

고객에게 합리적인 가격의 제품을 제공하기 위해 노력하는 IKEA는 유통 과정에서도 많은 공을 들이고 있는데, 매장 내 물류 담당자를 고용하여 매장의 재고 관리를 담당하도록 하고 있다. IKEA의 모든 매장에는 in-store logistics manager (매장 내 물류 관리자)와 store goods manager (매장 상품 관리자)가 배치되어 있는데 이 중 주문과정을 관리하는 매장 내 물류 관리자를 눈여겨 볼 필요가 있다. 이들의 주요 역할은 매장별 상품 흐름을 효율적으로 관리하는 것에 있으며, 이 과정에서 maximum setting과 minimum setting을 활용한다. 이는 각각 재고 보충과정의 재주문 시점에서 한 번에 최대 주문할 수 있는 재고의 양, 재주문 이전 최소한으로 유지되어야 하는 재고의 양을 조절한다. 불필요한 재고 발생과 재고 부족을 효과적으로 해결하는 방법인 것이다. IKEA가 이러한 재고 관리 프로세스를 도입할 수 있었던 것은 point of sale data (pos data)의 적절한 활용 덕분이다. 제품별 월간 판매량 추이, 일간 평균 판매량 등 수요예측에 도움을 주는 다양한 정보를 수집할 수 있었고, 이는 효율적인 재고관리의 근간이 되었다.

3. IKEA의 주요 성공요인

(1) 외부요인

IKEA는 1980년대 전 세계적 경제성장과 그로 인해 늘어난 가구 수요에 힘입어 글로벌 시장으로 도약할 수 있었고, 이에 발맞춘 적극적인 사업 영역 확대 및 국제무대 진출로 현재 IKEA의 초석을 다질 수 있었다. 최근 영향을 끼치고 있는 외부요인 또한 존재한다. 급격히 늘어난 Home furnishing[1]의 수요가 큰 역할을 하였다. 단순히 가구를 개별적으로 구매하는 것이 아닌 자신이 구상한 라이프스타일에 맞추어 다양한 소품들을 동반 구매하는 고객이 늘어난 것이다. 이는 소비자들의

1) 집을 뜻하는 home과 단장한다는 뜻의 furnishing의 합성어로 가구뿐만 아니라 벽지, 조명, 소품 등을 활용하여 스스로 집을 꾸미는 행위를 의미한다.

IKEA 방문빈도와 객단가를 상승시키는 효과를 불러일으켰고 매출 상승으로 이어졌다. 마지막으로 늘어난 젊은 1인 가구 수 및 MZ세대[2]의 등장이다. 높은 구매력을 가진 대상으로 분류하긴 힘든 이들이긴 하지만 오히려 이러한 부분이 IKEA에게는 도움이 되었다. 합리적인 가격, 가격대비 우수한 품질을 중요시하는 IKEA의 제품은 이들에게 충분히 매력적이었고 이는 그들을 충성스러운 고객으로 만들기에 충분하였다.

(2) 내부요인

IKEA의 성공에 영향을 끼친 내부요인은 그들의 business model에서 찾을 수 있다.

첫 번째는 수직적 통합을 이용한 효율적 공급망 관리이다. IKEA는 3개의 프랜차이즈 회사를 두어 연구개발, 제품 카탈로그 제작 및 미디어커뮤니케이션, 원자재 소싱 등 공급망 관리와 연관된 모든 단계에 통제력을 강화하고 있다. 원자재 공급 및 상품 제조업체와의 긴밀한 관계 구축, 100% 자체 디자인 상품 판매, 독자적 재고 관리 등 다양한 부분에서 그러한 모습을 찾을 수 있다. 이러한 IKEA의 수직적 통합은 급변하는 시장 상황에 기민하게 대처할 수 있는 능력을 부여하였고, 공급망 전반에 걸친 비용 절감을 통해 가격경쟁력을 강화시켜 주었다.

두 번째는 IKEA만의 철학이다. IKEA는 자신의 비전 '많은 사람들을 위한 더 좋은 생활을 만든다'를 철저히 실행에 옮기고 있다. 원자재 수급 단계에서는 친환경 원료, 지속가능한 원료를 이용하며 디자인 단계에서는 소비자에게 더 많은 가치를 낮은 가격으로 제공하고자 노력한다. 이는 첫 번째 요인과 일정 부분 상호작용하는데, 공급망 전반에 높은 통제력을 가지고 있기에 공급망을 구성하는 모든 단계가 철저히 자신의 철학 하에 운영되어 경쟁력을 갖출 수 있었다.

(3) Paradigm Shift

가구는 줄곧 한번 구매하면 대대손손 물려주며 오래 사용해야 하는 물품으로 인식되었다. 또한 고풍스럽고 고급스러운 디자인의 고가품으로 인식되었다. 하지만 IKEA는 이러한 인식을 완전히 뒤집었다.

첫 번째 시작은 democratic design이다. IKEA의 설립자 Kamprad는 1970년 밀라

2) MZ세대는 1980년대 초~2000년대 초 출생한 밀레니얼 세대와 1990년대 중반~2000년대 초반 출생한 Z세대를 통칭한다.

노 가구 박람회에 방문하여 큰 충격을 받았는데, 노동자의 가구들이 전체적으로 무겁고 어두운 느낌의 디자인뿐이었기 때문이다. 이는 그 당시의 노동자들의 부족한 심미적인 감각 때문이 아니라, 밝은 분위기의 화사한 가구들은 비싼 가격 탓에 상류층들의 전유물이었기 때문이다. Kamprad는 democratic design을 통하여 합리적인 가격에 모던하고 아름다운 디자인의 가구를 만들기 시작하였고 이것은 오늘날에도 IKEA가 많은 사랑을 받고 있는 주요한 이유이다.

두 번째는 생애주기에 따라, 필요에 따라 쉽게 구매할 수 있는 저렴한 가구를 판매한 것이다. 기존의 가구들은 대를 이어 사용할 정도로 오랜 기간 사용되는 물품이었고, 대부분 완제품으로 판매되며 설치까지 진행되는 경우가 많았다. 하지만 IKEA는 가구 산업이 가지는 이러한 구조가 높은 비용을 유발하여 접근성을 낮춘다고 생각하였다. 이를 해결하기 위하여 DIY 제품과 Cash and Carry[3] 시스템을 도입하여 의도된 불편함을 고객에게 제시하였고, 고객에게 성취감과 함께 합리적인 가격의 제품을 제공하도록 도왔다. 이렇게 합리적인 가격의 가구는 Zara의 fast fashion과 같이 고객이 필요에 따라 더 자주 가구를 교체하도록 유도하였고 IKEA의 성공에 큰 도움을 주었다.

4. IKEA의 최근 전략과 행보

IKEA의 최근 전략은 크게 세 가지 키워드로 나누어 볼 수 있다.

첫 번째 키워드는 접근성이다. IKEA의 비전에서도 알 수 있듯이 IKEA는 더 많은 이의 삶에 긍정적 영향을 끼치고 싶어 한다. 이미 수직적 통합과 democratic design 등 여러 수단을 통해 합리적인 가격으로 접근성을 높인 IKEA는 신규 매장을 증설하여 접근성을 추가적으로 높이고자 하는 것으로 보인다. 이미 국내에 2개의 매장을 오픈하였던 IKEA는 2019년 12월 12일 기흥에 3호점을, 2020년 2월 13일에 동부산에 4호점을 오픈하였다. 이에 더하여 기존의 매장 입지 전략에서 탈피한 도심형 매장을 확대를 검토하고 있다. 기존 매장의 기능을 그대로 담은 매장들을 도심에 설립하는 형태도 진행되고 있지만 눈여겨볼 부분은 상품 판매 기능을 제외한 쇼룸을 확대하고자 하는 것이다. Planning studio가 대표적인데 고객이 해당 매장에 방문하여

3) 고객이 매장에서 마음에 드는 품목을 찾으면 종업원의 도움 없이 창고에 가서 직접 그 제품을 수령하게 하고, 계산 후 직접 자신의 차량으로 운반하도록 하는 판매 시스템

컨설턴트의 조언을 받아 구매 결정에 도움을 주는 것을 주력으로 한다.

두 번째 키워드는 편의성이다. 이미 IKEA는 일부 국가에 한해서 배송시스템을 도입하고 있으나, 배송비와 배송 소요 시간에서 불편함이 존재하여 이를 더욱 효율적으로 개선하고자 노력하고 있다. 또한 온라인 몰을 강화하여, 온라인 매장의 고객 경험을 오프라인 매장 수준으로 높이는 것을 목표로 하고 있는데, 온라인 플래닝을 통하여 온라인상에서 미리 자신의 주거공간을 꾸며 볼 수 있도록 하고 있으며, 3D 모델링을 적극 도입하여 편의성을 강화하고 있다.

세 번째 키워드는 지속가능성이다. IKEA는 원자재의 지속가능성에 힘을 쏟고 있는데, 대표적으로 원자재 재활용 및 환경친화적 자재 수급을 위해 노력하고 있으며, 판매한 제품 중 일부를 매입하는 바이백 서비스를 진행함으로써 낭비되는 자원을 최소화하고 있다. IKEA는 2020년 8월 25일 IKEA 광명점에 전 세계 매장 최초로 도심형 농장 파르마레를 개장하였다. 해당 매장은 친환경 무농약 먹거리를 90%의 절약된 물을 이용하여 생산하여 제공함으로써 지속가능한 성장에 앞장서고 있다.

5. 코로나 팬데믹 상황에서의 IKEA의 대응전략

IKEA는 코로나 펜데믹 이후 체질을 바꾸고 있는 기업 중 하나로 꼽을 수 있다. 외곽지역에 매장 입점, 대형 규모의 매장, off-line 고객 경험 강화로 정의되던 기존의 주요 전략에 변화를 주고 있다.

첫 번째 전략은 도심형 매장 강화이다. 제품 판매를 하지 않고 상담만을 하는 매장인 planning studio의 확장을 추진하고 있다. 도심 상권에 입지하여 전문 컨설턴트 13명이 고객의 니즈에 맞는 상품들을 추천해주는 해당 매장은 고객이 원할 경우에는 그 자리에서 온라인 몰로 들어가서 바로 주문할 수 있다. 이외에도 경쟁력 강화를 위해 기존 매장보다 작은 규모의 시티숍 등 다양한 옵션을 준비하고 있다.

두 번째 전략은 온라인 판매 강화이다. IKEA는 최근 Alibaba의 전자상거래 사이트 T몰에 입점하는 등 판매 채널을 확대하고 있으며, 특정 제품만을 한정적으로 판매하던 온라인 몰의 제품군을 전 제품으로 확대하였다. 또한 3D 모델링을 통해 온라인상에서 자신만의 주거공간을 꾸며 볼 수 있는 온라인 플래닝 서비스를 제공하여 오프라인 매장과 온라인 매장 간의 고객 경험 차이를 줄이고자 노력하고 있다.

생각해보기

1. Company history and profile
2. IKEA의 주 고객층은 누구인가?
3. 기존 가구업체와 차별화되는 IKEA의 business model의 특징은?
   1) Store concept
   2) Product range and design
   3) Supply chain management
4. IKEA의 business 현황은?
   1) 제조와 유통
   2) Click and collect store
   3) 기업 조직과 문화
   4) Global market 진출 전략
5. IKEA의 주요 경쟁사와 이들의 장단점은? 각 사의 향후 전망은?
6. IKEA의 최근 경영전략과 이에 대한 평가는?
7. IKEA의 주 성공요인은?
8. IKEA의 성장을 위한 여러분의 의견은? 이의 장단점은? 구체적인 action plan을 생각해보시오.
9. IKEA와 한샘의 전략적 차이점은?
10. IKEA의 최근 재무적 성과는?

최근 소비자의 가처분소득이 증가함에 따라 소비자의 욕구는 다양화 및 개성화의 추세를 보이며 소매점에 대한 소비자의 기대수준도 소비자집단에 따라 다양한 양상을 보이고 있다. 이에 따라 소매점들은 전체 시장 중 자사가 가장 큰 경쟁우위를 발휘할 수 있는 세분시장을 표적시장으로 선정하고 그 세분시장 내 소비자들을 경쟁자보다 더 충실히 만족시키기 위한 소매점포 믹스를 개발하는 마케팅 전략적 접근이 요구된다.

소매상 마케팅전략의 주요 구성요소는 **[그림 5-1]**에 예시되어 있다. 소매점 마케팅전략 수립은 소비자의 쇼핑 시 욕구 (소비자들이 소매점에서 어떠한 효용을 얻기를 기대하는가)를 파악하는 과정과 파악된 소비자의 기대수준을 충족시키기 위한 소매상 마케팅믹스를 결정하는 과정으로 구성된다.

1. 소비자의 쇼핑 시 욕구

(1) 입지와 시간 편리성

현대인들은 시간 압박 속에서 생활하므로 가능한 시간을 절약하려고 한다. 따라서 많은 소비자들은 집이나 직장에 가까운 곳에 점포가 위치하고 있고 편리한 시간에 쇼핑할 수 있기를 원한다. 입지 편리성에서는 물리적인 거리보다

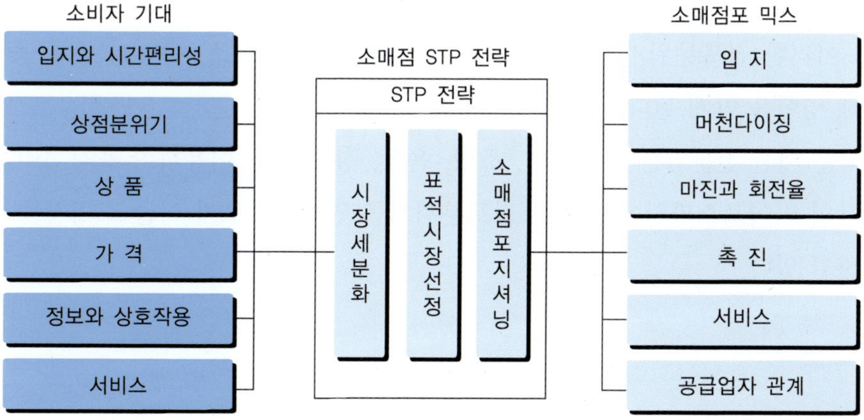

그림 5-1 소매상 마케팅전략의 구성요소

소비자의 여행시간 (travel time)이 보다 중요하게 고려되어야 한다. 가령 교통이 복잡한 도심에서의 5km와 교통소통이 비교적 원활한 도시외곽 지대에서의 5km는 여행시간에 있어서 상당한 차이가 나게 마련이다. 입지는 소비자들의 특성에 의해서도 많은 영향을 받게 된다. 비교적 시간적인 여유가 있는 소비자 (은퇴자, 휴가자, 전업 주부 등)들은 저렴한 가격으로 쇼핑할 수 있으면 기꺼이 보다 더 많은 여행시간을 사용해서라도 값싼 점포에서 구매할 것이다. 그러나 쇼핑시간이 상대적으로 적은 소비자 (직장인, 학생 등)는 시간절약을 위해 상품가격이 비교적 높더라도 접근하기 편리한 편의점을 보다 선호할 것이다.

또한 요즈음에는 자동차의 주차시설의 유무와 편리성도 고객 유치에 상당한 영향을 미친다. 과거 서울 서초구에 위치한 뉴코아백화점은 편리한 주차시설 때문에 여성고객이 선호하는 백화점이었다. 이러한 주차시설의 중요성은 다른 강남의 백화점들에게도 영향을 주어 주 고객층인 여성들을 위한 전용주차장을 설치 · 운영하고 있다.

(2) 점포분위기

모든 점포들은 나름대로의 느낌 또는 분위기를 가지고 있는데, 고객들은 편안하면서 쾌적한 느낌을 주는 점포를 보다 애호 (store patronage)할 것이다. 따라서 소매업자들은 고객들이 점포를 집과 같이 편안하게 느낄 수 있게 해주어야 하고 고객의 라이프스타일과 일치되는 점포분위기를 형성하는 것이 필요하다. 이러한 점포분위기는 상품구색, 조명, 장식, 점포구조, 음악의 종류 등에 의해 영향을 받게 된다.

최근 패션 전문점은 상품구색, 조명, 음악, 장식 등을 이용하여 표적 소비자 집단의 라이프스타일에 적합한 점포분위기를 연출함으로써 이들 소비자를 유인하고 있다.

쇼핑을 싫어하는 사람들에게 경외감을 창출하는 Cabela's

언뜻 보기에 아웃도어 제품을 판매하는 Cabela's는 모든 소매업의 규칙을 깨는 것 같다. 우선 Cabela's는 자사의 매장을 네브래스카 주의 시드니, 위스콘신 주의 프레리 드 쉬앙, 미시간 주의 던디, 유타 주의 레히, 미네소타 주의 오와토나처럼 규모가 작고 한적한 곳에 입지시킨다. 그리고 심지어 이 기업의 목표고객은 쇼핑을 싫어하는 사람들이다. Cabela's의 전형적인 고객은 멋진 야외를 좋아하고, 쇼핑객에 떠밀리며 쇼핑하는 것을 몹시 싫어하는 남성 아웃도어 스포츠 애호가이다.

그럼 Cabela's의 성공은 어떻게 설명될 수 있을까? 지난 수십 년 동안, Cabela's는 인기 있는 우편주문 쇼핑업체에서 가장 훌륭한 점포형 소매업체로 진화해왔다. Cabela's의 불편한 매장 위치에도 불구하고 고객은 사냥용품, 낚시용품, 야외 활동용품 등을 구입하기 위해 15개의 슈퍼스토어 (곧 30개로 늘어날 것이다)로 몰려든다. Cabela's 매장에는 일 년 동안 보통 440만 명의 고객이 찾아온다. 평균적으로 4만 명의 고객이 토요일에 방문하고, 공휴일에 5~10만 명이 찾는다. Cabela's의 고객 중 절반은 100마일 이상을 운전해서 찾아오고, 많은 이들이 최대 350마일의 거리를 여행한다. 심지어 학교에서도 아이들을 버스에 태우고 Cabela's 매장으로 가기도 한다.

사실 Cabela's의 매장은 관광지가 되고 있다. 미시간 매장은 주 내에서 가장 유명한 관광명소가 됐고, 한 해 6백만 명의 고객이 방문한다. 미네소타 매장은 세계에서 가장 큰 쇼핑몰로 유명한 몰 오브 아메리카 (Mall of America)의 방문자 수를 따라잡고 있다. 시드니에 있는 Cabela's 매장은 6,000명이 사는 작은 마을에 있고, 가장 가까운 도시인 덴버와 150마일이나 떨어져 있는데도 매년 120만 명의 고객이 찾아오며, 네브래스카 매장은 오마하주 (Omaha Zoo)에 이어 두 번째로 큰 관광명소가 되었다.

그렇다면 어떤 점이 다른 곳에서는 쇼핑하기 싫어하는 사람들을 외딴 곳에 있는 Cabela's 매장으로 오게 하는 것일까? 그 답 중의 한 가지는 그들이 판매하는 제품에서 찾을 수 있다. Wal-Mart의 슈퍼센터보다 1.5배나 큰 23만 평방피트의 거대한 매장은 고품질의 다양한 상품을 저렴한 가격에 판매하고 있지만, 사냥, 낚시, 수상, 캠핑, 활 (archery) 용품에서 경쟁사보다 6~10배 많은 20만 가지 이상의 품목을 취급한다. 낡은 중고 레밍턴 엽총을 사기 위해 150마일을 달려온 26세의 기계 엔지니어 Jason Gies는 "이 곳에서 취급하는 모든 브랜드를 다른 데서 찾기 위해서는 두세 개의 매장을 돌아다녀야 하죠"라고 말한다.

Cabela's는 이 뿐만 아니라 브랜드 의류와 고객의 부인과 자녀가 좋아할 만한 선물도 판매하고 있다. 이런 점 때문에 가족단위 쇼핑객도 많이 찾는다. 또한 Cabela's는 고객에게 최상의 서비스를 제공한다. 매장마다 많은 직원을 배치하고 있고, 이 직원들은 판매 중인 제품에 대해 100가지의 질문 테스트를 반드시 통과해야 한다. 사냥여행 중에 들른 고객을 위해 Cabela's는 개집과 우리도 갖추고 있다. 고객은 쇼핑하는 동안 사냥개나 말 등을 그곳에서 대기시킬 수 있다. 물론 소총을 함께 가지고 와도 괜찮다.

그러나 깊은 상품구색 (deep assortment)과 좋은 서비스가 엄청나게 몰려드는 쇼핑객을 설명해주기에는 역부족이다. 진정한 이유는 매장에 찾아온 고객에게 선사하는 경험 (experience)이다. Cabela's의 대변인은 "이곳은 낚시미끼를 사러가는 곳 그 이상입니다. 'The Cabela's'는 고객이 이곳에서 경외감 (sense of wonder)이 창출되길 원합니다"고 말한다. 그들의 임무는 완수되었다. Cabela's는 각 매장에 야외활동 애호가를 위한 자연사 테마파크 같은 시설을 만들었다.

예를 들어, 텍사스주의 Fort Worth 근처에 있는 매장은 Cabela's의 11번째 매장이고, 지금까지의 매장 중 가장 큰 매장이다. 이 매장 중앙에 'Cabela's 산 (Conservation Mountain)'이 우뚝 솟아 있는데, 이것은 2개의 폭포와 폭포가 떨어지는 시내 (cascading streams)가 있는 2층 산악 조형물이다. 이 산악 조형물은 4개의 생태계 (ecosystem)와 5개의 생태지역 (bioregions)으로 나누어져 있다 (텍사스 목초지, 알레스카 거주환경, 북극의 만년설, 미국의 삼림, 알프스 산봉우리). 각 생태지역에는 들개, 사슴, 순록, 불곰, 북극곰, 사향소, 염소 등과 같은 박제 동물이 마치 살아 있는 것처럼 움직이는 포즈로 있다.

매장의 다른 곳에는 아프리카의 코끼리, 코뿔소, 물소, 먹이를 먹고 있는 사자 등을 그들의 서식환경과 함께 생생하게 묘사한 축소 모형이 있다. 매장의 다른 인기 볼거리로는 뿔사슴 박물관 (trophy deer museum)과 수족관이 있다. 관객들은 이곳에서 발육상태가 좋은 민물고기를 보고, 그 종을 구별하는 방법을 배우기도 한다. 배가 고프다면, 메스퀴트 그릴 (Mesquite Grill) 카페에서 사슴, 타조, 야생 멧돼지로 만든 샌드위치를 먹을 수 있다. 이곳에 빅맥은 없다. 가까운 잡화점 (general stores)에서도 옛날 사탕과 과자들만 판매한다.

Cabela's는 스포츠맨들의 천국인 이 공간을 개발하는 데 돈을 아끼지 않는다. 박제된 북극곰의 경우 그 가격이 최대 10,000달러에 달하기도 한다. 포트워스 매장은 이런 종류의 동물을 800여 개나 전시하고 있다. Cabela's는 심지어 박제품 구매전문가라는 직함도 만들었다. 이 임원은 박제된 동물들을 찾아 그것을 실제 같은 모습으로 전시한다 (예를 들어, 싸움에 몰두한 두 마리의 회색 곰이나 원숭이를 사냥하기 위해 달려드는 표범). "동물의 눈, 자세, 근육 상태 등 모든 것이 적당해야 합니다."고 경영진은 말했다. 포트워스의 Cabela's 매장에 있는 박제동물 수집 규모는 포트워스 자연과학 박물관의 규모의 두 배이다.

Cabela's는 경외감을 불러일으키는 매장을 만들기 위해 모든 노력을 다 하고 있다. 그들은 신중하게 표적화된 고객에게 오감이 즐거운 총체적인 경험을 제공하고 있다. 이 모든 요소가 모여서, 야외 스포츠 애호가와 그들의 가족을 Cabela's 매장으로 끌어들인 것이다. 쇼핑을 싫어하는 수백만의 Cabela's 고객에게 물어보라.

"쇼핑을 피하기 위해서라면 뭐든지 할 거예요." 와이오밍 주의 샤이엔 (Cheyenne)에서 자영업을 하고 있는 John Brown이 말했다. 결혼생활 35년 동안 그의 부인은 남편에게 단지 두 번의 쇼핑을 가자고 설득했다. 그러나 지난 달 그는 부인에게 자신과 함께 100마일이나 떨어진 Cabela's로 하루 동안 쇼핑가자고 했다.
이런 특징이 쇼핑하기를 가장 싫어하는 가족 구성원 (주로 아버지)의 흥미를 끌고 있다. 며칠 전 아침, Lara Miller는 그녀의 남편과 세 아이들과 Cabela's로 쇼핑을 갔다. 그리고 이 쇼핑은 오후까지 계속되었다. 가족 중 유일하게 쇼핑하기를 좋아하던 Miller 부인은 이제는 빨리 돌아가기를 원하며 "우리는 아침도 아직 안 먹었어요"라고 투덜거린다. 그러나 그의 남편은 "이 곳이 정말 마음에 들어요"라고 했다.

(3) 상품

상품은 본질적으로 소매점이 판매를 위해 고객에게 제공하는 재화이다. 소비재는 일반적으로 소비자의 구매노력 정도에 따라 편의품, 선매품, 전문품으로 구분이 된다. **[표 5-1]**은 소비재의 분류를 보여주는데 소비자들은 소비재 유형에 따라 각각 다른 구매노력을 기울이게 된다. 이처럼 소비자들은 자신이 구매하는 상품의 유형에 따라 각각 다른 기대를 보유하고 있으므로 소매점은 취급하는 상품에 따라 적절한 대응을 하는 것이 필요하다.

표 5-1 소비재의 분류

	편의품	선매품	전문품
구매계획의 정도	거의 없음	약간	상당수준
브랜드선호의 정도	거의 없음	브랜드 비교	특정 브랜드 고집
쇼핑노력의 정도	최소	중간	최대

(4) 가격

소비자들의 가격에 대한 기대 정도도 소매점의 선호도에 영향을 미친다. 소비자들은 점포들의 특성에 따라 판매되는 제품들의 가격 범위에 대해 서로 다른 신념을 가지고 있다. 예를 들면, 소비자들은 갤러리아 백화점 명품관 같은 고급 백화점에서 판매하는 제품들은 일반적으로 고가의 제품이란 인식을 갖고 있고, 남대문 시장의 점포에서 판매되는 제품들은 저렴한 가격의 제품이라는 신념을 가지고 있다.

(5) 정보와 상호작용

많은 소비자들은 즉각적인 구매나 다음의 구매계획에 사용하기 위한 정보를 소매점에서 수집한다. 즉 소매점은 그 점포에서 구득 가능한 브랜드가 무엇인지에 대한 제안을 할 수 있고, 전문적 지식을 갖춘 판매원이 브랜드에 관한 제품 정보뿐만 아니라 그 점포가 제공하는 서비스에 관한 구체적인 정보도 고객에게 제공할 수 있다.

또한 많은 소비자들은 소매점에서 다양한 사회적 욕구를 충족시키기 위해 쇼핑을 하는 경우가 있다. 예를 들어 같은 명품 브랜드라 할지라도 주부들은 고급 이미지를 가지고 있는 현대백화점에서 구매하는 것을 선호한다. 편의점 업계에서도 젊은 층은 GS25에 가장 높은 호감도를 가지고 있는 것으로 조사되었다.

(6) 서비스

소비자들은 소매점에서 제공하는 서비스의 양과 질에 관한 기대를 갖고 있다. 이 같은 서비스에는 신용정책, 배달, 설치, 보증, 판매보조, 수리 등이 포함된다. 이러한 서비스에 관한 기대는 특정 소비자의 점포 선택에 영향을 준다.

실제로 소비자들이 용산 전자상가에서 조립된 컴퓨터를 구매하는 것보다 상대적으로 고가인 대기업의 유명상표 컴퓨터를 구매하는 것은 대기업이 보다 나은 애프터서비스를 제공하기 때문이다.

위의 소매업체에 대한 소비자 기대는 일반적으로 오프라인 소매업체에 해당하는 항목이며 온라인 소매업에서는 입지와 시간적 편의성, 상점 분위기, 서비스 등은 해당되지 않는다. 따라서 소비자가 온라인 쇼핑 시 중요하게 고려하는 요소는 가격, 제품구색, 제공되는 정보이다.

2. 소매점포의 STP 전략 (segmentation, targeting, positioning)

소비자들은 앞에서 서술한 소매점포에 대한 기대가 상이하다. 따라서 각 점포는 소비자들의 기대 수준에 따라 소비자를 세분화하여 자사가 강점을 가지는 세분시장을 표적시장으로 규정하고 이를 효과적으로 공략하기 위한 포지셔닝전략을 구사해야 한다.

(1) 시장세분화 (market segmentation)

시장세분화에는 여러 가지 방법이 있으나 다음과 같은 2단계 세분화 방법 (2-stage market segmentation)이 보다 효과적이다.

1단계: 점포에 대한 소비자의 기대에 따라 몇 개의 소비자집단으로 구분한다. 소비자의 행위에 의한 시장세분화도 매우 유용하다. 최근에는 RFM (recency, frequency, money)을 이용한 시장세분화가 많이 사용되는데 이는 고객의 최근 방문시기 (recency), 방문빈도 (frequency), 구매액 (객단가, basket size라고 불림)으로 고객을 분류하여 자사의 특성에 맞게 고객을 분류하는 시장세분화 기법이다. 이러한 1단계 시장세분화를 위해 통계적으로 군집분석, Q-factor분석 등이 사용될 수 있다.

2단계: 각 소비자의 인구통계적 특성 변수 (demographic variables), 심리묘사적 특성 변수 (psychographic variables), 사회경제적 특성 변수 (socioeconomic variables), 지리적 특성 변수 (geographic variables) 특성에 관한 자료를 수집하여 1단계에서 분류된 각 세분시장의 프로파일을 규명한다. 이를 위해 통계적으로 판별분석이나 로짓 (logit) 분석이 사용될 수 있다.

이와 같은 2단계 시장세분화 방법의 장점은 각 세분시장의 규모를 파악할 수 있고 어떤 소비자가 각 세분시장을 구성하는지를 알 수 있으며, 따라서 광고, 판촉 등의 전략을 구사할 때 표적시장에 효과적으로 도달할 수 있다는 점이다. 시장세분화에 관한 보다 구체적인 내용은 마케팅관리 교과서를 참고하기 바란다.

컴퓨터 구매자에 대한 시장세분화의 예를 들어보자. 어떤 소비자는 판매자의 자세한 안내를 받기를 원하고, 어떤 소비자는 구매가 편리한 곳에서 믿을 수 있는 제조업자의 제품 구매를 원하며, 어떤 소비자는 자기가 직접 선택할 수 있는 컴퓨터 지식을 가지고 있을 수 있다. 이러한 몇 가지 세분시장의 예를 다음과 같이 예시할 수 있다 (**[표 5-2]** 참조).

이러한 시장세분화는 가상의 예지만 각 세분시장의 소비자들이 컴퓨터를 구매할 때 욕구가 상이함을 알 수 있다.

표 5-2 컴퓨터 구매자의 시장세분화

% / 소비자 기대	초보자 (주부, 40대 여성)	중간 숙련자 (30대, 중학생, 여성, 자영업)	전문가 (대학생, 직장인, 20대)
입지, 시간 편의성	○		
상점분위기	○		
상품구색			○
가격		○	○
정보와 고객접촉	○	○	
애프터 서비스	○	○	

(2) 표적시장선정 전략 (targeting strategy)과 소매점 포지셔닝 전략 (positioning strategy)

위의 컴퓨터 점포의 예에서 소매상은 세 개의 세분시장 중 하나를 선택해야 하는데, 이것이 표적시장선정 (targeting) 전략이다. 모든 소비자 기대를 최대한 충족시키는 것이 가장 최상의 전략인 듯이 보이나 이는 비용을 증가시켜 결국 경쟁우위를 잃게 된다. 따라서 위의 세분시장 세 개 중 어느 하나에 집중하여 경쟁우위를 확보하여야 한다. 만일 초보자를 표적으로 한다면 주택가에 입지하여 유명 브랜드를 추천하며 컴퓨터의 원리를 자세히 설명할 수 있는 자상한 안내원과 애프터서비스를 강조해야 할 것이고, 전문가 세분시장을 표적으로 한다면 전문 전자상가 내에 입지하여 판매원을 최소화하고 다양한 주변기기를 갖추는 전략이 필요할 것이다. 어떤 세분시장을 선택하느냐는 자신의 소매상으로서의 경력, 경쟁 환경, 사업범위, 자본능력 등을 고려하여 결정하여야 한다.

자기 점포의 목표시장이 결정되면 어떤 차별점을 타겟 소비자에게 강하게 부각하여 차별화할 것인가를 결정하여야 하는데 이것이 포지셔닝 (positioning) 전략이다. 예를 들면 McDonald's는 저렴하고 가족이 함께 즐기는 식당으로, Domino's Pizza는 빠른 배달로, TGIFriday's는 젊은이의 파티장소로 점포를 차별화하고 있다.

점포차별화 방법에는 1) 기능을 강조하는 방법 2) 이미지를 강조하는 방법 3) 라이프스타일을 강조하는 방법 4) 표적고객과 유사한 모델을 내세우는 방법 등이 있는데, 자사의 자원과 선정된 표적고객의 욕구를 감안하여 적절한 것을 선택해야 한다. 또한 경우에 따라서는 여러 가지 방법을 혼합하는 경우도 생각할 수 있다. 예를 들어 고급 부티크 (boutique)의 경우 표적고객과 성별, 연령, 이미지가 비슷한 모델을 내세워 점포 컨셉을 연출하며 자연스레 표적고객의 라이프스타일을 제안하는 방법을 사용할 수 있을 것이다.

Kotler&Armstrong은 value/pricing (가격 대비 가치: 가성비) 포지셔닝 전략을 제안하고 있다. 이 방법은 원래 제조업체의 포지셔닝 전략이지만 여기서는 이를 소매업체의 positioning 전략으로 응용 적용한다. 여기서 가치는 제품의 품질뿐 아니라 유통의 편의성, 커뮤니케이션 전략으로 생성된 브랜드파워 등을 포함한 복합적 개념으로 정의된다.

표 5-3 포지셔닝 전략의 유형

value \ price	More	Same	Less
More	More for More	More for the Same	More for Less
Same	x	Same for the Same	Same for Less
Less	x	x	Less for Much Less

먼저 가치가 지불하는 가격보다 적다면 소비자는 이러한 점포를 선택하지 않으므로 성립되기 불가한 positioning 전략이다. 'Same for More', 'Less for More', 'Less for the Same'이 여기에 해당하며, 소매업체가 선택할 수 없는

positioning 전략이다.

먼저 'More for More'는 VIP 마케팅이라고 할 수 있으며 초고가 소매점, 예를 들면 미국의 Nieman Marcus, Sax Fifth Avenue, 영국의 Harrods 백화점, 한국의 갤러리아 명품관, 루이비똥 매장 등이 여기에 해당된다. 이 시장은 크기는 작지만 수익률은 매우 높다.

'More for the Same'은 많은 가치를 제공하면서도 가격은 'More for More'보다 저렴한 소매점이다. 여주 프리미엄 아웃렛이 여기에 해당된다.

'Same for the Same'은 품질이 중간 정도인 제품을 보통 가격에 판매하는 소매업이며 편의점이 여기에 해당된다. 편의점은 제품이 제공하는 가치는 보통이지만 시간, 입지의 편의성이 가치를 높이므로 계속 성장하는 업태라고 할 수 있다.

'Same for Less'는 같은 가치의 제품을 싸게 파는 소매업으로 Wal-Mart, 이마트가 여기에 해당된다. 많은 전통적인 소매점이 주로 여기에 해당하며 강력한 positioning 전략이다.

'Less for Much Less'는 주로 저품질의 제품을 매우 싼 가격에 판매하는 소매업이며 다이소, 일본의 돈키호테, 우리나라의 삐에로, 노브랜드샵 등이 여기에 해당된다.

'More for Less'는 매우 가치 있는 제품을 가장 저렴한 가격에 판매하는 소매점으로 가장 강력한 포지셔닝 전략이다. 높은 가치와 저렴한 가격을 동시에, 지속적으로 판매하는 것은 매우 어려운 과제이나 Costco, Amazon, 독일 슈퍼마켓 Aldi, IKEA 등과 같은 초우량 소매상은 이를 실현하고 있다고 볼 수 있다.

Value/pricing positioning 전략의 시사점은 시장은 다양한 욕구를 가진 소비자로 구성되어 있다는 점이다. 모두가 'More for More' 포지셔닝 전략을 추구할 필요가 없으며 각 기업은 자신의 핵심역량을 가장 잘 활용할 수 있는 포지셔닝 전략을 선택하여야 한다. 포지셔닝 전략에서 가장 중요한 것은 타겟 마켓을 명확히 하여야 한다는 점이다. 예를 들어 현대 소매업에서 가장 강력한 경쟁자 중 하나인 membership wholesale club 형태의 Costco가 Wal-Mart와 같은 할인점 사업에 진출하였으나 업태의 상이점, 즉 상이한 타겟 마켓에 관한 이해의 부족으로 이 사업에서 철수한 바 있다. 반면 할인점의 강자인 Wal-Mart가 membership wholesale club인 Sam's Club을 운영하고 있지만 Costco와의 경쟁에서 뒤처지고 있다. 과거 싸구려 매장으로 인식되던 다이소나 최근 돈키호테의 약진은 불경기의 여파로 'Less for Much Less'를 선호하는 고객층이 늘어난 결과라고 할 수 있다.

사례

Repositioning 전략으로 성공한 Staples

요즈음 Staples는 정말 좋은 시절을 보내고 있다. 그러나 5년 전만 해도 사무용품을 공급하는 슈퍼 스토어 (office supply superstore)를 위해서도, 고객을 위해서도, 모든 것이 쉽지 않았다. Staples 매장에서 고객의 칭찬 대비 불평의 비율은 2:8로 지독히 나쁜 상태를 유지하고 있었다. "Yeah, we've got that"이라는 회사의 슬로건은 웃음거리가 되고 있었다. 고객은 재고가 자주 바닥이 나고 영업사원은 도움이 되지 않는다고 불평했다.

표적집단 면접을 수 주간 실시한 후, Staples의 마케팅 담당 부사장인 Shira Goodman은 뜻밖의 새로운 사실을 밝혀냈다. 그는 "고객은 쉽고 편안한 쇼핑경험을 원했어요"라고 말한다. 이러한 간단한 사실은 최근 들어 가장 성공적인 마케팅 캠페인 중 하나를 이끌어냈는데, 이 캠페인은 "Staples! That was easy"라는 지금은 친숙해진 태그라인을 중심으로 전개된다. 그러나 Staples의 포지셔닝 반전은 새로운 슬로건을 고객에게 단순히 퍼붓는 것보다 훨씬 더 많은 노력을 요구했다. 회사가 고객에게 단순화된 쇼핑경험을 약속할 수 있기 전에, Staples는 이를 실제로 전달해야 했다. 무엇보다도 먼저 Staples는 슬로건과 함께 살아야 했다.

Staples는 1986년 개업 시 사무용품만을 공급하는 슈퍼스토어라는 소매개념을 만들었다. 중소 규모의 기업을 표적으로 삼아 Staples는 한 점포 내에서 사무실을 위한 모든 것을 판매하는 것을 목표로 했다. 그러나 1990년대 중반 들어 시장은 Target,

Wal-Mart, Office Depot 등의 오프라인 소매상과 온라인 소매상으로 경쟁이 격화되었다. 이러한 경쟁의 결과로 Staples의 매출은 2001년 처음으로 감소되었다.

굿맨과 그녀의 팀이 수행한 고객조사 결과, 쇼핑객은 Staples와 경쟁자가 창고에 모든 것을 갖고 있기를 기대했지만 가격에는 중요성을 별로 부여하지 않고 있음을 밝혀냈다. 그 대신 고객은 단순하고 손쉬운 쇼핑경험을 요구했다. 소비자는 지식이 많고 도움을 주는 관리자와 혼란스럽지 않은 쇼핑경험을 원했다. 굿맨은 "Staples! That was easy."라는 태그라인은 단순히 이러한 점을 인식하여 얻어졌지만 영감을 불러일으키는 것이었다고 말한다.

그러나 이 슬로건은 회사가 매장을 전면적으로 개조할 수 있을 때까지 개봉되지 않았다. Staples는 Briteney Spears 배낭과 같이 사무실에서는 거의 사용되지 않던 800개 정도의 불필요한 아이템을 재고에서 없애버렸다. 서까래 (Rafters)에서 전시되던 사무실 의자는 고객이 앉아볼 수 있도록 마루로 이동되었다. Staples는 더 큰 사인을 설치했고 판매 관리자를 재교육시킴으로써 쇼핑객이 올바른 통로로 걸어갈 수 있도록 했다. 고객이 잉크의 구입 가능성이 가장 중요한 관심사 중의 하나로 조사되었기 때문에 회사는 프린터 카트리지 (cartridge) 재고보증 (in-stock guarantee)을 도입했다. 의사소통 방식도 간소화했는데, 가망고객에게 보냈던 4개 문단으로 구성된 편지도 두 문장으로 축소됐다.

모든 고객경험의 조각이 제자리를 잡은 다음, Staples는 고객에게 자신의 새로운 포지셔닝을 전달하기 시작했다. 굿맨은 "매장이 양호한 수준으로 도달되는 데 약 1년이 걸렸지요. 그러나 고객경험이 상당히 더 쉬워졌다는 것을 느꼈을 때, 우리는 태그라인을 바꾸었습니다"고 말한다.

우선 Staples는 9년 간 집행된 마스터카드의 "Priceless" 캠페인을 만들었던 McCann-Erickson이라는 광고대행사를 고용했다. McCann의 카피라이터와 아트 디렉터는 쉽고 편함이라는 개념을 보여 주는 방법을 찾기 위해 장시간의 브레인스토밍 시간을 가졌다. 크리에이티브 회의가 지루하게 계속되면서, 이 그룹의 크리에이티브 디렉터는 단지 버튼을 누르기만 하면 멋진 광고가 나와 점심을 먹으러 나갈 수 있으면 얼마나 좋을까라고 말했다. 이렇게 "이지 버튼(The Easy Button)"은 만들어졌다. 굿맨은 "그것은 비정형의 개념이었으므로, 그것을 유형적인 것으로 만들었지요."라고 말한다.

이지 버튼이라는 개념은 곧 유머러스하면서도 인기 있는 TV 광고 시리즈로 태어났는데, 이 시리즈는 2005년 1월에 시작되었고, 1개월 후 슈퍼볼 시간에 방영되었다. "더 월 (The Wall)"이라고 불리는 광고의 한 장면에서 어떤 황제가 약탈자가 침입하자 거대한 방어벽을 세우기 위해 버튼을 누른다. 다른 장면은 프린터 카트리지를 위에서 아래로 흘러내리게 하는 사무실 근로자를 보여준다. Staples는 온라인에서 내려 받기가 가능한 이지 버튼 툴바 (toolbar)를 설치하여 이를 통하여 쇼핑객이 그들의 데스크톱에서 Staples.com으로 바로 이동할 수 있게 하였고, 빌보드 (입간판)는 통행자에게 교통량이 얽혀 있을 때 이지 버튼이 도움이 될 것이라는 것을 상기시켰다.

대대적인 광고의 결과로 고객은 진짜 이지 버튼을 사는 것에 대해 문의하기 시작했고, Staples는 다시 단서를 잡았다. Staples는 누르면 "That was easy"라고 말하는 3인치의 빨간색 플라스틱 버튼을 5달러에 팔기 시작했다. Staples는 버튼 판매에서 나오는 이익 중 백만 달러를 2006년까지 매년 자선단체에 기부할 것을 약속했다. 회사는 2006년도 중반까지 100만 개의 버튼을 팔았다. 일종의 현대판 스트레스 볼 (Stress Ball)인 이지 버튼을 판매함으로써 Staples는 고객을 광고주로 만들었다. 버튼을 주제로 한 집에서 만든 영화가 비디오 공유 사이트인 YouTube에 나오기 시작했고, 섹시 레드 헤디드 넌스 (Sexy Red-Headed Nuns)의 블로거는 차고 문 열쇠 (garage door opener)를 만들기 위해 버튼을 개발했다. 맥칸의 크리에이티브 책임자는 이지 버튼은 원래의 범주보다 더 커지고 있다고 말한다.

결론적으로 재포지션을 위한 캠페인은 대성공이었다. 브랜드의 재활성화를 위한 5년간의 파란만장한 여행은 161억 달러 매출의 Staples를 사무실 소매분야에서 타의 추종을 불허하는 선도자로 만들어 주었다. 버튼에 대한 구전의 성공뿐만 아니라 고객의 광고 상기율은 약 70%로서, 업계 평균인 43%에 비해 2배에 이른다. 2005년 Staples의 이익은 18% 증가한 반면, 경쟁자인 오피스디포의 이익은 18% 감소하였고, 오피스맥스는 7,380만 달러의 적자를 기록했다. 굿맨에 따르면 Staples는 지금 매장에서 고객에게 항의보다 칭찬을 2배 더 받고 있다.

의심할 여지없이 "Staples! That was easy."라는 마케팅 캠페인은 Staples의 재포지셔닝에 중추적인 역할을 했다. 고객을 매장과 웹 사이트로 끌어들이는 것을 넘어서 이지 버튼은 대중문화 속으로 침투한 것으로 보인다. 그러나 만일 이러한 개념이 고객의 실제 경험으로 확인되지 않았다면, 마케팅 약속은 아무 소용이 없었을 것이다. 마케팅 부사장 굿맨은 Staples의 최근 성공을 "That was easy"라는 캐치프레이즈나 광고보다 매장 내에서의 'Easy-does-it Push'의 덕택으로 돌린다. 매장에서 일어났던 것이 세상에서 수행되었던 모든 마케팅보다 Staples 브랜드를 구축하는 데 더 많은 역할을 했다고 그녀는 말한다.

또 다른 시사점은 포지셔닝 전략은 구호로만 그쳐서는 안 되며 고객에게 약속한 것은 반드시 실행에 옮겨 지켜져야 한다는 점이다. 아래의 Staples의 포지셔닝 전략은 고객과의 약속을 실행에 옮기는 과정을 보여준다.

3. 소매매출의 구성과 매출증대 전략

구체적인 소매마케팅 믹스전략을 설명하기 전에 일반적으로 소매매출을 높이는 전략을 먼저 논의한다.

소매매출은 다음의 공식으로 나타낼 수 있다.

매출 = 총 고객 수 × 평균고객방문빈도 × 방문당 평균구매액(객단가, basket size)

소매상의 매출극대화를 위해서는 위의 요소를 각각 증가시키는 전략을 구사할 필요가 있다.

(1) 고객 수를 늘리는 전략

고객 수 증가를 위해서는 새로운 잠재고객을 발굴하는 노력이 필요하다. 과거 장년층의 드링크였던 박카스는 젊은 고객층을 타겟으로 리포지셔닝하였다. 최근 남성들의 패션 및 미용에 대한 관심이 높아지는 추세를 감안해 백화점은 남성의류 및 화장품 코너를 확대한다든지 중국관광객의 내점을 유도하기 위해 이들의 관심이 높은 명품코너를 강화하였다.

일본 편의점의 경우 노년층이 선호하는 물건을 다량 개발함으로써 고객기반을 확대하고 있다.

(2) 고객 방문빈도를 높이는 전략

고객 방문빈도를 제고하기 위한 가장 효과적인 방법은 상품구색을 변화시키는 것이다. 예를 들어 SPA 브랜드인 Zara는 평균 3주에 한 번씩 신제품을 선보이며 Costco는 정기적으로 전체 상품의 15%를 교체한다. 이러한 전략은 고객으로 하여금 '이번엔 또 어떤 새로운 물건이 있을까?'라는 궁금증을 자아내게 하여 방문빈도를 높일 수 있다. 실제로 시즌별로 모든 신제품을 한꺼번에 출시하는 전통적인 의류매장의 고객당 평균방문빈도가 4-5회에 그치는 반면 Zara의 고객당 평균방문빈도는 18회에 달한다.

가격이 비싼 내구제의 구매주기는 길고 가격이 싼 비내구제의 구매주기는 짧다. 방문빈도가 낮은 내구제를 판매하는 매장의 방문빈도를 높이는 효과적인 전략은 가격이 낮은 비내구제를 비치하는 것이다. TV, 냉장고, 세탁기 등 고가의 내구제만을 판매하던 미국의 1위 가전소매업체였던 Circuit City는 도산한 반면 CD, 게임 타이틀, 컴퓨터 주변기기, 소모품을 다량 구비한 Best Buy는 가전소매업 1위 업체가 되었다.

가구전문소매업체인 IKEA는 고객의 방문빈도를 높이기 위해 화병, 소파 쿠션 등의 소품을 판매하고 있고 심지어 식품도 판매한다. 한샘은 가구매장과 별도로 주방조리기구, 향초 등 저가이면서도 고객의 방문빈도를 높일 수 있는 생활소품코너를 운영하고 있다. 이런 소품들은 미끼상품 (loss leader) 역할을 하여 소품을 구매하기 위해 방문한 고객을 수익성이 높은 고가의 구매로 연결시키는 역할을 한다. 원래 비식품 생필품만을 판매하던 Wal-Mart도 90년대 초반부터 자주 구매하는 식품을 판매하기 시작하면서 월 평균 고객 방문빈도가 월 6회에서 8회로 증가하였다.

미국의 최대 카지노인 Harrah's는 빅데이터 분석 (big data analysis)을 통해 그들에게 많은 수익을 가져다주는 고객이 가끔씩 방문하여 큰 판돈으로 놀음을 하는 고객 (high roller)이 아니라 인근에 거주하면서 카지노를 자주 방문하여 조금씩 놀음을 하는 평범한 일반인이라는 것을 파악하였다. 따라서 high roller에게 많은 혜택을 제공하던 전략을 수정하여 인근 고객을 타겟으로 커뮤니티 마케팅을 전개함으로써 방문빈도를 제고하여 큰 성공을 거두었다.

최근 우리나라 백화점도 가끔씩 방문하여 높은 매출을 올리는 소위 '큰손'보다 인근의 고객의 방문빈도를 높이는 전략을 구사하고 있다. 백화점의 문화센터 운영, 빈번한 이벤트 등이 고객 방문빈도를 높이는 효과적인 전략일 수 있다.

(3) 1회 구매량 (객단가: basket size)을 높이는 전략

점포 방문당 구매객단가를 높이는 가장 효과적인 전략은 매장체류시간을 늘림으로써 구매 확률을 높이는 것이다. 백화점은 쾌적한 분위기, 다양한 상품구색, 다양한 이벤트 코너 운영 등을 통해 고객의 매장체류시간을 늘리고 있다.

Costco는 주기적으로 15%의 제품을 교체하고 이를 군데군데 배치하여 고객들이 신제품을 찾기 위해 전 매장을 돌아다니게 하는 전략(보물찾기)을 구사한다. 이를 통해 모든 제품을 둘러보게 함으로써 충동구매를 유도하며 이는 객단가 증가에 기여한다.

IKEA는 매장을 미로같이 꾸밈으로써 고객으로 하여금 모든 전시 제품을 둘러보도록 유도한다. 또한 IKEA 매장규모는 매우 커서 매장을 모두 둘러보는 데 많은 시간이 소요된다. IKEA는 주부들이 충분한 시간을 갖고 쇼핑하도록 하기 위해 저렴하면서도 맛있는 음식을 판매하고 유아보호시설이나 심지어 쇼핑을 싫어하는 남편을 위해 게임시설까지 갖추고 있다.

Harrah's는 빅데이터 분석을 통해 고객의 평균 게임 시간을 파악하여 각 고객이 도박을 그만둘 즈음 무료 쿠폰을 제공하여 놀음 시간을 늘린다.

효과적인 디스플레이 (visual merchandising: VMD)로 동반구매를 유도하는 것도 객단가를 높이는 효과적인 전략이다. VMD는 소비자에게 소구할 수 있는 최종 마케팅전략이다. 대형마트에서 같은 물건이라도 매대의 눈높이 위치나 복도 끝 가로 선반에 진열하면 매출이 높아진다. 대부분의 슈퍼마켓에서는 아이스크림이나 냉동식품을 무질서하게 진열한다. 그러나 이마트는 이들 제품을 수직냉장고에 가지런히 진열함으로써 구매충동을 자극하고 있다. 라면과 양은냄비, 식빵과 버터, 잼 등 연관되는 제품을 함께 진열함으로써 동반구매 (cross selling) 확률을 높일 수 있다.

VMD에도 업종적 시각이 아닌 업태적 시각이 필요하다. 미국의 백화점에는 남성 양복과 셔츠, 넥타이, 스포츠웨어, 벨트, 지갑 등 남성 고객이 필요로 하는 제품을 함께 진열함으로써 동반구매를 유도하고 있다.

전통적인 가구매장은 침대코너, 소파코너 등 품목별로 가구를 전시한다. 이에 비해 IKEA나 한샘은 거실이나 방을 꾸미는 데 필요한 가구와 소품들을 함께 전시함으로써 동반구매를 유도한다.

4. 소매점포 믹스 전략 (retail mix strategy)

소매점포의 시장세분화, 표적시장선정, 포지셔닝전략이 결정되면 구체적인 소매점포 믹스 선택을 하게 된다. 소매점포 믹스란 선정된 표적고객에게 자신의 차별화된 포지셔닝전략을 구체화하기 위해서 선택한 고객에게 제공하는 구체적 마케팅 수단들이다. 일반적인 소매점포 믹스의 구성요소는 1) 입지 2) 상품구색 3) 마진과 회전율 4) 촉진 5) 서비스 수준 6) 공급업자와의 관계 등이지만 점포에 따라 구성요소가 조금씩 달라질 수 있다. 특히 제품구입 후의 애프터서비스나 보증수리기간, 배달이 강조되는 근래에는 서비스의 영역이 크게 확대되고 있다.

(1) 입지 (location)

소매업은 입지산업이라고 할 정도로 입지는 소매업 성공의 가장 중요한 요소 중의 하나이다. 일반적으로 입지 결정은 다음의 두 가지 단계로 이루어진다.

1) 상권 (trading area)의 측정과 평가

상권 (trading area)이란 소매업자가 소비자를 자신의 고객으로 끌어들이거나 끌어들이기를 기대할 수 있는 지리적 영역으로 정의된다. 상권에 대한 정의를 좀 더 구체화하면 상권은 구매자, 판매자, 판매량의 세 가지 관점에 따라 정의될 수 있다.

① 구매자 관점: 경쟁적 가격으로 재화와 용역을 합리적으로 획득할 수 있는 지역

② 판매자 관점: 재화와 용역의 판매와 인도에 있어서 수량과 원가 면에서 경제적인 지역

③ 판매량 관점: 전체 판매량의 70~90%를 달성할 수 있는 지리적 범위이며 이 중 50~70%를 판매하는 지역을 1차 상권으로, 20~25%를 판매하는 지역을 2차 상권으로 정의한다.

상권의 범위는 소매점이 제공하는 제품이나 서비스의 성격, 제품구색, 가격 등에 의해서 결정될 뿐 아니라 점포 내 특성, 운영양식, 상점의 밀집 정도에 의해서도 영향을 받는다. 예를 들면 점포가 전문품을 판매한다면 상권은 상당히 넓어지겠지만 생필품을 판매하는 점포의 상권은 매우 좁아질 것이다.

우리나라에서는 전통적으로 교통량이 많은 도심이나 중심 상권에 점포를 입지시키는 것을 선호하여 왔다. 그러나 최근 도로 사정이 좋아지고 자동차 보유량이 늘면서 물리적 거리보다는 자동차 이동시간이 점포입지의 중요한 결정요인이 되고 있다. 이에 따라 물리적 거리가 멀더라도 짧은 시간에 이동이 가능해짐에 따라 교외에 점포를 입지시키는 기업들이 늘어나고 있다. 미국의 쇼핑몰이 허허벌판인 고속도로 주변에 입지하여 성업 중이거나 교통량이 적었던 잠실에 롯데백화점이 성공적으로 정착된 것이 좋은 예이다.

그런데 이러한 교외 입지가 성공하기 위해서는 대규모 복합 시설의 개발을 통해 고객흡인력을 높여야 한다. 롯데월드와의 복합화가 없었다면 롯데백화점 잠실점의 성공은 불가능했을 수도 있다. 미국의 교외 쇼핑몰에는 최소한 3~4개의 백화점과 100여 개의 전문점이 함께 입점하고 있으며 하남의 스타필드나 두바이몰은 쇼핑, 외식, 문화 활동, 레저를 모두 제공하는 복합몰의 결정체이다. 또한 주거지역이 도심에서 교외로 이동하면서 업종에 따라서는 도심보다 주택가 입지가 더욱 유리한 경우도 생겨나고 있다. 예를 들어, 극장은 전통적으로 교통량이 가장 많은 도심에 위치하고 있지만, 최근 들어 가족 중심의 라이프스타일이 정착되는 추세로 인해 주거지 입지가 주요한 입지대

안으로 부각되고 있다. 과거 영화유통에서 1차 소매업인 극장의 불편한 접근성이 2차 유통인 비디오 대여점의 폭발적인 증가를 가져온 것이다.

2) 점포입지의 선정

잠재적인 상권범위가 규정되면 소비자의 접근가능성, 교통량, 상권 인구의 규모와 분포, 수입, 경제적 안정성, 경쟁 등의 요인에 의해 선택 가능한 점포입지가 선정된다. 점포입지 (retail site)란 소매업을 하는 소매점포의 구체적인 지리적 위치를 의미한다.

점포입지의 가치는 기존 점포들에 대한 고객들의 선호와 입지 근처에 고객들의 자유로운 이동을 방해하는 자연적 또는 인위적 장벽의 존재 여부에 영향을 받는다. 소매점 입지는 소매점이 표적시장에 도달하는 데 결정적인 역할을 할 뿐 아니라 한번 결정되면 쉽게 변경할 수 없기 때문에 소매점 입지 결정은 철저한 사전계획이 요구된다.

점포입지의 대안으로는 다른 소매점들과 지리적으로 격리되어 있는 독립입지 (isolated site)와 지리적으로 인접하거나 밀집되어 있는 군집입지 (clustered site) 등이 있다. 일반적으로 의류, 구두, 가구 등의 선매품을 판매하는 점포들은 군집입지에 위치하여야 하나 Apple store와 같이 제품선호도가 높은 제품을 판매하는 점포는 독립입지에 위치하여도 매출에 큰 영향을 받지는 않는다.

온라인 소매업체는 물리적 공간을 사용하지 않으므로 입지라는 개념이 없다. 온라인 쇼핑에서 입지의 역할을 하는 것은 소매업체의 브랜드 파워이다. 미국의 Amazon이나 한국의 쿠팡 등은 소비자가 온라인에서 제품을 구매하고자 할 때 가장 먼저 떠올리는 브랜드이며 이 사이트에 로그인하는 것이 오프라인 매장에 내점하는 것과 같다.

(2) 머천다이징 (merchandising)

머천다이징은 소매업 성공의 가장 중요한 의사결정요소라고 할 수 있다. 머천다이징이란 표적고객의 라이프스타일을 연구하여 이에 부응하는 상품을 개발하고, 확보하며, 관리하는 전체 과정을 말한다. 성공적인 머천다이징을 위해서는 앞에서 언급하였듯이 업종의 개념에 집착하지 않고 업태의 개념을 수용할 수 있어야 한다. 성공한 소매업자는 공통적으로 머천다이징의 달인이었다. 가령, 세계 제1의 소매업체인 Wal-Mart의 설립자인 Sam Walton은 어떤 물건을 비치하면 고객의 욕구에 부응하여 더 많은 매출을 올릴 것인가에 몰두하였다. 또한 McDonald's 햄버거 가게에서의 비디오 대여나 독일 슈퍼마켓인 Aldi의 PC 판매도 성공적인 머천다이징의 예이다.

성공적인 머천다이저가 되기 위해서는 실험정신에 투철해야 한다. 기존의 업종에 집착하지 않고 고정관념을 탈피하며 실패를 두려워하지 않는 실험정신이야말로 소매업 성공의 핵심요소이다.

머천다이징에서 가장 중요한 의사결정 사항인 최적의 SKU 수에 관한 논란은 끊임없이 제기되어 왔다. 과거에는 SKU가 많을수록 고객에게 선택의 폭을 넓혀줌으로써 매출이 늘어날 것으로 여겨져 왔다. 그러나 과다한 SKU는 소비자의 쇼핑 스트레스 (shopping stress)를 높혀서 일정 수준 이상의 SKU는 오히려 매출을 감소시키는 것으로 나타났다. 즉 SKU와 매출은 S자 곡선의 관계를 가진다는 점이 입증되었다 (**[그림 5-2]** 참조).

이러한 관계는 SKU 전략이 다른 Wal-Mart, Costco, Aldi의 SKU당 매출액, 점당 매출액의 비교에서 잘 나타난다.

2019년 현재 Wal-Mart의 평균 SKU는 약 100,000, 점포수는 11,438, 매출

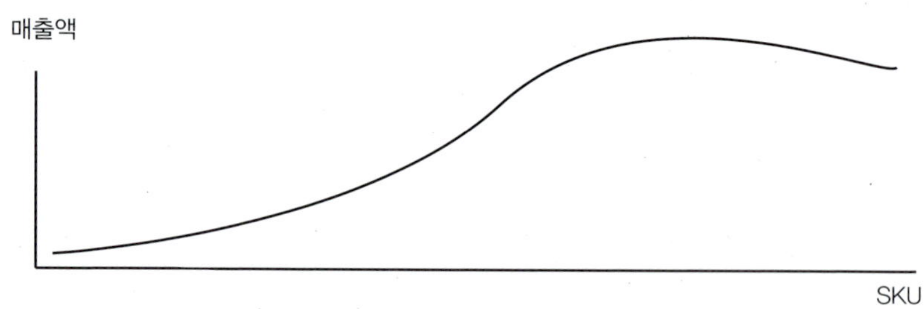

그림 5-2 SKU와 매출액과의 관계

액은 5,144억 불이고, Costco의 평균 SKU는 약 4,000, 점포수는 765, 매출액은 1,527억 불이며, Aldi의 평균 SKU는 약 700, 점포수는 11,234, 매출액은 800억 불이다.

Wal-Mart의 SKU당 매출은 .05억 불, 점당 매출은 .45억 불, Costco의 SKU당 매출은 .38억 불, 점당 매출은 2억 불, Aldi의 SKU당 매출은 1.14억 불, 점당 매출은 .07억 불이다.

따라서 SKU당 매출은 SKU가 가장 적은 Aldi가 가장 높고 Costco가 그 다음이며 SKU가 가장 많은 Wal-Mart가 가장 낮다.

점당 매출에서도 Costco의 점당 매출이 Wal-Mart보다 4배 이상 높다.

(3) 마진 (margin)과 회전율 (turnover)

마진이란 소매점이 상품을 판매함으로써 얻을 수 있는 이익의 크기를 의미하며, 회전율이란 일정기간 동안 평균재고가 판매되는 횟수를 의미한다.

소매상들은 많은 개인적 서비스를 제공하는 고마진/저회전율 소매상과 최소한의 서비스만을 제공하는 저마진/고회전율 소매상으로 크게 분류될 수 있다. 이 두 가지 유형 중에서 운영비 절감을 목적으로 하는 저마진/고회전율의 소매상들이 소매업계의 발전을 주도하여 왔다. **[그림 5-3]**은 마진과 회전율

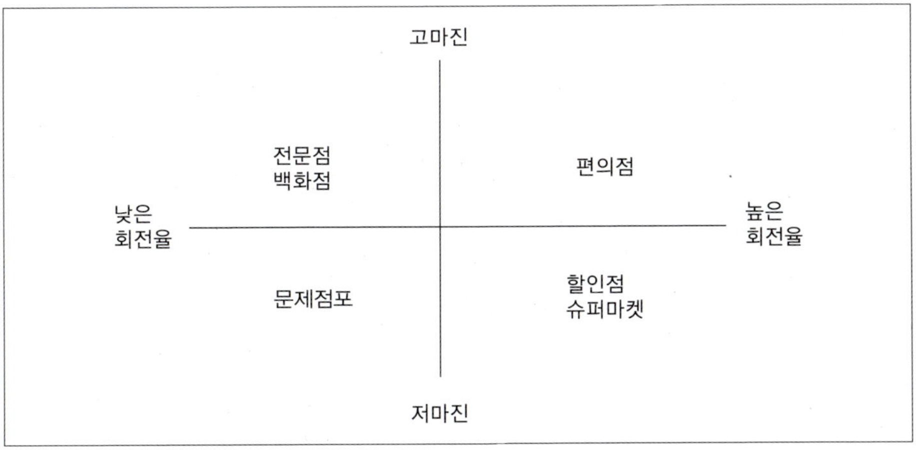

그림 5-3 마진과 회전율에 따른 소매상 포지셔닝

차원에 의해 소매업태들이 어떻게 포지셔닝 되었는가를 보여준다.

(4) 촉진 (promotion)

소매상들은 소매상 촉진전략에 의해 표적고객의 구매를 유발할 수 있다. 소매상은 제조업자와 마찬가지로 광고, 인적판매, 판매촉진, PR 등의 촉진믹스를 이용하게 된다. 소매업자는 소매상 촉진목적에 따라 각각의 촉진도구의 상대적인 중요성이 달라진다는 점을 인식하여야 한다. 소매상의 촉진 목적은 **[그림 5-4]**와 같이 크게 장기적인 목적과 단기적인 목적으로 구분될 수 있다. 장기성과를 개선하기 위해서는 점포 이미지와 점포 포지셔닝을 개선하거나 고객서비스를 확대하여야 하므로 광고, PR과 인적판매의 중요성이 강조된다. 소매점포의 단기적인 영업성과 개선을 위해서는 새로운 고객을 유인하거나 기존 고객의 애호도를 증가시켜야 하므로 판촉이 주요한 촉진수단으로 사용된다.

소매상의 촉진 중 가장 효과적인 것은 점포 내 촉진이다. 제품을 선반 어디에 진열하느냐, 점포 내 광고판을 어떻게 설치하느냐, 시식 코너를 어떻게 운영하느냐는 매출에 지대한 영향을 미친다. 고객은 점포 내에서 제품을 구매할 준비가 되어 있으므로 구매시점 광고 및 촉진 (point of purchase: POP) 전략은 매

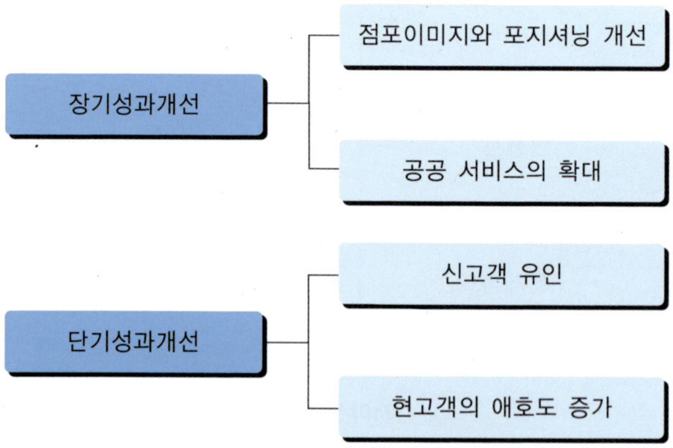

그림 5-4 소매상의 촉진 목적

우 중요하다. 예를 들어 제품을 눈높이에 진열하면 매출이 극대화된다. 과거 아이스크림이나 냉동식품은 선반 높이가 낮은 냉장고에 무질서하게 진열되어 있어서 노출이 제한적이었으나 최근에는 수직적 캐비닛형의 진열대에 가지런히 진열하여 노출을 극대화함으로써 매출이 증대되었다. 선반 끝의 가로 진열대 (front aisle display 또는 rear aisle display)에 제품을 무질서하게 진열하면 소비자는 그 제품이 세일 중이라는 착각을 하게 되어 매출이 증대된다.

온라인 소매업이 번창하면서 전통적 마케팅 전략 수립과 집행에 커다란 변화가 나타나고 있다. 과거에는 기업이 신제품을 개발하여 TV, 라디오 등의 전통적인 대중매체를 통해서 이를 광고하고 소비자는 소매점에서 제품을 구입하는 것이 일반적인 마케팅 방식이었다. 그러나 온라인 쇼핑이 발전하면서 Amazon의 경우에서와 같이 온라인 소매업체가 소비자를 대상으로 사이트 내에서 촉진활동을 하고 소비자는 동일 사이트에서 제품을 구매하는 방식으로 마케팅 과정이 변화하고 있다. 즉 과거에는 마케팅 믹스 (4Ps) 전략이 독립적으로 수립되고 실행되었으나 온라인 환경에서는 마케팅 믹스 전략, 특히 촉진 (promotion)과 유통 (place)이 통합되어 이루어진다.

Zappos: 고객가치와 고객관계 창출을 위한 열정적 노력

사례

한 소매기업의 서비스가 매우 좋아 그 기업이 미국 국세청을 인수하거나 항공사를 차렸으면 좋겠다고 바라는 고객들이 있는 상황을 상상해 보라. 단순히 마케팅 판타지로 보일지도 모르지만, 이러한 시나리오는 인터넷 기업 Zappos.com에게 있어서는 현실적으로 다가온다.

Zappos는 고객경험을 최우선적으로 생각한다. Zappos의 CEO Tony Hsieh는 "Zappos의 기업목적은 Zappos를 진정으로 최고의 고객서비스와 고객경험을 제공하는 브랜드로 만드는 것입니다"라고 말한다. 고객가치와 고객관계를 창출하는 것에 관한 한, Zappos의 열정을 따라올 기업들은 별로 없다.

1999년에 설립된 이 웹사이트는 취급하는 브랜드, 스타일, 컬러, 사이즈, 그리고 폭에 이르기까지 신발에서 최고의 상품구색을 제공한다. 이 온라인 소매업체는 이제 의류, 핸드백, 액세서리 등 다른 다양한 상품범주들도 취급하고 있다. 설립 초기부터, 이 회사는 고객서비스를 마케팅의 핵심으로 간주했고, 그 결과 놀라운 기업성장을 보여 왔다. Zappos는 이제 1,000만 명 이상의 고객을 갖고 있고 총매출이 10억 달러를 상회한다 (2000년에는 160만 달러에 불과했음). 미국인구의 3%가 현재 Zappos.com에서 쇼핑하며, 최근의 어려운 경제 환경에도 불구하고 Zappos 매출은 지속적으로 성장하고 있다.

흥미로운 것은 Zappos가 매체광고에 많은 비용을 지출하지 않는다는 것이다. 그 대신 이 온라인 소매업체는 탁월한 고객서비스에 의존함으로써 고객들의 재방문을 유도하고 그들이 주변 친구들에게 이야기하도록 만든다. Zappos.com 매출의 75% 이상이 고객들의 반복구매에 의해 발생된다.

Hsieh 대표이사는 다음과 같이 말한다. "우리 회사는 유료광고에 사용될 상당규모의 자금을 고객경험을 높이는 데 투입합니다. 우리는 항상 고객서비스에 집착합니다."

Zappos의 사업개발 및 브랜드마케팅 디렉터에 의하면 그들은 "가능한 자금 모두를 고객서비스에 투입하면 우리 회사에 유리한 입소문을 낳게 할 것이라고 우리는 믿습니다"라고 말한다. 이 회사는 작은 비용을 들여 실행하는 기업광고에서조차도 고객서비스에 초점을 맞춘다. 최근에 방영된 한 Zappos TV 광고에서는 실제의 Zappos 종업원들을 본따 개발된 작은 인형 같은 캐릭터인 Zappets를 등장시켜, Zappos 고객서비스 담당자들과 고객 간의 상호작용을 강조했다.

무료배송, 무료반품, 365일 반품정책은 Zappos의 고객 중심적 접근방식을 보여주는 단적인 예이다. 그들은 고객의 탄성을 자아내기 위해, 4~5일이 걸리는 배송기간을 이틀 혹은 다음날 배송으로 고객경험을 말없이 한 단계 업그레이드시키기도 한다. 이 회사의 고객서비스센터는 24시간/1주일 내내 운영되는데, 500명의 고도로 동기 부여된 종업원들 (기업 전체 급료의 1/3을 차지함)이 하루 5000통의 전화를 받고 응답한다.

Hsieh 대표이사는 다음과 같이 이야기한다. "이러한 고객서비스 노력은 상당한 비용이 들지만, 우리 회사는 이를 마케팅 투자비용으로 본다. 새로운 고객을 설득시키려 노력하기보다는 기존고객들로 하여금 재구매하도록 만드는 것이 마케팅비용 측면에서 훨씬 저렴하다."

Zappos의 고객서비스에 대한 집착은 이 기업의 성장과정에서 변함없었다. 불황기에 소매업체들은 특히 고객서비스에 신경을 써야 한다. Hsieh의 대표이사는 고객서비스와 기업문화에 관해 이렇게 지적한다. "탁월한 고객서비스로부터 얻게 될 이득은 1~2년 지속되며 탁월한 기업문화로 얻게 될 이득은 3~4년 지속된다."

Zappos의 고객친밀성은 고객 지향적 기업문화에 그 기반을 두고 있다. "우리 회사는 신발 (그리고 핸드백, 의류, 종국에는 모든 상품들)을 판매하는, 서비스기업이다."

Zappos의 기업문화는 '커뮤니케이션을 통해 열린, 그리고 정직한 관계를 구축하기'에서부터 '즐거움과 약간의 별남을 창출하기'에 이르기까지 10개의 핵심가치를 기반으로 형성된다. 그 핵심가치 가운데 첫 번째는 '서비스를 통해 와우 (wow)를 전달하기'이다.

Zappos의 온라인 시장에서의 성공과 고객에 대한 헌신은 온라인시장에서 역시 큰 성공을 거두고 고객서비스에 집착해온 온라인 소매업체인 Amazon.com과 이상적인 조화를 이루는데, Amazon.com은 2009년 후반기 Zappos를 인수했다. Amazon.com은 Hsieh 대표이사와 Zappos가 과거에 큰 성공을 거두는 데 기여한 전략을 계속 추구하도록 하였다.

Zappos의 고객에 대한 집착은 대표이사로부터 재무담당 책임자, 어린이용 신발 구매담당자에 이르기까지 조직 전체에 스며들어 있다. 신규 채용되는 종업원은 4주간의 고객충성도 구축 훈련에 반드시 참가해야 한다. 고객서비스에 미지근한 태도를 보이는 종업원을 쫓아내기 위해 Zappos는 보상을 줘서라도 회사를 떠나게 만든다. 4주간의 고객서비스 훈련기간 동안, 회사를 떠나는 종업원에 대해 Zappos는 2,000달러의 현금과 일한 시간에 따른 추가임금을 지불한다. 돈을 챙겨 도망가려는 종업원은 그 어떤 경우에도 Zappos의 기업문화에 맞지 않는 자들이다. 처음에 지불된 인센티브는 100달러이었다고 Hsieh 대표이사는 말한다. 그러나 액수가 계속 증가하기 시작했는데, 그 이유는 그 돈을 챙기는 사람들이 많지 않았기 때문이다. 평균적으로 1%만이 그 액수를 받아들였는데, Hsieh 대표이사는 그 비율이 너무 낮다고 생각했다.

종업원 한 사람 한 사람이 위대한 고객접촉점이 되어야 한다고 Zappos는 주장한다. "Zappos에서 제공하는 서비스에 대해 고객들이 흥분감을 느끼게 하는 것은 자연스럽게 이루어져야 한다. Zappos가 이를 가르칠 수는 없으며 흥분감을 느끼게 만드는 종업원을 채용해야 한다"라고 Magness는 이야기한다.

고객을 대할 때, Zappos 종업원은 자신의 ego와 경쟁력을 점검해야 한다. 만약 어떤 쇼핑객이 Zappos에서 재고로 갖고 있지 않은 특정 신발을 요청하면 고객서비스 담당자는 최소 3개 이상의 경쟁 웹사이트를 살펴보고 고객들에게 조회하도록 훈련받는다. Hsieh 대표이사는 다음과 같이 말한다. "내 생각에는 다른 회사들은 그런 노력을 하지 않을 것이다. 우리 회사는 단기적으로 매출이나 거래를 실현하지 못하더라도 생애에 걸친 고객충성도와 고객관계를 구축하는 데 초점을 둔다."

고객관계는 Zappos에서 가장 중심이 되는 것이다. Hsieh 대표이사와 다른 많은 종업원들은 외부고객들과 직접 접촉하고, 내부고객들, 그리고 Zappos에 관심을 가진 모든 사람들과 접촉한다. 그들은 긍정적, 부정적 정보를 공유하기 위해 Facebook, Tweeter, 블로그 등과 같은 사회네트워킹 도구들을 활용한다. 그리고 Zappos는 솔직한 온라인 후기를 제공할 수 있도록 고객들의 방문을 독려한다. 일부 소매업체들은 이러한 개방성을 꺼려 하지만 Zappos는 이를 기꺼이 받아들인다. 그에 관해 Magness는 이렇게 지적한다. "감추고 싶은 일이 있다면 개방성을 꺼려할 것이다." Zappos는 고객의 비판을 공짜로 얻는 정보선물로 받아들인다.

Zappos는 업계의 새로운 표준을 정립했으며, 새로운 유형의 고객중심 기업이 되기 위한 운영방식을 선도하고 있다. 한 소매업 전문가는 다음과 같이 말한다. "이러한 젊은 인터넷기업들에게는 무엇인가가 있다. 그 이유는 다른 시대에 태어났기 때문인지, 전혀 다른 관점의 리더십을 갖고 있기 때문인지, 혹은 풍부한 고객자료에 쉽게 접속해 고개들의 생각을 직접 파악할 수 있기 때문인지 정확히 알 수 없다. Zappos는 진정으로 고객중심적인 새로운 시대의 소비자기업의 표본인 것 같다. 많은 기업들이 고객중심 기업임을 표방하지만, 그 누구도 Zappos만큼 진지하지는 않다."

이와 같이 치열한 고객중심성은 Zappos가 가전제품과 가정용품 등으로 취급제품 범주를 확대하면서 성장하는 데 기반이 되어 왔다. Hsieh 대표이사는 다음과 같이 말한다. "바라건대, 앞으로 10년 후 사람들은 우리 회사가 온라인 신발판매회사로 시작했는지조차 모를 것이다. 고객들은 우리 회사가 항공사에 진출하거나 국세청을 운영할 수 있는지를 실제로 물어본다. 지금부터 30년 후 Zappos 항공이 진정 최고의 서비스를 제공하는 항공사가 될지도 모른다."

(5) 서비스

최근 들어 소매업에서 가장 중시되는 경쟁요소는 서비스이다. 제조업체의 경우도 마찬가지지만 소매업도 서비스에 의해 점포의 이미지와 선호도가 결정되는 만큼 이에 대한 중요성을 간과할 수 없다. 특히 우리나라의 전속대리점 제도하에서는 소매업체의 점포이미지가 바로 제품이미지로 연결되기 때문에 전문품 제조업체의 소매점포 서비스제고는 매우 중요한 과제이다. 소매업의 서비스의 범위는 매우 넓어서 광의로 해석하면 소매전략의 전부가 서비스라 해도 과언이 아니다. 예를 들어, 백화점의 경품행사가 판촉인가 서비스인가에 대한 구분도 모호해진다.

소매업체의 서비스 유형을 분류하면 다음과 같다.

1) 고객응대

이는 점포 종업원의 고객에 대한 마음가짐이며 고객에게 가장 강렬한 점포이미지를 심어준다. 무형의 서비스이지만 서비스의 본질이라고 할 수 있다. 아래에 언급되는 다른 서비스 유형에도 이 요소는 매우 중요하게 작용한다. 소매점주는 고객을 중시하는 교육과 솔선수범을 통해 전 종업원이 한결같이 공손하고 친절하게 고객을 대할 수 있는 점포문화를 만들어야 한다. 그러나 과도한 고객응대 서비스는 고객을 짜증나게 할 수도 있다. 백화점에서의 호객행위 등이 여기에 해당되며 과거 미국의 가전소매상인 Best Buy는 점포 종업원의 지나친 고객응대가 오히려 고객에게 부담을 준다는 소비자조사 결과를 바탕으로 고객이 먼저 문의할 때까지 고객에 접근하는 것을 자제하는 정책을 펼쳤다.

2) 애프터서비스, 교환, 보증수리, 리콜제도

소비자 보호법이 강화되고 경쟁이 격화되면서 고가 전문품을 필두로 저가 생필품에 이르기까지 일반화되고 있는 제도이다. 시대적 요구이므로 수용할 수밖에 없는 제도들이며, 이 제도를 시행할 때에 특히 중요한 것은 소비자와

사례

동반자와의 갈등 해소: P&G와 Wal-Mart

P&G는 미국의 대표적인 비누, 세제, 섬유유연제 등 기타 가정용품 제조업체다. 1837년 영국의 양초 제조업자였던 William Procter와 아일랜드의 비누 제조업자였던 James Gamble이 미국 신시내티에서 서로의 업체를 통합함으로써 탄생하였다. P&G의 핵심인물은 현재 회장과 CEO를 맡고 있는 Alan George Lafley이다.

P&G의 주요 역사를 굵게 나눠본다면 1837년 신시내티에서 설립한 후 최초의 브랜드인 스타 양초와 아이보리 비누를 시작으로 세계 최초의 가정용품들을 개발하고 출시하였으며 2000년대 이후엔 Wella, Gillette 등의 기업을 인수합병하면서 유통업체인 빅마트들의 PB와의 경쟁을 위해 기술력이 필요한 비식품군의 기술력을 보유하려는 노력을 보이고 있다.

P&G는 현재 포춘지 선정 500대 기업에서 전체 28위를 기록하고 있고, P&G의 산업분야인 household and personal products 산업에서는 압도적 1위를 기록하고 있다.

P&G의 financial report를 보면 전년 대비 매출, 이윤, 총자산은 약간 증가하고 장기부채는 점차 줄여나가고 있으며, P&G의 광고비용을 보면 매년 광고비용을 증가시키고 있는 데 반해 매출과 이윤은 그다지 큰 성장률을 보이고 있지 않다.

P&G는 역시 가정용품 제품군에서 가장 높은 매출을 기록하고 지역적으로는 북미시장에서 가장 높은 매출을 기록하고 있다. P&G는 북미, 서유럽, 일본을 자신들의 개발된 시장이라고 판단하고 이외에 라틴아메리카, 아프리카, 중유럽, 동유럽, 일본을 제외한 나머지 아시아 국가들을 개발 중인 시장이라고 판단하는데 북미, 서유럽, 일본에서 나오는 매출이 전체매출의 61%를 차지하고 있다.

P&G는 현재 매출과 이익에 큰 성장을 이루지 못하고 거의 정체되어 있는데, 과거 2000년에서 2010년까지 10년간에는 시가총액이 741억에서 1705억 달러로 성장하고, 매출 역시 399억에서 789억 달러로 두 배에 달하는 성장을 기록했고, 연간 10억 달러 이상의 매출을 내는 브랜드 수도 10개에서 무려 24개로 더욱 많은 브랜드의 성공을 이뤄냈다. 이는 앞서 핵심인물로 언급했던 Alan George Lafley 회장이 기록했던 경영 수치이고, 2010년 그가 은퇴하고 Bob McDonald가 새로운 회장과

CEO를 맡았으나 올해 사임을 하고 5월에 Lafley가 다시 회장과 CEO로 선임되면서 P&G가 제2의 전성기를 맡을 수 있을 것인지 주목 받고 있다.

P&G가 생각하는 자사의 5대 강점으로는 소비자의 니즈를 파악하는 consumer understanding, 소비자가 원하는 것을 신제품으로 만들어내는 innovation, 효율성과 소비자 가치를 높이는 scale 등 소비자를 생각함으로써 오는 강점이 3가지나 있으며, 그 외에 소매상과 소비자에게 제때 알맞은 시장으로 조달 가능한 market capability와 전 세계적으로 가장 잘 알려진 가정용품 브랜드를 만들어내는 brand building 능력을 꼽았다.

P&G의 브랜드를 살펴보면 아이보리 비누, 비달사순, 팬틴, 웰라, 헤드앤숄더와 같은 미용제품, 퓨전, 마하쓰리, 질레트와 같은 면도기, 그리고 SK2 화장품 등의 뷰티 앤 그루밍 브랜드들과, 다우닝 세제, 팸퍼스 기저귀, 페브리즈, 타이드 세제, 듀라셀 건전지 등의 가정용품 브랜드를 보유하고 있으며 이 외에도 P&G는 전체 300여 개의 브랜드를 가지고 있다. 그에 반해 P&G Korea는 주요 브랜드로 추려서 총 13개의 브랜드만을 판매하고 있다.

P&G의 핵심성공요인 중에는 C&D 기술이 있다. C&D란 connect and develop이라는 연결개발의 약자로 외부의 기술과 아이디어를 내부의 R&D 역량과 연결시켜 신제품을 개발하는 기술혁신 모델이다. 이 기술은 특히 일반 소비재와 같이 제품수가 많고 유행에 민감한 사업에서 신제품 창출능력의 향상과 시장출시기간의 단축을 위해 많이 활용되고 있다.

C&D는 대규모 R&D 투자에 따른 위험을 줄이면서 제품개발에 따른 비용 또한 줄일 수 있으며, 폭넓은 글로벌 기술 네트워크를 사용하는 열린 기술혁신 (open innovation)이라 볼 수 있다. 이 기술 역시 앞서 언급한 Lafley 회장이 도입한 기술로 그는 기존의 내부 지향적 R&D만으론 소비자가 원하는 혁신적인 제품을 만드는 데 어려움이 있다고 보고 기술수명주기가 빠른 산업에서는 예전처럼 R&D를 은밀하게 진행할 필요도 없고, 전 세계 150만 명에 달하는 연구자 풀을 활용하지 않을 이유가 없다고 느껴 2001년 C&D를 도입한 후, 현재는 제품개발에 대한 전체 기술의 약 35%를 C&D를 통해 충당하고 있으며 향후 이를 50%까지 늘릴 계획을 갖고 있다.

C&D 기술로 큰 성공을 거둔 예로 Pringles prints가 있는데, 2004년에 P&G의 R&D팀은 감자칩 위에 글을 써넣으면 재미있는 인기상품이 될 것이라 생각했으나 습기가 많은 고온의 감자칩 반죽 위에 글을 써넣는 데 어려움을 겪었고, 문제를 해결하지 못한 R&D팀은 결국 C&D를 활용하기로 결정하였다. 아이디어 요구서를

글로벌 기술네트워크에 배포하여 연락이 된 것은 식용잉크분무기술을 이용해 그림을 그린 빵을 만들어 온 이탈리아의 조그만 빵집이었다.

C&D를 활용해 거대한 제조기업 P&G가 이탈리아의 조그만 빵집의 기술을 받아들였고 이를 통해 탄생하게 된 것이 Pringles prints다. 이는 대박을 터트려 P&G는 북미지역 프링글스 사업에서 2년간 두 자릿수 성장을 기록했다. R&D만을 활용했다면 이런 대박상품을 시장에 내놓는 데 막대한 개발비와 2년 정도의 시간이 소요되지만, C&D를 활용함으로써 제품기획에서 출시까지 채 1년이 되기도 전에 Pringles prints를 시장에 내놓아 대성공을 거두었다.

현재 P&G와 Wal-Mart는 양사에게 최고의 협력업체이자 시너지를 얻을 수 있는 Win-Win관계이다. 그렇지만 그들이 처음부터 서로 최고의 협력업체였던 것은 아니었다. P&G와 Wal-Mart는 업계에 자신들의 영향력이 어느 정도에 수준에 이르자 P&G는 유통업체에게, Wal-Mart는 제조업체에게 요구하는 것이 커지게 되었다. P&G는 유통업체들에게 최고의 매대 배치를 요구하였고 Wal-Mart는 공급 업체들이 자신들에게 최적의 가격, 추가 서비스, 우선 판매 방식 등을 제공하도록 요청하였으므로 양사는 매번 충돌을 겪게 되었다.

이에 대해 두 기업은 서로의 문제 해결에 필요성을 느끼고 Wal-Mart의 창립주 Sam Walton과 P&G의 부사장 Louis Pritchett은 함께 담판을 짓기 위해 카누 여행을 간다. 여행에서 두 사람은 양사 간의 관계를 재검토, 효율적으로 소비자에 대응하기 위해서 서로 협력 관계를 구축하게 된다. 위성시스템이나 POS 등의 IT 관련 최첨단 기술을 이용하여 P&G가 스스로 Wal-Mart의 재고를 파악하고 이를 관리할 수 있게 된다.

재고 파악이나 전화 등 비용이 절감됨으로 인해 고객들에게 저가격으로 P&G의 제품을 제공할 수 있게 되었고 이는 P&G 제품의 이용가능성을 크게 증가시키게 되었다. IT 기술의 도입으로 주문 없는 주문 시스템 (orderless order system)을 이루었고 이는 재고와 품절 가능성을 감소시켰으며 기업 전체의 손실을 감소시켰다. 이러한 이유들로 인해 전반적인 비용은 줄어들고 수익은 증가하는 구조를 구축, 시너지 효과를 발산하여 양사 서로 득이 되는 파트너 관계를 이어오고 있다.

다음은 P&G의 브랜드 전략을 알아보도록 한다. 브랜드 전략은 제품 관여도에 따라 다르게 나타난다. 고관여제품을 구매할 때 소비자는 본인이 관심을 가지고 능동적인 반복 학습에 따라 브랜드 신념을 구축하는 반면, 저관여제품을 구매할 때 소비자는 프로모션 등에 노출되어 수동적으로 반복 학습을 이루어 브랜드 신념을 구축해나간다. 이와 같은 구조로 브랜드를 선택하게 되는데 P&G와 같은 생필품 업체는 보통 저관여제품의 프로세스를 따르게 된다.

저관여 브랜드를 구매할 때 소비자는 수동적이고 충동적으로, 언어보다는 시각적 표현으로, 관념적 표현보다는 상징적인 비주얼에 매력을 느끼며 차별화된 광고 및 브랜드 네임 역시 소비자 행동에 크게 영향을 미칠 수 있다. P&G는 주로 이 광고 및 브랜드네임의 차별화를 이용한 전략을 사용한다.

제품에 각각 다른 독자적 브랜드를 개발하여 적용하는 전략으로 P&G는 모든 사업 부문과 제품 네임을 독립적으로 사용한다. 이러한 전략은 브랜드 전이현상이 적어서 P&G 자사의 다른 브랜드에 부정적인 이미지가 발생해도 또 다른 브랜드로의 부정적 이미지 전이가 거의 없다. 또 각각의 시장에서 각각의 브랜드 네임으로 해당 제품의 특징을 잘 표현할 수 있고 이를 통해 차별화 역시 가능하다. 대신 이러한 전략은 브랜드마다 개별 프로모션이 필요하여 비용이 많이 발생하고 매번 브랜드 로열티를 구축하기 위해 힘써야 된다는 단점 역시 있다.

P&G는 처음으로 브랜드라는 것을 도입한 회사이다. 창업주 Procter와 Gamble은 각각 양초와 비누 제조업자였다. 이전까지만 해도 양초와 비누는 정육점에서 고기를 떼어내듯 필요한 만큼 잘라내어 판매하였는데, 브랜드를 도입하면서 일정한 양과 일정한 품질의 제품을 제작함으로써 소비자로부터 제품의 일관성에 대한 신뢰를 이끌어내게 되었다.

세계 최초의 브랜드는 Star 양초이다. 1851년 양초와 비누를 구별하기 위해 최초로 달과 별을 로고로서 사용하였다.

지금까지 남아있는 브랜드는 1879년 만들어진 Ivory 비누이다. 점심 식사를 하기 위해 자리를 비우며 비누 제조 기계를 끄지 않은 직원의 실수 탓에 비누에 과다한 공기가 주입되었다. P&G는 이를 모른 채 비누를 판매하였다. 공기가 많이 들어간 비누는 물에 빠져도 물에 뜨게 되었고 그 때문에 물 속에서 비누를 찾는 것이 용이해졌다. 실수로 만들어진 비누에 대해 시장에서 좋은 반응이 이어지자 P&G는 아예 '물에 뜨는 비누'라는 컨셉으로 마케팅하였고 더 나아가 Ivory 비누 브랜드를 도입하게 된다.

P&G는 현지 사정을 고려하여 제품 전략을 펼치는 것으로 유명하다. 중국인들은 길게는 일주일씩이나 머리를 잘 감지 않는다고 한다. 머리를 잘 감지 않는 중국인들의 성향을 고려하여 향기가 오래 지속되는 상품 Rejoice를 출시한다.

동구권 국가들에서는 중저가 전략이 주로 유효한 반면 러시아인들은 품질을 중시하여 항상 최고급의 제품을 사기를 원한다. 프리미엄 생리대 Always는 다른 세계 시장에서는 미비한 성과를 올리던 제품이었으나 러시아에서는 명품 마케팅이 매우 유효하여 큰 성공을 이뤄낸다. 이렇게 국가별로 다양한 반응에 맞춰 P&G는 국가별 마케팅 전략도 다르게 실행하였다. 기존 Always는 열린 생활 컨셉의 감성광고를 진행하던 것에 반해 러시아에서는 명품 마케팅의 일환으로 증언 방식의 품질 인식 광고를 진행한다.

P&G는 2000년대 들어 CEO Alan George Lafley의 주도 아래 Wella와 Gillette를 인수 합병하였다. Gillette와 함께 사업 다각화의 일환으로 Oral-B, Duracell 등 굵직굵직한 여러 브랜드를 인수 합병해왔다. 이러한 Gillette와의 합병을 통해 P&G는 보다 넓은 규모의 사업다각화를 이루게 되었고 이는 경쟁사 Unilever를 뛰어넘는 계기가 되었다.

의 약속을 철저히 지켜야 한다는 점이다. 공급업체와의 관계 때문에, 또는 귀찮다는 이유로 이 제도가 제대로 실행되지 않을 때는 오히려 부정적 이미지를 낳게 되어 고객을 잃는 결과를 가져온다.

(6) 공급업자와의 관계

소매경쟁이 격화되고 소매환경이 급변하는 최근의 추세에 따라 유통경로상의 마지막 단계인 소매상 역시 안정적인 상품공급을 확보하기 위해 그들의 공급업자인 도매상이나 제조업체와 긴밀한 관계를 유지하여야 한다.

공급업자와의 관계를 결정하는 주요 사안은 전속대리점 계약과 실시간 정보시스템 사용 여부이다. 일반적으로 신제품이 개발되어 판매가 독과점 상태에서는 전속대리점 계약이 제조업자나 소매업자에게 유리하다. 제조업자는 소매업자를 지배하면서 신기술의 애프터서비스를 안정적으로 제공할 수 있는 이점이 있고 소매업자는 독과점 제품의 수요를 지역적으로 독점할 수 있기 때문이다. 그러나 경쟁이 심화되어 공급업체가 늘어나면 전속대리점은 공동소매상에 비해 구색의 열세라는 약점을 갖기 때문에 매력적인 대안이 될 수 없다. 따라서 전속대리점 계약여부는 경쟁상황에 따라 크게 좌우된다고 할 수 있다.

5. 소매업의 미래

2000년대를 기점으로 국내 소매상들은 과거 어느 때보다 빠르게 변화하고 있다. 즉 편의점, 할인점, 회원제 도매 클럽, 인터넷 쇼핑몰 등의 신업태들이 급성장하였으며 재래시장과 더불어 국내 소매업을 양분하던 백화점 업계의 적극적인 변신이 이루어지고 있다. 이러한 국내 소매업계의 변화가 대체로 미국, 일본 등의 선진국의 추세를 뒤따르고 있는 실정을 감안할 때 세계 각국의 소매업계의 주요한 변화를 살펴봄으로써 국내 소매업계의 변화를 전망할 수 있다.

(1) 강력한 소매상 (power retailer)의 등장

1980년대와 90년대에 미국의 유통경로에서 강력한 파워를 행사하는 소매상들이 등장하기 시작하였다. 이들은 효과적인 경쟁전략의 사용으로 소비자에게 만족을 제공하는 강력한 소매상으로, 그들의 소비자가 누구인지를 정확하게 이해하고 있다. 즉 고객을 확실하게 정의하고 고객의 욕구를 이해하고 있고, 강한 시장 지향성을 지니고 있으며 시장추세를 비교적 정확하게 미리 포착한다. 또한 시장조사와 추세 예측을 통해 과감한 의사결정을 하고 유통정보기술 (channel information technology)에 막대한 투자를 하는 특성을 보이고 있다.

강력한 소매상은 특정 업태를 지칭하거나 특정한 하나의 소매상을 지칭하는 것이 아니다. 미국에서 전문점의 경우 The Limited (의류 소매점)와 Home Depot (home improvement center), 할인점의 경우 Wal-Mart와 Target, 회원제 도매 클럽은 Costco와 Sam's Club, 백화점은 Nordstrom과 Lord & Taylor 등이 이에 해당된다. 국내의 경우 롯데, 신세계 등과 최근에 등장한 대형 할인소매상 등이 power retailer의 예라고 볼 수 있다.

(2) 소매업의 양극화 (channel bipolarization) 현상의 심화

국내 유통산업은 재래시장과 백화점으로 양분되어 발전하여 왔다. 그러나

1990년대에 들어서면서 편의점, 할인점, 아웃렛, 회원제 도매 클럽 등의 신업태들이 지속적으로 성장하여 왔다. 이에 따라서 재래시장을 중심으로 구멍가게 · 소형 슈퍼마켓 등의 업태들은 쇠퇴기에 접어들었고 인터넷과 대형 할인점을 중심으로 새로운 유통경로들이 성숙기를 맞이하고 있는 실정이다. 이러한 상황에서 국내 소매업은 종래의 재래시장과 백화점의 양극화와는 또 다른 형태의 양극화 현상이 발생하고 있다. 즉 미국의 경우 좁은 제품라인에 깊은 구색을 갖추어 소비자의 욕구를 충족시켜 주는 경쟁적 강점을 보유한 전문화된 소매점 (high touch retailer: 예를 들어 Best Buy (가전), Victoria's Secret (속옷))과 대량구매와 대량판매를 통한 저가격으로 소비자에 소구하는 것이 경쟁적 강점인 대규모 소매상 (high tech retailer: 오프라인의 Wal-Mart, Target, 온라인의 Amazon)의 두 가지 형태의 소매상들이 소매업의 미래를 주도할 것이다. 국내의 경우도 이러한 미국의 추세를 뒤쫓을 것으로 보인다.

표준화된 제품인 포장 소비재 (consumer packaged goods) 시장은 전통적인 제조업자 우위에서 유통업자 우위로 바뀌어 가고 있는 추세이다. 이러한 파워의 변화는 다음과 같은 요인에 의해 이루어지고 있다.

첫째, 소비재 시장의 정체로 인해 소매상들은 다른 소매상들과 시장점유율 경쟁을 하지 않을 수 없는 상황이 되었다. 이미 표준화되어 있는 포장 소비재의 경우 소매점 간의 경쟁에서 가장 강력한 경쟁의 원천은 가격이다. 따라서 소매상들은 제조업자에게 보다 많은 구매가격 할인을 받으려고 압력을 가하게 된다. 제조업자 입장에서는 이러한 압력을 뿌리치기 어렵다. 왜냐하면, 다른 제조업체와 뚜렷한 차별성이 없는 경우 소비자와 직접 접촉하는 소매상의 판매노력 여부에 따라 자사의 매출이 달라지기 때문이다.

둘째, 거대 소매상의 등장과 이들의 시장 과점으로 제조업자들의 판로의 수가 제한되고 단일 소매상의 구매량이 증대됨에 따라 소매상의 파워가 강력해지고 있다. 최근에 대형마트, 백화점, 슈퍼마켓 등의 지속적인 출점으로 인해 구멍가게나 소형 슈퍼 등이 도태되고 있는 추세이다. 이러한 소형 소매상의 감소는 제조업자 입장에서 판로의 수가 감소함을 의미하고 따라서 제조업자들은 대량 구매하는 소수의 대형 소매점들에게 자신의 매출의 상당부분을 의지할 수밖에 없는 상황이다.

셋째, 소매상이 POS 시스템, EDI (electronic data interchange), VAN (value added network) 등의 유통정보시스템 (channel information system)에 대한 투자를 증대함에 따라 소비자와 시장 그리고 제품에 관한 정보를 대량 보유하게 되어 제조업자에 비해 정보력에서 우위를 보유하게 된다. 따라서 제조업자는 보다 양질의 정보를 얻기 위해 소매상에 의존하게 되었다.

(3) 유통업체 상표 (private label: PL)의 확산

유통업체 상표의 원래 용도는 점포 애호도 (store patronage)와 보다 높은 수익을 획득하기 위한 것으로서, 막대한 광고비를 투자하는 유명 제조업체 상표 (national brand)의 대안으로 고려되지는 않았다. 그러나 유럽과 미국에서 소매상들의 자체 상표 사용이 증가하고 있고 소매업체에 따라서는 점포에서 가장 많이 팔리는 상표가 되고 있는 추세이다. 이의 영향으로 제조업자 상표의 매출이 감소되고 있고 유통업체는 유통업체상표를 전략적 무기로 활용하여 소매업체의 파워가 증대되고 있다. 국내의 경우에도 백화점, 대형마트, 편의점 등을 중심으로 유통업체 상표의 사용이 늘어가고 있다. PL은 최근 소매업체의 수익 증대와 차별화 전략에 널리 활용되는 매우 중요한 전략 분야이므로 이에 관해서는 6장에서 심도 있게 논의할 것이다.

(4) 편의성의 중요성 증대

소비자가 제품구매에 소요되는 시간 (점포까지의 여행시간, 쇼핑시간, 배달시간 포함)과 관련된 개념이 편의성이다. 2000년대에 들어서면서부터 직장 여성의 증가, 레저시간의 증대, 러시아워 등으로 시간압박을 받고 있는 소비자 집단들은 제품구매시간에 할애할 수 있는 시간이 감소되고 있다 (시간가치의 중요성이 증대). 또한 밀레니얼 세대와 Z세대는 SNS, 게임, YouTube 등의 사용과 Netflix 시청 등에 많은 시간을 할애하고 있다. 따라서 소비자들의 시간효용이 커짐에 따라 편의성을 위해 보다 높은 가격을 지불할 용의가 있는 소비자 집단이 증대되고 있다.

이러한 소비자의 편의성 중시로 인해 24시간 영업을 하는 편의점, 지하철이나 국철 역에 위치하여 교통체증을 피할 수 있는 역사점, 일괄구매가 가능한 대형 소매점포 및 코엑스몰이나 스타필드, 용산의 아이파크몰 같은 대형 복합 쇼핑몰, 그리고 무엇보다도 인터넷 쇼핑몰 등의 성장이 두드러지고 있다. 최근에는 쿠팡이나 마켓컬리 등과 같은 빠른 배송을 전략적 무기로 고객을 유인하는 소매기업도 나타나고 있다.

(5) 포지셔닝의 중요성

소매상이 성공하기 위해서는 입지가 가장 중요한 요인으로 간주되어 왔다. 그러나 제조업체와 마찬가지로 소매상 역시 표적시장을 선정하고 이에 따른 적절한 포지셔닝이 소매시장에서의 핵심 성공요인이 되고 있다. 즉, 제조업체와 마찬가지로 소매상 역시 소득, 나이, 연령, 라이프스타일 등과 같은 세분화 기준을 사용하여 소매시장을 세분화한 후 여러 세분시장 중에서 자신의 능력에 적합한 표적시장을 선정하고 적절한 포지셔닝을 하여야 한다.

국내에서는 고소득, 고학력, 전문직 고객에게 어필하는 Costco의 포지셔닝, 초고가 명품만을 취급하여 고가/고품질로 포지셔닝한 갤러리아 명품관 등이 명확한 세분시장을 겨냥한 효과적인 포지셔닝전략의 예로 볼 수 있다.

6. 주요 소매업태의 장래

90년대와 2000년대는 유통업의 격변기였다. 90년대 초반만 하더라도 국내에는 재래시장, 구멍가게에 해당하는 슈퍼, 대리점, 방판, 백화점 등의 소매업태만이 존재하였으나, 이 기간 동안 할인점, 회원제 도매 클럽, 편의점, TV 홈쇼핑, internet shopping, 다단계판매 등의 업태가 생겨나고 성장하면서 대부분의 업태는 이미 성숙기에 이를 정도로 눈부신 발달을 보이고 있다.

이러한 유통업의 발달로 인한 최대의 수혜자는 소비자이다. 과거에 비해 훨씬 쾌적한 분위기에서 쇼핑을 즐기게 되었고 업태 간 경쟁이 심화됨에 따라 물가수준도 안정되었다.

지금까지의 논의를 토대로 어떤 유통업태가 계속 성장하고 어떤 업태가 도태된 것인가를 예측하는 것은 매우 흥미로우면서도 중요한 과제일 것이다.

다양한 유통업태의 미래를 예측하는 것의 기초는 고객이 무엇을 원하는가에 있다. 고객은 쇼핑의 효율성을 위해 one-stop-shopping의 욕구를 가지고 있고 가격, 상품구색, 서비스가 점포 선택에 영향을 미친다.

최근의 코로나 팬데믹은 세계적으로 유통 지형을 근본적으로 변화시켰다. 만약 많은 의료 전문가들이 예상하듯이 향후 전염병 팬데믹이 주기적으로 발생한다면 대면 유통업인 점포소매업은 매우 어려운 상황에 직면할 것이며 이커머스를 위시한 비대면 소매업이 번창할 것은 자명하다. 아래의 논의는 코로나 팬데믹의 영향이 최소화된다는 가정하에 각 유통업태의 미래를 예측한 것이다.

(1) 대형 복합 쇼핑몰 (mall complex)

특정 소매업태라기보다는 한 지붕 아래 각종 쇼핑, 식당, 오락 등의 서비스를 제공하는 복합화된 소매공간이다. 선진국에서는 일반화되어 있으나 최근 우리나라에 나타나고 있다. 아셈 센터 지하에 있는 COEX 몰과 스타필드가 대표적 예이다. 특히 COEX 몰은 청소년을 표적시장으로 하여 그들이 필요로 하는 서비스를 복합적으로 제공하여 큰 성공을 거두고 있다. 가족 단위를 대상으로 하는 스타필드는 유통산업에 또 한 번의 지각변동을 가져온 개념의 몰이다. 선진 외국에서는 엔터테인먼트 (실내 스키장, 실내 해수욕장 등) 기능을 갖춘 몰 컴플렉스가 출현하고 있다.

우리나라의 경우, 서울 근교에 녹지로 지정된 수십만 평 규모의 토지가 다량 보존되어 있어서 법규의 변경이 가능하다면 공해를 유발하지 않는 거대 몰 건설이 상대적으로 쉽게 이루어질 수 있으리라고 판단된다. 특히 서울과 인근 지역의 높은 인구 밀도, 자동차 전용도로의 건설, 높은 자동차 보유율, 소득 증가 등은 몰 컴플렉스의 고객흡인력을 제고하여, 성공 가능성이 높을 것으로 판단된다. 이러한 몰 컴플렉스는 백화점과 비교해 볼 때, 고객의 동시비교욕구의 측면에서 훨씬 우수하다는 점과 쇼핑과 오락, 기타 서비스를 동시에 제공함으로써 근자에 특히 강조되고 있는 '경험 마케팅' 개념을 충실히 수행한다는 점에서 백화점의 빠른 쇠퇴를 가져올 것이다.

또한 이 공간 내에 대리점이 한 지붕 아래 모이게 되고 유사한 제품의 대리점군이 형성되면 미국의 대리점과 같이 백화점보다 훨씬 다양한 브랜드와 모델을 제공함으로써 오히려 대리점군이 백화점보다 우월적 지위를 확보할 수 있을 것이다. 이러한 환경에서는 대리점군이 카테고리 킬러와 유사한 역할을 수행하므로 전속대리점의 문제점이 대부분 해소될 수 있다.

(2) 백화점 (department store)

백화점의 천적인 대형 복합 쇼핑몰과 카테고리 킬러가 얼마나 번창할 것인가에 따라 general department store 개념의 백화점의 장래가 결정될 것이다. 그러나 백화점은 물가상승에 큰 책임이 있고 소매상의 기능을 수행하지 않은 채 과다한 수수료를 부과한다는 점에서 조만간 경쟁력을 상실할 것으로 예상된다. 반면 백화점이 재고를 부담하는 매입 기능을 수행한다면 fashion specialty department store는 계속 번창할 것이다.

(3) 소규모 슈퍼마켓과 구멍가게 (소규모 가업형)

편의점과 SSM, 대형마트에 의해 빠른 속도로 대체될 것이다.

대기업 편의점과 SSM의 막강한 자금력과 상품력을 바탕으로 한 다양한 구색과 저가 공세로 소규모 슈퍼마켓 수는 2011년 8만 3천 개 점포에서 2016년 6만 9천 점포로 1만 4천 점포가 급속히 감소하였다. 볼런터리체인인 나들가게 등 공동 대처방안을 강구 중이지만, 대기업의 공세에 버티기 힘든 상황이다.

(4) 도매 생필품 전속대리점

주 고객인 동네 슈퍼의 몰락으로 매출액이 급격히 감소할 것이다. 또한 도매 전속대리점은 한 회사의 제품을 취급함으로써 구색 갖추기 기능을 수행하지 않으므로 경쟁력이 없다. 대형마트나 편의점 등의 소매업태는 상당 부분 제조업체로부터 직매입을 하기 때문에 대형 할인점이나 편의점이 확산될수록 빠른 시간 안에 쇠퇴될 것이다. 그러나 중소기업의 제품을 모아서 취급하는 도매업체 (vender라고 불림)는 현 지위를 어느 정도 유지할 것으로 전망된다.

(5) 소매 전속대리점 (가두 대리점)

전문품 소매대리점이 군을 이루지 못하면 지금과 같이 빠른 속도로 쇠퇴할 것이다. 현재와 같이 대로변에 홀로 서 있는 (군을 이루지 않은) 대리점은 고객의 one-stop-shopping 욕구를 충족하지 못하며, 이를 충족시키는 카테고리 킬러의 출현과 백화점에 의해 그 지위가 약화될 것이다. 그러나 몰 컴플렉스가 건설되어 한 지붕 아래에 군을 이루게 되면 이러한 치명적 약점이 사라지게 되어 회생할 수도 있을 것으로 예상된다.

(6) 편의점

자가용이 없어서 원거리에 위치한 대형마트를 이용하지 않는 청소년과 미혼 집단 등 1인 가구가 늘면서 이들을 표적시장으로 하여 주거 지역에서 고회전 생필품을 판매하는 편의점은 계속 발전할 것으로 예상된다. 현재 편의점은 제품 개발과 고객 기반을 확충하는 전략을 적극 구사하고 있다.

1인 가구 증가 등으로 인한 소비자 라이프스타일 변화의 최대 수혜자는 편의점인 것으로 판단된다. 편의점 사업은 소규모 슈퍼마켓을 넘어 택배, ATM, 공과금 수납 등 다양한 서비스로 확대되고 있고 심지어 기존 카페, 식당, 술집의 역할을 대체하고 있다. 주목할 점은 편의점 점포 수 증가와 시장규모 성장으로 인해 편의점의 구매력이 증대되고 구매원가가 하락하면서 편의점의 최대 약점인 가격경쟁력까지 갖추고 있다는 점이다. 대표적인 예가 대형마트에서만 시행하였던 맥주 4캔 1만 원 행사를 편의점에서도 시행하고 있으며, 2019년에는 대형마트를 누르고 라면 매출 1위에 등극하였다.

미래의 잠재적 위협 요소로는 이커머스의 식품 및 생필품 매출 증가와 배달 플랫폼을 이용한 배달 식사 확대 등이 있다.

(7) 기업형 슈퍼마켓 (super super market: SSM)

생필품 유통에서 상권이 좁은 편의점과 상권이 넓은 대형마트의 중간업태로 주로 신선식품을 판매하는 업태이다. 서구에 비해 신선식품을 자주 필요로 하는 한국인의 식단의 특수성과 편의점에는 신선식품 구색이 많지 않고 대형마트는 자주 방문하기 어렵다는 점을 감안할 때 우리나라에 적합한 식품 소매업태이다. 현재 홈플러스 익스프레스, 롯데 슈퍼 등이 영업 중이나 영세 소규모 슈퍼마켓의 보호 차원에서 정부의 규제로 인해 크게 발전하지 못하고 있다.

(8) 대형마트

이미 우리나라에서도 백화점을 따돌리고 오프라인 업태 중 매출액 1위에 도달한 업태이었으나 점포의 과포화, 정부의 영업시간 규제 등으로 빠른 속도로 쇠퇴기를 맞고 있다. 또한 주문의 편의성, 저가격, 빠른 배달로 무장한 이커머스 업체들로부터 거센 도전을 받고 있다.

(9) 카테고리 킬러

서구에서 대형할인점과 함께 유통의 양축을 이루는 업태로서 우리나라에도 이미 몇 개의 성공사례가 있다. 앞에서도 언급하였듯이, 아직도 우리나라의 전문품은 단일상품 전속대리점에 의해 유통되고 있다. 서구의 사례에서 보듯이 이러한 관행의 공정거래법에 의한 규제, 외국의 카테고리 킬러 기업의 국내 진출 (예: 일본의 ABC 마트), 국내 카테고리 킬러 기업의 출현여부에 따라 이 업태의 성장여부가 결정될 것이다. 카테고리별 분석이 필요한 업태이다.

이커머스와 음원, 비디오 스트리밍 서비스의 출현은 카테고리 킬러에게 커다란 위협이다. 이머커스는 가전, 의류, 가구, 공구, 장난감, 서적 등의 카테고리에서 시장점유율을 높여가고 있고 취급 품목의 수도 넓혀가고 있다. 소비자의 구매 패턴 또한 카테고리 킬러에게 유리하지 않다. 많은 소비자들이 오프라인 점포에서 제품을 둘러보고 판매원들로부터 정보를 획득한 다음 온라인샵에서 구매하는 쇼루밍 (showrooming) 행태를 보이고 있다.

Apple music이나 Netflix 등의 스트리밍 서비스는 과거 음반 카테고리 킬러인 Tower Record와 비디오 대여점인 Blockbuster의 몰락을 초래하였다.

(10) 회원제 도매 클럽

유명 브랜드를 선호하고 가격에 민감한 고객을 대상으로 성업 중인 Membership Wholesale Club (MWC)은 지금까지 개발된 소매업태 중 최저가 정책을 구사하여 중요한 소매업태로 번창하고 있다. MWC의 정책은 한마디로 'no frill (서비스 등 군더더기가 없이 기본 기능만을 수행)'이다. 창고를 연상케 하는 저예산 인테리어, 묶음판매, 고회전 유명상표 취급, 현금결재, 최소한의 서비스 등으로 원가를 절감하여 고객에게 초저가에 제품을 판매하고 있다. MWC의 주 고객층은 구매력이 높은 고소득, 전문직, 고학력층이다.

우리나라에도 90년대에 Price Club (이후 Costco사에 합병)이 진출하였고 제한된 서비스에도 불구하고 저가, 고품질 제품구성, 저렴하면서도 품질 좋은 PL인 Kirkland의 높은 선호도 등으로 인해 큰 성공을 거두고 있다. 매장에 따라 약간의 차이는 있지만 Costco의 매출은 대형마트의 두 배 정도이다. 이러한 Costco의 성공에 자극받아 신세계는 트레이더스, 롯데는 빅마켓을 오픈하였다. MWC는 지금까지 개발된 소매업태 중 가장 낮은 가격을 제공해 준다는 점에서 불황기나 스마트 쇼핑족이 늘어날수록 번창할 것으로 예상된다.

그러나 이커머스는 MWC에게도 위협이다. MWC도 온라인 몰을 운영하고 있으나 MWC 비즈니스 모델의 장점인 매장 내에서의 판매전략, 즉 회원제로 인한 높은 내점 빈도 유도, 충동구매 유도, 동반구매의 장점이 많이 희석될 수 있다.

(11) 인터넷 쇼핑, 모바일 쇼핑

우리나라 무점포 소매업태의 대표 주자이다. 시간 압박, 대형마트에 대한 정부의 영업시간 규제, 네티즌 기반의 확대, 세계 최고의 인터넷 환경, 스마트폰 등 인터넷 디바이스의 발전, 다양한 인터넷 유통 비즈니스 모델의 개발 등은 지금도 번창하고 있는 인터넷 쇼핑을 더욱 번성하게 할 것이다. 또한 시간이 갈수록 TV 홈쇼핑 고객을 흡수하여 TV 홈쇼핑의 쇠퇴를 가속화시킬 것이다.

(12) 드럭 스토어 (drug store)

외국의 드럭 스토어가 의약품 매출 비중이 큰 것에 비해 우리나라의 드럭 스토어는 약국이 의약품의 주요 유통 채널이므로 주로 health&beauty (H&B)의 매출을 통해 성장해 왔다. 업계 1위인 올리브영은 국내외 차별화 단독 상품을 소싱, 개발하고 화장품뿐만 아니라 퍼스널, 헬스케어, 가전제품도 선보였다. 글로벌 브랜드는 물론 가성비가 뛰어난 국내 중소기업 제품들도 함께 취급하며 소비자의 니즈와 트렌드를 적극 반영하면서 꾸준히 성장하고 있다. 또한 상권에 맞춰 상품을 차별화한 전략도 주효했다. 최근 단일 브랜드만을 판매하는 중저가 브랜드샵과 달리 다양한 품목의 다양한 브랜드를 한데 모아 판매하는 드럭 스토어에 대한 젊은 소비자층의 선호도가 높아짐에 따라 드럭 스토어는 꾸준한 성장을 할 것으로 예측된다.

(13) TV 홈쇼핑

지금 현재의 매출이나 유통산업에서 차지하는 비중을 볼 때 이 업태의 장래에 대해 많은 논란을 불러일으킬 수 있다. TV 홈쇼핑의 장래를 전망할 때 TV 홈쇼핑의 원조인 미국 TV 홈쇼핑 사업의 흥망성쇠를 살펴보는 것이 유익하다. 80년대 초 미국에서 개발된 이 업태는 80년대 말, 90년대 초반에 크게 번창하여 5-7개의 전국 cable TV home shopping channel이 있었으나, 인터넷 쇼핑이 도입되면서 급격히 쇠퇴하여 1998년 현재 한두 개의 channel만이 남아있는 실정이다. 물론 미국의 TV 홈쇼핑 산업이 짧은 산업수명주기를 가졌던 데에는 (10-15년) 우리나라와는 다른 특수한 요소가 있다. TV 홈쇼핑의 주 고객층인 미취업주부의 비중이 낮고, 장년층이라 하더라도 컴퓨터 사용능력이 뛰어나다. 미국에서는 70년대부터 기업의 main frame computer의 사용이 일반화되어 있었기 때문에 인터넷 쇼핑이 나타나자 TV 홈쇼핑의 주 고객층인 장년층이 빠른 속도로 인터넷 쇼핑으로 이전하였다. 결론적으로 우리나라 TV 홈쇼핑의 쇠퇴기는 미국의 경우만큼 급속히 오지는 않겠지만 중장기적 관점에서 결국 쇠퇴기에 처하게 될 것이다.

또한 미국의 경우, Amazon, 이베이, Zappos 등 거대 인터넷 쇼핑업체가 번창하고 있으나 우리나라에는 아직 이러한 거대 이커머스 업체가 없다. 향후 이커머스의 발달여부에 따라 TV 홈쇼핑의 장래가 좌우될 것이다.

(14) 다단계 판매 (multi level marketing: MLM)

아직 중소기업의 화장품이나 건강보조식품, 생필품 등이 다단계 조직을 통해 판매된다. 일단 인적인 네트워크가 형성되면 여러 제품을 지속적으로 판매할 수 있다는 점에서 전망이 그리 어둡지만은 않다.

(15) 네트워크 마케팅 (network marketing)

원래 합법적 다단계 판매를 의미하나 우리나라에서는 변칙적 불법 유통형태인 피라미드 판매와 동일어로 사용되고 있다. 우리나라의 네트워크 마케팅은 비정상적 고가 제품을 강매하여 부당이득을 취한다는 면에서 비도적적이고 불법적이다. 이러한 형태는 법적 규제가 가해지지 않는 한 계속 명칭과 영업방식을 바꿔가면서 생존할 것이므로 이에 대한 정부의 강력한 규제가 요구된다.

합법인 다단계 판매와 불법인 피라미드 판매

도입 이래 종종 사회문제화 되고 있는 다단계 판매 (multi level marketing: MLM)의 형태는 다양하며 그 명칭만도 피라미드 판매, 네트워크 마케팅 등으로 다양하다. 외형적으로는 비슷해 보이는 여러 유형의 다단계 판매는 내면적으로 많은 차이를 보인다.
우선 불법인 피라미드 판매는 고가의 내구소비재를 판매하고, 고가의 가입비가 수반되며 하위판매원의 확장의무를 가진다. 또한 단기간에 돈을 벌 수 있다며 전업으로 일할 것을 유도하고 있다.
이에 비해 합법적인 다단계 판매는 중저가 소비재의 판매가 대부분이며 가입비가 저비용이고 주 수입원은 상품판매에 의한 수익이다. 판매인에 대한 하위판매원 확보 의무 또한 없으며 철저한 부업 출발을 유도하고 있다.
이렇듯 다단계 판매의 형태를 갖추었으나 내면적으로는 불법적인 피라미드 판매조직이 성행하여 사회적으로 많은 문제점을 야기하고 있다.
향후 준법정신에 충실한 다단계 판매업은 친인척, 친지들을 대상으로 하는 인적판매라는 강력한 장점으로 인해 지속적으로 발전하겠지만 불법적 요소를 가진 피라미드 판매조직은 판매원과 소비자를 현혹하여 단기간의 성과는 거두겠지만 결국 법적 제재를 받을 것이다.
근래에 발생한 최대 네트워크 기업인 제이유 사건도 이러한 법적 제재의 대표적 사례이다.

참고문헌

Kotler and Armstrong(2019). *Principles of Marketing*, 17th edition. Prentice Hall.

안광호, 조재운, 한상린(2019). **유통원론**, 4판. 학현사.

IKEA 사례

상품 안파는 매장, 서울서 첫발…이케아 "한국이니까". https://news.joins.com/article/23763547

[이케아 국내 진출] 이케아의 매장 전략. http://mdesign.designhouse.co.kr/article/article_view/102/69343?per_page=9&sch_txt=

'이케아 쓰나미'인가, '찻잔 속 태풍'인가. http://www.sisajournal.com/news/articleView.html?idxno=140430

이케아, 코로나19 계기 사상 첫 온라인 플랫폼 개설. http://news.einfomax.co.kr/news/articleView.html?idxno=4075471

이케아 "코로나 생각보다 빨리 회복"9개국에 보조금 반납. http://www.hani.co.kr/arti/economy/marketing/949265.html

이케아, 韓진출 5년만에 매출 5천억원…3호점 잇따라 연다(종합). https://www.yna.co.kr/view/AKR20190821071951030

Bertil Torekull(1999). *Leading by design: the IKEA story*. HarperBusiness.

Eric van Den Steen & Alon Galorikea(2017). *IKEA, Harvard Business School*.

Lisa Duke(2016). How IKEA's Strategy was formed, INSEAD, The Business School for the world.

IKEA Homepage. https://www.IKEA.com

IKEA Wikidepia. https://en.wikipedia.org/wiki/IKEA

7 Lessons You Can Learn from IKEA's Killer Marketing. https://optinmonster.com/lessons-you-can-learn-from-ikeas-killer-marketing/

As Retail Reconfigures Into Click and Mortar, a New Kind of Employee Is Born. https://www.entrepreneur.com/article/311750Corporate And Current Business

History of IKEA. https://www.timetoast.com/timelines/history-of-ikea

How Kamprad Became King of IKEA. https://sweden.se/business/ingvar-kamprad-founder-of-ikea

IKEA Business Strategy and Competitive Advantage: Capitalising on IKEA Concept. https://research-methodology.net/ikea-business-strategy-competitive-advantage-capitalising-ikea-concept/

IKEA history, profile and corporate video. https://www.companieshistory.com/ikea/

IKEA – People & Planet Positive IKEA Group Sustainability Strategy for 2020. Harvard Business Review, 2014.

IKEA's Strategy For Becoming The World's Most Successful Retailer. https://www.businessinsider.com/ikeas-strategy-for-success-2015-1

Manland: IKEA's day-care for husbands. https://theweek.com/articles/481736/manland-ikeas-daycare-husbands

Meatballs and DIY bookcases: The psychology behind Ikea's iconic success. https://www.cnbc.com/2019/10/05/psychology-behind-ikeas-huge-success.html

Miles Jennings, "As Retail Reconfigures Into Click and Mortar, a New Kind of Employee Is Born". https://www.entrepreneur.com/article/311750)

Strategies of IKEA Marketing Essay. https://www.ukessays.com/essays/marketing/corporate-and-current-business-strategies-of-ikea-marketing-essay.php

The IKEA India experience, strategies and future plans. https://www.indiaretailing.com/2018/09/10/retail/the-ikea-india-experience-strategies-and-future-plans/

The IKEA Story. https://www.ikeacareers.co.uk/who-we-are/the-ikea-story

Why IKEA Succeeds Around The World While Other Retailers Falter. https://www.forbes.com/sites/warrenshoulberg/2018/07/30/put-another-stamp-on-the-ikea-passport/#4901037b3f7c

Chapter 6

유통업체 상표 (Private Label: PL) 전략

학습내용

1. PL의 약진의 배경은 무엇인가?
2. PL이 발달한 서구와 우리나라와의 PL의 발전 현황은 어떠한가?
3. PL의 주 성공요인은 무엇인가?
4. 어떤 경우에 PL의 약진이 두드러지는가?
5. PL의 유형에는 어떤 것이 있는가?
6. 소매업체의 PL 성공 전략은 무엇인가?
7. PL이 반드시 소매업체에게 고이익을 가져다 주는가?
8. PL 확대에 대한 제조업체의 유효한 대응전략은 무엇인가?
9. PL의 발달이 가져온 산업구조의 변화는 무엇이며 이로 인해 경쟁력을 잃는 중소제조업체의 경쟁력 강화를 위한 정부의 역할은 무엇인가?

사례

소매업체 상표 (Private Label) 전략으로 고품질과 저가격의 두 마리 토끼를 잡은 독일의 초저가 할인점 (hard discounter): Aldi

학습목표

1. Aldi의 비즈니스 모델의 특징은 무엇인가?
2. Aldi의 제품 및 가격 전략의 특징은 무엇인가?
3. Aldi의 입지 및 매장 운영 전략의 특징은 무엇인가?
4. Aldi의 광고 및 판촉 전략의 특징은 무엇인가?
5. Aldi의 구매전략의 특징은 무엇인가?
6. Aldi의 물류전략의 특징은 무엇인가?
7. Aldi의 주 성공요인은 무엇인가?
8. Aldi의 경장사와 각 사의 전략적 특징은 무엇인가?
9. Aldi의 위기 요인은 무엇인가?
10. Aldi와 유사한 우리나라의 700마켓이 성공하지 못한 이유는 무엇인가?

1. Aldi 소개

Aldi는 매장의 평균 크기가 약 300평 정도이고 신선식품을 위시하여 일상생활에 꼭 필요한 필수품 (necessity)만을 판매하는 초저가 슈퍼마켓이며 취급품목의 90% 이상이 소매업체상표 (private label, PL)이다. 매장당 평균 700~1,000SKU 정도를 취급하며 품목당 한 두 개의 브랜드만을 판매한다.

Aldi는 1946년 형인 카를 알브레히트 (Karl Albrecht)와 동생 테오 알브레히트 (Theo Albrecht) 형제가 어머니가 운영하던 작은 식품점을 이어받아 설립되었으며, Aldi라는 이름은 알브레히트 (Albrecht)와 디스카운트 (Discount)를 조합하여 명명되었다. 1950년까지 루르 밸리 지역에 13개의 상점을 오픈하는 등 성장가도에 진입하였다. 이후 소비자가 꼭 필요로 하는 소규모 품목을 훌륭한 품질과 저렴한 가격으로 제공하는 데에 집중한 Aldi는 독일 전역으로 사업을 확장하여 독일 최대 초저가 할인점 (hard discounter)으로 거듭났다. 1962년에는 담배 판매에 대한 경영진의 의견차이로 형 카를이 독일 남부의 Aldi 쥐트 (Aldi Süd)를, 동생 테오가 북부의 Aldi 노르트 (Aldi Nord)를 경영하며 분리된다. 1973년 네덜란드에 첫 매장을 오픈하며 세계 시장 진출의 첫 걸음을 내딛었으며, 1980년대에 이르러 적극적인 해외 진출에 박차를 가했다. 이후 영국, 프랑스 등 유럽 각국을 비롯하여 호주, 미국 등 전 세계 20개 국가에 진출하여 2019년 현재 11,2341개의 상점을 운영하고 있다. 1993년에는 창업주인 알브레히트 형제가 경영 일선에서 물러나고 Siepmann Foundation과 Markus Foundation가 경영하고 있다.

2019년 기준 한 해 매출액이 5800억 불이고, 총 12.000여 명의 직원이 근무한다.

2002년에는 독일 리서치기관 포르사 (Forsa)의 통계에서 독일 내 95%의 블루칼라 노동자, 88%의 화이트칼라 노동자, 84%의 공무원, 80%의 자영업자가 Aldi에서 장을 보는 것으로 조사된 바 있다.

2. Aldi의 비즈니스 모델과 전략

(1) 비즈니스 모델

Aldi는 홈페이지를 통해 자신들의 비즈니스에 대해 다음과 같이 명료하게 표현하고 있다.

> '우리의 사업은 높은 품질의 식료품을 매일 저렴한 가격으로 제공하는 것이다.'
> (We're in the business of offering high-quality groceries at everyday low prices)

대부분의 기업에게 높은 품질과 낮은 가격은 최선의 전략이나 이를 동시에 달성하는 데에 성공한 기업은 그리 많지 않다. 따라서 현재까지 성공적으로 이 난제를 해결하고 있는 Aldi의 비즈니스 모델에는 어떤 비밀이 있는지 살펴보자.

Aldi 비즈니스 모델의 특징은 크게 3가지로 요약할 수 있는데 이는 일관성 (consistency), 단순함 (simplicity) 그리고 책임감 (responsibility)이다. 먼저, 일관성은 서비스의 항상성을 의미한다. 특별한 판촉행사 없이 항상 낮은 가격을 추구하기 때문에 기간 한정 세일도 없으며, 따라서 별도의 홍보비용을 지출하지 않는다. 단순함은 Aldi의 쇼핑에서 확인할 수 있다. Aldi의 쇼핑은 화려한 장식은 없지만 (no-frill) 이는 비용 절약의 근간이 된다. 또한 상품의 90% 이상이 PL 상품이라는 점 또한 보다 간단하고 간편한 쇼핑을 가능하게 한다. 마지막으로 책임감의 측면에서 Aldi는 지역과 시장에서 단순히 판매자로서의 역할을 수행하기보다는 사용자로서 노동 효율성 향상에 주의를 기울이고, 지역 고객들의 만족도에 집중하는 등 건강한 공급자로서의 책임을 다하고 있다.

대단한 비밀을 기대했다면 실망했을 것이다. 하지만 비법이라는 것은 항상 그 가치를 아는 것은 쉽지만 치열한 경쟁 시장에서 그 가치를 실현한다는 것은 쉬운 일이 아니다. 여기에 숨어있는 진정한 Aldi의 노하우를 알아보기 위해 그들이 어떤 전략을 통해 이와 같은 난제를 해결할 수 있었는지 살펴보도록 하자.

(2) Aldi 전략의 특성

1) 제품 및 가격 전략 (product & price)

앞서 살펴본 Aldi 비즈니스 모델의 비밀은 단순하고 저렴한 동시에 좋은 품질의 제품을 제공하는 것이었다. 그 비밀을 4P의 관점에서 살펴보았을 때, 가장 두드러지는 것은 가격 (price)전략이다. Aldi의 가격전략은 기존의 슈퍼마켓보다 항상 20~30% 저렴한 가격을 제공하는 EDLP 전략이다.

효과적인 EDLP 전략을 가능하게 하는 수단으로서 가장 중요한 것은 제품 (product) 전략인데 다음과 같은 몇 가지 특징을 보인다.

우선, 제한적인 SKU는 Aldi의 대표적인 전략이다. Aldi는 품목의 다양성이 엄청난 비용 상승을 발생시킨다는 것을 깨달았기 때문에 SKU를 700~1,000개로 제한했다. 제한된 SKU를 유지하면서도 최소한의 제품 다양성을 유지하는 비결은 품목당 대부분 하나의 PL 브랜드만을 취급하기 때문이다. Aldi는 이처럼 최소한의 품목 제한을 통해 재고관리의 단순화, 상품회전율의 극대화를 달성할 수 있으며, 이는 자연스럽게 비용 절감과 가격 인하로 이어진다.

다음으로 적극적인 PL (private label, 유통업체 상표, private brand, house brand, own brand라고도 불리움) 상품 활용도 중요한 전략이다. Aldi가 판매하는 상품의 90% 이상은 PL로 구성되어 있다. 그 배경에는 독일 가격제도의 특성이 반영되어 있다. 독일에서는 당시 이른바 '소비자 권장가'가 운영되고 있었으며 이로 인해 유통업체가 자체적으로 할인할 수 있는 가격의 폭이 상당히 제한적이었다. Aldi는 이와 같은 제도적 한계를 극복하고자 자체 브랜드를 갖지 않은 제조업체와의 협업을 통해 Aldi의 자체 브랜드를 만들었다. 이렇게 탄생한 Aldi의 PL은 광고 및 판촉비용을 절약할 수 있었으며, 이 역시 저가 전략의 밑바탕이 되고 있다.

또한 Aldi 제품의 저렴한 가격 외에 또 하나의 큰 특징인 고품질은 철저한 품질관리를 통해 유지되고 있다. 다양한 시험을 통해 Aldi 제품의 품질은 공인된 바 있다. Aldi는 지속적인 품질 검사를 통해 자체 기준을 통과한 제품만을 소비자에게 공급하고 있으며, 이는 소비자의 품질 신뢰감 형성에 크게 기여하고 있다.

Aldi의 제한된 SKU와 신선식품은 재고회전율을 높이고, 이는 식품의 신선도를 높여서 매장 방문빈도를 높인다. Aldi는 이러한 높은 방문빈도의 장점과 소비자의 Aldi에 대한 높은 충성도를 활용하여 제품구색 전략을 유연하게 구사한다. 기본적으로 슈퍼마켓인 Aldi는 상식을 파괴하여 개인용 PC(Medion) 등 전통적으로 슈퍼마켓에서 판매하지 않는 제품을 판매하기도 하는데 개인용 PC 소매점유율은 독일에서 가장 높다. Medion이란 PC는 유명하지 않지만 소비자의 Aldi에 대한 신뢰도가 매우 높으므로 Aldi가 취급하는 제품을 신뢰하고 구매하기 때문이다.

2) 입지 및 매장 운영전략 (place)

Aldi는 독특한 유통 (place: 여기서는 입지 및 매장 운영) 전략을 통해 저가 정책을 실현하고 있다. Aldi는 임대료가 낮은 지역에 입점하고, 매장 내 진열을 운반이 쉬운 팔레트 위 박스 채로 진열하는 등, 화려하지는 않지만 저렴한 방식을 추구하고 있다.

또한 매장 내에 최소한의 종업원을 배치하고 매장 종업원은 운반, 진열, 계산 등의 다양한 기능을 수행한다.

3) 광고 및 판촉 (promotion)

광고 및 판촉 비용은 0 (zero)을 기본으로 하며 신규 매장 오픈 등 특별한 경우에 한해 제한적으로 판촉활동을 실시하고 있다.

(3) 운영 (operation) 전략

Aldi는 전술한 4P 전략 외에도 기업 운영에 있어서 특별한 전략을 가지고 있다. 바로, 분권의 원칙이다. 1960년대 알브레히트 형제가 독일 북부와 남부로 회사를 분리 운영한 이후 Aldi는 크고 작은 안건에 대해 독립된 의사결정 체계를 운영하여 신속한 의사결정을 가능하게 하였다. 이러한 신속한 의사결정은 빠른 성장의 원동력으로 작용하였다. 또한 분권을 통해 경영 방식과 결과 등에 관한 경험을 공유할 수 있었으며 납품 조건, 비용 등 모든 종류의 경영 정보를 공유하게 되었다.

분권 정책 외에도 Aldi는 유망 중소 제조업체들과 공정한 협력 관계를 구축하는 효율적인 운영 전략을 통해 장기적으로 가격경쟁력을 유지할 수 있었고 이러한 가격경쟁력은 세계 시장 진출의 기반을 마련하였다.

(4) 구매 (buying) 전략

Aldi의 구매전략의 큰 특징은 제조 파트너에 대한 공정성과 신뢰성이다. 이와 같은 Aldi의 정책은 다음과 같은 그들의 구매 원칙을 통해 확인할 수 있다.

1) 재협상 불가 원칙

협상이 이루어진 뒤에는 절대 조건을 바꾸지 않는다.

2) 지불 기한 엄수

대금 지불을 신용 있게 지킨다.

3) 엄격한 청탁 금지

구매부 사원들은 협상에 있어 선물을 받는 것이 엄격하게 규제된다.

4) 제품 공급 계약은 최소 1년 단위

장기 계약을 통한 가격 할인과 제조업체에게 안정적으로 수요를 제공한다.

이와 같은 원칙은 운동선수의 모래주머니와 같이 단기적으로는 기업 경영에 있어 장애물로 작용할 수 있다. 그러나 장기적인 관점에서는 두 가지 장점을 갖는다. 첫째, 가치사슬 내에서 수요자로서의 책임과 역할을 충실하게 수행함으로써 공급업체와 공고한 파트너십을 구축할 수 있다. 이는 제조업체의 수요의 불안정성을 해소해 줌으로써 장기적인 성장을 가능하게 한다. 장기적이고 건강한 협력체계는 구매 비용의 절감으로 이어질 수 있어 저가정책의 지속가능성을 확보하는 데에 기여한다.

(5) 물류 (logistics) 전략

Aldi의 물류전략의 기본 목표는 신속성, 효율성, 경제성이다. Aldi는 기본적으로 허브 앤 스포크 시스템 (hub & spoke)에 기반하고 있으며, 이는 보통 하나의 물류센터의 반경 50km 내 50개~80개 정도의 점포가 하나의 셀 (cell)로 관리된다. 이와 같은 셀은 20개의 반입 창구, 20개의 반출 창구, 25개 이상의 트럭 운반 창구로 구성되어 있다. 다수의 점포와 하나의 물류센터로 구성된 셀의 수는 독일 내 약 60여 개이다. Aldi는 셀을 중심으로 한 허브 앤 스포크 시스템을 통해 24시간 내 90% 이상 공급이 가능한 빠른 물류 체계를 구축하였다. 또한 물류 과정에 투입되는 팔레트, 지게차와 트럭 등의 규격을 통일하는 등 시스템을 단순화하여 물류비용을 줄일 수 있었다.

3. 성공요인과 위기요인

(1) 성공요인

Aldi의 성공요인은 크게 다섯 가지로 정리할 수 있다.

첫째, 가격경쟁력이다. 인건비 절감, 박스 진열, 최소한의 판촉행사 등 적극적인 no-frill 정책은 고객이 원하는 고품질/저가격을 가능하게 한다.

둘째, 취급 품목 수의 최소화다. 매장 당 700개 내외로 유지되는 SKU는 100,000개 이상을 유지하는 경쟁기업들과 비교했을 때 매우 낮은 수준으로 이는 소비자의 선택에서 오는 피로 (shopping stress)를 줄여주고 관리 비용을 절감하는 역할을 한다. 또한 대부분의 제품라인을 자체브랜드인 PL로 구성함으로써 품질신뢰도와 비용절감을 달성할 수 있었다.

세 번째 성공요인은 신속하고 효율적인 관리에 있다. Aldi는 시장의 민감한 변화에 탄력적으로 대응하기 위해 신속한 의사결정과정을 도입하고 있으며 재고관리에 도요타의 JIT 방식을 적용하는 등 효율적 관리를 하고 있다.

마지막 성공요인은 품질이다. 가격과 함께 Aldi 비즈니스의 큰 축인 품질신뢰성은 장기간에 걸친 꾸준하고 엄격한 품질관리를 통해 구축되었으며, 이를 유지하기 위해 이중 보장 제도를 운영함으로써 고객의 신뢰도와 만족도를 제고하고 있다. PL의 주 성공 요인은 저가가 아닌 품질이다. Aldi는 PL 제조업체 파트너를 선정할 때 가격보다 품질을 우선시한다. Aldi는 10,000여 개의 점포의 구매력을 바탕으로 품질 기준으로 선정된 제조 파트너로부터 대규모 구매를 함으로써 제조 파트너는 규모의 경제에 의해 저가에 고품질의 제품을 공급할 수 있다.

전통적인 할인점은 SKU가 거의 100,000개에 달하므로 Aldi에 비해 단일 SKU 주문량이 훨씬 적으므로 Aldi에 비해 상대적 가격경쟁력이 떨어진다.

Aldi의 성공의 출발점은 제한된 SKU이다.

(2) 위기요인

이러한 Aldi에게도 위기요인은 존재한다. Aldi와 같은 비즈니스 모델을 가지고 있는 hard discounter인 Lidl, 전통적인 할인점인 Tesco의 적극적인 PL 전략, Amazon

등은 Aldi의 경쟁우위를 위협하는 요인이다. 이런 위기를 타개하기 위해 Aldi는 고객 로열티를 높일 방안이 필요하지만 저가 전략으로 인해 고객 로열티를 높일 수 있는 연구개발과 인적자원 관리 등에 소요되는 자금이 충분하지 않아 이에 대한 보완책이 마련될 필요가 있다.

4. 경쟁관계

(1) 전통의 강자와 추격자

Aldi가 현재 직면하고 있는 경쟁구도는 크게 Wal-Mart, Tesco로 대표되는 전통 유통기업들과 Lidl로 대표되는 초저가 할인점 추격자로 구분할 수 있다.

먼저, 규모부터 전략까지 많은 부분에서 상반되는 모습을 보이는 Wal-Mart와의 경쟁에 대해 알아보자. Wal-Mart는 유통공룡이라는 별명을 가지고 있을 정도로 세계 최대의 유통기업이다. 일반적으로 Wal-Mart는 매장당 평균 100,000여 개의 SKU를 갖추고 있다. 또한 40여 개의 분야로 구분된 파트에 500명 이상의 직원이 근무하고 있으며 점당 4천5백만 불 이상의 매출을 기록하고 있다. Wal-Mart의 주요 전략은 EDLP라는 슬로건 아래 고객에게 낮은 가격으로 최대한 넓은 선택의 폭을 제공하는 것을 주요 가치로 삼고 있다. 이를 실현하기 위해 Wal-Mart는 매장 운영과 고객에 대한 방대한 정보를 그들의 자체 위성을 통해 관리하고 있다. 또한 PL 활용에 있어서도 Wal-Mart 매출 중 PL의 비중은 40% 내외로 Aldi와는 큰 차이를 보인다. 이처럼 규모부터 운영방식까지 많은 차이를 가지는 Wal-Mart는 유럽 진출 과정에서 어려움을 겪고 있다. 미국에서의 성공의 원동력이었던 내점 고객에 대한 환대와 같은 서비스에 대한 독일 고객들의 부정적인 반응, 과도한 가격할인에 대한 정부의 규제, 넓은 매장에 대한 제도적 제한 등이 대표적인 원인이다. Aldi는 유럽에서 미국으로, Wal-Mart는 미국에서 유럽으로 진출하는 과정에서 경쟁은 불가피하며 진출국의 사회적, 문화적 배경에 대한 충분한 이해를 바탕으로 자신들의 강점을 발휘할 수 있는 전략이 요구된다. Aldi는 미국에 성공적으로 정착하였으나 Wal-Mart는 독일에서 정착에 실패하여 철수하였다. 이는 Aldi의 가격경쟁력과 독일인의 초대형 점포에 대한 거부감 때문이다.

Wal-Mart와의 경쟁이 서로 다른 환경에서 성장한 경쟁자와의 조우라면, Lidl은 마치 거울을 보고 싸우는 듯한 양상을 보인다. Lidl은 Aldi와 같은 독일의 유통기업으로 1973년 설립되었다. 2016년 기준 독일 내 4,135개 이상의 매장과 전 세계적으로 10,616개의 매장을 보유하고 있으며 많은 부분에서 Lidl은 Aldi를 모방하고 있다. 먼저, Lidl 역시 비공개기업이며, 작은 매장 규모, 적은 인력 운용, 저가 정책 등 운영전략은 Aldi의 전략을 모방하듯 따르고 있다. 다만, PL 비중이 낮고 인지도가 높은 제조업체 상표 (national brand, NB) 제품을 더 많이 구비하고 있으며, 해외 시장에서의 확장에 적극적이라는 점에서 Aldi와는 차별적 행보를 보이고 있다.

Lidl 외에도 유럽에서는 다수의 모방형 초저가 할인점이 출현하고 있으며 향후 Aldi가 직면할 경쟁 상황은 더욱 심화될 것으로 예상할 수 있다. 심화되는 경쟁 상황에서 Aldi의 차별적 장점을 유지하고 보완할 점은 무엇일까? Aldi의 가장 큰 무기는 구축된 고객과의 신뢰관계이다. 저렴한 가격과 좋은 품질의 제품을 제공하는 Aldi에 대한 고객들의 높은 충성심 (loyalty)은 현재까지 Aldi의 매장 당 높은 매출, 순이익률 등 지표를 통해 입증되고 있다.

5. 현안과 대책

Aldi 역시 ICT 기술의 발전, 이커머스의 약진, 4차 산업혁명이라는 거대한 파고로 인해 어떤 형태로든 변화를 요구받고 있다. 특히 유통 환경에 혁명을 가져온 온라인 쇼핑이 과연 Aldi에게 어떤 영향을 미치며 Aldi는 이 변화에 어떻게 대응하고 있는지, 더 나아가 전략적으로 보완하고 개선해야할 점은 무엇인지를 살펴보자.

우선 Aldi의 최근 전략은 온라인으로의 전환보다는 자신의 장점을 발휘할 수 있는 오프라인에 집중하고 있다. 이는 다수의 경쟁 유통업체들이 온라인과 오프라인을 병행하는 옴니채널(omni channel) 전략을 추진하고 있는 모습과는 차이를 갖는다. Aldi가 이 같은 전략을 채택한 이유는 크게 세 가지로 볼 수 있다.

첫째, Aldi는 전략적으로 도시 중심부 상업지구보다는 외곽의 주거지역 인근에 위치해 있다. 이처럼 물리적 접근성이 뛰어난 입지는 최소한의 시간이 소요되는 온라인 주문과 배송에 비해 시간적 우위가 있다.

둘째, 저비용 추구. 과감한 온라인 비즈니스 최소화는 변화에 대한 무관심이 아닌 고민의 결과이다. Aldi는 온라인 유통과 배송 서비스 구축을 위한 투자가 종국에는 현재 운영 중인 오프라인 매장의 가격 상승을 야기할 것이라고 판단하고 있다.

셋째, Aldi는 대부분 신선식품과 필수품 (fast-moving consumer good) 위주의 상품 구색을 갖추고 있다. 이로 인해 상대적으로 온라인 유통의 영향을 덜 받는다는 점 또한 Aldi의 적극적 오프라인 위주 전략의 이유이다. 이는 우리나라의 편의점 산업이 온라인 쇼핑에 크게 영향을 받지 않는 것과 유사하다.

Aldi는 기본적으로는 오프라인 매장에 집중하는 모습을 보이지만 글로벌 각국의 상황이 상이하기 때문에 현지 상황을 고려하여 유연한 전략을 택하고 있다. 독일, 호주 등에서는 온라인 판매를 지원하지 않고 있다. 반면 Amazon과 직접 경쟁해야 하는 미국에서는 미국 식품 배송 업체인 Instacart와의 파트너십을 통해 신선식품에 한해 온라인 주문과 1시간 내 배송을 지원하고 있다. 그리고 시장에 신규 진입하여 점유율을 충분히 확보하지 못한 Aldi UK에서도 온라인 사업을 전개하고 있다.

이처럼 Aldi는 변화하는 환경에 대해 무조건적인 반응이 아닌 외부환경과 Aldi만의 특장점을 고려한 선택적 대응을 하고 있다. 다만 온라인 유통시장의 지속적인 성장세를 고려했을 때 현재의 전략을 정교화하는 시기와 속도에 대해서는 충분한 고려가 필요하다.

향후 6개월 이내에 온라인으로 구매할 의향이 있는 제품	%
바디워시	33
샴푸/ 컨디셔너	31
치약	31
화장품	27
세탁용 세제	27

출처: Nielsen Global E-Commerce and The new Retail Report Q3, 2015

6. 한국형 Aldi를 시도한 700마트

농수산홈쇼핑에서 2006년 10월 선보인 700마트는 Aldi를 모방하여 생활필수품을 중심으로 700개 정도의 PL 상품을 취급하는 점포이다. 하지만 당시 우리나라에서 PL에 관한 인식이 저가, 저품질이었고, PL성공의 필수조건인 소매점의 인지도와 선호도가 축적되지 않았으며, 또한 취급 상품 구색의 한계로 소비자들의 만족도가 떨어지자 2010년 3월 일반 슈퍼마켓으로 전환하고, 점포명도 NS마트로 바꿨다. NS마트로의 변경 이후에도 부족한 구매협상력(bargaining power) 등으로 부진을 면치 못해 결국 2012년 8월 이마트에 인수되었다.

7. 코로나 팬데믹 상황에서의 Aldi의 대응전략

코로나19 팬데믹으로 인해 전 세계적으로 사회적 거리두기가 시행되고 있으며 개인 간 접촉을 최소화하는 언택트 경제가 본격적으로 활성화 조짐을 보이고 있다. 유럽 등에서는 매장 내 입장 허용 인원을 제한하는 등 구체적인 규칙이 마련되고 있다. 대체로 10~20제곱미터당 1명의 고객의 입장을 허용하는 추세이다. 이처럼 매장 내 직원 수의 증가, 고객 간 거리 유지가 중요한 이슈로 부상하는 상황은 오프라인 매장을 중심으로 성장해온 Aldi에게는 커다란 도전이 아닐 수 없다.

Aldi는 인공지능 기술을 적극 도입하여 돌파구를 찾고자 한다. 매장의 입구와 출구에 카메라를 설치하여 매장 내 고객 수를 자동으로 체크하고, 이 외 매장 내에 설치된 카메라로 인식된 영상의 분석을 통해 고객 간 거리가 가까운 경우 관리자에게 알려 거리 유지를 하고 있다.

이번 팬데믹 상황을 통해 Aldi 전략의 유연성과 변화 가능성을 엿볼 수 있다. 그간 오프라인 중심의 전략과 선택적 온라인 전략을 고수하던 Aldi는 단번에 온라인으로의 체질 개선은 한계가 있을 것이다. 그러나 코로나19라는 예상치 못한 환경변화와 이에 대응하여 적극적으로 IT 기술을 도입하는 Aldi의 행보는 향후 변화의 가능성에 대해 긍정적인 기대를 하게 한다.

생각해보기

1. Company history and profile
2. Aldi의 사업 모델은 어떠한가?
3. 전통적 할인점과의 경쟁관계는 어떠한가?
4. On-line retailer의 확산이 Aldi에 미치는 영향은 어떠한가?
5. 현재 Aldi의 가장 중요한 현안은 무엇이며 여러분의 의견은?
6. Aldi의 최근 전략과 이의 평가는?
7. Aldi의 주 성공요인은 무엇인가?
8. Aldi의 성장을 위한 여러분의 의견은? 이의 장단점은? 구체적인 action plan을 생각해 보시오.
9. 근자에 우리나라에서 Aldi를 모방한 700Mart가 시도된 적이 있으나 실패하였다. 실패 원인은 무엇인가?
10. Aldi의 최근 재무적 성과는?

경로구성원들 중 누구의 책임하에 제품을 판매할 것인가에 따라 제조업체 상표 (national brand 또는 manufacturer's brand, 이하 NB로 칭함)와 유통업체상표 (private label 또는 private brand, store brand, own brand 등으로도 불림: 이하 세계적으로 통용되는 표준 용어인 PL로 칭함)로 나누어진다. NB는 새 제품에 제조업자 자신의 상표명을 부착하여 판매하는 전략이다. 강력한 NB는 소비자의 상표애호도 (brand loyalty)를 높여 자사상표에 대한 가격민감도를 낮게 하고 중간상의 협조를 쉽게 얻을 수 있어 경쟁사보다 나은 위치에 진열공간을 확보할 수 있다. 그러나 상표력이 약한 제조업체상표는 진열공간의 확보를 위해 중간상들에게 더 많은 가격할인과 촉진활동을 투입해야 하므로 높은 이익을 얻기가 어렵다.

PL은 도 · 소매업자가 제조업체에게 하청을 주어 생산된 제품에 도 · 소매업자의 상표를 부착하는 것이다. 이마트의 피콕, 이마트, 노브랜드, Sears백화점의 Kenmore 가전제품 및 Craftsman 공구, Diehard 배터리 등이 PL의 예이다.

유통환경의 변화와 소비자의 합리적 구매성향에 부응하여 PL이 앞으로 할인점을 포함한 소매업체의 수익성을 개선하는 요인으로 급부상하고 있다. 생활필수품의 경우 NB 대신 값싸고 질 좋은 PL 제품을 구매하려는 소비자들이 늘어나면서 PL이 소매업체 전체 매출에서 차지하는 비율이 점차 상승하고 있고 향후에도 지속적으로 확대될 것으로 예측된다. 그리고 PL은 소비자의 소득변화와 소비행동 변화에 탄력적으로 대응하여 제품을 개발하고 시장 판매를 확대할 가능성과 함께 소비자의 다양한 욕구를 충족시킬 수 있다는 점에서 하나의 틈새시장으로 출발하였지만 근자에 들어 일부 유럽 국가에서 생필품 유통의 50%를 PL이 차지할 정도로 이제는 대세가 되고 있다. 미국의 경우, 슈퍼마켓에서 판매 중인 250개 품목 중 77개 품목에서 PL의 점유율이 가장 높고 100개 품목에서 2위나 3위를 기록 중이다.

국가에 따라 PL점유율에서 차이가 나는 가장 중요한 이유로는 소수의 소매업체에 의한 시장과점을 들 수 있다. 즉 시장과점에 의해 규모의 경제가 나타나야 PL사업이 매력적이기 때문이다. 대륙별로 PL 점유율이 다르게 나타나는데, 그 이유는 PL의 도입시기가 다르기 때문이다. 역사적으로 PL은 서유럽 국가에서 태동되었고 최근 북미의 PL 점유율이 급속도로 늘어나고 있으며 아시아와 중동 지역은 아직 PL 점유율이 낮은 상태이다.

우리나라 주요 대형마트의 연간 총 매출액에서 PL 제품 매출액이 차지하는 비중은 점차 확대되고 있다. 국내에서 97년 이마트가 대형마트 최초로 'E 플러스 우유'를 선보인 이후 현재 대형마트 매출의 30% 가량을 차지할 정도로 급성장하고 있다. 대형마트들이 향후 PL 매출의 비중을 30% 이상으로 끌어 올리겠다는 전략을 내세우고 있어 PL 성장은 지속될 것으로 보인다. 가령, 이마트는 프리미엄 PL인 피코크의 제품라인을 강화하고 있고 노브랜드 독립매장을 개설하고 있다. PL 열풍은 대형마트뿐 아니라 편의점, 홈쇼핑 등 타 유통형태로 확산되고 있고, 상품 카테고리 또한 초반에는 범용화 정도가 큰 식품, 생필품 부문이 대부분이었으나 점차 의류, 가전제품 등의 영역으로 확장되고 있다.

PL은 NB에 비해 소비자 인지도나 제품디자인력이 다소 떨어지고 자칫 유통업체의 재고부담이 커진다는 단점이 있지만 NB에 버금가는 품질로 시장에서 소비자들의 선호도가 높아지고 있다는 점을 감안하면 PL의 성장세는 당분간 지속될 것으로 전망되고 있다.

표 6-1 우리나라 대형마트와 편의점의 PL 매출 비중

년도	2008	2009	2010	2011	2012	2013	2014	2015	2016
이마트	19.0%	23.0%	24.0%	25.8%	25.4%	21.4%	18.3%	20.4%	21.0%
롯데마트	17.0%	20.0%	23.0%	24.0%	25.0%	25.0%	25.9%	26.4%	27.0%
홈플러스	25.0%	26.0%	26.5%	23.6%	23.7%	24.5%	25.6%	28.4%	29.0%
CU	5.0%	6.0%	7.2%	9.4%	19.4%	20.4%	27.2%	31.5%	35.3%
GS25	25.6%	29.4%	31.2%	32.7%	33.9%	34.9%	35.2%	35.4%	35.9%
Seven Eleven	14.0%	19.1%	25.8%	27.9%	30.3%	31.1%	32.8%	34.8%	35.5%

그러나 PL의 힘이 강화된다고 해서 NB의 미래가 절망적인 것은 아니며 많

은 제조업체 브랜드가 PL과의 경쟁에서 살아남고 있을 뿐만 아니라 여전히 건재한 상태이다. 현재 PL은 제품의 다양성과 고급 라인의 확장 등으로 계속해서 진화하고 있다. 따라서 소매업체가 향후 PL의 추가 성장을 이룩하기 위해서는 다양한 관점에서의 마케팅 전략의 수립이 필요하고, 또한 NB 제조업체는 이에 대응하는 전략을 수립하는 것이 필요하다.

[표 6-1]에서 보는 바와 같이 우리나라에서는 짧은 시간 안에 PL의 시장점유율이 빠른 속도로 증가하였지만 최근 들어 점유율 증가가 30% 정도에서 머물고 있다. 이는 우리나라 유통업체가 저가/저품질의 모방 PL의 도입에만 집중한 결과 가격민감층 (deal-prone)은 빠르게 흡수하였지만 상표충성도가 높은 (brand loyal) 품질민감층을 흡수하지 못하고 있기 때문인 것으로 분석된다. 향후 유통업체가 PL 점유율을 확대하기 위해서는 품질민감층을 흡수할 수 있는 프리미엄 PL 개발이 필요하다.

1. PL 약진의 배경

유통업체가 PL을 적극적으로 도입하는 이유는 다음과 같다.

첫째, PL은 유통업체에게 더 높은 수익을 보장해 준다. NB에 비해 PL은 가격이 평균 10-20% 저렴한 반면 수익률은 두 배 이상이다. PL의 비중이 15%인 미국의 슈퍼마켓의 평균세전이익이 매출액의 2%인 반면, PL의 비중이 54%인 영국의 Sainsbury나 41%인 Tesco와 같은 슈퍼마켓체인의 평균세전이익은 매출액의 7%에 이른다.

둘째, PL은 특정점포에서만 독점 판매되므로 치열한 상표 내 (intra-brand) 가격경쟁 (같은 상표의 점포 간 가격 경쟁)을 피할 수 있다.

셋째, 품질 좋은 PL의 이미지를 구축하여 이를 통해 점포애호도 (store loyalty)를 높일 수 있다. 예를 들어 최대 회원제도매 클럽인 Costco의 PL인 Kirkland나 캐나다 슈퍼마켓체인인 Loblaw의 President's Choice에 대한 높은 상표애호도로 인해 이들 점포에 대한 애호도가 증가하였다.

넷째, NB의 대안을 보유함에 따라 제조업체와의 협상에서 유리한 입장에 설 수 있다.

이러한 PL의 약진에 따라 NB와 PL 간의 진열공간 확보와 시장점유율을 위한 경쟁이 치열해지게 되었는데, 이를 흔히 상표전쟁 (battle of the brand)이라고 한다. 중간상들은 진열공간을 직접 통제함으로써 제조업체상표보다 좋은 위치에 진열할 수 있을 뿐만 아니라 저렴한 가격으로 판매할 수 있기 때문에 상표전쟁에서 제조업체보다 경쟁우위를 갖는다. 따라서 제조업체는 진열공간을 확보하기 위해 과거보다 더 많은 마케팅 비용을 중간상 촉진에 투입하고 있다. 과거처럼 제조업체가 자신의 상표를 개발하고 촉진하는 데 있어 전적인 책임을 지는 경우에는 경로구성원 간의 갈등이 생길 가능성이 적지만 NB와 PL이 같은 점포 내에 공존하는 경우에는 갈등이 커질 가능성이 있다. 그리고 제한된 진열공간을 차지하기 위한 경로구성원들 간의 경쟁은 패키지 생필품 산업에서 특히 치열하다.

최근 미국과 유럽 등에서 PL은 지속적인 성장세를 보이는데, 미국에서는 PL의 시장점유율이 매년 1% 포인트씩 증가하고 있으며 독일에서는 1999-2005년 동안 PL 점유율이 50% 성장하였다. PL의 점유율 증가는 NB의 시장점유율의 하락을 의미하는데, 이때 NB 시장점유율의 상대적 잠식률은 브랜드 파워에 따라 차이가 있다. 독일의 경우 1위 NB는 8% 시장점유율 잠식에 그친 데 비해 2위 브랜드는 15%, 기타 브랜드는 30% 감소한 것으로 나타났다.

이와 같이 브랜드 파워에 따라 점유율 잠식이 다른 이유는 첫째, 상위 브랜드 고객은 일류 브랜드에 높은 상표애호도를 가지고 있어서 (brand-loyal) 저가 · 저품질로 인식되는 PL의 수용이 쉽게 이루어지지 않는 반면, 하위 브랜드의 고객은 구매동기가 판촉에 민감한 (deal-prone) 고객이므로 저가 PL로 쉽게 상표전환을 하고, 둘째, 소매업체는 매출 비중이 낮은 하위브랜드를 선반에서 제거함으로써 PL을 진열할 선반을 확보하여 회전율을 높이기를 원하기 때문이다.

2. PL의 발전 추세와 발전요인

PL의 성장 배경으로는 대형소매업의 발달과 이에 따른 소비자 신뢰 증가, 파워 리테일러의 영업지역의 전국화, 국제화에 따른 규모의 경제 실현 등을 들 수 있다. **[표 6-2]**는 생필품 산업에서 소매업체의 매출규모가 제조업체의 규모를 압도하고 있음을 보여준다.

표 6-2 소매업체와 제조업체의 규모 비교

RETAILERS[1]			MANUFACTURERS[2]
Company	Global Total Revenues ($ billion, 2018)		Company
1. Walmart	500.34	91.22	Nestle
2. Amazon.com	161.41	76.45	2. Johnson & Johnson
3. Costco	129.03	66.22	3. Proctor & Gamble
4. Schwarz Group	101.94	63.53	4. PepsiCo
5. Walgreens Boots Alliance	99.12	60.55	5. Unilever
6. Carrefour	89.16	56.44	6. Anheuser-Busch InBev
7. Aldi	84.98	51.12	7. JBS S. A.
8. Tesco	75.12	49.22	8. Christian Dior
9. Ahold Delhaize	70.92	45.79	9. Bunge Limited
10. Auchan	63.78	43.85	10. Wilmar International
11. Alibaba(China)	39.94	38.26	11. Tyson Foods

1) 전미소매협회 (NRF, National Retail Federation)에서 적어도 3개 국가, 2개 대륙 이상에서 활동하는 B2C 기업을 대상으로 글로벌 이익, 해외진출 규모, 매장 수 등을 토대로 랭킹 포인트를 산정하여 선정한 순위 (출처 : https://nrf.com/resources/top-retailers)

2) 포춘(Fortune) 선정 500대 기업 중 자동차, 철강, 우주항공, 제약 등 제외하고 식품 및 소비재 중심 기업을 선정 (출처 : https://fortune.com/global500/2018/search/)

권지혁 홈플러스 바이어 “싼 게 비지떡? PB제품 편견 깼죠”

온라인 시대 오프라인 생존법

대형마트 자체 브랜드 (PL) 제품이라고 하면 아직까지도 ‘싸구려’라는 인식이 강하다. 그도 그럴 것이 일단 저렴한 가격에 혹해서 써 보면 “왜 이 가격인지 알겠다”는 말이 저절로 나올 정도로 품질에서 만족하기 힘든 경우가 많아서다. 처음에는 ‘혜자스럽다’고 호평받던 PB 제품 인기가 얼마 뒤 시들해지는 것도 이 때문이다. 국내 2위 대형마트 홈플러스가 출시한 ‘시그니처 물티슈’는 ‘싼 게 비지떡’이라는 PB 제품의 고정관념을 깨면서 지난해 9월 출시 후 다섯 달 만에 판매량 400만 개 (올해 1월 20일 기준)를 넘겼다.
현재 홈플러스가 판매하는 물티슈 58종 가운데 1위일 뿐 아니라 비슷한 시기에 나온 경쟁사 제품보다도 2배 넘게 많은 것이다. 제품 기획과 생산을 담당한 권지혁 홈플러스 일상용품 바이어(36)는 “시그니처 제품의 인기로 홈플러스에서 파는 전체 물티슈 매출도 전년보다 20% 넘게 늘었다”며 “최근 오프라인 시장에 대한 관심이 많이 사라졌는데 오랜만에 나온 히트상품 덕택에 다시 주목받는 분위기”라고 설명했다.
개별 단가는 저렴하지만 구매량이 많다 보니 국내 물티슈 시장 규모는 연간 5000억 원에 달할 만큼 크다. 냉동만두와 죽, 편의점 도시락과 비슷한 규모다. 그만큼 시장을 차지하려는 기업들의 전쟁도 치열한 분야다. 사실 ‘물티슈 1개=1000원’이란 가격은 저렴한 편이지만 최저가를 표방한 다른 경쟁 제품보다는 비싸다. 이마트 국민가격 물티슈는 700원이고, 쿠팡 PB ‘탐사’의 클래식 물티슈도 현재 1개당 679원에 판매되고 있다.
권 바이어는 “어차피 단가 경쟁으로는 사업 구조상 온라인을 이기기 쉽지 않고, 가격 전략만으로는 잠깐의 매출 상승은 기대할 수 있어도 지속적인 판매를 이끌기는 힘들다고 봤다”며 “가격도 중요하지만 무조건 기존 제품이나 경쟁사보다 더 좋은 품질을 갖추는 것을 첫 번째 원칙으로 두고 개발했다”고 설명했다.
이런 전략에는 5년 전 홈플러스가 물티슈 PB를 만들면서 겪은 경험이 영향을 미쳤다. 당시 업계 최초로 ‘1000원 균일가’를 내걸고 나온 PB 제품은 저렴한 가격 때문에 엄청난 인기를 모았다. 하지만 별다른 차별화 요소 없이 가격을 낮추는 데만 초점을 맞추다 보니 이를 따라한 ‘미투 (me too)’ 제품이 줄줄이 쏟아져 나왔다. 경쟁 우위가 없어 인기를 유지하기 어려웠다.
소비자들 인식도 그사이 바뀌었다. 권 바이어는 “당시만 해도 ‘물티슈는 싼 게 최고’라고 생각하는 고객이 많았지만 이제는 단순히 가격만이 아니라 만족할 만한 품질까지 고려하고 있다”고 설명했다. 흔히 쓰는 일상용품에도 가성비를 넘어 가심비 (가격 대비 마음의 만족을 추구하는 소비 행태)를 찾기 시작한 것이다. 가격은 기존 제품과 동일한 1000원을 유지하면서 품질을 높이기 위해 권 바이어가 선택한 전략은 제조사와의 직거래였다. 국내 제조사 가운데 유일하게 물티슈 단일 품목으로 미국 식품의약국 (FDA)이 인정하는 국제 의약품 품질관리 기준인 CGMP를 획득한 제이트로닉스와 손잡았다. 그는 "제조사 대표가 과거 반도체 사업 경험이 있어 당시 관리 기법을 물티슈 공장에도 적용하는 걸 보고 제품 원단, 사이즈, 색상, 수량까지 모든 부분을 함께 협의하고 생산을 의뢰했다"며 "제조할 때 7단계 정수 과정을 거친 정제수를 사용하고, 물티슈 공정에 의무 사항이 아닌 피부 자극 테스트까지 내외부 기관에서 모두 하고 있다"고 설명했다.

물티슈 품질을 좌우하는 매수와 두께의 경우 매수는 기존 1000원 제품과 똑같은 100장을 유지한 반면 1장당 두께는 40% 이상 키웠다. 저렴한 물티슈 제품 중에서는 찾아보기 힘든 플라스틱 캡을 씌워 물기가 잘 날아가지 않게 한 것도 장점이다. 시그니처 물티슈는 일상용품 전반을 담당하는 권 바이어가 만든 첫 PB 제품이다. 물티슈를 1호 PB로 개발한 이유에 대해 "물티슈 시장은 항상 중간 벤더가 껴 있는데, 이 벤더를 걷어내면 공장과 유통사 마진이 늘어나는 윈윈 구조가 가능하다"고 설명했다.

판매 호조에 힘입어 홈플러스는 2탄 격인 '시그니처 베이비 물티슈'를 내놓은 데 이어 연 300만 개 수준이던 물티슈 판매 목표를 1,000만 개까지 높였다. 물티슈를 필두로 홈플러스는 '시그니처'를 회사 대표 PB 브랜드로 키우고 신선식품부터 생활용품까지 모든 카테고리의 PB 상품을 이 시그니처로 업그레이드할 계획이다.

권 바이어는 "생산자가 손해를 보지 않고 유통사도 사업모델을 영위할 수준의 이익을 유지해야만 PB 제품이 살아남을 수 있다"며 "적정 마진은 가져가되 품질 개발에 더 투자하는 전략이 중요하다"고 강조했다.

자료원: 매일경제 2020. 1. 23.

서 만족하고 신뢰할 수 있는 PL 상품을 개발하고 있는 것이다. 과거에 값싼 상품으로 인식되어 온 PL 가격이 유명 브랜드 가격을 뛰어넘는 기현상도 벌어지고 있다.

롯데마트는 매년 꾸준히 성장하고 있는 PL 상품의 새로운 전략모델로 '3세대 PL'을 선언했다. 롯데마트 관계자는 "가격과 품질을 넘어 소비자의 만족과 신뢰를 최고의 가치로 설정해 NB와 당당하게 겨루는 제3세대 PL을 새로운 전략모델로 선언한다"고 밝혔다. 제3세대 PL은 NB 상품에 비해 품질이 더 좋은 제품으로, 가격은 비슷하거나 약간 높은 수준이다. 또 이전 PL 상품 가운데 성분과 함량, 중량, 핵심원료 비율 등에서 NB 상품과 차이가 있는 일부 구체적으로 PL의 발전은 다음과 같은 요인들에 의해 촉진되었다.

첫째, 최근 들어 NB와 PL의 품질 갭이 줄어들었다. 특히 제품혁신이 많이 이루어지지 않은 제품군에서의 PL의 약진이 두드러진다.

둘째, 전통적으로 PL은 가격에 민감한 소비자층을 대상으로 하는 저가/저품질 제품으로 인식되어 왔다. 그러나 최근 들어 PL의 고품질화가 진행되어서 외국의 대형 유통업체의 PL은 여러 제품군에서 선도브랜드로 자리 잡고 있다. 예를 들어 Costco의 PL인 Kirkland는 가장 가성비가 높은 프리미엄 브랜드로 자리매김하였고 캐나다의 슈퍼마켓 체인인 Loblaw는 초코칩쿠키에서부터 올리브기름까지 1,500여 개 제품에 고품질/고가격 브랜드인 President's Choice를 도입하여 큰 성공을 거두었다. President's Choice는 Loblaw뿐 아니라 미국의 타 슈퍼마켓에서도 판매되고 있다. 우리나라에서도 이마트의 프리미엄 브랜드인 피콕의 약진이 두드러진다.

셋째, 가공식품류, 세제류, 건강보조품 등의 유통에서 전국적 점포망을 갖춘 대형마트, 회원제 도매 클럽 등의 신업태가 출현하면서, 이들이 넓은 시장을 장악하고 있기 때문에 자체 PL을 개발할 유인이 더욱 커졌다.

넷째, PL은 여러 제품군에서 그 영역을 점차 넓혀가고 있다. 예를 들어 미국의 슈퍼마켓의 경우 PL의 범위가 우유, 가공식품 등의 전통적인 카테고리에서 최근에는 건강보조제품, 미용제품, 기저귀, 청량음료, 의류, 맥주 등에 이르기까지 확대되고 있다. 미국의 Best Buy나 이마트는 PL TV(Insignia)를 판매하고 독일의 슈퍼마켓 Aldi는 PL PC(Medion)를 판매하고 있다. 앞에서 논의되었듯이 고품질의 PL이 개발, 도입되면서 이들 새로운 제품군에 대한 소비자의 수용 의지가 높아지고 있다.

최근의 연구에 의하면 품목에 따라서 PL의 점유율에 큰 차이가 있는데, NB에 필적할 품질을 갖춘 PL의 성과가 저가의 PL보다 훨씬 높게 나타나 PL의 가장 중요한 성공요소가 저가격이 아닌 고품질로 조사되었다. 최근 국내 대형마트들이 PL 상품 고급화에 주력하고 있는 것도 이러한 연구결과를 뒷받침한다. 지금까지 저렴한 가격에만 의존했던 PL의 전통적 틀을 깨고, 고객입장에 상품에 대해서는 NB 상품 이상으로 조정하고, 품질관리를 위해 PL 상품 이력관리 시스템도 도입했다.

3. 어떤 경우에 PL의 도입이 활발한가?

2000년대 들어 우리나라에도 대형마트와 백화점을 중심으로 PL의 도입이 활발히 이루어지고 있다. 유통의 산업화 역사가 짧은 우리나라에서 PL의 성장률이 높은 경우를 분석한 조사는 본격적으로 이루어져 있지 않다. 유통의 역사가 긴 서유럽과 북미 지역에서 PL의 시장점유율이 높은 경우를 살펴봄으로써 우리나라 유통업체나 제조업체에게 전략적 시사점을 제시해 줄 수 있다. 다음과 같은 경우 PL의 시장점유율이 높게 나타났다.

(1) 제품군 특성

변기세척제와 같이 가격이 저렴하고 위험이 적게 수반되는 저관여제품의 경우, 우유 같이 쉽게 상해서 지역 공급자를 선호하는 경우, 매출규모가 크고 증가세에 있어서 유통업자의 수익이 보장되는 경우, 소수의 제조업체에 의해 지배되는 제품군이어서 유통업체가 이들에 대한 소비자 의존도를 감소시키는 촉진 노력이 용이한 경우 PL의 약진이 두드러진다.

(2) 신제품 개발요인

제조업체 상표의 다양성이 크지 않아서 유통업체가 좁은 상품구색으로도 쉽게 NB의 대안이 될 수 있는 경우, NB의 신제품 개발이 빈번하지 않고 NB를 쉽게 모방할 수 있는 경우, 소비자가 NB와 PL을 쉽게 비교할 수 있는 경우 PL의 약진이 두드러진다.

(3) PL 자체의 특징

도입 시기가 오래된 경우, 넓은 유통에서 거래되는 경우, 품질의 이질성이 작은 경우, NB에 비해 품질이 좋거나 개선되고 있는 경우, 소비자가 품질을 비교하는 능력에 대한 확신이 큰 PL 상품인 경우 약진이 두드러진다.

(4) 가격과 판촉요인

소매마진이 큰 경우, NB와 PL간의 가격차가 큰 경우, 가격판촉이 빈번하여 소비자의 가격민감도가 크고 상표전환 (brand switching)을 부추키며 NB의 가격에 대한 신뢰가 낮은 경우, NB의 광고가 활발하지 않은 경우 PL의 약진이 두드러진다.

(5) 유통업체 특성

유통업체가 과점적 위치에 있어서 NB를 높은 가격에 팔 수 있는 경우, 유통업체의 규모가 크고 고품질의 PL을 개발할 능력을 가진 경우 PL의 약진이 두드러진다.

과도한 PL의 도입에 대한 경계의 목소리도 있다. 과도한 PL의 도입은 소비자에게 제품선택의 폭이 적다는 인상을 줄 우려가 있고 이는 고객으로 하여금 선호하는 점포를 전환하도록 할 위험이 있다. 미국의 슈퍼마켓체인인 A&P는 과거 PL의 점유율이 35%에 달했으나 선택의 폭이 적다는 고객의 불만이 있었고, 전통적으로 PL 판매에 치중하였던 Sear는 1980년대 후반 고객기반을 넓히기 위해 NB를 강화하여 소비자 선택의 폭을 넓혔다.

우리나라는 유통선진국에 비해 PL의 도입이 비교적 늦은 편이지만 PL 확산의 주요 동인인 시장 집중도 (대형마트 3사나 편의점 3사의 과점 정도)가 높다는 점에서 향후 성장할 것으로 예측된다. PL의 확산에 소수 소매업에 의한 산업집중도가 중요한 이유는 PL의 생산과 유통에 있어 규모의 경제가 실현되어야 하기 때문이다.

PL전략의 수립에 있어 먼저 강조할 점은 PL의 성공요인은 가격이 아니라 품질이라는 것이다. 이는 PL 전문가의 공통된 의견이다. 따라서 PL의 성공 여부는 품질 개선에 의해 NB과의 품질 갭을 얼마나 좁히느냐에 있다.

아래에서는 PL의 유형, PL 유형별 소매상 전략, PL의 고수익 실현의 논리적 근거, PL 확대에 따른 제조업체의 문제점과 대응전략, PL과 제조업체 브랜드의 균형성장을 위한 정부의 정책적 지원 등에 관해 살펴보기로 한다.

4. PL의 유형

PL의 역사는 불경기에 극빈층을 대상으로 무상표 (generic)를 판매하는 것으로부터 시작되었다. 그 후 PL은 진화를 거듭하여 프리미엄 PL로까지 발전하게 되었다. 무상표는 말 그대로 상표명이나 제품에 관한 정보가 없는 상품이다 (no label). 이 유형의 PL의 전략은 초저가, 비차별화이며 가격은 NB 대비 할인율 20−50% 수준이다. 1위 NB에 비해 품질이 조잡하고, 제품개발에 대한 투자가 전혀 없다. 소비자에 대한 소구점은 초저가이다.

모방 PL (copycat)의 전략은 저가 me−too 전략이며 가격은 NB 대비 할인율 5−25% 수준이다. 1위 NB과 비슷한 품질 수준이 비슷하고 역공학 (reverse-engineering)을 할 정도의 투자만을 한다. 소비자에 대한 소구점은 '동일 품질의 제품을 싸게' (same value for less money)이다. 우리나라의 PL이 대부분 이러한 모방제품이거나 보다 더 저품질/저가격에 해당한다고 볼 수 있다.

Premium PL은 최고의 가치를 추구하며 가격은 NB에 비해 같거나 오히려 더 비싼 경우도 있으며 품질도 NB와 같거나 오히려 더 양질인 경우도 있다. 소비자에 대한 소구점은 최고의 품질 (more value for more (or same) price) 이다. PL의 역사가 오래된 영국의 Tesco의 The Finest Line과 캐나다 슈퍼마켓 체인인 Loblaw의 The President's Choice, 이마트의 피콕이 여기에 해당된다. 앞에서 언급한 바와 같이 프리미엄 PL이 PL의 핵심 트렌드다.

표 6-3 PL의 유형과 전략

	Generic	Copycat	Premium	Value innovator
Examples	No-name	Osco vitamins E-Mart 라면	President's Choice Tesco's Finest	Aldi zara
Strategy	Cheapest-undifferentiated	Me-too at Cheaper price	Value added	Best performance-price ratio
Pricing	Large discount (20%-50%)	Moderate discount(5-25%)	Close to or higher than brand leader	Large discount(20-50%)
Brand leader와 품질비교	Poor	Close	On par or better	On par
Product development	None	Reverse engineering	Considerable efforts	Innovative
Customer proposition	Cheapest price	As same quality but at lower price	Best products	Best value

PL의 특수한 형태로 value innovator category를 들 수 있다. 스페인의 SPA 브랜드 Zara, 대형가구점 IKEA, 독일 슈퍼마켓 체인 Aldi가 여기에 해당되는데 위에서 언급된 PL 전략은 소매업체들이 NB를 유지하면서 PL을 부분적으로 도입하는 반면, Zara, IKEA, Aldi 등은 판매되는 모든 제품이 PL이다 (Aldi는 90%). 즉 생산과 판매가 수직적으로 통합된 형태이다. 이들 업체의 전략은 가격 대비 최고의 품질 (best performance price ratio, 또는 best value for the money)이며 같은 품질의 NB 제품에 비해 20-50% 저렴하게 판매한다. 제품개발이 매우 혁신적이고 소비자에 대한 소구점은 best value (more value for less price)이다.

5. 소매업체의 PL 성공전략

PL의 대표 유형인 모방제품과 premium PL에 관한 소매업체의 성공 PL 전략에 대해 살펴보자. 모방 PL 전략을 추구하는 소매업체가 제조업체브랜드와의 경쟁에서 우위를 갖기 위해서는 다음과 같은 정책을 도입해야 한다.

첫째, 자체 R&D 투자를 최소화하고 NB의 R&D에 편승하라. 이로 인해 가격경쟁력을 확보할 수 있다.

둘째, 가격비교, 점포 내 판촉 (point of purchase promotion)을 공격적으로 수행하라. 특히 1위 브랜드 옆에 진열함으로써 소비자들로 하여금 가격비교를 쉽게 할 수 있도록 한다.

셋째, 패키지, 포장 등을 1위 브랜드와 유사하게 하라.

넷째, 시장지배적 NB 제조업체와의 관계에서 강력한 유통파워를 행사하라. 이는 PL의 진입을 용이하게 한다.

최근 들어 일부 유명 소매업체들은 프리미엄 PL을 도입하는 고도의 PL 전략을 구사하고 있다. 영국의 Sainsbury, Tesco, Mark&Spencer, 캐나다의 Loblaw, 미국의 Wal-Mart, Victoria Secret 등이 대표적 예이다. 프리미엄 PL 전략을 추구하는 소매상은 브랜드자산 구축과 제조업체브랜드와의 경쟁에서 높은 매출을 실현하기 위해 다음과 같은 마케팅노력이 요구된다.

첫째, 광고를 통해 호의적 브랜드 이미지 (brand image)를 구축하라. 프리미엄 PL의 장점은 높은 마진, 점포선호도 증대, 낮은 등급 PL의 이미지 상승 등이며, 단점은 광고 등의 고비용을 유발하여 가격경쟁력을 상실한다는 것이다. 그럼에도 불구하고 프리미엄 PL은 적극적인 광고로 브랜드 이미지를 구축하여야 한다. 이는 앞에서 언급한 바와 같이 PL의 성공은 가격이 아닌 품질에 있으며 NB와의 품질 갭을 줄이는 것도 중요하지만 공격적인 광고로 NB와의 이미지 갭을 줄임으로써 NB가 가지고 있는 브랜드 이미지의 장점을 극복할 수 있기 때문이다 (예: Tesco의 The Finest Line의 공격적 광고).

둘째, 독특한 맛, 차별화된 내용물, 고급 포장 등을 활용한 차별화 전략을 구사하라.

셋째, 비용, 제품개발력에 있어 최고의 제조업체와 파트너십을 형성해야 한다. 이 경우 장기적인 상호 몰입 (mutual commitment)이 중요하다. 제조업체가 비용, 제품개발에 최선을 다한다는 가정하에 장기적인 계약관계를 가지는 것이

상호이익이다. 제조 파트너 입장에서는 PL을 생산하는 설비에 투자하기 위해서는 소매업체의 장기적 몰입을 필요로 하고 소매업체 입장에서도 제조업체를 빈번히 교체하는 것은 품질 유지와 비용 측면에서 바람직하지 않다.

넷째, 고급 마케팅 인력을 확보해야 한다. PL의 비중이 증가함에 따라 소매업체의 경쟁상대는 더 이상 경쟁 소매업체에 국한되지 않는다. NB의 경우 소매업체와 제조업체는 파트너 관계이지만 PL이 확산되면서 양자의 관계는 파트너이자 경쟁자이다. 이렇듯 PL 비중의 확산으로 인해 경쟁구도가 복잡해짐에 따라 전통적인 소매전략과 차원을 달리하는 고도의 전략 수립이 요구되므로 이를 수행하기 위해서는 고급 인력의 확보가 중요하다. 실제로 과거에는 소매업이 고급인력에 대한 수요도 없었고 보상체계가 미약하여 고급 인력이 소매업을 선호하지 않았으나 현재는 소매업이 규모와 수익 면에서 제조업을 압도하고 있고 매력 있는 보상이 주어짐에 따라 고급 마케팅 인력이 소매업에 진출하는 추세이다.

다섯째, 경쟁적 관계에 있지 않은 타 소매업체에 PL을 판매하라. 캐나다 Loblaw의 The President's Choice 라인의 초콜릿칩 쿠키는 미국에 수출되고 있다. 이런 경우와 같이 PL의 영역이 확대되면 PL이 브랜드화되고 PL과 NB의 경계가 모호해진다.

6. PL도입이 고수익을 실현한다는 주장의 논리적 근거

대형 소매업체들은 PL의 확대가 소매업체의 수익성을 높인다고 판단한다. PL이 고수익을 보장해 준다는 믿음의 논리적 근거는 PL의 마진율이 높고, 대제조업체 파워 증대에 의해 높은 수익을 올릴 수 있으며, 가치 있는 PL은 점포애호도를 높여 주며, PL 구매자가 더 많은 수익을 가져다준다는 것이다. 아래에서는 이러한 믿음의 타당성에 대해 살펴보기로 한다.

첫째, 소매업체들은 PL의 마진율이 높기 때문에 소매업체의 수익성이 높아진다고 믿는다.

일반적으로 PL의 마진율은 NB 대비 25–30% 높다. 그러나 수익성은 마진율보다 금액 기준 수익을 고려하여야 한다. PL의 마진율은 높지만 NB의 경우 제조업체로부터의 각종 지원금 제공, 운송비, 인건비 등의 무료 서비스, NB의 높은 단가 (금액 기준), NB의 높은 재고 회전율 (유럽의 경우 대체로 10% 높음) 등의 장점이 있다. 따라서 높은 마진율이 반드시 높은 수익 (금액 기준)을 보장한다고는 할 수 없다. **[표 6–4]**는 NB의 금액기준 수익성이 PL의 수익성보다 높을 수 있다는 점을 보여준다.

표 6–4 PL과 NB의 수익성 분석

	Private lables	Maunfacturer brands
Gross margin	30.1%	21.7%
Net margin	23.2%	15.9%
Price	$1.00	$1.45
Dollar contribution	$0.23	$0.23
Velocity per square foot(index)	90	100
Direct product profitabillity	21	23

출처: Ailawadi and Itarlem.

둘째, PL 도입에 의해 소매업체는 대 제조업체 파워 증대에 의해 수익성이 높아질 것으로 믿는다. 소매업체는 PL 점유율이 증가할수록 대 제조업체와의 가격, 각종 지원금 등에 있어서 협상력이 증가한다. 실제로 소매업체가 PL을 도입하는 초기에는 제조업체로부터 가격, 보조금, 기타 형태의 지원을 요구하며 대 제조업체 협상력이 급속히 증가된다. 그러나 이러한 협상력은 PL 비중이 늘어나면서 증가율이 완만해지고 PL의 비중이 일정 수준을 넘어서면 협상력이 오히려 줄어든다. 과도한 PL 점유율이 협상력을 감소시키는 이유는, PL은 판촉민감형 (deal–prone) 고객을 PL로 흡수하지만 PL의 점유율이 과도해지면 NB에 대한 상표애호도 (brand loyalty)가 높은 고객만이 남게 되고, 이들은 PL로 이동하지 않으므로 높은 상표애호도를 가진 소비자를 주 고객으로 하는 NB 제조업체로서는 소매업체에게 지원을 제공할 유인이 없어지기 때문이다.

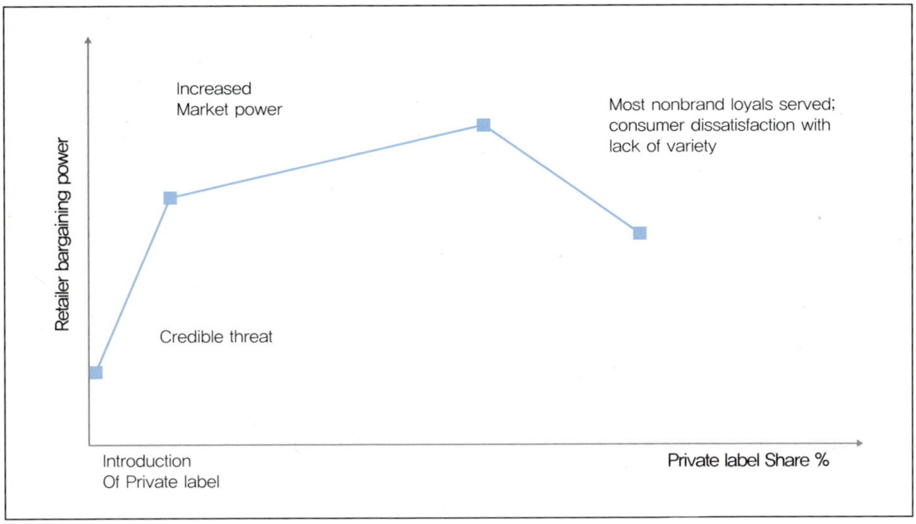

그림 6-1 PL 점유율과 소매업체의 협상력 간의 관계

또한 과도한 PL은 소비자의 선택의 폭을 제한하여 점포에 대한 소비자 만족도를 저하시킨다 (예: 영국의 Sainsbury, 독일의 Aldi).

셋째, 소매상은 PL을 많이 구매하는 소비자일수록 많은 이익을 가져다 줄 것으로 믿는다. **[표 6-5]**에 의하면 PL을 과도하게 구매하는 소비자보다 전체 구매액 중 PL의 비중이 중간 정도 (20%)인 소비자가 보다 많은 수익을 가져다 준다. 전체 구매액 중 PL의 비중이 높은 소비자가 더 많은 수익을 가져다주지 못하는 이유는 이들은 판촉에 매우 민감하여 여러 점포를 이용하며 가장 싼 것을 구매하기 때문이다 (cherry picking이라고 함).

그럼에도 불구하고 실제로 많은 소매업체들이 품목 구성에서 20% 이상의 PL을 취급하고 있는데 그 이유는 프리미엄 PL의 경우 단가가 높기 때문에 PL 구매자는 더 많은 이익을 가져다 줄 수 있고, 독일의 슈퍼마켓 Aldi와 같이 제품의 회전율이 높은 경우 PL의 비중을 높일 수 있다. 따라서 PL을 취급한 역사가 오래되고 PL전략이 고도화되어 있는 소매업체의 경우 적정 PL 비중은 20%보다 훨씬 높을 수 있다.

표 6-5 PL 구매자별 수익기여도 분석

	MEAN VALUE OVER SIX-MONTH PERIOD FOR CONSUMERS WHOSE PRIVATE LABEL SHARE IS:			
	0~10% Light	10%~20% Mediun	20%~30% Heavy	〉35% Very heavy
Total sales	$251	$263	$216	$129
Gross margin	30.3%	32.1%	34.7%	36.8%
Total gross margin dallars	$77	$85	$70	$48

사례 Uniqlo: 긴축시대에 가치 있는 private label 의류

불황에 상관없이 사람들은 멋있어 보이고 좋은 기분을 느끼고 싶어 한다. 그러나 구매행동의 변화는 소매업의 풍경을 변화시켰다. 소비자들은 모든 구매에서 보다 현명한 의사결정을 내리면서 1원이라도 아끼고 과거에 비해 덜 구매하려고 한다. 의류브랜드들은 모든 구매접촉점에서 소비자의 관여수준을 높일 창의적 방법을 개발하기 위해 노력한다. 그러면 의류소매업체들은 과거에 비해 적게 소비하거나 전혀 소비하지 않으려는 소비자들을 점포로 끌어들이기 위해 어떻게 해야 할까?

일본 소비자들은 세계에서 가장 까다로운 것으로 알려져 있다. 그들은 고품질의 제품을 매우 선호하고 명품을 반드시 보유해야 할 제품으로 간주한다. 그러나 심각한 경기침체기에 들어 실직을 우려하는 많은 소비자들에게 이제 가격이 최우선 순위가 되고 있다. 패션에서 절약하는 방법을 강구하는 일본인이 늘어남에 따라 명품브랜드들은 어려움을 겪고 있다. 수입 명품브랜드에 많은 돈을 지출했던 80년대와 90년대의 화려한 시절은 흘러간 것이다.

2009년 초반 의류소매기업 Uniqlo는 990엔 짜리 히트상품 진바지를 출시했다. 절약하고 할인가격 제품을 찾아다니는 일본 소비자들은 가격이 저렴하면서 스타일이 괜찮은 이 제품에 열광했다. 이제 일본 소비자들이 가격 대비 가치 있는 제품을 선호하는 경향을 보임에 따라 이러한 근검 절약형 쇼핑이 한때의 유행으로 끝나지 않을 것이다. Uniqlo의 급속한 성장은 긴축과 검소의 시대가 도래했음을 보여주는 증거이다. Uniqlo는 저원가의 모직의류 (fleeces)와 티셔츠로 널리 알려진 브랜드이다. 1949년 일본 야마구찌에 기반을 둔 기업 오고리 쇼지 (Ogori Shoji)에 의해 설립된 이 소매점은 1984년까지 남성복만을 판매했지만, 그해 히로시마에서 'Unique Clothing Warehouse'라는 점포명으로 유니섹스 캐주얼웨어 점포를 열었다. 이 해가 unique clothing을 줄인 말인 Uniqlo라는 브랜드명이 탄생했던 시기였다. 1994년 들어 일본 전역에 100개 이상의 Uniqlo 점포가 개설되었다.

1998년 동경의 유행선도지역인 하라주쿠에 첫 번째로 오픈된 대도시 점포가 큰 성공을 거둠에 따라 2001년 들어 일본 주요 도시들에 더 많은 점포들이 오픈되었다. 일본 국내에서 점포 수가 500개를 넘어섬에 따라 Uniqlo는 해외로 진출했으며 2001년 첫 번째 해외점포를 영국 런던에, 그리고 뒤이어 중국 상하이에 오픈했다. 2005년 들어 미국, 홍콩 등에 더 많은 해외점포들을 오픈했고, 2010년에는 말레이시아 쿠알라룸푸르와 대만 타이페이에도 점포를 오픈했다. 실용주의적 소비자가 갈수록 늘어나는 글로벌 시장에서 Uniqlo는 전 세계 860개 이상의 점포를 통해 가치 지향적 고객들이 애용하는 진정한 의류소매기업이 되었다.

디자인에 신경을 쓰는 젊은 일본소비자들 사이에 값싸고 멋있는 브랜드로 인기가 높은 Uniqlo는 이제 일본 밖의 유행선도자들의 마음을 끌고 있다. 세계의 패션중심지인 파리에 플래그십 매장을 오픈함에 따라 그 존재감이 느껴지고 있다. 2010년 4월 Uniqlo는 러시아에 첫 매장을 오픈하고 전 세계에 걸쳐 더 많은 매장을 오픈할 계획을 세우고 있다. Uniqlo는 Esprit, Zara, Mango, H&M 등 패스트 패션업체들과 경쟁해야 한다. 이들 브랜드들은 고객들로 하여금 보다 자주 패션제품들을 구매하도록 유인할 수 있을까?

절약의 시대가 도래한 것이 시사하는 바는 고객들로 하여금 어렵게 번 돈을 내놓게 하기 위해서는 이들 브랜드들이 가치제안을 명확히 해야 한다는 것이다. 불황기에 부담 없는 가격의 패스트패션을 제안하는 H&M이 경제위기를 잘 헤쳐 나가듯이, Uniqlo도 말레이시아를 포함한 동남아시아시장으로 공격적인 매장확장을 계획하고 있다. 한편 Esprit는 맵시 있고 부담 없는 가격대의 고급제품을 제공하는 젊은 라이프스타일의 국제브랜드가 되기로 공언했다. 이에 따라 매년 자신감 있고 멋있는 소비자들에게 호소하기 위해 12개 컬렉션에서 20,000개의 제품을 내놓고 있다. 이 브랜드는 높은 글로벌 인지도를 기반으로 40년 이상 성공을 누리고 있다.

여전히 Uniqlo의 호소력은 강하게 유지되고 있다. 이미 부담 없는 가격대이지만 더 많은 할인을 제공할 뿐 아니라 고품질의 기본의류들을 제공함으로써 광범위한 고객층을 끌어들이고 있다. Uniqlo의 억만장자 소유자인 Tadashi Yanai는 Uniqlo가 고객들에게 상대적으로 저가격에서 매우 높은 품질을 제공한다고 자랑스럽게 이야기한다. 그의 꿈은 Uniqlo가 세계에서 가장 큰 패션 제조/소매기업이 되는 것이다.

그는 또한 Uniqlo가 고객들로 하여금 자신의 개성을 연출하도록 여러 의류를 조합해 입을 수 있도록 한다고 믿는다. 사실 Uniqlo가 큰 인기를 끄는 것은 (특히 일본에서) 절약소비를 가능하게 해 준 것뿐 아니라 자신감 있는 신세대 소비자들이 자기표현의 일환으로 비싸지 않은 패션품목들을 창의적으로 믹스 앤 매치 (mix & match)해 입은 것에 기인한다. 최근 들어 Uniqlo는 패션디자이너 Jil Sander와 협업을 했다. 5년간의 공백기를 가진 후 그녀는 Uniqlo와 협업해 +J라는 PL 컬렉션을 개발하고 2009년 글로벌 시장에 출시했는데, 첫 주 만에 대부분의 국가에서 매진되었다. +J 컬렉션의 출시는 Uniqlo의 저렴한 가격으로 Jil Sander의 디자이너 의류를 구매하려고 하는, 전혀 새로운 인구통계적 특성을 가진 고객집단을 만들었다.

불황기에 많은 고객들이 욕구충족을 위해 구매하는 것과 기본원칙으로 돌아가야 한다는 마음가짐을 구분할 수 있다는 것에 대해 자긍심을 갖고 있다. 다른 소비자들은 치솟는 생계비로 인한 스트레스를 덜기 위해 끊임없이 부담 없는 상품구매방식을 탐색할 것이다. 기업과 브랜드들은 자사제품이 구매자의 욕구에 적합하며 한 푼이라도 비용을 덜어준다는 것을 명확히 보여줌으로써 구매를 자극한다.

신중한 쇼핑무드가 지배하고 현명하고 트랜디한 쇼핑객들이 저가격의 좋은 제품을 선호하는 것이 지속적인 추세이지만, Uniqlo 체인은 아시아시장에서 계속 높은 매출성과를 누린다. 아시아 시장에 최우선 순위를 두고 2020년까지 540억 달러로 글로벌 매출을 확대하겠다는 목표를 갖고 있다. 2010년 후반 Uniqlo의 영국 기반의 전자상거래팀은 전문성을 살려 유럽시장으로 그 범위를 확대하고, 궁극적으로 '글로벌 전자상거래 사이트'가 되려고 한다.

한편 2002년 중국 시장에 진출해 2010년 중반까지 64개 점포를 연 Uniqlo는 중국 주요 도시에 1,000개 이상의 점포를 열 계획이다. Uniqlo는 싱가포르 시장에 진출해서도 큰 성공을 거두었는데, 점포 문을 열었을 때 밀려드는 인파의 흐름을 조절하기 위해 통제조치를 취해야 할 정도였다. 싱가포르 중심가의 ION Orchard에 위치한 신규 점포에는 7,000명의 열성고객이 진을 쳤다. 최신 패션을 위해 Uniqlo 매장을 열심히 찾는 고객들은 Uniqlo 브랜드가 가격 대비 우수한 가치를 가진 좋은 품질의 제품을 제공한다고 믿고 있다. 싸고 멋있는 것이 보기에도 좋고 느낌도 좋음을 의미하는 새로운 패션 환경에서 Uniqlo는 확실하게 최고의 포지션을 구축하였다.

7. PL 확대에 따른 제조업체의 대응 전략

PL이 점유율이 높아지고 있는 상황에서 제조업체는 기존의 사고방식을 버리고 다음과 같은 변화를 직시하여야 한다.

- PL은 거스를 수 없는 대세이다.
- PL의 품질은 계속 개선되고 있으므로 NB의 품질 프리미엄이 점차 줄어들고 있다.
- 소매업체의 마케팅 역량, PL 전략이 더욱 정교화되고 있다.
- 소매업체의 대 제조업체 협상력과 경쟁력이 향상되고 있다.
- PL은 그 자체가 브랜드가 되었으며 특히 프리미엄 PL은 NB의 장점인 브랜드 이미지마저 위협하고 있다.

이러한 변화를 고려하여 제조업체는 다음의 세 가지 대응전략을 구사할 수 있다.

(1) 양면 전략 (dual strategy)

양면 전략이란 제조업체가 자신의 NB 사업과 더불어 PL 사업을 병행하는 전략이다.

이 전략의 논리적 근거로는 유휴 생산 시설을 활용한다는 것과 PL 사업 파트너인 소매업체로부터 선반위치, 판촉 등에 있어서 유리한 지원을 받을 수 있다는 것이다.

그러나 이 전략을 추구할 경우 제조업체는 다음과 같은 문제점을 고려해야 한다.

첫째, 변동비만 보전되면 단기적으로 이익이 되나 장기적 관계가 지속되면 추가 투자에 의해 고정비가 상승할 수 있다. 따라서 PL 점유율이 증가하여 자사의 NB 점유율이 감소하는 경우 유휴 생산시설 (idle capacity)은 처분하거나 PL 사업을 분사 (spin-off)하는 것이 바람직할 수 있다.

둘째, PL 사업을 병행하다 보면 자기 NB 사업을 등한시할 수 있다. NB 사

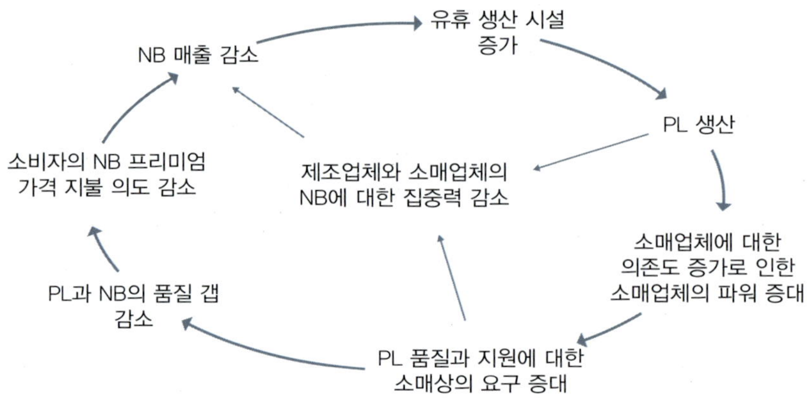

그림 6-2 양면 전략의 악순환의 고리

업의 사고방식인 장기적 안목에서의 제품차별화, 브랜드파워 증대 전략과 PL 사업의 사고방식인 단기적 이익 추구, 가격 중시 전략은 양립하기 어렵다.

셋째, 특정 소매업체와의 PL 파트너 관계형성은 특정 소매업체에 대한 의존도를 높임으로써 협상력이 감소할 수 있고, 타 경쟁 소매업체와의 관계가 악화될 수 있으며, 원가, 기술 등의 전략적 정보가 유출될 수 있는 등의 부정적 결과를 초래할 수 있다. **[그림 6-2]**는 양면 전략의 악순환의 고리를 보여준다.

이러한 양면 전략의 한계점에도 불구하고 이 전략이 효과적일 수 있는 경우는 NB와 PL의 영업 영역이 중복되지 않는 경우이다. 우리나라 제조업체는 국내에서는 NB 전략을 구사하고 해외에서는 PL 전략을 구사할 수 있을 것이다. 결론적으로 PL전문가들의 양면전략에 대한 평가는 매우 부정적이나 세계의 유수 제조업체조차 양면 전략을 구사하고 있는 실정이다.

(2) 순수 PL 전문 제조업체 전략

2005년 Private Label Manufacturer's Association (PLMA)의 보고서에 의하면 PL 전문 제조업체의 특징은 다음과 같다.

- 소규모
- 소수의 품목에 특화

- 박리다매
- R&D 능력 미약
- NB copy
- 제품 아이디어, 마케팅 능력, 품질관리 미약

그러나 거대소매상은 점차 저가 이외에도 시장 정보, 소비자 욕구에 근거한 R&D 역량, 마케팅 능력 등을 요구하고 있다. 따라서 순수 PL 전문 제조업체가 성공을 거두기 위해서는 높은 가격경쟁력, 소매상이 요구하는 제품의 개발 수준을 넘어서서 새로운 제품을 개발, 제안할 수 있는 R&D 능력의 보유, 우수한 품질관리, 소비자 정보, 유통업 추세에 관한 정보의 수집 능력과 이의 활용능력 등이 요구된다.

세계에는 수많은 PL 제조업체가 있다. 국내외적으로 제한된 수의 거대 소매상과의 안정된 파트너십을 체결, 유지하기 위해서는 전술한 총체적 능력을 겸비하여야 한다. 과거 중소기업이 국내외 제조업체에게 original equipment manufacturing (OEM) 제품을 하청 생산한 적이 있다. PL 제조도 이와 유사하다. 다만 OEM 생산과는 달리 PL은 파트너가 제조업체가 아닌 소매업체란 점이다. OEM 시스템에서는 주문업체가 특정 품목에 전문화되어 있고 OEM 제조사는 단순 제조 기능만을 수행하고 R&D, 생산방식, 원재료 제공, 유통망 확보 등 대부분의 기능을 주문자가 수행한다.

이에 반해 PL 주문자인 소매업체는 수많은 제품을 취급하므로 PL 제품 하나하나에 대해 전문적 R&D 기능을 가지고 있지 않다. 따라서 PL 전문 제조업체는 전술한 경영능력, 특히 R&D 능력을 가진 ODM (original development manufacturing) 기업으로 변신하여야 한다. 총체적 경영능력을 갖추어야 함은 분명 어려운 도전이지만 과거 OEM 사업은 제조사와 제조사의 결합인 반면, PL사업은 제조사와 소매업체의 결합이란 점에서 보다 큰 시너지를 가져올 수도 있다.

PL의 약진에 따른 환경 변화는 우리나라 중소기업에 위협이자 기회이다. 전술한 바와 같이 브랜드 파워가 약한 중소기업 제품은 소매업체 선반에서 우선적으로 철수 당할 것이다. 그러나 물적 · 인적 자원이 부족하여 독자적으로는 대기업과의 경쟁에서 열세였지만 우수한 기술력을 확보하고 있는 중소기업은 대형 소매업체와 PL 제조 파트너십을 맺음으로써 강력한 유통망을 확보할 수 있어서 대기업과 대등하게 경쟁할 수 있다. 그런데 전술한 바와 같이 우리나라의 백화점, 대형마트, 편의점은 과점 상태이므로 국내시장에서는 소수의 중소기업만이 국내 유통업체에게 PL을 납품할 수 있는 상황이다. 따라서 우리나라 PL 전문제조기업은 해외의 수많은 유통업체들과의 연계를 적극 모색하여야 한다. PL 제조업체가 밀집되어 있는 아시아 국가의 가격경쟁력은 매우 높은 반면 전술한 마케팅 능력과 프리미엄 PL을 개발, 생산하는 능력은 우리나라의 제조업체들이 우위에 있다고 볼 수 있다.

많은 연구 결과에 의하면 NB는 오랜 기간 동안 쌓은 브랜드 인지도와 선호도에 의해 소비자가 구매 시 쉽게 구매결정을 하는 반면, PL 구매 시에는 여러 가지 정보를 필요로 하고 특히 제품포장에 부착된 label에 적힌 정보 (예를 들면, 제조 국가, 제조원, 원료 등)가 의사결정에 매우 중요하다. 한국의 제조 기업은 삼성, 현대, LG 등 대기업이 구축한 'Made in Korea'의 프리미엄 혜택을 적극 활용할 필요가 있다. 실제로 이미 해외 유통업체에 PL을 납품하고 있는 많은 중소 PL 제조업체들이 Korea premium 혜택을 보고 있다.

PL의 주요 수입국인 EU, 미국과의 FTA에 의한 관세 인하는 우리나라 PL의 가격경쟁력을 제고할 것이다. 우리나라 제조업체가 사업 영역을 국내에만 국한시키지 말고 마케팅 역량을 습득하고, PL의 특징, 추세, 소매업체의 니즈를 정확히 파악하여 경쟁력을 확보한다면 PL의 약진은 중소기업은 물론 우리나라 경제 전반에 걸쳐 커다란 기회가 될 수 있을 것이다.

정부는 이러한 기회를 적극 활용하고 중소기업의 해외 진출을 위해 다음과 같은 지원을 해 줄 필요가 있다.

첫째, 우수한 기술력을 보유하고 있는 중소기업을 대상으로 PL 관련 업계, 학계 전문가 등의 인력을 활용하여 PL 사업 정책 자문단을 구성하고, 기술자문, 마케팅, 시장정보 활용, 유통업체 니즈 파악, PL 사업의 특성과 추세 등에 관한 교육과 상담을 지원할 수 있다.

둘째, 중소기업과의 공동 기술개발활동이 활발한 유통업체에게 제도적, 경제적 인센티브를 제공할 수 있다.

셋째, 전 세계 유통업체와 PL 제조업체의 장터인 PLMA (private label manufacturers' association) exhibition (연 3회, Amsterdam, Chicago, Shanghai) 참여를 지원할 필요가 있다. 특히 이 전시회에서 상담을 하기 위해서는 사전에 상담 예약을 하여야 하는데 자원이 충분하지 않은 중소기업으로서는 언어적 문제, 절차상 문제 등의 어려움을 겪고 있다. 예약을 위한 정부의 여러 가지 절차적 지원이 필요하다.

넷째, 우수 중소기업을 선발하여 PLMA 전시회에 한국관 (Korea Pavilion)을 개설, 입점시켜 유통업체와의 상담을 지원, 활성화할 수 있다. 과거 이 제도를 시행하였는데 좋은 호응을 받은 바 있다.

다섯째, 마케팅, 유통, PL 사업 등의 무료교육을 통해 교육의 기회가 많지 않은 중소기업의 경영역량을 강화할 수 있다.

(3) 순수 national brand 전략

전술한 바와 같이 이미 NB를 생산하고 있는 유명 제조업체들은 소매업체에게 PL을 공급하는 양면전략을 구사하지 않는 것이 바람직할 수 있다. PL의 점유율이 확대되고 있고 이러한 현상이 심화될 것으로 예견되는 환경에서 순수 NB 제조업체는 소매업체의 욕구와 전략을 이해할 필요가 있다.

거대 소매상은 점차 고품질 PL 비중을 확대할 것이다. 따라서 NB 제조업체는 지속적인 혁신을 통해 PL과의 품질 격차를 유지해야 한다. PL의 비중이 확대되고 있는 상황에서도 여전히 NB의 역할은 중요하다. NB는 PL에 비해 고객의 방문빈도와 재고 회전율이 높기 때문이다. 즉, 신제품의 끊임없는 개발로 PL과의 품질 격차를 계속 벌려나가는 것만이 PL의 공습에 살아남는 최선의 NB의 대응전략이다.

순수 NB전략을 고수하려는 제조업체는 구체적으로 다음과 같은 대응전략을 고려해야 한다.

첫째, 소매업체와 적절한 파트너십을 형성하라. 예를 들어 특정 소매업체에게만 독점적으로 브랜드를 공급하는 것을 고려할 수 있다. 세계적 화장품 회사인 Estee Lauder는 Kohl's 백화점에게 독점적으로 American Beauty를 공급하고 있다. Nestle는 독일 슈퍼마켓 체인인 Lidl에게 2리터 Vittel 생수를 공급하고 있다. 이 전략은 양면 전략과 구별된다. PL의 경우 상표 소유권이 소매업체에게 있는 반면, 위의 경우 상표 소유권은 제조업체에게 있다.

둘째, 스마트하게 혁신노력을 지속적으로 추구하라. 앞에서 강조하였듯이 PL과 NB의 경쟁의 핵심은 품질이다. 치약, 운동화, 면도기 등과 같이 지속적인 혁신이 이루어지는 제품군에서의 PL의 점유율은 낮다.

셋째, 선택적으로 대응하라. 소매업체는 PL의 진열공간을 확보하고, 시장점유율이 낮은 제품을 제거하고 시장점유율이 높은 NB을 선택적, 집중적으로 판매하기 위해서 SKU를 줄이고 있다. 이러한 환경에서 NB 제조업체는 과거와 같이 복수 브랜드를 위한 진열공간을 충분히 확보할 수 없다. 따라서 NB 제조업체는 핵심제품을 중점적으로 육성하고 SKU를 줄이는 방향으로 제품 포트폴리오를 재정비할 수밖에 없다. 다국적 생필품 제조업체인 Unilever는 SKU를 1600개에서 400개로 축소한 바 있다.

넷째, 지속적 혁신이 가능한 제품군에 투자하라. 식품 등과 같은 제품군은 혁신에 한계가 있다. 따라서 새로운 기술에 의해 혁신이 가능한 분야에 투자할 필요가 있다. 다국적 소비용품 제조업체인 P&G는 혁신에 한계가 있는 식품 카테고리를 축소하고 (예를 들면 Pringles의 매각) 지속적 혁신이 가능한 Gillette 면도기, Duracell, SKII 등을 인수하였다.

다섯째, 브랜드 파워가 약하거나 규모의 경제를 가지지 못하거나 소매업체에게 필수적이지 않는 브랜드를 과감하게 퇴출시켜라. 케찹으로 유명한 Heinz는 SKU 수를 40% 줄인 바 있다. 그런데 예상과 달리 브랜드 수의 감소에도 불구하고 순이익은 17% 증가하였다.

여섯째, 핵심 브랜드의 브랜드 파워를 높여라. 정기적으로 제품을 개선하고 이러한 혁신을 광고함으로써 강력한 마켓 포지션을 확보해야 한다.

일곱째, 핵심 브랜드가 아닌 제품의 라인확장 (line extension)을 자제하라. 이는 핵심 브랜드의 이미지를 희석시키고 고비용과 브랜드관리의 복잡성을 유발하며 시장분할 (market fragmentation)을 가져옴으로써 PL에게 유리한 환경을 제공할 수 있기 때문이다.

마지막으로 대 소비자, 대 유통업체 판촉보다 고객과의 감성적 교감을 형성하는데 도움이 되는 광고에 투자하는 것이 바람직하다. 잦은 판촉은 소비자의 가격민감도를 높임으로써 PL이 성장하는 계기를 만들어 준다.

8. PL의 약진이 산업구조에 미치는 영향

PL의 약진은 다음과 같이 산업 전반적으로 많은 변화를 촉발하고 있다.

첫째, NB를 생산하는 제조업체에게 PL은 위협이다.

둘째, 과거 경쟁구도는 제조업체 간, 소매체 간의 경쟁이었지만 PL의 등장으로 제조업체와 소매업체 간의 관계가 협력자이자 경쟁자 관계로 변화하고 있다. 따라서 이러한 복잡한 경쟁 환경에 대처하는 고도의 전략 수립이 필요하다.

셋째, 브랜드 파워가 약한 중소기업 NB의 퇴출이 불가피하다. 그러나 중소기업이라 하더라도 품질이 우수하면 국내외 유통업체와 제휴하여 위기를 기회로 전환할 수 있다.

넷째, 정부의 중소기업 PL 개발과 판로 개척을 위한 지원이 요구된다.

참고문헌

Kotler and Armstrong(2019). *Principles of Marketing*, 17th edition, Prentice Hall.

안광호, 조재운, 한상린(2019). **유통원론**, 4판, 학현사.

조재운(2011). "PL의 약진, 소매업체의 성공전략, 재조업체의 대응전략". paper presented at Private Label Day 2011.

Abe, Makot(1995). "Price and Advertising Strategy of National Brand against Its Private Label Clone". Journal of Business Research, 33, 241–250.

Ailawaldi, Kusum(2001). "The Retail Power–Performance Conundrum: What Have We Learned". *Journal of Retailing, 77*, 299–318.

Ailawaldi, Kusum and Bari Harlam(2004). "An Empirical Analysis of the Determinant of Retail Margins: The Role of Store Brand Share". *Journal of Marketing, 68* (January), 147–165.

Ailawaldi, Kusum, Norm Borin, and Paul W. Farris(1995). "Market Power and Performance: A Cross–Industry Analysis of Manufacturers and Retailers". *Journal of Retailing, 71*(3), 213–248.

Ailawaldi, Kusum and Kevin Lane Keller(2004). "Understand Retail Branding: Conceptual Insights and Research Priorities". *Journal of Retailing, 80* (winter), 331–342.

Ailawaldi, Kusum, Scott L. Neslin, and Karen Gedenk(2001). "Pursuing the Value–Conscious Consumer: Store Brands Versus National Brand Promotions". *Journal of Marketing, 65* (January), 71–89.

Ailawaldi, Kusum, Koen Pauwels, and Jan–Benedict E. M. Skeenkamp(2008). "Private Label Use and Store Loyalty". *Journal of Marketing, 72* (January), 19–30.

Amrouche, Nawel and Georges Zaccour(2007). "Shelf–Space Allocation of National and Private Brands". *European Journal of Operational Research,180*, 648–663.

Batra, Rajeev and Indrajit Sinha(2000). "Consumer–Level Factors Moderating the Success of Private Label Brand". *Journal of Retailing, 76*(2), 175–191.

Bhasin, A., Roger Dickinson, and Shiva Nandan(1995). "Retailer Brands: A Channel Perspective". *Journal of Marketing Channels, 4*(4), 17–36.

Bonfrer, Andre and Pradeep K. Chintagunta(2004). "Store Brands: Who Buys Them and What Happens to Retail Prices when They Are Introduced?". *Review of Industrial Organization, 24*, 195–218.

Bontemps, Christophe, Valerie Orozco, and Vincent Requillart(2008). "Private Labels, National Brands and Food Prices". *Review of Industrial Organization, 33* (1), 1–22.

Braak, Ann ter, Marnik G. Dekimpe, and Inge Geyskens(2013). "Retail Private–Label Margins: The Role of Supplier and Quality–Tier Differentiation". *Journal of Marketing,*

77(July), 86–103.

Chen, Jack (Xinlel), Om Narasimhan, George John, and Tirtha Dhar(2010). "An Empirical Investigation of Private Label Supply by National Label Producers". *Marketing Science, 29*(4), 738–755.

Chintagunta, Pradeep K., Andre Bonfrer, and Inseong Song(2002). "Investigating the Effects of Store–Brand Introduction on Retailer Demand and Pricing Behavior". *Management Science, 48*(10) 1242–1267.

Connor, John M. and Everett B. Peterson(1992). "Market–Structure Determinants of National Brand–Private Label Price Differences of Manufactured Food Products". *The Journal of Industrial Economics*, 157–71.

Corstjens, Marcel and Rajiv Lal(2000). "Building Store Loyalty through Store Brands". *Journal of Marketing Research, 37*(August), 281–291.

Cotterill, Ronald W. and William P. Putsis Jr.(2001). "Do Models of Vertical Strategic Interaction for National and Store Brands Meet the Market Test?". *Journal of Retailing, 77*, 83–109.

Davies, Gary and Eliane Brito(2004). "Price and Quality Competition between Brands and Own Brands: A Value Systems Perspective". *European Journal of Marketing, 38* (1), 30–55.

Dekimpe, Marnik G., Jan Benedict E. M. Steenkamp, Martin Mellens, and P. Vanden Abeele(1997). "Decline and Variability in Brand Loyalty". *International Journal of Research in Marketing, 14*, 405–420.

Deleersnyder, Barbara, Marnik G. Dekimpe, and Jan–Benedict E. M. Steenkamp(2007). "Win–Win Strategies at Discount Stores". *Journal of Retailing and Consumer Services, 14*(5), 309–318.

Delliser, E. and K, Helliker(1994). "Private Label Rebels Reign in British Groceries". *The Wall Street Journal*, March.

De Wulf, Kristof, Gaby Odekerken–Schroder, Frank Geodertier, and Gino Van Ossel(2005). "Consumer Perceptions of Store Brands versus National Brands". *Journal of Consumer Marketing, 22*(4), 223–232.

Dhar, Sanjay K. and Stephan J. Hoch(1997). "Why Store Brand Penetration Varies by Retailer.". *Marketing Science, 16*(3), 208–227.

Dunne, David and Chakravarthi Narasimhan(1999). "The New Appeal of Private Labels". *Harvard Business Review*, May–June, 41–52.

Gruca, Thomas S., D. Sudharshan, K. and Ravi Kumar(2001). "Marketing Mix Response to Entry in Segmented Market". *International Journal of Research in Marketing, 18*(1), 53–56.

Halstead, Diane and Cheryl B, Ward(1995). "Assessing the Vulnerability of Private Label Brands". *Journal of Product and Brand Management, 4*(3), 38–48.

Hansen, Karsten, and Vishal Singh(2008). "Are Store-Brand Loyal Buyers Store Loyal? An Empirical Investigation". *Management Science, 54*(10), 1828-1834.

Hansen, Karsten, and Vishal Singh, and Pradeep Chintagunta(2006). "Understanding Store-Brand Purchase Behavior Across Categories". *Marketing Science, 25*(1), 75-90.

Hassan, Daniel and Sylvette Monier-Dilhan(2006). "National Brands and Store Brands: Competition through Public Quality Labels". *Agribusiness, 22*(1), 21-30.

Hauser, John R. and Steven K. Shugan(1983). "Defensive Marketing Strategies". *Marketing Science, 2*(4), pp. 319-360.

Hoch, Stephen J.(1996). "How Should National Brands Think About Private Labels?". *Sloan Management Review, 37*(Winter), 89-102.

Hoch, Stephen J. and Shumeet Banerji(1993). "When Do Private Labels Succeed?". *Sloan Management Review, 34* (Summer), 57-67.

Hoch, Stephen J. and Leornard·M. Lodish(1998). "Store Brands and Category Management". Working Paper, Wharton School, University of Pennsylvania, Philadelphia, PA.

Hoch, Stephen J., Alan L. Montgomery, and Young-Hoon Park(2002). "Why Private Labels Show Long-Term Market Share Evolution". Working Paper, Graduate School of Industrial Administration, Carnegie Mellon University.

Huber, Joel, Morris B. Hobrook, and Barbara Kahn(1986). "The Effect of Context and of Additiona Information on Price Sensitivity". *Journal of Marketing Research, 23*(August), 250-260.

Kumar, Nanda, Suresh Radhakrishnan, and Ram C. Rao(2010). "Private Label Vendor Selection in a Supply Chain: Quality and Clientele Effects". *Journal of Retailing, 86*(2), 148-158.

Kumar, Nirmalya and Jan-Benedict E. M. Steenkamp(2007). *Private Label Strategy*. Harvard Business school Press.

Laaksonen, H. and J. Reynolds(1994). "Own brands and Food Retailing in Europe". *Journal of Brand Management, 2*(1), 37-46.

Lamey, Lien, Barbara Deleersnyder, Marnik G. Dekimpe, and Jan-Benedict E. M. Steenkamp(2007). "How Business Cycles Contribute to Private Label Success: Evidence from the United States and Europe". *Journal of Marketing, 71*(January), 1-15.

Lee, Eunkyu and Richard Staelin(2000). "A General Theory of Demand in a Multi-Product Multi-Outlet Market". Working Paper, Duke University.

Lincoln, Keith and Lars Thomassen(2008). Private Label, Kogan Sage.

Mason, Charlotte H.(1990). "New Product Entries and Product Class Demand". *Marketing Science, 9*(1), 58-73.

Mills, David E.(1995). "Why Retailers Sell Private Labels". *Journal of Economics and Management Strategy, 4*(3), 509-528.

Narasimhan, Chakravarthi and Ronald T. Wilcox(1998). "Private Labels and the Channel Relationships: A Cross-Category Analysis". *Journal of Business, 71*(4), 573-600.

Palmer, Douglas and Ronald Schutt(2011). "Private Label Trends". paper presented at Private Label Day 2011.

Pauwels, Koen and Shuba Srinivasan(2004). "Who Benefits from Store Brand Entry?". *Marketing Science, 23*(3), 364-390.

Putsis Jr., William P.(1997). "An Empirical Study of the Effect of Brand Proliferation on Private Label-National Brand Pricing Behavior". *Review of Industrial Organization, 12*(3), 355-71.

Quelch, John A. and David Harding(1996). "Brands Versus Private Labels: Fighting to Win". *Harvard Bussiness Review, 37*, 99-109.

Raju, Jagmohan S, Raj Sethuraman, and Sanjay K. Dhar(1995). "National Brand-Store Brand Price Differential and Store Brand Market Share". *Pricing Strategy and Practice, 3*(2), 17-24.

Richardson, Paul A.(1997). "Are Store Brands Perceived to BE Just Another Brands?". *Journal of Product and Brand Management, 6*(6), 388-404.

Richardson, Paul A., Alan Dick, and Arun K. Jain(1994). "Extrinsic and Intrinsic Cue Effects on Perceptions of Store Brand Quality". *Journal of Marketing, 58*, 28-36.

Sayman, S. Serdar, Stephan J. Hock, and Jagmohan S. Ragu(2002). "Positioning of Store Brands". *Marketing Science, 21*(4), 378-397.

Scott-Morton, Fiona and Florian Zettelmyer(2002). "The Strategic Positioning of Store Brands in Retailer-Manufacturer Negotiations". Working Paper, University of California Berkeley.

Sethuraman, Raj(1995). "A Meta-Analysis of National Brand and Store Brand Cross-Promotional Price Elasticities". *Marketing Letters, 6*(4), 275-286.

______________(1995). "National Brand and Store Brand Competition: Who Hurts Whom?". Working paper, No. 95-105, Cambridge Marketing Science Institute.

______________(2000). "What Makes Consumers Pay More for National Brands than for Store Brands-Image or Quality?". Working Paper, Southern Methodist University.

Sethuraman, Raj and Jagmohan Raju(2011). "PL Strategies: Myths and Realities". in Handbook of Marketing Strategy, Venkatesh Shanukar and Gregory S. Carpenter eds., Northhampton, MA: Edward Elgar Publishing.

Soberman, David A. and Philip M. Parker(2004). "Private labels: Psychological Versioning of Typical Consumer Products". *International Journal of Industrial Organization, 22*(6), 849-861.

____________________________________(2006). "The Economics of Quality-Equivalent Store Brands". *International Journal of Research in Marketing, 23*, 125-139.

Steenkamp, Jean-Benedict E. M. and Marnik G. Dekimpe(1997). "The Increasing Power of Store Brands: Building Loyalty and Market Share". *Long Range Planning, 30*(6), 917-

930.

Steenkamp, Jean-Benedict E. M. and Marnik G. Dekimpe, Herald J. Van Heerde, and Inge Geyskens(2010). "What Makes Consumers Willing to Pay a Price Premium for National Brands over Private Labels?". *Journal of Marketing Research, 47*(6), 1011-1024.

Steenkamp, Jean-Benedict E. M. and Marnik G. Dekimpe and Nirmalya Kumar(2009). "Don't Be Undersold". *Harvard Business Review, 87*(2), 90-95.

Sudhir, K and Debabratau Talukdar(2004). "Does Store Brand Patronage Improve Store Patronage?". *Review of Industrial Organization, 24*, 143-159.

Tarzijan, Jorge(2004). "Strategic Effects of Private Labels and Horizontal Integration,". International review of Retail, *Distribution and Consumer Research, 14*(3), 321-335.

Ward, Michael B., Jay P. Shimshack, Jeffrey M. Perloff, and J. Michael Harris(2002). "Effect of the Private-Label Invasion in Food Industries". *American Journal of Agricultural Economics, 84*(4), 961-973.

Aldi 사례

대형마트 新전략 PB 말고 답 없다, 장사는 Aldi처럼…. https://m.post.naver.com/viewer/postView.nhn?volumeNo=16189861&memberNo=12494964&vType=VERTICAL

독일마트 알디(ALDI)의 '가성비'잡는 법. https://brunch.co.kr/@duckeyhan/4

"온라인이 가장 싸다?" 초저가 슈퍼마켓 '알디' 비결은…. https://www.asiae.co.kr/article/2019082715530739902

알디 나무위키. https://namu.wiki/w/ALDI

'앙숙' 영국도 사로잡은 독일식 '유통 과학'. http://economy.chosun.com/client/news/view.php?boardName=C01&page=6&t_num=13605514

유럽판 다이소 알디를 아십니까?. https://m.post.naver.com/viewer/postView.nhn?volumeNo=344232&memberNo=997329&vType=VERTICAL

PB 중심으로 초저가 매장 실현한 알디(Aldi). https://www.withbuyer.com/news/articleView.html?idxno=15317

Eric Van Den Steen & David Lane(2016). Aldi: The Dark Horse Discounter, Harvard Business Review.

Jordan Mitchel & Marc Sachon(2005). Aldi: A German Retailing Icon, IESE Business School.

Aldi Homepage. www.aldi.com

Aldi Wikipedia. https://en.wikipedia.org/wiki/Aldi

ALDI Business Model, Why is ALDI so Cheap?. https://www.feedough.com/aldi-business-model-aldi-cheap/

Aldi Group - Company Profile, Information, Business Description, History. https://www.referenceforbusiness.com/history2/3/Aldi-Group.html

Aldi north group sustainability report(2017). https://www.cr-aldinord.com/2017/wp-content/uploads/sites/4/2018/07/ALDI_North_Group-Sustainability_Report_2017_EN.pdf

ALDI reveals new business strategy. https://retailworldmagazine.com.au/aldi-reveals-new-business-strategy/

ALDI South Group CR Report(2017). https://cr.aldisouthgroup.com/en/cr-2017

https://retailworldmagazine.com.au/aldi-reveals-new-business-strategy/

An analysis of ALDI's strategy. https://www.ukessays.com/essays/estate-management/an-analysis-of-aldis-strategy.php

Background Information on Aldi Group. https://www.referenceforbusiness.com/history2/3/Aldi-Group.html

Bigger Isn't Better: Why ALDI's Business Model Leads to Happy Customers and Rapid Expansion. https://www.qualitylogoproducts.com/blog/aldi-business-model-happy-customers-rapid-expansion/

Here's the Real Reason Everyone Loves Aldi So Much. https://www.countryliving.com/food-drinks/news/a45149/how-aldi-stores-work/

How a cheap, brutally efficient grocery chain is upending America's supermarkets. https://edition.cnn.com/interactive/2019/05/business/aldi-walmart-low-food-prices/index.html

How Aldi's frugal, reclusive founders turned a corner grocery store into a $38 billion fortune. https://www.cnbc.com/2019/05/14/how-aldis-founders-turned-a-local-grocery-into-a-38-billion-fortune.html

Marketing strategy of Aldi. https://www.marketing91.com/marketing-strategy-of-aldi/

The Aldi effect: how one discount supermarket transformed the way Britain shops. https://www.theguardian.com/business/2019/mar/05/long-read-aldi-discount-supermarket-changed-britain-shopping

THE HISTORY OF ALDI: A TALE OF TWO COMPANIES, WITH THE SAME NAME. https://blog.s4rb.com/aldi-a-tale-of-two-companies-with-the-same-name

GS25
CJ 오쇼핑
Walmart
Save money. Live better.
신세계백화점
NETFLIX
emart
OLIVE YOUNG
coupang
amazon
Uber

Part III

제조업체, 서비스업체의 마케팅전략과 유통전략

Chapter 7

제조업체의 유통전략

학습내용

1. 제조업체의 유통전략과 타 마케팅 믹스와의 관계는 어떠한가?
2. 제품의 특징에 따라 제조업체의 유통전략은 어떻게 수립되는가?
3. 제조업체가 소매업체에게 제공하는 촉진 수단에는 어떤 것이 있는가?
4. Pull 전략과 push 전략이란 무엇인가?
5. 유통업체의 대 소비자 촉진 활동에는 어떤 것이 있는가?
6. 제조업체와 소매상의 촉진 활동의 장점과 한계점은 무엇인가?
7. 가격전략과 유통전략의 관계는 어떠한가?
8. 제조업체가 소매상에게 시행하는 가격할인의 유형에는 어떤 것이 있는가?
9. 가격할인이 제조업체와 소매업체 성과에 미치는 영향은 무엇인가?
10. 장기적 가격변화와 단기적 가격변화의 효과는 어떠한가?

사례

위대한 제조업체에서 위대한 소매상으로의 변신: Apple Store

학습목표

1. Apple의 사업 영역은 어떠한가?
2. Steve Jobs가 Apple store를 구상하게 된 이유는 무엇인가?
3. Apple store의 점포 컨셉은 어떠한가?
4. Apple store의 차별점과 장점은 무엇인가?
5. Apple store가 가장 경쟁력 있는 소매점이 된 주 성공요인은 무엇인가?
6. Apple store와 우리나라 휴대폰 대리점의 차이는 무엇인가?

1. Apple Store와 Eight Inc.

(1) Apple 소개

Apple은 미국의 소프트웨어 및 컴퓨터 하드웨어를 개발하고 제작하는 회사이며, 최초의 개인용 컴퓨터를 만든 회사이다. Apple은 1976년 고(故) 스티브 잡스가 스티브 워즈니악, 로널드 웨인과 함께 자택 차고에서 설립했다. 현재 Apple의 최고 경영자는 팀 쿡이고, 미국 캘리포니아 주 쿠퍼티노에 소재하고 있는 Apple 캠퍼스에 본사를 두고 있다.

현재 매킨토시, MP3 플레이어인 아이팟, 스마트폰인 아이폰, 가정용 멀티미디어 기기인 Apple TV, 태블릿 PC인 iPad, 에어팟, Apple Watch 등 다양한 제품을 생산, 판매하고 있다.

2019년 현재 Apple의 기업가치가 세계 1위이며 세계에서 가장 경쟁력 있는 소프트웨어, 하드웨어 제조업체, 서비스 기업이란 사실은 잘 알려져 있지만 Apple이 소매업에서도 가장 경쟁력 있는 기업이란 점은 많이 알려져 있지 않다. Apple Store는 Apple에서 자사제품의 판매 목적으로 운영하는 오프라인 직영 매장이다. Apple Store는 고객의 경험을 중시하고, 직접 인력을 관리하며, 제품 판매뿐만 아니라 사후지원, 사용법 교육 등 다양한 서비스를 제공하는 장소이다. 2001년 Apple Store가 개점한 15년 후, Apple 매장은 전 세계적으로 500개 이상이며 평방피트당 5,009

달러의 매출액은 미국의 어떤 소매점보다 높다. 제조업 기반의 Apple이 어떻게 소매업에서도 성공하게 되었는가?

1976년, Apple은 최초로 키보드와 모니터를 가지고 있는 Apple I을 출시하고 Apple 컴퓨터를 설립하였다. 스티브 잡스는 이듬해인 1977년 1월 3일 법인 등록을 하였고, 이후 워즈니악이 Apple I의 처리 속도를 향상시키고 내장 키보드를 탑재한 Apple II를 출시하여 개인용 컴퓨터의 시대를 열었다. 1979년 Apple 컴퓨터는 주식 상장을 하였고 1983년 잡스는 존 스컬리 Pepsi Cola 사업 부분 사장을 영입해 Macintosh를 출시하였다.

Apple은 승승장구할 것처럼 예상되었으나, 1984년 크리스마스 시즌 수요를 잘못 예측해 맥킨토시의 공급 과잉 사태를 낳게 되고, 이 실패에 대한 책임으로 존 스컬리에 의해 잡스는 1985년에 Apple에서 쫓겨나게 된다. 이후 존 스컬리의 지휘 아래 Apple은 1987년경에 세계 최초의 PDA이자 태블릿 플랫폼인 Apple뉴턴을 출시하지만 성공하지 못하였다.

1997년 잡스는 12년 만에 임시 CEO로 Apple에 복귀하게 되고, 2001년에는 스티브 잡스가 CEO가 된다. 그 해 Apple은 iPod을 출시하였고 플래시 메모리형이 주류를 이룬 당시의 휴대용 음악 플레이어와는 다르게 대용량 하드 디스크 드라이브를 탑재하여 주목을 끌었다.

2007년 Apple은 iPhone과 Apple TV를 공개하고 기업의 명칭을 Apple 컴퓨터에서 Apple로 바꾸었다. 아이폰을 출시한 후 매년 사상 최대 매출 기록을 갈아치우며 성장하게 되었고, 2011년에는 미국 증시에서 Exxon Mobil을 누르고 시가총액 1위에 오른다. 이후 잡스는 팀 쿡을 새 CEO로 지명하고 Apple을 떠났고, 같은 해 10월 4일 만 56세 나이로 세상을 떠났다.

잡스 사망 후에도 Apple은 수많은 매니아를 보유하며 기록적인 매출 증가를 기록하였는데 이후로도 아이폰6, Apple워치, 아이폰 SE, 아이폰7, 8, 에어팟 등을 출시하였고 2017년에는 Apple10주년 아이폰인 아이폰X가 공개 및 출시되었다.

한때 Apple의 주가는 글로벌 스마트폰 시장의 둔화, 아이폰XR, 아이폰XS 맥스 등 신규 아이폰의 판매 부진, 신흥 시장에서의 아이폰 수요 약화, 미중 간 무역문제 등으로 인해 하락하는 추세를 보였으나 2019년 후반 들어 서비스 부문의 매출 증가와 웨어러블 (wearable) 기기인 Apple Watch와 Airpod의 매출 호조로 가파르게 증가하고 있다.

한때 Apple의 주가가 하락한 주요 이유는 미국과 중국과의 무역 문제가 핵심이라고 볼 수 있다. 양국의 무역 분쟁이 고조되면서 미국은 모든 중국산 상품에 무거운 관세를 매기는 보복조치를 취하였으며 이는 중국에서 생산되는 Apple 상품에 큰 타격을 준 것으로 평가되었다.

(2) 90년대 후반의 Apple과 컴퓨터

Apple은 파산을 불과 몇 달 앞두고 PC 시장 점유율은 4%까지 감소했고 연간 손실액은 10억 달러를 넘어섰다. 10년 동안 세 명의 CEO가 바뀌었다. Apple의 공동 창업자인 스티브 잡스가 1997년 하반기에 복귀를 선언한 것은 회사의 파산 직전 상황에 대한 자구책이었다. 그는 회사의 혁신적인 디자인과 사용자 친화성에 대해 다시 언급했다. 그의 첫 번째 큰 변화는 Apple의 제품 포트폴리오를 4가지 제품으로 간소화하는 것이었다.

신제품 출시의 첫 부분은 1998년 8월에 G3 iMac과 함께 매킨토시 G3가 뒤따를 예정이었다. 더 이상 유틸리티 툴로 간주되지 않고 Apple에 의해 개척된 소비자 제품으로서 컴퓨터의 진화는 업계의 커다란 변화였다. 그때까지 컴퓨터는 스프레드시트와 같은 부가 기능을 갖춘 미화된 타자기로 여겨져 왔다. 스티브 잡스와 그의 팀은 컴퓨터가 개인적인 사용을 위한 것이라는 개념을 도입했는데, 이는 업계의 선구적인 개념이 되었고 최초의 컬러 아이맥에 의해 예고되었다.

(3) MacWorlds and 'Think Differently'

새로운 iMac의 공개는 1998년 MacWorld 무역 박람회에 예정되어 있었으며, 스티브 잡스는 자신의 복귀를 알리는 자리이자 새로운 혁신을 보다 효과적이게 알리기 위해서 많은 고민을 하였다. 스티브 잡스는 Apple을 위한 모든 그래픽 작업을 담당할 디자인 회사 CKS를 활용하였고 CKS는 MacWorld 전시회와 행사를 디자인하기 위해 Eight Inc.를 초빙하였다.

MacWorld는 Apple 브랜드와 Apple의 마케팅 강국 재도약의 시작을 알린 Apple의 'Think Differently' 광고 캠페인을 전달하는 데 필수적인 접점이기도 했다. 이 캠페인은 스티브 잡스가 Apple을 열망하는 브랜드로 재도입하려는 움직임이었다. '다르게 생각하라'는 Apple은 창의적이고, 세상을 바꾸고, 다른 것이 될 것이라고 선언했다. 그 결과 Apple의 브랜드 변화의 성공을 이끌었다.

2. Eight Inc.와 Apple과의 협력과 매장 컨셉의 개발

(1) Eight Inc. 소개

Eight Inc.는 1989년 팀 코베에 의해 설립되었다. 팀은 아트센터 디자인 대학을 졸업했으며, 그곳에서 환경 디자인 학위를 받았다. 뉴욕과 샌프란시스코의 다양한 건축 및 디자인 회사에서 일한 후, 그는 자신의 사업인 Eight Inc.를 설립했다.

North Face는 에베레스트 등반과 같은 전문가들이 주로 찾는 뛰어난 품질의 야외 스포츠 의류 제조업체이자 Eight Inc.가 협력하여 소매점을 개발한 최초의 기업이다. Eight Inc.는 North Face의 브랜드 가치를 표현할 수 있는 모든 요소들을 소매점 안으로 들여왔다. 이는 소비자와 브랜드 간의 감정적인 관계를 형성했고 그것이 매력적인 구매로 만들었다.

Eight Inc.는 North Face Shop과 더불어 Nike Town과도 함께 일하고 있었다. Nike는 상품을 판매하는 공간이 되었음에도 불구하고 그들의 이야기를 전달하는 통로로서 단지 판매점이기보다는 브랜드 경험을 보여주는 곳이라고 평가받았다. 이러한 Eight Inc.의 경험은 MacWorld에 대한 개념을 제시하는 데 큰 도움이 되었다.

Eight Inc.가 1998년 샌프란시스코 MacWorld에 대한 작업을 하는 팀에 공식적으로 합류한 후, 그들은 아이맥 제품 출시와 관련된 모든 세부사항에 관여하게 되었다. 컬러 아이맥의 출시는 Eight Inc.가 Apple과 협력 관계를 맺기 시작한 것이다. 그 후 10년 동안 Eight Inc.와 Apple은 MacWorld와 Apple의 모든 글로벌 트레이드 쇼에서 계속 협력했다. 현재까지 그것은 Apple의 모든 제품 출시에서 여전히 중요한 역할을 하고 있다.

(2) Apple Store 컨셉의 탄생

1) Apple's First Steps in Retail

MacWorld는 'Think Different' 캠페인과 함께 Apple을 변화시키는 데 성공했다. 하지만 스티브 잡스는 그 제품들이 어떻게 팔리는지에 대해 점점 더 신경을 썼다. 소매업체들은 한 지붕 아래에서 비슷한 종류의 모든 것을 구매할 수 있는 형태의 추세를 따랐었다. 또한 Apple은 구매 초기에는 매력적으로 다가오지만 판매자는 '소프트웨어가 부족하다' 등의 여러 가지 이유로 고객들이 비 Apple 제품을 구매하도록 설득하였다. 이는 결국 Apple의 시장점유율 하락으로 이어졌다.

스티브 잡스는 Apple의 제품이 다른 제품들과 같은 선반에 놓여 있는 것을 원치 않았다. Apple만의 플랫폼을 잘 표현하지 못한다고 생각했기 때문이다. 판매업자들이 Apple 제품에 대해 정확하게 조언할 수 있는 지식이나 경험도 없었고, Mac을 얼마나 쉽게 사용할 수 있는지, 그리고 궁극적으로 제품들이 우월하다는 것을 보여줄 적절한 도구도 가지고 있지 않았다. 이러한 이유들로 스티브 잡스는 Apple만의 소매점을 만들고 싶었다.

1999년, 스티브 잡스는 Apple의 일본 출시를 위해서 Eight Inc.에게 작업을 요청하였다. 이는 Apple이 독립형 공간을 가지기에 충분한 브랜드 파워를 가지고 있는지를 시험할 수 있는 기회였다. Apple은 일본에 'shop-in-shop' 개념의 매장을 개설하였고 그 결과는 성공적이었다.

일본에서의 성공은 스티브 잡스가 미국에서도 성공할 수 있겠다고 믿게 만들었다. 뉴욕과 샌프란시스코에 비슷한 독립형 공간을 시범적으로 만들었다. 하지만 이는 좋지 못한 결과를 가져오게 되었다.

2) Apple의 자체 소매 프로그램

스티브 잡스의 소매업으로의 진출에 대한 언론의 반응은 회의적이었다. 당시 자체 매장을 가지고 있던 유일한 컴퓨터 회사인 게이트웨이가 실패하였으므로 스티브 잡스가 Apple 스토어를 주요 거리와 쇼핑몰에 입점할 것이라는 주장에 대해 여론은 여전히 비판적이었다.

스티브 잡스의 소매 아이디어에 대한 회의론에도 불구하고, 스티브 잡스는 밀라드 드렉슬러를 영입하였으며 드렉슬러는 독립 소매업체와 경쟁하면서 초래할 손실을 우려한 대부분의 다른 이사회 멤버들과 달리 Apple 소매점 이니셔티브의 큰 지지자였다. Apple은 강력한 상표충성도를 가진 매니아층을 보유하고 있기 때문에 Apple만을 취급하는 one brand shop이라고 해도 충분히 고객을 끌어들일 수 있다는 강한 신념을 가진 것이다.

노스페이스, 나이키, Apple과 같은 강력한 브랜드들이 왜 그들만의 소매 채널을 가져야 하는지에 대한 팀 코베의 백서가 스티브 잡스에게 전달된 것은 이 무렵이었다. 이것은 완전히 통제된 소매점이 앞으로 나아가는 길이며 계속되는 판매와 시장점유율 감소에 대한 해결책이라는 스티브 잡스의 믿음을 강화시켰다.

일단 Eight Inc.가 합류한 후, 스티브 잡스는 그 프로젝트에 참여할 소매전략개발을 위한 고위 임원을 물색하였다. 이사회의 지속적인 거부에도 불구하고, 그는 소매업계의 베테랑 론 존슨을 고용하여. Apple 리테일을 경영하게 되었다.

드렉슬러의 제안에 따라 소매 팀과 개발팀은 쿠퍼티노에 있는 회사 본사 근처의 창고에서 Apple 스토어를 완성하기 위해 비밀리에 본격적인 시험 매장을 개발하기 시작했다. 그들은 그들이 실제로 출시되기 전에 가게의 가장 작은 세부 사항까지 완전한 시험매장을 만들었다.

이 점포 컨셉 개발 단계에서 스티브 잡스는 팀 고베와 빌헬름 외엘이 매주 화요일 아침 자기와 만나 점포의 진행 상황을 검토하고 세부 사항을 논의해야 한다고 주장했다. 팀 코베는 다음과 같이 회상했다.

"때로는 한 사람 혹은 다른 한 사람이 어떤 이유로 참석하지 못하기도 했지만, 대개는 우리 둘이었다. 처음 8개월 동안 우리는 매주 만났다. 매주 화요일, 심지어 9/11에도 우리는 거기에 있었다. 또한 이 회의에는 론 존슨, 커뮤니케이션 팀, 건축가 등이 참석했다."

3) 스토어 건축양식

스티브 잡스는 모든 상점들이 중심가나 쇼핑몰에 위치하기를 원했다. 그는 또한 가게들이 단지 하나의 입구를 가지고 있고 그것은 전면이 유리여야 한다고 주장했다. 그것은 매장은 가능한 한 명확하고 개방적이며 투명하고 접근 가능하게 유지되어야 했기 때문이다. 입구가 하나뿐이면 고객들의 경험을 통제하기가 더 쉬울 것으로 믿었으며 이는 고객들로 하여금 직감적으로 가게의 배치를 파악할 수 있을 것으로 생각하였다.

매장 규모도 중요했다. 그것은 그 브랜드가 얼마나 다양한지를 의미했고, 따라서 Apple 매장은 거대해야 했다. 스티브는 6,000평방피트의 소매점을 위해 넓은 공간을 원했다.

그 결과 개발팀은 소프트웨어와 함께 가게 한가운데에 거대한 진열대를 배치하였다.

몇 가지 상품에만 초점을 맞춘 가게에는 잡동사니들이 허용되지 않아 재고가 줄어들 수 있었다. 소매점의 컨셉은 단순하고 과업 수행에 맞게 디자인되었다. Apple 매장으로 향하는 유리 입구를 지나면 고객들은 이 제품을 테스트하고 Apple이 어떻게 그들의 삶을 향상시킬 수 있는지를 발견할 수 있는 '솔루션' 부분을 만나게 된다.

매장은 모두 하얀 벽이고 천장이 높고 바닥은 나무를 사용하였다. 입구에는 점포의 고급 이미지를 위해 향기도 나게 하였다. 오버헤드 조명 기구도 워크스테이션과 컴퓨터에 스포트라이트를 주기 때문에 중요했다.

개발비 측면에서 볼 때, 이러한 것들은 고급 소매점포에 비견할 만한 것이었다.

2001년 5월 15일, 첫 번째 Apple 소매점은 버지니아 주 타이슨 코너에서 대중에게 선보였다. 당시 Apple Store는 사실상 알려지지 않은 소매 브랜드 경험을 가지고 있었기 때문에, 처음에는 이 전략을 의심하는 사람들이 많았지만, 첫 주 안에 그들은 거의 60만 달러의 매출로 7,700명의 방문객을 끌어들였다. 이는 의심할 여지없는 대성공이었다.

3. 첫 번째 Apple Store 출시

2001년 5월 15일, Apple 1호점이 일반에 공개되었다. 버지니아 주 타이슨 코너에 있는 타이슨 코너 센터 몰. 스티브 잡스는 기자단 앞에서 첫 Apple 매장에서 기자회견을 가졌다. 실제 매장은 글렌데일 캘리포니아에 다른 매장이 문을 연 것과 같은 날인 5월 19일 문을 열었다. 첫 주에, 그 상점들은 거의 60만 달러의 매출로 7,700명의 방문객들을 응대했다. 상점들 밖에는 고객들이 장사진을 치고 줄을 서 있었고 뒤이어 새로 생긴 가게 개점에서는 경찰이 군중을 통제하기 위해 출동했다. 입구의 주변 음악과 향기는 나중에 스티브 잡스의 요청으로 제거되었다.

처음 25개 점포가 1년 반 동안 출시되었고, 그 후 스티브 잡스는 Eight Inc.에 Apple 소매점의 차세대 '빈티지'를 개발하라는 새로운 명령을 내렸다. 이것은 Apple 매장의 첫 번째 빈티지에서 행해진 고품질의 작업에 대한 검증이었고, Apple의 소매 프로그램을 더욱 발전시킬 수 있는 Eight Inc.의 능력에 대한 신뢰의 표였다.

eMarketer에 따르면, 15년 후, 전 세계적으로 450개 이상의 Apple 매장이 개점하였으며, 평방피트당 매출액은 5009달러로 미국의 어떤 소매점보다 높았다. Apple 리테일 프로그램의 성공으로 브랜드 경험 디자인에 대한 관심이 높아졌고, 오늘날에도 사람들은 여전히 "Apple 리테일 프로그램의 성공 요인은 무엇이었으며 어떻게 복제할 수 있는가?"라고 묻는다.

Apple의 이러한 제조와 판매의 수직적 계열화는 비용 절감과 고객충성도 확보, 고품질의 서비스, 판매 증가, 미래 산업을 위한 투자에 기여하였다.

4. Apple Store의 차별점과 장점

지금의 Apple Store가 되기까지 Apple만의 차별화된 전략과 컨셉이 있었다. 첫 번째 전략으로 '매장 위치 선정'을 꼽을 수 있다. 도시 중심가의 대로변과 쇼핑몰의 위치 설정은 비싸다는 이유로 많은 사람들이 반대를 했지만 스티브 잡스는 대도시의 매장을 유동 인구가 많은 곳에 위치하여 고객들의 호기심과 방문을 유도하고 구매를 하지 않더라도 visit destination (의도를 가지고 방문하는 매장)이 되도록 하였다. 두 번째 전략은 매장 레이아웃이다. 여러 개가 아닌 하나의 출입구는 고객들의 이동 경로가 혼란스러워지는 것을 방지하고 고객들의 제품별 경험이 뒤엉키지 않고 더욱 편리하도록 하였다. 또한 매장에 들어서면 매장 컨셉과 layout을 직관적으로 이해할 수 있도록 하기 위하여 너무 길고 좁은 layout을 피하도록 설계되었다. 세 번째는 매장 규모와 제품 전시이다. 너무 많은 제품을 전시하지 않고 매장 크기의 장점을 최대한 이용할 수 있도록 건물 공간들을 크게 디자인하였다. 사람들이 제품별로 경험할 수 있도록 해야 하므로 큰 공간은 필수적이었다.

심플함은 Apple 스토어의 주요 컨셉이다. 모든 층은 나무로 된 바닥과 흰색의 천장과 벽면으로 되어 있으며 모든 제품에 spotlight를 주기 위해 제품별로 조명 설치를 하였다. 이러한 스토어 컨셉은 모든 매장에서 동일하다.

Apple 스토어의 성공 비결을 분석한 월스트리트저널 기사, 'Apple's Retail Secret'에 따르면, 직원들은 교육을 매우 철저하게 받고, 매장관리에 최선을 다한다는 점이다. 직원들은 커미션을 받지 않으며 이들의 주 임무는 물건을 파는 것이 아니라 (not to sell), 고객의 문제를 해결하는 것 (help customers solve problems)이라는 점을 염두에 두고 고객을 응대한다. 그들의 질문은 항상 "어떤 일로 오셨습니까?"이다. 고객이 새로 나온 제품에 관심이 있는지, A/S를 받으려고 온 것인지, 아니면 그냥 둘러보려고 온 것인지, 액세서리를 사러 왔는지가 그들의 관심이지, 고객에게 물건을 파는 것이 관심이 아니다. Apple 스토어의 직원은 단순히 돈을 버는 것이 목적이 아니라 Apple 매니아로서 Apple의 전도사 역할을 하는 것에 대해 매우 큰 자부심을 느끼며 일한다.

둘째, 매장에 직원들이 가득 있다는 점이다. 보통 다른 전자 제품 가게에서는 볼 수 없는 풍경이다. 매장에 들어가면 즉시 누군가 와서 인사하고 고객을 맞는다. Apple 스토어를 둘러보면 고객이 혼자 두리번거리고 있는 모습을 찾아보기 힘들다.

Apple 스토어의 직원 교육 매뉴얼은 Apple이라는 줄임말로 그들의 서비스를 요약할 수 있다.

Approach: 개인화된 따뜻한 환영의 메시지를 가지고 고객에게 접근할 것
Probe: 고객이 무엇을 원하는지 모두 이해할 수 있도록 공손하게 알아볼 것
Present: 고객이 오늘 집으로 가져갈 수 있는 해결책을 제시할 것
Listen: 주의 깊게 듣고, 어떤 문제나 걱정이든지 해결할 것
End: 친절한 작별 인사와 함께 다시 방문할 것을 초대하는 것으로 끝맺을 것

셋째, 일반적으로 고객은 매장에서는 제품을 구경만 하고 핸드폰으로 사진을 찍은 후 보다 저렴한 곳에서 구매하는 경우가 많은데 (showrooming), Apple 제품은 그럴 필요가 없다. 어디서 사든지 가격이 같기 때문이다. 물론 Amazon에서 사면 주 정부 세금을 내지 않기 때문에 조금 더 싸지기는 하지만, 그 경우를 제외하면 굳이 온라인으로 산다고 싸지 않다. 따라서 매장에서 구매하면서도 비싸게 주었다는 생각이 들지 않는다. 따라서 Apple 스토어에 가면 사람들이 끊임없이 손에 제품을 하나씩 사서 들고 나오는 것을 볼 수 있다.

많은 경우, 브랜드 인지도 제고를 위해 비싼 땅에 오프라인 스토어를 입점하는 경우가 많다. 서울 명동이나 강남의 한복판에 있는 의류 매장들은 물론 지나가는 사람들이나 관광객들로부터 많은 매출을 올리지만 때론 비싼 임대료로 인해 적자를 보면서도 상징적인 의미 때문에 점포를 운영하는 경우가 많다. Apple 스토어들은 주로 뉴욕 5번가 스토어처럼 임대료가 비싼 요지에 위치해 있지만 Apple 스토어는 모두 수익을 낸다.

넷째, '반값 세일', '신제품 출시 임박' 등으로 눈길을 끄는 것이 아니라, 깔끔하면서 재미있는 디스플레이로 눈길을 끈다.

다섯째, 맥북이든, 아이폰이든, 어떤 문제가 생겼을 때에도 Apple 매장에서는 모든 문제가 해결된다. 품질 보증 기간 이내이거나 제품 자체의 결함일 경우에도 이유를 불문하고 새 것으로 교환해주거나 공짜로 수리해준다.

5. Apple Store와 우리나라 일반 휴대폰 대리점의 전략적 차이점

Apple 스토어와 우리나라 일반 휴대폰 대리점간에는 많은 전략적 차이가 있다.

(1) 지니어스 바

Apple은 스토어 내에 있는 직원들을 지니어스라고 부르고 있다. 이 지니어스들은 Apple 서비스 및 소프트웨어에 대한 질문이나 문제를 전문적으로 상담해 주고 하드웨어의 문제까지 해결할 수 있는 기능을 갖추고 있다.

Apple 스토어에서는 Apple 교육을 시행하는데, 이는 학년에 상관없이 대학생들과 학부모, 교수진, 교직원 그리고 홈 스쿨 교사 등에게 Mac과 iPad 모델을 교육 할인 가격으로 구입할 수 있는 서비스이다. 비슷한 서비스로는 Apple on campus 서비스도 있다.

이외에도 Apple은 만 8~12세 어린이를 대상으로 체험 프로젝트를 제공하는 Apple 캠프 및 현장학습, Apple을 더 잘 활용할 수 있도록 제공하는 섹션강의까지 일반 대리점들은 가지고 있지 않은 차별화된 다양한 전략을 펼치고 있다.

(2) Apple 케어 서비스

우리나라의 일반 대리점의 경우에는 만약 핸드폰이 고장이 난 경우에 삼성 서비스센터와 같이 직접 단말기를 제공하는 업체의 서비스 센터로 가야지만 수리가 가능하다. 하지만 Apple의 경우에는 수리가 필요한 경우에 Apple 스토어 내에서 교환/환불, 리퍼 등 여러 가지 케어 서비스가 제공된다.

(3) 리퍼비쉬 제품 (refurbished products) 판매 서비스

Apple은 엄격한 과정을 거쳐서 확인된 Apple의 중고 상품이라고 할 수 있는 리퍼비쉬 제품을 할인된 가격으로 판매하고 있다. 리퍼비쉬 제품은 Apple 신제품과 동일한 기능 표준을 충족하는 완벽한 테스트 과정을 거친다. 리퍼비쉬 기기는 신제품 대비 최대 15% 할인된 특별 가격으로 구입할 수 있는 실제 '새것과 다른 없는' 제품이다.

6. Town Square으로의 명칭 변경

Apple은 그동안 성공적으로 성장해 온 Apple 스토어라는 기존 이름을 과감히 버리고 '타운스퀘어'라는 새로운 브랜드를 론칭하였다. 타운스퀘어에 대해 Apple의 리테일을 책임진 안젤라 아렌츠 Apple 수석부사장은 타운스퀘어를 'Apple의 가장 큰 제품'이라고 자랑스럽게 소개한다. 여기엔 '크리에이티브 프로'라는 새로운 직군과 '투데이 앳 Apple'이라는 프로그램이 강화되었다. 이 일련의 변화를 통해 세 가지 정도의 Apple 리테일 정책의 진화를 유추해볼 수 있다.

첫째는 경험 (experience)에서 상상 (imagination)이다. 타운스퀘어는 단순한 경험이 아니고 크리에이티브 프로에 의해 제안되는, 각 개인의 삶속에서 찾을 수 있는 기회와 가능성 그리고 상상력의 공간으로의 전환이다.

둘째 지역사회에 대한 헌신이다. 특정 지역과의 강한 연대는 그 공간과 장소에 독특함을 더할 수 있다. 서울에 있는 타운스퀘어는 서울이라는 도시와 강한 연대를 맺음으로써 어디에나 있는 Apple 매장이 아니라 세상에 하나밖에 없는 유일한 타운스퀘어이다.

셋째 투데이 앳 Apple 프로그램은 공간의 역동성을 만들어 낸다. 매일 새로운 프로그램과 새로운 아티스트들에 의해 그날의 콘텐츠와 만나게 되면 Apple 타운스퀘어의 방문은 설렘을 만들어 낼 것이다. 결국 타운스퀘어는 역동적이고 지역사회와 강한 연대를 갖고 제품이 아닌 개인의 삶에 집중하는 공간이다. 스토어를 버린 Apple은 타운스퀘어를 통해 온라인이 판매의 중심이 되는 이 시대에 더욱 빛을 발할 것으로 보인다.

7. 코로나 팬데믹 상황에서의 Apple Store의 대응전략

코로나 바이러스가 확산되면서 Apple은 중국과 한국을 제외한 모든 국가에서 Apple Store를 폐쇄하였고 5월 17일부로 전 세계 약 100개 매장이 다시 문을 열었다. 그러나 매장에서 안전하게 고객을 응대할 수 있다는 확신이 있을 때에만 매장 영업을 재개할 것이라는 정책도 발표하였다. 이를 위해 Apple은 주변 지역 감염 사례와 장단기적 추세, 국가 및 지역 보건 당국의 지침 등 가능한 한 모든 데이터를 확인하여 신중히 검토한 후 결정을 내리고, 설령 영업을 재개한 매장이더라도 지역 상황에 따라 예방 조치로 다시 문을 닫는 가능성도 배제하지 않고 있다. 모든 매장에서 수용 인원을 제한하여 고객 한 사람 한 사람이 넉넉한 공간을 확보할 수 있도록 돕고 있고 Genius Bar뿐만 아니라 매장 전체에 걸쳐 고객들에게 일대일 맞춤형 서비스를 제공하고 있다.

Apple Store는 이번 사태를 계기로 온라인과 오프라인 매장에서 더욱 효과적으로 고객 만족을 실현하는 방법을 강구하고 있으며 여러 매장에서 비대면 서비스를 제공하고 있다. 온라인으로 제품을 구입하는 경우에는 집으로 발송하거나, 편리하게 매장에서 직접 찾아갈 수 있다. 또한, 궁금한 점이 있을 때 온라인이나 전화로 연락하여 고객 서비스와 지원을 제공하고 있다.

생각해보기

1. Apple사의 Company history and profile
2. Apple Store에 대한 Eight Inc.의 역할은 무엇인가?
3. Steve Job는 Apple store 개념을 정하는데 어떤 의견을 가지고 있었으며 어떤 역할을 하였는가?
4. Apple Store 의 architecture와 concept은?
5. Apple과 같은 제조업체가 직접 유통을 하는 것 (vertical integration)의 장단점은?
6. Apple Store의 최근 전략에는 무엇이 있는가? 이에 대한 평가는?
7. Apple Store는 전략적으로 성공하였는가? 그렇다면 주 성공 요인은?
8. Apple Store의 성장을 위한 여러분의 의견은? 이의 장단점은? 구체적인 action plan을 제안하시오.
9. Apple Store와 우리나라 일반 휴대폰 대리점의 전략적 차이점은?
10. Apple의 최근 재무적 성과는?

제조업체의 마케팅전략 수립 시 가장 중요한 첫 번째 의사결정은 타겟 마켓의 선택이다. 이전 단계인 시장조사와 시장세분화는 타겟 마켓을 선정하기 위한 분석단계이다.

제조업체의 유통전략은 타겟 마켓의 선택과 이들 타겟 마켓에 효과적으로 어필하는 포지셔닝 전략 후에 수립되는 구체적 실행전략인 마케팅 믹스전략의 한 부분이므로 효과적인 유통전략은 1) 기업이 선정한 타겟 마켓, 2) 포지셔닝 전략, 3) 기타 마케팅 믹스인 제품, 커뮤니케이션, 가격 전략과의 상호관련성, 일관성, 그리고 시너지효과를 고려하여 수립되어야 한다. 이를 통합적 마케팅전략 (integrated marketing strategy)이라고 한다.

본 장에서는 제품전략, 촉진전략, 가격전략과 유통전략과의 관계에 대해 살펴보고 제조업체의 유통전략이 타 마케팅믹스 전략과 어떻게 유기적으로 결합하여 수립되어야 하는지에 관해 설명한다.

사례 마케팅 전략 수립의 정석: Miller 맥주

Philip Morris 회사가 1970년도 Miller 맥주 회사를 인수했을 때 Miller는 시장점유율 4%, 매출액 7위의 위치를 점하고 있었다. Marketing 지향적 경영이념을 가진 Philip Morris 회사가 약 10년 후 Miller를 시장 점유율 21%의 맥주산업 2위의 회사로 부상시키기까지의 마케팅전략 수립 및 이의 실현 과정을 살펴보자.

첫 단계는 시장조사에 근거한 Miller High Life Brand의 표적시장 및 시장 위치 변경이다. 시장조사 결과 인구의 30%인 헤비 유저 (heavy user)가 80%의 맥주를 소비한다는 것을 발견했고 'The Champagne of Beer'란 기존의 광고 컨셉이 가장 큰 세분 시장인 heavy user보다는 light user인 여성층과 고소득층인 사무직 근무자(white collar)를 겨냥하고 있다는 사실을 깨달았다. 맥주의 주 고객인 heavy user의 개인적 특성을 살펴본 결과, 이들이 대체로 육체노동자 (blue collar)이고, 심리적으로 강인한 남성의 이미지 'macho image'를 선호한다는 것을 발견했다. 이러한 사실들에 근거하여 Miller High Life의 목표시장을 heavy user로 변경하고 구체적 마케팅 믹스 전략도 이에 맞게 변경하였다. 마케팅 역사상 가장 성공적으로 평가받는 'It's Miller Time' (자, 이제 Miller 맥주 마실 시간이다) 광고는 육체노동자들이 힘든 작업을 끝낸 후 시원하게 샤워를 한 후 친구들과 맥주를 마시는 육체노동자들의 삶의 단면을 보여주는 것이었다.

두 번째 전략은 여성 및 고령자를 위한 7-Oz 병의 판매를 시작한 것인데 비교적 성공적이었다.

세 번째 전략은 1975년 Miller Lite란 제품으로 저칼로리 맥주시장을 공략한 것이었다.

이전에도 저칼로리 맥주가 존재하였지만 다이어트 술이란 이미지가 강해 실패했던 제품 개념이다. Miller사는 같은 저칼로리 제품을 다이어트에 민감한 계층을 목표로 한 제품개념이 아닌 heavy user를 겨냥한 'less feeling'으로 제품 개념을 잡았다. 즉, heavy user가 느끼기에 저칼로리 다이어트 맥주는 매력적이지 않지만 많이 마셔도 덜 취하고 포만감이 덜한 술이란 제품 개념은 상당히 매력적이다. 또한 표적 고객의 취미가 스포츠 관전이란 사실에 착안하여 유명 스포츠 스타들을 이용한 대대적 광고 캠페인을 벌였다. 그 결과 Miller Lite는 근대 마케팅 역사상 최대 히트 상품이 되었다. 이러한 일련의 성공적인 마케팅전략의 수행으로 Miller는 1983년 이후 현재까지 Busch사에 이어 미국 내 맥주산업 2위의 위치를 점하게 되었다.

생각해보기

1. Philip Morris사가 Miller 맥주사를 인수한 사업다각화를 평가해 봅시다.
2. 시장조사 결과 Miller 맥주사의 전략상의 오류는 무엇이었습니까?
3. Philip Morris사가 시장조사 후 시행한 전략 변경 내용은 무엇이었습니까?
4. Targeting 전략과 positioning 전략의 중요성에 대해 생각해 봅시다.
5. 마케팅 전략 수립 절차는 무엇입니까?

| 생각해보기의 답 |

1. 위의 Miller 맥주 사례는 제조업체의 효과적인 마케팅 전략 수립과정을 잘 보여준다. Philip Morris가 Miller 맥주를 인수한 사업다각화의 의의는 담배와 맥주의 표적고객이 남성 육체노동자란 점에서 유사하고 같은 유통경로를 사용한다는 점이다. 즉 맥주를 판매하는 슈퍼마켓, 편의점, pub 등에서 담배를 판매하므로 유통의 시너지를 낼 수 있다.

2. Philip Morris가 Miller 맥주 사를 인수한 다음 첫 번째로 행한 마케팅 활동은 시장조사이다. 이를 통해 Philip Morris는 맥주 시장이 heavy user와 light user로 세분화된다는 점을 발견하였다. 또한 이들의 인구통계적 특징을 검토한 결과 맥주 소비의 80%를 차지하는 heavy user는 macho 이미지를 선호하는 남성 육체노동자라는 사실을 발견하였다. 추가적으로 과거 Miller 맥주의 광고 캠페인인 'The Champagne of Beer'는 맥주 소비의 30%를 차지하는 white collar를 겨냥하는 잘못된 전략이며 이 광고는 여성적이고 로맨틱한 이미지를 창출하여 heavy user인 육체노동자에게는 어필하지 못하는 캠페인이라는 점을 발견하였다. 기존의 Miller 맥주는 시장에 대한 이해가 부족하였으며 결정적으로 target market의 선택이 잘못되었던 것이다.

3. Philip Morris는 우선 타겟 마켓을 heavy user인 남성 육체노동자로 변경하고 이들이 선호하는 포지셔닝 전략을 구사하였다. 이러한 repositioning 전략은 'It's Miller Time'이란 광고를 통해 실현되었다. 제품, 유통, 가격전략은 그대로 유지되었다.

4. 위의 사례에서 보듯이 마케팅전략의 첫 번째 의사결정 (전략)은 타게팅이다. 타게팅 전략과 그 이후의 포지셔닝 전략이 명확히, 올바르게 수립되지 않으면 이후의 마케팅믹스전략은 효과적이지 못하다.

5. Philip Morris가 Miller 맥주를 인수한 후 수립한 마케팅전략 사례와 같이 제조업체의 마케팅전략은 다음의 단계를 거쳐 수립된다.

① 시장조사 (market research)를 통한 고객의 욕구와 행동 파악
② 시장세분화 (market segmentation)
③ 표적시장 선택 전략 수립 (targeting strategy)
④ 시장위치 결정 전략 수립 (positioning strategy)
⑤ 마케팅 믹스 전략 수립 (4Ps: product, place, promotion, pricing)

1. 제품과 유통경로관리

마케팅믹스 전략 중에서 제품전략은 유통경로의 설계에 가장 중요한 역할을 한다. 왜냐하면 대체로 제품 특성 및 전략에 따라 적합한 유통경로가 설계되기 때문이다. 이하에서는 제품특성, 신제품개발전략, 제품수명주기, 상표전략이 유통경로설계에 미치는 영향을 설명한다.

(1) 제품특성과 유통경로의 설계 (channel design)

제품이란 여러 가지 속성의 집합체라고 볼 수 있으며, 제품속성은 유통경로 설계에 중요한 의미를 갖는다. 제품의 단가, 제품의 구매주기, 부패가능성, 취급방법, 기술적 복잡성, 표준화 정도 등이 유통경로 설계 시 고려해야 할 중요한 제품특성 변수들이다.

1) 제품의 특성과 유통의 길이 결정

① 제품의 단가 (unit price)

단가가 낮은 제품은 일반적으로 긴 유통경로 (여러 가지 형태의 중간상이 많이 개입하는 경로)를 갖는다. 왜냐하면 제조업자가 수많은 소매상과의 직접거래방식을 택할 경우 많은 비용이 투자되어야 하므로, 이들 소매상을 지역적으로 관리하는 도매상의 개입을 필요로 한다. 예를 들어, 슈퍼마켓에서 주로 판매되는 단가가 낮은 제품들은 상대적으로 긴 유통경로를 통해서 판매되고 있다. 반면에 고단가 제품은 직접 판매를 통해서 충분한 마진을 확보할 수 있기 때문에 대체로 짧은 유통경로를 갖는다. 한편, 같은 제품유형이라 할지라도 고가 · 고품질의 제품 (예를 들면 디자이너 의류, 고급가전제품)은 일반적으로 직매장을 통해 판매되므로 유통경로가 짧은 반면, 저가의류나 대중가전제품은 긴 유통경로를 갖는다.

② 제품의 구매주기 (purchase frequency)

자주 구매되는 제품은 여러 소매점에 반드시 비치되어야 하기 때문에 제조업체와 직접 거래하는 것보다는 지역적으로 가까이 위치한 도매상이 공급하는 것이 충분한 물량을 확보하기가 용이하다. 따라서 구매주기가 짧을수록 유통경로가 길어지는 경향이 있다.

③ 부패가능성 (perishability)

야채와 생선 같은 제품은 운반이나 취급도중에 부패될 가능성이 높기 때문에 유통경로가 짧을수록 좋다. 부패가능성은 물리적인 질의 저하를 의미하는 것뿐만 아니라 유행에 민감한 의류처럼 소비자의 수요가 매우 단기적이어서 시간이 지남에 따라 상품가치가 떨어지는 제품에도 적용된다.

④ 취급방법

무게가 무겁고 부피가 커서 다루기가 힘든 제품들은 유통경로길이가 길수록 취급관련비용이 증가하므로 일반적으로 직접유통경로를 통해 판매된다. 또한 깨지기 쉬운 제품인 경우에도 취급에 따르는 비용을 감소시키기 위해서 제품의 거래횟수를 최소화하는 직접유통경로를 사용하는 것이 바람직하다.

⑤ 기술적 복잡성

기술적으로 복잡한 제품은 기술적 서비스를 요하거나 제품에 대해 많은 지식을 가진 판매원을 필요로 하므로 직접유통경로를 사용하거나 제조업자가 요구하는 조건들을 충족시킬 수 있는 점포들에게만 판매된다. 이러한 경우는 소비재보다 산업재에서 많이 찾아볼 수 있다.

1980년대에 개인용 컴퓨터 생산업자가 직면한 문제는 기술적으로 뛰어난 소매점 판매원의 부족이었다. 이러한 이유 때문에 제조업자는 자사 소유의 컴퓨터 점포를 개설하거나 소비자에게 적절한 서비스를 제공하고 소비자를 교육시킬 수 있는 점포들만을 선택하는 선택적 유통경로 정책을 사용하였다. 도입 사례에서와 같이 Apple은 기술적 조언을 할 수 있는 공간을 마련하기 위해서 직영 Apple Store를 운영하고 있다.

⑥ 표준화 정도

표준화 정도가 낮은 제품들은 각 소비자집단의 독특한 욕구를 충족시키기 위해 직접유통경로로 판매되는 것이 더욱 바람직하다. 가령 고객 각자의 욕구에 맞춘 제품생산을 해야 하는 산업재나 주문주택 등은 구매자와의 직접적인 거래를 통해 판매된다. 그러나 보다 표준화된 제품은 간접유통경로를 통해 판매되는 것이 일반적이다.

⑦ 브랜드파워

브랜드파워가 매우 높은 제품인 경우 직접 유통이 가능하다. 세계적으로 브랜드파워가 가장 높은 Apple은 직영점인 Apple Store를 운영하고 있다. 일반적으로 단일 브랜드를 판매하는 점포는 여러 브랜드를 판매하는 점포에 비해 고객 흡인력이 떨어지지만 Apple의 경우 Apple 제품만을 목적 구매하는 충성도 높은 고객을 확보하고 있으므로 직영점이 경쟁력을 가질 수 있다.

참고로 이마트가 노브랜드 점포를 개설하는 것은 실패할 가능성이 큰 전략으로 판단된다. 소비자들이 의도를 가지고 방문하는 매장 (visit destination)인 Apple Store와 달리 노브랜드와 같이 상표애호도 (brand loyalty)가 극히 낮은 제품의 독립매장은 목적구매를 하는 고객을 흡입하는 힘이 매우 약하기 때문이다.

과거 하이마트에 고객을 많이 빼앗겼던 LG전자 직영점, 대리점인 베스트샵이나 삼성전자의 디지털 플라자가 다시 경쟁력을 되찾은 것도 근래 LG와 삼성의 브랜드파워가 크게 높아진 데 기인한다.

유통망 혁신과 연구개발로 부활한 청바지 거인: Levi's

사례

학습목표

1. Levi's는 어떻게 탄생되었는가?
2. 미국의 의류 시장의 특징과 변화는 무엇인가?
3. Levi's가 위기에 처한 이유는 무엇인가?
4. Levi's는 유통전략을 어떻게 변화시켰는가?
5. Levi's의 강점, 약점, 기회요인, 위협요인은 무엇인가?
6. Levi's의 위기를 타개하기 위한 혁신 전략의 내용은 무엇이며 그 성과는 어떠한가?

1. Levi' s 소개

Levi Strauss & Co.의 창립자인 리바이 스트라우스는 독일의 바이에른에서 태어났다. 유독 의류에 관심이 많았던 그는 1853년 오늘날의 Levi's를 설립한다. 샌프란시스코의 무역상이었던 그는 창고에 쌓인 엄청난 양의 청색 데님 처리 방안을 궁리하는데, 당시 캘리포니아로 몰려든 금광 광부들이 튼튼한 작업복을 찾고 있다는 점에 주목했다. 1871년에 처음으로 생산한 청바지가 소비자들로부터 선풍적인 인기를 끌었고, 청바지 사업에 본격적 관심을 갖기 시작한다. 당시 Levi's의 재단사였던 러시아인 이민자 Jacon Davis는 구리 리벳을 덧댄 독특한 청바지 디자인을 제안했고, 그의 제안에 따라, 1873년에 Levi's는 이와 관련한 특허를 획득했다. 오늘날 클래식의 대명사로 통하는 'Levi's 501'의 분류번호가 이 특허 번호에서 유래한다. Levi's의 청바지는 미국 서부 지역에서 호응이 높았다. 하지만 1900년대 초반까지 청바지는 주로 광부, 카우보이의 전유물로 인식되었기 때문에 동부 자본가 계층으로부터 큰 천대를 받았다. 1, 2차 세계대전을 거치면서 서부지역을 방문한 동부인들에 의해 청바지 문화가 전파되기 시작했고, 모드족과 히피 세대들에 본격적으로 확산되기 시작했다. 덕분에 1970년대에 이르러 Levi's는 35여 개국에서 2만 명 이상의 고용인을 둔 다국적 기업의 반열에 들어선다. 2000년대에 들어서면서 우후죽순으로 생겨난 청바지 경쟁업체가 생겨나고 청바지 사업이 성숙기에 접어듦과 동시에 미국 내 인건비의 상승으로 인해 Levi's의 독보적인 위상은 다소 약해졌다. 그러나 오랜 역사로 인한 높은 신뢰도와 고품질, 연륜이 묻어나는 다양한 제품군 덕분에 오늘날까지도 소비자들에게 여전히 사랑받고 있으며, 가치가 상승하는 오래된 상품들이 Levi's의 브랜드파워를 제고하고 있다.

2. 미국 의류시장의 변화

미국 의류산업에서 청바지 산업은 약 6%를 차지하고 있다. 미국 청바지 시장의 매출 규모는 180억 불을 기록하고 있는데 이는 미국인 1명당 평균 7벌의 청바지를 소유한다는 것을 의미한다. Levi's는 2019년 전년 대비 6.18% 성장한 58억 달러의 연간 매출 (글로벌 시장)을 기록하고 있으며, 미국 청바지 시장의 10.6%의 시장점유율을 보이고 있다. Levi's의 주요 고객은 여성이 아닌 남성이다. 이들은 편안함과 활동성 모두를 추구한다. 그러나 의류시장의 꾸준한 성장에도 불구하고, 청바지 시장의 비중은 점차 낮아지고 있으며 2017년을 기점으로 13년 만에 마이너스 성장을 벗어나 1.7%의 성장률을 기록하고 있다. 다양한 의류의 출현과 함께 여성들은 레깅스와 애슬레저 의류에 매료되어 청바지를 외면했고, 남성들 또한 워크 팬츠와 골덴바지처럼 편리함과 멋스러움을 동시에 추구하기 시작했다. 청바지가 바지의 필수옵션이 아닌 선택옵션이 된 것이다.

3. Levi' s에게 찾아온 위기

'Levi's 501'을 필두로 502, 505, 512, 517 등 세 자리 수 일련번호를 단 Levi's 청바지들은 남녀노소 모두에게 인기를 누렸고, 특히 몸매를 부각시켜주는 '엔지니어드 진'이 출시된 2000년대 중후반은 Levi's가 업계 내 왕좌의 자리를 굳건히 지키게 하는 원동력이 되었다. 여성 전용 브랜드인 'Levi's 레이디'의 '큐빅 진'은 스테디셀러로 자리 잡기도 하였다. 그러나 의류업계의 신 패러다임을 몰고 왔던 Levi's가 2000년대 후반에 이르러 어려움을 겪게 된다. 그 이유는 밀레니얼 세대의 욕구가 다원화되면서 이들의 Levi's에 대한 상표애호도가 낮아졌기 때문이라고 전문가들은 지적한다. 신세대들을 집중 공략하는 Guess와 Calvin Klein, Tommy Hilfiger의 등장은 클래식만을 고집하는 Levi's에 대해 소비자들이 등을 돌리게 하는 계기가 되었다. 1996년 70억 달러로 정점을 찍었던 매출이 4년 만에 46억 달러로 추락함과 동시에, 기업가치도 140억 달러에서 80억 달러로 반토막 났다. Amazon과 같은 전자상거래 업체의 약진도 Levi's의 쇠퇴를 부추겼다.

4. 새로운 CEO, 칩 버그

"Levi's는 마모 (wear and tear)된 세월을 견디고 살아남을 만큼 강한 정체성을 가진 위대한 브랜드이다." 런던 일간지 파이낸셜타임스 칼럼니스트 존 개퍼가 한 말이다. 청바지의 대명사, 클래식의 원조인 Levi's가 34년 만에 뉴욕 증시로 돌아올 수 있었던 것은 상장을 주도한 현 Levi's의 수장, 칩 버그의 헌신적인 노력 덕분이다. 미국 생활용품 업체인 P&G에서 브랜드 전문가로 28년 간 일하며 '질레트 면도기' 등의 각종 성공적인 브랜드를 창출한 덕분에, 여러 곳에서 러브콜을 받았지만 그는 유독 Levi's에 끌렸다. 버그 사장이 사령탑의 자리에 오른 2011년은 Levi's가 최악의 부진을 기록하고 있던 시기였다. 신축성이 뛰어난 바지가 대세였기 때문에, 전통적인 Levi's는 소비자들에게서 더욱 멀어졌다, 버그 사장은 청바지 재질의 개선, 여성 의류 강화, 판매망 확대, 연구개발 투자에 집중했다. 또한, 백화점과 전문점에 치중해 있던 유통 채널을 대형마트 및 온라인으로 다변화하는 유통구조 혁신을 단행했다.

5. Levi' s의 유통채널 혁신

Levi's는 1998년 청바지의 온라인 판매를 자사 웹사이트로 제한한다고 발표하여 전통적인 오프라인 Levi's 소매상의 온라인 판매를 금지하였다. Levi's의 독선적인 태도에 분개한 소매상들은 자신들의 점포 내에서 Levi's 제품의 진열에 불이익을 주는 등 Levi's에 대한 판촉활동을 소홀히 하는 것으로 대항하였다. 그 결과 Levi's의 매출액은 1996년 대비 19%나 감소하게 되었고 Levi's는 결국 1999년 연말 연휴시즌 이후에 Levi's Web과 Dockers Web사이트를 통한 상품판매를 전면 중단하기에 이르렀다. 백화점이나 독립점포로 맥을 이어갔던 Levi's에게 이들과의 마찰은 위협요소라고 여겼기 때문이다.

칩 버그 사장은 역사와 전통에 얽매여 시대의 흐름을 읽지 못한 Levi's의 과거사를 되풀이하지 않으려 했고, 유통구조의 획기적인 변화가 무엇보다도 필요하다고 생각했다.

다음은 Levi's의 전형적 제품별 유통구조이다.

Product Line	Distribution Channel
Vintage Clothing & Levi's Red	High-end specialty stores / Independent shops
Engineered Jeans	specialty stores / Independent shops / Original Levi's stores
Premium Red tab	specialty stores / Independent shops / Original Levi's stores
Red tab &Silver tab	Department stores / Chain stores Independent shops / Original Levi's stores
Other products	Department stores / Chain stores Independent shops / Original Levi's stores

(1) Levi's & Wal-Mart

2000년 Levi's에 최고정보책임자 (CIO)로 합류한 David Bergen은 Levi's가 청바지 시장에서 고가품과 저가품 양쪽으로부터 공격을 받고 있다고 판단했다. 그가 제시한 해결책으로는 세계 최고의 소매업체에 청바지를 납품할 수 있도록 Levi's 브랜드를 정비하는 것이었다. 버겐은 Levi's가 고가 브랜드와 저가 브랜드 사이에서 '맷돌에 갈리고 있는 상황 (nut cracked)'에서 벗어나기 위해 Wal-Mart와 같은 대량판매 채널을 적극 고려해야 한다고 주장하였다. 이것을 실행에 옮긴 것이 'Levi's SAP Project'이다. 채 20달러가 안 되는 가격으로 Levi's의 제품을 소비자들은 Wal-Mart에서 만나볼 수 있게 되었다. Levi's는 Wal-Mart에 정시납품, 재고관리를 하기 위해 IT 기술에 투자하였고 이러한 투자는 기업성과관리를 가능하게 했다. 이를 통해 주요 전략적 이슈였던 모호한 가격 전략을 해결함으로써 조직구성원 간 원활한 대화를 통해 능률적 프로세스를 창출하였다. 물론, 상품가격범위가 넓어짐에 따른 이미지 하락이 있긴 했지만 대량판매 업체에게 적기에 공급을 가능하게 한 IT에의 기술투자는 데이터 웨어하우스 기술, 표준화된 업무 프로세스, 정시 납품을 위한 공급망관리를 개선할 수 있게 하였다. IT기술 개량으로 기존의 65%였던 정시 납품 정확도가 95%로 상승하게 되었고, 이러한 전략을 통해 하락하던 매출이 다소 상승세로 전환할 수 있게 되었다.

(2) 소셜 커머스를 이용한 고객 맞춤 서비스

오늘날의 소셜 커머스는 상거래 서비스에 공동구매적인 요소가 있거나 판매 자체를 SNS 내에서 하는 등 전자상거래를 위해 SNS를 활용하는 것을 의미한다. 1999년 7월, Levi's는 인터넷 상거래 웹 사이트 구축에 5백만 달러를 들였는데, 이 웹 사이트의 가장 큰 특징 중 하나는 고객 맞춤화를 우선순위로 두는 '주문생산 시스템'이었다. 자신의 체형에 자신의 욕구를 투영한 옷을 착용한 자신의 완전한 모습을 소비자들이 체험하도록 하는 기능은 소비자들에게 옷을 입어보는 것 이상의 재미와 즐거움을 주었다. 그러나 Levi's의 혁신적 인터넷 유통은 오래 가지 못했다. 고비용 대비 저조한 매출 때문이었다. 채널 갈등의 이유도 한 몫 했다. 온라인 채널의 지나친 서비스로 인한 오프라인 채널들의 반발이 심했기 때문이다. 그러나 Levi's는 인터넷 채널을 완전히 포기하지 않았다. 온라인 채널을 통하여 직접적인 판매보다는 새로운 유행 제시, 신제품 소개, 특별 판촉 활동 등을 통하여 소비자들의 경험을 끊임없이 향상시키고 있다. 인터넷 채널을 판매 수단에서 구매 프로세스의 첫 단계인 흥미 유발, 구매 의도 유발 등의 수단으로 그 역할을 바꾼 것이다. Levi's는 인터넷 채널 하나만으로 모든 것을 하려고 했던 과거의 실수에서 벗어나 본격적인 하이브리드 채널을 향해 나아가고 있다. 이러한 전략의 성과는 2010년 4월, 자사 홈페이지에 론칭한 'Friends Store'에서 확연히 드러난다. 'Friends Store'는 Facebook과 연계하여 '좋아요 (Like)' 버튼을 통해 소비자들은 물론 일반 대중들이 자신의 지인들이 어떠한 옷에 관심을 갖고 있는지를 쉽게 알 수 있게 한다. 출시 1주일 만에 4,000여 개의 'Like'를 기록했고 Facebook 내에서도 Levi's 브랜드를 좋아하는 사람들이 크게 늘고 있는 것으로 나타났다. 폭발적으로 확산되고 있는 Facebook의 소셜플러그인은 미디어, 엔터테인먼트, 커머스 등 다양한 분야의 온라인 서비스를 좀 더 '소셜 (social)'하게, 좀 더 '개인맞춤형 (personalized)'으로 바꾸어 놓고 있다. 이것은 기존의 이커머스 사이트와 SNS가 연계할 경우 방대한 SNS의 유저 기반을 통한 구전효과 뿐만 아니라 어떠한 제품에 사람들이 반응하는지를 즉각적으로 파악할 수 있다는 장점을 잘 보여주는 예이다. 또한 이 시스템은 회원 가입에 따른 로그인을 필요로 하지 않고 Facebook 유저라면 누구나 이용할 수 있기 때문에 소셜 커머스의 이용자 풀을 확대시킬 수 있으며, 이는 오프라인 쇼핑에 적극적으로 활용될 수 있다.

(3) 병행수입 (parallel importing) 허용

백화점과 독립점포만의 유통채널을 고수하던 Levi's는 병행수입을 적극적으로 장려함으로써, 유통의 다변화를 꾀하게 된다. 병행수입이란 같은 상표의 상품을 여러 수입업자들이 수입 후 판매하여 정상 유통 경로를 통한 상품보다 30~50%가량 저렴하게 물건을 들여오는 것을 일컫는다. 국내의 경우 1994년 수입되기 시작한 Levi's 청바지는 최고의 인기를 구가했다. 하지만 청바지 한 벌당 가격은 10만 원에 육박하였다. 당시의 물가를 고려해봤을 때 선뜻 지갑을 열 만한 가격은 아니었다. 신세계의 할인매장인 Price Club은 미국에서 이 청바지를 대량 수입하여 3만 원에 국내 판매를 시작하였다. 최근 11번가, G마켓, 옥션 등과 같은 병행수입업체들이 인터넷을 통해 저렴하게 구매한 Levi's 제품을 적게는 20~50%까지 할인 판매하고 있다. 이는 수입업자들 간의 경쟁을 부추겨 유통망을 확대할 수 있었고 결국 국내 소비자의 가격부담을 덜어주는 효과를 가져다주었다. 국가 경제적으로도 독과점 다국적 기업의 국제적 가격차별화를 방지하고 가격 경쟁을 활성화하여 물가안정 및 국민 후생증대에 기여하였다. 칩 버그 사장이 병행수입을 감행했을 시기만 하더라도 그의 유통구조 혁신에 대해 회의적인 시선이 지배적이었다. 가난한 가정에서 태어난 그는 역경을 기회로 전환하는 데에 능했고, 남들이 갖지 못한 혜안을 가지고 있었다. 오히려 그의 모험은 '인간을 위한 의류'라는 특성을 더욱 부각시켰고, 그의 이러한 전략은 소비자들로부터 더 큰 사랑을 받을 수 있게 되었다.

6. Levi' s의 SWOT 분석

(1) 강점 (strength)

1) 높은 인지도와 신뢰도

Levi's의 역사가 청바지의 역사일 정도로 Levi's의 역사는 오래되었으므로 'Levi's=청바지', '청바지=Levi's'라는 공식이 성립할 정도로 그 인지도가 매우 높다. 또한 이와 같은 높은 인지도는 소비자로 하여금 Levi's라는 브랜드의 상품의 질에 대해 높은 신뢰감을 형성하게 된다.

2) 제품의 차별화

Levi's는 각각의 상품이 모두 오직 Levi's 만이 가진 제품생산의 노하우와 차별화된 특징을 가지고 있다. 또한 Levi's 라벨의 부착과 Levi's 고유의 뒷주머니의 스티치 장식은 Levi's의 상징으로 알려져 있다.

(2) 약점 (weakness)

1) 비교적 높은 가격

Levi's가 10~20대를 주요 목표고객으로 삼고 있지만, 10~20대의 고객은 구매력이 높지 않다. 목표고객의 구매력에 비해 10만 원 이상의 높은 가격은 젊은 층의 구매를 유도하기가 쉽지 않다.

2) 홍보, 서비스의 부족

Levi's는 인지도도 높고 매니아적인 소비자층을 형성하고 있으나, 새로운 고객을 끌어들이는 데는 어려움이 있다. 최근에는 'free to move'와 같은 활동적인 컨셉으로 젊은 층을 공략하는 광고를 하고 있으나, Levi's가 가격에 비해 높은 가치가 있다는 것을 소구하기에는 더 많은 홍보가 필요하다.

(3) 기회요인 (opportunity)

1) 고객의 편안함, 개성 동시 추구

옷차림에 대한 형식이나 격식이 파괴되면서 고객들은 자신을 드러내기 위해 개성 있는 옷차림을 선호하게 되었다. 특히 많은 의류업체에서 청소재의 의류를 좀 더 고급스럽고 다양한 디자인으로 출시함에 따라 소비자들은 자신의 욕구를 충족시켜주는 제품을 선택할 수 있게 되었다. 또한 젊은 고객은 좀 더 자유롭고 좀 더 편한 옷차림을 선호하는 쪽으로 선회하고 있다.

2) 디자인을 중시

과거의 소비자는 튼튼하고 질이 좋아서 오랫동안 입어도 변질이 없는 옷을 선호하였다. 그러나 현재는 옷이 변질이 되어서 못 입는 것 보다는 유행의 변화로 인해 입지 않는 옷들이 많아졌다. 그만큼 소비자들은 디자인에 민감하게 반응한다는 것을 의미한다. 따라서 많은 기업들이 제품의 디자인이나 색상에 주의를 기울이고 있으며 세련된 느낌을 최대한 살리려고 한다.

3) 매니아층 형성

젊은 고객층의 경우 본인이 좋아하는 브랜드에 대해 높은 충성도를 보이며 매니아층을 형성한다. 그들은 물건을 서로 사고팔기도 하고, 제품에 대해 정보를 공유하기도 한다. 이렇게 형성된 선호도는 그 제품에 대한 충성심을 형성하게 하여 제품을 재구매하는 원동력이 된다.

4) 레저문화의 확산

사람들이 여가 활동을 위해 투자하는 시간이 많아졌다. 그로 인해 사람들은 레저문화에 관심을 가지게 되었으며, 실제로 여행이나 스포츠, 등산 등을 즐기는 인구가 점차 증가하고 있다. 이에 따라 캐주얼 의류 시장이 확대될 것으로 기대한다.

(4) 위협요인 (threats)

1) 모방 상품

현재 유통되고 있는 Levi's 브랜드의 20%가량이 가짜라고 한다. 그만큼 Levi's 에 대한 인지도도 높고, 애호도도 높지만 높은 가격 때문에 가짜 브랜드를 이용하는 고객들이 늘고 있다.

2) 중저가 청바지 브랜드 강세

Uniqlo, 지오다노 등 중저가 브랜드의 인기는 Levi's에 위협이다.

3) 청바지 전문 브랜드 외의 인기 의류브랜드 등장

일반 의류 브랜드는 청소재를 이용한 옷들만을 생산하는 것이 아니라 다른 여러 제품을 함께 취급하며, 다른 옷들과 함께 청바지를 믹스 앤 매치 (mix and match) 하여 구입할 수 있다. 그러나 이에 비해 Levi's의 경우 제품의 품목이 제한적이다.

7. 'Live in Levi' s ', 브랜드의 본질을 살린 혁신

'Levi's 안에 산다 (Live in Levi 's)'는 칩 버그가 고객의 집을 방문하여 대화를 통해 라이프스타일과 관심사, 제품 사용 방식, 소비자 경험 등을 살펴보면서 얻은 최대의 수확이다. 그는 인도 벵갈루루의 한 중류층 가정 출신 20대 전문직 여성의 집을 방문했다. 청바지에 대한 이야기가 이어지다가 그녀가 한 마디를 던졌다. "이건 몸에 맞지 않지만 추억이 많아 버릴 수가 없어요. 다른 청바지는 입는 거고, Levi's 청바지는 제게 좀 특별해요, 그 안에 같이 사는 거죠"라는 그녀의 말에 칩 버그는 전율을 느꼈다. 여기서 칩 버그는 'Live in Levi's'란 슬로건을 고안해 냈다. Levi's의 브랜드 본질이 바로 이 말에 담겨있다고 생각했기 때문이다. 칩 버그에게 있어 이 경험은 소비자의 말을 경청함으로써 얼마나 많은 가치를 얻을 수 있는지를 보여주는 중요한 경험이었다.

(1) 수익성 높은 핵심 사업부문을 만든다.

칩 버그는 과거의 실패를 되풀이하지 않았다. Levi's 매출의 80%가 상위 5개국, 10개의 도매상에서 창출되기 때문에, 이 기반은 Levi's에게는 시장점유율은 높지만 성장률이 더딘 '자금줄 (cash cow)'이 된다고 판단했다. 그는 성장을 위해 제품라인을 다양화하는 데 심혈을 기울였다.

(2) 더 많이 확장한다.

Levi's는 브라질, 러시아, 인도, 중국과 같은 개발도상국에서 매우 낮은 판매량을 기록했다. 판매량의 특정 소수 국가에의 편중은 성장률의 둔화를 가져왔다. 또한 여성 의류 시장에서도 낮은 점유율을 기록했다. Levi's의 근본적인 타겟층이 남성인 것을 감안하면, 새로운 시장에서의 과감한 도전은 예상한 성과를 내고 있지 못하였다. 칩 버그는 이러한 상황을 기회로 삼았다. 개척되지 않은 개발도상국 시장과 여성 시장의 공략이 즉각적으로 효과를 발휘할 것이라고 생각했기 때문이다.

(3) 선도적인 옴니 채널 (omni channel) 소매업자가 된다.

Levi's는 'direct-to-customer'을 추구한다. 백화점과 더불어 소매상, 온라인 매장 등 판매처를 결코 소홀히 관리하지 않았다. 전 세계 2,700여 개의 자체 매장만큼 전자상거래 사이트에도 심혈을 기울였다.

(4) 운영 효율성을 높인다.

칩 버그는 혁신이 결코 새로운 전략이 아니며, 회사가 진정으로 필요로 하는 것을 혁신이라고 생각했다. 그는 수익을 늘릴 수 있는 가장 필요한 역량을 발굴하는 데에 온 힘을 쏟았다. 또한, 그는 혁신을 거창한 무엇에 기인하기 보다는 소비자들이 기억하기 쉽고, 이해가 용이한 메시지를 전달하는 것으로 정의하였다.

8. Levi' s의 최근 경영전략 성과 및 전망

(1) 소통을 위한 노력

Levi's는 '옛날 어른들이 입던 그냥 청바지'라는 고리타분한 이미지를 벗고 밀레니얼 세대를 공략하기 위해 베트멍 (Vetements), 언더커버 (Undercover), 리버티 (Liberty)를 비롯하여, 슈프림 (Supreme), 조던 (Jordan), 나이키 (Nike)와의 콜라보레이션을 통한 상품 기획으로 젊은 이미지를 창출하였다. 2018년 1월에는 나이키의 신발 브랜드 에어조던 4개 모델에 Levi's의 상징인 '데님'을 입혀 한정 판매했다. 또 Levi's의 트러커 재킷 (트럭 기사들이 주로 입는 데님 상의)에 에어조던 4 로고를 넣은 리버서블 (양면으로 입을 수 있는 의류)을 출시해 나만의 특별한 패션을 추구하는 밀레니얼 세대로부터 큰 인기를 끌었다. 2016년엔 레오나르도 디캐프리오, 크리스틴 스튜어트, 키이라 나이틀리, 엘렌 드 제네러스 등 '할리우드 스타들이 즐겨 찾는 브랜드'라는 스타 마케팅을 펼쳤고, 베트멍, 오프화이트 등 명품 업체들과의 협업을 통해 Levi's를 떠난 젊은 고객층을 다시 불러들였다. 그러나 시장의 흐름에 유연하게 대처하면서도 자신들의 고유한 영역을 잃지 않았다.

(2) 올드한 이미지를 강점으로 바꾸다

'LVC (Levi's Vintage Clothing)'라는 헤리티지 라인은 과거 폭발적인 인기를 끌던 특정 년도의 고전 청바지들을 복각한 제품들이다. 50년 이상 지난 헤리티지 모델을 재출시하면서 소비자들로 하여금 타 브랜드에선 느낄 수 없는 고귀함과 멋스러움을 트렌드로 반영하는 전략을 구사하였다. 전문가들은 Levi's의 이 전략에 매우 호의적이었다. 'Old'라는 Levi's의 약점을 강점으로 돌렸기 때문이다. 이는 브랜드 자산이 있기 때문에 가능한 전략이다.

(3) R&D의 중요성을 강조

버그 CEO는 Levi's의 연구센터인 '유레카 혁신 랩'에 대한 투자를 늘렸다. 터키 테키라드주 출루에 있던 연구소를 본사가 있는 미국 샌프란시스코로 옮기고 고객층을 넓힐 제품 개발에 주력했다. '유레카 혁신 랩'을 통해 신축성이 뛰어난 여성용 청바지를 히트시켰고, 청바지 워싱 (자연스러운 물빠짐 무늬를 넣는 것)을 90초 안에 입히는 레이저 기술도 개발했다.

정보기술을 활용한 첨단 의류도 선보였다. Levi's는 2017년 9월 '트러커 재킷' 출시 50주년을 맞아 Google 첨단기술 제품 팀과 협력해 '스마트 트러커 재킷'을 출시했다. 데님 원단에 구리 소재의 전도성 물질을 넣어 소매 부분을 터치하는 것만으로도 스마트폰을 제어할 수 있도록 만든 의류다. 소매 부분을 좌우로 쓸어 넘기거나 두드려서 음악 변경, 전화 응대, 문자 확인 등을 할 수 있다.

(4) 소비자들의 의류에 영원한 가치를 더하다

Levi's는 '패스트 패션'을 지양하고, '영원한 패션'을 추구한다. 각종 SPA브랜드가 의류 시장의 대다수를 차지하고 있는 요즈음, Levi's는 자신들의 유구한 역사에서 소비자들의 의류를 끝까지 책임진다는 영속적인 가치를 추구한다. 시대의 흐름에 동화되지 못한다고 Levi's를 비난했던 소비자들이 Levi's가 고리타분함이 고객들을 위한 영원한 가치 추구를 위한 것이었음을 깨닫게 된 것이다. 최근 Levi's 내부 분위기는 그 어느 때보다 좋다. 버그 CEO가 Levi's를 맡은 후 5년 연속 매출과 순이익이 성장했고, 기업 가치는 두 배 이상 늘어났다. 약 10억 달러에 달하는 부채를 갚아 재무 상태도 보다 견고해졌다. 그는 "Levi's는 여전히 성장할 여지를 충분히 갖고 있다"며 "Levi's의 정점이던 연 매출 70억 달러를 넘어 100억 달러 브랜드로 성장하리라고 믿는다"고 밝혔다. "2000년대 초 Levi's는 한 세대에 해당하는 소비자들을 잃었지만, 현재 우리의 고객은 그 어느 때보다도 젊다"라는 칩 버그 사장의 말처럼 Levi's의 역사는 지금까지 건재한 만큼 앞으로도 그 발자취를 이어갈 것이다.

9. 코로나 팬데믹 상황에서의 Leci' s의 대응전략

코로나가 발발하자 Levi's는 많은 매장을 폐쇄하였다. 중국에서는 매장 절반을 폐쇄하였다. 이러한 소비동결은 3월 말이 되어서야 풀리기 시작했다. 3월 들어 대부분의 매장들이 영업을 재개하였고, 매출이 매주 상승했으며, 3월 온라인 판매도 전년 동기 대비 증가했다. Levi's는 지난해 10월 신종 코로나 바이러스의 진앙지인 중국 우한시에 중국에서 가장 큰 플로그십 스토어를 오픈하는 등 중국 시장 공략에 의욕을 보여 왔으나 이번 코로나 사태로 인해 상당한 타격을 감수해야 했으며, 뉴발란스와 대규모 합작으로 제작된 'Made in US 1300'의 공식 발매일도 연기하였고, 이에 따라 큰 손실이 발생하였다. 그룹 방탄소년단이 공연할 예정이었던 미국 리바이스 스타디움이 3월 13일을 기해, 추가 공지가 있을 때까지 폐쇄되었다. 결국, 2020년도 1분기 실적은 매우 저조하였다.

그럼에도 불구하고, Levi's는 또 다른 '문화'를 창조하고 있다. 코로나의 여파로 현재 많은 사람들은 필요한 모든 정보를 찾기 위해 모바일 사용에 많은 시간을 할애하고 있으며, 덕분에 패션에 많은 관심을 기울이고 있다. 이러한 환경적 변화를 Levi's는 적극적으로 활용하고 있다. 최고의 콘서트 이벤트와의 강한 유대감으로 유명한 브랜드 "5:01®Live:"를 주제로 매일 오후 5시 1분에 크리에이터들과 함께 인스타그램 라이브를 진행하고 있다. 빅 멘사, 자든 스미스, ?uestlove (퀘스트러브), 샬롯 로렌스 등 콜라보 라인업도 강화하고 있다. 또한 Levi's는 예술가들을 대표하여 그들이 선택한 자선단체에 기부하고 있다. CMO Jennifer Say는 "오랜 기간 동안 음악계와 깊은 유대감을 가지고 독창적인 아티스트들을 지원해온 우리는, 바이러스를 피해 집에 머무는 사람들에게 음악을 통해 작은 활력을 불어넣을 수 있다는 것을 알게 되었습니다."라고 말한다. 또한 "우리는 우리에게 많은 기쁨을 가져다주는 음악가들의 공동체를 지원하는 것을 중요하게 생각합니다."라고 첨언했다.

생각해보기

1. Levi's history and profile
2. 미국의 의류산업
   (1) jean business 규모
   (2) 연령대별 segment 특징은?
3. Levi's의 premium 이미지 하락을 방지하는 방법은? 장단점은?
4. Levi's의 촉진전략은? 장단점은?
5. Jean 유통현황과 Levi's의 유통전략은? 장단점은?
6. Wal-Mart의 의류, jean business 현황은?
7. Levi's가 Wal-Mart에 납품하는 경우 장단점은? 고려사항은?
8. Levi's의 최근 경영전략과 성과 및 전망은?
9. Levi's의 최근 재무적 성과는?

(2) 제품수명주기와 유통전략

제품수명주기 (product life cycle)는 시간의 경과에 따라 제품의 매출과 이익이 어떻게 변하는가를 보여준다 ([그림 7-1] 참조). 전형적인 제품수명주기는 S자 형을 가지며, 제품 판매량의 변화과정을 단계별로 분류할 경우 제품은 도입기, 성장기, 성숙기, 쇠퇴기의 4단계를 거치게 된다.

유통경로전략은 제품수명주기의 각 단계에 따라 달라진다. 제품수명주기의 단계별 유통경로전략 수립 시 주요 결정사항에는 중간상의 수 (경로집중도), 중간상의 유통기능에 대한 영향력 정도 (수직적 통합의 정도), 제조업의 촉진전략 등이 있다.

1) 중간상의 수 (경로집중도)

중간상의 수는 제품수명주기의 단계에 따라 달라진다. 제품수명주기 초기에는 수요가 불확실하기 때문에 중간상들로 하여금 자사제품을 취급하도록 하는 데 어려움이 있을 것이다. 그러므로 자사제품을 적극적으로 취급하고자 하는 소수의 중간상들에게만 제품을 공급하는 선택적 경로전략 (selective distribution)이 바람직하다.

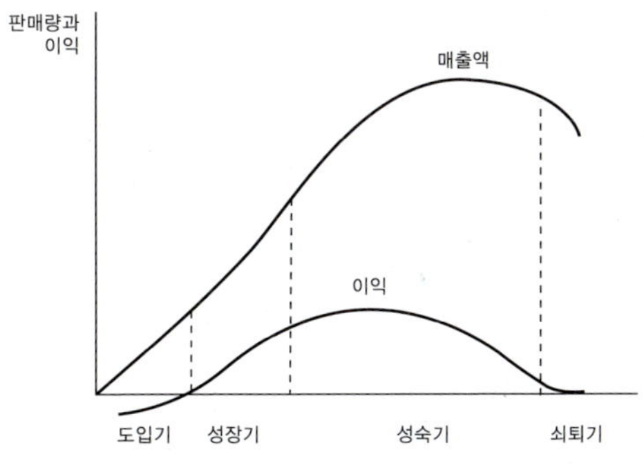

그림 7-1 제품수명주기

사례

Goodyear tire 사례: 딜러와의 관계 악화는 실적 악화로 이어진다.

60년이 넘게, Goodyear는 5,000개의 독립 대리점 (딜러)의 뛰어난 네트워크를 통해 교체 타이어를 독점적으로 판매했다. Goodyear와 그 대리점은 파트너십으로 상호이익을 얻었다. Goodyear는 자사제품 판매에만 전념할 수 있고, 충성도 높은 전속적인 브랜드 대리점을 확보할 수 있었고, 판매상은 인기 있는 Goodyear 타이어 라인에 대한 독점적 판매권을 획득할 수 있었다. 그러나 1992년 중반, Goodyear가 전통을 깨고 Sears 자동차 센터에서 자사의 타이어를 판매하는 데 동의했고, 기존 대리점은 충격을 금치 못했다. 그러나 얼마 지나지 않아서 Goodyear가 Wal-Mart와 Sam's Club과도 유사한 계약을 함에 따라 대리점은 미국의 가장 강력한 소매점과 경쟁해야 하는 상황에 처했다.

게다가 Goodyear는 대형 소매업체에서 자사 브랜드 타이어를 파는 것만으로도 모자라, 할인점에 유통업체 브랜드 타이어를 판매하기 시작했고, 저가의 경쟁자에 대항하기 위해서 기본적인 서비스만을 제공하고 (타이어만을 판매함) 빠른 서비스를 보장하는 '저스트 타이어 (Just Tires)'라는 자체 할인매장을 열었다. Goodyear의 활동은 Goodyear 독립 대리점에게 치열한 경쟁을 안겨주었다.

그러나 Goodyear는 경로의 변화는 꼭 필요한 것이라고 주장했다. 타이어는 점점 더 충동구매 물품이 되어 가고, 가치를 추구하는 타이어 구매자는 좀 더 저렴하고, 다양한 브랜드가 모여 있는 할인점이나 백화점을 더 많이 이용하고 있기 때문이다. 그리하여 이러한 할인매장의 시장점유율은 지난 5년 동안 30% 성장하였고, 반면에 독립 대리점의 시장점유율은 4%가량 하락했다. 마케팅 조사 자료에 의하면 Wal-Mart 고객 네 명 중 한 명은 Goodyear의 잠재 구매자이며, 이들은 독립 대리점이 접근할 수 없는 세분시장이라고 한다.

이렇듯 소비자 구매행동의 변화 또한 대리점에게 문젯거리였다. 그러나 불행히도 Goodyear는 계속해서 필요한 새로운 유통경로를 확장하느라, 자사의 중요한 딜러 네트워크를 보호하는 방책을 등한시했다. 뒤늦게 대리점에게 여러 가지 다양한 프리미엄 제품라인을 공급했지만, 수요가 많은 저가 제품라인은 전혀 공급하지 않았다. 이에 대리점은 단지 거대 소매업자와의 경쟁뿐 아니라 Goodyear의 곁만 번지

르르한 대우와 불공정한 가격정책에 항의했다. 예를 들어, Goodyear는 판매증가를 위해 대형 소매업체와 도매상에게 대폭 할인된 가격으로 제품을 공급했다. 이를 지켜본 한 사람은 다음과 같이 말했다. "정신 나간 가격정책이지요. 어떤 소규모 대리점은 시어스에서 소매로 팔리는 가격보다 더 비싼 가격을 지불했습니다."

당연히 Goodyear의 공격적인 경로확장은 엄청난 경로갈등을 유발시켜, 대리점과의 관계가 급속도로 악화되었다. 어떤 대리점은 경쟁사로 옮겼고, 화가 난 몇몇 대리점은 매장에서 경쟁 브랜드를 취급하고, 이윤이 더 많이 남고, 더 저렴한 유통업체 브랜드 타이어를 공격적으로 프로모션함으로써 반격을 가했다. 심지어 캘리포니아의 대리점은 Goodyear를 대상으로 집단소송을 제기했는데, 그 결과로 해당 지역에서 새로운 유통경로를 통해 판매되는 타이어 제품라인을 제한했다.

대리점의 행동은 Goodyear의 명성과 프리미엄 가격에 악영향을 주었다. 그리하여 Goodyear 수익의 72%를 차지하던 교체 타이어 판매는 곤두박질쳤고, Goodyear는 10여 년 동안 이익을 보지 못했다. 또한 2002년에는 파산 루머에 시달리기도 했다.

그러나 2003년 Goodyear는 극적으로 회생하였고, 전략의 초점을 다시 맞추었다. 즉 몇 년 동안 중가 시장에 저마진 타이어를 판매함으로써 박리다매를 추구하는 전략을 변경하여, 고성능, 고마진 타이어 라인에 초점을 맞추기 시작했다. 더 중요한 사실은, Goodyear가 대리점과의 관계를 회복하고자 능동적으로 움직였다는 것이다. 공정하고 일관성 있는 가격정책, 정시 주문실행, 강력한 마케팅 지원, 최신 제품을 대리점 네트워크를 통해 독점적으로 판매했다.

새로운 전략방향은 즉각적이면서 상당한 효과가 있었다. 수정된 전략방향을 실행한 2년 동안 판매는 30% 증가하였고, 이익은 적자에서 흑자로 돌아섰으며, 주가는 4배 상승했다. 대리점과의 관계도 상당히 회복되었다. 최근 Goodyear 사장 Robert Keegan은 테네시의 내슈빌에서 가진 대리점과의 미팅에서 우레와 같은 기립박수를 받았다.

그러나 이 같은 최근의 성공에도 불구하고, Goodyear는 아직 넘어야 할 산이 많다. 수년 동안 악화된 Goodyear 대리점과의 관계가 완전히 회복되는 데에는 시간이 필요할 것이다. Goodyear의 교체 타이어 판매부서는 "우리는 아직 갈 길이 멉니다. 대리점이 성공하는 것이 우리의 이득이라는 사실을 잊고 있었지요"라고 인정한다. 한 산업 분석가는 이 말에 동의하며 말한다. "Goodyear는 대리점과의 상호작용 활동에 대한 노력을 하루도 게을리해서는 안 됩니다."

제품수명주기의 성장단계에는 제품을 널리 보급하기 위해 취급점포를 극대화하는 집중적 유통경로 (intensive distribution)를 이용하는 것이 바람직하다. 제조업자는 표적 소비자가 편리하게 제품을 구입할 수 있도록 가능한 한 많은 점포에 제품을 공급해야 한다.

성숙 단계에서의 기본적인 유통목표는 경로집중도를 계속 강화 · 유지하는 것이다. 즉 성숙기에는 적극적인 거래공제, 매출실적이 우수한 중간상의 지원, 중간상 광고, 협동광고를 통해 기존의 자사제품 취급 중간상들을 지속적으로 지원하여야 한다. 제조업자는 성숙기에서의 중간상 확보의 어려움에 대처하기 위해 새로운 유통경로를 개발하기도 한다. 예를 들어, 미국의 스타킹 제조업체인 Hanes사는 새로운 유통경로의 개발을 통해 그 제품수명을 연장시킬 수 있었다. Hanes사는 슈퍼마켓을 통해 L'eggs란 상표의 여성용 팬티스타킹을 판매함으로써 양품점과 백화점에서 판매됐던 여성용 내의의 유통경로를 확대시켰다. 또한 국내 화장품업체들이 대형마트, 편의점, 드럭스토어를 이용한 유통경로의 개발을 시도하고 있는 것도 한 예라 할 수 있다.

쇠퇴기가 되면 제조업체는 매출이 거의 이루어지지 않거나 불량채권을 많이 가진 중간상들과의 거래를 중단함으로써 자사제품을 취급하는 중간상의 수를 줄여나간다. 이 단계에서는 중간상 지원프로그램과 중간상 할인은 급격히 줄어든다.

2) 수직적 통합 (vertical integration)

경로구성원은 유통기능을 원활히 수행하기 위해서 때로는 유통기능 등을 수직적으로 통합한다. 즉 다른 경로구성원들이 수행했던 기능을 내부화하며 자체적으로 수행하는 것이다. 예를 들어, 미국의 남성복 제조업체인 Hartmax사는 양복제품라인에 따라 다른 유통경로를 이용하였다. 이 회사의 Kuppenheimer 양복제품라인은 Kuppenheimer 직매점을 통해 판매하였고, Johnny Carson 제품라인은 백화점을 통하여 판매하였다. 즉 Hartmax사는 Kuppenheimer 라인에 대해서는 소매기능을 수직적으로 통합하였으며,

과포화 상태의 자동차 영업매장

일반적으로 저관여제품의 유통 집중도는 높은 반면 고관여제품의 유통 집중도는 낮은 편이다. 식음료나 생활용품을 취급하는 점포수는 제한할 필요가 없으나 제품이 전문화 될수록 취급점포수는 줄어든다. 이는 고가 전문품을 사기 위해서 소비자는 가격이나 제품구색에 경쟁력을 가진 점포를 찾아 멀리까지 이동할 의향 (willingness to travel)을 가지고 있기 때문이다.

제품의 성격에 따라 적절한 점포수는 어느 정도일까? 과학적으로 검증되지 않았지만 우리나라의 상권 구조를 고려할 때, 실무적으로 추산하기로는 대리점체제를 기반으로 하는 일반 의류, 신발 등의 경우 200개 내지 300개를 우리나라의 적정 점포수로 추정하고 있다. 현재 우리나라 자동차 영업점 수는 2019년 현재 현대자동차 806 (직영점 428, 대리점 378)개, 기아 715 (직영점 334, 대리점 381)개, 쉐보레 233개로 자동차보다 저가인 제품에 비해 훨씬 많다. 관여도가 높을수록 유통집중도가 낮다는 점을 전제로 한다면 자동차 영업점의 수는 과포화 상태이다. 도심의 주요 네거리마다 입점해 있는 자동차 영업소의 수를 줄여 유통비용을 절감한다면 자동차 가격을 인하하는 방안이 될 수 있을 것이다.

Johney Carson 라인에 대해서는 비통합적 방법을 택하였다.

수직적 통합의 정도는 제품수명주기 (product life cycle) 단계에 따라 달라질 수 있다. 대체로 제품도입기 (introduction stage)에는 기업은 마케팅 기능을 수직적으로 통합하지 않는다. 왜냐하면, 수직적 통합을 수행하기에는 아직 규모의 경제가 이루어지지 않았기 때문이다. 예를 들어, 새로운 소규모 컴퓨터 제조업자는 매출량이 적은 도입기에 기술자를 고용하여 애프터서비스를 직접 수행하는 것보다 오히려 외부 전문업체에 의뢰하는 것이 비용이 보다 저렴할 것이다. 그러나 제품수명주기의 도입기에도 수직적 통합을 고려해야 할 경우도 있다. 가령, 제조업자가 신제품을 유통시키는 데 있어 도 · 소매업자를 설득시키지 못하면 소비자에게 직접 판매를 해야 할 것이다.

매출량이 급격히 증가하는 성장기 (growth stage)에는 기업은 마케팅 기능을 직접 수행함으로써 규모의 경제를 실현할 수 있으므로 수직적 통합이 매력적인 대안이 될 수 있다. 한편 경쟁이 심화되고 매출성장률이 둔화되는 성숙기

(maturity stage)에도 제조업자들은 유통을 통제하고 규모의 경제를 실현하기 위해 수직적 통합을 이용하는 경우가 많다. 예를 들어, 미국의 의약품 제조업체들은 대부분 자체 판매원을 통해 병원과 소매점포에 제품을 판매한다. 그러나 같은 의약품산업 내에서도 기업들의 유통전략에 따라 수직적 통합을 하지 않는 경우도 있다. 가령 Lilly사는 독립적인 도매업자들을 이용하는데, 이는 도매상들이 전산화된 약품재고시스템을 통해서 제약회사들보다 저렴하게 재고관리를 할 수 있기 때문이다.

매출액과 수익성이 지속적으로 감소되는 쇠퇴기 (decline stage)에는 유통경로를 수직적으로 통합한 기업들은 유통환경변화에 대한 조직의 비탄력성과 과잉투자로 인해 비수직적 통합의 기업보다 경쟁력이 떨어지게 된다.

수직적 통합 정도의 결정에서 유의해야 할 것은 제품수명주기의 단계와 함께 제품의 특성과 산업의 유통구조의 특성도 감안되어야 한다는 점이다. 일반적으로 산업재나 전문품의 경우에는 고객의 수가 적고 중간상 기능에 대한 통제가 요구되므로 수직적 통합이 효과적일 수 있다. 그러나 편의품의 경우에는 시장범위가 넓고 소비자의 수가 많기 때문에 유통기능을 통합하기가 사실상 불가능하다.

우리나라 전문품유통의 경우, 독립적인 대형 도 · 소매업이 발달되어 있지 않기 때문에 제품수명주기의 단계와 상관없이 제조업자가 유통기능을 완전히 또는 부분적으로 수직통합하는 예가 많다. LG전자의 소매점인 베스트샵은 대부분 직영점이다.

사례 다이렉트 마케팅의 표본 Dell Computer

1984년 19살의 Michael Dell이 대학 기숙사에서 PC 판매를 시작할 무렵, 경쟁자와 산업 내부자는 다이렉트 컴퓨터 마케팅을 비웃었다. 그러나 젊은 마이클은 그를 의심했던 이런 비판자가 틀렸음을 증명했다. 그 후 20년이 채 지나지 않아, 기숙사 방에서 우편주문을 받아 하던 사업을 고속 성장시켜 560억 달러의 Dell 컴퓨터 제국으로 만들었다.

Dell은 컴퓨터 시스템에서 세계에서 가장 큰 다이렉트 마케터이며, 세계 PC 메이커의 일인자이다. 미국에서 Dell은 데스크톱 PC 판매에서 1위, 노트북에서 1위, 서버 (server)에서 1위, 프린터에서 2위를 차지하고 있다. 실제로, Dell은 이런 쾌속 질주로 미국 PC 시장을 석권했다. 미국 전체시장에서 33.5%의 시장점유율을 차지하고 있으며, Hewlett Packard가 19.4% 점유율로 업계 2위, Gateway는 6.1% 점유율로 업계 3위이다.

Dell은 투자자에게 10년 동안 매해 평균 투자액의 39%에 이르는 배당금을 지급했다. 이는 Fortune지 선정 100대 회사 가운데 최고 수치이다. 투자자는 Dell이 20년 전에 주식을 공개한 이후, 2만 8천% 이상의 폭발적인 주식 이득을 즐기고 있다.

Dell의 놀라운 성공비결은 무엇일까? Dell에 있는 모든 사람은 주저하지 않고 이렇게 말한다. "근본적으로 다른 경쟁사와 차별화된 사업모델 때문입니다. 바로 다이렉트 모델 (direct model)이지요." "우리 모델은 굉장히 명확한 사업모델입니다." 41세의 창립자이자 회장인 마이클 Dell은 말한다. "회사가 제시하는 가치 (value proposition)가 무엇인지, 회사가 무엇을 제공하는지, 왜 이것이 고객에게 중요한지 아무도 혼란스러워하지 않습니다." 한 산업 애널리스트는 또한 이렇게 동의하고 있다. "Dell이 PC를 제조하고, 판매하고, 배달하는 방법보다 더 나은 방법은 없어요. 그리고 Dell보다 다이렉트 모델을 더 잘 수행하는 기업은 없습니다."

Dell의 다이렉트 마케팅 접근법은 고객맞춤 제품, 낮은 가격, 빠른 배송, 여러 상을 수상했던 고객 서비스의 탁월한 조합을 통해 더 우수한 고객가치를 제공하는 것이다. 고객은 월요일 아침에 전화로 1-800-Buy-Dell의 판매직원과 통화하거나, www.dell.com으로 들어가서 필요에 알맞은 맞춤화된 최신 PC를 주문한다. 그리고 자신의 집에 수요일까지 배달해 줄 것을 요청한다. 주문된 모든 제품은 동등한 사양의 경쟁자 PC보다 훨씬 낮은 가격이다. 게다가 Dell은 자사의 제품을 고품질의 서비스와 지원으로 뒷받침한다. 이런 결과, Dell은 제품의 신뢰성과 서비스 부분에서 꾸준히 산업의 선두주자 위치를 유지하고 있고, Dell의 고객은 업계에서 가장 만족하는 고객이 되었다.

Dell의 고객은 원하는 가장 정확한 것을 얻는다. 마이클 Dell의 초기 아이디어는 산업재 구매자에게 낮은 가격으로 그들이 원하는 특별한 사양 (features)이 지정된 개별 고객화된 (customized) 기계 (컴퓨터)를 제공할 수 있도록 하는 것이었다. 이러한 일대일 접근법은 기업 구매자의 관심을 강하게 끌었다. 왜냐하면 Dell은 각 컴퓨터를 정확한 요구사항에 맞추어 아주 쉽게 구성할 수 있기 때문이다. Dell은 정기적으로 컴퓨터에 거래기업의 자체 소프트웨어를 장착하고, 심지어 귀찮은 일이지만, 재고 번호표를 각 컴퓨터에 부여하여 컴퓨터가 정해진 종업원의 책상으로 배달될 수 있도록 한다. 결과적으로, Dell 판매량의 85% 이상이 기업, 정부, 교육계 구매자에게서 발생한다.

다이렉트 모델은 더 효율적인 판매를 가져오고 원가를 낮춘다. 이것은 고객을 위한 더 낮은 가격으로 전환된다. "누구도, 그리고 어떤 시장도 Dell보다 컴퓨터 하드웨어를 더 효율적으로 만들 수 없습니다"고 또 다른 애널리스트는 말한다. "불필요한 비용은 없습니다. 이것은 유명한 Dell 다이렉트 사업모델의 신성한 명령입니다."

Dell은 주문에 따라서 기계를 생산 (build to order)하기 때문에, 재고가 거의 없다. 3일 미만의 거래량을 보유할 뿐이다. 아무도 원하지 않는 PC를 만드는 상황에 봉착하지 않는다. 마지막으로 Dell은 컴퓨터를 직접 판매하기 때문에 딜러를 보유할 필요도 없고, 지원비를 지불할 필요도 없다.

Dell은 또한 시간은 돈이라고 생각하며, '신속성'에 집착하고 있다. 한 설명에 따르면, Dell은 프로세스 모든 단계, 즉 주문을 받는 순간부터 대금을 회수하는 모든 단계에서 시간을 절약하고 있다. Dell은 직접 판매 (direct selling)와 주문생산 (manufacturing to order), 신용카드와 전자결제를 이용하여, 24시간 안에 판매된 것을 현금으로 전환한다. 대조적으로 딜러를 통해 판매하는 경쟁자는 이 전환업무에 35일 또는 그 이상이 걸린다.

이런 엄청난 속도는 더 큰 고객만족과 함께 꾸준히 낮은 비용을 창출했다. 예를 들어, 종종 고객은 주문 후에 최소 36시간 안에 도착하는 새로운 컴퓨터를 보며 기뻐한다. 그리고 Dell은 주문을 받기 전에 부품주문을 하지 않기 때문에, 항상 부품비용을 줄일 수 있다. 평균적으로, Dell은 경쟁사보다 60일 정도 더 늦게 주문하기 때문에, 가격곡선에서 60일 더 아래로 내려가게 되고, 부품비용의 절감에서만 6%의 수익상의 이점을 가져다준다.

당신이 상상한 것처럼, 경쟁자는 이제 더 이상 마이클 Dell의 미래 비전을 비웃지 않는다. 사실 경쟁자와 경쟁자가 아닌 자들 모두 Dell의 다이렉트 모델을 면밀하게 연구하고 있는 중이다.

"아무튼 Dell은 유연성과 신속성을 달성할 수 있었고, 이것을 조직의 DNA로 체화시켰지요. 물을 마시는 것과 비슷합니다"라고 포춘이 선정한 500대 기업의 한 CEO가 말한다. 그는 Dell의 마법을 흡수하여 그의 회사에 적용해 보고자 최근 Dell을 방문했다. 그리고 이렇게 말했다. "나는 여기서 내가 마실 수 있는 대로 많은 물을 마시려 하고 있습니다."

그러나 Dell의 덩치가 커지고, 한때 불같이 타올랐던 PC 판매량이 줄어들면서, Dell 다이렉트 모델은 도전에 직면해 있다. 판매량과 수익이 마치 로켓처럼 치솟던 시절이 지나고, Dell의 최근 성장세는 둔화되었다. 여전히 Dell은 산업재 시장에서 PC와 서버, 컴퓨터 주변기기 등을 지배적으로 판매하고 있지만, 점점 영역이 넓어지고 있는 다양한 첨단기술의 전자제품을 최종 소비자에게 판매하는 데 어려움을 겪고 있다. 몇몇 애널리스트는 Dell이 자랑하는 다이렉트 모델이 LCD TV, 초소형 컴퓨터, MP3 플레이어, 디지털 카메라, 스마트폰, 기타 개인 디지털 장치를 판매할 때는 효과가 좋지 않을 수도 있다고 말한다. 이 제품은 소비자가 구매하기 전 직접 보고 경험하길 원한다. 실제로 Dell은 Dell 비즈니스의 소비재 부분을 강화하기 위해 소매점을 추가하고 있다.

줄어드는 성장세를 지켜보면서 몇몇 애널리스트는 이렇게 묻는다. "겁먹은 Dell, 지친 거 아닙니까?" Dell은 절대 아니라고 말한다. Dell은 한때 초고속으로 성장했지만, 이제 더 이상 그 속도로 성장할 수 없다는 사실은 인정한다. 연매출 56억 달러의 거대기업이 전속력으로 달리는 신생기업과 같을 수는 없다. Dell은 여전히 PC 시장을 지배하고 있으며, 다른 회사는 이렇게 '실망스러운' Dell의 성장률이라도 따라잡길 희망한다. Dell의 2005년 매출은 13.6% 성장하였고, 수익은 17.4% 증가했다. "우리는 여전히 엄청난 기록을 세우고 있습니다"라고 Dell의 CEO인 Kevin Rollins는 말한다. "다이렉트 모델은 여전히 잘 돌아가고 있습니다"고 마이클 Dell은 맞장구를 친다. "우리의 것을 어느 누구와도 바꾸지 않을 겁니다!", "지난 10년 동안 매출은 15배가 되었고, 이익과 주식가격은 20배가 되었습니다. 결코 초라한 수치가 아닙니다!"

Michael Dell은 매우 성공적이었기에 그와 성공에 관해 논쟁하기란 쉽지 않다. 그는 직감을 그대로 따랐고, 아직은 완숙하다고 볼 수 없는 41세의 나이에 세계에서 가장 매력적인 기업 중에 한 회사를 구축했다. 그 과정 중에 170억 달러의 개인 재산을 모을 수 있었고, 세계 최고의 부자 중 한 명이 되었다.

제조업자는 신제품개발 시 기존의 유통경로를 먼저 고려해야 한다. 대체로 기존의 유통경로를 활용할 수 있는 제품개념이 선호되며, 기존의 유통경로와 다른 형태의 유통경로를 이용해야 하는 제품개념은 개발의 초기단계에서 제거될 가능성이 크다. 가령 식품사업에만 전문화되었던 CJ의 생활용품 (비트 세제 등) 사업에의 진입은 슈퍼마켓이란 기존 유통의 활용이라는 측면에서 효과적인 전략이라고 할 수 있다. 그러나 기존의 유통경로를 이용한 신제품판매가 갈수록 어려워지고 있다. 특히 소비재 용품의 경우, 신제품의 개발이 급증하면서 제한된 진열공간을 쟁취하려는 제조업체 간의 경쟁이 심화되고 있다. 이러한 현상의 결과로 소매업자의 상품선택에 관한 파워가 강화되면서 미국의 경우 사전지불금 (slotting allowance, 일종의 자릿세)의 요구가 일반화되고 있다. 사전지불금제도란 소매업체가 신제품을 취급하는 대가로 제조업자에게 요구하는 일종의 위험부담금이다. 또한 어떤 경우에는 신제품을 진열하는 대신 기존제품을 거둬갈 것을 요구하기도 한다.

한편 새로운 유통경로를 통해 신제품을 판매할 때 제조업자는 단기적인 희생을 감수해야 한다. 한 예로 미국의 P&G사가 일본시장에 진입했을 때 겪었던 어려움을 상기해 볼 수 있다. 미국과 일본의 유통경로상에서 최종경로구성원이 슈퍼마켓인 점은 같지만 거기에 도달할 때까지의 유통경로가 매우 상이하였으므로 P&G사가 일본의 유통경로를 이해하고 이에 대한 적절한 대응을 강구하기까지에는 많은 시간과 노력이 소요되었다.

제조업체는 중간상들이 자신들과 상이한 입장에서 신제품개발을 보고 있음에 유의할 필요가 있다. 제조업체는 자신들의 신제품이 많은 중간상에 의해 취급되기를 바라는 반면, 중간상은 다수의 제조업체들로부터 제공되는 제품들 중에서 자신들의 점포개념에 가장 적합한 제품포트폴리오를 구성한다. 따라서 중간상들은 자신의 점포개념에 부합되지 않는 신제품들을 취급하지 않을 가능성이 높다. 우리나라에서 많이 사용되는 대리점체제는 이러한 가능성을 사전방지하기 위한 제조업체의 유통전략의 일환이다. 즉 제조업자들은 중간상으로 하여금 자사제품만을 판매하게 함으로써 중간상들을 통제하고자 하는 것이다.

2. 촉진과 유통경로관리

제조업자의 경로구성원들에 대한 촉진전략 또한 경로성과에 큰 영향을 미친다. 미국의 경우 제조업체가 지출하는 촉진비용 중 중간상촉진 (trade promotion)이 소비자촉진 (consumer promotion)을 능가하고 있다. 최근 할인점을 비롯한 다양한 파워 리테일러가 등장함에 따라 소매업자들 간의 경쟁이 과거보다 치열해지게 되었다. 소매업자들은 매출액 증대를 위해 고객을 상대로 다양한 소매상촉진 (retailer promotion)을 실시하게 되었으며, 이는 제조업자들에게 추가적인 가격인하 및 수량할인의 압박을 주는 계기가 되었다.

매체광고비를 초과한 중간상 판매촉진비

저가격이 소매업자들의 전략적 경쟁수단으로 대두되고 소매업체의 파워가 증가함에 따라 미국에서는 1980년대 후반부터 제조업자들이 지출한 중간상 판매촉진비가 매체광고비를 초과하였다. 예를 들어, 1990년 총 촉진비 중 중간상촉진비가 44.3%, 매체광고비가 30.6%, 소비자판촉비가 25.1%를 차지하였다. 제조업체들은 경쟁적으로 소매상들에게 선물구매 (forward buying)에 대한 많은 할인제공, 입점지원금 (slotting allowances), 신제품판매실패 보상금 (failure fees) 등의 다양한 중간상판촉수단을 제공하였다.

Campbell Soup Co.는 경우에 따라 chicken noodle soup 연간 생산물량의 40% 정도를 단 6주 내에 도 · 소매상들에게 집중적으로 판매한다. Campbell은 많은 양의 선물구매를 하는 도 · 소매상들에게 6~7%의 판촉할인을 제공한다.

이러한 선물구매에 대한 할인과 관련하여 일명 다이버팅 (diverting) 이라는 문제가 발생한다. 이는 제조업체들이 특정지역에 대한 중간상판촉을 실시할 때, 일부 도 · 소매상들이 대량으로 제품을 구매한 후 이들 중 일부를 할인이 실시되지 않는 지역에 유통시키는 경우이다. 이러한 방법은 지역별로 차별화된 마케팅 노력을 실시하려는 제조업자의 의도를 희석시키는 부작용이라 하겠다.

[표 7-1]은 우리나라의 한 식품제조업체가 소매상을 상대로 행하고 있는 중

간상촉진의 다양한 형태를 나타내고 있다.

표 7-1 식품제조업체의 소매점 대상 판촉프로그램

1. 소매상의 구매증대를 위한 촉진
1) 가격할인 : 일정 기간의 구매량에 대해 가격을 할인해 주는 방법으로 일부 제품에 대해 연 2회 정도 실시하고 있다. 2) 할증판촉 : 역시 일부 제품에만 적용하고 있는 방법으로 일정환 구매 시 동일제품을 무료로 더 제공하고 있다. 3) 리베이트 : 진열위치, 판촉행사, 매출실적 등 소매상의 협력 정도에 따라 판매금액의 일정률에 해당하는 금액을 반환해 준다. 이 판촉방법은 판매콘테스트와 연계해서 사용하는 경우가 많다. 4) 판촉물 지원 : 신제품의 조기 시장진입 및 매출증대를 위해 소비자에게 증정하는 판촉물이나 점포 내 판촉물(POP: point of purchase)을 제공한다. 5) 샘플 및 시식행사지원 : 역시 신제품 출시 시 많이 사용하는 방법으로 소비자 홍보를 통한 제품구매를 유도하기 위하여 점포 내의 시식행사나 샘플배포비용을 지원한다. 6) 진열장비의 지원 : 육가공 · 냉동음료 등의 보관에 필요한 쇼케이스나 진열보조용구 등을 지원하고 있다.
2. 소매상의 매출증대를 지원하기 위한 촉진
1) 인적지원 : 월매출이 일정수준 이상인 점포에는 판촉사원을 고정적으로 배치하고 그 외 관리대상이 될 만한 점포에는 판촉사원을 순회시키고 있다. 2) Best 매장 Contest : 매장의 계절성, 테마성, 분위기 등을 가장 잘 연출한 매장을 선발하는 contest로 연 2회 개최하고 있다. 3) 이벤트 제안 : 특정일(어린이날, 추석, 설날 등)에 적합한 판촉물 및 진열방법 등을 제안해 주고 있다. 4) 소매상 판촉행사 지원 : 소매점이 자체적으로 하는 행사(오픈기념행사, 바겐세일 등)에 판촉물 인력 등을 지원해 준다.
3. 소매상 경영지도
소매경영기법이 미숙한 소규모 소매상에게 매장연출방법, 상권분석, 소비자조사 등의 경영지도를 제공함으로써 소매상의 안정적이고 장기적인 매출증대를 도와주고 소매상과의 관계개선을 도모하는 소매상지원 프로그램이다. 1) 매장진단 : 소매점의 신규개점 시나 진단요구 시 상권분석, 소비자조사, 동선조사 등을 통한 종합진단 및 개선방안을 제시해 준다. 2) 진열실험 : 상품진열의 다양한 실험을 통해 최적 진열방법을 제시해 준다. 3) 소매점 선진판촉기법 세미나 : 소매상을 대상으로 매출을 증대시킬 수 있는 최신 매장 판촉기법을 소개한다. 4) 소매점 경영지도 : 소매점 경영을 위해서 점주가 습득해야 할 제반 사항의 지식을 책자로 제공하고 있다.

이하에서는 유통경로 내에서 각 경로구성원이 수행하는 촉진활동에 관해 설명하고자 한다. 먼저, 촉진전략의 두 가지 상반되는 개념인 풀 (pull) 전략과 푸시 (push) 전략에 관해 논의하고 제조업자 및 중간상의 촉진유형을 살펴본다.

(1) 풀 전략 (pull strategy)과 푸시 전략 (push strategy)

제조업체들이 이용할 수 있는 기본적인 촉진전략은 풀과 푸시의 두 가지이다.

제조업체가 최종소비자들을 상대로 촉진활동을 하여 이 소비자들로 하여금 중간상 (특히 소매상)에게 자사제품을 구매하도록 하는 전략을 풀 전략이라고 한다. 즉 제조업체가 중간상들로부터 자발적으로 주문을 하도록 하는 경우를 말한다. 예를 들어, 농심라면은 자사제품의 상표인지도와 애호도를 높이기 위해서 TV를 통해 소비자를 대상으로 광고를 한다. 광고의 목표는 소비자로 하여금 슈퍼마켓, 편의점, 백화점 등에서 자사 상표를 찾게끔 하는 것이다. 만일 어떤 점포가 농심라면의 특정 상표를 취급하지 않는데 많은 소비자들이 그 상표를 찾게 된다면, 그 점포는 어쩔 수 없이 그 상표를 주문하여 취급하여야 할 것이다.

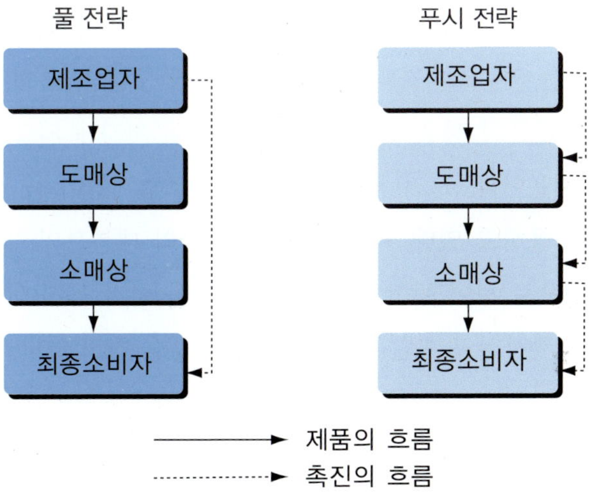

그림 7-2 풀 전략과 푸시 전략

반면에 어떤 제조업체들은 중간상들을 대상으로 하여 판매촉진활동을 하여 그들이 최종소비자에게 적극적인 판매를 하도록 유도하는 유통전략을 사용하는데, 이를 푸시 전략이라고 한다. 푸시 전략을 사용하는 제조업체들은 소비자를 상대로 한 촉진보다는 중간상을 상대로 가격할인, 수량할인, 인적판매, 협동광고, 구매시점 디스플레이, 점포판매원 훈련 프로그램의 제공 등에 더 치중한다. 많은 소규모 제조업체는 소비자를 대상으로 촉진활동을 수행할 만큼 충분한 자원을 가지고 있지 못하기 때문에 푸시에 의존하는 경우가 많다. 대형제조업체라 하더라도 중간상의 역할에 많은 비중을 둔다면 푸시 전략을 택하는 경우가 흔히 있다. 예를 들어, 미국 가전제품시장에서 대부분의 제조업체들은 가전 카테고리 킬러의 등장으로 인해 이들을 상대로 촉진전략을 주로 실행하는 푸시 전략을 사용하고 있다.

제조업체가 풀 전략을 취할 것인가, 푸시 전략을 취할 것인가의 여부는 소비자의 정보 욕구에 의해 좌우된다. 소비자가 판매사원으로부터 많은 정보를 얻고자 하는 경우에는 푸시 전략이 필요한 반면 소비자가 자신이 가진 정보만으로도 구매 의사결정을 할 수 있고 굳이 판매사원의 조언이 필요하지 않는 경우에는 풀 전략이 유효하다.

[그림 7-2]는 제조업체의 일반적인 판촉활동을 묘사하고 있다. 일반적으로 편의품의 경우에는 풀 전략이, 전문품의 경우 푸시 전략이 중요시된다. 왜냐하면, 편의품의 경우에는 최종소비자의 구매상표 결정에 중간상, 특히 소매상의 영향이 적은 반면, 전문품의 경우에는 판매원의 영향이 커지게 되므로 중간상의 협조가 필요하기 때문이다. 그러나 실제로 많은 제조업체들이 풀 전략과 푸시 전략을 병행해서 사용하고 있다. 예를 들어, 우리나라 대부분의 제약회사들은 최종소비자를 대상으로 하여 광고와 판매촉진활동을 함과 동시에 도매상과 소매상들에 대해서는 자사의 판매원을 통해서 촉진활동을 하고 있다.

소비자뿐 아니라 유통업체에게 가까이 다가서는 P&G

사례

P&G에게 영업은 단순히 판매실현이 아니라 고객 비즈니스개발이다.

지난 수십 년간 Procter&Gamble은 거의 모든 전문가들로부터 탁월한 마케팅기업으로 인정받아 왔다. 전문가들은 P&G의 핵심 경쟁력으로 시장 선도적 지위를 유지하고 있는 소비재 브랜드들 혹은 세계에서 가장 광고를 많이 하는 기업인 점 등을 들며, 소비자들도 이에 대해 동의하는 것 같다. 왜냐하면 미국가구 중 99%가 P&G의 파워브랜드들 중 최소 하나 정도는 사용하고 있으며, 많은 가정에서 10개 이상의 그들에게 친숙한 P&G제품을 사용하고 있기 때문이다. 그러나 P&G의 또 다른 핵심경쟁력은 최고의, 그리고 고객지향적인 영업사원을 보유하고 있는 것이다.

P&G의 영업력은 오랜 기간 동안 미국에서 최고로 간주되어 왔다. 영업사원의 선발, 훈련, 관리에 관한한 P&G는 업계표준이다. 이 회사는 전 세계에 걸쳐 5,000명 이상의 막강한 영업사원을 갖고 있다. 그러나 P&G는 영업활동을 판매실현이 아니라 고객 비즈니스개발 (customer business development; CBD)이라고 부른다. 그리고 P&G 영업 관리자는 판매사원 (salespeople)이 아니라 'CBD 관리자'혹은 'CBD 어카운트 (거래고객) 책임자 (account executives)'이다.

P&G에게 영업은 단순히 판매실현이 아니라 고객 비즈니스개발이다.

지난 수십 년간 Procter&Gamble은 거의 모든 전문가들로부터 탁월한 마케팅기업으로 인정받아 왔다. 전문가들은 P&G의 핵심 경쟁력으로 시장 선도적 지위를 유지하고 있는 소비재 브랜드들 혹은 세계에서 가장 광고를 많이 하는 기업인 점 등을 들며, 소비자들도 이에 대해 동의하는 것 같다. 왜냐하면 미국가구 중 99%가 P&G의 파워브랜드들 중 최소 하나 정도는 사용하고 있으며, 많은 가정에서 10개 이상의 그들에게 친숙한 P&G제품을 사용하고 있기 때문이다. 그러나 P&G의 또 다른 핵심경쟁력은 최고의, 그리고 고객지향적인 영업사원을 보유하고 있는 것이다.

P&G의 영업력은 오랜 기간 동안 미국에서 최고로 간주되어 왔다. 영업사원의 선발, 훈련, 관리에 관한한 P&G는 업계표준이다. 이 회사는 전 세계에 걸쳐 5,000명 이상의 막강한 영업사원을 갖고 있다. 그러나 P&G는 영업활동을 판매실현이 아니라 고객 비즈니스개발 (customer business development; CBD)이라고 부른다. 그리고 P&G 영업 관리자는 판매사원 (salespeople)이 아니라 'CBD 관리자'혹은 'CBD 어카운

트 (거래고객) 책임자 (account executives)'이다.

P&G는 고객이 잘 되지 않으면 자사도 잘 될 수 없음을 이해하고 있다. 따라서 자사의 사업을 키우기 위해 P&G는 먼저 자사브랜드를 최종소비자들에게 판매하는 소매업체의 사업을 키워야 한다. 그리고 P&G에서 고객의 성장을 돕는 책임을 지는 주요부서는 영업부서이다. 단순히 도소매 고객들에게 자사제품을 판매하는 것이 아니라 CBD 관리자는 고객들과 전략적인 파트너관계를 형성해 P&G의 여러 제품범주에 걸쳐 그들의 사업을 개발하는 데 도움을 준다. 한 CBD 관리자는 다음과 같이 말한다. "그들이 우리에게 의존하듯이 우리도 그들에게 의존한다." 서로 파트너관계를 형성함으로써 P&G와 고객기업들은 동반 성장하는 데 도움을 주는 윈-윈 관계를 만든다. Walgreens, Wal-Mart, Dollar General 등 대부분의 P&G 고객들은 수만 개의 점포에서 수십억 달러 이상의 수익을 창출하는, 복잡하고 대규모의 비즈니스를 영위한다. 이러한 고객들과 함께 일하고 그들에게 제품을 판매하는 것은 한 사람의 영업사원이나 영업팀에 의해 성취하기 어려운 매우 복잡한 과업일 수 있다. 따라서 P&G는 대형 거래처 각각에 대해 전담 CBD 팀을 배정한다. 각 CBD 팀은 영업사원뿐 아니라 소매수준에서 P&G의 소비용품 브랜드를 판매하는 것과 관련된 모든 사항들을 지원하는 전문가들로 구성된다.

CBD 팀은 거래고객에 따라 그 규모가 달라진다. 가령, P&G의 가장 큰 고객인 Wal-Mart에 대해서는 350명의 인력을 CBD 팀에 할당한다. 이에 반해 Dollar General을 전담하는 CBD 팀의 인력은 30명 정도이다. 그 규모에 상관없이 모든 CBD 팀은 완벽하고 다기능적인 고객서비스 단위로 이루어진다. 각 팀은 CBD 매니저와 몇 명의 CBD 어카운트 담당자 (각 담당자는 특정 P&G 제품 범주를 책임짐), 그리고 마케팅전략, 제품개발, 운영, 정보시스템, 로지스틱스, 재무, 인적자원 등을 지원하는 전문가들을 포함한다. 대형 고객과의 거래를 효과적으로 수행하기 위해 P&G 영업사원들은 스마트하게 잘 훈련되고, 전략에 토대를 두어야 한다. 영업사원들은 상위수준의 지위를 가진 취급상품 바이어들을 일상적으로 접촉해야 하는데, 그들은 연간 수억 달러 정도의 P&G 및 경쟁사 브랜드를 구매하는 책임을 맡고 있다. 영업사원은 바이어들과 거래관계를 형성하기 위해 친절한 미소를 짓고 자주 접촉하는 것 이상의 많은 노력을 기울여야 한다. 그러나 개별 P&G 영업사원들은 모든 것을 잘 알 수 없으며, CBD 영업구조 덕분에 그럴 필요도 없다. 그 대신 전담 CBD 팀의 한 구성원으로서 P&G 영업사원은 때에 따라 매우 도전적인 고객문제를 해결하는데 필요한 모든 자원들을 이용한다. 가사용품 전담 영업사원은 다음과 같이 말한다. "나는 지금 현재 필요한 모든 것을 갖고 있다. 만약 내 고객이 점포 내 판촉과 관련해 우리의 도움이 필요하다면,

나는 곧바로 어떤 종류의 판촉활동을 해야 할지에 대해 팀 내 마케팅 전문가와 이야기를 나눌 수 있다. 대응방법이 이처럼 단순하다."

CBD는 쇼핑객의 가치와 만족을 창출하고 점포수준에서 수익성 있는 매출을 실현할 전략들을 함께 찾아내기 위해 고객들과 파트너관계를 구축한다. Tide, Pampers, Gillette, 혹은 다른 P&G 브랜드들을 점포진열대를 떠나 소비자의 쇼핑카트에 담기도록 만들면서 이익을 내는 방법에 관한한, P&G 매니저와 팀 구성원들은 종종 자신들이 자문을 해주는 소매바이어보다 더 많은 것을 안다. 사실 P&G의 소매파트너들은 종종 진열대에 진열된 P&G 브랜드뿐 아니라 경쟁브랜드를 포함한 전체 제품범주들을 관리하는 데 도움을 받기 위해 CBD 팀에 의존한다.

그러면 P&G가 자사제품과 경쟁사 브랜드에 대한 재고관리와 점포 내 배치에 대해 자문을 제공하는 것이 합당한가? P&G CBD 책임자가 과연 P&G 제품을 더 적게 취급하고 경쟁 브랜드를 더 많이 취급하도록 이야기할까? 믿든 말든 이러한 일은 항시 발생한다. CBD 팀의 주요목적은 소매점 고객들이 각 제품범주에서 높을 매출을 얻도록 도움을 주는 것이다. 때에 따라 분석결과가 고객을 위한 최선의 해결방안이 경쟁사의 제품을 더 많이 취급하는 것으로 나타날 수 있는데, P&G는 이를 긍정적으로 받아들인다. P&G는 소매업체에게 최선의 상황을 만들어 내는 것이 더 많은 고객방문을 이끌어내고, 이는 다시 동일 제품범주 내의 다른 P&G 제품들에 대한 매출을 증가시킨다는 것을 알고 있다. 대부분의 P&G 브랜드들이 시장점유율에서 선도자이기 때문에 P&G는 경쟁사에 비해 늘어난 고객방문으로부터 (커진 파이) 가장 많은 혜택을 받는다. 즉 소매업체 고객에게 최선의 것이 P&G에게도 최선이며, 이는 윈-윈 상황이다.

또한 정직하고 솔직한 거래는 장기적 고객관계를 구축하는 데 도움을 준다. P&G 영업사원은 소매업체 파트너들에게 신뢰할 수 있는 자문 담당자이며, 그들은 이러한 지위를 유지하기 위해 열심히 일한다. 한 CBD 영업사원은 다음과 같이 말한다. "내가 맡고 있는 거래처 바이어와 신뢰를 구축하는 데 4년이 걸렸다. 그가 반드시 판매해야 할 경쟁브랜드들을 취급하지 않도록 하고 그가 판매할 수 없는 P&G 제품을 구매하도록 이야기한다면, 나는 아마 그러한 신뢰를 잃을 수 있다."

마지막으로 협업 (collaboration)은 보통 이차선 도로로서 P&G가 주면 그 대가로 고객이 되돌려준다. 한 CBD 매니저는 다음과 같이 말한다. "우리는 고객들이 일련의 광고물들을 실행하거나 머천다이징 이벤트를 실시하는 데 도움을 주는데, 이는 투자에 대한 보상으로 우리에게 돌아온다. 고객사들은 신제품을 유통시키거나 제품 진열공간을 늘려주는 식으로 우리에게 도움을 준다. 만약 우리의 노력이 고객사 및 최종소비자뿐 아니라 우리에게 가치를 만들어준다면, 우리는 기꺼이 그렇게 한다."

P&G에 따르면 "CBD는 판매 그 이상의 것이다. 이는 거래고객과의 전략적 파트너로서 일하고 서로에게 도움이 되는 비즈니스를 구축할 기회에 초점을 맞춤으로써 우리의 사업을 키워나가는, P&G고유의 접근방식이다. 모든 고객사들이 자신들의 사업을 향상시키길 원하며, 그들이 가장 큰 기회를 찾는 데 도움을 주는 것이 우리의 역할이다."

따라서 P&G 영업사원은 일부 사람들이 영업활동에 대해 생각할 때 떠올리는 고정관념인 '열심히 악수를 청하는 아첨꾼'이 아니다. 사실 그들은 영업사원으로 불리지도 않는다. 그들은 고객비즈니스개발 매니저이다. 그들은 고도의 역량을 갖고 있고, 잘 교육을 받고, 잘 훈련된 영업 전문가로서 고객이 성공하는 데 도움이 되는 모든 일을 한다. 그들은 좋은 영업활동이란 상호이익을 위해 고객의 문제를 해결하는 데 있어 함께 일을 하는 것임을 알고 있다. 그들은 고객이 성공해야 자신들도 성공할 수 있음을 안다.

(2) 정보 전달에 있어서의 풀 전략과 푸시 전략

풀과 푸시 개념은 촉진전략뿐 아니라 정보 제공 방식에도 응용될 수 있다.

전통적 정보 전달 매체인 TV나 라디오 등은 시청자의 의도와 상관없이 정보를 일방향으로 전달한다. 즉 푸시형 정보전달 방식이다. 이런 의미에서 이러한 매체를 브로드캐스팅 (broadcasting, 여기서 casting이란 일방적으로 뿌려준다는 의미) 매체라고 한다. Amazon의 'your recommendation'이나 TV home shopping에서의 정보 제공, YouTube의 광고, Netflix의 영화 추천 '시네매치 (cinematch)' 등도 푸시형이라 할 수 있다.

이에 반해 신문이나 잡지는 독자가 원하는 정보를 찾아서 얻으므로 풀형 정보전달 방식이라 할 수 있다. 검색엔진이나 이커머스의 서치 (search) 기능도 풀형이다.

오늘날 글로벌 시장을 독점하다시피 하고 있는 글로벌 IT 기업들은 풀 전략과 푸쉬 전략을 혼용하여 구사하고 있다. Amazon이나 Netflix, Apple Music 등은 소비자가 원하는 것을 찾을 수 있는 '탐색 기능'을 제공함과 동시에 '추천 기능'을 함께 가지고 있다.

Facebook, Amazon, Apple, Netflix, Google, 소위 FAANG 기업의 푸시 전략의 공통된 특징은 소비자가 필요로 하는 정보를 매스 캐스팅 (mass casting: 불특정 다수에게 동일한 메시지를 전달하는 것)하는 것이 아니라 인공지능 (artificial intelligence: AI)을 이용한 매칭 엔진 (matching engine)을 이용하여 개인별 맞춤형 (customized)으로 푸시한다는 점이다.

향후 이커머스 (Amazon과 Zappos), 검색 서비스를 통한 광고 비즈니스 (Google과 Facebook), 스트리밍 서비스 (Netflix와 Apple 뮤직, Apple TV+), 공유경제 비즈니스 (Uber와 Airbnb) 등 인터넷 비즈니스는 얼마나 정교하게 개인별로 맞춤화된 정보를 푸시하는 능력을 갖추는가에 의해 기업의 경쟁력이 결정될 것으로 예상된다.

[그림 7-3]에 나타나 있듯이 상표수준에서의 판매촉진노력은 세 표적집단으로부터 긍정적 결과를 얻을 수 있도록 상호보완적이어야 한다. 중간상에 대한 거래할인과 협동광고지원 등은 자사상표의 진열과 판촉을 원활히 한다. 그리고 소비자에 대한 쿠폰, 무료샘플, 프리미엄, 가격할인 등의 제공은 사용구매 및 반복구매를 자극한다. 또한 중간상 및 소비자촉진은 영업사원들로 하여금 도매업자와 소매업자들에게 자사상표를 적극적으로 판매하는 데 보조역할을 한다.

이하에서는 경로구성원들의 촉진활동을 제조업체의 중간상에 대한 촉진과 중간상의 최종소비자에 대한 촉진으로 나누어 살펴보기로 한다. 제조업체가 소비자를 대상으로 하는 풀 전략에 관한 내용은 마케팅관리, 광고론 또는 촉진관리론 관련 서적 등을 참조하기 바란다.

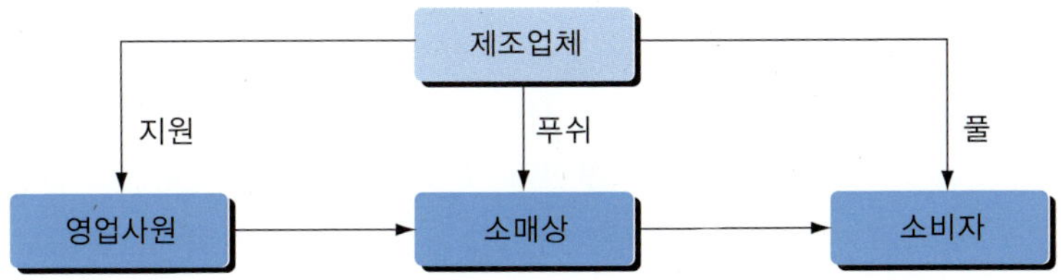

그림 7-3 제조업체의 판매촉진전략의 목표

사례 Gale's Honey: 창의적인 쿠폰전략을 통한 매출 감소 돌파 전략

Nestle의 장수 꿀 브랜드 Gale's Honey는 소비재 시장에서 흔히 있는 위기를 맞았다. 자사의 꿀 제품이 유통업체의 자체브랜드 꿀보다 15% 더 비쌌고 머지않아 가격을 더 인상해야 할 상황에 처하게 되었다. 당시의 소비자들은 다양한 꿀 브랜드에서 별다른 차이를 느끼지 못하고 있었고, 매출과 브랜드 충성도는 지속적인 하락 추세에 있었다. 주요 대형 유통점들은 제품을 빼겠다는 압박을 가해오고 있었다.

Gale's Honey가 처한 이러한 상황은 소비재 시장에서 흔히 맞을 수 있는 위기 상황이었다. 이런 상황에서 네슬레의 브랜드 매니저는 가격을 낮추는 것은 단기적으로 효과가 있겠지만 궁극적으로는 브랜드에 매겨지는 프리미엄을 지속하기 어렵게 만들 것이라는 판단하에, 세일즈 프로모션 대행사인 SMP에 다음과 같은 목표 항목을 제시하여 위기 상황을 돌파해 나가고자 했다. '매출 하락률을 낮춰라. 매장에서 밀려나는 것을 피해라. 유통량을 늘려라. 다량 구매를 프로모션하라. 충성심을 구축해라. 그리고 세일즈 프로모션 비용을 감당할 수 있는 정도로 유지해라.'

대행사는 이중에서 먼저 다량 구매를 유도할 방법을 구상했다. 연속 구매 시 두 번째 구매에서 20%를 할인 받을 수 있는 쿠폰을 제공함으로써 판매를 늘리는 기본적인 프로모션을 떠올린 것이다. 그러나 이 방법은 이미 소비자들에게 별로 흥미로운 프로모션 방법이 아닌데다가 제조사 입장에서도 비용이 많이 든다는 단점이 지적되었다. 그래서 대행사는 새로운 다량 구매 유도 방법을 구상했다.

새롭게 제시된 프로모션 방법은 20%할인 쿠폰을 제공하되 선택적인 쿠폰을 제공하는 것이었다. 새롭게 제공된 20% 할인 쿠폰은 긁어 낼 수 있는 라텍스 위에 인쇄되었고, 라텍스 아래에는 10파운드의 상금 당첨이라는 또 하나의 선택의 기회가 제공되었다. 이로써 소비자들은 흥미로운 선택의 기로에 놓였다. 라텍스를 긁어서 한 번에 10파운드를 받을 기회를 노릴 것인가, 아니면 안전하게 20%의 할인 혜택을 받을 것인가. 하지만 10파운드를 받을 기회를 노렸지만 당첨이 안 되어서 20% 할인 혜택을 받을 기회도 놓친 소비자들에게도 Gale's Honey의 벌집로고를 모아오면 게일스의 도자기 제품을 제공함으로써 모든 소비자들이 프로모션의 효과를 누릴 수 있도록 배려하였다.

이 프로모션은 효과가 있었다. 유통량은 80%에서 85%로 늘어났고, 매출도 15% 늘었다. 쿠폰 상환률은 2% 미만으로 유지되어 제조사 입장의 비용 부담도 크지 않았다. 또한 소비자 데이터베이스도 엄청나게 증가하여 지속적으로 감소 추세를 보인 충성고객에 대한 관리의 가능성을 제시했다. 쿠폰의 제공은 일반화된 프로모션 방법이지만 소비자의 주의를 끌지 못할 경우, 쿠폰 회수율이 매우 낮아 효율성 측면에서 매우 떨어진다는 단점을 갖는다. 그러나 Gale's Honey의 사례를 통해 다양한 방법으로 고객의 참여를 유도할 수 있을 때 큰 성과를 얻을 수 있음을 확인할 수 있다.

(3) 제조업체의 중간상촉진 (trade promotion)

제조업체가 중간상을 대상으로 행하는 모든 촉진활동들은 제조업체와 중간상의 경로성과 및 중간상의 협조의지에 직접적으로 영향을 미치게 된다. 제조업체가 사용하는 촉진도구로는 광고, 판매촉진, 인적판매 등이 있다.

사례

Campbell사의 Chicken Noodle Soup에 대한 중간상 판매촉진 전략

Campbell Soup (이하 Campbell로 칭함)는 1869년 과일 상인이었던 Joseph Campbell과 아이스박스 제조업자였던 Abraham Anderson이 같이 설립한 회사이다. 설립초기에는 Campbell Preserve Company라고 불렸는데, 이 당시에는 주로 토마토통조림, 야채, 젤리, 수프, 조미료, 저민 고기 등을 취급하였다.

1897년 유럽에서 화학을 공부한 Dr. John T. Dorrance가 Campbell에 합류하면서 Campbell에는 큰 변화가 생겼다. 그는 기존의 통조림 수프에서 물기를 제거한 농축수프를 만드는 데 성공하였고, 이와 같은 농축수프는 포장과 운송, 저장에 드는 비용을 낮추어 주었다. 따라서 당시 23온스 수프 통조림이 30센트 이상이었는데 반해 이 10온스 농축수프 통조림은 10센트에 지나지 않을 정도로 생산가를 낮출 수 있었다. 이 당시부터 수프는 Campbell의 주요 생산제품이 되었고, 회사의 이름에도 역시 수프 (Soup)라는 말을 넣었다.

Campbell은 농축수프시장에서 높은 시장점유율을 유지하고 있었으나, 1980년대까지 시장의 상황 특성상 판촉가격을 통해 대부분의 도소매상이 Campbell 제품을 구입하는 관례가 지속됨으로써, 이에 따르는 생산비용과 재고보관비용 증가 등 운영상의 문제점들이 속출하고 있었다.

1940년대부터 1960년대까지 Campbell 제품의 가격은 변화가 없었다. 즉 판매촉진을 통한 가격할인과 같은 방법은 사용되지 않았었다. 이 당시에 Campbell이 매출을 높이기 위해 초점을 맞춘 것은 좋은 제품을 합당한 가격으로 제공하는 것이었다. 그러나 다음과 같은 사업 환경 변화가 이러한 Campbell의 기본적인 사업전략에 영향을 주게 되었다.

1969년대 말부터 1970년대 사이에 인플레이션이 높아지고 소매업체 브랜드들 (private label products)과 경쟁이 높아지기 시작하면서 Campbell은 유통채널에서의 판매촉진 필요성을 느끼게 되었다. 이러한 판매촉진은 Campbell만의 특수한 상황이 아니었고, 1970년대 들어 환경의 변화로 말미암아 급격히 증가하게 된 판매 전략이었다. 인플레이션의 증가와 낮은 이자비용, 큰 폭의 판촉가격 할인율 등은 판촉기간 중 유통업자들로 하여금 사전구매 (forward buying)를 이용하게 할 수 있는 환경조건이 되었다. 즉 유통업자들은 많은 매출을 올림으로써 이익을 얻는 것이 아니라 저렴하게 구입하여 그 차익을 남기는 방법으로 이익을 얻고자 하였던 것이다. 그 당시 소매상을 위한 판매촉진의 예를 보면, 쿠폰증정, 신제품 특별가격, 주말 특별가격, 휴일 특별가격, 종합패키지 등과 같은 수많은 명목의 판매할인이 있었다.

그러나 이러한 판촉활동은 소비자와 제조업자 모두에게 있어 수요변동을 파악하기 어렵게 만들었다. 즉 총수요와 수요의 변동 폭에 대한 정확한 예측이 불가능하였기 때문에 제조업자로서는 불확실한 주문량에 대비하기 위해 많은 재고를 보유하고 있어야 했고, 또한 최대 판매기간 동안의 주문을 충족시키기 위해 자재나 운송 등에 있어서 추가적인 비용이 들게 되는 등 제조비용이 증가하게 되었다. 판촉기간 동안 제품을 사전 구매한 소매상의 입장에서도 당장 팔리지 않을 제품을 저장하고 처리해야 하는 비용이 발생하게 되었다.

이러한 문제에도 불구하고, 판촉활동을 지속할 수밖에 없었던 이유는 제조업자로서는 판촉활동이 소매상의 대량 구매를 통해 자사의 제품을 최종소비자에게 더 가까워지도록 할 수 있는 유일한 판매 전략인 동시에 소매상으로부터의 주문량을 늘릴 수 있는 방법이기 때문이었다. 소매상으로서도 당시의 경제상황이 사전구매를 부추기게 하는 요인으로 작용함으로써 제조업자의 판촉활동이 소매상의 주 이익원이 되었기 때문에 제조업자와 마찬가지로 이를 포기하려 하지 않았다.

Campbell은 원재료 조달과정을 통합함으로써 원하는 시기에 적절한 가격으로 원하는 품질의 재료를 얻을 수 있었다. 그러나 이는 비교적 주문이 안정적인 상황에서나 가능한 일이었다. 최대 판매기에 급격히 증가된 물량에 대처하기 위해서는 모자라는 원재료를 외부에서 조달해야 했다.

이렇듯 주문이 급격히 증가하게 된 주원인은 Campbell의 판매촉진기간 동안 거의 1년 치 주문량을 한 번에 구입하는 도소매상의 사전구매관행 (forward buying) 때문이었다. 당시까지도 소매상은 제품을 저렴하게 구입하는 것이 이익을 내는 원천이라고 생각하였기 때문에, 이러한 판매촉진기간의 할인을 이용하고자 하였다. 그리고 Campbell로서도 판매촉진을 통해 시장에 좀 더 많은 Campbell의 제품을 내어놓을 수 있기 때문에 이러한 관행은 계속되어 왔다.

그러나 이와 같이 쌍방이 누리던 장점은 역시 많은 손실도 주었다. Campbell의 고객들은 촉진기간 동안 대량으로 구입한 제품을 보관하고 손질하는 데 추가적인 비용이 들게 되었고, Campbell로서는 촉진기간 동안의 많은 주문량을 감당하기 위한 시간외 작업비용과 같은 추가적인 생산비용, 재고저장 및 물류비용 등의 발생으로 인해 손실로 나타났다.

Campbell의 치킨누들 수프 (chicken noodle soup)는 통상 1월 달의 판촉기간 동안 판매될 수요를 위해 전년도 봄부터 원재료의 생산을 늘린다. 그런데 사실상 판촉기간이 여러 번 있기 때문에 이들 기간 동안의 수요에 맞추기 위해 미리 생산한 원재료를 저장해 두어야 한다. 1월 판촉을 위해 전년도 5월에 닭고기를 대량으로 구매하여 냉장시설에 저장해둔다. 냉장비용이 많이 들긴 하지만, 가을 생산량을 맞추기 위해서는 반드시 필요하다. 또한 닭고기 처리와 가공을 위한 계절인력이 추가적으로 고용된다. 보통 때는 1주일에 40시간 정도의 작업시간을 유지하는데, 최대 생산기간 중에는 1주일에 6~7일 동안 10시간씩 2교대로 작업하게 된다.

이러한 원재료의 처리와 가공 후 9월부터 그 다음 해 1월까지 수프가 생산되는데, 치킨누들 수프 생산의 경우에는 특수한 장비가 필요하여 공장 내에서 10~20%의 설비만이 이용되고 나머지 설비는 생산에 투입되지 못하는 단점이 있다. 따라서 이 기간 중에 설비를 치킨누들 수프 생산에 전용할 수 있게 하기 위해서는 다른 제품들이 미리 생산되어야 한다. 그리고 완성된 제품은 판촉기간 때까지 저장된다.

이와 같은 과정을 살펴볼 때, 즉 원재료의 생산과 저장, 원재료처리 후 냉장보관, 추가 인력고용과 외부조달, 완제품의 저장 등에서 상당한 비용이 발생하게 된다는 것을 알 수 있다. 판촉기간의 공급량을 위해 미리 생산되는 원재료의 저장비용과 원재료 가공 후의 냉장비용, 그 원재료 처리를 위해 일시적으로 고용되는 추가인력에 대한 비용과 원재료의 부족 시에 외부조달을 위해 외부공급자에게 의존해야 하는 점, 완제품의 저장에 드는 비용 등이 그것이다. 특히 Campbell의 총 제품원가 중 75%가 원재료에 관련된 것임을 볼 때 원재료저장과 가공에서 발생되는 높은 비용은 심각하다고 볼 수 있다. 이러한 비용들은 보통 때의 생산일정에서는 발생하지 않는 비용으로서, 수요만 안정적이라면 모두 감소될 수 있다. 그러나 판매촉진기간의 불확실한 수요량에 기존한 생산방식이 지속되는 한, 이러한 생산비용은 감소되지 않을 것이다.

앞에서와 같이 제조업체의 판촉활동의 문제점과 소매상의 운영효율성 증대의 필요성 등은 Campbell로 하여금 새로운 유통관리를 위한 지속적 재고보충 (continuous replenishment program: 이하 CRP로 지칭) 시스템의 도입을 고려하게 만들었다.

Efficient consumer response (ECR)의 한 부분이라고 할 수 있는 CRP는 인위적인 수요변동을 줄일 수 있는 방법으로서, Campbell은 유통업자들과 함께 CRP를 추진하고자 하였다. CRP 시스템의 도입은 동시에 안정적인 가격정책을 요구하는 것이었다.

Campbell은 1991년 초 시범적인 CRP의 운영을 개시하였다. CRP의 도입으로 소매상들은 EDI 연결망을 통해 그들의 물류센터에 있는 Campbell 제품의 재고수준과 제품 수요량을 Campbell에게 통보하였고, Campbell은 이에 근거하여 미래수요를 예측하고 미리 알고 있는 소매상의 재고 상한치와 하한치를 고려하여 재고 보충량을 결정하여, 그날로 보충해 주었다.

소매상이 CRP의 도입으로 얻을 수 있었던 주 효과는 재고감소와 재고부족 손실분 감소였다. 대부분의 소매상이 1년 동안 특정 제품의 재고를 운반하는 데 드는 비용은 그 제품의 구입에 드는 비용의 25%에 달하는 것이었다. 2주 분의 재고감소 효과는 매출 1%의 가치와 동일한 것이었다. 소매상의 평균이윤이 매출의 약 2%이니까, 이와 같은 재고감소효과는 이윤을 50% 증가시키는 큰 효과를 거둘 수 있는 것이다. 그리고 도소매상 모두가 매출증가의 성과를 거둘 수 있었다. 1993년도 CRP 도입 고객들의 매출은 평균 7.9% 증가하였고, 이는 보통 고객의 평균 매출 증가량에 비해 50% 높은 수준이었다. 또한 Campbell의 고객서비스 수준도 98.55%에서 99.2%로 증가하였다.

표 7-2 제조업체의 중간상 촉진활동

• 협동광고(cooperative advertising)
• 구매시점 진열 및 지원
• 시연
• 쿠폰
• 판촉물 제공
• 판매원 인센티브
• 판매원 경연
• 보조판매원(missionary sales force) 제공
• 소매점 판매원 훈련
• 가격촉진

1) 중간상광고 (trade advertising)

중간상광고는 제조업체가 최종소비자를 대상으로 하는 소비자광고와는 달리 유통경로구성원들에게 자사제품을 인지시키기 위해 행하는 광고이다. 따라서 중간상광고는 TV나 일간지 등의 대중매체보다는 산업전문지를 통해 이루어진다. 예를 들어, 우리나라의 유통저널이나 매스 머천다이저와 같은 정기간행물은 생필품 제조업자가 도매상이나 소매상을 대상으로 제품광고를 하고자 할 때 많이 사용하는 매체이다.

중간상광고는 일반적으로 소비자광고보다 제품관련정보를 자세히 제공한다. 또한 중간상광고에서는 일반적으로 감성적인 소구방법보다는 이성적인 소구방법이 사용된다. 제조업자들은 표적중간상들에게 자사제품을 소개하고 그 취급방법과 판매방법, 그리고 자사의 제품을 취급함으로써 얻는 이점에 대해서 설명한다. 또한 중간상광고는 중간상들에게 좋은 기업이미지를 구축하기 위해서도 사용될 수 있다.

2) 협동광고 (cooperative advertising)

일반적으로 협동광고는 기업들 간에 공동으로 광고비용을 부담하는 형태의 광고이다. 여기에는 수평적 협동광고와 수직적 협동광고의 두 가지 유형이 있다. 수평적 협동광고는 소매업자들이 한 상표에 대한 매출액을 증대시킬 목적으로 공동으로 광고하는 것을 말한다. 그러나 일반적으로 소매업자들은 치열한 경쟁을 하며 다양한 상표들을 취급하므로 수평적 협동광고는 현실적으로 잘 사용되지 않는다.

수직적 협동광고는 소매업자가 어떤 상표에 대해 광고를 하고 제조업자가 그 비용을 전적으로 부담하든지 또는 소매업자들과 분담하는 광고이다. 예를 들어, 미국의 가전생산업체인 Whirlpool사는 그들의 거래처에 자료를 제공하여 지역광고, 홍보, 그리고 점포진열 등에 이용할 수 있게 한다. Whirlpool사는 거래처가 실시한 협동광고에 대해 광고비의 50%까지 그들의 거래처에게 지원하여 준다.

협동광고는 다양한 상황하에서 사용될 수 있는데, 특히, 제조업체들이 푸시 전략을 채택하여 중간상에게 많이 의존하고 있는 경우에 협동광고는 중요한 촉진수단이 된다. **[표 7-3]**은 협동광고의 상대적 중요성에 영향을 미칠 수 있는 여러 가지 조건들을 보여준다.

제조업체가 시행하는 소비자광고 (일반적으로 전국광고)와 협동광고 (일반적으로 지역광고)는 상호 보완적 역할을 한다. 소비자광고는 소비자들의 자사상표에 대한 인지도 및 제품속성에 대한 지식을 높이며, 실제 구매상황이 발생했을 때 소

표 7-3 협동광고의 상대적 중요도에 영향을 미치는 조건들

협동광고가 중요한 경우: 소매상 의존형 마케팅	협동광고가 덜 중요한 경우: 제조업체 주도의 마케팅
전문점	편의점
낮은 구매빈도	높은 구매빈도
고가품	저가품
계획구매	충동구매
제품속성 파악이 쉽지 않은 경우	제품속성 파악이 쉬운 경우
낮은 상표애호도	높은 상표애호도
인적 서비스가 중요한 경우	셀프서비스
제한적 경로전략	집중적 경로전략

비자가 자사상표를 고려상표군 (evoked set) 속에 포함시키는 것을 목표로 한다. 반면에 협동광고는 자사상표가 어느 점포에서 취급되며 얼마의 가격에 판매되고 있는지에 대한 정보를 제공하는 보조적인 역할을 한다.

이와 같이 협동광고는 소비자광고를 보완하는 기능을 수행하지만 제조업자는 협동광고 수행과 관련하여 다음과 같은 문제에 직면한다.

첫째, 제조업체와 소매상은 각자 협동광고로부터 기대하는 바가 다를 수 있다. 소매상들은 협동광고를 통해 자신의 점포에 대한 좋은 이미지를 만들어내고 어떤 상표가 판매되든 제품군 전체의 판매가 증대되기를 원한다. 반면에 제조업체들은 자사상표의 이미지를 강화시키는 광고를 하기를 원한다. 이러한 이해관계의 상충은 광고구성, 사용되는 카피, 광고에 등장하는 경쟁상표의 수를 결정하는 데 있어 서로 다른 견해를 갖게 한다.

둘째, 소매점 간의 경쟁이 치열할수록 소매상은 더 많은 협동광고를 실시하게 되며 소매상들은 협동광고 예산의 많은 부분을 제조업체의 지원으로 충당하려 할 것이다. 그러므로 제조업자의 촉진비 부담이 가중된다.

이러한 문제점에도 불구하고 제조업체들은 자사제품에 대한 소매상들의 지원을 얻기 위한 방안으로 협동광고에 의존하며 소매상들은 광고비의 일정액을 제조업체로부터 보조받을 수 있으므로 협동광고를 선호하게 된다.

3) 중간상촉진 (trade sales promotion)

중간상촉진은 도매상이나 소매상으로 하여금 어떤 특별한 제품을 구매, 촉진, 전시하게끔 하는 제조업자의 노력을 의미한다. 대부분의 중간상촉진에는 소매상들을 유인하기 위한 여러 형태의 가격할인수단들이 사용된다. 가격할인은 구매 시 할인 (off-invoice deduction)의 형태를 띨 수도 있고 할인기간 중 구입한 금액을 환불 (rebate)해 주는 형태를 띨 수도 있다. 일반적으로 제조업자는 중간상촉진을 제공할 때 소매상에게 일정한 조건을 제시한다. 예를 들어, 소매상들은 최소한도의 양 이상을 구매해야 한다든지 자사제품에 대한 점포 내 특별전시나 제품촉진의 노력을 기울이거나 소비자들에 대해서 할인액의 일부를 공제해 주는 조건을 부과하는 경우 등이다.

이러한 촉진수단들은 소비재산업에 있어서 경쟁전략의 일환으로 일반화되고 있지만 다음과 같은 문제를 야기한다.

첫째, 어떤 제조업체들은 전체 매출액의 거의 90~95%를 판촉기간 동안에 판매하는 경우가 발생한다. 이러한 현상이 발생되는 가장 근본적인 이유로는 선물구매 (forward buying)라고 불리는 유통관행을 들 수 있다. 즉 소매상과 도매상은 판매촉진기간 동안에 판매할 수 있는 양보다 더 많은 양을 저렴한 원가로 구매하여 판촉기간 후에 판매함으로써 높은 이익을 얻으려 한다. 중간상들은 판촉기간 중의 할인율, 주문비용, 재고비용 등을 고려하여 선물구매여부와 구매량을 결정한다. 즉 판매촉진 할인율이 높고 주문비와 재고비가 상대적으로 저렴한 경우에 선물구매를 하는 것이다.

둘째, 중간상촉진의 또 다른 문제는 전매 (diversion)이다. 지역적으로 거래조건이 상이할 때 중간상은 어떤 한 지역에서 촉진활동의 일환으로 저렴하게 거래되는 제품을 구입하여 다른 지역에 있는 도매상이나 소매상에게 재판매할 수가 있다.

셋째, 일부 소매업자들은 제조업자의 가격할인에 상응하는 서비스를 수행하지 않는 등의 기회주의적 행동을 취하는 경우가 흔히 있다. 한 조사에 의하면 일부 대형소매체인들이 최종소비자들에게 가격할인 혜택을 제공하지 않고 제조업자의 중간상할인을 자신의 이득으로 취하는 경향이 종종 있는 것으로 나타났다. **[표 7-4]**에 나타난 바와 같이 미국의 대형 소매체인의 정상매출액 비중은 정상가로 판매된 총 소매매출액 중 29%를 차지한 반면, 할인가격으로 얻어진 매출액비중은 할인가격으로 판매된 총 소매매출액 중 17%만을 차지했다. 이는 대형체인들이 제조업자가 촉진기간 동안 제공한 중간상 가격할인을 소비자에 대한 가격할인혜택으로 이전하지 않고 자신의 이득으로 취하는 경우가 흔히 있음을 반영하는 것이다. 이에 반해 소규모체인과 독립소매상의 경우 중간상 촉진기간 동안 판매된 총 소매업계 매출액 중에서 이들이 차지하는 점유율이 정상가로 판매된 총 소매업계 매출액에서 차지하는 점유율보다 높게 나타났다.

대규모 체인들이 소규모 체인이나 독립소매상보다 제조업자의 중간상 가격

할인을 소비자에게 이전시키는 비중이 낮은 이유는 자신의 중간상상표를 촉진판매하려고 하기 때문이다. 일반적으로 중간상상표는 동종의 제조업자상표보다 저렴한 가격으로 판매되므로 대규모체인은 가격에 민감한 소비자집단의 욕구를 만족시키기 위해서는 자신이 개발한 중간상상표를 이용하고, 가격할인이 제공된 제조업자상표는 정상가격으로 판매함으로써 제조업자의 중간상 촉진을 자신의 추가이익으로 취하는 것이다. 물론 이러한 조사결과가 모든 대형체인들이 중간상 가격할인에 대해 제조업자와 소비자를 기만한다는 것을 의미하는 것은 아니다.

표 7-4 점포규모별 정상가 대 촉진가격 매출액

점포규모	정상가(nondeal)①	할인가격판매 (feature sales)②	촉진성과지수 (②/①)
대규모 체인	29%	17%	59
중형 체인	7%	7%	100
소규모 체인과 독립소매상	64%	76%	119
합계	100%	100%	

중간상촉진의 유형에는 가격할인 이외에 촉진공제 (promotional allowances), 트레이드 쇼 (trade show), 판매 콘테스트 (trade contest) 등이 있다. 촉진공제란 중간상의 촉진활동을 보조해 주는 것을 말한다. 예를 들어 판촉물제작을 보조해 주거나 판매요원을 제공해 주는 것 등이다. 트레이드 쇼는 일종의 제품전시회로 여기서 유통업자와 구매 상담이 이루어지기도 한다. 트레이드 쇼는 제조업자가 기존 및 예상고객에게 자사제품을 보여주고 시연하기 위해 한정적으로 사용되는 중간상 촉진수단이다. 트레이드 쇼에는 산업 내 제조업자들과 주요 고객들 대부분이 참가하므로, 트레이드 쇼는 신제품 소개에 특히 효과적인 촉

진수단이다.

대표적인 트레이드 쇼는 매년 라스베이거스에서 열리는 소비자 가전 쇼 (consumer electronics show: CES)이며 여기에는 전 세계 수천 개의 가전 제조업체와 바이어가 참가한다. 최근에는 가전제품뿐 아니라 모든 IT 기업, 자동차 기업들이 참여하여 4차 산업혁명 시대의 주요 제품인 AI가 부착된 기계, 로봇, 의료장비, 자율 자동차, 5G를 응용한 제품 등 첨단 제품 등이 전시되고 있다.

제조업자는 트레이드 쇼에 참가한 중요 예상고객들과의 대면과정에서 자사 제품에 대한 호의적 또는 부정적 정보를 수집할 수 있다. 호의적 정보는 나중에 판매 제안이나 광고에 활용될 수 있으며, 부정적 정보는 제품개선이나 마케팅 프로그램 변경의 기초자료로 활용될 수 있다.

판매 콘테스트는 일정기간 동안 높은 판매액을 기록한 중간상이나 판매원에게 상품을 지급함으로써 단기매출을 증대시키기 위한 판촉수단인데, 우리나라의 경우 대리점이나 개별판매원을 대상으로 한 경품행사를 자주 개최하고 있다.

4) 인적판매 (personal selling)

거의 모든 회사가 어떤 형태로든지 인적판매를 이용하고 있다. 제조업체는 자사상품을 중간상에게 판매하기 위한 판매원 조직을 갖추어야 하며 소매상 수준에서는 전문점은 물론 셀프서비스 (self service)형의 소매상들조차도 최소한의 판매사원을 고용하여야 한다.

산업재의 유통에 있어서 인적판매의 중요성은 매우 크다. 일반적으로 기술적으로 복잡한 제품은 제품지식을 갖춘 숙련된 판매원을 필요로 한다. 즉 기술적으로 복잡하고 전문성을 요하는 산업재의 특성상 불특정 다수를 향한 매체 광고보다는 영업사원들이 직접 고객사를 방문하여 판매촉진 활동을 벌이게 된다. 또한 중간상의 지원을 얻기 위해 푸시 전략을 사용하는 제조업자에게도 인적판매가 매우 중요해진다. 산업재 시장인 B2B에서의 CRM (customer relationship marketing)의 효과적인 영업 전략은 10장에 상세히 설명되어 있다. 인적판매에서 판매원훈련 프로그램과 보조판매 (missionary selling)는 제조업체에 의해 빈번히 사용되는 인적판매기법들이다.

Xerox의 영업사원, 그리고 기업전체의 역할: 고객을 최우선 순위에 두는 것

어떤 사람이 영업사원에 대해 언급할 때, 어떤 이미지가 떠오르는가? 아마도 고객이 진정으로 필요하지 않는 어떤 것을 판매해 그들의 지갑을 가볍게 만들기 위해 돌아다니는 아첨꾼 (glad-hander)의 이미지를 떠올릴 것이다. 다시 한 번 생각해보자. 오늘날 들어 대부분의 기업들에게 있어 인적판매는 수익성 있는 고객관계를 구축하는 데 주요한 역할을 하며, 이러한 관계형성은 기업 전반적 성공에 크게 공헌한다.

Xerox사의 전 CEO이면서 현 이사회 의장인 Anne Mulcahy에게 물어보라. 그녀는 파산 일보직전의 복사기 회사에 CEO로 취임해, Xerox를 성공적인 최신의 디지털 기술/서비스 기업으로 변신시켰다. Mulcahy는 Xerox사를 변신시키는 데 선도적 역할을 한 인물로서 업계분석가, 투자자, 그리고 다른 사람들로부터 큰 칭송을 받았다. 2007년 Fortune지는 그녀를 업계에서 두 번째로 영향력 있는 여성으로 선정했고, Forbes지는 전 세계에서 가장 영향력 있는 여성의 순위에서 13번째로 선정했다. 2008년 그녀는 Chief Executive잡지의 올해의 최고경영자 선정에서 동료 경영자들에 의해 선정된 최초의 여성 CEO가 되었다.

그러나 그녀가 이룬 성공의 토대는 영업에서 배운 교훈들과 영업에서 연마한 기술로 거슬러 올라간다. 학부에서 영문학과 저널리즘을 전공한 그녀는 1976년 보스턴에서 Xerox 영업책임자로서 커리어를 시작했으며, 진급을 계속해 1990년대 후반 글로벌 영업의 부사장이 되었다. New England지역에서 고객의 문을 두드린 지 25년이 지나 그녀는 Xerox사의 CEO로 임명되었다.

CEO로서 Mulcahy는 영업 및 마케팅 정신자세를 Xerox 전체 조직에 불어넣었다. 기업변신은 고객문제를 해결하는 데 새롭게 초점을 맞추는 것에서 시작되었다. Mulcahy회장은 고객을 이해하는 것이 기술을 이해하는 것 못지않게 중요하다고 믿었다. 그녀는 "영업에서 수많은 시간을 보내면서, 나는 고객을 최우선에 두어야 한다는 것을 알게 되었다'라고 회상한다. 과거를 뒤돌아보았을 때, Xerox사는 시장과의 접촉을 상실했던 것으로 Mulcahy는 회상한다. Xerox사를 회생시키기 위해 기업은 고객에 초점을 맞출 필요가 있었다. "위기상황에서 고객에 초점을 맞추는 것이 진정으로 중요하다."

Mulcahy는 다음과 같이 말한다. "영업은 사업의 원동력이 무엇인지, 그리고 고객이 사업의 핵심부분임을 이해하는 데 도움을 준다. 고객은 모든 사업기능에서 중요하지만, 고객이 특히 중요한 것은 영업 관리에서라는 것을 경영자들은 알게 된다." 이같이 고객을 최우선 순위에 두는 영업철학을 실행에 옮기는 데 있어 CEO로서 Mulcahy가 가장 먼저 취한 조치 중 하나는 오래된 그녀의 영업용 모자를 쓰고 고객을 방문하기 위해 거리로 나서는 것이었다.

Mulcahy는 고객을 최우선 순위에 두는 것이 단순히 영업사원의 책임이 아니라 기업의 모든 구성원에게 강조되어야 하는 것임을 알고 있다. 지위고하를 막론하고 이러한 점을 강조하기 위해 그녀는 곧바로 '오늘의 고객책임자 (customer officer of the day)'라는 순환직책 프로그램을 도입했는데, '오늘의 고객책임자' 프로그램은 최고경영층이 직접 본사에 걸려온 고객전화에 응답하는 것을 포함하고 있다. 오늘의 고객책임자가 된 경영자들은 세 가지 책임을 지게 되는데, 고객의 말을 경청하는 것, 고객문제를 해결해 주는 것, 그리고 문제의 원인을 고치는 책임을 지는 것이 그것이다. 이 프로그램은 영업과 상당히 유사해 보인다. 만약 당신이 아직도 영업사원을 속사포같이 말을 하고, 끊임없이 미소 지으며 주저하는 고객들에게 상품을 들이미는 행상인으로 생각하고 있다면, 아마도 구시대적 고정관념을 갖고 있는 것이다. 좋은 영업사원은 고객을 맞아들이는 것이 아니라 고객의 욕구를 평가하고 고객문제를 해결해주는 등 그들에게 도움을 줌으로써 성공을 거둔다. Xerox사에서 영업사원은 잘 훈련된 전문가로서, 고객의 말에 귀 기울이고 그들에게 맞는 일을 함으로써 사업을 획득한다. 사실 이는 좋은 영업을 위한 사고일 뿐 아니라 조직전체에 적용되어야 하는 것이다. Mulcahy에 의하면 고객지향성은 회사운영의 중심이 되어야 한다.

5) 교육훈련 프로그램

제조업체는 도매상과 소매상에게 판매원의 교육을 지원하기도 한다. 교육훈련 프로그램이 중요한 이유는 중간상 판매원들은 일반적으로 자신들이 가장 잘 알고 있는 제품을 소비자에게 권하기 때문이다.

많은 소비재용품들은 제조업자의 집중적 광고에 의한 높은 소비자 인지도 때문에 소매점포 판매사원의 큰 도움 없이 구매된다. 그러나 고급의류, 가전, 가구 등과 같은 전문품들은 제품지식을 갖춘 점포판매원들의 도움을 필요로 한다. 즉 판매사원은 소비자에게 제품성능, 경쟁제품과 비교한 상대적 이점과 같은 관련정보를 제공해야 하는 것이다. 따라서 제조업자는 자사제품의 원활한 판매를 위해 소매점포 판매원들에 대한 교육훈련을 제공하기도 한다. 제조업자는 자사의 영업담당자를 이용하여 직접 교육훈련을 실시하거나, CD를 통해 소매점포 판매사원들에게 필요한 제품정보, 제품용도에 대한 실연, 그리고 판매기법 (selling tips) 등을 상세히 설명할 수 있다.

방문판매에서 점포판매로 바뀐 유통구조 하에서 화장품회사들은 소매상을 대상으로 한 교육프로그램에 많은 투자를 하고 있다. 국내 화장품회사들은 흔히 신제품이 도입될 경우 전국 고급호텔에서 소매상을 대상으로 신제품 설명회를 가진다.

6) 보조판매 (missionary selling)

보조판매는 직접적으로 주문을 받기 위한 목적보다는 중간상의 의사결정에 영향을 미치고 유통경로 내에서 제품의 흐름을 돕는 것을 주목적으로 한다. 보조판매는 산업재와 소비재시장에서 모두 사용된다. 제조업자가 파견한 보조판매원은 중간상들의 판매원들을 교육 · 훈련시키며 경우에 따라서는 중간상의 판매원과 함께 혹은 단독적으로 중간상의 고객에 대한 판매활동을 지원하기도 한다.

제조업자는 보조판매원 (missionary sales people)을 운영하는 데 있어서 세심한 주의를 요한다. 도매상의 판매원들은 제조업체의 보조판매원들이 자신들의 거래처를 방문하는 것을 꺼려 할 수 있는데, 그 이유는 그러한 활동들이 유통경로 내에서 도매상을 배제시키기 위한 준비 단계로 보일 수 있기 때문이다.

(4) 중간상의 대 소비자 촉진활동

지금까지 제조업체의 중간상에 대한 촉진활동을 살펴보았다. 촉진기능은 제조업체만이 수행하는 것은 아니다. 최근 다양한 소매업태가 등장하여 소매점들 간의 경쟁이 치열해짐에 따라 소비자에 대한 중간상의 촉진활동이 점차 증대되고 있는 실정이다. 이하에서는 중간상이 수행하는 촉진활동 중 중요한 것들을 살펴보기로 한다.

1) 유통업체 광고

도매상과 소매상 모두가 광고를 수행한다. 도매상의 광고는 두 가지의 기능을 수행한다. 즉 도매상 광고는 도매판매원의 판매활동을 도와주고 소매상에게 신제품에 관한 정보를 제공하는 기능을 한다. 도매상 광고의 내용은 어떤 특정제품군에 대한 광고보다는 일반적으로 도매점포 자체를 대상으로 하는 경우가 많다. 도매상 광고의 주 매체수단은 업계전문잡지, DM과 카탈로그 등이다. 카탈로그는 그 점포에서 취급하는 제품들을 소개하고 각 제품의 특징들을 설명하지만 가격의 유연성을 유지하기 위해 제품의 가격을 제시하지 않는 경우가 많다.

소매광고는 기업광고와 판촉광고로 대별되는데, 기업광고는 점포의 차별화된 특징, 예를 들면 점포의 분위기, 구색의 다양성, 편리성, 고객서비스 등을 알림으로써 점포이미지를 제고시키는 것을 목적으로 한다. 기업광고는 TV나 라디오 등의 전파매체를 이용하는 것이 일반적이며 인터넷도 중요한 수단이 되고 있다. 그러나 일반적으로 소매점은 인지도가 높고 재방문율이 높으므로 기업광고를 하는 경우는 드물다. 우리나라에서는 하이마트가 기업광고를 활발히 하고 있는데 투자 대비 효과는 낮을 것으로 판단된다.

소매상의 판촉광고는 특정 이벤트 (어린이날, 추석, 설날, 세일행사 등)를 홍보하거나 특정제품의 낮은 가격을 알림으로써 단기간 내에 고객을 끌어들이기 위한 촉진방법이다. 판촉광고는 주로 인쇄매체를 이용한다.

2) 인적판매 (personal selling)

중간상의 인적판매는 도매상과 소매상으로 나누어 설명될 수 있다. 도매상의 판매원들은 자신들의 고객, 즉 소매상들의 적정재고수준과 상품진열방법에 대한 조언을 하며 광고자료와 카탈로그, 기타 촉진지원책을 제공하여 준다. 또한 소매상들의 불평사항의 처리, 계절상품에 대한 제안과 기술적인 부분들에 대한 조언 등을 수행한다.

한편, 소매점의 판매원들은 제품과 점포에 대한 정보를 최종소비자에게 제공하고 이들로부터 주문을 받는다. 소매상의 판매원이 정보를 제공하는 정도는 점포의 성격에 따라서 매우 다양하다. 전문적인 상품지식을 요하는 제품을 주로 취급하는 점포의 경우 (전자제품, 고급의류, 컴퓨터 등), 소비자는 판매원으로부터 많은 상품지식을 제공받기를 원한다. 반면에 일용품을 주로 취급하는 셀프

서비스형태의 소매점은 제조업체가 촉진활동을 통해 이미 충분한 상품지식을 제공했다고 가정하고 점포 내에서의 정보제공기능을 거의 수행하지 않는다. 그러나 대형마트나 회원제 도매 클럽에서 흔히 볼 수 있는 시식행사는 매출 증대 효과가 매우 크다.

3) 샘플 (sample)과 디스플레이 (display)

중간상은 샘플을 제시함으로써 보다 효과적으로 제품을 판매할 수 있다. 샘플은 실제제품이나 사진 등이 사용될 수 있는데, 제품속성에 대한 객관적인 평가가 어렵고 제품의 품질이 중요한 경우에 특히 효과적이다.

점포디스플레이는 점포 내에서 취급하고 있는 상품을 효과적으로 전시하여 고객의 구매를 유발하는 것이다. 디스플레이는 고객에게 소구할 수 있는 마지막 마케팅 수단이며 소비자 상표 선택에 큰 영향을 미친다. 할인점이나 편의점에서는 눈높이에 진열된 제품과 그렇지 않은 제품과의 매출은 크게 차이가 난다. 또한 복도 끝에 전시된 제품의 매출은 매우 높게 나타난다. 의류 매장의 경우 진열된 제품은 매출이 높을 뿐 아니라 고객을 매장으로 끌어들이는 매우 중요한 판촉 수단이다. 최근 이러한 진열의 중요성을 인식하여 이를 전문적으로 연구하는 visual merchandising (VMD) 분야가 크게 발달하고 있다.

제조업자와 도매상에 의해 제공되는 판매촉진 제공물들은 효과적인 디스플레이에 도움이 된다. 효과적인 디스플레이가 되기 위해서는 소매상의 요구와 제조업자의 요구가 균형적으로 반영되도록 하여야 한다. 즉, 제조업자들은 자사의 제품들을 가장 좋은 진열공간에 배치하려고 노력할 것이며 반면에 소매상들은 수익성을 높일 수 있고 점포의 이미지에 부합되는 제품을 가장 좋은 위치에 배치하려고 할 것이다. 제조업자는 통로 끝 진열 (end-of-aisle-displays)과 같은 자사제품에 대한 특별진열에 대해 가격할인을 해주는 경우가 있다.

4) 쿠폰 (coupon)

쿠폰은 정형적으로 신문, 잡지, 우편물, 쇼핑백 등에 인쇄된 증서로서, 일반적으로 정해진 특정 기간 내에 그것의 소지인에게 약속된 가격만큼 할인해 주거나 또는 특정 제품에서의 부가적인 가치를 부여하는 것이다. 쿠폰은 소비자에게 특정 시간에 제품 가격을 할인하여 제공함으로써, 소비자의 지각된 위험을 줄여 줄 수 있고 사용 후 재구매를 장려할 수 있다. 저렴한 쿠폰발행비용과 소비자들에게 금전적 혜택의 제공으로 쿠폰발행은 증가되고 있지만, 쿠폰을 사용하는 소비자들은 특정 브랜드나 제품에 덜 충성적이므로 쿠폰으로 계속적인 제품구매를 유도하기 어렵다. 그러나 신제품 출시 시 쿠폰은 시험구매를 유발하는 효과가 있다.

5) 경품 (sweepstakes)

경품은 소비자들에게 점포에 비치된 유효한 양식을 채움으로써 특정한 부상을 받을 수 있는 선택권을 부여하는 촉진방법이다. 제품의 구매와 상관없이 누구나 참여할 수 있으며, 기준에 의해 부상을 주는 것이 아니라 행운에 의해 결정된다. 참여가 쉽고 시간이 덜 소요되기 때문에 강한 소구력을 가진다.

경품은 직접적이고 단기적인 매출증대 효과를 얻기 위한 판촉수단으로 이용되나, 장기적으로는 소비자 관여도를 증가시켜 제품의 이미지 향상에 기여한다. 주로 백화점을 비롯한 유통업체에서 효과적인 마케팅 수단으로 활용되어 왔으며, 최근 저성장기 불황 타개책의 하나로 업종의 구분 없이 보편화된 마케팅이다.

경품판촉은 신상품을 홍보하고 잠재고객을 확보하며, 브랜드 및 제품의 인지도를 높이기 위해 또는 경쟁기업의 적극적인 판매촉진에 대응하고 기존고객의 유지 및 관리를 목적으로 한다. 그 유형은 1) 매장을 방문한 고객은 제품구입과 상관없이 누구나 참여할 수 있는 공개현상경품과 2) 구매고객 모두에게 상품을 주는 소비자경품 (예: 사은품) 3) 구매고객을 대상으로 응모권을 주고 추첨을 통해 상품을 제공하는 소비자현상경품 (예: 백화점 경품)의 세 가지로 구분된다.

6) 프리미엄 (premium)

프리미엄은 소비자가 구매하도록 격려하기 위해 무상 또는 할인된 가격으로 주어지는 사은형식의 보상제도이다. 프리미엄은 제품의 이미지를 향상하고, 호감을 심어주며, 고객 기반을 넓히고, 신속한 판매가 이루어지도록 하기 위해 시도된다. 소비자에게 보상이 이루어지도록 하기 위해 포장지 내에 쿠폰 또는 구매 증거물을 오려내도록 하는 프리미엄은 소비자 충성을 자아낼 수 있다. 제품 속성 간의 차이가 구매에 큰 영향을 주지 않는 저관여제품의 판매에 효과가 있다. 프리미엄은 다음과 같은 다양한 종류가 있다.

① 비용 지불 프리미엄

소비자에게 프리미엄 구입 시 비용을 지불하도록 한다. 예를 들면 컴퓨터 프로그램 패키지를 구입하면 버전업된 상품이 출시될 때, 정상가격보다 싸게 구입할 수 있도록 하거나, McDonald's에서 햄버거를 구입하면 캐릭터 제품을 매우 싸게 구입할 수 있게 하는 경우이다.

② 직접 프리미엄

제품을 구매한 소비자에게 무료로 사은품을 제공한다. 화장품을 구입하면 티슈를 준다든지 선풍기 구입 시 보호망을 제공한다.

③ 우편 프리미엄

영수증 등과 같은 구입증명서를 보내면 무료 선물을 보내 주는 방식이다.

④ 우수고객 프리미엄 (mileage program)

계속적으로 상품이나 서비스를 구매한 고객들에게 그들의 구매 정도와 기간에 따라 종류를 달리하는 선물을 무료로 제공하거나 부수적인 혜택을 주는 방식이다. 상품이나 서비스를 구입할 때마다 정해진 보너스 점수를 더해준 뒤, 점수에 따라 무료 선물을 증정하거나 혜택을 주는 방식이 최근에 많이 사용되고 있다. 이 방식은 기존고객 유지에 도움을 준다.

(5) 촉진과 유통관리상의 한계점

유통산업이 활성화되면서 유통경로상의 경쟁은 날로 치열해지고 있다. 점차 경쟁점들이 늘어나면서 서로 촉진활동에 중점을 두는 경향이 있으며 인플레이션이나 경기불황의 위험이 상존하는 경제 환경에서 소비자들은 가격에 민감한 반응을 보이고 있다. 따라서 각 유통경로 구성원들은 촉진활동을 통하여 보다 많은 매출을 증대시키기 위한 노력을 기울이고 있다. 하지만 촉진활동은 판매를 자극하는 데 도움을 줄 수는 있지만 부정적인 결과를 가져올 수도 있다.

첫째, 촉진활동은 경쟁기업에 의해 쉽게 모방될 수 있으며, 한 점포에 대한 판매촉진이 경쟁기업의 촉진활동을 야기하여 소모적 출혈경쟁이 될 수 있다.

둘째, 촉진경쟁은 소비자에게 편익을 가져다주지만, 한정된 시장에서 선두위치의 고수를 위해 경쟁하고 있는 기업과 추격해오는 기업 모두에게 시장유지비용을 증가시켜 이익을 감소하게 만든다.

셋째, 단기적으로 매출액을 증대할 수 있게 하지만, 이익을 희생할 수 있다. 촉진활동은 소비자의 미래구매를 앞당긴다. 즉, 소비자들은 판매촉진에 의한 충동구매로 당장 필요로 하는 양 이상을 구매한다. 소비자가 미래에 사용할 수 있을 양의 구매를 저렴하게 하기 때문에 전체적으로 이익이 감소할 수 있다.

넷째, 판촉이 유효하려면 판촉으로 인해 시험구매 (trial purchase)하는 신규 고객을 유입할 수 있어야 하고 이들의 재구매 (repeat purchase)를 이끌어낼 수 있어야 한다. 그러나 미국의 생필품 판촉의 효과에 대한 연구에 의하면 판촉 행사를 브랜드 중 약 67%의 경우 시장점유율에 변화가 없는 것으로 나타났다. 즉 판촉이 신규고객을 확보하는 것에 대부분 실패하며 판촉 시 마진이 낮으므로 수익성이 낮아진다. 다만 신제품 도입 시, 제품 개선 시 판촉 활동을 하는 경우에는 50% 정도 시장점유율을 제고하는 것으로 나타났다.

소비침체 시에 효과적인 마케팅활동인 판촉: 할인판매와 경품제공

많은 소비자들은 세일 등의 판매촉진전략 등으로 인해 구매에 영향을 받고 있으며, 판매촉진수단 중 가장 효과적인 것은 할인판매, 경품제공 등이라고 생각하는 것으로 조사됐다. 그러면서도 절반에 가까운 소비자들은 '세일 등을 자주하며 판촉활동을 펼치는 업체'의 제품가격이 비싸다고 응답했다. 상당수 소비자가 판촉비용이 제품가격에 전가되고 있다고 느끼는 것으로 나타난 것이다.

대한상공회의소가 최근 서울지역 소비자 500명을 대상으로 실시한 '소비자 구매 확대를 위한 판매촉진방안' 조사에 따르면 할인판매, 경품제공 등 다양한 판촉활동이 소비자들의 구매를 이끌어낼 수 있다고 답한 응답자가 60.2%에 달해, 불황 속에 허덕이는 유통업체들이 판촉활동을 강화할 필요가 있는 것으로 나타났다.

또 불황기에 소비를 촉진할 수 있는 가장 효과적인 판매촉진수단으로 조사대상 소비자의 57.4%가 '할인판매, 경품제공, 마일리지적립' 등이라고 응답했다. 이와 함께 판촉활동에 대한 인식은 '긍정적'(42.4%)이 '부정적'(19.6%)보다 2배 이상 높게 나타났다.

판촉활동에 의해 주로 구매가 유발되는 물품으로는 생활용품이 가장 많았으며(34.8%), 그 다음으로 의류 (26.8%), 식료품 (19.0%)의 순으로 조사됐다. 이는 장기화되고 있는 경기침체 때문에 소비자들이 생필품 등을 구입할 때 세일 등을 적극 활용하기 때문인 것으로 분석된다.

소비자들은 판촉활동이 가장 필요한 업태로 대형마트 (31.8%)와 백화점 (30.8%)을 꼽았다. 대한상공회의소 관계자는 "소비자들이 대형마트와 백화점이 다양한 판촉활동을 전개할 경우 소비를 확대할 수 있다는 것으로 해석되는 만큼 업계의 발 빠른 대응이 요구되는 대목"이라고 해석했다.

대한상공회의소의 관계자는 이번 조사와 관련, "지속되는 불황으로 소비자들은 가격에 민감하게 반응하고 있는 만큼 가격에 초점을 맞춘 마케팅전략의 전개가 절실한 시점"이라고 말했다.

자료원: 뉴시스, 2018. 08. 10.

3. 가격결정과 유통경로관리

할인점 시대의 도래와 함께 소매점포의 가격경쟁력이 소매시장에서의 핵심 성공요인으로 대두되고 있다. 따라서 제조업자가 중간상들에게 제시하는 제품가격은 중간상의 판매성과와 최종소비자의 구매량에 큰 영향을 미치게 된다. 본 절에서는 소비자가격 및 할인가격의 의미, 가격의 경쟁적 측면, 경로

구성원의 지원을 위한 가격전략, 가격변화가 경로구성원에 미치는 효과 등을 설명하기로 한다.

(1) 가격의 개념

가격은 '판매자가 제공하는 제품과 부대서비스의 패키지에 대해 구매자가 지불하는 화폐량'이라고 정의될 수 있지만 각 경로구성원이 부과하는 제품가격은 그들이 수행하는 경로기능과 관련이 있다. 경로구성원 간에는 많은 유형의 거래가 이루어지며 (예: 제조업자와 도매업자, 도매업자와 소매업자, 소매업자와 소비자 간의 거래) 거래과정에서 다양한 경로기능이 수행되므로, 가격수준은 경로구성원 (소비자 포함)이 얼마나 많은 경로기능을 수행하느냐에 달려 있다. 예를 들어 소매점이 재고부담, 자금조달, 고객에 대한 서비스, 판촉 등 많은 기능을 수행한다면 소비자가격은 높아질 것이다. 한편, 소비자가 직접 마케팅기능을 수행하는 할인점의 경우 (셀프서비스, 현금구매 등)에는 낮은 소매가격이 형성될 것이다.

우리나라는 가격정보를 제공함으로써 소비자를 보호하고 나아가 경로구성원들의 적정 마진 설정을 유도할 목적으로 1973년 5월 소매가격표시제를 도입하였고 1979년에 공장도 가격표시제, 1990년에 수입가격표시제가 추가되었고 최근에는 권장소비자가격이 없어지고 '오픈 프라이스 (open price)'제가 시행되면서 유통업 전반에 상당한 영향을 미치고 있다.

외국의 경우 가격표시제는 소매가격표시제와 단위가격표시제를 주축으로 발전되어 왔다. 반면 우리나라의 경우 비교적 다양한 종류의 가격 표시들이 제도적으로 시행되어 왔다. 가령 공장도가격표시제나 수입가격표시제는 외국의 경우 찾아보기 힘든 제도이며 단위가격표시제는 미국과 일본 등에서는 일반화되어 있으나 우리나라의 경우 비교적 최근에 도입되었다. 단위가격은 브랜드 간, 포장별 가격비교를 용이하게 해줌으로써 소비자에게 매우 유용한 정보이다.

대부분의 제조업체가 정상가격이란 것을 제시하지만 이것이 그대로 지켜지는 경우는 매우 드물다. 즉, 제조업체는 좀 더 좋은 매장위치를 점유하거나 도 · 소매업자들의 재고부담을 덜어주기 위해서 가격할인이나 지원금 등을 사용한다.

다음에서는 제조업자가 중간상들과의 거래에서 흔히 사용하는 가격할인의 형태를 살펴보기로 한다.

유통채널에 따라 20% 이상의 차이를 보이는 상품가격

가격은 가치의 반영이다. 좀 더 정확히 말하자면 고객가치의 반영이다. 따라서 최적의 가격은 특정 제품이나 서비스에 대해 고객이 느끼는 지불의향을 정확히 반영한 것이라 정의할 수 있다. 고객의 지불의향보다 높은 가격을 책정할 경우 판매기회를 놓쳐 버리게 되고 반대로 낮은 가격을 책정할 경우 마진의 불필요한 희생을 불러일으키게 되기 때문이다.

문제는 특정 제품 혹은 서비스에 대해 고객이 갖는 지불의향이 개개인별로 모두 다르다는 점이다. 가격결정을 더욱 어렵게 하는 것은 심지어 동일인의 경우라 할지라도 소비의 이유와 시간과 장소 등에 따라 지불의향이 현저히 달라진다는 점이다. 500㎖ 용량의 생수 한 병 가격이 한여름 정체가 극심한 도로상에서는 2~3배로 뛸 수 있다. 따라서 기업의 매출과 이익을 극대화할 수 있는 가장 이상적인 가격정책은 고객 개개인의 필요와 소비의 맥락에 맞춰 가격을 차별화하고 유동화하는 것이다.

물론 이 같은 극단적 가격 차별화는 현실성이 부족한 이상에 그칠 가능성이 크지만, 분명한 것은 고객가치에 따라 가격을 차별화하면 할수록 매출과 이익은 증대된다는 사실이다. 그러나 우리나라 기업들은 타당성 있는 가격 차별화 정책을 적절히 구사하고 있지 않다. 그 이유는 다음과 같다.

첫째, 고객지향성의 부족이다. 대체로 많은 기업들이 목표고객의 지불의향보다는 자사 제품의 원가나 경쟁사 제품의 판매가격에 기초해 가격을 책정하고 있다. 분명 이 같은 방식은 의사결정의 관점에서 가장 직관적이며 손쉬운 방법임에 틀림이 없다. 하지만 고객은 원가보상률이나 경쟁사 대비 가격 경쟁력을 기초로 구매 의사결정을 내리지 않는다는 점을 직시해야 한다.

둘째, 객관적 근거와 합리적 예측방법의 결핍이다. 상당수의 기업들은 아직도 경험, 직관, 관례 등에 기초해 의사결정을 내리는 경우가 빈번하다. 물론 이 같은 요소들이 가격결정에 있어 중요한 판단 근거가 되는 것이 사실이긴 하지만 가격변화에 대한 시장의 반응을 정밀하게 예측할 필요가 있다. 이제 100원이나 200원 정도의 가격변화가 매출과 이익에 무시할 수 없는 영향을 미칠 수 있는 시대가 도래했기 때문이다.

셋째, 전략 및 전술의 결핍이다. 가격을 차별화하는 방법은 표준가격의 직접적 인상이나 인하 이외에도 셀 수 없이 다양하다. 요금제에 대한 안내 자료가 책자의 형태로까지 존재하는 이동통신 산업의 경우가 대표적인 예다. 하지만 이동통신 산업의 경우에도 첨예한 경쟁구도가 형성되기 이전에는 단순한 도수당 표준가격이 가격 경쟁의 핵심 축이었다. 이제는 가격 차별화의 전략과 방식에 있어서도 창의성과 혁신성이 요구됨을 진지하게 받아들여야 한다.

넷째, 설득력의 부족이다. 일부 기업들이 자의든 타의든 부분적으로나마 가격 차별화를 시행하고 있다. 그것이 우리가 일부 동일한 제품을 다른 가격으로 구매하고 있는 이유이기도 하다. 문제는 그 같은 가격 차별화가 고객의 지불의향 차이나 다른 마케팅믹스의 전략적 조정에 근거하기보다는 다분히 사업자들의 시의적 경영여건에 따라 이뤄지고 있다는 점이다. 물론 고객들에게 설득력 있게 받아들여지기도 어려울뿐더러 사업자의 경영성과를 근본적으로 개선시켜 주지도 못한다.

106㎝ (42인치) LCD TV의 경우를 예로 들어보자. 이 제품의 가격은 3년 만에 무려 80% 이상 하락했다. 또한 동일한 모델의 인기 브랜드 제품이 같은 시간대에 20% 내외의 가격 차이로 판매되고 있다. 이 같은 가격 차이는 주로 제조사의 생산용량이나 재고물량, 수많은 유통업체들의 구매 협상력이나 판매정책 차이에 기인하고 있다.

이 같은 현상이 의미하는 바는 무엇일까. 바로 가격책정이 전적으로 사업자들의 필요에 따라 이뤄지고 있다는 점이다. 자신들의 지불의향이 합리적으로 수용되지 못한 고객들은 당연하게도 더 이상 표준가격을 신뢰하지 않게 된다. 경영성과의 개선이 아닌 유통질서의 교란만을 가중시키는 것이다.

자료원 : 매경이코노미. 2017. 2. 27.

(2) 가격할인의 유형

1) 현금할인 (cash discounts)

제조업자와 중간상 간의 거래는 대부분 현금구매가 아닌 어음 등을 이용한 외상거래에 의해 이루어지는데, 물량이 많은 경우 이는 제조업자에게 자금압박을 가져온다. 이를 해소하기 위해 중간상이 제품을 현금으로 구매하거나 대금을 만기일 전에 지불하는 경우 제조업자는 판매대금의 일부를 할인해 준다. 예를 들어 2/10/net60은 60일 이내에 상품대금을 지불해야 하나 중간상인이 대금을 10일 이내로 앞당겨 지불하면 2% 할인을 해 준다는 것이다. 이 경우 현금할인율 2%는 연리로 환산하면 24%가 되므로 자금력이 있는 구매자에게는 매우 매력적인 지불방법이다.

2) 거래할인 (trade discounts)

이는 중간상이 제조업자가 일반적으로 수행해야 할 업무 (마케팅기능)의 일부를 수행할 경우 이에 대한 보상으로 경비의 일부를 제조업자가 부담하는 것이다. 일반적으로 유통마진은 유통경로 내에서 각 경로구성원이 수행하는 기능에 따라 주어진다. 유통마진은 대체로 % 형식으로 주어지는데, 만약 소매상-도매상-브로커에게 33%-15%-5%가 주어진다면 각 거래에서의 제품가격은 다음과 같다.

소비자 가격	100원	
−33%	33원	소매상 할인 (마진)
	67원	소매상 구입가격
−15%	10.5원	도매상 할인 (가격)
	56.95원	도매상 구입가격
−5%	2.85원	브로커 수수료
	54.10원	제조업자 판매가격

각 중간상에게 주어지는 마진율은 대체로 수행하는 경로기능에 따라 정해지지만 경우에 따라서는 경로구성원의 시장 파워에 의해 결정되는 경우도 있다. 예를 들어, 우리나라 백화점의 경우 점포임대 외에는 수행하는 기능이 거의 없지만 강한 고객흡인력 때문에 높은 마진율을 요구하고 있다. 이와 같이 각 경로구성원의 마진에는 경로기능을 수행할 때 발생되는 비용이 포함되어 있으므로 실제 순이익은 전체 마진에서 이 비용을 제외한 잔여분이 된다.

공산품 가격표시제도의 변화과정

표 7-5 공산품 가격표시제도의 변화과정

실시년도	가격표시제도
1973	소매가격표시제
1979	공장도가격표시제
1990	수입가격표시제
1990	공장도가격표시제 폐지 및 소매가격표시제로 일원화

그 동안 몇 차례 변화를 통해 공산품에 대한 가격표시제는 선진국형 오픈 프라이스(open-price) 제도 혹은 소매자가격 표시 제도로 정착되었다. 이미 선진국에서는 오래전에 정착된 오픈 프라이스제도란 제조업자가 아닌 유통업자가 판매가격을 표시하는 제도를 말한다. 권장 소비자가격 표시와 같이 제조업자에 의한 가격표시는 그 동안 경쟁을 저해하는 상관행으로 비판 받아왔으며 유통환경 변화에 따라 올바른 역할을 못하게 됨에 따라 새로운 가격표시제도를 도입할 필요성이 증대되었고, 그 결과 오픈 프라이스제도가 도입되었다. 여기서 말하는 유통환경의 변화란 유통산업에서의 격화된 경쟁을 말하는데 경쟁이 치열해짐에 따라 정상이윤 이상을 보장하는 권장소비자가격이 더 이상 판매가로 형성되지 못하고 소비자들은 실제 권장소비자가격보다 훨씬 저렴한 값에 제품을 구입하게 됨으로써 가격에 대한 불신을 가지게 된 것이다. 오픈 프라이스제도는 2장에서 설명한 재판매가격유지관행의 불법화에 의해 정착되었다.

실례를 보면, 오픈 프라이스제도가 도입되기 전 국내 화장품 업체들은 실제 판매가격보다 최저 40%에서 최고 120%까지, 수입업체의 경우 수입 원가의 3.53~4.99배까지 높게 권장소비자가격을 책정하였다. 대형마트, 인터넷 쇼핑, TV 홈쇼핑 등의 신업태는 가격파괴를 주도하면서 권장소비자가격을 무시하고 자신들의 목표에 맞게 가격을 인하하고 있었다. 다시 말해 제조업자가 정한 가격을 유통업체가 변경하여 새로운 판매가를 결정하게 된 것이다.

오픈 프라이스제도는 시장상황을 판매가에 반영할 수 있도록 매일매일의 매출상황을 파악하는 소매점에게 가격결정권을 부여하는 제도라고 할 수 있다. 즉 상품이 잘 팔리느냐 아니냐에 따라, 그리고 수요와 공급에 의해 가격이 결정되도록 유도하는 제도인 것이다. 오픈 프라이스제도와 권장소비자가격제도를 비교하면 다음과 같다.

표 7-6 오픈 프라이스와 권장소비자 가격의 비교

구분	권장소비자가격	오픈 프라이스
개념	제조회사가 원가 등을 고려하여 권장하는 소비(표준)가격	가격혼란 초래(권장가와 실제 판매가의 차이로 인해)
가격 결정자	제조회사	유통업자
실제 판매가	권장가보다 할인	수요와 공급에 따라 가격 결정
도입 배경	제조회사가 유통을 지배	유통업자가 유통을 지배
특징	판매가격의 일원화	가격인하 주도

품목별 유통마진의 차이가 상품가격의 차이를 만든다.

소비자들이 많이 구매하는 품목별로 유통마진의 차이를 조사한 결과, 공산품 가운데서는 의류, 화장품 등의 유통마진이 높고 농산물 중에서는 과일류, 수산물 등의 유통마진이 큰 것으로 나타나고 있다. 유통마진은 최종수요자가 상품구입 시 지불한 가격 중 중간 도 · 소매상인의 유통거래서비스의 대가로 지불된 금액이다.
유통마진의 추정 결과 농수산물의 마진이 전반적으로 일반의 예상보다는 높지 않게 나타났다. 특히 정부가 직 · 간접적으로 물량조절 등으로 가격을 조절하고 있는 쌀 등 곡물류의 경우는 마진율이 매우 낮은 것으로 나타나고 있다. 그러나 과일류, 수산물, 육류 등에서는 30% 이상의 마진이 부과되는 것으로 나타났다.
공산품 중에서는 의복 (장신품 포함)이 49.5%로 가장 높은 마진율을 보였으며 신발, 화장품 및 비누 등도 30%대의 비교적 높은 마진율을 가진 품목으로 조사됐다. 목재가구, 장난감, 밀, 운동용품은 30%에 가까운 마진율을 보였다. 빵과자류, 주류, 음료, 컴퓨터제품 등은 25% 내외의 마진율을 보였으며 마진율이 낮은 품목으로는 자동차 2.3%, 담배 8.3%, 컴퓨터제품 9.1% 등으로 나타났다.

3) 판매촉진지원금 (promotional allowances)

판매촉진지원금은 중간상이 제조업자를 위해 지역광고를 하거나 판촉을 실시할 경우 이를 지원하기 위해서 지급되는 보조금이다. 지원금은 중간상이 제조업자에게 물품대금을 지불할 때 그 금액만큼을 공제하는 것이 보통이다. 판촉지원금의 형태에는 물량비례보조금, 머천다이징보조금, 리스팅보조금, 재고보호보조금, 리베이트 등 여러 가지가 있다.

물량비례보조금 (case allowance)은 특정 기간 내에 구매하는 상품의 양에 따라 지원금을 지급하는 형태이며, 머천다이징보조금 (merchandising allowance)은 점포 내에 판촉물을 전시하거나 소매점 광고에 자사상품을 소개하는 경우에 지급되는 형태이다.

또한 신제품을 구매하거나 특별 전시하는 경우에 지급되는 리스팅보조금 (listing allowance), 제조업자의 판촉기간 동안 소매업자가 구입한 상품의 재고위험성을 보상하기 위한 소매점 재고보호보상금 (floor stock protection allowance) 등의 형태가 있다. 리베이트 (rebate)는 소매업자의 구매량을 늘리고 소비자가의 할인을 유도하기 위해서 사용되는데 판매 후 구매영수증을 비롯한 증명서를 제조업자에게 보내면 제조업자가 판매가격의 일정률에 해당하는 현금을 반환해주는 것을 말한다.

4) 수량할인 (quantity discounts)

수량할인은 중간상들이 일시에 대량구매를 하는 경우 현금할인을 해주는 것이다. 예를 들면, 운반단위별 구매 (예를 들면, 한 트럭분, 한 컨테이너분)에 대한 할인, 연간 총 구매량에 따라 주어지는 연간구매량 사후할인 (annual volume rebate) 등이 있다. 대체로 할인율은 구매량에 따라 증가한다. 기본계약지원금 (base contract allowance)은 최소한의 구매량을 초과한 주문에 대해 주어지는 가격할인이다.

5) 계절할인 (seasonal discounts)

이는 제품판매에 있어 계절성이 있는 경우 (예를 들어, 에어컨과 난방기기 등) 비수기에 제품을 구매하는 고객에게 할인을 해주는 것이다. 제조업자는 계절할인을 통해 적정수준의 조업도를 유지할 수 있으며 자금흐름과 제품보관에 따른 자금 부담을 해소할 수 있다.

6) 상품지원금

중간상이 하자 있는 제품, 생산된 지 오래된 제품, 질이 떨어지는 제품 등을 구매할 때 이를 보상하기 위해 지급되는 지원금이다. 의류산업에서 재고품이나 하자품을 처분하기 위해서 자주 사용되고 있다.

(3) 가격전략의 경쟁적 측면과 유통경로전략

경로구성원들은 대체로 두 가지 형태의 경쟁 환경에 처해 있다. 첫 번째 형태는 제조업체 간의 경쟁으로 (상표 간 경쟁, inter-brand price competition), 예를 들면, 농심라면과 오뚜기라면과의 경쟁과 같은 것이고, 두 번째 형태는 동종 상표를 취급하는 소매점 간의 경쟁으로 (상표 내 경쟁, intra-brand price competition), 농심라면 판매를 둘러싼 CU와 GS25 간의 경쟁을 예로 들 수 있다.

상표 간의 경쟁은 경쟁상표의 대체성이 얼마나 높으냐에 따라 결정되며 대체성이 높을수록 경쟁은 치열해진다. 상표 간 경쟁이 심한 경우 제조업자는 중간상들에게 경쟁업체에 비해 경쟁력 있는 가격을 제공할 수 있어야 한다. 또한 경쟁사들의 가격변화를 늘 주시해야 하며, 자사제품의 가격변화에 대한 경쟁사의 대응책을 예상할 수 있어야 한다.

한편, 서로 다른 유통경로를 통해 동일제품이 판매될 경우에는 동일상표에 대한 유통경로구성원 간의 가격경쟁력이 달라질 수 있다. 예를 들어, Coca Cola의 경우 대형마트, 편의점, 슈퍼마켓, 식당, 자판기 등을 통해서 유통되고 있다. 대형마트나 슈퍼마켓체인 같은 대형 소매업체는 도매상을 통하지 않고 직접 제조업체로부터 상품을 구매하는 경우가 흔하다. 따라서 이들은 도매상에게서 상품을 구매하는 것보다 싼 가격에 공급을 받을 수가 있으므로 동일상표를 둘러싼 중간상들 간의 경쟁에서 우위를 점할 수 있다.

2009년 12월부터 한국소비자원은 상품정보 포털사이트 티게이트 (www.tgate.or.kr)를 통해 대형마트, 백화점, 슈퍼마켓, 전통시장에서 판매하는 두부, 라면, 화장지 등 주요 생활필수품의 가격을 매주 공개한다. 이를 통해 소비자는 유통업태별 상품가격과 브랜드 별 가격을 비교할 수 있을 뿐 아니라 현재 가격을 지난 주, 지난 달 가격과 비교할 수 있어 합리적인 상품구매를 할 수 있다.

Waitrose: 저가격대의 자체브랜드 Essentials의 도입

Waitrose는 영국 슈퍼마켓 그룹이며 John Lewis 체인의 한 부분이다. Waitrose는 2009-2010 회계연도에 4억 1700만 달러의 이익과 70억 달러의 매출을 실현했다. Waitrose의 명성은 고품질과 신선함을 기반으로 구축되었다. 이와 함께 이 회사는 가격정책에도 매우 신경을 쓴다. Waitrose는 선정된 생필품의 가격을 다른 슈퍼마켓의 가격과 비교한다. 한동안 Waitrose는 '깜짝 놀랄 가격제안 (outstanding offers)'을 운영했는데, 이는 경쟁자들에 비해 더 저렴한 가격을 제공하는 제도였다.

국제 시장조사회사인 Kantar World Panel의 추정에 의하면 2010년 6월 Waitrose는 영국 식료품시장에서 4.2%의 점유율을 차지했다. 이러한 성과는 시장선도자인 Tesco (30.8%), Asda (11.9%)에 비해 상당히 떨어지는 것이다. Lidl 같은 할인 슈퍼마켓은 2.3%의 점유율을 꾸준히 유지한다. Kantar의 분석에 따르면 영국시장에서 불황이 물러남에 따라 소비자들은 소비수준을 높이고 있고 프리미엄 제품을 다시 찾기 시작했다.

소비자들은 Waitrose를 식품소매시장에서 최고급 소매점으로 간주한다. 2009년 3월 이전까지 Waitrose는 자체 브랜드 상품으로 구성된 일정 제품라인만을 취급했지만, Essential Waitrose라는 브랜드명 하에 1,400개에 이르는 신규상품을 갖춘 브랜드를 새로이 출시하기로 결정했다. 이 브랜드는 육류, 계란, 과일쥬스, 우유, 파스타 등을 포함한다. 이러한 브랜드 도입은 영국시장의 불경기동안 Asda, Lidl, Aldi 등 할인 슈퍼마켓에게 잃은 고객들을 다시 찾기 위한 노력의 일환이다.

Waitrose가 처할 수 있는 위험은 저렴한 상품들로 구성된 브랜드의 도입이 프리미엄 슈퍼마켓으로서의 브랜드 이미지와 브랜드 포지션에 부정적 영향을 미칠 수 있다는 것이다. Waitrose 마케팅 책임자인 Rupert Thomas는 치밀하게 전략을 입안, 실행했다. 그는 가치, 기본식품 (basics)같은 저가 브랜드를 연상시키는 용어들을 사용하지 않는 방안을 강구해야 했다. Essential에 포함된 상품들이 비교적 가격이 저렴하지만, 품질도 함께 떨어뜨린 것은 아님을 소비자에게 이해시키는 것이 중요했다. 평균적으로 가격이 10% 인하되었다. 인하된 가격을 만회하기 위해서는 매출이 5% 정도 증가해야 함을 Thomas는 알고 있었다.

운영이사 Mark Price는 마케팅예산을 20% 증액함으로써 이러한 조치를 전폭적으로 지원했다. 2009-2010년 Waitrose 매출은 전년도에 비해 11% 늘었고, Essential 상품이 전체 매출에서 차지하는 비중이 16%가 되었다. 2010년 6월 Marketing Society는 이러한 마케팅시도를 인정해 연례이벤트에서 Waitrose에게 대상을 수여했다.

신규 브랜드가 성공을 거두었음을 확실하게 보여주는 자료가 2010년 3월 Waitrose에 의해 발표되었다. 발표 자료에 의하면 첫 해에 7억 8000만 달러의 매출을 달성했고 2년차에는 10억 달러를 초과했다. Waitrose에 의하면 자사고객 가운데 75%가 신규브랜드가 부착된 상품들을 구매하고 있었다.

이러한 결과는 프리미엄 상품 이용객들도 저렴한 상품을 좋아함을 여실히 보여주었다. Waitrose는 Waitrose 브랜드 자체의 이미지를 손상시키거나 프리미엄 상품의 매출을 잠식하지 않고 보다 저렴한 상품라인을 제공할 수 있음을 증명해 보였다.

2010년 10월 Waitrose는 Heinz 콩 등과 같은 1000개의 유명 브랜드 제품들에 대해 선도적 영국 슈퍼마켓 기업들과 대등한 가격을 책정하기로 했다. Waitrose에게 있어 이러한 전략은 새로운 시도였는데, 이전에는 경쟁자 대응가격정책을 채택한 적이 없었기 때문이다. 이러한 전략은 밀과 같은 기본 식자재 가격이 상승하고 (2010년 7월 60% 상승함), 슈퍼마켓은 가격인상을 흡수해 식빵 같은 상품의 가격을 오히려 인하하는 시점에 이루어졌다.

Waitrose는 2010년 11월 런던에서 개최된 National Business Awards Gala Dinner에서 Excellence in Marketing Award (올해의 최우수 마케팅 상)를 받았다. 심사위원장 Alex Evans는 Essential 상품라인의 도입과 이를 지원하기 위한 마케팅 캠페인이 큰 성공을 거두었다는 심사평을 했다. 소비자들이 과거에 비해 보다 더 비용에 민감해진 시점임에도 불구하고 Waitrose 프리미엄 브랜드는 빅4 슈퍼마켓을 효과적으로 공략했던 것으로 드러났다.

Waitrose의 캠페인을 취급한 대행사는 런던 소재의 MCBD였다. 캠페인은 TV, 인쇄물, 옥외, 디지털 광고 등을 통해 이루어졌다. MCBD는 2010년에 실행된 광고캠페인도 맡았는데, 그 캠페인은 매출진작을 위해 유명 요리사들을 처음으로 모델로 사용했다. 1,550만 달러의 예산이 투입된 이 캠페인에는 과거 Waitrose의 자문역을 맡았던 Delia Smith와 미셸린 3-star요리사 등급을 받았던 Heston Blumenthal이 출연했다.

'Delia 효과'라고 불릴 만큼 Delai Smith는 과거 식료품 매출에 큰 영향을 주었기 때문에 Waitrose의 이러한 조치는 현명한 것이었다. 그녀가 영국 TV쇼에서 소개한 요리법은 천연염에서부터 크랜베리에 이르기까지 식품매출을 크게 높이게 만들었다. 3년간 진행된 신규 캠페인은 TV, 인쇄물, 옥외 광고를 포함한다. Waitrose 광고담당 임원인 Richard Hodgson에 의하면 신규 TV광고는 매주 방영되며, 각 광고물은 새로운 요리법을 소개한다. 사실 각 광고물은 Delia Smith 요리 쇼를 모방한 것이다.

Waitrose는 Essential 상품라인의 출시를 통해 소비자시장의 범위를 확대하면서 동시에 유명인 연계를 통해 프리미엄 브랜드 지위를 유지하려는 목표를 갖고 있다. 소비자들이 가격과 품질 간의 이상적인 조화를 바람에 따라 슈퍼마켓 업체들이 점유율 유지에 어려움을 겪고 있는 시점에 Waitrose는 경쟁자 대응 가격정책의 도입을 통해 시장선도자들을 공략하면서 신뢰성 있는 슈퍼마켓기업으로 자신을 재포지션하려고 노력하고 있다.

(4) 가격변화가 경로구성원에게 미치는 효과

경로구성원들은 여러 가지 이유로 가격을 변화시킨다. 원가상승에 의한 가격상승, 경쟁에 의한 가격인하, 재고처분을 위한 세일, 신제품 판촉을 위한 저가격적용 등이 그 이유 중의 일부다. 우리나라의 경우 제조업체나 중간상 모두 가격변화의 단기적 · 장기적 영향을 고려하지 않은 채, 가격변화를 시도하는 경우가 많다. 이하에서는 제조업자의 장기적 가격변화와 단기적 가격변화가 시사하는 바를 논의하기로 한다.

1) 장기적 가격변화

인건비, 재료비, 재고비, 기타 비용의 상승은 결국 제조업자의 가격인상요인이 되고 이는 궁극적으로 소비자의 부담으로 이전된다. 제조업자가 가격을 인상할 때 중간상들은 인상된 제품을 계속 취급할 것인지, 도소매 가격을 얼마에 책정할 것인지, 그리고 자신들의 마진이 얼마나 될 것인지 등을 재평가해 볼 것이다. 따라서 제조업자가 가격인상을 결정할 때는 수요 감소 외에도 도소매업자들의 지원이 약화될 가능성 등을 고려하여야 한다. 물론, 이와 같은 경우는 중간상이 여러 공급업체와 거래하고 있는 경우이고, 단일 공급원과 거래하는 중간상은 다른 관점을 가질 수 있다. 가령 우리나라의 전속대리점 체제하에서는 가격상승은 절대마진의 증가를 가져오므로 단기적인 이익을 추구하는 중간상의 입장에서는 이를 바람직하게 받아들일 수도 있는 것이다. 그러나 장기적으로 본다면 가격인상은 결국 최종소비자의 구매감소를 가져오므로 중간상의 이익에 부정적인 영향을 준다고 봐야 할 것이다.

제조업체가 가격인상을 단행하기에 앞서 현재의 가격에서 중간상의 추가 구매기회를 주기 위해 가격인상을 사전에 공고하는 경우가 종종 있다. 이러한 관행은 단기간 안에 주문이 쇄도하여 이를 효율적으로 처리하지 못하거나 가격인상 후에 오랜 기간 동안 주문이 없기 때문에 재고부담, 생산스케줄 조정의 어려움 등의 결과를 초래할 수 있다.

2) 단기적 가격변화

가격결정과 관련하여 경로구성원이 당면하게 되는 가장 어려운 문제는 단기적 가격변화 (세일, 가격인하)의 효율적 사용일 것이다. 전략적으로 잘 고안된 세일이나 가격인하는 단기적 매출증대를 가져올 수 있고, 재고처분 등의 효과가 있지만, 이의 남용은 수요의 집중화, 소비자의 가격에 대한 불신 등을 초래하게 된다.

빈번한 세일의 대안으로 개발된 전략이 상시저가전략 (EDLP: everyday low pricing)이다. 우리나라에서도 할인점들에 의해 일반화된 가격정책인데 미국의 할인점인 Wal-Mart에서 처음 사용된 이 전략의 핵심은 모든 제품의 가격을 경쟁소매점보다 항상 싼 값에 판매한다는 것이다. 그러나 제조업자의 잦은 공급가격변화는 이 전략의 실행에 커다란 장애가 된다. 잦은 지원금제도의 실시와 단기간의 가격인하 등은 상시저가전략을 구사하는 소매업체로 하여금 상시저가를 유지할 수 있는 비용 산정을 매우 어렵게 하고 있다. 그러나 이러한 소매업체들의 규모가 증대되고 시장지배력이 커지게 되면 이들 업체가 제조업체에 대해 일관성 있는 가격정책을 요구하게 될 것이며, 이러한 요구에 부응하지 못하는 제조업체의 제품을 점포에서 철수하게 할 가능성도 있다.

잦은 단기적 가격변화는 장기적으로 부정적 결과를 초래할 가능성이 크다. 즉 중간상들은 가격촉진에 습관화가 되어 제조업자의 지원 없이는 움직이지 않으려는 수동적 자세를 보이며, 소비자들도 가격할인 없이는 상품을 구입하지 않으려 할 것이다. 따라서 경로구성원들은 전략적 · 논리적 근거하에서 가격변화를 구사해야 할 것이다. 다음과 같은 단기적 가격변화는 전략적 근거를 갖는다고 볼 수 있다.

① 계절성이 있는 상품의 시즌 말 재고처분을 위한 가격인하
② 신제품 도입 시 의구심을 갖는 소비자들의 수용을 촉진하기 위한 특별 도입가격
③ 생산스케줄의 조정을 위한 재고처분 목적의 가격인하
④ 제품개량이 이루어진 경우 소비자에게 이를 설득시키기 위한 보조수단으로서의 단기적 가격인하
⑤ 소매점의 내점고객빈도를 높이기 위해서 몇 개의 특정제품들을 파격적인 가격에 판매하는 것 (loss leading product)

사례

Trader Joe's: 가격-가치 등식을 잘 변형시켜 저렴하면서 고급스러운 소매점으로 포지셔닝

미국 노스캐롤라이나 주 Chapel Hill에 새로운 Trader Joe's 점포의 개장을 준비하면서, 매니저 Greg Fort와 하와이풍 복장을 한 종업원들이 개장일에 5,000명 정도의 인파가 몰려올 것을 대비해 선반에 상품을 쌓고, 플라스틱 바닷가재를 매달고 손으로 그린 안내표지를 붙이느라 황급히 오갔다. 다른 두 점포를 개장시킨 경험이 있는 Fort는 고객들이 곧 Trader Joe's에서만 취급하는 2.99달러짜리 Charles Shaw

와인과 매우 저렴한 고급상품들을 카트에 담고 계산대에서 긴 줄을 설 것을 알고 있다. 그는 또한 신규고객들에게 Trader Joe's의 가격에 대해 설명하는 데 시간을 할애해야 함도 안다. 그는 그들에게 다음과 같이 말할 것이다. "이 상품들의 가격은 일상적으로 판매되는 가격이지, 개장일 기념 특별 할인가격이 아닙니다. 따라서 한 번 방문해서 1년 치 상품을 구매할 필요가 없습니다."

Trader Joe's는 진짜 고급 식품전문점도 아니고 할인 식품점도 아니다. 이 소매점은 이 둘 모두를 적절히 갖추고 있다. 미국에서 가장 잘 나가는 소매기업 중 하나인 Trader Joe's는 가격-가치 등식을 잘 변형시켜 소위 저렴하면서 미식가용 식품을 판매하는 점포 (cheap gourmet)를 지향한다. 이 점포는 쇼핑의 즐거움을 제공하기 위해 축제 같은, 여행지 같은 분위기 속에서 고품질의 상품을 저렴한 가격으로 판매한다. 한 식품마케팅 전문가는 다음과 같이 말한다. "식품소매업체들을 살펴보면, 할인 소매점과 중간가격대의 일반 소매점, 그리고 고품격 소매점 등이 있는데, Trader Joe's는 고품격 식품 소매점이다. 이러한 점포운영방식이 어떻게 불리든, Trader Joe's의 창의적인 가격-가치 포지셔닝은 지불한 가격에 대해 그들이 얻게 되는 것을 사랑하는 열성적 충성고객을 확보하게 만들었다."

Trader Joe's는 자신을 천국의 섬으로 묘사하는데, 그곳에서 가치, 모험, 그리고 맛있는 보물을 매일매일 발견할 수 있기 때문이다. 가끔 계산대에서 뱃고동 소리를 울리면서 특별세일이 있음을 알리면 쇼핑객들은 삼나무 판자로 세운 벽들과 인공 야자수 사이를 바삐 왔다 갔다 한다. 알로하셔츠를 입은 즐거운 표정의 종업원들은 어김없이 고객들에게 도움을 주는데, 그들은 날씨에서부터 저녁파티를 위한 메뉴 제안에 이르기까지 모든 것에 대해 고객들과 이야기를 나눈다. 고객들은 Trader Joe's에 단순히 물건을 사러가는 것이 아니라 '점포 경험'을 하러 가는 것이다.

진열대는 미식가들이 좋아할 만한 식료품들로 가득하다. Trader Joe's는 2,000개 정도의 제한된 제품만을 취급한다 (Safeway 슈퍼마켓은 평균적으로 45,000품목을 취급함). 그러나 상품구성은 Trader Joe's만의 차별성을 갖고 있는데, 미식가들이 좋아할 식품과 소스, 즉석스프, 신선한 전채와 냉동 전채, 스낵, 디저트 등으로 잘 조합되어 있으며, 이들 모두 인공염료, 인공향, 방부제 등이 전혀 첨가되어 있지 않다. Trader Joe's는 와사비 콩, 유기농 딸기 레모네이드, 진한 초콜릿을 입힌 말린 망고, 공정무역 커피에서부터 생강이 든 쿠키에 이르기까지 미식가들이 좋아할 만한 다양한 품목을 취급함으로써 미식가에게 기쁨을 제공한다.

Trader Joe's 상품이 특별한 또 다른 이유는 다른 점포에서는 그러한 상품들을 구할 수 없다는 것이다. 이 점포에서 취급하는 브랜드 가운데 80% 이상이 Trader

Joe's에서만 독점적으로 판매되는 PL 상품들이다. Trader Joe's의 한 점장은 다음과 같이 말한다. "사람들은 어떤 상품에 빠져 그 상품을 구매하러 계속 온다. 그들은 장바구니에 좋아하는 상품을 채우고, 종국에는 카트 전체를 좋아하는 상품들로 가득 채운다. 우리가 듣는 가장 흔한 불평은 이런 것이다. 그들은 한두 가지 상품을 구매하러 왔다가 카트 전체를 좋아하는 상품들로 가득 채우고 마는 것이다."

특별한 점포분위기, 다른 곳에서 구할 수 없는 미식가용 상품, 도움이 되고 고객에게 신경을 쓰는 종업원들과 같은 요소는 고가의 상품이 갖는 특징 같아 보이지만, 이들은 Trader Joe's의 차별적 특징이다. Whole Foods 같은 고급식품 전문점은 그들이 취급하는 상품에 맞추어 고가격을 책정하지만, Trader Joe's는 상대적으로 저렴한 가격으로 고객들을 놀라게 한다. 절대적 의미에서 가격이 그렇게 낮은 것은 아니지만 다른 곳에서 동일한 품질과 세련됨에 대해 지불하는 가격과 비교해보면 상당히 저렴하다. 이 회사는 다음과 같이 말한다. "우리 소매점은 훌륭한 식품만큼 가치에 신경을 쓴다. 따라서 큰 부담 없이 모험을 걸 수 있다."

Trader Joe's가 미식가용 고급식품을 그렇게 저렴하게 책정하는 비결은 무엇일까? 핵심성공요인은 절약하는 점포운영과 비용절감에 대한 광적인 집착을 들 수 있다. 비용을 절감하기 위해 Trader Joe's의 전형적인 점포는 교외의 쇼핑센터 같이 임대료가 저렴하고 외딴 지역에 입지한다. 작은 점포규모와 한정된 상품구색은 점포운영비와 재고비를 낮추게 한다. Trader Joe's 점포는 공간을 넓게 차지하는 농산물 판매 공간과 비용이 많이 드는 베이커리 숍, 정육점, 델리숍, 해산물 판매지역 등을 없앰으로써 비용을 절감한다. 자체 유통업체 브랜드에 대해서는 직접 공급업체로부터 구매하며 가격에 대해 적극적으로 협상한다. 점포관리자는 다음과 같이 말한다. "우리는 대량의 상품을 도매업체로부터 직접 구매하는데, 이로 인해 중간상을 배제하고 가능한 한 낮은 가격으로 구매할 수 있다."

마지막으로 비용을 절감하기 위해 노력하는 Trader Joe's는 광고에 거의 비용을 지출하지 않는다. 기발한 상품과 저가격의 독특한 조합은 많은 구전촉진을 유발시키기 때문에 Trader Joe's는 광고할 필요성을 느끼지 않는다. 공식적인 촉진활동에 가장 가까운 것은 회사 웹사이트와 받아보기로 허락한 사람들에게만 보내는 뉴스레터이다. Trader Joe's의 가장 강력한 촉진도구는 열성적인 충성고객이다. Trader Joe's의 고객은 자체의 팬 웹사이트인 www.traderjoesfan.com을 결성하기도 했는데, 이 사이트에서 그들은 신상품과 신규점포에 대해 이야기를 나누고, 조리법에 대해 정보를 교환하고, 자신들이 좋아하는 Trader Joe's 스토리를 교환하는 등의 활동을 한다.

이와 같이 올바른 가격-가치 공식을 찾아냄으로써 Trader Joe's는 미국에서 가장 빠르게 성장하고 가장 인기 있는 식품소매점이 되었다. 미국 내 25개 주의 350여 개의 점포에서 80억 달러가 넘는 매출을 올리고 있는데, 이는 지난 4년간 매출규모가 77% 이상으로 증가한 것이다. Trader Joe's점포는 1평방피트당 1,780억 달러의 매출을 실현하는데, 이는 슈퍼마켓 산업 평균의 2배가 넘는 매출성과이다. Consumer Reports지는 최근 Trader Joe's를 Wegmans와 함께 전국에서 최고의 슈퍼마켓 체인으로 평가했다.

Trader Joe's의 성공은 가치와 가격에 그 기반을 두고 있다. Oregon주 Bend에 위치한 Trader Joe's 점포에서 아침 일찍 쇼핑을 하는 단골고객 Chrissi Wright에게 Trader Joe's에 대해 물어보라. Chrissi는 1병당 2.99달러에 판매되는 인기상품 Charles Shaw 와인 8병을 가슴에 안고 가게를 떠나는 것을 기대한다. "나는 돈을 많이 들이지 않고도 우아하고 멋있게 식사할 수 있게 하는 Trader Joe's를 사랑한다. Trader Joe's에서 판매하는 상품들은 미식가를 위한 식품이며, 종종 환경에 신경을 쓰고 아름답기도 하다. 아마도 현재 가장 혁신적인 점포일 것이다."

Trader Joe's의 모기업은 독일의 Aldi이다. 효율적 점포운영, 소매업체상표의 효과적 전략은 Aldi의 오래된 노하우에서 전수된 결과이다.

참고문헌

Kotler and Armstrong(2019). *Principles of Marketing*, 17th edition, Prentice Hall.

안광호, 조재운, 한상린(2019). **유통원론**, 4판, 학현사.

Apple 사례

가장 존경받고 혁신적인 기업, '애플'의 성공신화. http://news.kotra.or.kr/user/globalBbs/kotranews/782/globalBbsDataView.do?setIdx=243&dataIdx=42395

삼성 vs 애플의 서로 다른 스마트폰 수성 전략-애플 고가 제품 다양화… 영업 이익 방어.

삼성과 애플의 제품전략, 차이점은 무엇인가?. https://catchrod.tistory.com/975

삼성전자 vs 애플: 점유율은삼성, 실속은애플. https://biz.chosun.com/site/data/html_dir/2012/04/25/2012042501086.html

삼성 중저가 제품에 신기술 적용 가속도. https://www.mk.co.kr/news/business/view/2018/12/756886/

스마트폰 전략 수정 나선 삼성전자 "한눈 팔지 않겠다. 기술 혁신에 집중하겠다". https://jmagazine.joins.com/economist/view/329152

아이폰 사례를 통해 본 성공요인과 시사점. https://www.seemore.co.kr/app/article.html?act=listbody&no=136&ct1=727&ct2=1877

애플의 4가지 성공요인. http://www.adopia.net/bbs/knews_detail.asp?seq=175&tag=4

애플, 성공 비결은?. https://csandroid.tistory.com/122

애플은 어떤 미래를 그리고 있는가?. https://brunch.co.kr/@godnjs988/3

어떻게 애플 스토어는 세계적인 성공을 거두었나?. https://redfriday.co.kr/39

애플 헬스 레코드: 아이폰으로 자신의 진료 기록을관리한다. http://www.yoonsupchoi.com/2019/02/18/apple-health-record/

제품 서비스 통합 시스템 (PSS). http://times.postech.ac.kr/news/articleView.html?idxno=4421

좁은 창고에서 피어난 혁신의 사과 열매. https://terms.naver.com/entry.nhn?docId=3572920&cid=59088&categoryId=59096

Apple Homepage. https://www.apple.com/shop

https://www.apple.com/kr/?afid=p238%7CsNqv50ez2-dc_mtid_18707vxu38484_pcrid_438004354768_pgrid_16348497201_&cid=aos-kr-kwgo-Brand--slid---product--

Apple Wikipedia. https://en.wikipedia.org/wiki/Apple_Inc.

Apple digs in over its App Store fees. https://www.bbc.com/news/technology-53500593

Apple expands iPhone repair services to hundreds of new locations across the US. https://www.apple.com/newsroom/2020/07/apple-expands-iphone-repair-services-to-hundreds-of-new-locations-across-the-us/

Hype builds as new Apple store imminent. https://www.bangkokpost.com/business/1956587/

hype-builds-as-new-apple-store-imminent

Inside the factors that lead Apple to Apple Store openings and closure. https://appleinsider.com/articles/20/07/23/inside-the-factors-that-lead-apple-to-apple-store-openings-and-closures

Want to know where the next COVID-19 hot spot will be? Apple Store closures may offer a tip. https://www.deseret.com/u-s-world/2020/7/25/21335794/coronavirus-apple-store-covid-19-spread

Why Apple Store Closures May Tell Us Where Covid-19 Will Hit Next. https://www.youtube.com/watch?v=r2FkTshHo54

Levi's 사례

'깡' 비, 리바이스 광고 모델료 기부…"여성 취약층 지원". https://newsis.com/view/?id=NISX20200605_0001049668&cID=10601&pID=10600미국

리바이스, 신종코로나 확산에 중국 매장 절반 폐쇄. https://www.asiae.co.kr/article/2020013114344999647

리바이스 x 뉴발란스 '메이드 인 US 1300'공식 발매일 연기. https://hypebeast.kr/2020/3/levis-new-balance-made-in-us-1300-release-info

방탄소년단 4월 투어 예정 미국 리바이스 스타디움, 13일부터 폐쇄. https://www.hankyung.com/entertainment/article/2020031304294

방탄소년단, 코로나19 확산으로 북미투어 연기. https://www.tvreport.co.kr/2036984

'병행수입'시장 '자율경쟁'시대. http://www.busan.com/view/busan/view.php?code=20080512000237

브랜드 파워 맹신해 위기…혁신 또 혁신해 돌파. http://economy.chosun.com/client/news/view.php?boardName=C24&t_num=13606351

샤넬의 2020/21 크루즈 컬렉션 '지중해에서의 산책'. http://www.wkorea.com/2020/06/10/%ec%83%a4%eb%84%ac%ec%9d%98-2020-21-%ed%81%ac%eb%a3%a8%ec%a6%88-%ec%bb%ac%eb%a0%89%ec%85%98-%ec%a7%80%ec%a4%91%ed%95%b4%ec%97%90%ec%84%9c%ec%9d%98-%ec%82%b0%ec%b1%85

소셜커머스 (Social commerce). https://hujubkang.tistory.com/entry/%EB%A7%88%EC%BC%80%ED%8C%85%EC%83%81%EC%8B%9D-%EC%86%8C%EC%85%9C%EC%BB%A4%EB%A8%B8%EC%8A%A4-Social-commerce

신종코로나 '불똥에' 세계 기업들 1분기 타격…중장기 충격 관망. https://www.mk.co.kr/news/society/view/2020/02/117337/

신종 코로나 충격 일파만파…H&M · 유니클로 · 리바이스 中 매장 폐쇄. https://www.fashionn.com/board/read_new.php?table=1004&number=31877

"얼어붙은 소비심리 녹인다"…유통가, 봄맞이 행사 '풍성'. http://www.newsprime.co.kr/news/article/?no=499549

유아동 전문 기업, 온라인 고객 잡기에 총력. http://www.fashionbiz.co.kr/TN/?cate=2&recom=2&idx=177640

청바지 등 95년 첫 인정 후 급성장. http://www.busan.com/view/busan/view.php?code=20080512000237

청바지 시장 3년 만에 매출 회복. http://www.bobbinjournal.com/archives/5815

청바지 원조 리바이스의 부활 비결. https://biz.chosun.com/site/data/html_dir/2019/04/05/2019040500664.html

코로나 바이러스 시대에 대처하는 패션 SNS의 크리에이티브. https://www.doorcreative.com/magazine20/jprhttpkh69dpys4r793alw7mxy954

코로나에 물빠진 리바이스, 매출 62% 뚝…직원 700명 줄인다. https://www.sedaily.com/NewsVIew/1Z582U1XNQ

코로나에 죽쑤는 美 기업의 희망…"중국 시장이 깨어나고 있다". https://www.etoday.co.kr/news/view/1890117

페이스북과 상거래의 만남…리바이스 사례로 본 '소셜커머스'. http://www.bloter.net/archives/30772

하이브리드 채널 마케팅 효과를 극대화시킨다. http://www.lgeri.com/uploadFiles/ko/pdf/man/%EA%B2%BD%EC%98%81_%ED%95%98%EC%9D%B4%EB%B8%8C%EB%A6%AC%EB%93%9C_%EC%B1%84%EB%84%90_%EB%A7%88%EC%BC%80%ED%8C%85_%ED%9A%A8%EA%B3%BC%EB%A5%BC_%EA%B7%B9%EB%8C%80%ED%99%94%EC%8B%9C%ED%82%A8%EB%8B%A4_20040214115734.pdf

한세드림, 5월 5일 하루 매출 역대 최대…보복소비 폭발. http://www.ktnews.com/news/articleView.html?idxno=115264

"美 정부, 90일간 일부 수입품 관세유예 곧 발표할 듯". https://newsis.com/view/?id=NISX20200401_0000977944&cID=10101&pID=10100

Inside Levi's Comeback Plans. https://www.businessoffashion.com/articles/intelligence/inside-levis-comeback-plans

Levi's Homepage. https://www.levi.com/US/en_US/

Levi's Wikipedia. https://en.wikipedia.org/wiki/Levi_Strauss_%26_Co.

Levi's Celebrate LFC's Title Win With Exclusive Trucker, Jackets. https://www.soccerbible.com/lifestyle/clothing/2020/07/levis-celebrate-lfcs-title-win-with-exclusive-trucker-jackets/

Levi's opening 100 more stores as wholesale declines. https://www.retaildive.com/news/levis-opening-100-more-stores-as-wholesale-declines/564643/

Levi's plans to accelerate e-commerce and invest in AI initiatives to help reduce COVID-19 pain. https://diginomica.com/levis-plans-accelerate-e-commerce-and-invest-ai-initiatives-help-reduce-covid-19-pain

Levi's positive thinking is the key to his success. https://www.gazette-news.co.uk/news/18605237.levi-saunders-mitchell-tell-us-top-trader/

Levi's sales fall 62% in second quarter, to cut 15% of corporate workforce. https://www.cnbc.com/2020/07/07/levi-strauss-co-levi-reports-q2-2020-earnings.html

The CEO of Levi Strauss on Leading an Iconic Brand Back to Growth. https://hbr.org/2018/07/the-ceo-of-levi-strauss-on-leading-an-iconic-brand-back-to-growth

Chapter 8

서비스업체의 유통전략

학습내용

1. 유형 제품과 서비스의 차이점은 무엇인가?
2. 서비스 밸류 체인이란 무엇인가?
3. 서비스 산업에 흔히 사용되는 프랜차이즈 시스템이란 무엇이고 어떤 유형이 있는가?
4. 프랜차이즈 시스템의 특징, 장단점은 무엇인가?
5. 프랜차이즈 시스템은 어떻게 운영되는가?
6. 프랜차이즈 본부의 수입원은 무엇인가?
7. 가맹점주가 프랜차이즈 창업 시 주의할 점은 무엇인가?
8. 프랜차이즈 사업의 미래는 어떠한가?
9. 전통적인 서비스업과 온라인 서비스업의 차이는 무엇인가?
10. 공유경제란 무엇인가?
11. 공유경제 발전의 원동력은 무엇인가?
12. 공유경제의 도전 과제와 미래는 어떠한가?
13. 구독경제란 무엇인가?
14. 구독경제 발전의 원동력은 무엇인가?
15. 구독경제의 도전과제와 미래는 어떠한가?
16. 플랫폼 비즈니스란 무엇인가?
17. 플랫폼 비즈니스는 어떻게 구성되어 있는가?
18. 플랫폼 비즈니스의 성공조건은 무엇인가?
19. 온라인 플랫폼 비즈니스의 특징은 무엇인가?
20. 플랫폼 비즈니스의 성공전략은 무엇인가?

사례 가장 많은 가맹점을 보유하고 있는 프랜차이즈 산업의 거인: McDonald's

학습목표

1. McDonald's의 발전 배경은 무엇인가?
2. McDonald's가 위기에 처한 요인은 무엇인가?
3. McDonald's는 위기를 타개하기 위해 어떤 전략을 구사하였는가?
4. McDonald's의 혁신 전략의 성과는 어떠하였는가?

1955년 Ray Kroc은 밀크셰이크 믹싱기계의 판매원이었고, 당시 52세였다. 그는 Richard와 Morris McDonald 형제가 소유하고 있는 식당 7개에 관심을 기울였다. 그는 McDonald's 형제의 패스트푸드 개념이 편리함을 추구하고 시간에 쫓기는 가족중심의 생활양식에 잘 어울린다고 판단하여 그 체인을 270만 달러에 구매하였고, 그 후 하나의 전설이 되었다.

McDonald's는 매우 빠르게 성장하여 세계에서 가장 큰 음식 공급업자가 되었다. 세계적으로 31,800개가 넘는 체인점은 매일 5천만 고객을 상대로 하며, 매년 600억 달러의 매출을 기록하고 있다. 금빛 아치는 세계에서 가장 친숙한 심벌의 하나이다. 산타크로스를 제외하면 어떤 캐릭터도 로널드 McDonald's보다 더 잘 인지되지 못한다. 한 사업 분석가는 "중산층 가정을 위한 편의식품을 만듦으로써 금빛 아치는 기름투성이의 숟가락을 대신했고, 이는 마치 1950년대 Holiday Inn이 길가의 모텔을, Sam Walton이 디스카운트 소매상을 대신한 것과 같습니다"고 말한 바 있다.

변화하는 시장은 McDonald's에게 기회를 제공했지만, 또한 도전을 주기도 했다. 실제로 한때 반짝였던 금빛 아치는 소비자의 변화하는 생활양식을 반영하지 못하여 그 광택을 잃어버린 적도 있다. McDonald's는 미국에서 가장 방문객이 많은 패스트푸드 체인으로 남아 있지만, 시장점유율은 1997년과 2003년 사이에 3% 정도 떨어졌고, 2002년에는 처음으로 한 분기에 적자를 기록하기도 했다.

무슨 일이 일어났을까? 비만소송과 5달러짜리 카페라떼가 유행하는 시기에 McDonald's는 시대 흐름을 쫓아가지 못하는 것처럼 보였다. 소비자는 더 신선하고 더 맛있는 음식과 더 고급스러운 매장 분위기를 원하고 있었다. 그 결과 McDonald's는 소위 "fast-casual"이라고 불리는 시장에게 점유율을 뺏기고 있었다.

Panera Bread, Baja Fresh, Pret a Manager, Cosi 등과 같은 새로운 경쟁자는 더 유행에 민감하고 상상력이 뛰어난 음식을 제공하고 있었다.

미국 소비자는 또한 더 건강지향적인 식사 대안을 찾고 있었다. 패스트푸드 고객은 건강에 좋은 메뉴가 부족함을 불평했고, 건강을 위해 패스트푸드 레스토랑에서 적게 먹고 있었다. 시장 선도자로서 McDonald's는 이 비판을 감당해야 했다. 한 소송에서 10대의 두 딸을 둔 부모는 McDonald's가 자녀의 비만과 당뇨병을 포함한 건강 관련 문제에 책임이 있다고 주장한 바 있다.

이러한 위기에 대처하기 위해 2003년 초 McDonald's는 반전을 위한 계획을 발표했다. 'Plan to Win'이라고 불리는 이 계획은 McDonald's가 새로운 시장 환경에 더 잘 적응하기 위한 것으로 다음과 같은 원칙을 담고 있다.

1. '기본으로 돌아가기: Back to Basic': McDonald's는 과거에 성공을 가져다주었던 요인 (일관성을 갖춘 제품과 믿을 만한 서비스)에 다시 초점을 맞추기 시작했다. McDonald's는 기존 매장을 개선하는 데 많은 돈을 투자하고, 서비스를 더 신속하게 제공하고, 직원을 훈련시키고, 매장이 항상 밝고 깨끗한가를 추적하기 시작했다. 깨끗하고 심플하면서도 더 현대적으로 내부 공간을 가꾸고 무선 인터넷 접속이 가능한 편의 시설을 갖춤으로써 McDonald's 레스토랑의 새로운 이미지를 구축하기 시작했다. 이제 McDonald's는 영원히 젊은 브랜드임을 고객에게 약속하고 있다.

"If You Can't Lick 'Em, Join Em." 새로운 경쟁자와의 경쟁에서 이기고, 고객 기반을 확장하기 위해 McDonald's는 새로운 레스토랑 개념을 시도했다. 예를 들어 가죽소파, 전문지식을 갖춘 스텝, 자기로 만든 컵에 담은 에스프레소, 주문하면 만드는 음료, 미식가용 샌드위치, 인터넷 접속 등을 제공하는 고급 맥카페 (McCafe) 매장 등을 시도했다. 또한 높은 등받이를 갖춘 가죽소파, 주문하면 만드는 오믈렛 조식 바, 진짜 중국식 음식 등을 제공하는 '식도락가 (Bristo Gourmet)' 개념의 레스토랑도 시도했다. 아이들은 여전히 해피밀을 먹을 수 있었지만, 부모들은 '파니니 샌드위치 (이태리식 샌드위치)', '미식가용 버거', '크림 블루리 치즈케이크' 등과 같은 더 세련된 음식을 즐길 수 있게 되었다.

2. 'It's what I eat and what I do… I'm loving it': McDonald's는 최근 고객이 균형 잡히고 활발한 생활양식을 즐기는 데 핵심이 되는 방법을 이해할 수 있도록 도와주기 위해 이러한 주제로 광범위한 교육캠페인을 전개했다. 'It's what I eat and what I do… I'm loving it'이라고 불리는 캠페인의 주제는 먹는 권한과 활동적인 삶과의 상호작용을 강조했다. 회사는 식단의 선택과 다양함, 교육봉사 활동, 육체적

건강의 촉진/전파에 도움을 주기 위해, 영양, 건강, 여가활동 분야의 외부 전문가로 구성된 '광범위한 자문위원회'를 구성했다.

회사는 삶을 장식하고 재단하는 역할을 담당하는 로널드 McDonald's를 개발했다. 그는 자신의 역할을 행복최고관리자로 확장함으로써, 재미, 건강, 질 좋은 어린이의 삶, 전 세계에 있는 아이들과 가족들에게 잘 먹고 활동적으로 살 수 있도록 영감을 불어넣어 주고 격려하는 활동 등의 역할을 수행하는 세계적 전도사가 되었다. 또한 균형 잡힌 McDonald's의 'Passport to Play'라고 하는 학내 프로그램은 미국 전역에 있는 31,000개의 학교에 다니는 아이들의 학교 체육시간에 더 독특하고 재미있는 방법으로 참여할 수 있도록 동기를 부여했다. 여전히 회의적이기는 하지만 McDonald's에 대한 엄격한 비판자도 이러한 활동을 칭찬한 바 있다.

3. '음식메뉴의 개선': McDonald's는 메뉴에 대한 더 다양한 선택과 다양성을 제공하기 위해 노력했다. 예를 들어, 성인들을 위한 'Go Active! Happy Meal'을 소개했는데, 이는 고급 샐러드, 다사니 (Dasani) 생수, 하루의 도보 수를 추적하여 일일 운동량을 측정하는 스텝미터 (Stepmeter) 등을 포함하고 있다. McDonald's는 현재 흰색 육류로 만든 맥너겟, 닭가슴살 치킨 샐러드, 저지방 우유, 사과 조각, 씨 없는 포도와 저지방 바닐라 요구르트, 호두로 만든 고급 샐러드 라인을 개발했다. 고급 샐러드 라인을 소개한 지 일 년 만에 McDonald's는 현재까지 5억 1600만 개의 샐러드를 판매하여 세계에서 가장 많은 샐러드를 판매하는 회사가 되었다.

변화하는 마케팅 환경에 맞추려는 McDonald's의 노력은 성공적인 것으로 보인다. 어떤 평가 기준으로도 패스트푸드 거인은 이제 다시 모양새를 갖추고 있다. 회사의 판매와 수익이 꾸준히 증가하고 있다. 'Plan to Win' 정책을 발표한 이래 McDonald's는 판매량을 33% 증가시켰고, 수익은 3배가 되었다. 고객과 주주는 McDonald's의 징글 (jingle)인 'I'm loving it'을 콧노래로 흥얼거리고 있다. 전 McDonald's CEO는 이러한 노력을 요약하여 이렇게 말한다. "레이 크록은 2000년에 우리가 무엇을 판매하고 있을지 모른다고 이야기했지만, 현재 우리가 무엇을 판매하는가와 관계없이, 그는 고객욕구의 변화를 빨리 간파하여 우리도 함께 변화하기를 원한다는 것을 일찍 간파했다."

1. 전통적인 오프라인 서비스 산업의 마케팅 전략

서비스는 물리적 제품과 달리 1) 무형성 (intangibility), 2) 소멸성 (perishability), 3) 비분리성 (inseparability), 4) 변동성 (variability)의 특징을 가진다. 특히 서비스는 공산품과 달리 제조와 소비가 분리될 수 없으므로 공산품과는 다른 경로로 유통된다. 전통적으로 서비스는 대리인을 통해 판매되는 것이 일반적이다. 예를 들어 호텔, 항공권, 렌털카 등은 여행사를 통해 판매된다. 그러나 인터넷, 스마트폰, 소셜네트워크 서비스의 등장은 서비스 유통에 획기적인 변화를 가져왔다.

서비스 산업의 유통전략의 특징은 서비스가 대체로 종업원에 의해 제공되므로 종업원을 내부 고객으로 인식하고 외부 고객의 만족과 더불어 종업원 만족이 매우 중요하다는 점이다. 즉, '만족한 고객이 만족한 고객을 만들어낸다'는 서비스 가치 사슬 (service value chain)의 선순환을 만들어 내야 한다.

서비스 사업은 이러한 단순한 경영철학에 의해 성패가 좌우된다. 고객을 잘 돌보기 위해서는 먼저 이들을 돌볼 종업원을 잘 돌보아야 한다는 것이다. 만족한 종업원은 고객에게 높은 수준의 서비스가치를 제공할 것이며, 이는 고객의 만족을 창출한다. 만족한 고객은 다시 재방문을 통해 기업의 매출과 이익을 창출한다.

본장에서는 전통적 서비스 산업의 유통전략과 인터넷 및 모바일 시대의 서비스 산업을 구분하여 각 기업의 효과적 유통전략에 관해 논의한다. 1절에서는 전통적 서비스업체의 유통전략에 관해 논의하고 2절에서는 인터넷 시대의 서비스업체의 유통전략에 관해 논의한다.

사례

고객을 보살피는 종업원을 보살핌: Four Seasons Hotel

Four Seasons 호텔에서는 모든 고객이 중요하다. 다른 고급 리조트들도 그들의 고객을 충분히 만족시키지만, Four Seasons 호텔은 고감도의 능숙한 서비스를 완벽하게 수행한다. 일박에 1,000달러 이상을 지불하는 고객들은 자신들의 마음을 읽어 줄 것으로 기대하며, 이 최고급 호텔은 그들을 실망시키지 않는다. 이 호텔의 사명은 최고의 접대를 통해 완벽한 여행경험을 제공하는 것이다. 이 호텔의 매니저는 다음과 같이 말한다. "최고 품질의 우아한 주변 환경에서부터 매우 개인화된 24시간 접객 서비스에 이르기까지 Four Seasons는 최고의 서비스가 무엇인지 알고 이를 바로 판단할 줄 아는 고객들에게 집을 떠나 있지만 진짜로 집에 머무는 것 같은 서비스를 제공한다."

그 결과 Four Seasons는 열성적 충성고객을 갖고 있다. 하와이 Maui섬의 Four Seasons 투숙 고객은 최근 한 매니저에게 다음과 같이 말했다. "만약 천국이 있다면, Four Seasons가 그곳을 운영했으면 좋겠다." 그러면 Four Seasons를 그렇게 특별한 호텔로 만든 것은 무엇일까? 바로 CEO에서부터 도어맨에 이르기까지, 서비스 정신을 무장한 Four Seasons 종업원들이 비결이다. Four Seasons의 창업자이며 CEO인 Isadore Sharp는 다음과 같이 이야기한다. "당신이 대중의 관점에서 바라본 Four Seasons는 우리 종업원들을 반영한 것이다. 즉 그들은 우리 호텔을 성공하게 만든 심장이며 혼이다. 우리 회사에 가장 소중한 자산은 종업원이라고 이야기 할 때, 그것은 단순히 말로 하는 것이 아니다." Four Seasons가 고객에게 그러하듯이, 종업원들을 존중하고 소중히 여긴다. Four Seasons는 행복하고 만족한 종업원이 행복하고 만족한 고객을 만든다는 것을 안다.

Four Seasons의 고객서비스 전통은 황금률에 근거한 기업문화에 깊이 자리 잡고 있다. Sharp회장은 다음과 같이 말한다. "고객, 업계관계자, 동료들과 상호작용함에 있어 우리 호텔은 그들에게서 대접받고 싶어 하듯이 그들을 대접하려고 한다. 개인적 서비스는 정책으로 명시할 수 있는 성격의 것이 아니다. 당신이 종업원을 대하는 방식은 바로 당신이 종업원들로 하여금 고객을 어떻게 대해야 한다고 기대하는 바를 반영한다."

Four Seasons는 최고의 인재를 고용해 신중히 교육시키고, 그들의 마음속에 자긍심을 고취시키며, 뛰어난 서비스 실적에 대한 인정과 보상을 통해 그들을 동기부여시킴으로써 이러한 기업문화에 생기를 불어 넣는다. 이 호텔은 시작부터 올바른 사람을 고용하려고 한다. 즉 Four Seasons 문화에 맞는 사람을 고용한다. 담당업무가 세탁물을 개는 일이든 요가를 가르치는 것이든 모든 지원자들은 적어도 4회의 면접을 거친다. Sharp회장은 다음과 같이 말한다. “우리 호텔은 우리가 다른 사람으로부터 대접 받고 싶듯이 그들을 대접해야 한다고 천성적으로 믿는 사람, 즉 황금률을 공유하는 종업원들을 기대한다.”

선발된 모든 신규 종업원들은 3개월간의 훈련을 받는데, 여기에는 고객의 욕구와 행동을 완벽히 이해하는 데 도움이 되는 즉흥연습이 포함된다. Four Seasons는 끊임없이 훈련을 시킨다. 그러나 더 중요한 것은 종업원 자신들과 그들이 일하는 곳의 문화이다. Sharp회장은 다음과 같이 말한다. “어떤 사람이 웨이터가 되도록 가르칠 수는 있다. 그러나 그 사람 속에 자리 잡고 있는 불량한 태도는 바꿀 수 없다. 우리는 ‘도어맨인 것이 자랑스럽습니다’라고 말하는 사람을 찾는다. 가장 중요한 문화적 지침은 바로 황금률이다. 다른 사람들을 진심으로 대하라는 것이다. 이는 속임수가 아니다.” 그 결과 Four Seasons 종업원들은 좋은 서비스가 무엇인지 알며 이를 제공하기 위해 적극적으로 노력한다.

가장 중요한 것은 올바르게 선발된 종업원들을 가장 소중한 손님처럼 대한다는 것이다. 한 기자는 다음과 같이 말한다. “고급 경쟁호텔과 비교했을 때, Four Seasons의 봉급은 75~90% 정도 되지만 후한 퇴직금과 이익 공유 플랜을 제공받는다. 담당 업무에 상관없이 모든 종업원들은 호텔 카페테리아에서 무료로 식사한다. 식사에서 흰 리넨과 와인이 제공되지 않을 수는 있지만, 음식과 동료애는 매우 좋다.” 모든 종업원들에게 제공되는 또 다른 특혜는 무료숙박이다. 입사 후 6달이 지나면, 종업원들은 모든 Four Seasons 호텔에서 1년 중 3일간 무료숙박을 할 수 있다. 1년이 지나면 무료 숙박일수는 6일로 늘어나고, 무료 숙박일수는 근무 연수에 따라 증가한다. 이러한 혜택이 종업원당 연간 수천 달러의 비용을 발생시킬 수 있지만, 이로 인해 돌아오는 보상은 돈으로 계산할 수 없다. 호텔에 투숙하는 동안 종업원들은 자신들이 대하는 고객들에 못지않게 자신들도 소중하다는 것을 느낀다. Four Seasons 마우이의 풀장관리 종업원인 Kanoe Braun은 다음과 같이 이야기한다. “인도네시아 발리에 있는 Four Seasons에 숙박한 적이 있다. 그곳은 내가 매우 좋아하는 장소이다. 내가 그곳에 도착했을 때, 종업원들은 ‘Braun씨 안녕하세요?’라고 말했다. 그 순간 나는 내가 소중한 사람같이 대접받는다는 생각을 했다. Four Seasons의 다른 종업원들은 다음과 같이 말한다. “당신은 종업원이 아니라 고객으로 대우를 받는다. 당신은 흥분된 마음으로 여행에서 돌아와, 고객들을 위해 더욱 더 노력하고 싶을 것이다."

그 결과 Four Seasons 종업원은 고객 못지않게 호텔을 사랑한다. 고객들은 원하는 시간에 퇴실할 수 있지만, 종업원들은 그 호텔을 떠나고 싶어 하지 않는다. 정식 종업원의 연 이직률은 18%에 불과한데, 이는 업계 평균의 반밖에 되지 않는다. Four Seasons는 Fortune지가 1998년부터 시행해 온 일하기 좋은 100대 기업에 매년 포함되고 있다. 그리고 종업원의 헌신과 낮은 이직률은 Four Seasons 성공의 가장 큰 비결이다. 서비스 밸류 체인이 제시하듯이, 고객을 잘 돌보는 일은 그들을 돌보는 종업원들을 잘 대하는 것에서부터 시작한다.

사례 정말 싼 항공사: Ryan Air

항공시장이 전반적으로 어려움을 겪고 있는 지금, 주요 항공사들은 가격전략을 결정하는 데 매우 어려움을 겪고 있다. 항공사들이 채택하는 가격전략은 매우 다양하다. 어떤 항공사는 기내 식음료서비스를 없애고 최저가격을 제공한다 (Southwest Airline, JetBlue, Frontier Air 등). 다른 항공사는 고급서비스를 제공하고 비싼 항공요금을 책정한다 (Virgin Air, Singapore Airline 등). 그러나 항공사 대부분은 최적의 가격전략이 무엇인지 이해하지 못하고 있으며, 그 결과 탑승객은 항공료 이야기만 나오면 심기가 불편해진다. 예를 들어, 최근 Northwest Airline은 요금을 모두 받으면서 기본적인 기내서비스 (무료잡지, 베개, 프리첼스낵)을 없애고, 경쟁사에서는 무료로 제공하는 서비스 (기내스낵과 통로 쪽 좌석)에 추가요금을 새로 부과함으로써, 항공서비스산업 고객만족평가에서 꼴찌를 차지했다.

그러나 최근 한 항공사가 고객이 진정으로 반길 만한 혁신적 가격해법을 새로 찾은 것으로 보인다. 즉 무료로 비행기를 타는 것이다. 유럽에서 가장 높은 수익을 거두는 아일랜드 항공사 Ryan Air의 최고경영자인 Michael O'leary 회장은 10년 안에 승객의 반 이상이 무료로 탑승하게 될 것이라고 약속했다. 놀라운 사실은 대부분의 분석가가 그의 예측에 회의적이었지만, Ryan Air는 이미 승객 중 1/4에게 무료 항공을 제공한다는 것이다.

무료탑승을 고려하지 않더라도, Ryan Air는 유럽에서 가장 인기 있는 항공사로 성장했다. 2005년 Ryan Air는 탑승객 3,500만 명을 유럽 100개 이상의 목적지로 실어 날랐으며, 고객은 고작 53달러의 평균 항공료만을 지불했을 뿐이다. 대부분의 경쟁사가 정체상태에 있는 시점에서 이 항공사는 17억 달러의 수입을 올렸는데, 이 액수는 전년도에 비해 20% 상승한 것이다. 더욱 더 인상적인 것은 22%의 순이익률을 실현한 것인데, 이는 항공서비스산업에서 최고 수준이다 (수익성이 높은 Southwest Airline의 순이익률인 7.2%와 비교해 보라). "Ryan Air는 유럽 항공서비스산업에서 가장 높은 재무성과를 실현했습니다."라고 한 항공산업 전문가가 말한다.

그 비결은 무엇일까? Ryan Air의 엄격한 원가구조는 원가관리로 명성이 높은 Southwest Airline조차 부주의한 비용지출자로 만들어 버린다. 덧붙이자면 이 항공사는 수화물 체크인에서 좌석등받이의 광고공간에 이르기까지 항공료를 제외한 거의 모든 것에 가격을 부과한다. 그 결과 2005년 Ryan Air는 항공료 이외의 수익원에서 2억 6,000만 달러의 수입을 올렸는데, 이는 전체 수입에서 15.6%를 차지하는 것이다. Michael O'leary 회장은 "우리 회사가 이것을 생각해 낸 첫 번째 회사는 아니지만 다른 회사보다 이 일을 더 잘 했을 뿐입니다"라고 말한다.

Southwest Airline의 사업모델과 여러 가지 점에서 비슷한 것은 결코 우연의 일치가 아니다. Ryan Air가 다른 유럽기반 지역 항공사와 마찬가지로 수익성에서 어려움을 겪고 있던 1991년에 올레어리 회장은 Southwest 경영진을 만나기 위해 댈러스로 날아가 교훈을 얻고자 했다. Southwest를 방문한 올레어리 회장은 도매상의 관점에서 항공서비스사업의 운영방식을 재조명하기로 했다. Southwest의 사업모델에 따라, Ryan Air는 보잉737이라는 단일 비행기종만을 사용했고, 상대적으로 규모가 작은 중소도시 공항을 출발지와 도착지로 삼았으며 선착순 좌석배정을 도입했다.

그러나 Ryan Air는 저 원가 기반 가격결정모델을 한층 더 심화시켰다. 빅4 글로벌 회계법인 중 하나인 KPMG에서 수년간 회계사로 근무했던 올레어리 회장은 지속적인 원가절감에 매달렸다. 그는 "우리 회사는 항공업계의 Wal-Mart가 되길 원합니다."고 말한다. 초대형 소매업체처럼 Ryan Air는 매번 수백만 달러씩 원가를 절감시키는 새로운 방법을 고안했는데, 항공기의 무게를 줄이고 청소비를 절감하기 위해 좌석등받이에 부착된 주머니를 제거한 것이 한 예이다. 올레어리 회장은 항공료인하를 통해 절감된 비용이 고객에게 돌아가도록 했다.

Ryan Air의 가격절감 노력은 탑승객이 소비하려는 모든 서비스에 요금을 부가한다는 것을 의미한다. Ryan Air 기내에서 공짜로 제공되는 땅콩이나 청량음료는 없다. 2,007만 명의 탑승객이 기내에서 청량음료를 구매해서 거둔 수입이 6,100억 달러였으며, 이는 한 사람당 평균 2.25달러를 소비한 셈이다. 2006년 3월 Ryan Air는 무료로 허용했던 기내반입 수하물에 비용을 부과하기로 했는데, 수하물 1개당 3.5 달러의 요금을 책정했다. 이 액수는 3.5달러 정도의 항공료 인하로 상쇄되기 때문에 항공사의 수입과는 무관한 수수료였다. Ryan Air는 이 정책의 도입으로 연료비와 수하물취급비용을 줄임으로써 연 36만 달러의 비용을 절감할 것으로 기대하고 있다.

항공사는 새로운 수입원천을 개발하기 위해 노력을 기울인다. 현재 Ryan Air 탑승객의 98%가 온라인으로 비행예약을 하며, 이 회사의 웹 사이트는 매달 1,500만 명 정도의 방문객을 맞이함으로써 유럽에서 가장 인기 있는 여행 사이트가 되었다. 항공사는 이와 같이 엄청난 방문객 수를 관련 서비스의 개발/판매를 위한 마케팅도구로 활용한다. 가령, 탑승객이 웹 사이트를 통해 렌터카 혹은 호텔방을 예약할 때마다 Ryan Air는 매출에서 일정비율을 수수료로 받는다. 고객을 이러한 서비스와 연결시켜 줌으로써 2005년 1억 달러 이상의 수입을 올렸다.

올레어리 회장은 자신의 비행기를 매체와 엔터테인먼트 수단으로 활용하고 있다. 그는 광고주에게 Ryan Air의 비행기 외부를 재도장하여 (repaint) 효과적인 대형 입간판으로 전환시킬 기회를 제공했는데, Hertz, Jaguar, Vodafone 등의 광고주는 Ryan Air의 737기종 동체를 광고공간으로 구입했다. 기분전환을 원하는 탑승객을 위해 Ryan Air는 2007년 기내 도박 서비스를 제공하기로 했는데, 각 판돈의 일정 부분을 수수료로 벌어들일 수 있다. 올레어리 회장의 노름 서비스가 Ryan Air의 이익을 앞으로 10년에 걸쳐 2배로 늘려줄 것으로 생각하지만, 이에 만족하지 않는다. 그는 또한 35,000피트 상공에서 탑승객이 휴대폰을 사용하는 것에 수수료를 부과하는 정책을 준비하고 있다. 그리고 공항에 도착하고, 공항을 떠나기 위해 탑승객이 지상에서 소비하는 비용의 상당 부분을 획득하기 위해 공항 주차장, 매장의 운영자와 파트너십을 형성하고 있다.

기업운영 측면에서의 원가절감 노력과 탑승객에게서 더 많은 수입을 벌어들이기 위한 혁신적 노력이 합해진다면, 2010년 Ryan Air의 좌석 중 절반을 무료로 제공한다는 올레어리의 계획은 실현가능성이 있어 보인다. Ryan Air를 이용하여 하늘을 나는 것은 비행기를 탄다기보다 지하철을 타는 것 같은 느낌을 줄 수 있지만, 엄청나게 싼 가격 때문에 고객은 당연히 이를 감수할 수 있을 것이다. 재정적으로 어려움을 겪는 미국 항공사는 무료로 비행기를 탄다는 것은 사람들에게 진정으로 해방감을 갖게 할 수 있음을 명심해야 한다. Ryan Air의 하늘은 끝이 없어 보인다.

(1) 프랜차이즈 시스템 (franchise system)

1) 프랜차이즈 시스템의 정의와 유형

프랜차이즈 시스템은 전통적 서비스산업에서 큰 부분을 차지하고 있다. 우리나라의 경우 외식산업과 편의점을 중심으로 프랜차이즈가 빠른 속도로 확산되고 있지만, 아직도 전체 유통산업에서 차지하는 비중이 작다. 과거에는 특정 산업, 예를 들면 식당, 호텔, 렌털카 등에 국한되었던 프랜차이즈 시스템이 근래에 와서는 커피전문점, 서점, 제빵점, 치킨전문점, 호프점, 자동차 정비업 등 각종 서비스관련 산업으로 확대되고 있다.

프랜차이즈 시스템은 '프랜차이즈 본부 (franchisor)가 계약에 의해 프랜차이즈 가맹점 (franchisee)에게 일정기간 동안 특정지역 내에서 자신들의 상표, 상호, 사업운영방식 등을 사용하여 제품이나 서비스를 판매할 수 있는 권한을 허가해 주며, 가맹점은 이에 대한 대가로 초기 가입비와 매출액에 대한 일정 비율의 로열티 (royalty) 등을 지급하는 경로조직이다.' 가맹점은 가맹본부의 상호, 상표 등 영업권을 이용하여 상품 또는 서비스를 판매하거나 기타 영업을 할 수 있는 권리를 부여받으며, 본부로부터 영업에 관하여 일정한 통제 · 지원을 받고, 이러한 포괄적 관계에 대하여 일정한 대가를 지급한다.

법적 계약에 의해 본부는 가맹점에게 제품을 판매하거나 설비를 판매 또는 임대하며 토지나 건물 등을 대여하기도 한다. 예를 들어, McDonald's사는 모든 가맹점들로 하여금 지정된 공급업자로부터 물건을 구매하도록 하고, 토지를 임대하기도 하며 점포설계에 대한 명세를 규정할 뿐 아니라 가맹점들이 준수해야 할 품질기준을 제시한다.

유통경로상에서 어떤 경로구성원도 프랜차이즈 본부의 역할을 할 수가 있다. 예를 들어, 본부가 제조업자일 수도 있고 (제빵점), 서비스 전문업체일 수도 있으며 (호텔) 혹은 소매상 (편의점)일 수도 있다. **[표 8-1]**은 프랜차이즈 시스템의 다양한 형태를 보여준다.

프랜차이즈 시스템은 크게 네 가지의 유형으로 나누어진다.

① 제조업자–소매상 프랜차이즈

프랜차이즈 계약을 맺은 의류 대리점과 가전 대리점, 미국자동차 산업에서의 딜러시스템 등을 예로 들 수 있다. 제조업자는 대리점 (가맹점)에게 자기상표를 판매할 수 있는 권리를 부여하며 대리점은 제조업자가 요구하는 판매, 서비스 제공조건 등을 준수해야 한다. 미국 자동차시장의 경우에는 자동차 제조업체들이 지역별로 자동차 매장의 설치 및 운영에 자본을 투자한 딜러들에게 독점적 판매권을 부여하는 딜러시스템, 즉 제조업자–소매상 프랜차이즈가 정착되어 있다.

② 제조업자–도매상 프랜차이즈

Coca Cola, Pepsi Cola, Seven Up 등을 예로 들 수 있는데, 제조업자는 음료수 원액을 생산하여 프랜차이즈 계약을 맺은 도매상 (bottler)들에게 판매하며 도매업자들은 원액에 물, 설탕 등의 원료를 섞어서 병에 담은 후 완제품을 소매상에게 유통시킨다. 우리나라의 정유회사와 석유대리점과의 관계도 이러한 형태이다.

③ 도매상–소매상 프랜차이즈

우리나라의 경우에는 그 예가 많지 않지만 미국의 경우 의약품 도매상과 약국 간 프랜차이즈, 식품도매상–식료품점 프랜차이즈 등을 예로 들 수 있다.

④ 서비스 산업 프랜차이즈

프랜차이즈 산업의 대부분을 차지하고 있는 형태로 1980년대 후반에 우리나라에서 급속히 발달한 외식 프랜차이즈 사업 (멕시칸치킨, 놀부보쌈, 투다리 등), 자동차 대여산업 (SK 렌털카, 롯데 렌털카), 인스턴트 식품사업 (McDonald's, Burger King, Kentucky Fried Chicken), 숙박산업 (Hyatt, Sheraton) 등이 그 예이다.

최근 들어 프랜차이즈 시스템들은 거의 모든 사업 분야에서 등장하고 있으며 매우 다양한 제품들과 서비스들을 제공하고 있다. 국내에서 프랜차이즈 영업을 하는 업종은 크게 외식업, 소매업, 서비스업으로 나눌 수 있다. 프랜차이즈로 운영되는 외식업은 치킨, 커피전문점, 제과, 햄버거, 피자, 아이스크림, 패밀리 레스토랑 등을 포함한다. 소매업은 의류와 구두, 액세서리, 유아/아동용품, 편의점 등을, 그리고 서비스업은 호텔, 세탁, 미용, 학원, 부동산, 레저스포츠 등을 포함한다.

표 8-1 프랜차이즈 시스템의 형태

형태	내용
지역 프랜차이즈 (territorial franchise)	시, 도, 국가 등의 단위로 프랜차이즈가 주어진다. 프랜차이즈 권한을 부여받은 기관은 자기 영역 내에서의 가맹점 설립, 교육 등의 책임을 지며 이들로부터 각종 수익을 취득한다.
운영 프랜차이즈 (operating franchise)	개별 독립가맹점이 자신의 프랜차이즈를 운영하는 가장 일반화된 형태이다. 가맹점은 본부 또는 그 지역 프랜차이즈권을 가진 기관과 계약을 맺는다.
이동 프랜차이즈 (mobile franchise)	자동차 등의 이동성 도구를 통해 특정의 제품을 판매하는 프랜차이즈 시스템을 말한다.
총판 (distributorship)	다양한 제품의 독점판매권을 가지며 자체적으로 가맹점을 모집할 수 있다. 대체로 총판권을 가진 기관은 지역적 배타성을 갖는다.
공동소유 (co-ownership)	본부와 가맹점이 공동으로 투자하고 소유한다.
공동관리 (co-management)	본부가 투자의 대부분에 참여하며 경영에도 참여하여 이윤을 나누는 형태이다.
임대 (leasing)	본부가 소유하고 있는 토지, 건물, 설비 등을 가맹점에게 임대하는 형태이다. 이 경우에는 가맹점의 탈퇴를 방지할 수 있는 장점이 있다.
라이센싱 (licensing)	가맹점에게 상호나 경영기법을 사용할 수 있는 허가를 해주는 제도이다.
제조 프랜차이징 (manufacturing)	가맹점이 생산기술까지 전수받음으로써 생산과 판매의 기능을 수행하는 형태이다. 이러한 형태는 판매지역이 매우 넓어서 한 지점에서 제조하여 유통하기에는 비용이 많은 경우에 행해지며 미국의 침대 제조회사인 Sealy사가 이 제도를 채택하고 있다.
서비스 프랜차이징 (service)	본부가 가맹점에게 전문적인 서비스를 제공하는 표준화된 기법들을 제공하는 형태이다. 호텔, 식당, 렌트카 산업의 프랜차이즈가 이에 해당한다.

사례 유통의 변화로 성공한 Enterprise Car Rental

빨리 대답해보라. 렌터카 회사 중 최고는 어디인가? Hertz라고 대답할 확률이 높을 것이다. 좋다. 그럼 두 번째는 누구인가? 틀림없이 Avis라고 대답할 것이다. 수년간 애비스의 광고는 '우리는 2등입니다. 그래서 더욱 열심히 노력합니다!'라고 말해왔다. 하지만 만약 헤르츠나 애비스라고 대답했다면 당신은 깜짝 놀라게 될 것이다. 수익, 직원, 거래량, 부유 자동차 수 등 어느 요소를 집계해보더라도 세계 최고의 렌터카회사는 Enterprise Rent Car, Rent-A-Car, Alamo Rent A Car, National Car Rental 등의 브랜드를 갖고 있는 Enterprise 홀딩스 (Enterprise Holdings)이다. 더 놀라운 것은, 이것이 최근의 급성장이 아니라는 것이다. Enterprise는 이미 1990년대 후반 헤르츠를 2등으로 제쳤고 결코 1위 자리를 내주지 않았다.

당신을 착각하게 만든 요인은 Hertz가 오랫동안 공항 렌터카 중에서 최고 자리를 지켜왔기 때문이다. 그러나 Enterprise 홀딩스는 자사의 복합적인 브랜드와 시장을 통해 전체 렌터카 시장 중 53%를 차지하여 16%로 2등을 차지한 Hertz를 멀찍이 떼어놓았다. 모든 집계를 통틀어, 더 놀라운 건 사유 기업인 Enterprise가 가장 수익성이 높다는 점이다.

Enterprise는 어떻게 이토록 강력한 업계 선도 기업이 된 것일까?

아마도 더 나은 가격이나 마케팅을 이유로 들 것이다. 그러나 Enterprise가 업계 판도를 바꾸는 선두 주자가 되는 데에 가장 기여한 것은 바로 소비자가 주도하는 유통 전략이다. Hertz나 Avis 같은 경쟁자들이 공항에서 여행자 대상 서비스에 치중하고 있는 동안, Enterprise는 새로운 유통 통로로 아직 아무도 손대지 않은 드넓은 영역을 개척했다. 차가 망가졌거나, 도둑맞았거나, AS를 받고 있거나, 단지 특별한 시기 또는 여행기간 중에 색다른 차를 몰고 싶은 사람들을 위해, 공항 이외의 동네 주변 영역에서 단기 자동차교체 (car-replacement) 렌탈 서비스를 시작했다.

이 모든 일은 반세기 전에 Enterprise 창립자인 Jack Taylor가 소비자의 충족되지 않은 요구를 발견해내면서 시작되었다. 그는 St. Louis의 자동차 대리점에서 일하고 있었는데, 고객들이 자신의 차가 수리나 차체점검을 위해 들어가 있을 때 교체 차량을 구할 만한 곳이 없는지 묻는 경우가 많았다. 이러한 요구를 만족시키기 위해 테일러는 자동차대여 사업을 시작했다. 그러나 공항에서 여행자 대상의 서비스를 제공하고 있던 Hertz와 Avis와 같은 유수의 기업들과 정면 대결하는 대신, 테일러는 주요 대상 고객들에게 더 근접한 시내 중심가나 동네 어귀에 영업점을 열었다. 이러한 위치 선정으로 테일러는 비용적 이점 또한 얻을 수 있었다. 공항 택시나 이용료를 낼 필요가 없었고, 렌트 비용은 더 낮아졌다.

이러한 획기적인 유통 전략이 먹혀들어, 사업은 빠르게 성장했다. 세인트루이스와 다른 도시에서 여러 개의 영업점을 내면서, 테일러 가는 잭 테일러가 해군 조종사로 복무했던 미 해군의 항공기 수송선 이름을 따서 Enterprise Rent-A-Car로 사명을 바꾸었다. Enterprise는 자신의 차가 고장 났거나 수리중인 고객들을 우선적으로 상대하면서, 스스로 'home city' 시장이라고 명명한 영역에 꾸준히 집중하였다. Enterprise 지사의 직원들은 지역의 자동차 보험 사정인, 대리점 판매원과 서비스 요원, 수리점과 수리용 차고 등과 관계를 돈독히 하여 Enterprise를 동네에서 인기 있는 렌터카 회사로 만들어놓았다.

'고향 시장'의 소비자들에게는 특별한 요구가 있었다. 자동차가 고장 난 현장이나 수리점에서 Enterprise 사무실까지 렌터카를 가지러 갈 방법이 없는 경우가 많았다. 그래서 회사에서는 또 하나의 기발한 발상을 내놓았다. 고객이 어디에 있건 그들을 찾아가서 사무실까지 데려오는 것이었다. "Enterprise를 선택하세요. 우리가 당신을 데리러 갑니다 (Pick Enterprise. We'll Pick You Up)"이라는 문구는 바로 이런 이유에서 붙여진 것으로, 지금까지도 Enterprise 렌터카 브랜드의 주요한 가치 표현으로 남아있다.

1980년대 후반 들어 Enterprise는 공항 이외의 영역에서, 회사 소유의 광범위한 전국적인 네트워크를 갖게 되었다. 이러한 강력한 기반을 바탕으로 1990년대 중반 Enterprise는 공항 시장에서 Hertz와 Avis에게 직접적으로 도전하는 유통 시스템을 확장하기 시작했다. 십여 년이 지나자 북미와 유럽의 240여 개 공항에 진출했고, 이후 2007년 말경 테일러 가는 National과 Alamo 브랜드를 갖고 있던 Vanguard Car Rental Group을 사들였다. National은 기업협약 (corporate-negotiated) 공항 시장에 중점을 두고 있었고, Alamo는 휴가 여행자 공항 시장 위주로 영업을 하고 있었다.

뱅가드 인수로 Enterprise 홀딩스는 이제 공항 시장의 31% 이상을 차지하여 Avis Budget Group과 Hertz를 앞서게 되었다. 이로써 Enterprise 홀딩스는 공항 이외의 시장 지분을 합쳐 전체적인 렌터카 부문에서 선두 주자로 서게 되었다. 현재는 미국과 그 밖의 4개국에서 7,600개 지역에서 영업소를 운영하고 있다.

Enterprise의 성공의 또 다른 비밀은 소비자 만족을 추구하는 열정에 있다. 만족도를 측정하기 위해, Enterprise는 ESQi (enterprise service quality index)라고 이름붙인 지수를 개발했다. 연간 2백만여 명의 고객에게 전화를 걸어 간단한 질문을 던진다. "서비스에서 완벽히 만족한 부분은 무엇입니까?" Enterprise의 직원들은 고객이 완벽히 만족하지 않는다면 승진할 수 없다. 그것은 매우 간단하다. 고객의 반응이 나쁠 경우, Enterprise 인사관리자의 말에 따르면 'ESQi의 감옥에 간다'고 한다. "수치가 나아질 때까지, 아무데도 가지 못한다." 6년간 지속적으로 운영한 결과, Enterprise 렌터카 브랜드는 연간 J.D. Power 미국 렌터카 만족도 조사 (U.S. car rental satisfaction study)에서 1위에 올라섰다.

미래를 위해, Enterprise 렌터카는 눈부신 성과에 안주하는 대신, 소비자를 계속 기쁘게 할 더 나은 방법을 찾아가고 있다. Enterprise사는 이제 또 하나의 혁신적인 유통 영역인 '카쉐어링 (car sharing)'과 시간당 렌털 부문, 이름하여 WeCar를 시작했다. 이 영업점은 대학 캠퍼스와 시내 인구밀집 지역 등에 위치해 자동차가 없는 거주자나 갑자기 차가 필요해진 통근 사업자가 편리하게 이용할 수 있는 곳에 자동차를 주차해둔다. Enterprise는 또한 통근 직원들이 필요할 경우 회사 내 주차구역에서 WeCar 자동차를 이용할 수 있도록 하는 기업 대상의 사업도 추진한다. We Car 회원은 연 회비로 35달러를 내는데, 지역에 따라 다르다. 그런 다음 편리한 곳에서 연비가 좋은 자동차 (대부분 Toyota Prius 하이브리드)를 시간당 10달러 또는 일일 60달러에서 75달러에 사용할 수 있는데, 가스와 200마일 주행이 할당되어 있다. We Car 자동차 렌탈은 간단하게 즉석에서 이용가능하다. 회원 키를 센서에 대어 잠금을 해제하고, 좌석 앞 사물함을 연 뒤, PIN을 입력하여 자동차 키를 풀면 된다.

이렇게 Enterprise 홀딩스는 성공적인 유통 전략을 통해 공격적으로 성장해나가고 있다. 창업자 잭의 손자이며 현재 장기간 최고경영자로 있는 Andy Taylor는 "우리는 이 사업의 우위를 점했고 이를 놓치지 않을 것이다. 이 산업이 역동적으로 발전해가고 있기 때문에, 누구든 자동차가 필요할 때 찾을 수 있는 광범위한 서비스를 제공하는 업체가 미래를 차지하게 될 것이라는 건 자명한 사실이다"고 말한다. 고객이 자동차를 필요로 할 때면 어디든, 언제든, 어떤 방법으로든 자동차를 제공하는 것이 이 회사의 목표다.

Coca Cola와 Pepsi Cola의 수직적 유통계열화

사례

Coca Cola와 Pepsi는 20세기 초반 지역별로 제3자에게서 유통기능을 아웃소싱하면서 사업을 운영하기 시작하였다. 두 기업은 또한 bottler라고 불리는 경로구성원으로 하여금 자사가 공급한 시럽을 일정한 공정지침에 의해 제품화하는 생산기능을 위탁하여 bottler는 생산된 제품을 유리, 캔, 혹은 수지와 같은 용기에 담아 판매하는 기능도 수행하였다. 음료회사가 bottler 제도를 이용하는 것은 음료제품은 무게와 부피로 인해 물류비용이 많이 발생하므로 한 지역에서 모든 제품을 생산하여 유통시키는 것은 비효율적이기 때문이다.

1960년대에 이르러 청량음료 사업은 크게 변화하였다. Coke와 Pepsi의 제품은 미국전역에 크게 확산되었으며 전통적인 음료시장을 콜라제품으로 바꾸고 있었다. 일회용 용기가 회수가능 용기를 대체하면서 수송에 소요되는 비용이 감소하기 시작하였고 두 제조업체는 전국에 흩어진 bottler와의 연계에 의해 대대적인 광고캠페인을 실시하였다. 제품과 포장이 보다 복잡해지고 다양해졌으며 제품라인도 크게 확장되었다.

브랜드자산을 형성하는 것이 수송비용을 절감하는 것보다 가장 중요한 사업측면으로 부상되었다. Bottler는 바로 두 기업의 브랜드자산을 형성하는 데 중요한 존재가 되었으며 브랜드자산은 이들 bottler가 공급업체인 Coca Cola나 Pepsi와 거래조건, 배송, 촉진, 광고, 신제품 및 포장, 신제품테스트, 핵심고객 (예를 들어 패스트푸드점)에 대한 관례적 촉진, 핵심고객에 대한 판매방법 등 여러 의사결정에 있어 어떻게 협력하는가에 의해 결정되게 되었다.

이들 활동은 bottler와 두 기업 간의 긴밀한 협의에 의해 이루어졌으며, Coca Cola와 Pepsi 본사는 모든 시장에서 브랜드자산 형성이 일관성 있게 이루어지고 있는가를 확인할 필요가 있었다. 그 결과 bottler와 본사간의 실익이 없는 협상이 계속되었으며 거래비용은 감당하기 어려울 정도로 증가하였다.

Coca-Cola는 궁극적으로 bottler사를 인수함으로써 자사의 유통경로를 수직적으로 통합하였으며 미국시장에서는 사실상의 소유주가 되었다. 이러한 전략은 유럽 및 아시아에서도 반복되고 있으며 Pepsi도 이와 동일한 경로를 밟고 있다. 두 기업은 자사의 대부분의 bottler를 인수하였다.

계약상의 이유로 fountain (비포장음료, 예를 들어 햄버거 가게나 극장에서 판매되는 음료)시장에의 통합을 이룰 수 없었던 Pepsi에 비해, Coca-Cola는 옥신각신 다투거나 비협조적인 bottler를 제거함으로써 Pepsi보다 현저히 낮은 거래비용으로 fountain 시장을 직접 공략하고 있다. 두 기업의 수직적 통합은 매우 성공적인 것으로 평가될 수 있다. 그러나 두 기업의 경우 재정측면이나 운용측면에서 제조와 유통 간의 차이를 조정하는 데 어려움을 겪고 있었다는 점을 주목해야 한다.

1986년에 Coca-Cola는 유통 사업을 독립시키는 것으로 결정하였는데, 이는 자금이 많이 소요되고 저마진-고매출에 의해 운영되는 bottling부문과 그 반대로 운영되는 시럽생산부문을 분리하기 위한 것이었다. Coca-Cola의 경영자는 두 부문을 동시에 운영하는 것이 투자자에게는 매력적이지 않고 기업의 주가를 낮추는 것이라 느끼고 있었다.

신설 bottler 기업인 Coca-Cola Enterprise (CCE)의 초기 결과는 실망스러운 것이었으나 외부 bottler로부터 새로운 경영진을 영입하고 CCE에게 현지시장 상황에 적합하도록 의사결정의 자율성을 보장하고 생산보다는 유통에서 보다 중요한 많은 사안들에 집중하도록 함에 따라 매출과 수익 면에서 크게 성장하기에 이르렀다. CCE의 주가는 Coca-Cola의 주가보다 오히려 빠른 속도로 증가하였으며, Pepsi는 Coca-Cola의 성공사례를 본받아 자사의 bottling 부문을 독립시키기에 이르렀다.

2) 프랜차이즈 시스템의 장단점

최근 들어 수직적 마케팅시스템의 유형 중 프랜차이즈 시스템이 가장 급속한 성장을 보이고 있다. 그 이유는 프랜차이즈 본부는 자본투자 없이도 빠른 시간 안에 사업을 확대할 수 있고, 가맹점은 인지도가 높은 상호와 효율적 경영기법 등을 이용함으로써 단기간 내에 높은 매출액을 올릴 수 있고, 일정영역 내에서 독점영업권이 주어져 동일 브랜드와의 경쟁이 없는 이점이 있기 때문이다. 프랜차이즈 시스템의 가장 큰 장점은 본부의 사업 노하우와 가맹점의 자본과 영업활동이 결합함으로써 본부와 가맹점에게 상승효과를 가져다준다는 것이다.

한편 프랜차이즈 시스템은 다음과 같은 단점도 있다. 첫째, 프랜차이즈 시스템은 전통적 유통경로 (conventional marketing system)나 관리형 수직적 마케팅 시스템 (administered vertical marketing system), 자발적 연쇄점 (voluntary chain), 소매상 협동조합 (retailers' coop)보다 유연성이 떨어진다 (다양한 유형의 수직적 마케팅 시스템은 9장 참조). 프랜차이즈의 계약기간은 일반적으로 장기간이므로 실적이 부진한 가맹점을 처분하는 것이 어려울 수 있다. 또한 대규모 프랜차이즈는 시장 환경의 변화에 신속히 대응하기가 쉽지 않다. 둘째, 경로구성원 간에 갈등이 발생될 수 있다. 프랜차이즈본부와 가맹점 간의 갈등은 본부의 가맹점들에 대한 통제 욕구와 가맹점의 자율성에 대한 욕구가 서로 상충되기 때문에 발생된다.

3) 프랜차이즈 사업의 특징

프랜차이즈 사업방식은 소매업과 서비스업에 주로 도입되고 있다. 프랜차이즈 시스템의 주요 특성을 살펴보면 다음과 같다.

첫째, 프랜차이즈 본사가 가맹점을 관리 · 통제한다. 각 가맹점은 본사의 통일적 경영방침에 따라 관리 · 운영된다. 관리 · 감독기능은 프랜차이즈 본사에 집중되어 있으며, 각 가맹점은 판매 및 운영기능을 주요기능으로 한다.

둘째, 프랜차이즈 본부는 정형화된 상품을 가맹점에게 제공한다. 가맹점에 제공되는 상품 및 제공방식은 정형화되어 있다. 각 가맹점에 제공되는 상품은 각 가맹점에 의해 기획된 것이 아니라 프랜차이즈 본사에서 기획된 것이다.

셋째, 국제기준에 합당한 최소 점포수를 확보해야 한다. 프랜차이즈 비즈니스가 시스템적으로 운영되기 위해서는 최소한의 점포수가 확보되어야 한다. 과거 점포수 6개 이상을 국제기준으로 정한 때도 있었지만, 지금은 최저 11개를 국제기준에 합당한 점포수로 간주한다.

4) 프랜차이즈 시스템의 운영방법

프랜차이즈 본부는 잠재적 가맹점과 소비자들을 끌어들이기 위해서 제품과 서비스에 대한 품질유지와 강력한 촉진이 필요하며, 가맹점들에게 개점시점에서의 서비스와 개점 후의 서비스를 제공해야 한다.

개점시점에 제공되는 서비스에는 다음과 같은 것이 있다.

• 시장조사와 입지선택
• 점포설계와 배치
• 리스협상에 대한 자문
• 재정자문
• 운영지침서 (operating manuals) 제공
• 관리자 교육훈련 프로그램 (management training program) 제공
• 가맹점 종업원 교육훈련

본부가 개점시점에 필요한 서비스를 제공하는 것만으로는 프랜차이즈의 성공이 보장되지 않는다. 대부분의 가맹점이 그 사업을 처음 운영하는 경우가 많으므로 본부는 개점 후에도 다음과 같은 서비스를 지속적으로 제공해야 한다.

• 현장 지도감독 (field supervision)
• 상품구색과 촉진자료 제공
• 관리자 및 종업원 재훈련
• 품질조사
• 전국적 광고
• 중앙 집중구매
• 시장자료와 지침 제공
• 회계자료 보관
• 경영보고서 작성
• 단체보험 계획

대부분의 본부들은 가맹점들에게 위와 같은 서비스 프로그램을 제공한 후 현장관리자 (field supervisor)들로 하여금 가맹점들을 정기적으로 방문하도록 해 운영상의 문제점을 해결해 주고 제품과 서비스의 품질 및 점포성과를 조사한다. 한편 가맹점들은 보통 주별 매출액, 지역광고, 종업원 이직률, 이익, 기타 재무적 정보와 마케팅정보 등을 매월 (또는 2주마다) 본부에 보고한다. 이러한 보고는 본부로 하여금 재정, 운영, 마케팅에 있어서의 현안들을

파악하고 이를 통제할 수 있게 해 준다. 근래에는 판매정보가 판매시점에 기록되는 POS시스템의 도입으로 매출정보와 시장정보가본부에 즉시 집계 됨으로써 본부의 매출현황 파악과 전략의 수립, 그리고 가맹점의 통제가 한결 빠르고 용이해졌다.

본부와 가맹점들은 위에서 설명된 업무들을 원활히 수행하기 위해 서로 협조하지만 유통경로의 이중성으로 인해 갈등이 발생하기도 한다. 즉, 많은 본부들은 다수의 직영점을 가지고 있으며 그 직영점들 중 일부는 가맹점들과 직접적으로 경쟁하기 때문에 프랜차이즈 운영과 관련하여 분쟁이 발생한다. 본부들이 이러한 분쟁가능성에도 불구하고 직영점을 갖는 이유는 다음과 같다. 첫째, 본부 직영점들은 프랜차이즈 시스템 내의 다른 점포들에 대한 모델점포로서의 기능을 할 수 있다. 둘째, 직영점들은 프랜차이즈 시스템의 초기에 프랜차이즈 유통망의 성장을 촉진시킬 수 있다. 셋째, 본부는 직영점을 통해 점포운영상의 문제점들을 피부로 직접 느낄 수 있다. 넷째, 본부가 전체 프랜차이즈 시스템의 운영에 대해 강력한 통제를 유지하기를 원할 때 본부는 더 많은 직영점의 소유를 통해 이를 실현할 수 있다.

5) 본부수입의 원천

본부수입의 원천은 다음과 같은 것들이 있다.

① 초기가입비

미국의 경우 대부분의 본부들은 신규가맹점에게 천 불에서 십만 불에 이르는 가입비 (initial franchise fees)를 부과하는데, 만 불에서 2만 5천 불 정도의 가입비를 부과하는 본부들이 가장 많다. 우리나라 편의점 프랜차이즈의 초기 가입비는 5천만 원 정도이다. 이 가입비는 시스템을 구축하는 데 소요된 개발비뿐만 아니라 입지선정서비스, 교육훈련, 운영통제수단의 설치와 기타 초기 서비스들에 대한 비용이다. 가입비는 프랜차이즈가 성공적일수록 증가한다.

② 로열티 (royalty)

대부분의 본부들은 가맹점의 판매량의 총액을 기준으로 해서 로열티를 받는다. 프랜차이징에 있어서 일반적인 로열티 비용은 총매출액의 5% 정도이다. 어떤 본부들은 매달 최소한의 로열티를 책정하는 경우도 있다. 매출액이 증가함에 따라서 로열티의 비율이 감소하는 경우도 있으며 반면에 매출액에 상관없이 일정 비율의 로열티를 받는 경우도 있다. 또한 어떤 본부들은 판매량을 기준으로 하여 로열티를 책정하기도 한다. 예를 들어, 모텔본부는 객실당 로열티를 부과하고 스크린 골프 (예: 골프존)는 게임당 로열티를 부과하며, 자동차 세차 프랜차이즈본부는 세척된 차의 대수를 기준으로 하여 로열티를 부과한다.

③ 광고비

프랜차이즈의 인지도와 선호도를 유지하기 위하여 집중적인 광고가 필요하며, 이에 소요되는 경비를 충당하기 위하여 가맹점으로부터 광고부담비를 거둬들인다. McDonald's는 매년 약 5억 불에 달하는 광고를 집행하는데 이를 위해서 매출액의 4%를 광고비 명목으로 가맹점에게 부과한다.

④ 제품판매금

어떤 본부들은 가맹점에게 원재료 혹은 완제품을 판매하거나 필요한 장비를 판매한다.

⑤ 임대료 및 대여료

본부는 건물과 장비 등을 대여하여 주기도 한다. 프랜차이즈계약 중에는 가맹점의 매출액이 증가함에 따라서 그들의 대여료를 증가시키는 조항 (에스컬레이터 조항)이 포함되는 경우가 있다.

⑥ 사용허가비 (license fee)

가맹점들은 본부의 상호나 상표를 사용하는 비용을 지불해야 하는 경우도 있다. 이 사용허가비 (license fees)는 산업재 프랜차이즈에서 특히 많이 사용되는데, 하청 제조업체는 특허권이 있는 기술이나 공정의 사용에 대해 사용허가비를 지불한다.

⑦ 관리비

본부는 경영자문에 관한 서비스, 교육훈련 등에 대해 비용을 부과한다.

프랜차이즈 창업 시 주의사항 11가지

프랜차이즈 창업할 때 프랜차이즈 본사를 선택하는 일은 매우 중요하다. 그럼 어떤 프랜차이즈 본사가 믿을 만한 프랜차이즈 본사인지, 프랜차이즈 창업 시 주의사항에 대해 알아보자.

1. 본사의 브랜드가 경쟁력을 가지고 있는가?

브랜드가 전체적인 시장 흐름에 맞는 트렌드인지 아닌지를 정확히 판단해야 한다. 어떤 메뉴군의 외식시장이 꾸준히 상승하고 있는지를 소상공인진흥원이나 프랜차이즈협회 등을 통해 확인해야 하며, 유행을 타는 브랜드의 선택은 피해야 한다. 브랜드의 컨셉과 차별성, 메뉴의 구성과 맛이 과연 소비자를 흡수할 수 있는지를 냉정하게 판단하여야 한다.

2. 정보공개서의 공개를 꺼리는가?

투명하고 깨끗한 회사라면 법률로 지정되어 있는 정보공개서 공개의 의무를 회피하려 하지 않을 것이다. 공개를 요구했을 때 당당하게 자료를 제출하는 회사가 믿을 수 있는 회사이다.

3. 직영점이 없는 본사인가?

그 사업을 운영해 보지도 않은 채 탁상공론식의 결론을 가지고 가맹점을 운영한다면 자칫 가맹점이 그 실험의 피실험자가 되어버리는 결과를 초래할 수 있다. 아무리 탄탄한 기획력으로 탄생한 브랜드라고 할지라도 직영점을 운영하여 현장의 노하우를 쌓고 또 문제점의 수정 · 보완을 통해야 완벽한 시스템을 구축해 나갈 수 있는 것이다.
또 직영점은 실제 매출이 잘 오르는지를 보여주는 샘플매장으로서 본사의 자본이 충분한지를 판단할 수 있는 중요한 근거로도 사용될 수 있다. 따라서 직영점이 없는 가맹본부는 노하우가 없는 회사로 보아도 무방하다.

4. 가맹점 유치 광고를 지나치게 많이 하지는 않는가?

가맹본부가 가맹점을 유치하는 데만 집중하여 모집광고에 지나치게 투자하는 경우가 있다. 하지만 그 비용은 고스란히 가맹점주가 부담하는 것이다. 결국 무리한 광고투자로 인하여 재정손실을 초래, 도산하는 경우가 많다.

5. 매뉴얼이 완벽하지 않고 허술하지는 않은가?

가맹본부는 그 사업에 있어서 전문가 집단이다. 당연히 가맹본부가 가맹점에 제공하는 여러 가지 매뉴얼 등은 개인적으로 하는 것보다 세련되고 정확해야 한다. 가맹본부는 완벽하고 정확한 매뉴얼을 갖추고 있어야 하고 다른 경쟁 본사보다 모든 면에서 앞설 수 있는 훌륭한 사업방안을 가맹점주에게 제공해 주어야 한다.

6. 개점 후 지속적 관리가 체계적으로 되어 있는가?

가맹본사는 사업을 준비하는 예비 가맹점주들에게 제품교육, 서비스교육, 가맹점 운영교육, 세무교육, 마케팅기법 등의 교육을 꾸준히 제공해 주어야 한다. 프랜차이즈의 최대 장점은 꾸준한 사후 관리에 있으며 변화하는 시장흐름에 맞춘 발 빠른 대처 등을 가맹점에게 제공할 수 있는 체계적인 시스템을 갖추고 있어야 한다.

7. 본사의 수익구조가 개설수익에만 의존하지는 않는가?

가맹본사도 사업체이므로 지속적인 수입을 얻을 수 없다면 사업을 유지해 갈 수 없다. 가맹사의 주수입이 가맹비나 물류수익이 아닌 인테리어, 설비 등 개설수익에 있다면 분명 오래가지 못하는 본사임에 틀림없다. 가맹점유치가 끝나는 안정기에 접어들면 본사는 수입원이 없어 문을 닫거나 지속적인 가맹점 지원을 하지 못하게 될 것이기 때문이다.

8. 관리부, 기획부보다 영업사원의 비율이 높은 본사인가?

영업사원의 급여설계를 들여다보면 보통 가맹점 한곳 개설 시 얼마 또는 총 개설금액의 몇 %라는 인센티브가 포함되어 있다. 즉, 영업사원의 비율이 높다는 것은 본사의 전략이 가맹점 유치에 중점을 두고 있다는 것이며, 영업사원들은 살아남기 위해 그들끼리 무리한 경쟁을 하게 되는데 그 부작용은 고스란히 가맹점주에게 가게 된다.

영업사원보다 기획실이나 관리부 인원의 비율이 더 높은 회사가 가맹점 관리에 중점을 두고 있는 회사라고 판단할 수 있다.

9. 임원진의 전과 사례는 없는가?

회사를 믿고 창업을 한다는 것은 임원진들을 믿고 창업을 한다는 것과 같다. 과연 임원진들의 경영윤리가 프랜차이즈 사업을 하는 데 문제가 없는지는 회사의 존속과 밀접한 관계가 있다고 할 수 있다. 즉, 과거에 범죄를 저지른 적이 있거나 부실 가맹본사에 관련되었던 사람이라면 일단 의심을 해 보아야 한다. 임원진의 이러한 전과 사실은 '정보공개서'의 열람으로 쉽게 판단할 수 있다.

10. 물류유통구조가 구축되어 있는가?

다른 업종의 가맹본사도 마찬가지겠지만 외식업의 경우 특히 물류유통라인이 가맹점 모집 전에 완벽하게 구축되어 있어야 한다. 이러한 물류유통시스템의 완성도는 본사가 가맹점에 안정적으로 물류를 공급할 수 있는지를 알 수 있는 척도로 보아도 무방하다.

11. 브랜드 업종이 관련법규가 없어 제재가 예상되는 업종이 아닌가?

사회적으로 혹은 도덕적으로 물의를 빚을 것이 뻔하지만 관련법규가 없는 업종의 브랜드가 간혹 생겨난다. 이 경우 사후 법적인 제약이 가해졌을 때 피해를 보는 가맹점주가 발생한다. 예를 들어 얼마 전 물의를 일으켰던 성인오락실이 그 대표적인 예이다. 장기적인 안목을 가지고 양심적이고 도덕적인 가맹본사를 선택하는 것이 무엇보다도 중요하다.

6) 프랜차이즈 사업의 미래

커피전문점인 Starbucks나 Coffee Bean은 커피전문점 산업에 일반적인 프랜차이즈 시스템 대신 직영점 체제를 갖추고 있다. 이는 직영점 체제가 본사의 영업 전략을 보다 충실히 수행할 수 있고 가맹점과의 여러 유형의 갈등을 사전에 예방할 수 있으며 보다 많은 수익을 실현할 수 있기 때문이다. Coca Cola와 Starbucks, 미국의 약국 체인인 CVS의 사례에서 보듯이 과거에는 프랜차이즈 제도가 일반적이었던 소매업, 서비스업에서 프랜차이즈 시스템 대신 직영점 제도를 도입하는 사례가 늘고 있다. 우리나라에서도 McDonald's는 더 이상 가맹점을 출점하지 않고 있다.

프랜차이즈 사업을 운영하는 두 가지 중요한 이유는 1) 자영업자의 자본 투자에 의해 사업을 빠른 시간 안에 확장할 수 있다는 점, 2) 가맹점주는 자신의 사업이므로 최선을 다하여 사업을 영위하는 반면 본사 직원이 지점을 운영하면 자기 사업이 아니므로 최선을 다하지 않을 수 있다는 점이다. 이를 종업원의 도덕적 해이 (moral hazard)라고 한다. 대리인 이론 (agency theory)에 따르면 이러한 도적적 해이를 방지하기 위해서는 감시비용 (monitoring cost)이 수반된다.

그러나 이러한 논리는 현대에는 적용되기 어렵다. 현대에는 수익성이 있는 사업이라면 벤처캐피탈 (venture capital), 크라우드 펀딩 (crowd funding) 등의 자금조달 방법이 많으므로 굳이 자금조달을 가맹점주의 투자에 의존할 필요가 없으며 POS, 여러 가지 센서, CCTV 등의 정보통신기술의 발달로 인해 본사 파견 직원의 감시비용이 현저히 낮아졌다. 전반적으로 높아진 교육수준도 본사 직원의 도적적 해이의 정도를 낮춘다. 또한 직영사원은 안정적 일자리를 제공해주는 회사에 대한 소속감과 충성심이 높아지고 승진, 기타 인센티브 등으로 인해 높은 동기부여를 가질 수 있다. 미용업체인 주노헤어는 직영 체제를 통해 엄격한 종업원 교육과 통제를 통해 미용업계에서 가장 성공한 기업이 되었다.

근자에는 가맹점주의 도덕적 해이가 더욱 문제가 되는 경우가 많다. 예를 들어 햄버거 가게에서 비용을 절감하기 위해서 시간이 경과한 햄버거를 전자레인지에 데워서 판매한다든지 오래된 커피를 판매하는 경우가 있다.

결론적으로 자금조달의 용이성, 정보통신기술의 발달, 높은 교육수준은 프랜차이즈의 매력도를 낮추고 경쟁력 있는 사업은 대체로 직영점 체제를 갖고 있다.

2. 온라인 서비스 산업의 유통 전략

근자에는 대부분의 서비스의 판매 또는 예약은 인터넷을 기반으로 하는 각종 플랫폼을 통해 이루어지고 있다. 많은 사람들이 호텔은 Trivago, 렌탈카는 Rentalcars.com, 항공권은 Skyscanner를 통해 예약하고 있다. 소비자는 이러한 인터넷 기반의 플랫폼을 통해 모든 가격, 서비스의 질에 관한 정보를 획득할 수가 있고 나아가 사용자 후기 (peer-to-peer 정보 교류)를 통해 서비스 제공자의 일방적 프로모션보다 신뢰할 수 있는 정보까지도 획득하는 것이 가능해졌다.

이러한 서비스 유통의 혁신은 공산품 산업에 비교하여 가격, 품질경쟁을 더욱 심화시켰고 그 결과 소비자가 최대의 수혜자가 되었다. 인터넷을 비롯한 정보통신 기술은 공유경제라는 새로운 경제모델을 탄생시켰다.

아래에서는 서비스 유통에 혁신적 변화를 가져온 공유경제와 구독경제, 그리고 이러한 비즈니스의 기반이 되는 플랫폼 비즈니스에 대해 살펴본다.

본 장에서는 인터넷이 등장한 이후의 온라인 서비스 유통을 주로 다룬다.

전통적인 서비스 유통, 예를 들면 식당, 호텔, 커피전문점 등은 주로 프랜차이즈 형태를 띠므로 이 부분은 앞에서 언급한 서비스 프랜차이즈 부분을 참조하기 바란다.

(1) 공유경제 (sharing economy)의 의의

공동소비 (collaborative consumption)라고도 불리는 공유경제는 타인이 소유한 자산을 빌리거나 렌트하는 경제모델로 정의될 수 있다. 공유경제는 수천 년 전부터 존재하였으나 인터넷의 발달은 개인 간 거래 (peer-to-peer transaction) 렌탈 마켓을 획기적으로 발전하게 하였으며, 2011년 Time지는 공유경제를 세계를 변화시킬 10대 아이디어 중 하나라고 지적하였다. 공유경제를 이용한 5대 비즈니스 분야는, 숙박, 차량공유, 자금조달 (financing), 인력수급 (staffing), 음악, 비디오 스트리밍 분야 등이다. 세계적 컨설팅 회사인 Pricewaterhouse Coopers사는 이 다섯 분야에서의 매출이 2015년 17조에서 2025년 350조로 성장할 것이라고 예측하고 있다.

공유경제는 제품이나 자원, 서비스 등을 소유하는 대신 이를 공유함으로써 자원의 효율성을 높인다는 측면에서 전통적인 경제 모델을 대체할 것으로 예상된다. 이러한 새로운 경제 모델은 서비스 제공자는 유휴 자원으로부터 수익을 창출할 수 있고 서비스 사용자는 저렴한 가격에 이를 활용할 수 있다는 점에서 전통적 사업모델에 비해 많은 장점을 지닌다. 결국 공유경제는 자원의 활용을 극대화함으로써 제공자나 사용자 모두에게 시간과 돈을 절약해준다.

(2) 공유경제 발전의 원동력

1) 정보 기술의 발달

정보기술의 발달은 공유경제의 획기적 발전에 크게 공헌하였다. 스마트폰과 소셜네트워크 서비스의 발달은 사용자에게 정보를 지속적이고도 즉각적으로 제공해 줌으로써 원하는 제품과 서비스를 신속하게 선택하는 것을 가능하게 하였다. 공유경제는 과거에도 존재하였으나 인터넷과 스마트 기기의 발달은 공유경제가 발달할 수 있는 새로운 형태의 플랫폼을 창출하였다.

2) 2008년의 금융위기

2008년도에 발발한 세계적 금융위기는 공유경제의 발달을 촉발시킨 또 하나의 원동력이다. 금융위기로 인한 경제 불황과 불안정은 공유경제를 통해 자원의 네트워킹과 통합을 가속화시켰다.

3) 문화적 변혁

문화적 변화 또한 공유경제의 발달에 이바지하였다. 미국의 경우 자동차는 전통적으로 독립의 상징물이었으며 자동차 없이는 삶이 불가능하다고 여겨졌으나 이는 더 이상 젊은 층의 문화가 아니다. 정보기술 산업관련 리서치 기업인 Gartner사에 따르면 자동차에 비해 인터넷을 더 선호한다고 응답한 인구 비중이 2차 세계대전 후 세대인 베이비 부머는 15%인 반면 18세에서 24세 사이의 연령층에서는 46%로 조사되었다.

4) 지속가능성 (sustainability)

지속가능성이란 제품을 최대로 사용함으로써 자원 낭비를 최소화하는 것을 말한다. 공유경제 옹호론자들은 공유경제를 통해 탄소배출을 억제할 수 있다고 주장한다. 예를 들어 혁신을 연구하는 Fast Company에 따르면 호텔을 사용하는 것에 비해 Airbnb를 활용하면 탄소배출량을 66% 감소시킬 수 있고 Uber 등의 차량공유를 통해 40% 절감할 수 있다. 공유경제는 지속가능 소비를 통해 경제 성장을 이룰 수 있으며 동시에 자원의 효율적 사용과 자원 낭비의 최소화를 통해 환경 문제를 완화시켜 줄 수 있다.

5) 사회적 혜택

공유경제는 개인 간 사회적 교감을 통해 지역사회의 발전에 이바지한다. 일반적으로 공유경제는 지역사회의 스타트업 기업에게 기회를 제공함으로써 지역 사회의 발전에 공헌한다. 또한 공유경제는 일반인이 거래에 참여함으로써 개인 간 교류를 통해 사회적 소속감을 가지게 하고 글로벌 시각을 가지게 하는 장점이 있다. 예를 들어 Airbnb의 숙박 제공자는 세계 각지의 사람들과의 교류를 통해 이 문화에 대한 이해도를 높일 수 있다.

6) 신뢰와 투명성

공유경제의 성공은 신뢰와 투명성에 크게 좌우된다. 공유경제의 플랫폼을 제공하는 기업들은 서비스 제공자들이 좋은 명성을 쌓을 것과 사용자와 굳건한 관계를 형성할 것을 강조한다. 공유경제가 원만히 운영되기 위해서는 서비스 제공자는 약속한 품질을 보장하여야 하며 사용자는 미래 고객을 위하여 제품이나 서비스를 신중하게 사용하여야 한다. 따라서 공유경제가 성공하기 위해서는 상호 신뢰가 필수적이다.

7) 기술적 혁신

공유경제 이론의 대가인 Oxford 대학의 Rachel Botsman 교수는 기술발전은 사회적 연결을 촉진시키고 소유와 공유에 대한 관점을 크게 바꾸고 있다고 주장한다.

(3) 공유경제의 도전과제

이러한 공유경제의 확산에도 불구하고 공유경제가 해결해야 할 과제는 산적해 있다. 공유경제는 지역경제 수준에서는 잘 운영되고 있는 경우가 많으나 전 세계적인 차원에서 제대로 작동할 수 있게 하기 위해서는 아직도 해결해야 할 과제가 많다.

1) 법적, 제도적 규제

법적, 제도적 규제는 공유경제의 성공에 가장 큰 걸림돌이다. 정책입안자 입장에서는 Airbnb, Uber, 야놀자, 카카오카풀과 같은 혁신적 공유모델이 가지는 반경쟁적 측면, 소비자 보호, 운영의 합법성에 관심을 가지고 정책을 입안한다. 정부나 시민단체는 이러한 공유경제의 부정적 측면과 더불어 이러한 혁신적 기업들이 저렴한 가격에 서비스를 제공함에 따라 호텔이나 택시와 같은 전통적 산업 기반이 붕괴되고 많은 실업자가 양산되는 것을 우려한다.

예를 들어 Uber는 기존의 택시나 기타 운송 수단과 같은 수준의 안전을 보장하지 못하고 낮은 비율의 세금을 납부한다. 나아가 이러한 공유경제 플랫폼 기업의 사업 영역의 정의는 애매할 수 있다. 예를 들어 Uber는 자신들을 운송 기업이 아닌 기술 플랫폼 기업으로 정의한다. 이러한 사업 정의는 많은 문제점을 야기하는데, 예를 들어 미국에서 장애자 보호법(Americans with Disabilities Act)과 같은 법망을 피할 수 있다. Uber는 장애자 차량을 더 많이 제공하라는 법적 경고를 여러 번 받은 바 있다. 따라서 정부의 규제나 공유경제 기업의 자발적 규제는 이러한 공유경제 기업의 성패를 결정하는 데 중요한 요소이다.

2) 서비스 품질에 대한 불신

신뢰성의 문제 또한 공유경제에 있어서 중요한 이슈이다. Carbonview Research사의 조사에 의하면 공유경제 기업의 서비스를 이용하지 않는 이유 중 67%는 신뢰성의 문제 때문인 것으로 나타났다.

사례

공유 숙박서비스의 선두주자: Airbnb

학습목표

1. 공유 숙박 서비스의 개념은 무엇인가?
2. Airbnb의 비즈니스 모델의 특징은 무엇인가?
3. 공유 숙박 서비스의 성장에 있어 소셜 미디어의 역할은 무엇인가?
4. 공유 숙박 서비스의 유형과 특징, 장단점은 무엇인가?
5. Airbnb의 전략적 변화의 특징은 무엇인가?
6. 우리나라에서의 공유 숙박 서비스 현황과 외국만큼 발달하지 않은 이유 및 발전 방안은 무엇인가?
7. 공유 숙박 서비스의 현안은 무엇인가?
8. Airbnb의 주 성공요인은 무엇인가?
9. Airbnb의 미래 과제에는 어떤 것이 있는가?

1. Airbnb의 역사

2007년 10월 샌프란시스코로 이주한 직후 Brian Chesky와 Joe Gebbia는 샌프란시스코가 세계적으로도 집값이 매우 비싼 도시였기 때문에 아파트를 빌릴 수 없었다. Brian Chesky와 Joe Gebbia는 거실에 에어 매트리스를 놓고 침대와 아침식사를 제공하여 수익을 창출하는 아이디어를 생각해냈다. 처음 목표는 단지 몇 달러를 버는 것이었다. 2008년 2월 CTO가 합류하였고, 그들은 샌프란시스코의 호텔을 예약할 수 없는 사람들을 위해 단기 거주 숙소와 아침 식사, 그리고 비즈니스 네트워킹 기회를 제공하는 웹사이트를 구축하였다. Airbnb는 2008년 8월, 샌프란시스코에서 설립되었으며 본사 역시 미국 샌프란시스코에 위치하고 있다. 자신이 가지고 있는 물건을 남들과 나누면서 수익을 내는 공유경제라는 비즈니스 모델을 숙박업에 접목시킨 것이다. 집주인이 자신의 비어있는 집의 사진을 업로드 하면 이용을 희망하는 사람이 집주인에게 금액을 지불하는 방식이다.

2. 숙박공유 비즈니스의 성장에 있어 social media의 역할

Airbnb는 PC와 모바일 모두 이용 가능하다. Airbnb는 소셜 미디어 서비스 (social media service: SNS, 대표적으로 Facebook, Instagram, Tweeter 등)와 서비스를 연동하였다. 이러한 연동된 확장성이 기존 민박 온라인 사이트와는 차별화된 점이다. 이를 통해 희망 여행지가 비슷한 회원들끼리 숙박 체험 정보를 교환할 수 있다.

숙박 공유 사업은 관련 창업기업의 증가, 소셜미디어의 발달로 매년 30% 내외의 고성장을 이어가고 있다. 소셜미디어의 발달은 개인 간 거래와 타인에 대한 신뢰 및 평판 조회 등 협력소비 수단을 편리화시켜 다양한 공유경제 활동을 가능하게 하였다.

3. 경쟁자와 각 업체의 장단점

(1) 호텔

호텔의 장점은 24시간 체크인이 가능한 점과 의사소통과 예약이 쉽고 어느 지점이든 일관된 서비스를 제공받을 수 있으며 시설이 깨끗하고 다양하다는 점 등이다. 또한 예약금이 필요 없고 개인의 사생활을 보장받을 수 있다. 단점은 고가의 비용, 내부 음식 조리 불가 등이다.

(2) Couch Surfing (카우치 서핑)

잠을 잘 수 있는 소파를 뜻하는 카우치와 '파도를 타다'라는 뜻의 서핑의 합성어로 여행자들을 위한 커뮤니티이다. 장점으로는 'hang out' 이라는 기능을 통해 여러 사람들과 쉽게 교류할 수 있고, 무료로 이용 가능하다. 단점은 쉽게 교류할 수 있는 만큼 위험에 노출될 가능성이 높고 시설이 열악하다.

4. 경쟁자에 대한 Airbnb의 대응 전략

(1) Airbnb Plus 전략

Airbnb는 창립 10주년을 맞이하여 Airbnb Plus를 오픈했다. 기존 Airbnb보다 고급스러운 시설과 더 믿을 수 있는 숙소에게 Airbnb Plus 배지를 부여한다. Plus가

되기 위해서는 직접 파견한 직원이 꼼꼼하게 약 100여 개의 항목을 점검해 승격을 결정한다. 손님들의 평균 평점 역시 4.8점 이상일 경우 지원 자격이 주어진다. 현재 13개 도시, 약 2천 개의 숙소에서 Airbnb Plus를 이용할 수 있다.

(2) Oasis Collection

오아시스 컬렉션은 기존 Airbnb에 호텔식 서비스를 결합한 것이다. 공항에 마중을 나가 집주인 대신 열쇠를 전달해주는 것부터 각 도시에 배치된 전담팀이 이용 중 문제를 해결하며, 이용자가 사용하는 외국어를 구사할 수 있는 직원과 24시간 통화연결이 가능하다.

(3) 소셜 디지털 마케팅 (social digital marketing)

2014년 Instagram을 통해 진행한 이 콘테스트는 호스트들이 자신들이 좋아하는 지역 명소를 Instagram에 올렸고 여행객들은 정보를 얻고 호스트들은 이를 통해 효율적으로 자신들의 방을 홍보할 수 있는 효과를 얻었다.

또한 특별한 호스팅 마케팅 역시 매우 폭발적인 반응을 보였다. 유명 아티스트와 Airbnb가 컬래버레이션하여 빈센트 반 고흐의 방을 실제로 구현하기도 하였고, 한국의 유명가수 G-dragon의 과거 스튜디오를 숙소로 개조하고, G-dragon이 자주 방문하는 명소를 소개하는 방식으로 진행하기도 했다.

(4) 진정한 공유 가치 창출

2012년 허리케인 '샌디'가 발생했을 때 Airbnb에서 재난민을 수용하였다. 전통적인 숙박 시설이 해낼 수 없는 것을 Airbnb가 해낸 것이다. 호스트는 자원봉사에 대해 별도 사례금을 여러 기구나 시 정부, 개인 기부자로부터 지급받았다. 이후 난민 문제 등 사회복지 부서의 역할이 매우 중요해지면서 Airbnb만이 해낼 수 있는 이러한 기능이 강화되었고 Airbnb의 입지를 다질 수 있는 계기 중 하나가 되었다.

5. 우리나라에서의 spare room rental service 현황과 외국만큼 발달하지 않은 이유 및 발달 방법

합법과 불법 사이의 회색 지대에서 Airbnb 이용자는 꾸준히 증가하고 있다. 우리나라의 제도적 제약인 현행 관광진흥법에 따르면 가정집을 이용한 Airbnb 사업은 외국인을 대상으로만 영업이 가능하지만 내국인을 대상으로 하는 행위는 불법이다 (일부 한옥 체험과 농어촌에 있는 민박집만 예외적으로 내국인 대상으로 영업 가능). 2019년 현재 정부는 관광 진흥법 개정을 추진 중이다.

6. Spare room rental service의 가장 중요한 현안

(1) 법적 측면

미국 샌프란시스코는 과거 city residential unit conversion and demolition 규정에 의거 30일 미만의 단기 임대를 금지하였으나, 숙박 공유에 대한 수요와 합법화의 요구가 증가하면서 30일 이내 단기간 임대를 허용하였다. 일본은 외국인 관광객 증가에 따른 숙박시설 부족에 대응하여 숙박 공유서비스를 허용하고 있다.

(2) 도덕적 측면

2015년 발표된 하버드대 연구에 따르면, 아프리카계 미국인처럼 보이는 이름으로 Airbnb로 예약하였을 때, 호스트가 거부하는 경우가 많아 숙박을 예약하기가 어려웠다. 빈번히 일어나는 사전 분쟁으로는 Airbnb 서비스를 취소할 시 위약금이 50%라는 점이다. 이러한 방침은 호스트는 선호할 수 있으나, 결국 이용자가 불편을 느끼고 이 서비스를 이용하지 않는다면 호스트에게도 불이익이 될 수 있다. 대표적인 사후 분쟁은 객실 사용 후 호스트의 일방적인 피해보상 요구이다. 기물을 파손하지 않았는데 파손되었다는 등 이용 후에 분쟁에 대해서도 호스트 입장 위주로 운영방침이 구성되어 있다.

또한 공유 숙박서비스는 사생활 보호에 매우 취약할 수 있다. 일부 호스트가 자신의 방에 몰래카메라를 설치하는 사례도 있었다.

7. Airbnb의 주 성공요인

믿을 수 있는 '사용 후기'는 아이디와 프로필을 검증하여 정보의 신뢰성을 높였다. 결제 시스템 역시 철저한 보안을 갖추었고 문제가 발생하더라도 빠른 대처를 위해 24시간 상담 서비스를 운영하고 있다. 이용방법과 결제시스템의 단순화도 성공 요인 중 하나이다. 스마트폰으로 예약과 결제까지 한 번에 하는 시스템이 다른 앱으로 눈길을 돌릴 수 없게 만들었다. 아시아 지역에서 Airbnb의 스마트폰 예약 비율은 75%에 달한다. 글로벌 여행객을 타겟으로 개발된 전 세계에서 통용 가능한 결제 시스템 덕분에 누구나 쉽고 빠르게 접근할 수 있다.

8. Airbnb의 과제

Airbnb의 지속적인 성장을 위해서는 앞서 언급한 단점들과 사건들을 해결하는 것이 급선무이다. 호스트의 인종차별 문제, 초기 호스트 위주의 운영방침으로 인한 이용자들의 불만족 등은 해결해야 할 과제이다. 특히 호스트의 인종차별 문제는 Airbnb 측에서 적극적인 해결의사를 보여야 한다. 예를 들면, 사전에 호스트의 종교나 성향 등을 조사해서 예약을 해놓고 취소하는 일이 없도록 아예 리스트에 뜨지 않게 한다든가, 호스트의 잦은 이용자 거부에 대한 제재 등의 방법이 있을 수 있다. 사전 분쟁과 사후분쟁에 있어서 기존 호스트에게만 치우쳐졌던 관행을 게스트들의 권리를 강화하는 방향으로 개선할 필요가 있다. 프라이버시 문제 (몰래카메라 등)도 많은 인력과 비용이 들겠지만, 장기적으로 매우 심각한 문제가 되므로 해결해야 할 과제이다.

9. 코로나 팬데믹 상황에서의 Airbnb의 대응전략

전 세계 여행객의 발이 묶이면서 숙박 공유 업체 Airbnb는 3월 중순 이후 15억 달러 상당의 예약이 취소됐다. Airbnb는 지난달 초에만 두 차례에 걸쳐 각각 10억 달러의 신규 자본을 조달했다. 최근 Airbnb가 코로나19 대응 차원에서 예약과 예약 사이에 24시간 이상의 대기시간을 두도록 한 '청결 강화 프로그램'을 도입함에 따라 집주인들의 손실은 더 커질 전망이다.

2008년 금융위기 이후 불황을 이겨낼 대안으로 탄생한 공유경제는 이처럼 코로나19 팬데믹에 따른 경제 위기로 중대 기로에 서게 됐다. 유니콘 (기업가치 1조 원 이상 스타트업)으로 주목 받던 Airbnb, Uber, WeWork 등은 최근 기존 산업과의 마찰로 연착륙에 어려움을 겪던 와중에 코로나19라는 예상치 못한 암초까지 만났다.

영국 텔레그래프는 "소비자들이 다른 사람의 손길이 거쳐 간 공유경제 모델을 질병의 매개체로 보기 시작했다"면서 "코로나19가 공유경제의 종말을 의미하는 건 아니지만 '소유는 과거의 개념'이라는 주장의 근거는 희박해질 수 있다"고 분석했다.

생각해보기

1. Airbnb의 탄생 배경과 역사, company profile
2. Spare room rental business의 성장에 있어 social media의 역할은?
3. 경쟁자와 각 업체의 장단점은? 각 업체의 향후 전망은?
4. 경쟁자에 대한 Airbnb의 대응 전략은?
5. 우리나라에서의 spare room rental 서비스 현황은? 왜 spare room rental 서비스가 외국처럼 발달하지 않았는가?
6. 우리나라에서 spare room rental 서비스가 발달하기 위한 여러분의 의견은?
7. 현재 spare room rental 서비스의 가장 중요한 현안 (법적, 사회적, 도적적 등)은 무엇이며 여러분의 의견은 (globally)?
8. Airbnb의 최근 전략과 이의 평가는?
9. Airbnb의 주 성공 요인은?
10. Airbnb의 성장을 위한 여러분의 의견은? 이의 장단점은? 구체적인 action plan을 제안하시오.
11. Airbnb의 최근 재무적 성과는?

3) 긱 경제 (gig economy)의 한계

Gig 경제라고도 불리는 공유경제는 정규 직업을 가지지 않은 채 자신의 짜투리 시간만으로도 생활에 필요한 돈을 벌 수 있는 대안으로 각광받았지만 근래에 gig 경제에 대한 회의적인 시각이 늘어나고 있다. Uber의 운전자의 경우에서와 같이 gig 경제 참여자들은 생활하기에 충분한 수익을 올리지 못하고 있으며 정규 취업자에 비해 시간당 수입이 현저히 낮은 것으로 나타나 gig 경제가 빈민층을 양산한다는 지적이다.

4) 초심을 잃은 공유경제

공유경제의 본래 의도는 한 번 생산된 제품을 여럿이 공유하고 사용하여 더 효율적으로 재화를 소비하고자 했던 모델이었는데, 제품을 소유하고 있는 공급자와 이를 필요로 하는 수요자 사이를 연결해 주는 플랫폼 구축자에게 부가 집중되는 플랫폼 경제로 변질되어 버렸다. Uber나 Airbnb처럼 많은 회원을 가지고 있는 업체들이 점점 높게 중개수수료를 받아가면서 기존의 산업 플레이어들은 플랫폼 구축자에게 종속되어 휘둘릴 수밖에 없게 되었고 이들의 불만은 높아질 수밖에 없었다. 공유경제는 물건을 공유하는 모델이므로 생산자에게는 치명적인 타격이다. 따라서 효율적인 자원 활용 및 사회적 비용을 줄이자는 공유경제의 본질은 사라지고 오히려 사회적 갈등을 유발하고 경제성장을 저해시키는 비즈니스 모델로 인식하게 되었다.

5) 코로나 팬데믹의 영향

Uber, AIrbnb와 같이 많은 공유경제 비즈니스는 대면 서비스와 관련된 플랫폼 비즈니스이다. 코로나 팬테믹의 영향으로 출퇴근, 여행 등의 사람의 이동에 관한 수요가 줄면서 공유경제는 커다란 시련을 맞게 되었다.

(4) 구독경제 (subscription economy)

구독경제는 소비자가 기업에 회원 가입을 하고 매달 일정액을 지불하면 정기적으로 물건을 배송 받거나, 서비스를 이용하는 경제모델이다. 과거에도 신문 구독, 야쿠르트 구독 같은 구독모델이 있었다. 또한, 창고형 매장인 Costco의 회원제는 유통산업에서 구독모델의 원조라고 할 수 있다. 최근 유통산업과 콘텐츠 산업에서 구독 경제모델이 급속히 확산되고 있다. 특히 콘텐츠 서비스의 경우 구독경제가 글로벌 경제 생태계에 변혁을 가져온 혁신으로 평가받는다.

인터넷 기반의 콘텐츠 기업이 제공하는 구독 서비스는 'customized recommendation'(개인화된 추천)을 근간으로 한다. Netflix에서 촉발된 개인화 추천 기술 (cinematch)의 고도화는 구독경제 서비스 확산의 기폭제가 되었다. 서비스 형태만 놓고 보면 기존의 IP TV와 같이 동영상 스트리밍 서비스를 제공한다는 점에서는 유사하나 Netflix의 차별화 포인트는 바로 콘텐츠의 추천 기능이다. 예를 들어 사용자가 마블 영화인 '어벤져스'를 시청하였다면, Netflix는

'아이언맨', '토르', '배트맨 vs 슈퍼맨'등 어벤져스와 비슷한 장르의 히어로 무비를 추천해 준다.

글로벌 투자은행 Credit Swiss에 의하면 2016년 4,200억 달러 수준이었던 구독경제 시장 규모는 2020년 5,300억 달러 규모까지 성장할 것으로 전망하고 있다. 또한, 시장조사업체 Gartner는 2023년에는 전 세계 기업의 75%가 소비자와 직접 연결된 구독 서비스를 제공할 것으로 예상했다.

1) 구독경제의 발전요인

구독경제의 성장 배경으로는 첫째, 소비자는 시간과 비용을 절감할 수 있고 기업은 안정적인 수익원을 확보할 수 있다는 점, 둘째, 콘텐츠 사업 분야에서는 온라인 스트리밍 기술의 발전과 스마트 디바이스의 발전, 셋째, 수많은 대안 중 매번 구매 결정을 해야 하는 '귀찮음'을 덜어준다는 점, 넷째, 매번 같은 제품을 사용하거나 경험을 하지 않고 새로운 것을 경험할 수 있다는 점, 다섯째, 밀레니얼 세대와 Z세대가 경제를 주도하면서 소유보다는 경험을 중시한다는 점, 여섯째, 1인 가구 수가 늘어나면서 소규모 소비가 선호된다는 점을 들 수 있다.

2) 구독경제 모델의 예

글로벌 IT 기업들도 기존의 서비스 사업을 구독모델로 발 빠르게 전환하고 있다.

Apple은 2019년, 18년간 유지했던 iTunes 서비스를 중단하고 구독 서비스인 Apple Music, Apple TV Plus, Apple Podcast, Apple News, Game 등을 제공하고 있다.

Amazon의 구독 서비스인 Amazon Prime 멤버 수는 2019년 기준 1억 5,000만 명에 달한다. Amazon Prime은 연 119달러에 무료 배달, 무료 음원 스트리밍, 비디오 스트리밍 등의 서비스를 제공하는데 J. P. Morgan에 의하면 Amazon Prime의 가치는 680달러에 달하는 것으로 평가받는다.

Microsoft도 소프트웨어를 CD로 판매하는 대신 클라우드에서 구독 서비스 형태로 제공한 후 매출이 현저히 늘었다.

국내에서도 유통산업과 서비스업 등 다양한 업종에서 구독경제가 활성화되고 있다. 2019년 5월 현재 구독경제를 사업 아이템으로 삼은 스타트업만 300여 곳에 달한다. 다음은 국내외 대표적인 구독 서비스들이다.

와이즐리: 면도날 배달서비스

에어퀸: 숨 쉬는 생리대 배달서비스

제네시스 스펙트럼: 월 구독료 149만 원에 제네시스 차량 월 2회 교체 사용

요기요 슈퍼클럽: 월 9,900원에 매월 10건의 주문에 한해 3,000원 할인 혜택

데일리 샷: 월 9,900원에 매일 수제 맥주 한잔

벨루가브루어리: 월 55,000에 수제 맥주, 야식 플래터, 사이드 스낵 이용

술담화: 전통주

빈브라더스: 원두커피 배달서비스

필리: 영양제 배달서비스

동원 F&B의 더 반찬: 반찬 배달서비스

쿠팡: 로켓와우멤버십

달러 세이브: 면도날 배달서비스, 서비스 이후 Gillette 점유율 20% 하락

후치: 매일 칵테일 제공

밀리의 서재, 리디북스: 전자책

플라이북: 종이책 배달서비스

핀즐: 그림 정기적 교체 서비스

꾸까: 정기적 플라워 배달 서비스

하비인더박스: 취미 소재 배달 서비스

베이컨박스: 반려동물 간식, 장난감 배달 서비스

아모레 스테디: 화장품 배달서비스

애경산업 플로우: 화장품 배달서비스

최근 Naver는 Amazon의 Prime 서비스와 유사한 구독 서비스인 네이버 플

러스를 출시하였다. 서비스 가입자는 웹툰, 음원, 드라마, 클라우드, 오디오북 등의 서비스를 월 4900원에 사용할 수 있다.

3) 구독경제 모델의 성공조건

구독경제는 크게 두 가지 형태로 나누어 볼 수 있다. 면도기, 애견용품 등 물건을 배달해주는 모델은 소유경제에 해당하는 모델이고 콘텐츠 서비스나 꽃, 그림 등을 일정 기간 대여해 주는 서비스는 무소유 경제모델이다. 이런 점에서 일부 구독경제는 공유경제와 유사한 면이 있다.

그러나 2011년 Time지가 세계를 변화시킬 10대 아이디어 중 하나라고 밝힌 바 있고 2000년대 중반 급속한 성장을 이루었던 공유경제는 플랫폼 사업자가 서비스에 필요한 재화를 소유하지 않으므로 Uber의 성범죄, Airbnb의 몰래카메라 등에서 보는 바와 같이 서비스 산업에서 가장 중요한 서비스의 품질을 통제하지 못한다는 근원적인 단점이 있다. 또한, 기존의 제도권 사업인 택시, 호텔업과의 마찰도 심각한 사회적 갈등 문제화되고 있으며 Airbnb의 경우 공유경제의 본질인 잉여 숙박 시설의 활용이 아닌 숙박업을 위해 주택을 사들이다 보니 주택 가격이 상승하는 부작용도 있었다. 실제로 네덜란드의 암스테르담에서는 Airbnb 사업을 금지하기도 하였다. 또한, 생산의 위축으로 인한 경제성장 저해, 공유경제 서비스 제공자의 빈민층으로의 전락 등도 문제점으로 지적되고 있다.

현재 구독경제의 열풍이 몰아치고 있지만, 구독모델 자체가 성공을 보장해 주지는 않는다. 구독경제가 성공하기 위해서는 다음과 같은 조건이 충족되어야 한다.

첫째, 소비자가 느끼는 구독료의 가치가 현저히 높아 구독자가 지속적으로 구독을 갱신하는 잠금효과 (lock-in)가 나타나야 한다. 오프라인 유통에서의 Costco, Netflix, Amazon Prime의 멤버십 혜택에 대해 고객은 충분히 구독료를 지불할 가치가 있다고 느끼므로 재가입률이 매우 높다.

둘째, 근자에 구독경제가 활성화되고 있는 핵심 요인은 고객 맞춤형 서비스 제공에 있다. 고객의 취향을 신속하게 파악하고 개인맞춤형 서비스를 제공하기 위하여 고객 성향을 분석할 수 있는 빅데이터의 확보와 인공지능을 활용한 추천 기능의 개발이 필수적이다.

셋째, 상품이건 콘텐츠건 지속적으로 변화를 주어 고객들에게 신선하고 아기자기한 재미를 줌으로써 새로운 것에 대한 기대를 가지게 해야 한다. 구독경제 이용자의 욕구 중 하나는 다양한 새로운 것을 즐기는 것이다. 플라워 서비스의 경우 철마다 새로운 꽃, 그림 서비스의 경우 다양한 화풍의 그림 제공 등이 필요하다. Costco는 정기적으로 15%의 제품을 교체함으로써 고객의 방문빈도를 제고하고 있다.

넷째, 제품이나 서비스를 차별화할 수 있어야 한다. 예를 들면 비디오 스트리밍 산업에서는 Netflix, Apple, Amazon, Disney, HMO 등의 업체가 직접 제작한 오리지널 콘텐츠로 차별화를 꾀하고 있다. 이와 달리 음원 스트리밍 서비스는 모든 업체가 음원 제작자와 계약을 맺고 같은 음원을 제공하므로 차별화가 어렵고 따라서 수익을 실현하기가 매우 어렵다.

다섯째, 제품 구독모델의 경우 주로 배달을 이용하는 고비용 구조이고 또한 콘텐츠의 이용은 추가 비용이 들지 않지만, 제품은 판매되는 만큼 변동비가 발생하므로 어느 정도의 규모의 경제를 실현하지 않고는 수익을 실현하기가 어렵다.

여섯째, 적합한 표적 시장이 선정되어야 한다. 미국의 Movie Pass사는 월 9.99달러 이용료로 전국의 90%가 넘는 오프라인 극장 어디에서나 매일 영화 한 편씩 볼 수 있도록 했다. 이 서비스의 이용자는 당연히 영화관을 자주 이용하는 heavy user이므로 극장에 지불하는 티켓 값을 감당하지 못하고 파산하였다. 이는 마치 뷔페식당을 대식가들이 주로 이용해서 비용이 증가하고 수익성이 낮아지는 것과 같은 이치이다. 매일 칵테일을 한잔 먹을 수 있는 서비스를 제공하는 '후치', 수제 맥주 구독모델인 '벨루가브루어리'도 이와 유사한 유형의 구독모델이다.

일곱째, 구독모델은 제품의 유형이나 콘텐츠에 따라 약간의 차이는 있지만, 일반적으로 진입장벽이 낮은 사업모델이다. 공유경제에서 경험하였다시피 자신만의 제품이나 콘텐츠를 가지지 않은 채 단지 중개만을 하는 구독모델은 장기적으로 생존하기가 쉽지 않다.

(5) 플랫폼 비즈니스 (platform business)

정보통신 기술이 발달하면서 플랫폼 비즈니스가 주목을 받고 있다. 플랫폼의 어원은 기차역에서 사람을 기다리는 곳이다. 이 용어의 비지니스적 의의는 사람과 사람, 사람과 사물을 연결함으로써 새로운 유형의 서비스가 창출된다는 것이다. 일상적 용어로는 사람들이 만나서 소식, 물건, 서비스 등 다양한 유형의 콘텐츠의 교류를 가능하게 해주는 '장터'이며 플랫폼 비즈니스 사업자는 이 '장터'를 제공해 주는 대가로 직접적으로 수수료를 취하거나 광고 등을 통해 간접적으로 수익을 올리는 비즈니스 모델이다.

Amazon은 제조업체나 소매업체와 소비자를 연결하는 이커머스이며, Netflix는 컨텐츠 제작자와 시청자를 연결하는 video streaming service 업체이다. Microsoft사는 Windows 운영체제를 통해 컴퓨터 소프트웨어 개발자와 컴퓨터 사용자 간의 거래를, Facebook은 인터넷상에서 사람과 사람을 연결하여 소식, 사진, 교류를 가능하게 해주는 서비스를, Apple은 Itunes를 통해 음반제조업자와 음악을 듣는 고객을 연결하는 획기적인 서비스를 고안하여 큰 성공을 거두고 있다. YouTube는 콘텐츠 이용자가 동시에 컨텐츠를 제작하는 획기적인 양방향 플랫폼을 제공하고 있다. 이들 비즈니스 모델의 공통점은 모두 플랫폼 비즈니스라는 점이다.

1) 플랫폼 비즈니스의 유래

플랫폼 비즈니스는 인터넷 시대 이전부터 존재하였다. 재래시장, 백화점 등의 유통업체, 전보, 전화 등의 통신 서비스, 예금자와 대출자를 연결해 주는 은행, 유가증권 거래소, 광고주와 소비자를 연결하는 광고를 통해 제품에 관한 정보의 소통을 가능하게 해주는 라디오, TV 등, 전통적 오프라인 서비스도 플랫폼 비즈니스라고 할 수 있다.

정보통신 기술이 발달하면서 새로운 플랫폼 비즈니스가 활발히 나타나고 있는 이유는 정보통신 기술이 사람 간의 교류를 보다 더 효율적으로, 즉 더 싸게, 더 빠르게 실현할 수 있기 때문이다. 이론적으로 비즈니스는 사람과 사람 간

콘텐츠 창조로 쌍방향 동영상 교류 서비스를 제공하는 영상 플랫폼: YouTube

사례

학습목표

1. YouTube의 비즈니스 모델의 특징은 무엇인가?
2. YouTube의 수익구조는 어떠한가?
3. YouTube의 서비스 유형에는 어떤 것이 있는가?
4. YouTube의 성공요인은 무엇인가?
5. YouTube의 경쟁자는 무엇인가?
6. YouTube의 현안에는 어떤 것이 있는가?

1. YouTube의 역사

2005년 봄 어느 날, Steve Chen은 샌프란시스코의 친구 집에서 모임을 마친 후 함께 찍은 동영상을 공유할 방법이 마땅치 않았다는 것을 깨달았다. 일일이 전달하기가 너무 귀찮았던 Steve Chen은 친구들과 직접 동영상 사이트를 만들어 보기로 했다. 창업을 위해 Steve Chen을 비롯한 Chad Hurly, Jawed Karim이 뭉쳤다. 한 달이 넘는 토론 끝에 그들은 3가지에 대해 의견의 일치를 보았다. 첫째, 누구나 동영상에 관심이 있다. 둘째, 사이트는 이용하기 쉬워야 한다. 셋째, 친구를 사귀는 데 도움이 되어야 한다. 그리고 이 소셜 미디어 사이트에 이름을 붙여 주기로 했다. You는 모든 사람을, Tube는 TV를 의미하며 두 단어를 함께 붙이면 모든 사람이 시청자이자 제작자라는 뜻이 되고 더 구체적으로는 '당신의 동영상 플랫폼'이란 뜻을 나타낸다.

2006년 10월, YouTube는 16.5억 달러에 Google에 인수되었고 당시 Google의 YouTube 인수는 어리석은 결정이 아니냐는 비판이 있었지만 YouTube의 기술 책임자가 4명이 전부였음에도 불구하고 트래픽이 많은 사이트를 구축하고 있었다는 점에서 Google의 YouTube 인수는 현명한 선택이었다.

2. YouTube의 전략

(1) 1인 미디어 콘텐츠 플랫폼

4차 산업혁명 시대가 빠르게 다가오면서 미디어 생산 현장에도 새로운 기술이 적용되고 있다. 결과적으로 미디어 소비자의 숨겨진 니즈를 파악하여 소비자가 원하는 콘텐츠를 만들어서 원하는 시간, 공간과 방식으로 전달하는 것이 가능해졌다. 기존의 매스 미디어가 이러한 혁신에 실패하거나 적극적이지 못한 상황에서 Netflix, YouTube, 아프리카TV 등 인터넷 기반의 대안적인 미디어 플랫폼이 등장했고, 이러한 대안 미디어를 활용하여 다양한 콘텐츠를 생산해 내는 1인 미디어 생산자들도 폭발적으로 증가하였다.

또한 1인 미디어 콘텐츠 제작자를 돕는 일종의 기획사 역할을 하는 Multiple Channel Network (MCN: 다중채널네트워크)와 같은 새로운 미디어 사업자도 자리를 잡고 있는 상황이다. 우리나라의 대표적 MCN인 다이아TV는 약 1,400여 팀의 크리에이터와 파트너십을 맺고 있으며, 총 구독자 수는 1억 6000만 명에 이른다. 지금까지 누적 조회 수는 320억 뷰 이상을 달성한 것으로 알려지고 있다.

따라서 향후에는 전문적인 콘텐츠 중심의 매스 미디어의 시대가 저물고 일반 사용자가 생산자 역할을 하는 대안 미디어가 전통 미디어와 함께 공존하는 미디어 파편화 현상이 가속화될 것으로 전망된다. 이러한 시장변화에 부응하여 YouTube는 파트너 프로그램을 도입하였고 사용자가 보다 적극적으로 영상을 제작해 사용자들과 공유할 수 있도록 YouTube 파트너 프로그램을 2007년부터 시행하였다. 이는 크리에이터가 제작한 영상을 YouTube에 올리고 광고를 원할 경우 YouTube가 광고를 붙여주고 수익을 배분하는 제도로, 크리에이터가 자신이 제작한 콘텐츠로 수익을 창출할 수 있는 모델을 도입한 것이다. 수백만 명이 넘는 구독자를 보유한 유명 크리에이터들의 콘텐츠들이 높은 조회 수를 기록하면서 YouTube를 통해 큰 수익을 올리는 사례들이 등장하기 시작하였고 파트너 프로그램의 도입은 다수의 1인 제작자와 광고주를 연결하고 콘텐츠 제작 등을 전문적으로 지원하는 MCN의 등장으로 이어지면서 새로운 미디어 산업이 등장하는 계기로 작용하였다.

(2) 수익모델의 다각화

YouTube는 2015년 10월 유료 영상 구독 서비스 'YouTube Red'를 출시했으며, 가입자는 월 9.99달러를 지불하면 YouTube 동영상을 광고 없이 즐길 수 있고 오프라인에서도 영상을 볼 수 있도록 저장기능을 제공한다. 또한 기존 YouTube에서는 볼 수 없었던 신작 영화나 시리즈 드라마, YouTube와 크리에이터가 함께 제작한 영상 등 YouTube만의 오리지널 콘텐츠도 별도로 제공하고 있다. 이외에도 YouTube 프리미엄, YouTube 티브이 등 다양한 유료 서비스를 지속적으로 도입하고 있다.

(3) 애드워즈 시스템의 활용

애드워즈 시스템을 활용하면 누구나 광고주가 될 수 있기 때문에 특정 규모 이상이 되어야 광고주가 될 수 있는 기존 미디어와는 차별화된다. 이 시스템은 자체 광고를 제작해 YouTube 채널에 업로드하고, 원하는 영상을 선택해 광고를 보여주고 싶은 대상과 광고 예산을 설정할 수 있다.

3. YouTube의 수익구조

YouTube의 수익구조는 크게 세 가지로 나눌 수 있다. 첫 번째 'Advertising'은 스폰서 광고이다. 다른 말로 SERP (search engine results pages) + PPC (pay per click)라고 할 수 있는데, SERP 광고는 사용자가 특정 키워드를 검색할 때 로딩되는 광고를 클릭한 후 기록되는 조회 수에 기반하여 수익을 창출한다. 광고주는 스폰서 SERP + PPC광고의 조회 수에 따라 YouTube에 비용을 지불한다. YouTube의 다른 광고 수익원은 'Embedded (임베디드) 광고'이다. 동영상이 시작될 때나 동영상 재생 중 사이 사이에 삽입된 광고를 일컫는다. 또 다른 수익 구조로는 'Landing Page Advertisements (방문 페이지 광고)'이다. 랜딩페이지는 YouTube 홈페이지에 들어가자마자 보이는 페이지에 떠있는 광고이며 이 또한 조회 수와 클릭 수로 수익을 창출한다.

4. YouTube의 서비스 유형

(1) YouTube 레드 (지금은 YouTube 프리미엄으로 명칭을 변경)

YouTube 레드는 광고 없이 YouTube를 시청할 수 있는 유료 서비스이다. 광고를 시청하지 않고, YouTube의 동영상과 음악, 독점 콘텐츠를 즐길 수 있다는 것이 'YouTube 레드'의 차별화 포인트이다. YouTube 레드에는 크게 세 가지의 기능이 있다. 백그라운드 재생 기능, 오프라인 저장, 광고 없는 영상이다. 백그라운드 재생 기능은 YouTube 레드 가입 시 추가 앱을 설치할 필요 없이 YouTube 앱에서 백그라운드 재생이 가능하다. 전원 버튼을 짧게 눌러 화면 잠금 상태가 되어도 음악과 동영상 사운드는 그대로 재생된다. 오프라인 저장은 Netflix처럼 오프라인 뷰잉 기능을 제공하는 것이다.

(2) Channel Membership

스폰서십으로 시작한 채널 멤버십 기능을 통해 YouTube 파트너 (게시자)는 광고를 게재하는 것보다 뷰어와 더 깊이 소통하고 더 많은 수익을 올릴 수 있다. 이 기능을 통해 파트너는 채널 및 동영상 페이지에 '가입' 버튼을 추가할 수 있다. 이 멤버십 기능은 Patreon의 비즈니스 모델에서 영감을 얻었으며 제작자가 매월 4.99 달러를 지불하는 가입자들에게 특별 혜택, 공식 제품 할인 및 할인 혜택을 제공한다.

(3) YouTube TV

새롭게 선보이는 YouTube TV는 가입자들에게 CBS, ABC, Fox, NBC 등 미국의 주요 방송 네트워크를 포함해 ESPN, Fox Sports, NBCSN 등 10여 개 스포츠 채널 등 40개 이상의 TV 채널을 제공한다. 이는 Netflix나 Amazon과의 차별점이라고 할 수 있다. YouTube TV는 인터넷 TV 외에도 스마트폰이나 태블릿 PC, 컴퓨터 등 인터넷과 연결된 모든 기기를 통해 시청할 수 있으며 Google의 인공지능 (AI) 스피커인 Google홈과도 연동될 전망이다. 무엇보다 추천 채널의 프로그램은 실시간으로 방송되지만 무제한 저장 용량 클라우드 DVR 기능을 지원하고 있어 원하는 프로그램을 클라우드에 저장하고 나중에 시청할 수 있다는 점이 특징이다.

5. YouTube 성공요인

(1) 개방형 플랫폼

YouTube는 초기에는 영상 제공 서비스였으나 1인 미디어가 발전하면서 그저 동영상 시청 플랫폼이었던 YouTube를 개방형 플랫폼으로 발전시켜 소비자가 생산자의 역할까지 하는 프로슈머 (prosumer)에 기반을 둔 서비스로 변화하였다. 이는 YouTube 소비자가 스스로 방송 콘텐츠를 직접 제작하고 공유하는 오픈 서비스를 제공하게 되었음을 의미한다. 일반적인 콘텐츠 서비스뿐만 아니라 사용자들의 공유와 참여를 유도함으로써 사용률을 높였고 많은 새로운 데이터를 축적할 수 있었다.

(2) 무료 콘텐츠의 다양성

시청자 입장에서의 YouTube의 강점은 무료 콘텐츠의 다양성이다. 우리나라에서 YouTube 사용량이 최고 순위에 있는 이유는 전 세계 어디서나 제작한 영상을 무료로 시청 가능하고 콘텐츠 내용도 갈수록 폭넓고 다양해지고 있기 때문이다. 이것은 YouTube의 최대 장점으로 작용하여 많은 시청자를 이끌었다.

(3) 영상 노출 방식

사용자가 본 영상과 관련된 영상이 추천되는 경우에는 연관 동영상으로 자연스럽게 진입되는 방식으로 영상이 노출되는데, 이는 YouTube 사용시간을 증가시키는 데 가장 크게 기여하는 기능이다. 또한 '홈'에서 자주 보는 영상에 근거한 추천 영상은 물론 구독한 채널도 함께 노출되므로 굳이 '구독' 메뉴를 거쳐 진입할 필요가 없다.

YouTube를 Facebook과 비교해보면, Facebook은 뉴스피드 형식으로 게시물이 노출되므로 친구들의 새로운 게시물과 관심 있어 하는 게시물을 볼 수 있게 되었지만 주변인의 사적인 관심 때문에 팔로우하지 않은 페이지의 글을 볼 수 있는 방식이기에 점차 유의미한 정보가 줄어들어 Facebook에 대한 관심이 식기 시작하였다. 반면 YouTube는 다른 사람의 시청 기록이 아닌 나의 시청 기록을 바탕으로 유사 콘텐츠를 선별하여 홈 화면에 맞춤 영상을 노출함으로써 시청자들의 관심을 끌 수 있었다. 또한 YouTube에서는 사용자가 시청한 영상 바탕의 유사 콘텐츠를 선별해 맞춤 영상을 노출시킬 수 있게끔 추천 알고리즘이 대단히 지능화되어 있다.

(4) 편리한 검색 엔진

검색을 할 때에도 키워드만 검색하면 관련된 영상을 전부 노출시켜주어 편리한 검색 엔진으로 많은 인기를 누릴 수 있었다. 예를 들어 전 세계적으로 1억 뷰 이상을 기록한 '부산대 로버트 켈리 BBC 뉴스 방송사고'를 검색할 때도 부산대 교수님 이름이 기억나지 않아도 YouTube 검색창에 '부산대 방송사고'나 '부산대 BBC' '부산대 교수'를 검색하는 것만으로 손쉽게 영상을 찾을 수 있다.

(5) 실생활과 밀접한 콘텐츠

YouTube 콘텐츠 세상에는 나와 비슷한 보통 사람들이 만든 쉽고 재미있는 일상속 콘텐츠가 많다. 옆집 사는 분 같은 친근한 외모의 평범한 사람 즉, 아이부터 할머니, 혹은 그냥 주변의 내 친구와 같은 사람들의 자유롭고 짧은 콘텐츠를 보면서 친근감을 느껴 영상에 몰입하게 된다. 본인도 모르게 라면을 끓이게 되는 먹방 채널, 시간이 훌쩍 지나가는 게임 채널, 대신하여 아슬아슬한 실험을 해주는 실험 프로젝트 채널, 다이어트 10킬로 감량 목표 홈 필라테스 채널, 데일리 메이크업 채널, 신상 가전제품 사용 후기 등 보통 사람이 제작한 실생활과 밀접한 콘텐츠로 가득한 YouTube는 시청자에게 친근감을 제공하여 하염없이 보도록 만든다.

(6) TV 없는 거실

최근 주거공간의 개념이 달라지고 있다. 컬러 TV의 대중적 보급 이후 최근 20여 년 전까지 개인 가정의 거실 풍경은 TV 중심의 거실 문화였지만 최근에는 TV 없는 거실에 대한 관심이 높아짐과 동시에 질 좋은 스마트폰의 보급 등의 모바일 친화적 환경이 YouTube가 활성화되는 데 직간접적으로 연관되어 있다고 볼 수 있다.

6. YouTube의 위협요소

(1) 내부적 요소

1) 유해 콘텐츠

YouTube에는 조회 수를 올리기 위해 다소 유해하고 혐오적인 콘텐츠가 많이 존재한다. 가장 많이 알려진 사례로 2017년 12월 로건 폴의 YouTube 사건이 있다. 이는 미국의 유명한 블로그 크리에이터 로건 폴이 일본의 자살 숲이라 알려진 아오키가하라 숲을 찾아가 자살한 것으로 추정되는 남성의 주검을 포착한 장면을 찍어 올리고 그 앞에서 고인을 모독하는 발언을 하는 등 혐오적이고 비윤리적인 영상 콘텐츠를 업로드한 사건이다. 이런 혐오적인 콘텐츠의 업로드를 줄이기 위한 자정시스템이 존재하고 있지만 워낙 방대한 양의 영상이 업로드되기 때문에 쉽게 문제를 해결할 수 없는 상황이다.

2) 기업의 비도덕적 마케팅 행위

기업이 자신들의 제품을 홍보하기 위해 상업적 목적으로 YouTube를 사용할 수 있다. 요즘 기업이 영상 크리에이터에게 금액을 지불하고 제품에 대한 허위 사실을 꾸며내도록 부탁하는 행위가 많아지고 있다. 자신의 일상에 기업 제품에 대한 과도한 광고가 들어가면 보는 시청자들의 눈살을 찌푸리게 만드는 동시에 이런 기업의 악용이 퍼져 나가면 YouTube의 사용자가 줄어드는 결과까지 낳을 수 있다. 누구라도 자신이 소비자라면 너무 과도한 광고에 노출될 시 방어기제가 발휘될 수 있다. 이러한 문제점은 어느 플랫폼에도 적용될 수 있으나 영상을 다루는 YouTube이기 때문에 더 큰 문제를 일으킬 수 있다.

3) 자체 콘텐츠의 부족

다른 영상 콘텐츠 제공자의 경우 자신들만의 자체 콘텐츠를 업로드하여 매니아층을 두텁게 쌓아가고 있지만 YouTube의 경우 자체 콘텐츠가 존재하기는 하나 그 수가 적고 타사에 비해 인지도가 낮아 이를 활용하지 못하고 있다. 이러한 자체 콘텐츠의 양과 질이 확보되지 않으면 장기적으로 YouTube의 경쟁력이 저하할 수 있다.

(2) 외부적 요소

1) 동영상 재생 플랫폼 경쟁사

Netflix는 YouTube와 달리 일정한 금액을 지불한 구독자들에게 유료 스트리밍 서비스를 제공하고 있다. 전 세계 많은 크리에이터에게 의존하여 퀄리티에 관계없는 영상이 업로드되는 YouTube와 달리 Netflix에는 세계적으로 유명한 거장 감독들이 참여하거나 항상 퀄리티 좋은 영상, 즉 작품이 업로드된다. 또한 Netflix는 Netflix 오리지널이라는 자체 콘텐츠 서비스를 통해 많은 매니아층을 보유하고 있다.

Amazon 또한 Netflix와 마찬가지로 전문적인 제작업체가 제작한 자체 콘텐츠를 다량 보유하고 있다. Amazon Prime은 연 119달러를 내면 이용할 수 있는 Amazon의 유료 회원제로, 이 Prime 서비스에는 TV, 영화를 무제한으로 시청할 수 있는 기능과 음악 스트리밍이 포함되어 있다. 여기에서 Amazon은 이 Prime 서비스 중 비디오 스트리밍 서비스를 독자적인 월정액으로 사용할 수 있는 요금제를 추가하여 YouTube와 Netflix보다 1달러 낮은 가격으로 제공하고 있다, Amazon은 Prime 서비스 외에도 콘텐츠 크리에이터들이 자신들의 콘텐츠를 직접 Amazon 비디오에 올릴 수 있는 서비스인 비디오 다이렉트를 제공하고 있다. YouTube는 사용자가 원하는 비디오 콘텐츠를 그냥 담고만 있는 반면, 비디오 다이렉트는 소비자이자 사용자가 원하는 모든 라이프스타일을 콘텐츠에 담을 수 있다.

2) social network service

개인의 콘텐츠를 업로드하는 플랫폼 또한 견제해야 할 경쟁사이다. 자신의 개인적인 콘텐츠를 업로드한다는 것이 SNS의 가장 큰 특징인 점을 고려하면 Instagram 또한 유력한 경쟁사로 꼽을 수 있다. Instagram은 자신만의 콘텐츠를 자유롭게 올릴 수 있는 공간이며 여기서는 영상과 사진의 구분이 없으며 별 다른 제한이 없고 사용자들은 자신만의 개인적 공간을 가졌다는 만족감을 느낄 수 있다. 최근 Instagram은 사용자의 더 편리한 콘텐츠 업로드를 위해 영상 서비스 IGTV를 개설하였다. IGTV는 최대 1시간 길이의 YouTube와는 다른 세로 영상을 업로드할 수 있으며 조금 더 공개적인 장소라고 느껴지는 YouTube와 달리 더 개인적 장소로 느껴지는 자신의 피드에 IGTV를 추가하여 개인적 콘텐츠를 업로드할 수 있다. 많은 팔로워들을 가지고 있는 유명인들도 IGTV를 개설하면서 이 서비스에 대한 인지도가 높아지고 있다.

생각해보기

1. YouTube Profile
   (1)YouTube의 등장배경
   (2)시장변화에 따른 YouTube의 성장/대응전략
2. YouTube 의 수익구조는 어떠한가?
3. YouTube 의 성공요인은 무엇인가?
4. YouTube 의 위험요소에는 어떤 것이 있는가?
5. YouTube 의 전망 및 향후 전략대안은?

다양한 콘텐츠의 거래이므로 모든 비즈니스는 플랫폼 비즈니스화 할 수 있다.

2) 플랫폼 비즈니스의 영향

새로운 플랫폼 서비스는 위기이자 기회이다. 예를 들어 재래시장은 슈퍼마켓과 백화점이라는 새로운 플랫폼 비즈니스에 의해 사양화 되고 있고 Amazon과 같은 온라인 서점은 오프라인 서점들에게 커다란 위협이 되었다. 반면 새로이 개발되는 정보통신기술 (click이라고 불리움)과 전통적 오프라인 플랫폼 비즈니스 (brick&mortar라고 불림)의 융합은 (click&mortar라고 불림) 많은 창조적인 사업자에게 새로운 사업 기회를 제공하고 있다.

최근 브랜드 파워 측정 조사에 의하면 Amazon, Apple, Google, Microsoft, Facebook, Netflix 등의 정보통신기업이 최상위권에 올라 있다. 이러한 기업의 사업 성격은 새로이 창조되었다기보다는 오프라인 사업을 정보통신기술을 활용하여 향상시킨 click&mortar 사업이라고 보아야 할 것이다.

여기서 주목할 것은 이들 IT 기업들은 일회성 거래에 그치는 것이 아니라 개인별 맞춤서비스를 가능하게 하는 matching engine에 의해 추천 기능이나 개인화된 광고를 노출시키는 인공지능 (artificial intelligence: AI) 기능을 가지고 있다는 점이다. 예를 들면 Amazon은 개인의 구매이력이나 관심을 보인 제품 정보를 바탕으로 구매 확률이 높은 제품의 개인별 추천 기능을 가지고 있고 Netflix는 시청한 영화 정보를 바탕으로 유사한 장르의 영화를 추천하는 기능을 가지고 있다. Google이나 Facebook은 불특정 다수를 대상으로 동일한 광고를 보여주는 것이 아니라 구매 확률이 높은 개별화된 광고를 보여준다. 이러한 개인화된 (individually customized) 추천 또는 광고는 타 기업들과 가장 차별화된 역량이다.

3) 플랫폼 비즈니스의 구성

플랫폼 비즈니스의 구성원은 플랫폼 구축자와 플랫폼 사용자로 대별된다. 예를 들어 Apple의 iPod는 음원 거래의 플랫폼을 제공하는 플랫폼 구축자이고, Google은 스마트폰 운영체제인 Android 플랫폼을 구축한 사업자이다. Android의 경우, 플랫폼 사용자는 스마트폰 제조업체, 통신사, 앱개발자, 스마트폰을 사용하는 소비자들이다. 플랫폼 사용자는 플랫폼 구축자에게 의존적이 된다. 따라서 플랫폼 비즈니스 구축자는 사용자보다 더 많은 수익을 올린다. 또한 플랫폼 구축자는 생산을 하지 않기 때문에 수반되는 초기 투자비가 적다.

4) 플랫폼 비즈니스의 성공조건

플랫폼 비즈니스가 성공하기 위해서는 빠른 시간 안에 플랫폼 사용자를 참여시키는 선순환 구조를 만들어 내야 한다. 매력적인 플랫폼이 되기 위해서는 양질의 콘텐츠를 거래시킬 수 있는 능력을 가져야 한다. 이 경우 플랫폼 사용자는 적극적으로 그 생태계에 참여하게 된다. 사용자가 늘어나면 더욱 더 매력적인 콘텐츠가 개발되고 이는 또 사용자를 증가시키다. 이러한 선순환을 네트워크 효과라고 한다.

네트워크 효과를 빠른 시간 안에 확산시키기 위해서는 초기에 화학적 반응을 일으키는 전략이 필요하다. 예를 들면 Apple은 Itunes 서비스를 빠르게 확산시키기 위해 초기에 무료 음원 다운로드 서비스를 제공하였다. 또한 Google은 초기에 검색서비스를 무료로 제공하였다. 이러한 선순환이 일어나면 플랫폼 구축자는 높은 수익을 올릴 수 있다. Microsoft는 40%에 이르는 수익을 올린 바 있다.

일단 네트워크 효과가 나타나면 사용자는 다른 플랫폼으로 이동하기에는 높은 전환비용이 (switching cost) 수반되므로 사용하는 플랫폼에 계속 잔류하게 된다. Windows보다 성능이 우수하고 사용료가 무료인 (open source) Renux 운영체제가 성공하지 못하였고, 삼성이 바다 운영체제로 플랫폼 비즈니스를 구축하고자 하였지만 성공하지 못한 것도 이 때문이다.

그러나 품질을 관리할 수 없을 정도로 너무 많은 사용자가 집중하는 것도 해가 될 수 있다. 백화점 세일 기간 중 너무 많은 고객이 몰려들어 서비스의 질이 저하된다거나, Groupon이나 국내 social commerce 업체들이 사업을 확장하면서 광고주의 품질을 점검하는 충분한 인력을 갖추지 못해 품질이 검증되지 않은 사업주의 광고를 내보내어 소비자의 불만족을 초래한 경우가 그 예이다.

5) 온라인 플랫폼 비즈니스의 특징

오프라인 플랫폼 비즈니스에 비해 온라인, 모바일 플랫폼 비즈니스의 특징은 다음과 같다.

첫째, 물리적 공간에서 사업이 이루어지는 것이 아니라 사이버 공간을 이용하므로 무한정의 공간이 창출된다.

둘째, 거래에 시간적, 공간적 제약이 없다.

셋째, 사용자가 단지 로그온만 하면 되므로 물리적 이동을 하지 않고도 쉽게 찾아 올 수 있다.

넷째, 일단 네트워크 효과가 일어나면 광고 없이도 강력한 파급효과를 가진 SNS를 통한 입소문 (word of mouth)에 의해 인지도 및 선호도가 형성된다.

다섯째, 제품뿐만 아니라 어떤 유형의 콘텐츠도 거래될 수 있다. Amazon은 서적 유통 사업으로 시작하였으나 다른 카테고리의 제품과 서비스를 판매하는 사업으로 범위를 확장하였다. Facebook은 개인의 소식, 사진 등의 교류를 가능하게 하고 광고 수익을 얻는다.

여섯째, 온라인 플랫폼 비즈니스의 성공요소는 오프라인 플랫폼 비즈니스의 성공요소와 다르다. 가령 오프라인 가전제품 소매점 (예를 들면 하이마트)의 성공요소는 매력적인 입지의 선정, 영업사원의 고객 응대 서비스, 물류체계 등인데 비해 온라인 소매상 (예를 들면 Amazon)의 성공요인은 빠르고 편리하게 원하는 제품을 검색할 수 있는 검색엔진의 성능, 입지를 대신하는 브랜드 파워 등이 보다 더 중요하다.

많은 오프라인 소매업체가 온라인 영역으로 사업방식을 다양화하였으나 성공사례가 거의 없는 이유도 이러한 사업 성격의 차이에 기인한다. 이를 경험한 많은 오프라인 소매상들은 온라인 사업을 Amazon에 의뢰하였다 (fulfillment 대행업이라고 함).

기업은 플랫폼 비즈니스 구축자가 될 것인지 아니면 플랫폼 사용자가 될 지를 결정하여야 한다. 기본 방향은 플랫폼이 기업의 핵심 가치와 연결되어 있다면 플랫폼 비즈니스 구축자가 되는 것이 바람직하다. 자동차 제조업체가 광고 플랫폼을 구축할 필요는 없지만 내장 소프트웨어, 엔터테인먼트 등을 통합하는 플랫폼은 향후 핵심 경쟁 요소이므로 플랫폼을 구축할 필요가 있다.

6) 플랫폼 비즈니스의 성공전략

위의 논의를 종합하여 볼 때 플랫폼 비즈니스의 성공전략은 다음과 같다.

첫째, 양질의 콘텐츠를 확보하는 것이 중요하다. 모든 음원을 유통한 Itunes는 성공하였고 좋은 입지에도 불구하고 경쟁력 있는 상인을 유치하는 데 실패한 복합몰인 문정동의 Garden 5는 성공하지 못하였다.

둘째, 반드시 선두 주자가 성공적인 것은 아니다. Facebook의 출범 시 My Space는 이미 1억 명이 넘는 회원을 확보하고 있었다. 그러나 너무 늦어지면 안 된다(예: 삼성전자의 바다 운영체제).

셋째, 초기에 사용자를 확보하기 위하여 화학적 반응을 일으켜 빠른 시간 내에 네트워크 효과가 나타나게 하는 것이 중요하다 (예: Itunes의 초기의 음원 무료 다운로드 서비스, Google의 초기의 무료 광고).

넷째, 유연성을 가지는 것이 중요하다. Amazon은 전자책 유통을 위해 Android 운영체제와 Apple 운영체제를 이용하면서도 Kindle을 개발, 사용하는 양면 (two track) 전략을 구사하였다.

다섯째, 독점적 지위를 이용하여 사용자에게 과다한 부담을 강요하는 것은 장기적으로 해가 될 수 있다. 과거 Windows의 횡포를 경험한 모바일폰 하드웨어, 소프트웨어 개발업자는 오픈 소스 (open source) 전략을 취한 Android 운영체제를 선택함으로써 Microsoft는 모바일폰 시장에 진입하는 데 실패하였다.

여섯째, 가장 중요한 성공 전략은 콘텐츠의 품질을 관리하는 것이다. 오픈 마켓 사이트인 Gmarket은 상인들 (vendor)이 판매하는 제품의 품질을 철저히 관리하지 않았기 때문에 고급스런 이미지를 창출하는 데 실패하였다. 또한 social commerce사인 Groupon은 늘어나는 광고주의 품질을 고려하지 않고 이를 판촉함으로써 고객의 불만족을 초래하였다.

결론적으로 향후 플랫폼 비즈니스는 더욱 중요해지고 성공적인 플랫폼 구축자의 영향력은 보다 커질 것이다. 향후 보다 다양한 정보통신 기술, 예를 들면 사물 인터넷 (internet of things: IoT), AR (augmented reality), VR (virtual reality), 웨어러블 기기 (삼성의 기어, Apple Watch, Google의 Google Glass)와 같은 혁신적 기술이 상용화되면 새로운 플랫폼 비즈니스들이 출현할 것이다. 성공적인 플랫폼 비즈니스 구축을 위해서는 오프라인 플랫폼 비즈니스 본연의 특징을 간파한 후 정보통신 기술을 활용하여 이를 보다 효율적인 방법으로 향상시키는 방안, 즉 click&mortar 사업을 고안하여야 할 것이다.

참고문헌

Kotler and Armstrong(2019). *Principles of Marketing*, 17th edition, Prentice Hall.

안광호, 조재운, 한상린(2019). **유통원론**, 4판, 학현사.

Airbnb 사례

농어촌 민박, 규제 완화 안될 말. http://www.agrinet.co.kr/news/articleView.html?idxno=171444

에어비앤비, 범죄에 쓰일 수 있어. http://www.bloter.net/archives/189204

에어비앤비를 둘러싼 잡음들. https://newspeppermint.com/2013/11/06/airbnb/

코로나 이후 글로벌 여행 트렌드 여행업계 & 코로나19: 전 세계 예약 패턴, 트렌드 및 미래 전망. https://www.criteo.com/kr/insights/%EC%97%AC%ED%96%89-%EC%82%B0%EC%97%85-%EC%BD%94%EB%A1%9C%EB%82%98-%EB%B0%94%EC%9D%B4%EB%9F%AC%EC%8A%A4/

포기한 만큼 인기를 얻는 호텔-시티즌M. https://bagtothefuture.co/citizenmhotel/

해묵은 규제에 발목 잡힌 숙박공유업-빈집 고쳐 공유민박? 실거주자 아니면 불법. https://www.mk.co.kr/news/business/view/2019/09/731168/

'흑인이라 안돼'…에어비앤비, 인종차별 숙박업주 퇴출. http://www.hani.co.kr/arti/international/international_general/746694.html

Airbnb Homepage. https://www.airbnb.co.kr/

Airbnb Wikidepia. https://ko.wikipedia.org/wiki/%EC%97%90%EC%96%B4%EB%B9%84%EC%95%A4%EB%B9%84

Airbnb CEO: Company may go public this year, despite coronavirus. https://finance.yahoo.com/news/airbnb-ceo-ipo-may-happen-this-year-113852291.html

Airbnb slump means Europe's cities can return to residents, say officials. https://www.theguardian.com/technology/2020/may/09/airbnb-slump-europe-cities-residents-barcelona-dublin

Everything you need to know about staying at an Airbnb right now. https://thepointsguy.com/guide/airbnb-what-you-need-to-know/

How is Airbnb really being used in and affecting the neighbourhood of your city?. http://insideairbnb.com/

Youtube 사례

장정훈, 이광형, 노규성(2016). "플랫폼비즈니스 성공요소의 경쟁력 비교 분석에 관한 연구". 한국디지털정책학회.

5G 컨텐츠가 권력이 되는 시대. http://www.kocca.kr/n_content/vol11/vol11_04.pdf

10억 사용자 '인스타그램', IGTV로 구글(유튜브) 잡으러 가나?. https://enjoiyourlife.com/2577

구글 직원이 알려주는 유튜브 알고리즘 작동 원리. https://gobooki.net/%EA%B5%AC%EA%B8%80-%EC%A7%81%EC%9B%90%EC%9D%B4-%EC%95%8C%EB%A0%A4%EC%A3%BC%EB%8A%94-%EC%9C%A0%ED%8A%9C%EB%B8%8C-%EC%95%8C%EA%B3%A0%EB%A6%AC%EC%A6%98-%EC%9E%91%EB%8F%99-%EC%9B%90%EB%A6%AC/

네이버 지식백과 유튜브. https://terms.naver.com/entry.nhn?docId=3325376&cid=40942&categoryId=32837

넷플릭스, 세계 최대 영상 서비스. https://terms.naver.com/entry.nhn?docId=3579217&cid=59088&categoryId=59096

두산백과 유튜브. https://terms.naver.com/entry.nhn?docId=3325376&cid=40942&categoryId=32837

애플뮤직보다 강력한 유튜브 레드? 유튜브 레드가 가진 강점 4가지. https://m.post.naver.com/viewer/postView.nhn?volumeNo=4823697&memberNo=31721120&searchKeyword=%EC%9C%A0%ED%8A%9C%EB%B8%8C%20%EB%A0%88%EB%93%9C&searchRank=5

유튜브 프리미엄 서비스! 무엇이 달라졌나요?. https://m.post.naver.com/viewer/postView.nhn?volumeNo=16083880&memberNo=724&searchKeyword=%EC%9C%A0%ED%8A%9C%EB%B8%8C%20%EA%B1%B0%EB%B9%84%EC%8A%A4&searchRank=5

'자살 주검 영상'에 따른 논란은 유튜브의 생태계를 보여준다. https://www.huffingtonpost.kr/2018/01/04/story_n_18931482.html

'취향 저격'영상 추천하는 '유튜브 알고리즘'원리!. http://www.edujin.co.kr/news/articleView.html?idxno=32671

YouTube Homepage. https://www.youtube.com/

YouTube Wikipedia. https://en.wikipedia.org/wiki/YouTube

YouTube Premium. https://www.youtube.com/premium

YouTube's lowered mid-roll ad requirement may lead to shorter videos from publishers. https://digiday.com/future-of-tv/youtubes-lowered-mid-roll-ad-requirement-may-lead-to-shorter-videos-from-publishers/

GS25
CJ 오쇼핑
Uber
amazon
Walmart
Save money. Live better.
oupang
신세계백화점
OLIVE YOUNG
emart
NETFLIX

Part IV

유통경로의 관리 및 운영

Chapter 9

유통경로의 수직적 마케팅 시스템 (vertical marketing system: VMS)

학습내용

1. 제조업체는 유통전략을, 소매업체는 소매전략을 수립한 후 어떤 방식으로 전체 시스템을 운영할 것인가를 결정하여야 한다. 즉 운영할 유통경로의 수직적 마케팅 시스템을 선택하여야 한다.
2. 전통적 마케팅 시스템과 수직적 마케팅 시스템의 차이는 무엇인가?
3. 수직적 마케팅 시스템의 유형에는 어떤 것이 있는가?
4. 관리형 수직적 마케팅 시스템의 의의와 장단점은 무엇인가?
5. 계약형 수직적 마케팅 시스템의 의의는 무엇인가?
6. 계약형 수직적 마케팅 시스템의 유형에는 어떤 것이 있는가?
7. 도매상후원 자발적 연쇄점과 소매상 협동조합의 의의와 탄생배경, 차이점은 무엇인가?
8. 수직계열화인 기업형 수직적 마케팅 시스템의 의의와 장단점은 무엇인가?
9. 수직계열화를 할 것인가 아니면 아웃소싱을 할 것인가를 어떻게 결정할 것인가?

사례

수직적 계열화로 인해 정말 빠른 패션: Zara

학습목표

1. 패스트 패션 비즈니스 모델의 특징은 무엇인가?
2. Zara의 상품 기획 전략의 특징은 무엇인가?
3. Zara의 생산 전략의 특징은 무엇인가?
4. Zara의 상품 기획 전략의 특징은 무엇인가?
5. Zara의 공급망관리의 특징은 무엇인가?
6. Zara의 매장관리 전략의 특징은 무엇인가?
7. Zara의 제품전략은 어떻게 고객의 매장 방문빈도와 구매율을 높이는 데 기여하는가?
8. Zara의 주 성공요인은 무엇인가?
9. 온라인 의류 시장의 확대에 따른 Zara의 대응전략은 무엇인가?

1. Zara 소개

Zara는 생산에서 유통까지 걸리는 시간을 최대로 단축한 패스트패션 (fast fashion) 브랜드이다. Zara는 설립자 Amancio Ortega가 즐겨본 그리스영화 희랍인 조르바 (Zorba the Greek)에서 따온 이름이다. 1963년 Ortega는 의류 제조공장을 설립하여 그 당시 유행하는 스타일의 의류들을 제작하여 타 소매점으로 유통하였다. 약 10년 간 제조공장을 통해 확보한 자금으로 1973년 생산과 판매를 통합한 비즈니스 모델인 Zara가 탄생하게 되었다. 현재 Inditex사를 모회사로 두고 있으며 빠르게 바뀌는 패션 트렌드를 반영한 연간 24,000여 스타일의 신상품을 주 2회 주기로 출시하면서 글로벌 브랜드로 성장하게 되었다.

Zara는 대표적인 SPA브랜드이다. SPA브랜드는 specialty retailer private label apparel의 약자로, 자가 의류 상표 전문 소매점이란 뜻이다. 이 비즈니스 모델은 디자인, 제조에서 유통까지 모두 자사가 책임지고 담당하는 전문 소매점으로, 모든 것을 수직적 계열화시켜 유통단계를 축소시키고 그에 따라 제조원가를 낮춰 저렴한 가격에 빠르게 최신 트렌드의 상품을 회전시킬 수 있는 것이 특징이다.

2. 패스트 패션 비즈니스 모델의 특징

기존 의류 브랜드의 리드타임 (lead time: 기획부터 제품화까지 걸리는 시간)은 일반적으로 5~6개월가량이 소요되었다. 각 브랜드들은 연간 2, 3회 정도의 컬렉션을 생산했고 매 컬렉션은 소비자의 니즈를 앞서 예측하여 기획되었으며 예측의 불확실성은 판매 부진으로 이어질 위험을 안고 있었다. Amansio Ortega는 Zara의 리드 타임을 짧게 단축시켜 이러한 위험요소를 최소화하고자 하였다. 소비자가 원하는 트렌드를 파악한 후 재빨리 원하는 의류를 제작해 제공하는 '패스트 패션' 시스템을 구상한 것이다. 패스트 패션은 의류를 짧은 주기로 생산해서 저가로 대량 판매하는 비즈니스 모델을 말한다. 저렴한 소재로 멋진 스타일을 구현하여 중저가로 트렌드를 반영한 패션을 제공한다는 것이 패스트 패션이 가지는 가장 큰 장점이다. 소비자 입장에서는 최신 유행 스타일의 옷을 저렴하게 살 수 있고, 업체로서는 빠른 회전으로 재고의 부담을 줄일 수 있다.

Zara의 수직적 통합 시스템은 옷을 디자인하고 제조하여 전 세계 매장에 배송하기까지 최소 14일, 평균 20일밖에 걸리지 않는다. 모든 상품은 제조된 지 48시간 안에 매장에 진열되는 것을 원칙으로 한다. 이렇게 Zara에서 생산되는 상품은 매년 4억 4,000개에 이른다.

3. Zara의 비즈니스 모델

(1) 상품기획

Zara는 Inditex의 R&D센터를 통해 오프라인 매장의 니즈와 전 세계의 패션 트렌드 동향을 파악하여 신상품을 출시한다. 선진화된 IT 시스템으로 무장한 중앙집중시스템에 의해 신상품 정보를 각 매장으로 전송하면 주 2회씩 전 세계 매장들은 본사로 물량을 주문한다. 이때 과다 주문으로 발생할 수 있는 재고를 줄이기 위해 MIT공대와 연계하여 개발한 '상품배분시스템'을 통해 최적의 분량을 계산하여 생산량 및 공급량을 조정함으로써 재고와 배송횟수를 줄여 비용절감의 효과를 거두고 있다.

(2) 생산전략

Zara는 빠른 물류를 위해 원단을 자체 생산하고 있으며 완제품도 50-60%를 자체 생산하고 있다. 나머지 물량은 생산단가가 싼 동남아보다 빠른 물류를 위해 지리적으로 가까운 스페인 및 유럽 내 근거리 지역의 생산 공장에서 생산된다. 생산된 제품은 스페인 본사가 보유하고 있는 거대한 최첨단 물류센터로 배송된다. Zara는 이 물류센터로부터 매주 수요일과 토요일에 신제품을 각국의 점포로 발송하여 그 다음 주 목요일과 일요일 아침에 전 세계 매장에서 상품을 받을 수 있게 하고 있다.

(3) 공급망관리 전략

Zara의 중앙 집중적 물류체계는 상품을 빠른 속도로 배송할 수 있게 해준다. 또한 이를 통해 품질 불량이나 납품 지연의 문제를 제거할 수 있다. Zara는 이와 같이 보다 합리적이고 과학적인 공급망관리 (supply chain management: SCM) 체제를 구축함으로써 디자인과, 생산, 매장 배송까지의 리드 타임을 약 2주일 만에 처리할 수 있는 스피드 경영을 실현할 수 있었다.

(4) 매장관리 전략

유연한 생산라인을 통해 생산된 제품은, 세계 Zara 매장에서 각 매장의 점장이 고객 데이터에 기반하여 제품 카탈로그를 통해 선택 주문하며, 주문된 제품은 항공을 통해 빠르게 매장으로 운반된다. Zara는 브랜드 자체의 인지도가 매우 높고 언제나 유행하는 상품을 공급하기 때문에 제품에 대한 광고는 불필요한 것으로 인식하고 있고, Zara의 유일한 프로모션 전략은 뉴욕 5번가처럼 유동인구가 많은 도심지역에 대규모 평수의 고급화된 매장을 입점시키는 것이다.

매장은 고객에게 정보를 제공하고, 고객의 정보를 수집하며, 제품을 판매하는 수직적 통합 시스템의 처음이자 마지막 장소이다. 점장은 최소 10명에서 최대 120명의 직원을 두고 CEO처럼 매장을 운영하는데, 효과적 매장 운영을 위해 매장의 각 분야, 층별로 직원에게 지정된 매뉴얼이 있으며, 음악과 가구배치 등 모든 것들이 본사의 지침에 따라 매뉴얼화 되어 있고 지속적으로 바뀐다.

4. Zara의 성공요인

스페인을 포함, 전 유럽이 금융위기로 어려움을 겪고 있었을 때에도, Inditex (Zara의 모회사)는 꾸준한 성장을 하며 스페인 상장사의 시가 총액 1위를 기록하게 된다. 유럽과 북미에 이미 활발히 진출해 있는 Zara는, 점차 아시아, 아프리카, 남아메리카 등 성장 가능성이 높은 지역을 집중 공략하여 더욱 세력을 넓히고 있는데, 이처럼 빠른 시장 확장과 세계 진출이 유럽의 금융위기에도 굳건히 버텨낼 수 있었던 Zara의 성장 동력인 셈이다. 유럽을 넘어서 이제 아시아와 아프리카까지 진출할 수 있었던 Zara. 그렇다면, 이토록 전 세계인의 마음을 사로잡을 수 있었던 Zara의 핵심 성공 요소는 무엇일까?

(1) 고객 중심적 사고

Zara가 유통단계를 줄이고 고객이 원하는 상품을 발 빠르게 공급할 수 있었던 가장 큰 요인은 Zara의 '고객 중심적 사고'에 있었다. Zara의 설립자 Ortega는 상품을 디자인하고, 제조하여 소비자가 구매하도록 프로모션하는 기존의 의류 사업 비즈니스 모델에 커다란 문제점을 발견한다. 그것은 패션 산업에 있어 정작 의류를 구매하는 고객들의 의사가 철저하게 배제된다는 것이다. 기존의 의류사업 구조는, 한 시즌의 제품이 준비되어 나오기까지 기간이 매우 길고, 고객의 의사나 니즈가 반영되지 않기 때문에 재고 과다 등의 실패 확률이 매우 높다.

Ortega는 이러한 전통적 의류 사업의 문제점을 극복하기 위해서는 고객이 원하는 제품을 빠른 시간에 고객에게 공급하는 것이 중요하다고 생각했다. 따라서 그때그때 유행하는 제품을 비슷하면서도 다양한 디자인으로 합리적인 가격에 빠르게 공급함으로써 고객의 니즈를 충족시킬 수 있다고 생각했다. 이를 위해 Ortega는 가장 먼저 고객이 어떤 상품을 원하는지, 어떤 상품이 유행하고 있는지를 빨리 간파하는 시스템을 고안해 냈다.

Zara는 전 세계 패션의 중심지에 디자이너들을 파견하여 현재 유행하고 있는 새로운 디자인 정보를 수집하도록 하고, TV, 패션잡지 등 가능한 모든 매체에서 새로운 디자인 옷의 영감을 얻어낸다. 또한 전 세계 Zara 매장을 활용하여, 고객이 어떤 옷을 좋아하는지, 어떤 옷을 입고 오는지에 대한 정보를 얻는다.

(2) 유연한 생산라인

Zara는 고객이 어떤 옷을 원하는지에 대한 다양한 정보를 확보하면 곧바로 디자인과 패턴 작업을 하고, 그룹 소유의 섬유 제조업체로부터 원단을 확보한 뒤 제품을 생산한다. 생산 시 생산량의 대부분을 Zara 본사가 위치한 스페인과 그 인근 국가에서 생산한다. 이는 개발도상국에 공장을 세워 생산하게 되면 보다 더 저렴한 가격에 의류를 생산할 수 있지만 전체적인 통제 및 관리에 따른 비용이 높아지고 패스트 패션의 가장 중요한 특징인 리드 타임을 단축시키기 위해서는 스페인과 인근 국가에서 직접 통제하에 생산하는 것이 가장 효율적이라는 판단 때문이다. 생산라인도 매우 유연하게 관리되는데, 특정 제품이 인기가 많을 경우 인기가 없는 제품의 생산라인을 활용하여 고객이 원하는 제품을 공급하도록 하고 있다.

Zara의 제품은 시즌 초 전체 컬렉션의 25%만을 생산하는데, 이는 재고 비용을 줄이고 고객의 반응을 살펴가며 시장에 요구에 맞는 제품을 유연하게 생산하기 위함이다. 이밖에도 첨단 물류 센터의 구축과 운영 등으로 재고를 줄이는 동시에 시장이 요구하는 제품을 빠르고 유연하게 공급할 수 있는 시스템은 고객으로 하여금 트랜디한 제품을 합리적인 가격에 구입할 수 있게 해준다.

(3) 정보통신기술을 접목한 첨단 공급망관리 (supply chain management)

Zara의 각 단계별 작업에는 정보통신기술이 사용되고 있다. 연간 24,000개에 달하는 제품을 생산하고 중앙 집중적 물류센터에서 이를 배송하며 전 세계 수천 개의 매장에서 수집되는 정보의 교류와 점장이 발주하는 제품의 생산 및 배송 등이 수작업으로 수행된다면 Zara의 패스트 패션 비즈니스 모델은 가능하지 않았을 것이다. 우리나라에도 패스트 패션을 표방하는 SPA 브랜드가 다수 있지만 국내 SPA 브랜드와 Zara의 경쟁력의 가장 큰 차이는 활용하는 정보통신기술의 수준에 있다고 할 수 있다. Zara의 상품에는 바코드 대신 RFID 태그가 부착되어 있다. RFID는 바코드보다 훨씬 많은 정보를 기록할 수 있다. RFID는 생산 과정에서의 방대한 정보뿐 아니라 진열된 의류를 소비자가 몇 번 만져보았는지에 관한 정보까지 감지할 수 있다. 또한 점장의 주문은 RFID를 통해 이루어지며 이 주문 정보는 원단 생산, 디자인, 의류 생산, 물류 등의 작업에까지 전달된다. 우리나라의 SPA 브랜드의 경우 점장의 주문이 팩스를 이용하여 이루어지는 경우도 있다. Zara의 이러한 첨단 공급망관리로 인해 패스트 패션이 실현되는 것이다.

(4) 수직 계열화 (vertical integration)

전통적 의류 사업은 생산업체와 소매업체로 분리되어 있었다. Polo나 Guess는 의류 제조업체이고 이를 판매하는 백화점이나 의류대리점은 의류 소매업체이다. Ortega 회장이 지적하였듯이 제조와 판매가 분리된 전통적 의류 산업구조는 태생적으로 재고의 문제, 속도의 문제, 통제의 문제를 가지고 있다. 의류산업에서 수직적 계열화를 이룩한 SPA 브랜드의 시초는 GAP이다. GAP은 의류소매업이었으나 생산 기능을 수직적으로 통합한 사례이고 Zara는 생산업체로서 소매 기능을 통합한 사례이다. 소비자 니즈 조사, 디자인, 원단 생산, 의류 생산, 물류, 판매, 판매 후 정보의 피드백 등의 일련의 과정이 수직적으로 계열화되지 않고는 패스트 패션 비즈니스 모델이 완성되기 어렵다. 수직적 계열화의 장점이 충분히 발휘되기 위해서는 전술한 첨단 ICT의 활용이 필수적이다. Zara의 거대 시스템은 첨단 supply chain에 의해 촘촘한 신경망으로 연결되어 있어서 사업의 속도와 통제력이 극대화된다.

(5) 잦은 신상품 출시로 인한 매장 방문빈도의 제고와 구매율의 증대

Zara는 재고를 성수기엔 2주, 기본적으로 한 달 동안 보유하는데 거의 3주마다 매장에 진열된 의류의 70%가 바뀌기 때문에, 제품의 한시성과 희소성으로 인해 소비자의 구매 욕구를 자극하고, 빠른 의류 회전으로 고객의 방문빈도를 높이고 있다. Zara는 평균 일주일에 두 번씩 신제품을 내놓는다. 이러한 신제품의 빈번한 출시는 소비자들로 하여금 '지금은 또 어떤 물건이 나왔을까?'라는 궁금증을 불러일으켜 고객의 매장 방문빈도를 높이고 있다. 실제로 전통적 의류업체의 경우 시즌 중 신제품 교체가 빈번하지 않아서 고객의 평균 매장 방문빈도는 연 5회 정도이나 Zara 매장의 연평균 방문빈도는 18회에 이르는 것으로 조사되었다. 또한 Zara는 완판된 제품이라 할지라도 그 제품을 추가 생산하지 않는다. 이러한 전략은 소비자에게 '지금 사지 않으면 다음 번 방문 시 이 옷이 없을 수 있다'라는 인식을 심어주어 관심 있는 옷의 구매율을 높이고 있다.

5. 온라인 의류 시장의 확대와 Zara의 대응 전략

Amazon과 같은 초대형 온라인 리테일러의 등장으로 지금까지 패스트 패션이 누려왔던 경쟁우위가 급격히 줄어들었다. 이를 감지한 Zara는 정상을 지키기 위해 발 빠르게 움직이고 있다. Inditex는 온라인과 오프라인의 장점을 융합하여 기존 매장을 통해 온라인에서 제공할 수 없는 체험 쇼핑의 장점을 최대화하고 오프라인에서 제공할 수 없는 온라인 쇼핑의 편리함과 신속성을 함께 제공하고 있다. 즉, 온, 오프라인 겸용 옴니 채널 쇼핑 모델을 보편화하여 하이텍 패션을 지향하는 것이 Zara의 미래전략의 핵심이다.

Zara는 전통적으로 운영의 복잡성과 교환 비용 등의 이유로 온라인 판매를 하지 않았으나, 최근 온라인 거래가 빠르게 증가하고 고객들이 온라인 쇼핑에 대한 선호가 크게 높아짐에 따라 유통망 확장의 일환으로 2009년부터 온라인 매장을 열게 되었는데, 현재 20여 개국에서 온라인 매장을 운영하고 있으며 점차 확장할 것으로 예상된다. 또한, 스마트폰 사용이 증가함에 따라 모바일 애플리케이션을 통해 매장에 비치된 상품과 가격 정보 등을 제공하고 있으며 Tweeter, Facebook, YouTube 등을 통해 고객과 소통하고 있다.

13세, 넉넉하지 않은 형편으로 중학교를 중퇴하고 동네 작은 옷가게 종업원이었던 Ortega는 유통혁신을 통해 현재 전 세계로 의류를 공급하는 Zara의 창업주이자 세계 부호 3위에 이르게 되었다. Ortega는 '옷 장사는 생선 장사와 같다. 유행이 지난 옷은 '어제 잡은 생선'처럼 신선도가 현저히 떨어진다'고 말한다. Ortega의 철학에 맞게 디자인과 생산과정의 수직 계열화로 저가의 제품을 빠르게 고객에게 공급하는 Zara는 꾸준하게 성장해왔으며, 앞으로도 그 성장세를 이어갈 것으로 보인다.

6. 코로나 팬데믹 상황에서의 Zara의 대응전략

Zara는 코로나로 인해 2020년 1분기 중 세계 전체 매장의 88%가 문을 닫아야 했다. 하지만 온라인 판매가 2019년 대비 같은 기간보다 50%, 4월에는 95% 증가했다. 이는 민첩함, 상품과 유통 관리의 디지털화, 판매 온라인화를 내세우는 Zara의 비즈니스 모델로 팬데믹 사태에 대응한 것이다.

Zara는 2020년 1분기의 매출이 44.3% 줄어든 것과 비례해 물류비용도 42.8%를 줄여 손실을 최소화했다. 즉, 판매 감소에 비례해 판매비용을 줄인 것이다. 생산량의 대부분을 본사가 있는 스페인, 포르투갈, 모로코, 터키 등 인접 지역에서 생산하기 때문에 쉽게 생산량을 조절할 수 있었고, 팬데믹 확산에 맞춰 공급 물량을 웨어하우스보다는 일선 매장 중심으로 조절한 것이다. 동시에 전파식별(RFID) 기술 시스템을 활용하여 어떤 품목이 어디에 있는지 정확히 파악했다.

생각해보기

1. Zara의 history and profile
2. 글로벌 의류 시장은 어떻게 구성되어 있는가?
3. 의류 소비자의 행동 특징은 무엇인가?
4. 기존의 의류업체와 차별화된 Zara의 business model은?
5. 경쟁업체의 business model은 어떠한가?
6. Zara의 최근 경영전략과 이에 대한 평가는?
7. Zara의 주 성공요인은?
8. Zara의 성장을 위한 여러분의 의견은? 이의 장단점은? 구체적인 action plan을 제안하시오.
9. Zara와 Spao의 전략적 차이점은?
10. Zara의 최근 재무적 성과는?

한국 의류사업의 유통형태는 매우 다양하다. 당신이 만일 의류소매업을 하고자 한다면 동대문이나 남대문 시장의 여러 도매상으로부터 자유로이 제품을 구매할 수도 있고 내셔널 브랜드의 대리점이 될 수도 있다. 또는 독자적인 브랜드를 개발하여 직접 판매할 수도 있다. 제조업체의 경우를 보면 동대문 시장을 통해 불특정 다수의 소매상에게 판매할 수도 있고, 특정 계약을 맺은 대리점만을 통해 유통할 수도 있으며, 백화점, 직영점 등을 통해 직접 판매할 수도 있다.

제조업체는 유통경로를 설계하는 데 있어서 두 가지 사항을 결정해야 한다. 첫째는 경로구조설계에 관한 것으로, 유통의 길이와 경로집중도를 결정하는 것이다. 두 번째 의사결정은 제조로부터 판매에 이르는 유통과정에서 마케팅 활동을 조정하고 통제하기 위하여 어떤 조직 형태를 갖출 것인가에 관한 것이다. 예를 들어, OB맥주는 자사제품을 취급하고자 하는 모든 소매점에 제품을 공급하는 반면 (전통적 유통경로의 예), 삼성전자는 계약을 맺은 대리점들에게 제품을 판매하며 (계약형 수직적 마케팅 시스템의 예), 현대자동차는 부분적으로 회사직영점을 통해 판매하고 있다 (기업형 수직적 마케팅 시스템의 예).

본 장에서는 두 번째 의사결정 사항인 유통경로의 조직형태에 관해 논의한다. 유통경로의 조직형태는 크게 전통적 유통경로 (conventional marketing channel)와 수직적 마케팅 시스템 (vertical marketing system: VMS)으로 구별된다. 전통적 유통경로는 각기 다른 기능을 수행하는 경로구성원들이 판매과정에서 자연스럽게 결합된 형태이다. 각 구성원은 자기의 이익만을 위해서 마케팅기능을 수행하며 다른 경로구성원들의 성과나 이익에는 큰 관심이 없다. 따라서 경로구성원 간에 법적 결속력이 없는 전통적 유통경로는 경로기능을 원활히 수행하지 못하는 경우가 많다.

이러한 전통적 유통경로의 단점을 보완하기 위하여 고안된 조직형태가 수직적 마케팅 시스템 (vertical marketing system: VMS)이다. 수직적 마케팅 시스템은 유통경로 전체의 목표를 달성하기 위해 특정 경로구성원이 다른 경로구성원들을 조정 · 통제할 수 있는 경로조직이다. 따라서 수직적 마케팅 시스템은 전통적 유통경로보다 경로 전체의 목표를 달성하기 위해 경로구성원들의 협조를 끌어내기가 더 용이하다.

이러한 설명은 주로 제조업자의 시각에서 바라본 전통적 견해인데, 수직적 계열화는 경쟁을 저하시켜 경제의 효율성을 떨어뜨리는 경우도 있다. 특히 수직적 계열화의 공정거래법적 합법성 여부는 법경제 (law and economics) 분야의 주요 관심사이기도 하다. 본 장에서는 여러 유형의 유통경로가 갖는 장 · 단점을 제조업자의 시각에서뿐만 아니라 소비자 및 경제의 효율성 측면에서 살펴보기로 한다.

1. 전통적 유통경로

먼저 제조업자 관점에서 전통적 유통경로의 특성을 살펴보자. 전통적 유통경로는 독립적인 경로기관들로 구성된 경로조직으로 각 경로구성원은 다른 경로구성원의 경로성과나 마케팅기능에 거의 관심을 가지지 않고 자기들에게 주어진 마케팅기능들만을 수행한다. 대부분의 전통적 경로에서는 제조업체와 중간상 간의 거래조건과 역할분담 등이 시간이 지나면서 자연스럽게 형성되며, 경로구성원들의 경로성과는 시장거래에 의해 조정된다. 따라서 경로구성원들의 경로활동과 거래조건은 사전적 계획에 의해서라기보다는 협상에 의해서 주로 이루어진다. 전통적 유통경로는 이러한 특성으로 인해 경로구성원들 간의 결속력 (commitment)이 매우 약하다.

경로구성원들은 공동의 목표를 거의 가지고 있지 않으며, 있다고 하더라도 그 정도는 아주 미약하다. 전통적 유통경로는 경로구성원들 간의 연결이 느슨하기 때문에 유통경로로의 진입과 철수가 비교적 쉽다. 전통적 유통경로는 수직적 마케팅시스템보다 효율성과 효과성이 낮지만, 유연성 (flexibility)이 높다는 장점을 갖는다. 즉, 전통적 유통경로는 급속하게 변하는 시장욕구를 즉각적으로 충족시킬 수 있는 능력을 가진다. 따라서 전통적 유통경로는 표준화되지 않은 제품이나 서비스 시장에서 보다 효과적이다. 전통적 유통경로의 단점은 경로구성원 간의 업무조정이 어렵다는 것이다. 즉, 각 경로구성원들은 자신들

개인의 이익만을 추구하는 경향이 높아 경로구성원들 간에 이해의 상충이 발생될 때 이를 조종하기가 어렵다.

위에서의 전통적 견해를 살펴보면 전통적 유통구조가 비효율적인 것같이 비춰지지만, 다수의 제조업체와 다수의 소매업체가 서로 자기 이익을 위해서 노력하는 과정에서 시장구조의 핵심요소인 경쟁이 싹트게 됨을 인식할 필요가 있다. 제조업체 입장에서는 경쟁자의 진입을 막고 가격을 통제함으로써 모든 유통기능이 제조업체의 의도대로 수행되기를 바라겠지만, 이는 시장경제 원리에 역행하는 행위일 수 있으며 이로 인한 부정적 효과는 단기적으로는 소비자에게, 장기적으로는 제조업체에게 되돌아올 수 있다.

그렇다면 전통적 유통방식의 개선방향은 무엇인가? 아래에서 자세히 설명되겠지만 제조업체와 소매업체의 법적 지위는 유지한 채 유통경로에서 기능을 달리하는 유통참여자들이 전략적 제휴 (strategic alliance)를 맺는 것이 바람직한 대안이 될 수 있다. 우리나라에도 이러한 방식의 도입으로 성공한 사례가 많이 있다. CJ는 중소기업이 개발한 숙취해소음료인 컨디션의 마케팅전략과 유통을 담당하고 있다. 즉 각 제휴업체의 장점을 살리는 잘 고안된 마케팅 프로그램에 의한 협력관계, 즉 관리형 VMS를 도입하는 것이 한 대안이 될 수 있다.

2. 수직적 마케팅 시스템 (vertical marketing system: VMS)의 의의

아래에서는 전통적 유통방식에 변화를 기하기 위해 도입되었던 유통경로대안인 수직적 마케팅의 다양한 유형에 대해서 설명하기로 한다. 수직적 마케팅 시스템 (vertical marketing system: VMS)은 '중앙 (본부)에서 계획된 프로그램에 의해 경로구성원들을 전문적으로 관리 · 통제하는 네트워크형태의 경로조직'이다. 이 시스템은 제조에서 소비까지의 유통과정에서 경로구성원이 수행하는 마케팅기능을 통합 · 조정하여 규모의 경제를 달성할 수 있도록 설계된 조직형태이다. 제조업자, 도매상, 소매상 중 어떤 경로구성원도 수직적 마케팅 시스템을 주도할 수 있다.

제조업자가 주도권을 가지고 도매상이나 소매상의 활동을 조정 · 통제하는 것을 전방통합 (forward integration)이라 하고 소매상이 도매상이나 제조업자의 활동을 직접 통제하기 위해 계열화하는 것을 후방통합 (backward integration)이라 한다. VMS는 사전계획과 체계적인 프로그램에 의해 경로구성원들의 활동을 조정하며 구성원들 간의 계약 또는 소유에 의해 형성된다. 따라서 VMS는 전통적 유통경로보다 안정적이며, 특정 경로구성원보다는 경로시스템 전체의 관점에서 마케팅의사결정을 할 수 있다.

VMS는 경로구성원들에 대한 소유권의 정도 (강도)에 따라 관리형 VMS, 계약형 VMS, 기업형 VMS로 나누어진다. 수직적 통합의 정도가 약한 관리형 VMS에서 매우 강한 기업형 VMS로 갈수록 경로구성원에 대한 통제력이 증가하지만 더 많은 투자를 필요로 하며 유통환경 변화에 대응하는 유연성이 약해진다. **[그림 9-1]**은 VMS의 주요유형을 보여주고 있다.

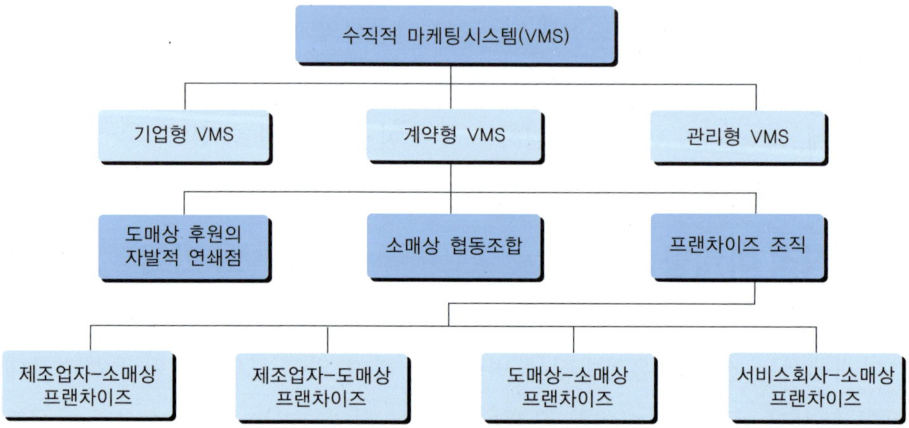

그림 9-1 VMS의 주요유형

3. 수직적 마케팅 시스템의 유형

(1) 관리형 수직적 마케팅 시스템 (administered VMS)

수직적 마케팅 시스템 중에서 통합 또는 통제의 정도가 가장 낮은 것이 관리형 VMS이다. 관리형 VMS는 경로구성원들의 마케팅활동이 소유권이나 계약에 의하지 않으면서 어느 한 경로구성원의 규모, 파워, 또는 경영지원에 의해 조정되는 경로유형이다. 예를 들어, CJ는 자사상품을 취급하는 소매상에게 소매상 지원시스템 (retail support system: RSS)을 통해 제품진열, 판촉, 입지선정 등의 경영지원을 해 줌으로써 소매상의 협조를 얻는다. 미국의 대표적 식품도매업체인 Fleming 사도 판매프로그램을 개발하여 소매상 고객들의 마케팅활동을 도와줌으로써 소매업자들의 협조를 얻는다.

이러한 협조관계는 각 유통참여자가 독립성을 유지하면서 협력관계를 제고시키는 매우 바람직한 형태이다. 관리형 VMS의 경로구성원들은 일반적으로 개별적인 경로목표들을 추구하며 그들을 함께 묶을 수 있는 공식적인 조직을 가지고 있지는 않지만, 경로리더의 역할을 하는 특정 경로구성원의 마케팅프로그램을 중심으로 비공식적으로 협력함으로써 공유된 경로목표를 달성한다. 관리형 VMS는 전통적 유통경로처럼 개별적 경로목표를 추구하는 독립된 경로 구성원들로 구성되지만 구성원들이 최소한도의 전체 경로 지향적 성향을 가지고 있다는 것이 전통적 유통경로와 다르다.

관리형 VMS에서 전통적으로 공급자 (제조업체나 도매상)들이 경로리더의 역할을 맡아왔으나 최근 들어 대형소매상의 파워가 증대되면서 대형소매상 (예: 미국의 Best Buy, J. C. Penney, Wal-Mart)들이 경로리더가 되어 공급업자들의 경로활동을 통제하는 경우가 일반적이다. 관리형 VMS의 핵심 성공요인은 경로리더의 효과적 머천다이징 프로그램의 제공여부이다. 즉, 경로리더의 역할을 하는 공급자가 제품을 시장에 내놓기 전에 소매업자들과 '합의 (agreement)'하여 머천다이징 프로그램을 계획함으로써 각 소매점의 특성에 맞는 상품계획을 마련하는 것이다.

공급자와 소매상은 **[표 9-1]**에 나열된 사항들에 관해 합의하고, 이에 근거하여 유통기능을 수행한다. 이러한 합의가 법적 구속력을 갖는 것은 아니지만, 이러한 계획이 마련됨으로써 공급자나 소매상 모두가 재고, 가격, 판촉 등의 기능을 효율적으로 수행할 수 있게 된다.

표 9-1 머천다이징 프로그램의 내용

1. 머천다이징의 목표 1) 판매계획 2) 초기 마진율 계획 3) 가격할인이나 수량부족 등에 의한 매출감소에 대한 예상 4) 총마진 계획 5) 비용비율에 대한 계획 6) 이익률에 대한 계획
2. 재고계획 1) 재고회전율 계획 2) 상품구색 계획 3) 상시 비축품목 목록 작성 4) 촉진상품과 정규상품의 혼합비율
3. 상품진열 계획 1) 점포 장치안 2) 공간활용 계획 3) 상품진열 계획 4) 구매시점 판촉물, 소비자광고 인쇄물, 가격표시 배열방법
4. 인적판매 계획 1) 판매 설명안 2) 판매교육훈련 계획 3) 판매원 콘테스트 등의 특별 인센티브안
5. 광고와 판매촉진 계획 1) 광고와 판매촉진 예산책정 2) 매체계획 3) 주요 캠페인과 판매촉진 수단들에 대한 중심 테마의 설정 4) 특별 판매촉진 이벤트
6. 의무 및 수행일자 1) 계획과 관련된 공급자의 책임 2) 계획과 관련된 소매업자의 책임

미국의 식품 도매상 Fleming의 관리형 경로전략

미국 내 최대 식품도매상인 Fleming은 도매상이 주도하는 관리형 경로를 형성하여 산하 군소 슈퍼마켓들을 대상으로 이들의 활동을 지원하기 위해 여러 가지 프로그램을 제공하고 있다. 소매상에게 제공하는 유통서비스의 유형에는 진열대 관리프로그램, 소매회계 프로그램, 가격, 판촉조언 등이 포함된다. 나아가 상품검색시스템의 계획, 구매, 유지에 필요한 조언도 제공하고 있다.

Fleming의 자체개발상표인 Rainbow와 Good Value도 소매상의 이익을 증대시켜 주는 유통서비스 중의 하나이다. 또한 Fleming은 상점개발프로그램을 통해 기존 소매상에게 새로운 슈퍼마켓의 설립과 운영에 관한 조언도 하고 있다. 이 프로그램에 의해 Fleming은 상권정보, 입지선정 서비스, 리스협상에 관한 조언, 상점 내 배열계획, 상점재무계획, 내부설비의 구매조언, 보험계획 등의 서비스를 제공하고 있다. Fleming은 이러한 지원을 통해 거래소매상의 경쟁력을 높임으로써 Safeway나 Kroger와 같은 기업형 대형 체인사에 대항하고 있다. 우리나라에는 이러한 사업화된 대형 도매상이 부재함에 따라 대형마트와 편의점 체인의 등장으로 독립소매상의 입지가 급속히 위축되었다.

(2) 계약형 수직적 마케팅 시스템 (Contractual VMS)

계약형 VMS는 경로구성원들이 각자가 수행해야 할 마케팅기능들을 '계약(contract)'에 의해 합의함으로써 공식적 경로관계를 형성하는 경로조직이다. 계약형 VMS는 관리형 VMS보다 경로구성원들의 경로활동에 대한 통제가 더 강하다. 계약형 VMS는 도매상후원 자발적 연쇄점 (wholesaler-sponsored voluntary chain), 소매상 협동조합 (retailer cooperative), 프랜차이즈 시스템 (franchise system)의 세 가지 유형으로 나누어진다. 프랜차이즈 시스템은 제8장 서비스업체의 유통전략을 참조하기 바란다.

1) 도매상후원 자발적 연쇄점 (wholesale-sponsored voluntary chain)

도매상후원 자발적 연쇄점은 도매상을 중심으로 독립적인 소매상들이 수직통합된 경로 조직이다. 연쇄점 회원으로 가입한 소매상들은 공동상호 공동구매와 공동촉진 등에 의해 규모의 경제효과를 얻을 수 있으므로 대규모 회사형 연쇄점과 가격경쟁이 가능하다.

미국의 경우 도매상후원 자발적 연쇄점은 식품산업에서 많이 발달하였는데, 대형식품도매업체인 Fleming사가 주도하여 조직된 Independent Grocers Alliance (IGA)가 가장 대표적인 도매상후원 자발적 연쇄점이다. Fleming사는 경쟁력 있는 상표선정 (merchandising)에 관한 자문, 공동광고, 유통업체상표 (private brand) 개발 등을 통해 IGA에 가입한 소매상 회원들을 지원함으로써

Safeway나 Kroger와 같은 대형 슈퍼마켓체인과 경쟁할 수 있게 한다. 우리나라의 경우 IGA와 유사한 운영방식을 도입한 사례로는 1990년대 선경유통과 에스마트 간의 제휴로 도입된 도매상후원 자발적 연쇄점을 들 수 있다. 도매상인 선경유통과 슈퍼마켓 조합인 에스마트 간에 계약을 맺고, 선경유통이 에스마트를 위해 대량구매, 점포관리지도, 물류 등의 기능을 수행했지만, 대기업들이 선경유통에 제품을 공급하는 것을 거부하여 결국 미국형 도매상후원 자발적 연쇄점은 실패로 끝나고 말았다. 미국의 경우 도매상후원 자발적 연쇄점은 식품 외의 다른 산업에도 발달하였는데, 예를 들면 Western Auto (자동차 부품)와 Ben Franklin (바느질 도구와 일상용품), Liberty (하드웨어) 등이 있다.

대형 슈퍼마켓 체인과의 경쟁에서 살아남은 IGA

우리나라에서 편의점 형태로 도입된 적이 있는 IGA는 원래 미국의 슈퍼마켓이다. 미국에서는 Safeway나 Kroger와 같은 대형 슈퍼마켓이 출현하기 이전에는 식품소매업도 독립적인 소매상에 의해 운영되었다. 그러나 대형 슈퍼마켓 체인점이 등장하면서 독립적인 소매상은 경쟁력을 잃고 거의 대부분 문을 닫았는데 예외적으로 대형 슈퍼마켓 체인과의 경쟁에서 살아남은 것이 IGA (Independent Grocer Alliance)이다. IGA를 자발적 연쇄점이라고 부르는 이유는 거래하는 도매상이 구축한 도매상후원 자발적 연쇄점 (wholesaler-sponsored voluntary chain)에 가입할 수도 있고 여기에 가입하지 않고 거래만을 할 수도 있기 때문이다.

Chicago에 본부를 둔 IGA는 미국 식품소매업에서 가장 큰 도매상후원 자발적 연쇄점 (wholesaler-sponsored voluntary chain)이다. IGA를 공동소유하고 있는 33개 도매상 중 가장 규모가 큰 것이 Fleming과 Wetterau이며, 도매상들은 공동구매, 공동광고, 공동상호사용, 중간상상표 개발 등을 통해 IGA에 가입한 독립소매상들을 지원함으로써 대형 슈퍼마켓 체인들과 효과적으로 경쟁하고 있다.

독립소매상들은 IGA에 가입함으로써 다음과 같은 장점을 가질 수 있다. 첫째, IGA라는 상호가 전국 소비자에게 널리 알려져 있으므로 단시간 내에 점포의 인지도 및 신뢰도를 높일 수 있다. 둘째, IGA의 전국규모의 광고로부터 혜택을 얻을 수 있다. 셋째, 판매액의 일정 부분을 협동광고 형식으로 TV, 신문, 잡지 등을 통한 지역광고에 투자함으로써 지역 내에서의 경쟁력을 높인다. 넷째, 공동구매에 의해 가격협상력을 높일 수 있다. 다섯째, 각 회원들의 정보를 공유함으로써 광고, 가격, 제품선택, 판촉 등에 관한 의사결정을 효율적으로 수행할 수 있다.

IGA회원이 되기 위해서 개별 슈퍼마켓은 다음과 같은 조건을 갖추어야 한다. 첫째, 점포가 일정 규모 이상이어야 하고, 점포의 위치가 기존의 IGA 회원 점포로부터 일정 거리 이상 떨어져 있어야 한다. 둘째, 협약광고 규약과 일정 수준 이상의 청결도 유지, 경쟁력 있는 가격정책 등에 합의하여야 한다. 셋째, 일정 액의 주별, 월별 가맹비를 지불하여야 한다.

2) 소매상 협동조합 (retailer cooperatives)

소매상 협동조합은 중소 소매상들이 도매기능을 가진 공동소유의 조직체를 결성하여 이를 공동으로 운영하는 경로조직이다. 소매상 협동조합을 구성한 동기는 도매상후원 자발적 연쇄점의 것과 마찬가지로 공동구매와 공동촉진을 수행함으로써 규모의 경제를 달성하는 것이다. 우리나라에서는 전국 중소상인 연쇄점협회나 한국 슈퍼마켓 협동조합이 그 예이나, 선진국의 협동조합과 비교해 볼 때 그 위상이나 수행하는 기능이 미약하다. 미국의 Topco Associated Grocers, Certified Grocers와 같은 소매상 협동조합들은 식품산업에서 확고한 위치를 차지하고 있으며 하드웨어 유통 (공구, 기구 등)에서는 전체 도매매출액 중 약 35%가 소매상 협동조합에 의해 구매된다.

가입소매점들이 그들이 취급하는 상품 중 상당 부분을 그 협회로부터 구매해야 하고, 단체의 일체성을 유지하기 위해서 광고, 상호, 운영방법 등을 표준화한다는 점에서 도매상후원 자발적 연쇄점과 소매상 협동조합은 유사하다.

역사적으로 볼 때 미국의 도매상후원 자발적 연쇄점과 소매상 협동조합은 1920년대에 급속히 성장했던 기업형 대형체인점들의 강력한 구매력에 대항하기 위하여 독립 소형점포들에 의해 형성되었다. 이들은 처음에는 공동구매가 주목적이었으나 점차 공동소매광고, 공동 머천다이징, 공동종업원교육, 회계 및 점포운영에 관한 패키지 제공 등의 다양한 마케팅프로그램들을 개발했다. 그 결과 도매상후원 자발적 연쇄점과 소매상 협동조합은 급속히 성장하였다. 예를 들어, IGA는 미국 최대 슈퍼마켓 체인 중의 하나인 A&P보다 더 많은 가입점포를 갖고 있으며 또 다른 대형 도매상후원 자발적 연쇄점인 Super

Value의 연간 매출액은 거대 슈퍼체인인 Kroger의 매출액보다 높다.

일반적으로 도매상후원 자발적 연쇄점이 소매상 협동조합보다 결속력과 경쟁력이 강하다. 자발적 연쇄점의 경우 도매상들은 그들의 전문지식과 시장지배력을 이용하여 경로구성원들의 리더가 될 수 있는 반면 소매상 협동조합은 파워가 구성원 전체에 분산되어 있기 때문에 구성원들 간에 유통경로 기능을 조정하기 어렵다. 그러나 Ace Hardware Corporation과 같이 매우 성공적인 소매상 협동조합도 있다.

앞에서 언급된 바와 같이 우리나라에서도 도매상후원 자발적 연쇄점이나 소매상 협동조합의 예가 없는 것은 아니나 산업에서 차지하는 비중이나 협회가 수행하는 기능을 고려할 때 아직 미미한 수준이다. 이처럼 우리나라에서 자발적 연쇄점이나 소매상 협동조합의 활동이 미진한 이유는 독립 소매상들이 단체구성의 필요성을 덜 느꼈을 뿐 아니라 기존의 연쇄점이 본래의 기능을 제대로 수행하지 못했기 때문이다.

연쇄점 본부가 각 가맹소매점에 대한 유통기능을 제대로 수행하려면 배송센터와 같은 물류시설을 갖추고 다양한 상품을 저렴하게 공급할 수 있는 도매기능을 갖추고 있어야 한다. 그런데 현재 우리나라의 연쇄점 사업은 제 기능을 발휘하지 못하고 있다. 연쇄점 본부는 정부의 연쇄화사업 지원시책에 힘입어 가맹점포들을 어느 정도 확보하였으나 독점적 공급권을 갖고 있는 주류를 중심으로 몇 가지 상품들을 끼워 파는 정도에 그치고 있다. 그 이유는 도매상 기능을 하는 연쇄점 본부의 영세성으로 인해 유통경로 길이를 단축할 만큼의 파워를 행사하지 못하기 때문이다. 즉, 제조업체들은 시장점유율이 낮은 연쇄점 본부에 상품판매를 의뢰하기보다는 연쇄점 본부가 각 가맹점포에 공급하는 가격에 상응하는 가격으로 가맹점포들과 직거래하고 있다.

오늘날 국내외적으로 이러한 계약형 VMS에 대한 제재가 가해지고 있다. 법 · 경제 측면에서 볼 때 계약에 의한 거래는 시장의 개방성을 저해하고 결국 경쟁을 저해하기 때문이다. 수직적 계열화에 관한 각국의 법적 견해도 다르며 그 형태도 매우 다양하기 때문에 세계경제의 한 울타리에 우리가 속해 있다는 점을 감안할 때 많은 연구가 요구되는 분야이다.

소매상 협동조합의 성공모형: Ace Hardware Corporation

Ace Hardware는 미국 시카고에서 하드웨어 상점을 운영하던 Richard Hesse에 의해 1924년 설립되었다. 당시 Ace Hardware는 대량구매를 통한 비용절감을 위해 여러 소매상과 협동조합을 형성하였다. 이런 아이디어는 성공적이었으며 Ace Hardware는 한때 Fortune 500대 기업 중 수익성이 매우 좋은 기업 중의 하나로 부상한 바 있다. Ace Hardware는 5,000개가 넘는 소매상이 지분을 소유하고 있으며 2005년 말 현재 매출 34.6억 달러, 순이익은 1.4억 달러에 달한다.

Ace Hardware의 딜러가 되기 위해서는 초기 회원가입비 400달러와 의결주 5,400달러를 구매하여야 하며, 매년 최소한 십만 달러의 상품을 본사로부터 구매하여야 한다. 제품 중 상당수는 PB이며 만약 딜러로 참여하는 것을 포기하는 경우 Ace Hardware의 제품판매가 금지된다.

이들 비용은 가업형 딜러에게는 적지 않은 금액이라 할 수 있다. 매년 딜러들은 자신들이 구매한 상품에 비례하여 일정액의 리베이트와 주식을 받는다. 이러한 인센티브로 인해 딜러는 보다 열심히 제품을 판매하고 회원으로 남아 있고자 하는 동기를 가지게 된다. 만약 딜러가 탈퇴하는 경우에는 이들이 보유하고 있던 상품과 주식은 본사가 인수한다.

최근 Ace Hardware는 Home Depot와 같은 초대형 카테고리 킬러의 거센 도전을 받고 있다. 비록 Ace Hardware의 매출이 성장하고 있지만 대형 체인점의 성장속도가 이보다 빠르다.

다양한 상품과 가격을 무기로 한 체인점의 위협으로부터 생존하기 위해 많은 독립 소매상들이 Ace Hardware와 같은 소매상 협동조합에 가입하고 있다. 그 동안 Ace Hardware는 경쟁 소매상보다 많은 회원사를 확보하는 데 중점을 두어왔으나 이제는 체인점에 대항하기 위해 기존 회원을 어떻게 하면 보다 잘 지원할 수 있는가에 중점을 두고 있다.

(3) 기업형 수직적 마케팅 시스템 (corporate VMS)

1) 기업형 VMS의 의의

앞에서 설명한 관리형 VMS나 계약형 VMS는 공급망 (supply chain)에서 상호 독립적인 기업이 유기적으로 협력하여 전문화된 제조 및 유통 기능을 각각 수행하는 데 비해 기업형 VMS는 한 경로구성원이 다른 경로구성원을 '소유'하여 고유의 기능 이외의 기능들을 직접 수행하는 경로유형이다. 기업형 VMS는 경로기능의 일부 혹은 전부를 수직적으로 통합하므로 수직적 통합 (vertical integration) 또는 수직계열화라고도 불린다 (수직적 통합은 유통경로에서의 통합뿐 아니라 공급망에서의 기능을 누가 수행하는가, 즉 내부화할 것인가 아니면 아웃소싱을 할 것인가에 대한 일반적인 개념이다).

수직적 통합의 유형은 무수히 많다. 넓게는 우리나라 재벌의 사업다각화로부터 좁게는 유통업체 상표 (private label) 생산까지 매우 다양하다. 삼성그룹의 모든 전산기능은 삼성SDS에 의해, 광고기능은 대부분 제일기획에 의해 직접 수행되고 있다. 현대자동차는 현대제철로부터 철강을 직접 공급받고 있다. 미국의 의류소매업체인 GAP은 모든 의류를 자체생산하고 있다. 대형마트들은 자체상표 (private label)를 개발하여 생산기능의 일부를 수행하고 있다.

아웃소싱보다 수직적 계열화 (내부화)를 선호하는 우리나라의 대기업

우리나라는 전통적으로 대기업군 (재벌)이 발달하여 기업의 다양한 기능을 수직적으로 계열화하는 경향이 강하다. 현대자동차는 제철업체 (현대제철), 부품업체 (현대모비스), 물류 (현대 글로비스), 유통망 (현대자동차 서비스)을 소유하여 수직적으로 계열화하고 있고 삼성전자는 부품업체 (삼성SDI, 삼선전기), 광고업체 (제일기획), 교육업체 (삼성크레듀), system integration (SI) 업체 (삼성SDS) 등을 소유하여 계열화되어 있다.

수직적 계열화의 장점으로는 기업기밀의 보호, 통제력 강화, 새로운 사업기회 모색 등의 장점이 있지만 전문성의 결여, 규모의 경제의 미실현 등의 단점도 있다. 또한 국가경제적으로는 분업화가 이루어지지 못함으로 인해 중소기업의 발전을 저해하고 산업의 집중화를 가져오기도 한다.

이러한 내부화 선호성향이 IMF 외환위기 사태 이후 변화하는 조짐을 보여 왔다. 예를 들어 중견 기업들이 그 동안 소유하여 왔던 광고회사 등을 매각하고 있다. 이러한 변화는 자사의 역량이 극대화할 수 있는 분야로 기업의 자원을 집중함으로써 경쟁력을 제고하며 성장을 가속화하고 타 분야의 중소기업의 성장 또한 기대할 수 있다는 점에서 바람직한 변화로 받아들여진다.

2) 수직적 계열화의 장점과 단점

기업의 기능들을 수직적으로 계열화할 것인가 (make의 개념), 아니면 전문화된 외부기업으로부터 아웃소싱을 할 것인가 (buy의 개념)에 관한 전략적 결정은 경영학에서 매우 중요한 이슈이다. Williamson은 거래비용분석 (transaction cost analysis)에서 경제학계의 고전학파가 주장하는 효율적 시장론 (efficient market), 즉 전문화되고 분업화된 기업 간의 시장거래 (buy)가 더 높은 경제적 효율성을 달성할 수 있다는 명제에 의문을 제기하고, 경우에 따라 전문화된 외부기업으로부터 아웃소싱을 하는 (즉, 시장거래에 의존하는) 것이 더 많은 비용을 발생시킬 수 있다고 주장한다. 따라서 효율적 시장 가정이 성립되지 않을 때, 즉 시장이 실패하는 경우 (market failure)에는 기업이 원자재 구입이나 제품의 유통과 같은 기능을 직접 수행하는 것이 보다 더 효율적일 수 있다고 중장한다.

기업이 수직적 통합을 실시하는 중요한 이유는 독립적인 경로구성원 간의 시장거래로 인해 발생되는 각종 비용을 절감하고, 가치창출기능들 간에 자원을 서로 공유함으로 인해 시너지 효과 (범위의 경제; economy of scope)를 달성하며, 관련 타 산업에서 사업기회를 모색할 수 있고, 업무에 대한 강한 통제력을 확보할 수 있기 때문이다. 이외에도 안정된 거래선 확보, 경쟁업체의 시장진입을 어렵게 만드는 진입장벽의 구축, 규모의 경제 달성 등의 장점이 있다.

그러나 수직적 통합은 핵심역량에 집중적으로 투입되어야 할 자원을 분산시킬 수 있고, 진출한 타 산업에서 전문성을 취득하기가 어려울 수가 있으며, 규모의 경제가 달성되지 않았을 경우에는 오히려 운영비용이 증가할 수 있다. 또한 환경변화에 대처하는 유연성의 감소, 수직적 계열화 전략으로 진출한 타 산업에서의 성공에 필요한 시장에 대한 이해와 기술적 노하우에 대한 이해의 어려움 등이 단점으로 지적된다. 이렇듯 수직적 통합 여부는 매우 복잡하고 어려운 의사결정 영역이며, 수직적 통합을 하기로 일단 결정되면 많은 자본이 투자되고 단기간에 변경되기 어려우므로, 여러 가지 비용과 효율성에 대한 평가가 치밀하게 이루어져야 한다.

사례 부품·완제품 수직적 계열화전략으로 양적 · 질적 성장을 이룩한 삼성전자

"혁신은 엄청난 자원의 투입결과다. 여기서 얻어지는 가격 및 기술경쟁력이 경기 침체기에도 흔들리지 않고 생존할 수 있는 저력이다." 미 월스트리트저널 (WSJ)이 삼성전자가 세계 최대 규모의 기술업체인 HP를 능가하는 놀라운 양적성장을 이뤘다고 예찬하며 그 이유를 분석해 소개했다.

WSJ는 성장의 비결로 삼성전자가 제품의 부속품과 완제품을 동시에 생산 · 판매하는 수직적 계열화전략을 통해 각 분야별 경쟁업체들에게도 메모리칩 · LCD 등의 부품을 공급하는 현재의 사업구조를 꼽았다. 이는 IBM이 1980년대에 최전성기를 구가할 때 사용한 전략과 유사한 것으로 삼성전자 매출의 3분의 1가량은 경쟁업체에 대한 부속품 판매가 차지한다. 이를 통해 삼성전자는 지난 10여 년간 세계 최대의 컴퓨터 메모리칩 생산기업으로 자리매김했고 플래시 메모리칩에서도 선도적 지위를 유지하고 있다.

하지만 이 같은 구조에서는 완제품 생산과 부품 생산 사업부문 간의 이익이 충돌하게 된다. 이에 삼성전자의 각 사업부문들은 자체적으로 자본을 조달하고 수익을 창출하는 등 독립적인 전략을 구사하고 있다고 WSJ는 전했다. 특히 WSJ는 삼성전자가 독자적인 기술혁신을 바탕으로 자신의 공장을 운영하면서 성장을 거듭해왔다는 점에 주목했다. 대부분의 거대 전자업체들이 대형 인수합병 (M&A)을 통해 몸집을 불리고 실제 생산도 하청 등 외주방식을 취한 점과 대비된다는 것이다. WSJ는 삼성전자의 기술혁신은 엄청난 자원투입의 결과물로서 큰 회사규모 덕분에 가능했다며 2009년 LCD TV 생산라인에 5,000만 달러를 투자한 점을 그 예로 들었다.

송재용 · 이경묵 서울대 경영대학 교수는 삼성 신경영 20주년이 되는 2013년 6월 7일을 전후해 신경영의 경영학적 의미를 통찰력 있게 분석한 삼성웨이에서, 삼성 경쟁력의 원천으로 삼성식 패러독스 경영을 꼽았다. 삼성이 글로벌 일류기업으로 도약한 것은 신경영 이후 삼성식 패러독스 경영을 통해 복수의 경쟁우위를 동시에 달성하는 데 성공했기 때문이라는 것이다.

삼성식 패러독스 경영이 국내외 경영학계에서 주목받는 이유는 서구 경영학의 통념과 배치되기 때문이다. 대규모 조직은 통제와 조정의 필요성을 증대시켜 관리 위주 경영을 하게 됨으로써 신속성을 잃어버리기 쉽다. 특히 삼성같이 다각화된 기업집단의 경우 의사결정 구조와 관리 프로세스 등의 복잡성이 증대되어 스피디한 의사결정과 실행이 더욱 어렵다는 게 경영학에서의 통념이었다. 서구에서는 비관련형 다각화를 추구한 복합형 기업집단의 경우 자원배분과 경영관리의 비효율성으로 인해 한 우물을 파는 전업형기업과의 경쟁에서 밀리는 일이 흔했다.

삼성은 부품과 세트를 수직적 계열화하고 관련 사업을 동시에 전개하면서 유기적 협력을 통해 복합화를 통한 시너지를 창출해냈다. 이처럼 삼성이 패러독스 경영을 발전시키고 스피드, 시너지 같은 핵심역량을 축적하는 과정에서 중요한 촉매역할을 한 삼성경영의 작동원리는 삼성 특유의 경쟁적 협력 시스템이다. 삼성은 신경영 이후 스마트폰이나 TV에서 세계 1등이 된다는 전사적 목표를 위해 꼭 필요한 경우 협력을 통한 시너지를 추구하면서도 동시에 시장경쟁 메커니즘을 적극 도입했다.

이러한 시장경쟁 원칙에 따라 내부거래에도 시장가격을 적용하고 그룹 내부에서 생산 · 공급하는 소재나 부품도 가능하면 외부업체로부터 동시에 구매하는 듀얼 소싱 (dual sourcing) 체제를 구축해 계열사의 부품 · 소재 부문에서의 생산성과 품질의 향상, 원가절감에 대한 압력을 끊임없이 가했다. 그 결과 비관련형 다각화를 추구하던 서구 기업들은 자원배분과 경영관리의 비효율성으로 인해 전업형 기업과의 경쟁에서 밀린 반면 삼성의 경우 휴대폰, 반도체, LCD, TV 등 각 단위사업이 선의의 경쟁과 협력의 적절한 조화를 추구함으로써 세계 1, 2등의 점유율을 확보할 수 있었다.

자료원: 매일경제, 2013.05.30

3) 수직적 통합 여부의 결정

수직적 통합 여부의 결정은 아웃소싱과 수직적 통합 가운데 어느 것이 더 효율적인지에 대한 판단을 토대로 이루어진다.

외부기업들에게 기능을 위양하는 아웃소싱은 다음과 같은 장점을 가지고 있다.

첫째, 외부의 독립된 유통기업은 업무 수행에 있어서 보다 많이 동기부여가 될 수 있다. 이러한 동기부여의 핵심은 대체가능성이다. 이들의 성과가 좋지 않을 때 제조업체는 판매처를 비교적 쉽게 바꿀 수 있다. 따라서 이들은 내부조직보다 기업가 정신 (entrepreneurship)을 더 발휘하여 위험을 감수하며 보다 수월한 성과를 추구한다. 예를 들어 신분이나 보상이 보장된 제조업체 판매사원

사례

현대차그룹, 부품 수직계열화의 완결판인 신형 제네시스

현대차그룹이 쇳물에서 완성차까지 이어지는 수직계열화를 사실상 마무리짓고, 첫 작품으로 신형 제네시스를 무대에 올렸다. 수직계열화를 통해 주요 재료를 안정적으로 조달하고 원가도 절감할 수 있지만 아직 품질에 대한 우려가 공존하고 있다. 현대차그룹은 연말 인사를 통해 부품 계열사 '새판짜기'에 나서며, 수직계열화를 공고히 한다는 방침이다.

자동차 · 철강업계에 따르면 현대 · 기아차는 지난 10~11월 연이어 출시한 기아차 쏘울과 제네시스 2세대 신모델에 계열사인 현대제철 강판 사용비중을 대폭 확대했다. 또 대부분 독일 부품사에서 조달해 온 첨단안전장치도 대거 계열 · 관계사 제품으로 바꿨다. 신형 제네시스의 액티브 시트벨트 (ASB)와 운전 · 조수석 전자제어장치 (ECU) 통합 시스템은 부품 계열사인 현대모비스, 긴급 자동 브레이크 (AEB)와 차선유지 지원시스템 (LKAS)은 범 현대그룹인 한라그룹 부품 계열사 만도의 작품이다. 신형 제네시스는 자동차에 들어가는 주요부품 대부분을 관계나 협력사를 통해 생산하거나 조달한 첫 모델인 셈이다.

수직계열화를 통한 부품 자체조달은 현대차의 염원과도 같다. 포드 코티나를 조립 생산하던 현대차는 1983년 자체 엔진개발을 시작했고, 1999년에는 경차부터 대형세단 에쿠스까지 모든 차종에 자체엔진을 적용했다. 2000년대 들어서는 현대모비스 (부품 모듈), 현대파워텍, 현대위아, 현대다이모스 (이상 변속기), 현대케피코 (ECU · 센서), IHL (램프류), 만도 (브레이크)를 포함해 자회사 · 관계사가 아우러진 주요 부품 조달 시스템을 갖추기 시작했다. 자동차용 강판을 만드는 현대제철소가 2010년 첫 가동되면서, 현대차는 세계 자동차 업계에서 드물게 철강-부품-완성차에 이르는 체제를 갖췄다. 수직계열화는 효율 · 품질 확보에 유리해 자동차업체들이 선호하는 생산방식이면서도 과감한 투자와 일사불란한 경영이 뒷받침돼야 가능한 구조다.

하지만 한편에서는 수직계열화를 통한 부품 자체조달시스템을 걱정스럽게 보는 시선도 있다. 신형 제네시스에 사용된 강판의 품질 논란이 대표적이다. 현대 · 기아차는 강화된 미국안전규정을 맞추려 강판량을 구형 모델보다 늘렸다. 그러자 신형 쏘울 · 제네시스의 차체 무게는 이전 모델보다 각각 94kg, 120kg이나 증가했고, 연비는 나빠졌다. 이전까지 자동차용 강판 대부분을 포스코에서 조달해왔던 현대차가 현대제철로 강판 조달처를 바꾸자마자 차체무게가 급증한 것이다. 이러면서 '계열사 강판 밀어주기로 품질이 떨어진 것 아니냐'는 논란이 일기도 했다. 현대차그룹 관계자는 "안전성 강화를 위해 무게가 늘어나는 측면은 있지만 계열사와 차량개발 시작단계부터 협업할 수 있어 이전보다 품질수준을 높일 수 있었다"며 "본격적으로 판매되기 시작하면 국내외 소비자들이 올바로 평가해 줄 것"이라고 설명했다.

자료원: 이데일리, 2013.12.22.

보다 외부 판매사원이 보다 열심히 세일즈 노력을 기울일 수 있다. 이러한 이유로 보험상품은 외부세일즈맨에 의해 판매된다. 내부 판매조직은 외부 유통기업만큼 쉽게 대체되기 어려울 뿐 아니라 노동조합 등의 정치적 요인에 의해 비효율적인 관료화된 조직이 되기 쉽다.

둘째, 제조업체가 특정 제품의 제조에 전문화되어 있듯이 유통업체는 유통 노하우에 전문화되어 있다. 유통업에서 중요한 물류, 수많은 제품의 재고관리, 회전율 노하우 등은 제조업체가 쉽게 취득할 수 없는 전문화된 영역이다. 물류양이 상당한 규모여서 수직적 계열화에 의해 규모의 경제를 이룩할 수 있는 많은 제조업체들이 아직도 FedEx와 같은 물류전문기업을 이용하고 있는 것도 이러한 이유 때문이다.

셋째, 진입장벽이 비교적 낮아서 경쟁이 치열한 유통업에서 살아남은 기업들은 유통업의 핵심역량 (core competences)을 갖추고 있다고 할 수 있다. 우리나라에서 90년대 유통업의 성장기에 제조업에 기반을 둔 많은 대기업들이 편의점, 대형마트, 백화점 사업 등에 진출하였지만, 인수 · 합병을 통해 경쟁력을 갖춘 신세계, 롯데 등 유통전문기업만이 생존하게 되었다.

넷째, 유통업은 규모의 경제가 크게 나타나는 산업이다. 제조업체가 자사의 제품만을 판매하는 것보다 유통전문기업이 많은 제조업의 유통기능을 취합하여 보다 큰 규모로 판매하는 것이 물류설비비용, 전산비용 등의 고정비를 분산시켜 소매기능 수행 시 단위원가가 낮아지는 규모의 경제를 실현할 수 있다. 가전, 신발 등의 단일상표 대리점보다 다상표 소매업체가 이러한 규모의 경제로 인해 가격경쟁력을 가진다. 이러한 소매업의 규모의 경제는 다점포화, 대형화될수록 크게 나타난다. 세계 소매업의 선두기업인 Wal-Mart의 가격경쟁력의 가장 중요한 요인 중의 하나는 이러한 규모의 경제의 실현이다.

다섯째, 유통전문기업이 보다 넓은 혹은 깊은 제품구색을 보유하여 보다 많고 다양한 고객층을 커버할 수 있다. 예를 들어 시간압박을 가지는 소비자들은 one-stop-shopping을 할 수 있는 대형마트나 카테고리 킬러를 선호할 것이다. 또한 넓고 깊은 제품구색은 교차판매 (cross-selling)를 유발할 수 있어서 구매를 촉진시킨다. 전통적으로 비식품만을 취급하였던 Wal-Mart는 80년대 말부터 식품을 취급하면서 고객의 내점빈도가 월 평균 6회에서 8회로 증가하였고 이러한 고객빈도 상승효과는 가전 등의 고가품 판매증가로 이어져 Wal-Mart는 가전소매에서도 Best Buy를 제치고 업계 1위의 위치를 차지하게 된다.

마지막으로, 고객은 유통전문업체가 특정 제조업체만을 대변하는 기업이 아니므로 이들의 의견을 보다 더 객관적으로 받아들인다. 가전구매자가 삼성이나 LG대리점의 영업사원의 제품에 관한 조언보다 하이마트나 홈플러스 영업사원의 조언이 보다 신빙성이 있다고 판단할 것이다. 미국의 인터넷 여행대행사인 Travelocity나 Orbitz는 특정 항공사와 호텔체인이 소유하고 있어서 이들의 정보의 객관성에 의구심을 품는 경우가 있다. 이러한 독립유통업체의 객관적 의견은 제조업체에게도 도움이 될 수 있다. 예를 들어 신제품의 테스트 마케팅에서 독립적인 유통업체의 피드백이 보다 객관적이다.

이러한 아웃소싱의 장점에도 불구하고 앞에서 전제한 효율적 시장 가정이 성립되지 않는 경우에는 제조업체는 유통기능의 수직적 통합을 고려할 수 있다. 여기에서 유념할 것은 수직적 통합은 높은 초기비용 (set-up cost)을 유발한다는 점과 유통사업 자체가 제조업체의 여유자원을 투자할 만큼 충분히 매력적인가를 점검하여야 한다는 점이다.

다음은 제조업체가 수직적 계열화를 적극적으로 검토해야 하는 비효율적 시장상황들을 정리한 것이다.

첫째, 외부 유통업체가 제조업체의 제품을 판매함에 있어 특이한 기능과 노하우를 익혀야 하고 이의 습득기간 또한 길어진다면, 제조업체는 이러한 역량을 보유한 외부 유통업체에 종속될 수가 있다. 이러한 것을 기업특유능력(company-specific capabilities)이 존재한다고 한다. 이러한 상황이 발생하면, 제조업체는 자신들의 제품을 판매하는 데 필수적인 능력을 가진 특정 유통업체나 판매 사원에게 의존하게 되며 대안의 수가 줄어들어서 협상력이 줄어든다(small number bargaining). 이러한 특유성이 커질수록 이들을 대체하기가 어려워지므로 이를 방지하기 위해서 수직적 통합이 필요할 수 있다. 이러한 경우가 가장 빈번히 발생하는 비효율적 시장의 예이다. 이러한 상황이 발생하게 되면 제조업체의 제품을 판매하는 데 필요한 기업특유능력을 가진 유통업체는 여러 가지 기회주의적인 행동 (opportunism)을 보일 수 있고 이를 예방하는 방법은 제조업체가 유통업체를 소유하는 전방통합이다.

과거 우리나라의 수출을 주도했던 의류제조수출업체 (봉제업체)가 외국 바이어에 의존하였다가 생산비용이 증가하면서 짧은 시간에 위기를 맞은 적이 있다. 실제로 판매기능을 외부업체에 위탁하고 있고 상표자산 (brand equity)이 없는 주문자상표부착생산업자 (original equipment manufacturer: OEM)들은 늘 이러한 위험에 노출되어 있다. 이와는 반대로 특정 제조업체의 기업특유능력을 가진 유통업체가 제조업체의 기회주의적 행위나 전략변경으로 인해 피해를 보는 경우도 있다.

과거 우리나라에서 Coca Cola를 생산하던 도매상인 bottler들이 Coca Cola가 바틀러 기능을 전방 통합하는 방향으로 전략을 변경함으로써, 투자되었던 생산설비가 쓸모없게 되었다. 과거 바틀러 중 하나였던 범양식품은 콜라사업을 후방 통합하여 815 콜라를 출시하였다.

둘째, 이러한 특정 기업이 소유한 특유의 기업역량으로 인해 발생되는 기회주의적 행동은 환경적 불확실성이 클 때 배가된다. 따라서 환경적 불확실성이 클 때 수직적 통합이 더욱 필요하다. 왜냐하면 이를 통해 제조업체는 강력한 통제력과 주도권으로 환경적 변화를 학습하고 일관된 정책을 유지할 수 있기 때문이다. 그러나 이에 대한 반대 의견도 있다. 수직적 통합보다는 불확실성이 큰 환경에서 살아남은 기업이 나타나길 기다렸다가 아웃소싱을 하는 것이 위험을 줄일 수 있다는 것이다.

셋째, 외부 유통업체에 대한 성과측정이 모호할 때 수직적 통합을 고려할 수 있다. 일반적 상황에서는 대체로 판매자의 성과가 매출액에 의해 측정되므로 아웃소싱의 성과를 평가하는 데 있어 문제점이 발생하지 않는다. 그러나 외부업체의 성과를 측정하기 어려운 경우, 또는 평가지표와 업무수행 간에 시차가 발생하는 경우에는 수직적 통합이 바람직할 수 있다. 예를 들어 혁신적인 신제품이 출시된 경우에는 외부 판매원의 매출액이 판매노력의 적절한 측정치가 되지 않을 수 있다. 신제품의 경우는 제품수명주기현상에서 나타나는 바와 같이 도입초기의 판매촉진 노력이 시차를 두고 결실을 거두기 때문이다. 이러한 상황에서는 결과 (output)보다는 과정 또는 노력 (input)을 측정하는 것이 바람직한데, 과정을 측정하는 것은 기업내부의 인력을 이용할 때, 보다 정확하고 용이하다.

지금까지 살펴본 다양한 형태의 유통경로 형태의 특징이 **[표 9-2]**에 요약되어 있다.

표 9-2 전통적 유통경로와 수직적 마케팅 시스템 (VMS)의 특성

특성	전통적 유통경로	관리형 VMS	계약형 VMS	자발적 연쇄점과 협동조합	기업형 VMS
			자발적 연쇄점과 협동조합	프랜차이즈	
시스템 차원의 목표	없다	제한적 비공식적	제한적 비공식적	광범위 공식적	완전 공식적
조정 메커니즘	교섭력 협상력	마케팅 프로그램	계약	계약	기업정책
의사결정자	개별조직	비공식적 협력단체	승인된 도소매업체	승인된 본부	집중적
결속력	불안정적	약함	중간	매우 높다	매우 높다
규모의 경제 실현 가능성	희박	약함	중간	매우 높다	매우 높다
유연성	매우 높다	높다	중간	낮다	매우 낮다
재고수준	매우 낮다	중간	높다	높다	매우 높다

참고문헌

Kotler and Armstrong(2019). *Principles of Marketing*, 17th edition, Prentice Hall.

안광호, 조재운, 한상린(2019). **유통원론**, 4판, 학현사.

Zara 사례

김희선(2012). "국내외 SPA브랜드의 마케팅전략 특징 연구". 한국의상디자인학회, 한국의상디자인학회지 14(1), 131-150.

변재웅(2013). "SPA 브랜드 자라(ZARA)의 국제마케팅 성공 전략 연구". 계명대학교 산학연구소, 경영경제, 46(1).

삼성 · ZARA 처럼 생산 → 유통 → 판매 일사천리로. https://www.mk.co.kr/news/business/view/2012/10/642005/

의류산업 불황에도 성장하는 SPA시장. http://www.m-economynews.com/news/article.html?no=15249

자라. https://terms.naver.com/entry.nhn?docId=2053888&cid=43168&categoryId=43168

'자라(ZARA)'가 포스트 코로나 시대에 더 강한 이유는. http://www.apparelnews.co.kr/news/news_view/?idx=183340

자라 '디지털 패션기업으로 변신 중'. http://www.apparelnews.co.kr/

패션브랜드 자라(ZARA) 회장 "평범한 사람처럼 살고 싶다"-아만시오 오르테가(Amancio Ortega). http://ch.yes24.com/Article/View/20693

패스트 패션 자라, 놀랍게 빠른 성장비밀. https://dbr.donga.com/article/view/1203/article_no/4229

Inditex Hompage. https://www.inditex.com/about-us/our-brands/zara

Late to e-commerce, Zara is now blanking the globe with it. https://qz.com/quartzy/1707290/what-you-need-to-know-about-zaras-massive-global-e-commerce-push/

The Secret of Zara's Success: A Culture of Customer Co-creation. https://martinroll.com/resources/articles/strategy/the-secret-of-zaras-success-a-culture-of-customer-co-creation/

Zara Homepage. https://www.zara.com/kr/

Zara Wikipedia. https://en.wikipedia.org/wiki/Zara_(retailer)

Zara Clothing Company Supply Chain. https://www.scmglobe.com/zara-clothing-company-supply-chain/

Zara Forbes. https://www.forbes.com/companies/zara/#68a2e9e47487

Zara supply chain analysis - the secret behind Zara's retail success. https://www.tradegecko.com/blog/supply-chain-management/zara-supply-chain-its-secret-to-retail–success

How Zara Grew Into the World's Largest Fashion Retailer. https://www.nytimes.com/2012/11/11/magazine/how–zara–grew–into–the–worlds–largest–fashion–retailer.html

Chapter 10

유통정보시스템

학습내용

1. 마케팅 정보혁명은 무엇이며 이는 어떻게 촉발되었는가?
2. 유통정보시스템의 의미와 관련 기술, 응용 분야는 무엇인가?
3. 바코드와 POS 시스템은 유통정보시스템의 발전에 어떻게 기여하였는가?
3. 바람직한 정보의 특성은 무엇인가?
4. 이상적 마케팅 정보시스템의 특징은 무엇인가?
5. 유통정보시스템은 어떤 분야에 활용되고 있는가?
6. 공급망관리 (supply chain management: SCM)의 의의와 성공요인은 무엇인가?
7. 고객관계관리 (customer relationship management: CRM)의 의의와 효과적인 활용 방안, 기대 효과는 무엇인가?
8. CRM의 B2B 마케팅에의 활용방안과 전략 수립 단계는 무엇인가?
9. 정보통신 기술이 유통경로 기능에 미친 영향은 무엇인가?
10. 정보통신 기술이 유통구조에 미친 영향은 무엇인가?

사례

POS 데이터를 토대로 마케팅 정보혁명을 가져온 혁신 기업: Information Resources Inc. (IRI)

학습목표

1. POS는 어떻게 마케팅 정보혁명에 기여하였는가?
2. IRI의 대표적 정보 제공 서비스인 InfoScan의 구성요소는 무엇인가?
3. InfoScan에 수집되는 데이터의 유형은 무엇인가?
4. InfoScan 서비스는 제조업체에게 어떻게 활용되는가?
5. InfoScan 서비스는 도소매상에게 어떻게 활용되는가?

미국의 시장조사 전문회사인 IRI (Information Resources Inc.)사는 전국 소매상의 POS 시스템에 의해 수집되는 약 20,000개 상표의 생필품 판매 자료를 통합 · 분석하여 새로운 차원의 유통정보서비스를 제공하고 있다. InfoScan이라 불리는 이 서비스는 데이터를 수집 · 분석하여 각 경로구성원에게 필요한 정보를 제공해 준다. IRI사는 스캐너 데이터 수집 전문업체로서 미국 여러 중소도시에 소비자 패널을 운영하고 있다. IRI사는 수집된 자료를 직접 판매하기도 하고 자료를 분석한 보고서를 기업 고객들에게 판매하고 있다.

IRI는 우선 소비자 패널을 모집하여 구성한다. 패널에 가입한 소비자들에게는 고유번호가 담겨 있는 ID 카드가 발급되고 이들이 주변 유통점에서 상품을 구입할 때 이 카드를 제시함으로써 패널은 할인 혜택을 받고 구매기록이 수집된다. 또한 가입자들의 가정에 있는 TV수신기에 'TV 미터 (meter)'를 부착하여 광고 시청 자료를 수집하게 된다. 이렇게 해서 수집된 자료는 제품품목별로 분류하여 정리된다. 예를 들어, 커피에 대한 자료를 구축하기 위해서는 구매기록 중 커피구매만을 추출하여 따로 자료파일을 만들게 되는 것이다. 또한 TV 광고 노출자료 중 커피광고에 대한 노출자료만을 추출하여 광고노출 자료파일을 만들게 된다. 따라서 스캐너 패널 데이터를 분석할 때에는 제품 카테고리별 데이터를 사용하게 된다.

한 제품 카테고리에 대한 스캐너 데이터는 다음과 같이 네 개의 자료파일로 구성되어 있다.

① 패널의 인구통계학적 자료

② 패널 구매자료

③ 점포 (store) 판매자료

④ 광고노출자료

① 패널 인구통계학적 자료

스캐너 패널에 가입하는 소비자는 우선 자신의 가구에 대한 상세한 정보를 기록하게 되며 이를 코드화하여 파일에 담아놓음으로써 인구통계학적 자료가 형성된다. 인구통계학적 자료에는 고객에 대한 다양하고 상세한 정보가 입력된다. 예를 들어, 가장의 나이, 직업, 가족구성원 수, 가구의 소득, 인종, 주거지역뿐 아니라 애완견의 수 혹은 노동시간 등까지 기록된다.

② 패널 구매자료

패널에 가입하여 패널 ID 카드를 지급받은 소비자는 이후부터 상품을 구매할 때 먼저 이 카드를 제시한 후에 구매한 제품을 계산하게 된다. 이 과정을 통하여 각 패널의 구매기록이 남게 된다. 패널 데이터의 구체적인 예를 〈표 1〉에서 볼 수 있다.

〈표 1〉

열	내 용
1–8	ID
9–11	주
12	요일(1=월요일, 2=화요일 … 등)
13–15	점포번호
16–19	브랜드번호
20–31	바코드번호
32–35	총단위(units)
36–44	총용량(volume)
45–49	총지불금액
50–51	쿠폰사용 여부
52–54	쿠폰의 액면금액
55	판촉행사 여부
56	특별매대 설치 여부
57–58	유통판촉 할인율

구매 자료의 한 행 (record)은 한 패널 소비자의 1회 구매기록이다. 이는 총 58열의 숫자로 기록되어 있다. 이 기록을 구체적으로 살펴보면, 우선 패널이 부여받은 ID

번호가 각 구매기록의 맨 처음에 위치함으로써 이 기록이 어떤 패널에 의해 발생된 것인가를 나타내고 있으며, 구매시간에 대한 기록은 몇 번째 주의 어떤 요일에 이 구매가 일어난 것인지를 기록하고 있다.

다음으로는 IRI가 각 점포에 부여한 고유번호 세 자리를 기록함으로써 이 구매가 어디에서 발생한 것인지를 구분하고 있다. 구입된 제품에 대한 정보는 매우 상세하게 기록되는데, 우선 IRI가 각 브랜드를 구분하기 위해 부여한 네 자리 숫자에 의하여 어떤 브랜드를 구입하였는지가 기록되고, 뒤이어 제품의 바코드 (bar code) 번호가 기록되는데 이 바코드 속에는 제품에 관한 각종 정보가 포함되어 있다.

다음 세 개의 변수는 32번째 열부터 시작되며 구매량을 기록하고 있다. 첫 번째로 소비자가 이 제품을 몇 단위 (units, 예: 몇 병) 구입하였는가를 기록하고 있고, 두 번째로 이를 총용량으로 기록하고 있으며 (volume), 세 번째로는 총 구매액수 (dollar per transaction)로 기록하고 있다. 예를 들어, 어떤 소비자가 한 거래에 4oz. 크기 커피 1병과 6oz. 크기 커피 1병을 각각 5.00달러와 9.00달러에 구입하였다면, '단위'는 '2' (2병)로 기록되고 '무게'는 '10' (4oz.+6oz.)으로 기록되며 '총 구매액수'는 '14.00' ($5.00+$9.00)으로 기록된다.

그 다음 열부터는 판매촉진에 관한 정보가 기록되는데, 우선 쿠폰사용 여부는, 구매 시 소비자가 할인쿠폰을 사용하였는지의 여부에 따라 사용하였을 경우 1, 사용하지 않았을 경우 0으로 기록된다. 또한 쿠폰을 사용하였다면 액면금액이 얼마였는지, 구매 당시 구입된 제품이 할인행사를 하고 있었는지의 여부, 매장 내 특별매대가 설치되어 있었는지, 그리고 유통판촉의 할인율이 차례대로 기록된다.

③ 점포 (store) 자료

앞에서 살펴본 데이터가 소비자 개개인 단위의 구매기록이라면, 점포자료는 일정기간 (주로 '주' 단위가 이용된다) 동안 특정 점포에서 발생한 누적 판매기록이다 (〈표 2〉 참조). 각 패널 멤버들이 ID카드를 제시하고 구매한 기록은 패널들의 개별 구매기록으로 남는 한편 제품별로 분류되어 점포수준에서 어떤 브랜드가 어떠한 판매촉진 상황하에서 얼마만큼 팔렸는지에 관한 기록으로도 남게 된다. 점포자료에 기록되는 구체적인 내용은 다음과 같다.

〈표 2〉

열	내 용
1–3	주
4	점포 번호
5–8	제품종류
9–12	브랜드 번호
13–15	판매단위
16–26	판매용량
27–32	판매금액
33–35	쿠폰으로 판매된 단위비율
36–38	쿠폰으로 판매된 용량비율
39–41	쿠폰으로 판매된 금액비율
42–44	쿠폰의 평균 할인율
45–47	정상적인 절차를 통해 이용된 쿠폰의 용량비율
48–50	정상적인 절차를 통해 이용된 쿠폰의 금액비율
51–53	특별판매를 통해 판매된 단위비율
54–56	특별판매를 통해 판매된 용량비율
57–59	특별판매를 통해 판매된 금액비율
60–62	특별진열을 통해 판매된 단위비율
63–65	특별진열을 통해 판매된 용량비율
66–68	특별진열을 통해 판매된 금액비율
69–71	특별판매, 특별진열로 판매된 단위비율
72–74	특별판매, 특별진열로 판매된 용량비율
75–77	특별판매, 특별진열로 판매된 금액비율

- 주 (week): IRI가 주를 구분하기 위해 부여한 고유의 숫자로서, 해당 자료가 언제 발생한 것인지를 알려준다.
- 점포번호 (store): IRI에서 각 점포별로 부여한 고유번호로서, 이 기록이 어느 점포에서 발생한 것인지를 알려준다.
- 제품 카테고리 (product category): 점포자료에 제품 카테고리별 매출이 기록되는데, 각 제품 카테고리별로 네 자리의 고유번호가 주어져 이 기록이 어느 제품에 관한 정보인지를 알 수 있다. 예를 들어, 스파게티 소스는 4855, 세척제는 3463으로 주어지며, 이 번호로써 제품의 종류를 구분하는 것이다.
- 브랜드 번호 (brand ID): 동일 제품군에 속해 있는 여러 가지 브랜드별로 각각 고유번호가 정해져 있어서 어떤 브랜드에 대한 판매기록인지를 알 수 있다. 예를 들어 스파게티 소스 중에서 Prego라는 브랜드의 판매기록이면 Prego의 고유번호인 0877이 기록된다.

- 단위, 용량, 금액 (units, volume, dollars): 이 정보는 특정 기간 (주로 주단위를 이용함) 동안 특정 점포에서 특정브랜드가 판매된 양을 단위별, 무게별, 금액별로 나타낸 것이다.
- 판매촉진 관련 정보: 총판매 중에서 판매촉진 수단을 이용하여 구매된 비율이 얼마나 되는가를 나타낸다. 위의 자료를 보면 쿠폰, 판촉행사 (feature), 특별매대 (display) 등 각각의 판촉수단별로 이들 판촉수단이 이용되어 판매된 비율이 총판매 중 얼마나 되는가를 %로써 나타내고 있음을 알 수 있다.

④ 광고노출자료

광고노출자료는 각 패널들이 어떠한 광고에 얼마만큼 노출되었는지를 기록함으로써 광고가 구매에 미치는 영향을 분석하는 데 사용된다. 이 정보는 시청률을 조사하는 데 흔히 이용되는 'TV 미터'를 이용하여 수집되며, 각 패널 가구가 어떠한 광고에 노출되었는지에 대하여 5초 단위로 상세하게 기록된다. InfoScan은 분석데이터의 유형과 분석방법에 따라 유통경로구성원에게 다양한 형태의 정보서비스를 제공해 줄 수 있다. 가장 전형적이고 기본적인 InfoScan의 서비스를 간략하게 설명하면 다음과 같다.

가) 대 제조업자서비스: 자사상표와 경쟁상표의 시장점유율을 알려준다. 이 정보는 수십만 개의 소매점포로부터 매주 전산으로 수집되는 자료에 근거하기 때문에 정확성과 신속성이 매우 높다. 제조업자는 시장에서 나타나는 소비자의 반응을 즉각적으로 감지할 수 있기 때문에 시장상황에 따라 적절한 대응전략을 수립할 수 있다. InfoScan은 매출에 영향을 미칠 수 있는 마케팅전략 변수 (광고, 판촉, 가격 등)에 관한 기록을 보유하고 있기 때문에 매출의 변화 원인을 분석할 수 있고 마케팅전략의 효율성을 예측하여 최적 마케팅전략을 제안해 준다.

나) 대 도 · 소매상서비스: IRI는 스캐너자료를 전송해 주는 소매상에게 정기적으로 InfoScan Supermarket Review라는 보고서를 제공해 준다. 보고서에는 미국 전역의 소매상이 취급하는 각 상표와 제품군의 판매현황, 가격동향 등에 관한 자료가 수록되어 있다. 소매상은 이를 근거로 점포의 전반적인 성과, 취급상표와 품목의 수익성 등을 타 소매상과 비교할 수 있고, 거래 도매상이 제공하는 정보의 정확성을 평가할 수 있으므로 적절한 소매점포 전략을 수립할 수 있다.

유통경로의 기능이 효율적으로 수행되기 위해서는 어떤 형태로든 경로구성원들 간의 정보교환이 원활히 이루어져야 한다. 비효율적인 커뮤니케이션 시스템은 경로구성원 간의 효과적인 업무조정을 하는 데 있어 커다란 장애요소이다. 이는 유통경로구성원들 간의 상호불신과 구성원 개인의 이익추구, 부적절한 커뮤니케이션 설계 및 정보기술 투자에의 부족에 기인한다. 유통정보시스템은 시장 수요와 공급을 조절해주고 각 개인이 원하는 제품과 서비스를 공급하게끔 도와주는 경제의 신경망과 같은 것이다.

본 장에서는 먼저 거시적 관점에서 정보혁명의 경제적 의미를 살펴본 다음 효율적인 유통정보시스템을 구축하는 방안에 대해 논의한다. 구체적으로 유통정보의 특성과 유통경로상의 정보시스템의 설계과정을 살펴보고 경로커뮤니케이션의 전략적 측면과 정보통신 기술 (ICT: information communication technology), 즉 컴퓨터 관련 기술 및 커뮤니케이션 기술을 유통경로상에 활용하는 방안에 대해 설명하고자 한다.

1. 마케팅 정보혁명 (marketing information revolution)과 유통정보시스템 (channel information system: CIS)

오늘날 인류의 경제적 풍요를 가져오게 만든 것은 산업혁명이다. 증기기관의 발명으로 촉발된 산업혁명은 에너지 사용의 시간적 · 공간적 제약을 극복하게 함으로써 생산원료가 있는 곳이면 어느 곳에서든지 공장을 설립하여 대량생산을 가능하게 하였다.

산업혁명으로 인해 그 이전에는 상류계층만의 전유물이었던 소비의 향유를 일반인도 나누어 가지게 되는 대량마케팅의 시대로 들어선 것이다. 산업화가 진전되면서 만성적인 수요와 공급의 격차가 현저히 줄어들게 되었고, 서구 선진국에서는 대체로 1960년대에, 신흥 공업국에서는 1980년대에 수요와 공급이 일치하는 시기를 맞이하게 되었다. 이때부터는 공급이 수요를 초과하기 시작하였고 마케팅에 대한 관심이 생겨난 것도 이때부터이다. 그 후에도 생산은 계속 증가하여 이제는 오히려 공급초과 현상이 생겨나게 되고 이는 물자낭비, 환경파괴 등의 부작용을 낳게 되었다.

이 시기에 세계 경제사에 또 하나의 중요한 전기가 마련되는데, 바로 정보혁명이다. 컴퓨터와 통신기술로 대표되는 정보기술의 발달은 인류생활 여러 분야에 속도와 편리함을 가져왔지만 수요와 공급을 조절하는 중요한 역할도 하게 된다. 수급의 조절기능에 절대적 공헌을 한 기술은 바코드 (bar code)와 스캐너 (scanner), ID카드이다. 소매점에서의 판매량을 적시에 알지 못했던 과거와 달리 이 기술의 도입으로 언제 어디에서 얼마만큼의 물건이 누구에게 팔렸는가를 감지할 수 있게 됨에 따라 생산자는 무작정 제품을 생산하는 것이 아니라 시장이 요구하는 것을 적절히 생산하게 되어 공급량을 수요량에 맞추어 효율적으로 관리할 수 있게 되었다.

[그림 10-1]의 점선은 아직 이러한 수급조절기능이 진행됨을 의미하는데, 유통정보화가 더욱 진전되면 필요한 물건만이 생산되어 적재적소에 공급되며 자원낭비와 환경오염이 최소화되는 상황이 실현될 것이다. 예를 들어 고도의 정보시스템을 활용하여 생산품목과 생산량을 결정하는 Zara의 재고량은 전통적인 의류업체의 재고량보다 현저히 낮다.

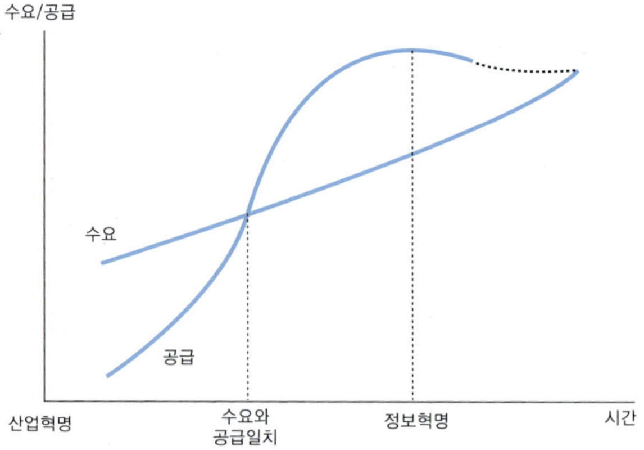

그림 10-1 산업혁명과 정보혁명의 등장배경

최근 들어 유통업체들이 정보화를 새로운 유통환경에서 생존할 수 있는 경쟁력의 원천으로 삼고 유통정보시스템 구축에 총력을 기울이고 있다. 유통정보시스템은 유통계획과 관리, 거래처리 등의 유통관련 의사결정에 필요한 정보를 적시에 제공하기 위한 절차, 설비, 인력을 말하는데, 이는 기업의 유통활동 수행에 필요한 정보의 흐름을 통합하여 전사적 유통 또는 통합유통을 가능하게 한다.

유통정보시스템에 기반을 둔 유통정보화는 제조업체의 원료구입과 생산에서 소비자 구매에 이르기까지 상품흐름을 유기적으로 결합하여 표준화된 정보를 제공함으로써 모든 경로구성원들이 유통과정을 함께 파악할 수 있도록 한다. 유통정보시스템을 구축하면 공급업체와 유통업체는 물론 최종 소비자들도 혜택을 보게 된다. 예를 들어 제조와 유통업체들이 판매정보와 상품전달체계를 구축하면 재고 부담과 물류비용이 줄어 모두 이익을 얻을 수 있다. 소비자 입장에서는 최종 소비자물가가 하락하고 소비자가 요구하는 신제품이 개발됨으로써 소비자복지 (consumer welfare)가 향상되는 혜택을 누릴 수 있다. 또 무자료 거래와 이로 인한 세수탈루를 막아 시장을 투명하게 만드는 역할도 할 수 있다.

이러한 유통정보시스템의 관련기술로는 바코드 (bar code)와 무선바코드 (RFID) 시스템, POS (point of sale) 시스템, EDI (electronic data exchange), VAN (value added network), 데이터베이스 (database) 시스템, Internet 등을 들 수 있다. 이러

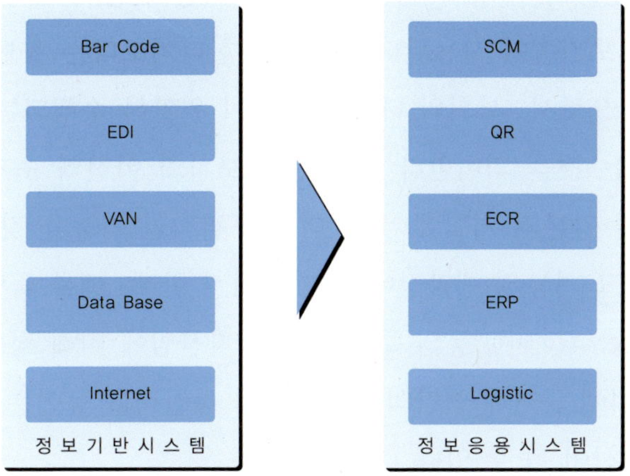

그림 10-2 유통정보시스템의 구성

한 관련기술을 바탕으로 유통정보시스템의 응용기술인 SCM (supply chain management), QRS (quick response system), ECR (efficiency customer response), ERP (enterprise resource planning), logistics system 등이 꾸준히 발전하고 있다.

유통정보시스템으로 전략적 우위를 점하고 있는 American Hospital Supply

거래가 빈번하고 정형화되어 있는 경우 대부분 EDI에 의한 거래가 관례화되어 있다. 대표적인 사례가 의료기기 및 소모품 공급전문업체인 American Hospital Supply (AHS)와 이들의 고객인 병원 간의 EDI 시스템이다. AHS는 병원에서 필요로 하는 수많은 의약품, 소모품, 의료기기, 의료관련 consulting 등의 다양한 서비스를 제공하는 세계 최대 의료관련 서비스, 공급업체이다.

AHS와 병원 간의 EDI 시스템은 매우 효율적이어서 병원의 수많은 제품, 기기의 재고상황을 파악하여 병원입장에서는 재고, 발주관리 등의 업무를 획기적으로 개선하는 장점이 있다. 또한 이러한 EDI 시스템은 특정 전산시스템에 의해 공급자와 수요자를 lock-in (묶음)함으로써 수요자가 공급자를 쉽게 변경하지 못하는 전략적 의미도 가지고 있다. 즉, 수요자가 공급자를 교체하려 해도 전체 전산시스템을 바꾸는데 드는 전환비용 (switching cost)이 막대하기 때문에 쉽게 공급자를 교체하지 못한다.

2. 바람직한 정보의 특성

현대사회는 정보화 사회로 특징지어진다. 이는 단순히 현대사회에서 여러 가지 형태의 정보기술이 사용된다는 것을 뜻한다기보다는 정보 그 자체가 가장 중요한 자산으로서, 사회의 다양한 기능이 원활히 수행되는 데 중요한 요소로 작용한다는 것을 의미한다. 정보는 정보사회 이전의 초기산업사회에서의 주요 자산인 자본의 역할에 비해 더욱 포괄적인 기능을 갖는다 (표 10-1 참조). 즉 자본은 그 기능 수행과정에서 여러 가지 한계, 예를 들면 빈익빈 부익부, 공유 불가능 (zero sum) 등의 특성을 갖는 자산임에 비해 정보는 무한히 공유할 수 있고 이에 근거해 인간의 창의력이나 통찰력을 높이는 점에서 무한한 가치를 갖는 자산이 될 수 있다.

아래에서는 유통경로관리에서 바람직한 유통정보가 갖추어야 할 조건 (특성)과 정보의 부가가치를 높이는 방안에 대하여 살펴보기로 한다.

표 10-1 시대별 주요 자산

시 대	산업화 이전 사회	초기산업사회	후기산업사회
주요자산	토지, 노동력	자 본	정 보

(1) 정보의 적시성 (timeliness)

정보는 필요로 하는 시점에 제공될 때 비로소 그 가치를 발휘하게 된다. 이는 정보가 그 자체에 시간적 효용이 더해짐으로써 가치가 높아짐을 의미한다. 이러한 정보의 적시적 공급은 유통경로관리의 효율을 높이고 경로구성원들 간의 협력을 이끌어 내는 관건이 된다. 자본시장의 투자자들에게 있어서 단 몇 초라도 빨리 정보를 입수한 투자자는 정상투자이익을 상회하는 초과이득을 올릴 수 있다. 마찬가지로 경로구성원들에 대한 정보전달의 적시성은 유통정보시스템의 효용을 높이고 보다 경쟁력 있는 유통경로시스템을 구축할 수 있게 해준다.

다단계로 구성된 유통경로 내에서 정보의 전달은 단계적 또는 동시적으로 이루어질 수 있다. 단계적 전달체계는 한 경로구성원이 필요한 정보를 받고, 이를 다시 다음 단계의 경로구성원에게 전달하는 체계이다. 동시적 전달체계는 필요한 정보가 모든 경로구성원에게 동시에 공급되는 체계이다.

다른 조건이 동일하다면 정보의 적시성이란 관점에서 볼 때, 동시적 전달체계가 적시에 정보가 전달되지 않아 발생되는 구성원 간의 갈등을 줄여주며 유통기능을 효율적으로 수행할 수 있게 하기 때문에, 단계적 전달체계보다 더 바람직한 방법이라 할 수 있다. 예를 들어, 소매점포에서 파악된 시장상황이나 매출액 등에 관한 정보가 도매상과 제조업자에게 동시에, 그리고 빨리 전달된다면, 적절한 전략으로 보다 신속히 대처할 수 있게 된다. Wal-Mart는 판매 현황과 재고 현황을 공급업자와 공유함으로써 과다 재고나 품절 (stock-out)을 예방하고 있다. 과거 우리나라에서 판매상황을 파악하기 위해서 주로 사용하였던 Nielsen Korea사의 점포실사 (store audit: 소매점에서의 상품판매상황을 조사회사가 정기적으로 수작업으로 조사하는 방법)는 자료수집에 많은 시간이 걸리고, 경로구성원에게 전달되기까지 판매 발생 후 한두 달 간의 시차가 있으므로 시간경과에 따라 정보의 적시성이 떨어지게 된다. 이와 같은 문제점을 근본적으로 개선하기 위해서 Nielsen Korea사는 판매시점에서 자료를 수집하고 이를 경영활동에 이용하는 POS 시스템을 통해 발생하는 매출정보를 유통업체로부터 공급받아 이를 집계하여 제조업체에게 제공하는 서비스로 전환하였다.

(2) 정보의 정확성 (accuracy)

정보시스템은 그 수행기능에 따라 수집, 처리, 활용의 세 가지 단계로 나누어 볼 수 있는데, 이 중 정보의 정확성을 해치는 가장 큰 요인은 수집단계에서 발생하는 오류이다. 제품판매나 일반 소비자에 대한 정보를 수집하는 기능은 주로 소매점포들에 의해 수행되므로 이들의 정보수집능력은 정보의 정확성에 가장 큰 영향을 미친다고 할 수 있다.

정확한 정보 수집을 위해서 다음과 같은 경로구성원들의 단계적 노력이 요구된다. 첫 번째 단계는 시장상황에 대한 정확한 정보를 수집해야겠다는 경로구성원의 의지이며, 두 번째는 정보수집절차를 체계화하고 수작업에 의해서 자료를 수집 · 보관하는 단계이며, 세 번째 단계는 체계화된 시스템을 여러 가지 정보기술을 이용하여 자동화시키는 것이다. 유통 선진국은 이미 세 번째 단계에 도달해 있으며, 국내의 경우에도 이 단계에 근접해 있다. 세 번째 단계를 실현하기 위해서 사용되는 대표적인 정보기술로는 POS시스템, 인터넷, e-SCM, 그리고 최근에 도입되기 시작한 무선바코드 (RFID) 등이 있다.

(3) 정보의 적절성

정보수집의 자동화가 진척되면 엄청난 양의 다양한 정보가 수집되게 되는데 이때 정보의 과부하 (information overload)가 중요한 문제로 대두된다. 정보의 과부하란 필요치 않은 정보나 진부화된 정보가 사용자에게 과다하게 주어짐으로써 정보의 효율적 이용을 방해하는 현상을 말한다. 특히, 앞에서 언급된 정보의 적시성을 달성하기 위해 동시적 정보전달방법을 사용할 경우 무분별한 정보의 송신이 이루어질 가능성이 높다. 정보는 다른 형태의 자산과는 달리, 많으면 많을수록 그 효용이 커지는 것이 아니라 필요한 사용자에 적절히 공급될 때에만 그 가치가 높아진다.

(4) 정보의 통합

개별정보는 관련정보들과 통합될 때 상승효과 (synergy effect)를 가져온다. 예를 들어 소매점에서 누가 (소비자), 무엇 (판매된 제품)을 구매했느냐에 관한 정보를 개별적으로 사용할 때와 두 가지 유형의 정보가 유기적으로 결합될 때의 정보의 가치는 엄청난 차이를 보인다. 이를 정보의 수직적 통합, 즉 유형이 다른 정보의 통합 (integration)에 의한 상승효과라 부른다. 정보의 수평적 통합도 매우 중요한데 이는 개별적으로 분산되어 있는 동일한 유형의 정보가 중앙 집중화됨으로써 상승효과를 가져오는 것을 의미한다. 이러한 정보의 수평적 통합의 상승효과는 다점포 영업을 하는 소매업체에서 흔히 볼 수 있다 (예: 이마트, Wal-Mart, GS25).

소매업체는 여러 점포에서 발생된 판매정보를 통합해서 사용할 때, 각 점포별 정보를 개별적으로 사용할 때보다 더 포괄적으로 시장을 이해할 수 있으며, 최적품목의 선택과 같은 소매전략을 효율적으로 수립할 수 있다. 일부 국내기업들의 통합 POS시스템, 미국의 American Airline의 Sabre 시스템, Wal-Mart의 중앙집중식 정보시스템 등은 각 점포에 흩어진 정보들을 통합함으로써 경쟁우위를 확보한 예들이다.

3. 유통정보통신기술의 활용

본 절에서는 유통경로시스템에 활용할 수 있는 정보통신기술의 유형들과 이것들의 활용방안을 살펴보기로 한다. 유통정보시스템은 유통업무 전반에 걸쳐 활용이 가능하다. 그 영역은 영업 관리, 영업활동지원, 제품관리, 광고 및 판촉,

수요예측, 시장조사, 유통관리, 최적 마케팅전략 수립, 고객관리 등이다.

유통정보시스템을 활용하면 경로구성원 간의 유기적인 협력관계를 구축할 수 있으며 기업 내 조직 간의 유대관계도 강화될 수 있다. 또한 전반적인 유통활동에서 원가를 절약하여 기업의 수익성 증대를 꾀할 수 있으며, 고객측면에서도 고객이 원하는 상품을 적시에 공급할 수 있는 등 고객서비스를 증대시켜 고객만족을 통해 고객 충성도를 향상시킬 수 있다.

유통정보시스템의 구축을 통해 유통관리자는 유통믹스와 물류시스템의 구성요소 등으로 대표되는 유통의사결정 변수들에 대해 정보시스템을 활용하여 의사결정을 내리게 된다. 유통정보시스템은 크게 전략적 기획시스템, 전술/운영계획시스템, 통제/현황 보고시스템, 거래처리 시스템으로 나눌 수 있다. 전략적 기획시스템은 유통기업의 장기적인 경영전략을 수립하는 데 도움을 준다. 전술/운영계획시스템은 유통믹스 등을 통한 유통업체의 기획 및 운영을 계획하는 데 도움을 준다. 통제/현황보고시스템은 영업의 결과로 산출되는 각종 정보를 조작하고 이용하는 등 유통관리에 도움을 주는 시스템이다. 거래처리 시스템은 유통업체에서 발생하는 거래 자료를 처리하고 고객들과의 관계에서 일어나는 여러 일들을 처리하는 데 도움을 준다.

표 10–2 유통정보시스템의 활용

영 역	내 용
영업관리	• 유통관리
영업활동지원 자동화	• 판매사원의 매출실적 및 활동, 영업관리자의 의사소통 및 지원 등의 자동화
제품관리	• 제품, 제품계열 또는 브랜드의 계획, 통제 및 지원
광고 및 판촉	• 매체 및 판촉방법 선정 • 광고 및 판촉결과에 대한 평가 및 통제
수요예측	• 매출에 관한 장/단기 예측
시장조사	• 시장변수, 개발 및 경향에 관한 내/외부 데이터 수집 및 분석
유통관리	• 기업목표, 시장조사 및 매출활동자료에 근거한 유통전략 및 계획을 수립하고, 유통활동을 지원 및 통제

바코드에 기반한 POS 데이터를 보면 유통시장이 보인다.

POS 시스템이 상품에 부착된 바코드를 읽어 수집한 데이터는 일정한 분석과정을 거치게 되면 유통업체는 물론 생산업체들에게 유용한 정보가 된다. 유통업체 및 생산업체들은 이 자료를 토대로 제품의 기간 · 지역 · 업태별 판매정보 및 시장점유율, 판매동향 등 다양한 정보를 파악하여 효율적인 마케팅전략을 수립할 수 있게 된다.
POS 데이터서비스를 위한 선결과제는 표준화된 바코드를 사용하는 것이다. 우리나라는 1988년 국제코드관리기관 (European Article Number: EAN)에 정식회원국으로 가입해 현재 표준화 된 바코드인 EAN코드를 사용하고 있다. EAN 코드는 일반적으로 13자리로 된 표준형을 사용하며, 인쇄공간이 부족한 일부 제품의 경우 8자리 단축형을 쓴다.
이 서비스는 POS 시스템을 운영하는 유통업체에서 EAN 코드를 읽어 데이터를 수집한 뒤, 단품별 판매정보, 판매동향, 시장점유율 등을 분석한 정보를 제조 · 유통업체 및 관련업계에 제공하는 것이다. 물론 점포명 등 개별업체의 기밀은 삭제하고 서비스를 하게 된다.
유통업체들은 POS 데이터서비스를 활용해 인기 및 비인기 상품의 신속한 파악, 점포별 생산성 향상, 수요예측 및 재고관리의 효율성 증대, 동종업계 판매현황파악 등의 효과를 누릴 수 있다. 특히 POS 데이터서비스는 장기적으로 국내 유통시장의 EAN 표준바코드 사용 및 POS 시스템의 확산을 촉진하는 촉매제 역할을 하고 있다.

4. 소매정보시스템 (retail information system)

(1) 바코드와 POS 시스템

백화점이나 슈퍼마켓에 진열되어 있는 상품을 보면 거의 모든 상품에 가늘고 굵은 검은 막대가 그려진 그래프 같은 것이 있고 그 밑에 숫자가 씌어져 있는데 이것이 바코드 (bar code)이다. 불과 몇 센티미터밖에 안 되는 이 막대표시에는 상품정보가 특정한 형태의 조합으로 기호화되어 있어서 광학기계 (scanner)가 이 정보를 신속하고 정확하게 읽을 수 있다.

바코드를 효과적으로 사용하기 위해서는 바코드에 기록된 코드번호에 따른 상품정보와 가격정보 등을 미리 등록해 놓아야 한다. 즉, 각 상품에 관한 정보를 컴퓨터에 데이터베이스화시켜 놓아야 한다. 바코드는 제조업자 또는 중간

표 10-3 POS시스템으로 수집되는 데이터

데이터 구분	관리목적	데이터의 종류	데이터의 항목
기본 데이터	언제	연, 월, 일 시간대별 데이터	시간별 데이터
	어디서	점별, 부문별 데이터	점별, 부문별 데이터
	무엇을	상품코드별 데이터	상품코드/데이터
	얼마나	판매실적 데이터	판매수량/매출액
	누가	고객별 데이터	고객속성
	어떻게	거래 · 지불방법	영수증 분석
원인 데이터	왜	상권속성, 점포속성, 매장연출, 매체연출, 판촉연출, 상품속성, 기타	경쟁상황, 입지조건, 매장면적, 취급상품, 광고/POP, 특매행사, 기타
	어디서	매대별 데이터	점포/매대
	누구에게서	담당자별 데이터	매입 · 판매 · 물류담당자 및 계산원별 데이터
	기타	POS 데이터, POR 데이터, SA 데이터 등	발주, 매입, 재고조사 및 계량 등

상에 의해 부착될 수 있는데, 제조업자가 생산시점에 바코드를 인쇄하는 것을 소스마킹 (source marking)이라 하고 소매상이 소스마킹이 되어 있지 않은 제품에 점포 나름대로 코드를 부여해 스티커 형식으로 부착하는 것을 인스토어마킹 (instore marking)이라 한다. 소스마킹은 생산시점에 저렴한 비용으로 바코드를 부착할 수 있고 동일상품에 동일코드가 지정된다는 점에서 매우 효율적이다. 반면 인스토어마킹은 유통업체에 마킹비용이 발생되고 코드가 표준화되지 않기 때문에 비용 · 시간적인 측면에서 소스마킹에 비해 상대적으로 비효율적이다. 농수산물은 생산 시 소스마킹을 할 수 없으므로 인스토어마킹을 하고 있다.

POS 시스템은 판매시점에 자료를 수집 · 처리하여 경영활동에 이용하는 시스템을 말한다. 자료의 수집은 바코드의 자동판독 (scanning)방식이 될 수도 있고 수작업에 의한 자료입력방식이 될 수도 있다. 따라서 바코드는 POS 시스템에 있어서 자동화된 하나의 입력방식이라 할 수 있으며, 선진화된 POS 시스템은 대부분 바코드의 스캐닝에 의한 입력방식을 채택하고 있으므로 POS 시스템에서 바코드는 입력단계에서 중요한 부분을 차지한다. 최근 Zara와 같은 선진 기업들은 바코드 대신 훨씬 많은 정보를 수록할 수 있는 RFID (Radio Frequency IDentification)를 사용한다.

POS 시스템은 소매업의 형태와 경로구성원 간의 계열화 형태, 소매점포의 규모, 데이터의 활용방안 등에 따라 다양하지만 일반적으로 소매점포의 계산대에 설치되어 있는 POS 터미널과 점포사무실에 설치되어 있는 스토어 콘트롤러 및 본부의 주 컴퓨터로 구성된다.

POS 터미널은 금전등록기기능과 통신기능을 갖춘 컴퓨터 본체와 스캐너로 구성되어 있다. 스캐너에 의해 자동 판독된 상품코드와 금전등록기의 키보드에 의해 입력되는 거래관련 정보가 스토어 콘트롤러로 송신되면, 스토어 콘트롤러는 데이터베이스화 되어 있는 상품 마스터 파일을 검색하여 상품명, 가격 등을 POS 터미널로 재송신해 준다.

스토어 콘트롤러로는 주로 대용량 서버가 사용되며, 여기에 상품마스터파일이 기록되어 있다. 그 속에는 상품명, 가격, 구입처, 구입가격, 구입일자 등 상품에 관련된 모든 정보가 데이터베이스화 되어 있다. 매장에서 판매가 이루어지면 판매정보가 POS 터미널로부터 스토어 콘트롤러로 전송되며, 스토어 콘트롤러는 자동으로 판매파일, 재고파일, 구매파일 등을 갱신하고 기록하여, 추후 각종 통계자료 작성 시에 사용 가능하게 한다. 점포가 체인본부나 제조업자와 연결되어 있는 경우에는 스토어 콘트롤러에 기록된 각종 정보를 온라인에 의해 즉시 본부에 전송한다.

POS 시스템을 활용하여 소비자 니즈를 빠르게 파악할 수 있었던 Zara

스페인 Inditex의 Zara 패션 브랜드는 과거 패션업계에서 1년 이상 걸리던 신제품 출시 사이클을 4주로 단축시킨 패스트 패션 (fast fashion)을 선보인 비즈니스 모델 혁신 사례이다. 통상적으로 패션업계에서는 미리 내년에 유행할 것 같은 디자인을 패션쇼 등을 통해 세상에 공개하고 차기년도 의류 라인업을 출시해왔다. 이것은 하나의 업계 관행이었고 해가 지나면서 소비되지 못한 의류제품들은 2차, 3차 할인 등을 통해 소비자에게 다가갔다. 이러다 보니 초기 의류상품에 미판매 제품의 처리비용까지 첨가되면서 의류제품은 으레 원가 대비 높은 소비자가격에 시장에 출시되는 경우가 많았다.

그러나 Zara의 경우 업계의 관행을 과감하게 깨고 저비용의 신속한 시장출시를 지향하는 패스트 패션을 선보였다. Zara의 가장 큰 강점은 시장니즈를 빠르게 파악하여 이를 의류제품 제작에 실시간으로 반영할 수 있는 시스템을 갖추었다는 것이다. 매장에 있는 POS 시스템을 통해 고객이 선호하는 디자인의 옷이 어떠한 것인지 파악할 수 있도록 하였다. Zara의 디자이너들은 세계 각국의 매장에서 들어온 고객정보와 시장조사 정보를 바탕으로 2주 만에 패션을 재창조해 내면서 2주 후에는 매장에 새로운 의류 컬렉션을 선보인다.

시장조사, 디자인, 생산, 운송, 매장 진열 등의 기본적인 과정은 타 의류업체들과 동일하지만 각 단계별로 소요되는 시간이 매우 짧다는 점에 주목할 필요가 있다. Zara는 고객니즈 조사과정이 채 몇 시간도 걸리지 않는다. 기존의 시장조사방식과 비교했을 때 이는 매우 혁신적인 것이다.

POS 시스템 도입의 장점으로는 첫째, 매상등록시간이 단축되어 고객대기시간이 줄며 계산대의 수를 줄일 수 있다. 둘째, POS 터미널의 도입에 의해 판매원교육 및 훈련시간이 짧아지고 입력오류를 방지할 수 있다. 셋째, 단품관리에 의해 잘 팔리는 상품과 잘 팔리지 않는 상품을 즉각 찾아낼 수 있다. 넷째, 전자주문시스템 (electronic order system: EOS)과 연계하여 신속하고 적절한 주문을 할 수 있고 그 외에 재고의 적정화, 물류관리의 합리화, 판촉 전략의 과학화 등을 가져올 수 있다.

이렇듯 관리적 효율성을 제고하기 위해 고안된 POS 시스템은 향후 경영전략에 활용되는 단계로 발전하였다. POS 시스템으로부터 수집된 각종 데이터는 부문별로 다음과 같은 분석이 가능하다.

① 매출분석: 부문별, 단품별, 시간대별, 계산원별

② 고객정보분석: 고객수, 객단가, 부문별 고객수, 부문별 객단가 등

③ 시계열분석: 전년 동기 대비, 전월 대비, 목표 대비 판매 분석 등

④ 상관관계분석: 광고효과분석, 판촉효과분석, 신제품 테스트마케팅 분석 등

치열한 경쟁 환경에서 소매업은 저성장의 문제와 수익구조의 약화로 어려움을 겪고 있다. 따라서 이를 극복하기 위해서는 무엇보다도 데이터에 근거한 합리적인 경영이 필요하며, 이를 위해 POS 시스템을 활용한 전략 수립이 필

수적이다.

소매점의 POS 시스템에 의해 수집된 판매 자료는 소매업의 경영합리화에 크게 기여할 뿐 아니라 제조업체에게도 중요한 정보를 제공해준다. 그러나 이러한 특정 소매점에서 수집된 자료는 전체시장을 대표하지 못하는 한계를 가지고 있다. 앞에서 언급하였듯이 정보는 통합될 때에 상승효과를 가져온다. 즉 식품 · 잡화유통의 경우, 제조업체에게 대표성이 있는 정보를 제공하기 위해서는 대형마트, 슈퍼마켓이나 편의점 체인의 POS 데이터가 통합되어야 한다. 이렇게 통합된 POS 데이터를 가공하여 마케팅전략 수립에 유용한 정보를 제조업체에게 제공하는 것을 스캐너 데이터 서비스 (scanner data service)라 하는데 선진국에서는 이미 1980년대부터 일반화되었다. 우리나라에도 이와 유사한 통합 데이터 제공시스템의 도입이 기대되는데, 이러한 서비스의 도입은 국내 기업의 유통정보 기술 향상과 제조업체의 마케팅활동의 과학화에 크게 기여할 것이다. 그러나 우리나라의 정보공개 관련법으로 인해 유통관련 데이터의 활용이 활성화되어 있지 못한 실정이다. 최근 데이터 관련 법안이 국회를 통과함에 따라 유통 관련 데이터의 다양한 활용도가 고안되어 기업의 전략의 고도화를 기대해 본다.

POS 데이터 활용은 현업에서의 욕구, 의사결정의 단계와 종류에 따라 다르다. POS 데이터는 상품, 판매, 그리고 결합 데이터베이스로 분류되어 점포, 본부, 그리고 물류, 회계, 인사부서 등의 기업 내 부서는 물론 공급체인을 구성하는 기업외부의 연관기관에서 전략적으로 활용된다. 상품데이터는 단품관리 시스템, 매출관리 시스템, 상품 부문별 관리 시스템, 상품구색계획 시스템, 발주관리 시스템, 재고관리 시스템, 판매예측관리시스템 등에 활용되며, 이를 통해 생산된 정보는 점포 또는 자사 내외의 비교 분석, 시계열정보 분석 등을 통해 가공되어 전략 수립에 활용된다.

판매데이터는 고객관리 및 신용관리에도 활용될 수 있다. 특히 최근에는 고객정보가 자산으로 인식되면서 고객관계관리 (customer relationship management: CRM)를 위한 기반 데이터로 활용되고 있다. 여러 형태로 결합된 데이터는 시

사례 바코드를 몰아낼 무선인식 기술, RFID

요즘엔 대형마트뿐만 아니라 소규모 가게에서도 바코드 인식기를 사용한다. 시간도 절약되고 정확하기 때문이다. 그러나 바코드만으로 만족할 수 없는 경우가 있다. 바코드는 저장용량이 적고, 실시간 정보 파악이 불가능하며 몇 cm 이내에서만 정보를 읽을 수 있기 때문이다. 이런 이유로 바코드는 그저 가벼운 계산용도로 사용하는 경우가 많다.

그러나 RFID의 경우는 다르다. RFID는 전파를 통해 일정 거리 내에 있는 IC (프로세서 및 메모리)를 인식, 내부에 저장된 데이터를 읽거나 위치를 찾아내는 기술이다. 2018년, 글로벌 인포메이션은 'RFID 시장예측, 기업 및 기회' 보고서를 통해 RFID 시장이 74억 6천만 달러 규모에 이를 것이라는 전망을 발표한 바 있다. 이런 이유로 글로벌 인포메이션은 통신 업체뿐만 아니라 IT 산업에서도 기술동향을 파악하고 이를 활용해야 한다는 결론을 내렸다. 그렇다면 RFID와 관련된 자세한 내용에 대해서 알아보자.

1. RFID의 역사

1939년 영국에서 IFF (Identification, Friend or Foe) 자동응답기가 개발되었는데, 이 기계는 제2차 세계대전 때 비행기에 부착해 적군과 아군을 구별하는 데에 이용되었다. RFID와 비슷한 형식인 셈이다. 한편 RFID의 진짜 시초는 1946년 첩보전을 위해 만들어진 장비이다. 이 장비는 공기 중의 전파를 변조하여 정보를 보내는 장치로서, 음파가 진동판을 진동시키면 그 떨림이 전파를 변조하는 형식으로 제작되었다. 이후1973년 마리오 카둘로가 RFID에 관한 특허를 신청함으로써 RFID 기술의 역사가 지금과 같은 맥락으로 연결되었다고 볼 수 있다.

2. RFID의 구성과 원리

RFID는 판독이나 해독 기능을 하는 판독기와 정보를 제공하는 태그 (tag)로 구성된다. 태그는 제품에 붙여진 상태로 생산, 유통, 보관, 소비의 과정에 대한 정보를 담는 역할을 한다. 태그는 안테나와 집적회로 (많은 전자회로 소자가 하나의 기판 위 또는 기판 자체에 분리가 불가능한 상태로 결합되어 있는 초소형 구조의 기능적인 복합적 전자소자 또는 시스템)로 이루어지는데, 집적회로 안에 정보를 기록하고 안테나를 통해 판독기에게 정보를 보낸다. 그러면 판독기는 안테나를 통해서 정보를 읽는 역할을 한다. 주로 인공위성이나 이동통신망과 호환하는 형태로 운영 및 유지된다.

3. 바코드와의 차별화

바코드는 알파벳이나 숫자, 혹은 특수글자를 기계가 읽을 수 있는 형태로 표현하기 위해 굵기가 다른 막대들의 조합을 이용해 판독이 가능하도록 만든 코드라고 정의할 수 있다. 바코드를 가장 많이 이용하는 것은 역시 상품을 계산할 때이다. 바코드를 카운터에 있는 스캐너로 문지르면 POS 컴퓨터가 상품번호를 가격리스트 데이터와 대조하여 금전등록기에 기록하는 형식으로 바코드 인식이 진행된다. 앞서 말했듯이, 바코드의 저장용량은 RFID의 용량에 비해 훨씬 적고 거리의 제약이 있기 때문에 불편하기도 하다. 그러나 RFID의 경우, 완제품 상태로 공장문 밖을 나가 상품화되어 전시되는 전 과정을 알아낼 수 있다. 게다가 소비자가 RFID 태그를 부착한 물건을 구매할 경우, 대금이 자동 지급됨은 물론이고, 재고관리까지 완벽하게 할 수 있다.

4. 유비쿼터스의 일환?

RFID는 어찌 보면 유비쿼터스 (ubiquitous)의 일환이다. 유비쿼터스란 시간과 장소에 구애받지 않고 언제나 정보통신망에 접속하여 정보통신서비스를 활용할 수 있는 환경을 의미한다. 어느 환경에나 적응하여 서비스를 다양하게 이용할 수 있다는 점에서 RFID 기술 또한 이와 별반 다르지 않다.

5. 어디에 이용되고 있나

RFID 기술은 현재 많은 분야에서 쓰이고 있다. 가장 일반적인 경우로 지금까지 계속 언급했던 바코드형식의 RFID 기술을 들 수 있다. 상품의 생산이력까지 수시로 잡아낼 수 있으니 바코드 기술이 한층 더 발달한 것이라고 보면 된다. 그리고 육상선수들의 기록을 잴 때 RFID 기술을 사용한다. 한편 RFID 기술은 개인의 정보를 수록 · 인식하는 데에도 쓰인다. 예를 들어 여권이나 신분증 등에 태그를 부착하면 개인을 식별하는 역할을 할 수 있다. 회사 같은 건물에 들어갈 때 카드를 대고 들어가는 경우도 봤을 것이다. 이것 역시 RFID 태그를 이용한 것이다. 교통수단에서도 RFID를 볼 수 있다. 출근할 때나 등교할 때 아무 생각 없이 찍어대는 교통카드는 물론이고, 쌩 하고 지나가느라 별로 신경 쓰지 못했던 하이패스에도 RFID 태그가 장착되어 있다. 동물의 피부에 태그를 이식해 야생동물 보호에 사용하기도 하니 이용할 수 있는 범위가 제법 넓다고 할 수 있다. RFID 태그는 사람의 몸에 이식되기도 한다. 환자를 다룰 때 몸 안에 RFID 칩을 넣고 리더기를 사용하여 스캐닝함으로써 환자에 관한 상세정보를 가져올 수 있다.

6. 발전의 여지가 있는 걸까?

그러나 RFID가 마냥 무한한 발전 가능성을 가진 것은 아니다. 먼저, 정해진 국제적 규격이 없다. 예를 들어, 미국에서 사용하는 주파수와 우리나라에서 사용하는 주파수가 서로 다르다. 호환성이 없다는 얘기다. 그래서 RFID 여권을 이용하는 공항에서 자동통과를 하기는 아직까지 어렵다. 그리고 RFID 도입을 반대하는 사람들도 있다. 이것은 개인정보 유출 문제와 직결된다. RFID 기술이 장착된 신분증 등은 리더기만 있으면 누구나 다 읽을 수 있기 때문에 위험하다는 평이 나오고 있다. 그리고 상품을 관리할 때 RFID를 이용할 경우, 일련번호가 필요하기 때문에 소비자가 태그를 제거하지 않으면 소비자의 이동경로를 다른 사람이 추적할 수도 있다. 이러한 약점들을 보완할 수 있다면 발전의 여지가 있긴 하지만 지금의 상황이 무조건 완벽하다고는 할 수 없다. RFID가 생활에 편리함을 제공한다는 것은 부정할 수 없다. 획기적인 기술이고, 지금까지의 부족한 기술들을 대체할 수 있다는 점에서 충분히 발전 가능성이 있다. 그러나 모든 기술에는 단점도 있는 법, 논란의 여지가 있는 만큼 보완해야 할 점도 많다. RFID 기술을 보완하여 우리의 편리함에 기여할 수 있는 방법을 찾아 현명하게 기술을 사용하는 것은 우리에게 남겨진 숙제다.

자료원: IT 동아 2012. 06. 25

설연동 시스템을 통해 점포관리에 활용되고, 종업원관리 시스템을 통해 LSP (labour scheduling program), 인력수급계획 등에 활용된다. 제반정보는 점포, 본부, 또는 기타 부서에서 필요에 따라 가공되고, 궁극적으로 경영의사결정에 활용될 수 있다.

정보기술의 급격한 변화와 함께 최근에는 깨알만 한 전자 칩에 수많은 정보를 입력한 전자태그 (RFID: Radio Frequency IDentification)라고 불리는 무선바코드 시스템이 도입되고 있다. 최근 각광받기 시작한 RFID 기술의 장점은 바코드보다 진일보한 첨단 자동인식 기술이라는 점이다. 상품군만 파악이 가능하고 1회에 1개를 인식하는 바코드와는 달리, RFID 기술은 전파를 통해 수백 개 상품을 동시에 인식할 수 있는데다 생산→유통→소비에 이르기까지 물품의 이력을 실시간 추적할 수 있는 것도 RFID 기술만의 장점으로 꼽힌다.

(2) 소비자 ID카드

소비자의 ID 카드는 70년대 항공사의 mileage card가 효시이며 따라서 아직도 소비자 ID 카드를 마일리지 카드라고도 부른다. 미국에서는 거의 대부분의 소매점과 서비스점들이 소비자의 재방문을 유도하고자 ID 카드를 도입하고 있는데, 충성도가 높아야 재방문이 이루어진다는 의미에서 소비자 ID 카드를 일반적으로 로열티 카드 (loyalty card)라고 부른다. 우리나라에서는 인센티브 포인트를 적립한다는 의미에서 포인트 카드라고도 불린다.

스캐너에 의해 수집된 정보가 경로의사결정 문제를 상당히 해결해 주기는 하지만 완벽한 것은 아니다. 슈퍼마켓이나 편의점은 바코드와 스캐너를 이용하여 특정 시점에서의 전체 판매량을 파악할 수 있지만 개별 고객의 성명이나 이들의 개인별 구매실적 등은 수집할 수 없다. 이를 보안해 주는 방법 중의 하나가 소비자들에게 ID카드를 갖게 하고 구매가 이루어질 때마다 고객의 ID 번호와 바코드의 상품고유번호가 동시에 입력되도록 하는 것이다. 즉 상품정보와 소비자 개인정보를 연계 사용함으로써 (정보의 수직적 통합), 어떠한 특성을 가진 소비자가 언제, 어떠한 상품을 구입하는가에 대해 분석하고 이를 마케팅

전략에 반영할 수 있다.

소비자가 ID 카드를 자발적으로 발급받는 동기는, 유통업체나 서비스업체가 카드 소지자에 대해 가격을 할인해 주거나 기타 혜택을 제공하기 때문이다. 서비스업체나 소매업체가 소비자 ID 카드를 발급하는 이유는 이를 통해 CRM 시스템을 구축할 수 있고 고객의 이탈을 방지하며 충성도를 높이기 위함이다.

미국의 Information Resources Inc.(IRI)사는 신제품의 시장테스트, 시장세분화, 판촉차별화 등 각종 마케팅 의사결정을 위해 InfoScan이란 프로그램을 개발하여 제조업체 및 유통업체를 지원하고 있다. 또한 전통적으로 고객카드를 사용하지 않고 있던 산업에도 고객판촉의 수단과 과학적인 마케팅 의사결정을 위한 수단으로 고객카드의 도입이 확산되고 있다 (예: 의류업, 제화점, 편의점, 식당 등).

5. 이상적 마케팅 정보시스템

[그림 10-3]은 유통정보시스템을 근간으로 하는 이상적 마케팅 데이터베이스를 개념적으로 표시한 것이다. 제조업체나 소매업체는 소비자에게 어떤 형태이든 ID카드를 발급하여 신상정보를 획득, 이를 저장하고 정기적으로 갱신한다. 소매점이나 서비스점에서 거래된 모든 구매내역은 POS 시스템을 통해 자동 입력된다. 이 두 가지 정보수집, 처리활동이 고객정보시스템 (CIS: customer information system)을 형성하며, 여기에 기업의 마케팅전략 정보가 결합되면 이상적 마케팅 정보시스템이 구축된다. 여기에서 중요한 것은 모든 정보가 개별 소비자 수준에서 수집 · 처리되고, 세 차원의 자료가 개인 ID를 중심으로 상호 연계되어야 한다는 점이다. 각 차원의 개인 관련 자료를 상호 분석함으로써 도입사례에서 설명한 IRI사의 InfoScan과 같은 서비스가 가능해진다.

이러한 정보시스템은 많은 마케팅 의사결정에 활용할 수 있다. 예를 들면 고객 신상정보와 구매 자료를 결합하여 (자료의 수직적 결합) 어떤 고객이 어떤 제품을 언제, 얼마나 (구매량), 얼마에 (가격) 구매하였는가를 파악할 수 있으며 이는 시장세분화에 이용될 수 있다. 또한 기업의 마케팅 전략변수 (4Ps)와 고객

특성 변수, 구매정보를 결합하여 어떤 고객이 기업의 4Ps 전략에 어떤 반응을 보였는가를 파악할 수 있다. 이러한 분석은 마케팅의 매우 중요하고도 근본적 문제인 4Ps와 매출 간의 인과관계를 규명해 준다. 현재 미국의 대부분의 생필품, 의약품 소매업체는 소비자 ID 카드를 발행함으로써 **[그림 10-3]**에 나타나 있는 이상적 마케팅 정보시스템을 구축하고 있다.

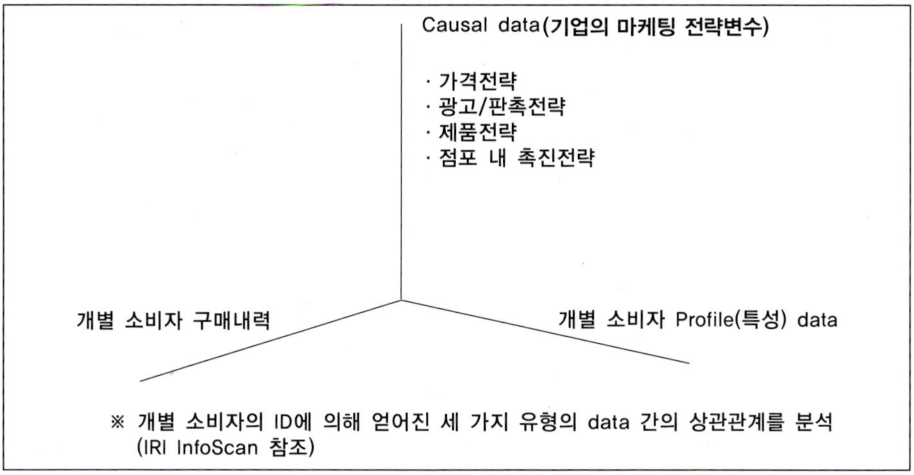

그림 10-3 이상적 마케팅 데이터베이스의 구조

사례

고객관계관리 시스템 도입으로 카지노시장의 선도자가 된 Harrah's Entertainment

기업은 세계에서 가장 대단하다는 수식어가 붙는 것을 갈망한다. 거대한 카지노 사업자 Harrah's Entertainment는 카지노 산업에서 그 타이틀을 획득하였다. 최근 Caesars Entertainment를 인수한 후, Harrah's는 미국과 각국 43개 영업장에서 71억 달러 수익을 내고 있다. Harrah's의 포트폴리오는 Harrah's, Horseshoe, Bally's, Flamingo, Showboat, The World Series of Poker 등과 같이 유명 카지노와 게임 브랜드를 포함한다.

최근 시저스 인수는 현재까지 성공적으로 운영되는 회사에 훈장을 하나 더 추가한 것이다. 이를 인수하기 전 4년 동안 Harrah's의 연간 매출은 37%, 이익은 76% 상승해 왔다. Harrah's의 주식가치는 5년 전에 비하여 2.5배 높아졌고, 월 스트리트는 카지노 관련 거대기업의 밝은 미래를 확신하고 있다.

Harrah's는 어떻게 그렇게 성공적이었을까? Harrah's에 근무하는 사람들은 모두 고객관계관리가 성공에 대한 모든 것을 말해 준다고 말한다. 여러분이 가는 카지노들은 외관상으로 서로 비슷하다. 대부분의 고객들은 슬롯머신, 게임 탁자, 레스토랑, 호텔 방 등에서 회사 간에 차이가 있는지를 구별할 수 없다. Harrah's를 다르게 만드는 것은 고객과 관계를 맺고 충성도를 높이는 방식이다. 과거 10년간 Harrah's는 우수한 CRM과 고객충성도 관리의 모델이 되어 왔다.

Harrah's의 CRM 전략의 핵심은 선구적으로 시도한 카드 기반의 total reward program에 있다. 이 프로그램은 게임 산업에서 처음으로 시도되었고, 지금까지 가장 성공적인 프로그램으로 남아 있다. 이 프로그램 회원은 Harrah's 영업장에서 쓴 금액에 따라 포인트를 받는다. 고객은 이 점수를 상금으로 받아 현금, 음식, 상품, 객실, 호텔 쇼 티켓 등을 구입하는 데 사용할 수 있다. 토털 리워드는 두 개로 구성된 CRM 과정의 토대가 된다. 첫째, 회사는 풍부한 고객정보를 수집하기 위해 이 프로그램을 활용한다. 그런 다음 이 정보를 분석하여 주요 고객을 선별하고, 이들의 욕구에 맞춘 프로그램을 제안한다.

Harrah's는 방대한 고객 데이터베이스를 유지한다. 4천만 명에 달하는 Harrah's 고객 중 80%가 넘는 사람들이 토털 리워드 카드를 이용한다. 이는 대략 미국 성인 6명 중 하나가 사용하는 것이다. Harrah's는 43개 영업장에서 카드가 긁혀질 때마다 이 정보는 멤피스에 있는 중앙 컴퓨터에 전달된다. 여기에는 엄청난 정보가 있다. Harrah's의 데이터 저장고는 30테라바이트에 달하는 정보를 저장하고 있는데, 이는 미국 국회도서관이 보유하고 있는 양의 약 3배 정도 된다. 놀랍게도 정보가 쌓여 Harrah's 데이터 저장고의 최대용량에 접근하고 있고, Harrah's는 용량을 두 배 늘릴 계획이다.

이렇게 수집된 정보의 분석은 Harrah's에게 카지노 운영의 통찰력을 제공해준다. 예를 들어 'visualization software'는 카지노 마루의 역동적인 'heat map'을 만들어 주는데, 이는 고객의 활동이 절정에 이르면 빨간색 빛을 발하고, 고객이 다른 곳으로 이동하면 파랑과 흰색으로 순차적으로 바뀐다. 더 중요한 것은 이 정보가 개별 고객의 특징과 행동에 관련된 통찰력 (예: 고객들이 누구이고, 얼마나 자주 방문하고, 얼마나 오래 머물며, 얼마나 많이 게임하고 즐기는가)을 제공한다는 점이다.

토털 리워드 프로그램의 자료로 Harrah's는 고객의 26%가 전체 수익의 82%를 차지하고 있음을 파악했다. 최우수 고객은 오랫동안 이 산업이 겨냥해 왔던 전문 도박꾼 (high roller)이 아니었다. 오히려 이들은 여유 소득과 시간이 있는 중년층, 은퇴한 학교선생님, 은행원, 의사, 교수 같이 다양한 계층의 보통사람들이었다. 대체로 이 고객들은 밤새 도박하는 대신 저녁시간을 이용하고, 도박테이블보다는 슬롯머신을 이용하는 경향이 있다. 그렇다면 이들은 무엇을 원하는가? 그것은 갬블 자체가 제공하는 열정적인 기대와 흥분이다.

이러한 통찰력을 활용하여 Harrah's는 최우수 고객의 욕구에 맞는 마케팅과 서비스 개발전략에 집중했다. 예를 들어, 광고는 표적고객이 추구하는 충만한 느낌을 보여주고 있다. 이 자료에서 나오는 통찰력은 Harrah's가 매일매일 고객관계를 더 잘 관리할 수 있게 도와준다. 하루의 갬블이 끝나고 다음 날 아침이 되면 Harrah's는 어떤 고객이 무료 쇼 티켓, 저녁 식사권, 객실 상향조정 (room upgrade)을 받을 수 있는지 알 수 있다.

실제로 Harrah's는 고객이 카드를 긁는 순간부터 고객정보를 실시간으로 처리하기 시작하여 자료와 고객경험 간에 이상적인 연결고리를 만들고 있다. Harrah's의 정보책임자는 이를 '일상 업무수준에서의 (operational) CRM'이라고 한다. 분 단위의 고객정보를 바탕으로 호텔 종업원은 고객의 과거 이력을 확인할 수 있고, 그 시점의 호텔객실 수준과 과거의 갬블 수준을 근거로 그 고객에게 객실을 상향조정해 주어야 할지를 결정한다. 고객이 갬블을 하고 있는 동안 직원이 고객에게 걸어와서 슬롯머신을 더 이용할 수 있도록 5달러를 주거나 무료 식사권 또는 생일축하 선물을 줄 수도 있다.

Harrah's의 CRM과 고객충성도를 위한 노력은 결실을 맺고 있다. 회사는 행복한 고객이 더 충성적인 고객이 된다는 것을 발견했다. 카지노에서 행복하지 않은 경험을 한 고객의 지출은 10%로 감소하는 반면, 행복한 경험을 한 고객은 지출을 24% 늘렸다. Harrah's의 토털리워드 고객은 더 행복한 것처럼 보인다. 비회원과 비교했을 때, 회원고객은 카지노를 더 자주 방문하고, 더 오래 머물며, 경쟁사 카지노보다 Harrah's에서 더 많은 돈을 쓰고 있다. 이 프로그램을 도입한 후, Harrah's는 고객의 연간 평균 도박예산에서 차지하는 점유율이 20% 증가했고, 고객의 도박에서 오는 수익은 18% 증가했다.

Harrah's CEO인 Gary Loveman은 "토털 리워드는 사업의 핵심입니다. 이 프로그램은 어떤 형태로든 회사 수익의 85%를 담당하고 있어요. 고객충성도 전략과 관계 마케팅으로 고객과 더 가까워질 수 있었고, 우리는 고객을 더 잘 이해하여 오락

경험을 개선시킬 수 있었지요"라고 말한다. 다른 책임자는 "그것은 우수한 소매상이나 잡화점이 하는 것과 다르지 않습니다. 어떤 제품이 팔리고 있는지를 파악하고 고객충성도를 높이기 위해 노력하고 있어요"라고 더 단순하게 표현한다. 현명한 CRM 전략을 통하여 Harrah's는 고객충성도라는 대성공 (jackpot)을 터트린 것이다.

6. 유통정보시스템의 응용

(1) 공급망관리 (supply chain management: SCM)

1) SCM의 개념

공급망관리는 정보기술과 경영을 효과적으로 결합하여 부품조달에서 생산, 유통, 판매에 이르기까지 기업이 상품 또는 서비스를 고객에게 전달하는 전체적인 과정을 관리하는 기법이다. SCM을 이용하여 기업들은 기업내외의 물류 프로세스를 통합하여 비용을 최소화하는 동시에 고객에게 가장 짧은 시간 안에 효과적으로 서비스 및 상품을 제공하여 고객만족과 기업이윤을 동시에 극대화하고자 한다.

SCM은 공급자로부터 그 제품의 사용자까지의 유통경로 전체의 흐름을 관리하는 통합적인 개념으로, 공급망은 원자재의 조달, 중간재로의 변환, 완제품 생산, 완제품의 유통 등의 전반적인 자재의 흐름과 주문정보의 흐름을 포함한다. 따라서 공급망관리는 소비자의 요구에 대응하기 위해 생산에서 소비까지의 과정에 관련된 자재, 제품, 서비스, 정보의 효과적이고 효율적인 흐름 및 저장을 계획, 실행, 통제한다. 공급망관리는 공급체인 개별참여자들의 독립적인 활동만으로는 공급체인 전체의 효율성과 효과성을 극대화하기 힘들다는 인식하에 유통경로 구성원들에 대한 통합적 관리를 통해 전체 수급불균형을 조정하고 있다.

수급불균형은 공급체인 전반에 걸쳐 발생될 수 있는데, 그 원인으로는 발생지점에 따라 체인구성원 내부적 요인에 의한 수급불균형, 구성원 간 비협조에 의한 수급불균형, 그리고 환경적 요인에 의한 수급불균형으로 분류할 수 있다. 구성원 내부요인으로는 부서 간의 정보 비공유, 비주기적 배송 및 생산시스템 등이 포함된다. 구성원 간 비협조에 의한 수급불균형은 정보와 제품제공 지연, 잦은 가격변동, 정보왜곡, 참여자 간 목표상충, 참여자 간 힘의 불균형 등이 포함된다. 그리고 환경적 요인에 의한 수급불균형은 환경 불확실성에 대한 효과적 대처의 부재, 리드타임 (lead time) 갭 등이 포함된다.

2) SCM의 성공요인

SCM을 기업에 성공적으로 도입하기 위해서는 다음과 같은 전제가 필요하다.

첫째, SCM에 대한 정확한 이해가 필요하다. 대부분의 경영진들은 SCM 구축을 단순한 IT 솔루션 도입 정도로만 생각하고 있는데, 유통을 포함한 산업 전체구성원이 제품의 효율적 생산과 판매를 위해 공유해야 할 공동과제임을 인식하고 이에 대한 이해와 학습이 요구된다.

둘째, 기업내부 정보화가 이루어져야 한다. 기업내부 인프라의 견고성과 이의 활용 정도에 따라 SCM의 효과가 달라질 수 있기 때문에 기업내부 정보화가 확고히 구축되어야 한다.

셋째, SCM이 효과를 거두기 위해서는 관련정보의 공유가 요구되므로 거래양식과 교환정보의 표준화가 이루어져야 한다. 표준화가 이루어지지 않으면 SCM 참여자들 간의 상품코드구조, 전표양식이 서로 달라진다. 따라서 이러한 상황하에서는 SCM의 효율적 운영을 위해 최첨단 정보기술이 도입되더라도 효과적인 운영이 불가능해진다.

넷째, SCM에 공동으로 참여하는 업체들 간에 신뢰관계가 형성 · 유지되어야 한다. 완전한 공급망이 형성되기 위해서는 모든 참여업체들 간에 물류프로세스에 대한 통합적 관리가 이루어져야 한다. 참여업체들 간의 적대적 관계는 정보왜곡, 고객서비스의 저하 등으로 인해 SCM의 효과를 감소시킨다.

다섯째, SCM 참여자들의 현행 업무프로세스에 대한 과감한 혁신이 이루어져야 한다. SCM의 대상범위가 기업내외부의 다양한 참가자들을 포함하기 때

글로벌 삼성 이끈 비결은 SCM

"앞으로 기업 간 경쟁은 회사 대 회사의 경쟁이 아닌, 공급망 대 공급망의 경쟁이다." 서병도 한국정보기술단 대표 (전 삼성SDI 상무)는 26일 서울 역삼동 르네상스호텔에서 열린 제3회 '런(learn) 삼성 포럼' 강의에서 이같이 말했다. 서 대표는 2000년대 초반 삼성 SDISCM (공급망관리) 추진 팀에 근무하며 글로벌 SCM을 담당했다. 서 대표는 SCM을 '고객이 원하는 가격과 품질의 제품 · 서비스를 원하는 시기에, 원하는 수량만큼 공급할 수 있도록 최적화된 자원 운영을 하는 것'이라고 정의했다. 기업이 효과적인 SCM을 하지 못하면 낭비가 생긴다. 원자재 공급자부터 2 · 3차 부품 협력사, 1차 협력사를 거치는 각 생산단계마다 재고가 쌓일 수 있기 때문이다. 이렇게 되면 하나의 제품을 만드는 데 더 많은 자원이 필요해진다. 또 더 많은 돈을 벌 수 있는데 벌지 못하거나, 고객으로부터 신뢰를 잃게 된다. 결국 글로벌 경쟁에서 패배할 수밖에 없다는 게 그의 설명이다. 삼성전자는 세계적 수준의 SCM으로 알려져 있다. 시장조사업체 가트너는 최근 25개 글로벌 기업 중 삼성전자를 8위로 평가했다. 미국 기업을 제외하면 2위이고, 아시아 기업 중에선 최고다. 1위 기업은 Apple이었다. 삼성전자는 1994년 해외사례를 벤치마킹해 SCM 구축에 들어갔다. SCM이 힘을 발휘하자 삼성전자의 재고수준은 1994년 56일치에서 2003년 13.6일치로 줄어들었다. 서 대표는 "미리 생산한 뒤 밀어내기를 하고 수시로 생산계획을 바꾸면서 생산과 영업부문이 재고와 공급부족 책임을 미루던 악습은 SCM으로 사라졌다"고 했다.

자료원: 한국경제, 2013.06.27.

문에, 기업내부 실정만을 고려하여 설계된 현행 업무프로세스의 유지만으로는 성공적인 SCM을 실현하기가 힘들다. SCM이 공급사슬에 연계된 모든 기업을 대상으로 하고 있기 때문에, 이 기대효과가 나타나기까지는 적지 않은 시간이 필요하다. 따라서 장기적인 관점에서 SCM을 지속적으로 추진할 수 있는 안목과 최고경영층의 지속적인 지원이 중요하다.

(2) 고객관계관리 (customer relationship management: CRM)

1) CRM (customer relationship marketing)의 정의

CRM이라는 개념이 시작된 미국 내에서도 CRM에 대한 일치된 정의가 없이 CRM이 사용되고 있으며 관점에 따라 그 의미가 다양하다.

예를 들면 영업을 담당하는 사람들은 CRM을 하나의 영업 전략으로 정의하고 있고, 캠페인을 관리하는 사람은 CRM을 좀 더 개인화되고 체계화된 데이터베이스 마케팅으로 간주하기도 한다. 또 정보기술과 시스템 분야에 종사하는 사람은 CRM을 '기술을 기반으로 영업, 마케팅, 고객 서비스 영역의 프로세스를 자동화하고 개선시키는 통합된 프로세스'라고 본다. 데이터베이스 분야에 종사하는 사람은 '다양한 접점을 통해 고객 데이터를 지속적으로 수집하고 이를 바탕으로 고객의 행동을 분석 · 예측하여 효과적이고 효율적인 고객관리에 활용하는 과정'이라고 정의한다. 이에 반해 전략분야의 업무를 담당하는 사람은 CRM을 '장기적인 관점에서 고객에 대한 정의, 선정, 개발, 평가 등을 수행하는 전략'이라고 정의한다.

이러한 여러 정의를 바탕으로 CRM은 '모든 고객접점에서 고객 정보 및 니즈를 수집 · 통합 관리하고 고객에 대한 정확한 이해를 위한 고객정보분석을 통해 고객의 니즈와 특성에 적합한 전사적 마케팅, 영업, 서비스 등의 대고객 대응활동을 수행하여 우수고객을 오래 유지시키고, 고객가치를 극대화함으로써 결과적으로 수익성을 극대화하고 지속적 성장을 가능케 하는 전략, 프로세스, 조직, 정보기술의 총합'이라고 정의될 수 있다. 이러한 CRM은 고객정보파일을 이용한 마케팅활동인 데이터베이스 마케팅과 그 개념에서 유사한 것

표 10-4 데이터베이스 마케팅과 CRM의 차이

구분	데이터베이스 마케팅	CRM
주된 관심부분	마케팅	마케팅 영역을 넘어 고객관계관리를 위해 필요한 모든 부분들
주된 목적	일회적이거나 분리된 개별 데이터베이스 마케팅 프로그램의 ROI 제고	단순한 ROI를 넘어 고객생애 전체에 걸친 고객생애 가치 극대화에 기반한 고객관계 관리
고객과의 커뮤니케이션	산발적이고 조정적(coordinated)이나 통합(integrated)되지 않음	모든 채널, 상품, 서비스에 걸쳐 일관성 있게 조정되고 통합된 지속적인 고객과의 커뮤니케이션
고객지식의 공유와 활용	고객지식의 공유나 활용이 같은 부서나 영업단위에서만 이루어지고 제한적임	고객지식을 조직전체에서 공유함으로써 전체조직의 훈련과 학습을 통한 조직의 핵심 수행능력 증가

으로 인식되기도 하는데, 이는 CRM과 데이터베이스 마케팅 사이에 많은 유사점들이 있어 명확한 구분이 어렵기 때문이다. 그러나 **[표 10-4]**에서 보듯이 이 둘 사이에는 뚜렷한 차이가 있다.

[표 10-4]를 보면 몇 가지 측면에서 데이터베이스 마케팅과 CRM 간에는 뚜렷한 차이가 존재한다. 이를 요약하면 CRM은 데이터베이스 마케팅이 수행해 온 역할들을 마케팅 분야에서뿐만 아니라 고객과의 장기적인 관계 관리에 관여된 모든 경영분야로 확장시킨 새로운 마케팅전략이라고 할 수 있겠다. 90년대 들어 많은 기업들이 앞다투어 CRM을 시행하였으나 많은 경우 목표로 한 성과를 거두지 못했다. 이는 CRM을 고객관리기법으로 한정하여 활용함으로써 고객과의 장기적 관계구축이라는 비전을 가지지 못한 데에 기인한다.

최근에 인터넷이 확산되면서 e-CRM이라는 개념이 새롭게 도입되었다. 인터넷과 이메일의 보편화로 기업은 더욱 다양해진 채널을 통해 고객정보를 수집할 수 있고, 인터넷을 통하여 e-데이터웨어하우스로 모아진 고객관련 데이터를 데이터마이닝 분석기법에 의해 고객의 유지 · 강화에 유용한 마케팅정보로 전환함으로써 고객층의 정교한 세분화와 개인고객과의 일대일 관계 형성을 실현할 수 있게 되었다.

고객 DB를 토대로 CRM을 도입하고 있는 유통업체들

유통업체들이 고객성향에 대한 분석을 토대로 효율적 고객관리를 위해 CRM을 도입하고 있다. CRM은 과거와 같이 고객정보를 관리하기 위한 수단이 아니라, 소비자를 평생고객으로 만들기 위한 필수요소인 것이다. 유통업계에서 가장 빨리 CRM 개념을 도입한 곳은 백화점이다. 백화점은 고객정보시스템을 최초로 구축해 유통부문 데이터베이스 마케팅을 선도해 왔다.

롯데백화점은 1999년부터 자사카드 고객의 DB를 본사에서 통합관리하고 있다. 각 지점에서 조건을 지정해 본사에 의뢰하면 본사 전담팀이 DM명단을 출력해 보내주는 형식으로 운영되고 있다. 우량고객은 구매빈도와 매출액을 기준으로 설정하고 있다. 본사에서 선정된 명단을 기초로 각종 행사 시 우량고객에게 혜택을 주고 있다.

신세계백화점은 1995년에 DB 통합에 착수했다. 이어 1999년 CRM 시스템을 업그레이드 하면서 최신 IT와 솔루션을 도입했다. 2000년대 들어 CRM팀을 별도로 구성해 자체시스템을 강화하고, 데이터를 세분화하는 작업에 착수했다. 이는 고객정보를 생일, 결혼기념일, 취미, 구매시간, 장소 등으로 세분화함으로써 불특정다수에게 제공되는 자료에 대한 비용손실을 줄이는 대신 정보의 품질을 높이겠다는 목적이다. 1995년도에 도입한 CRM 패키지가 '고객이 구입한 상품이 무엇인가'에 대한 분석이었다면 현 시스템은 '어떤 고객이 무엇을 구매했나'에 대한 분석까지 가능하다. 예를 들어, 남편생일을 앞둔 주부를 상대로 사전에 남편과 주부의 취향을 동시에 분석해 선물제안까지 할 수 있다.
신세계의 고객DB는 RFM (recency, frequency, money)을 기준으로 분류된다. 이를 바탕으로 지역, 연령대, 구매금액과 과거 구매이력 등을 분석하고 있다. 우량고객은 구매액에 따라 4등급으로 나눠 관리한다. 초우량 고객의 경우, 매장 방문 시 담당 매니저가 직접 응대하고, VIP라운지를 이용할 수 있는 혜택을 주고 있다.

2) CRM의 중요성

고객의 전 생애에 걸쳐 쌍방향의 거래관계를 형성 · 발전시키기 위한 전사적 노력으로 정의되는 CRM은 다음과 같은 특징을 갖는다.

첫째, 시장점유율보다는 고객점유율에 비중을 둔다. CRM은 기존고객 및 잠재고객을 대상으로 고객유지 및 이탈방지를 위한 마케팅 노력을 전개하고, 기존고객들을 대상으로 타 상품과의 교차판매 (cross-selling) 및 수익성이 높은 상품을 판매하기 위한 격상판매 (upselling) 등을 실행함으로써 고객 점유율을 높이려고 한다. 이를 위해 기업은 자사고객을 여러 기준에 따라 분류하는 작업을 선행해야 한다. 고객분류기법 중 가장 널리 사용되는 것이 RFM (recency, frequency, money) 분류법이다. 즉, 특정 고객이 우리 제품을 얼마나 최근에 (recency), 얼마나 자주 (frequency), 얼마나 많이 (money) 구매하였는가를 분석하여 고객의 등급을 정하는 것이다. 이를 기반으로 어느 고객이 우리 기업에게 가장 가치 있는 고객인가? 교차판매가 가능한 대상고객은 누구인가? 등의 기준에 따라 기존고객을 분류하고, 분류된 고객별로 차별적인 마케팅전략을 수행하기 위해 고객과의 다양한 접점을 활용하며 고객의 반응 결과를 다시 피드백을 통해 마케팅전략 수립에 반영한다.

둘째, 고객획득보다는 고객유지에 중점을 둔다. 전통적으로 기업들은 더 많은 신규고객을 획득하기 위해 노력해왔다. 심지어는 개인정보를 제공해주는 고객들에게는 다양한 상품 및 할인정책을 제공하기도 하였다. 그러나 CRM의 도입에 따라 고객관리에 대한 관점에서 변화가 일어나고 있다. 한 사람의 우수한 고객을 통해 기업의 수익성을 높이며, 이러한 우수한 고객을 유지하는 것에 중점을 두게 된 것이다. 매스 마케팅 (mass marketing)을 통해 불특정의 대규모 고객들을 획득하기보다는 검증된 한 명의 우수한 고객을 유지 · 강화하는 마케팅 노력이 기업의 수익성에는 훨씬 도움이 됨을 인식하게 되었다.

이탈리아 경제학자인 Pareto는 20/80법칙을 제안하였다. 이는 20%의 우량고객이 자사 매출의 80%를 가져다준다는 이론인데, 실제로 우리 주변에 이 법칙이 널리 적용되는 것을 경험적으로 알 수 있다. 이 법칙의 시사점은 고객관리에 있어서 우량고객, 보통고객, 비우량고객을 차별적으로 대해야 한다는 것이다. 즉, 한정된 마케팅비용을 우량고객에게 집중하는 것이 매출증대를 위해 도움이 된다. 항공사가 우량고객에게는 무료 항공권, check-in 시 우대, 공항라운지 이용 등의 차별화된 편의를 제공하는 것은 바로 이러한 20/80법칙의 시사점을 전략적으로 활용한 예라 할 수 있다.

셋째, 제품판매보다는 고객관계에 마케팅 노력의 중점을 둔다. 전통적으로 기업들은 모든 소비자를 대상으로 대량생산한 제품을 대량 유통시키고, 대량촉진을 수행하는 매스 마케팅에 의존하였다. 매스 마케팅은 고객중심이라기보다는 기업의 입장에서 제품을 생산하고 판매하는 것인 반면, CRM은 고객의 개인적 욕구와 특성에 맞추는 것이다.

3) 효과적인 CRM의 활용: B2B에의 활용

B2C보다 산업규모가 훨씬 큰 B2B 산업에서 많은 기업들이 적절한 마케팅 수단을 구사하는 데 어려움을 겪는 경우가 많다. 특히 신규 고객을 개발하는 데에 많은 어려움이 있다. 그 이유는, 첫째, B2C 산업에서는 의사결정자가 개인이므로 구매를 설득하기가 비교적 용이하지만 B2B 산업에서는 사용자, 구

매부서, 감시자 (gatekeeper), 최종 의사결정자 등 복수의 이해관계자가 구매의 사결정에 관여하므로 (즉, 소비재에 비해 극히 고관여 제품) 이들 모두를 설득하기가 매우 어렵다. 둘째, B2B에서의 거래는 장기적이고 거래규모가 크다. 따라서 자사의 제품이 우수하더라도 거래선을 교체하기가 쉽지 않다. 셋째, B2B는 대체로 원료, 기계, 설비, 부품, 유지보수관리 (maintenance, repair, operation: MRO)가 거래되는 시장이므로 어느 한 부분만을 교체하는 경우 전체 시스템이 바뀌어야 하는 경우가 많으므로 전환 비용이 많이 발생할 수 있다. 넷째, 산업재는 대체로 하이텍 (high tech) 제품이 많기 때문에 신제품 수용 시 많은 위험이 발생할 수 있다. 다섯째, 가장 현실적인 문제로는 실무부서에서 신규업체의 제품이 우수하다고 판단되어도 교체 후 기술적 문제가 발생할 수 있는 가능성이 항상 있으므로 이에 대한 책임을 회피하게 된다. 따라서 B2B 시장은 구조적으로 매우 보수적인 시장이며 신규 시장을 개척하기가 매우 어렵다. 확산이론 (diffusion theory)에 의하면 고객의 80% 이상이 신제품의 성능이 충분히 입증된 후 초기수용자 (early adopter)의 구전에 영향을 받아 이를 수용하는 보수적 성향을 보인다. 설득이 비교적 쉬운 B2C 시장에서도 신제품이 도입된 후 성숙기에 진입하게 되면 소비자는 자신이 주로 사용하는 상표에 대한 애호도가 높아져서 (brand loyalty) 브랜드 전환이 쉽게 일어나지 않는다. B2B 산업에서는 이러한 성향이 더욱 두드러지며 이러한 사실을 감안할 때 기업은 제품의 우수성이 신규 거래처를 확보함에 있어 충분조건이 아님을 깊이 명심해야 한다.

B2B 마케팅 전략에 왕도는 없다. 다만 묵묵하고 지속적으로 혁신하고 자신이 혁신하고 있다는 사실을 잠재 고객에게 빈번히 전달하여 '우리는 지속적으로 혁신하고 생동감 넘치는 기업이다'라는 이미지를 각인시켜야 한다. 우리 속담에 '열 번 찍어 안 넘어가는 나무 없다', '가랑비에 옷 젖는다'라는 말이 있다. 혁신적이고 생동감 넘치는 기업 이미지는 한두 번의 노력으로 고객에게 심어줄 수는 없지만 이러한 노력이 지속적으로 이루어진다면 적어도 잠재 고객과의 면담이 이루어질 가능성을 높일 수 있고 나아가 구매로 이어질 확률도 높일 수 있다.

이를 위해 CRM을 체계적으로 활용할 수 있다. B2C에 비해 B2B는 고객수가 적으므로 CRM 전략 구사 시 필수적인 마케팅 데이터베이스를 구축하기가 용이하므로 B2B 산업에서의 CRM 전략의 활용도는 매우 크다. 다음은 효과적인 B2B CRM 전략의 수립과 실행 절차이다.

1단계: 마케팅 데이터베이스 구축

앞에서 논의한 대로 이상적 마케팅 데이터베이스의 구성요소는 고객사와 현재 거래처의 특성 (profile) 데이터, 거래 데이터, 자사의 전략 데이터 (마케팅 믹스, 4Ps: 제품, 유통, 광고판촉, 가격 정보, 즉, 모든 자사의 활동)이다. 이 세 가지 유형의 데이터베이스에는 모든 가능한 정량적 데이터 (수치화할 수 있는 데이터, 예를 들면 매출액)와 정성적 데이터 (수치화할 수 없는 데이터, 예를 들면 거래처가 생산하는 제품)가 망라되어야 한다.

- 고객사 특성 데이터의 예: 회사의 미션 및 CEO의 가치관, 회사 설립년도, 회사의 경쟁력 및 장단점, 매출액, 영업이익, 순이익 등 재무제표, 제품에 관한 정보, 마케팅 전략, 인력 현황, 현재 거래처, 임직원의 출신교, 나이 등등
- 거래 데이터: 거래품목, 거래량, 거래일자, 정기적인 만족도 조사, 리드타임 (발주부터 납품까지의 시간), 클레임이 있다면 언제, 어떤 하자, 클레임 처리 시간, 방법, 클레임 후 거래처의 반응 등등
- 전략 데이터: 신제품 개발 및 개선, 신기술 개발 과정, 실험 결과, 신공정 개발, 새로운 설비 도입, 트레이드 쇼 참가 여부, 납품 단가, 영업사원의 방문일자, 방문 장소, 이메일 발송 일자, 내용, 카탈로그 발송 일자, 내용, 소식지 발송 일자, 내용, 신규 직원 채용, 각종 인증서 취득, 신규 고객 유치, 기술 제휴, 제휴사 정보, 신규 에이전트 계약 등등

위의 예는 일부에 불과하며 당장은 불필요해 보이는 데이터라 할지라도 모

든 가능한 데이터를 수집하여 엑셀 파일화한다.

2 단계: 데이터 분석

위의 데이터는 아직 가공되지 않은 상태이므로 이를 전략적으로 활용하기 위해서는 통계학을 이용한 분석이 필요하다. 전술한대로 데이터가 유용하게 활용되기 위해서는 데이터의 수평적, 수직적 결합이 필요하다. 예를 들면 거래 일자를 가공하면 평균 거래 빈도가 구해지며 구매량을 가공하면 평균 구매량이 구해진다.

이러한 데이터의 수평적 결합보다 더욱 중요한 것이 데이터의 수직적 결합이다. 데이터의 수직적 결합은 다른 변수들 간의 상관관계 분석인데, 예를 들면 전략데이터인 거래처의 방문횟수와 거래데이터인 최초 거래일을 결합하여 분석하면 평균 몇 번의 접촉 후 거래가 이루어지는가에 대한 아이디어를 얻을 수 있다. 또 다른 예로는 고객 프로파일 데이터인 고객사의 특성 데이터와 거래 데이터인 구매빈도와 구매량을 결합하여 분석하면 어떤 제품을 생산하는 거래처가 우리의 어떤 제품을 얼마나 자주, 얼마나 많이 구매하는가에 대한 아이디어를 얻을 수 있다. 데이터의 결합에는 무수한 경우의 수가 있으므로 어떤 정보를 필요로 하는가에 대한 아이디어, 즉 가설이 있어야 한다. 가설은 어떻게 하면 매출을 증대할 것인가를 끊임없이 고민할 때 생성된다.

심도 있는 데이터 분석을 위해서는 통계한 지식이 필요하므로 사내에 적어도 한 명의 통계학 지식을 가진 직원이 있는 것이 바람직하나 데이터 분석을 전문적으로 대행해주는 업체를 활용할 수 있다. 그러나 이 경우에도 어떤 정보를 원하는지에 관한 가설은 주어져야 한다.

3 단계: 데이터 분석에 의해 검증된 정보의 전략적 활용

전략적 활용을 위한 첫 번째 단계는 RFM (recency: 얼마나 최근에 거래하였는가?, frequency: 얼마나 거래하는가?, money: 평균 얼마나 구매하는가?)을 이용하여 고객사 (잠재 고객사 포함)를 등급화한 후 이를 기반으로 고객을 세분화하는 것이다. 회사나 제품의 특성에 따라 등급화하는 방법은 달라질 수 있다. 예를 들어 소모품과 같이 거래빈도가 높은 경우 빈도에 더 많은 가중치가 주어져야 하며 기계설비와 같이 빈도는 높지 않으나 1회 거래 규모가 큰 경우 거래량에 더 많은 가중치가 주어져야 한다. 시장을 몇 개로 세분화할 것인가는 상황에 따라 달라질 수 있으나 전략 수립 및 실행의 효율성 및 단순화를 위해 대체로 잠재고객, 우수고객, 보통고객으로 세분화하여 영업활동 등의 마케팅 자원을 차등화해서 배분하는 것이 바람직하다.

4단계: 고객과의 소통전략

다음으로 중요한 것이 고객과의 소통전략이다. 전술한 바와 같이 신제품 개발 및 제품 개선 등의 혁신은 지속적으로 이루어져야 하지만 이러한 혁신이 고객의 확보와 유지의 충분조건은 아니다. 우리가 지속적으로 혁신하고 있다는 인상을 고객에게 심어주어야 하며 이를 위해 가장 효과적인 방법은 정기적으로 소식지 (newsletter)와 카탈로그를 발송하는 것이다. 소식지는 이메일을 활용할 수 있고 카탈로그는 우편을 이용하는 것이 바람직하다. 소식지에는 신제품 개발, 신공법 개발, 전시회 참가, 각종 인증서 취득, 능력 있는 직원 채용, 기술 제휴, 신규 투자, 직원의 자격증 취득 등 자사의 모든 변화와 노력을 담을 수 있다. 주로 제품을 소개하는 카탈로그는 비용이 들더라도 고급스럽게 제작되어야 하며 우편을 이용하는 것이 바람직하다. 소식지나 카탈로그는 월간 또는 격월간 등의 주기를 정하고 반드시 발행일을 엄수하는 것이 바람직하다.

물론 몇 번의 소식지가 당장 효과를 발휘하지는 않는다. 처음에는 스팸 메일 정도로 치부할 수 있지만 이를 통한 꾸준한 소통은 적어도 인지도는 높여 줄 수 있다. 속담에 '볼수록 정든다'란 말이 있다. 심리학 이론에 의하면 잦은 노출이나 접촉은 인지도뿐 아니라 선호도 또한 높여 준다. 잦은 소통은 마치 토네이도 (돌풍)와 같아서 모든 것을 끌어당기고 (신규 고객사 개발), 가두는 (기존 고객 유지) 마력이 있다.

영업사원의 업체 방문은 가장 비용이 많이 들어가는 영업방식이다. 저자는

Amway Korea: 다단계 판매방식을 기반으로 우수한 고객관리시스템 (CRM)의 개발에 성공한 한국 Amway

1. 다단계 판매방식의 국내 도입현황

판매원에 의한 연쇄판매거래방식인 다단계 판매 (multi level marketing: MLM)는 네트워크 마케팅이라고도 불린다. 이 방식은 상점에서 물건을 파는 보통의 판매방법과는 다른 직접 판매의 일종으로 본부회사와 독립된 가입자 (판매원)가 연쇄적으로 다른 판매원을 판매조직에 가입시켜 차례로 조직 내의 상위 그룹으로 승진함으로써 조직을 확대해 나간다.

우리나라에서 네트워크마케팅이 도입된 시기는 1980년대 중반인 것으로 알려지고 있다. 1986년 세계적인 화장품 회사인 일본 폴라사와 합작한 한국폴라가 다단계 판매방식을 국내에 처음 도입하였고, 1996년대 중반 New Skin, Herbal Life 등 외국기업들이 참여하기 시작했다. 2002년 국내 네트워크마케팅 사업은 전국적으로 총 140여 개 사, 판매원 수 약 400만 명의 거대 산업으로 성장되었다. 한편 2000년대 들어서면 풀무원, 진로, 웅진, 세모, 김정문 알로에 등 국내 유명기업들도 네트워크마케팅 사업에 본격적으로 진출하기 시작했고, 제품 또한 초기 건강보조식품 등 일부에 한정되었던 것에 비해 화장품, 생활용품, 통신 등 서비스상품으로까지 제품영역도 그 범위가 크게 확대되었다.

2. 한국 Amway의 도전과 시련

Amway는 1959년 미국 미시간 주에서 설립된 네트워크마케팅 회사로서, 2008년도 현재 세계 60여 개국에서 약 82억 달러의 매출을 기록하고 있는 세계 최대의 네트워크마케팅 기업이다. 한국 Amway는 1991년 설립된 이래 꾸준한 성장을 기록해왔으며, 현재는 약 70만 명에 이르는 IBO (independent business owner)라고 불리는 고객을 거느리고, 약 400여 종의 상품을 판매하고 있다. 특히, 화장품과 건강식품 등의 기존 글로벌 상품 외에 가전, 생활용품 등에서 한국제품을 추가로 도입한 현지화 전략인 'ONE for ONE' 프로그램은 Amway에 대한 이미지 개선과 함께 큰 매출증대 효과를 가져와 한국 Amway 성장의 견인차가 되었다.

그러나 고속성장을 보여 왔던 네트워크마케팅 산업은 90년대 후반부터 매출액이 감소하고 성장이 둔화되기 시작했다. 소규모 신규회사들의 경쟁적 진입으로 1997년 초부터 국내 시장은 네트워크마케팅 회사의 양적인 팽창과 더불어 타 산업으로부터 많은 도전을 받게 되었다. 많은 경쟁업체의 난립으로 회사 간 회원모집 출혈경쟁이 심화되면서 네트워크마케팅 사업은 급격한 변화를 경험하게 된다. 또한 IMF 사태 이후 국내 MLM 시장은 성장세가 더욱 둔화되기 시작했고, 이러한 환경은 한국 Amway에게 새로운 과제를 던져주었다.

이러한 시장상황하에서 한국 Amway는 기존의 IBO가 가지고 있는 고객정보를 보다 체계적으로 관리하기 위한 CRM 모델 개발이 필요하고 판단했다. 따라서 한국 Amway는 기존의 다단계 판매조직의 강점과 IBO의 정보 수집 능력을 최대한 활용해 개별고객에 대한 분석시스템을 개발했고, 이와 함께 고객성공이라는 새로운 기업비전을 제시했다. 다음은 한국 Amway의 CRM 추진과정을 요약 정리한 것이다.

〈Amway CRM의 발전단계〉

단계명	1단계	2단계	3단계
수행 기간	2002년 6월 – 2003년 12월	2004년 1월 – 2005년 8월	2005년 9월 – 현재
주요 과제	CRM 시스템 구축 및 도입	CRM의 시행 및 모니터링	CRM의 전사적 공유 및 지원 고객 성공 개념의 도입
실행 과제	CRM 시스템 구축 및 도입	라이프사이클 관리 시행 파트너십 마케팅 실행 고객별 마케팅을 위한 RFM(Recency, Frequency, Monetary)모델 도입	라이프사이클 관리를 고객경험관리(CEM)로 발전시킴 파트너십 마케팅을 파트너관계관리(PRM)로 발전시킴
실행 성과 /개선사항	CRM 시스템 구축 i-focus 수립 라이프사이클 관리 프로그램의 개발 파트너십 프로그램 개발 성과측정지표 개발 Key Perfomance Index 모니터링 틀 개발	1차적 CRM 성과 확인 캠페인 매니지먼트 개선 신규회원 관리 프로그램 개선 세그먼테이션 모델 개선	채널 통합을 통한 통합적 커뮤니케이션 시행 CRM을 중심으로 각 부서 간 협업 시행 IBO의 비즈니스 성과 향상 가시화
비고	–	RM 부서 중심의 CRM	CRM의 전사적 확대

3. Amway의 CRM 전략

Amway가 다단계 판매방식을 기초해 발전시킨 CRM의 추진과정은 크게 3단계로 구분된다. 첫 번째는 새로운 기업비전을 기반으로 CRM 시스템을 구축하는 단계이다. 이 단계에서 한국 Amway는 개인화 (individual), 상호관계 (interaction), 통합 (integration) 및 이미지 (image)라는 구체적인 추진방향을 설정했다. 이러한 4가지 부분의 중점 개선전략은 i-focus로 명명되었고, 이는 CRM 시스템 개발을 개발하는 데 일관성 있게 적용되었다.

CRM 시스템의 구축은 라이프 사이클 관리, 파트너십 관리, 프리미엄 서비스 관리 등 3가지 프로그램을 중심으로 진행되었다. 라이프 사이클 관리는 회원으로 새로 가입한 신규고객을 체계적으로 관리하는 프로그램이다. 파트너십 프로그램은 주로 상위 고객들을 대상으로 한 프로그램으로 상위 레벨의 고객이 하위 레벨의 고객들을 보다 편리하게 관리할 수 있게 해주며, 프리미엄 서비스 프로그램은 고객의 충성도를 높이기 위한 활동이다. 또한 한국 Amway는 각 프로그램들이 효과적으로 수행되었는가를 평가하기 위한 성과측정지표를 개발했는데, 이 지표들을 통해 각 프로그램의 시스템들이 효율적으로 설계되고 있는가를 점검하고, 향후 실행될 CRM에 대한 보완점을 모색했다.

두 번째 단계는 i-focus 중심의 CRM 시스템을 구성하는 라이프 사이클 관리와 파트너십 마케팅 그리고 프리미엄 서비스를 구체적으로 구현하고 수정하는 것이다. 라이프 사이클 매니지먼트 (life-cycle management)를 위해 Amway는 고객 DB를 바탕으로 고객의 생애주기 및 관계기간을 고려하여 생애단계를 올바로 규명하고 각 단계에 위치한 고객들의 필요와 행동패턴을 찾아내는 시스템을 구축했고, 파트너십 마케팅 (partnership marketing)을 위해 고객들의 최상위 단계에 있는 IBO리더와 한국 Amway가 공동으로 다운라인 (하위단계의 고객 (IBO))을 지원하기 위한 시스템을 구축했으며, 마지막으로 프리미엄 서비스를 위해 전화문의를 주로 담당하는 컨택 센터, 고객들이 활용하는 인터넷 사이트인 ABN 사이트, 각 지역별 오프라인 거점인 IBO 플라자에서의 서비스를 보다 효율적으로 관리하는 프로그램을 개발했다.

마지막 단계는 새로운 CRM 프로그램을 전사적으로 전파하는 것이다. CRM 주관부서는 CRM 전략의 전사적 공유 및 효율적이고 통합적 실행을 위한 내부 커뮤니케이션을 수행하였다. 다양한 부서와의 지속적인 커뮤니케이션, 실행부서 직원들에 대한 교육 및 평가를 통한 실천학습과 함께 내부직원들 간의 지식공유세션

(knowledge-sharing session)이 실시되었다. 또한 CRM 주관 부서는 효과적인 CRM 활동을 위해 조직을 고객 중심적으로 변화시켰다. CRM 부서는 영업/마케팅 총괄 본부장 직할 부서로 배치되고, 통합된 데이터와 정보를 활용하는 부서가 따로 설립되었다. 앞의 표는 한국 Amway CRM의 발전단계를 요약한 것이다.

가끔씩 교과서 출판사 영업사원의 방문을 받는다. 그러나 해당 출판사에 대해 전혀 지식이 없는 상황에서는 영업사원의 방문은 큰 의미가 없었으며 이를 통해 교과서를 채택한 예는 없다. 영업사원의 방문이 효과를 발휘하기 위해서는 사전에 우리 회사에 관한 정보나 혁신적 이미지를 심어주는 것이 필요하다.

4) CRM의 기대효과

기업은 CRM의 도입을 통하여 다음과 같은 기대효과를 얻을 수 있다.

첫째, 신규고객을 유치하고 기존고객을 활성화하여 평생 고객화함으로써 고객생애에 걸쳐 높은 수익성을 유지하고 새로운 시장기회를 포착할 수 있다.

둘째, 시장에서 경쟁력 있는 제품을 파악하여 신속한 대응을 할 수 있고, 수익성이 높은 고객을 찾아 표적 마케팅을 수행할 수 있다.

셋째, 고객의 행위에 대한 깊은 이해를 바탕으로 고객만족도를 높임으로써 고객충성도 및 고객유지율을 향상시키고, 교차판매 및 격상판매의 기회를 갖게 한다.

넷째, 고객 니즈에 맞는 최적의 채널을 제공하고, 거래비용을 최소화할 수 있는 채널로 고객을 유도하게 한다.

다섯째, 고객 니즈의 변화를 파악하여 이에 대응한 상품개발을 할 수 있다. 기업은 고객니즈 변화를 신속히 파악하여 이에 맞는 상품을 개발할 수 있고, 상품에 대한 시장반응을 신속히 파악하여 이를 보완할 수 있다.

7. 정보기술이 유통경로기능에 미친 영향

정보기술이 제조, 수송, 머천다이징, 촉진 등의 유통기능 개선에 어떠한 영향을 주었는지를 살펴보면 다음과 같다.

(1) 재고관리

마케팅경로 전체 차원에서 재고관리의 효율성을 높이기 위해서는 경로구성원들은 각각의 창고에 있는 재고량은 물론 수송 중인 제품, 도 · 소매업체에 전시 중인 제품에 관한 세부적인 정보를 포괄적으로 파악할 수 있어야 한다. 정보기술을 이용한 재고관리는 제조업체의 생산계획과 도 · 소매상의 구매계획에 도움을 줌으로써 고객들의 대기시간을 단축하고 재고량을 감소시키며 품절 (stock-out)에 따른 기회비용 (판매할 수 있었는데 팔지 못한 경우도 손실임)을 줄이는 데 기여한다.

미국의 J. C. Penney 백화점은 Direct Broadcasting System이라는 제도를 도입하여 재고관리의 혁신을 이룩하였다. 과거에는 재고관리가 2단계로 이루어져 있었다. 즉 본부구매자가 상품을 선정한 후 이를 주문하여 각 백화점 체인에 수송하는 과정에서 본부에서의 재고와 각 백화점 체인에서의 재고 등, 2단계의 재고가 있었다. 그러나 현재는 본부의 상품구매자가 상품을 선정하여 각 백화점 체인들에게 Direct Broadcasting System을 이용하여 상품에 대한 영상을 자료와 함께 전송하며 음성으로 상품에 대한 설명을 한다. 각 백화점 체인들이 자신에게 필요한 제품종류와 수량을 통보하면 본부의 상품구매자는 이를 종합하여 주문함으로써 상품이 직접 백화점 체인에게 인도되도록 시스템을 바꾸었던 것이다. 그 결과 백화점 체인 담당자가 지역고객의 취향을 고려하여, 보다 정확한 판매예측을 함으로써 재고를 줄일 수 있었으며, 본부에서 백화점 체인에게 인도하기 전에 갖고 있던 재고를 제거할 수 있어 재고의 절대량과 안전 재고량을 대폭적으로 축소할 수 있었다.

(2) 수송관리

최근 로보틱스 (robotics), 컴퓨터 소프트웨어 및 기타 운송관련 기기의 급격한 발달에 따라 물류관리에 큰 진전이 있었다. 이러한 수송 관련 기술의 발달은 단순히 주문 및 처리시간의 단축뿐만 아니라 신속하고 저렴한 수송방법을 제시하였다. 예를 들어 선적을 담당하고 있는 부서에서는 대화식 단말기 (interactive terminal)에 의해 선적 스케줄, 수송루트, 요금 등에 관한 관리를 수행하고 있다.

세계적 물류회사인 FedEx사는 고객이 배달을 맡긴 후 배달품의 운송위치를 컴퓨터를 통해 항상 파악할 수 있다. 즉 배달품이 FedEx사에 맡겨진 이후 고객에 전달될 때까지의 전 과정이 전산을 통해 추적되는 것이다. 고객의 소포 위에 바코드로 고객의 정보 (누가, 누구에게, 어떤 주소에, 언제까지)를 붙여준다. 고객이 배달품을 맡길 때 스캐너를 이용하여 정보가 읽혀져 중앙의 데이터베이스에 저장되며, 트럭에 실을 때 또는 항구에서 선박에 실을 때와 선박에서 내려질 때에 스캐너를 이용하여 중앙의 데이터베이스에 현황이 기록됨으로써 항상 고객에게 일관된 수송서비스를 제공할 수 있는 것이다. 미국의 경우 수송 시스템을 독자적으로 개발하는 데 막대한 투자비용이 요구되므로 각 업체가 개별적으로 필요한 시스템을 개발하기보다는 시스템 전문업체가 이를 개발한 후 유통관련업체에게 물류에 관련된 각종 서비스와 컴퓨터의 time sharing기능을 판매함으로써 비용을 절감하고 있다.

Amazon 창고에는 Kiva라고 불리는 로봇이 사람을 대신하여 물건을 이동하는 최첨단 시설이 갖춰져 있다.

(3) 머천다이징 관리

소매관리에서 가장 중요한 영역 중의 하나가 머천다이징 관리이다. 즉, 소매상은 상권 내 소비자의 구매성향과 구매습관을 파악한 후 그들이 쉽고 편리하게 구매할 수 있도록 최적의 제품구색을 갖추는 것이 무엇보다 중요하다. 과거 소매업체의 규모가 작고 취급품목이 적었을 때는 점포관리자의 직관에 의해 구색결정이 가능하였으나 점포가 대형화됨에 따라 AI에 의한 자료수집과 과학적 분석이 최적 구색의사결정을 위해서는 필수적이다.

현재처럼 경쟁이 치열하고 고객욕구가 세분화된 상황에서는 품질 좋은 제품을 저렴하게 생산하여 공급하는 것만으로는 충분하지 않다. 즉 고객의 욕구에 적합한 제품과 서비스를 공급해야만 한다. 신속한 배달을 원하는 고객에게는 신속한 배달을, 정보의 획득을 원하는 고객에게는 필요한 정보를, 저렴한 가격을 원하는 고객에게는 저렴한 제품을 공급해야 한다.

고객의 욕구에 적합한 차별화된 제품을 제공하기 위해서는 정보기술을 이용하여 고객취향에 관한 고객정보파일과 고객의 거래내역을 계속적으로 기록하는 고객정보시스템이 구축되어야 한다. 세계적인 의류회사인 Benetton은 계절, 유행 그리고 전 세계 거래처의 지역적 특성에 따라 각 매장별로 정보를 수집하여 크기, 색상, 디자인을 달리하여 제품을 공급하고 있다. 백색을 기본으로 생산된 원단을 지역특성과 현지의 주문에 따라 색상과 크기를 달리하는 제품으로 변형시켜 즉시 공급하는 것이다. 따라서 한 지역 내 베네통 매장들은 전체적으로는 Benetton적 분위기를 유지하지만 각 매장의 제품은 서로 다르다.

이러한 제품구색관리의 새로운 장을 열게 해 준 가장 중요한 정보기술은 POS 시스템을 기반으로 하는 유통정보시스템이다. 이 시스템은 각 상품단위의 재고와 판매정보를 즉각적으로 제공해 줌으로써 소매전략의 성과를 평가하고 이를 토대로 새로운 소매전략, 특히 머천다이징 전략을 제시해 준다. 나아가 정보기술의 도입은 특정 점포의 부진한 상품을 다른 점포로 이동시키는 데 도움을 줌으로써 상품관리의 효율성에도 기여한다.

과거 삼성물산의 Essess 패션은 패션업계 최초로 도입된 POS 시스템을 기반으로 하는 유통정보시스템을 전략적으로 활용함으로써 업계 선두로 부상할 수 있었다. 특히 당사가 제공한 '48시간 배달 서비스'는 소비자의 욕구를 충실히 만족시키고 회사의 매출을 증대시킨 좋은 사례이다. 이 서비스의 기본 취지는 의류사업에서 가장 큰 난제인 사이즈 문제를 해결하는 데에 있었다. 매장에서 소비자가 선호하는 품목의 사이즈가 품절이 된 경우 매장은 본사의 메인 컴퓨터에 전국의 어느 매장이 고객이 원하는 품목의 사이즈를 보유하고 있는가를 문의한다. 본사의 컴퓨터는 그 사이즈를 보유한 매장에 'emergency call'을 하여 이 사이즈를 원하는 매장으로 배송하고 이를 48시간 이내에 고객에 전달한다. 즉 하나의 매장으로서는 사이즈 문제를 해결할 수 없지만 Essess 패션 전체 차원에서는 사이즈 문제가 해결되는 것이다. 이 제도는 고객의 호응도가 높아짐에 따라 '24시간 배달 서비스'로 발전되었다. 이 제도는 정보시스템이 있었기에 가능하였고 이 제도에 대한 소비자의 만족도는 매우 높게 조사되었다. 이 제도는 그 후 모든 의류업체가 POS 시스템을 도입함에 따라 업계의 표준 관행이 되었다. 이렇듯 정보시스템은 단순히 비용절감이나 관리효율 증진에만 활용되는 것이 아니라 전략적 무기가 될 수 있다.

(4) 촉진관리

정보기술의 발달은 유통경로상에서의 촉진활동에 많은 변화를 가져왔는데, 정보기술이 촉진활동에 미친 영향은 크게 두 가지로 나누어 볼 수 있다. 첫째, 기존의 촉진활동의 성과를 객관적 자료에 의해 과학적으로 평가하게 되었다. 실증연구에 의하면 관례적으로 행하고 있는 제조업자의 소매업자에 대한 가격판촉 (예를 들면 일시적 가격할인)은 장기적 매출증대의 측면에서는 효과가 없는 것으로 나타났다. 가장 일반적으로 사용되는 중간상 가격촉진은 제조업체의 판매가격 자체를 할인해 주거나 (off invoice) 특정 시점에 구매한 양에 비례하여 가격을 차등 할인해 주는 방법이다 (bill back allowance). 제조업자는 이 방법들을 통해서 소매업체로 하여금 가격할인의 일부를 소비자에게 이양하게 함으로써 단기적 매출증대를 목표로 하는 반면, 소매업체는 촉진제품의 판매량을 극대화함으로써 이윤을 제고하고자 한다. 그러나 촉진효과에 대한 여러 연구에 의하면 이러한 가격관련 촉진활동은 의도했던 성과를 가져다주지 못할 뿐 아니라, 종종 경로상의 갈등을 야기한다.

둘째, 정보기술은 새로운 촉진기법을 제공해 준다. 다양한 경로구성원들은 정보기술을 이용하여 효과적인 촉진기법들을 구사하고 있다. 예를 들면 다음과 같다.

① 세계 유수의 생활용품 제조회사인 P&G사는 슈퍼마켓의 스캐너데이터에 근거하여 판촉의 효과를 측정하고 있다.

② 미국의 대형 슈퍼마켓은 판매촉진의 방법으로 신형 컴퓨터를 사용한 적이 있다. 슈퍼마켓에서 고객이 구매를 할 때 끌고 다니는 쇼핑 카트에 videocart라고 불리는 소형 컴퓨터를 설치하여 이 컴퓨터를 메인 컴퓨터와 무선통신으로 연결함으로써, 고객이 특정 품목의 진열대에 도달하면 그 품목에 관한 광고가 소형 컴퓨터를 통해 방영되어 고객의 주의를 환기시켜 준다. 또한 슈퍼마켓에서 판매촉진행사가 있는 경우 그 품목의 위치에 도달하면 이를 고객에게 알려준다.

③ 대부분의 항공사들은 frequent mileage card를 이용하여 개별고객의 사용실적에 근거하여 이에 상응하는 보너스를 줌으로써 단골고객화를 시도하고 있다.

④ 국내의 수많은 제조업체나 유통업체, 서비스업체들은 항공사의 mileage card와 유사한 고객보너스 카드제를 도입하여 컴퓨터에 의해 구매실적을 자동으로 기록함으로써 이를 판촉수단 및 마케팅전략 수립을 위한 자료로 사용하고 있다.

8. 정보통신 기술이 유통구조에 미치는 영향

정보통신 기술의 도입은 유통경로구조와 유통전략수립에 다음과 같은 영향을 미쳤다.

첫째, 컴퓨터에 의해 거래를 하는 기업들이 증가함에 따라 기업운영에 많은 변화가 일어났다. 각 기업들은 그들의 내부 컴퓨터 시스템을 고객 또는 공급업체의 컴퓨터 시스템과 연결시킴으로써 전자거래가 활성화되었고 이에 따라

비용절감, 소요인원감소 등의 효과를 가져왔다.

둘째, 정보통신 기술의 발달은 경로구성원들 간의 경로파워의 균형에 엄청난 변화를 가져왔다. 정보력을 갖는 경로구성원, 즉 유통정보시스템의 중심에 위치한 경로구성원이 파워를 갖게 되었다. 제조업과 소매업 간의 파워 관계의 변화를 보면, 과거 소매업체의 규모가 영세하고 정보시스템화가 되어 있지 않은 상황에서는 제조업체가 유통경로상의 주도권을 갖고 있었다. 1990년대에 들어서면서 소매업에서의 정보화가 급속히 진전되어 시장정보의 수집과 활용이 가능해지면서부터 소매업체가 제조업체의 유통경로 의사결정에 미치는 영향력이 증가되었다. 나아가 소매업체의 정보수집영역이 판매정보뿐 아니라 개별고객의 정보로까지 확산되면서 경로파워가 제조업체에서 소매업체로 이동하게 되었다.

셋째, 정보기술은 파워 리테일러의 등장을 촉진하였다. 정보기술이 대규모 자료에 대한 관리능력을 향상시킴에 따라 점포의 대형화와 다점포화가 가능하게 되었다. 파워 리테일러의 등장으로 이전에는 도매상에 의해 수행되던 기능들을 소매업체의 본부가 직접 수행할 수 있게 됨으로써 소매업의 다점포화와 대형화는 도매업체의 파워를 약화시켰으며 도매상의 탈중개화 (disintermediation) 현상을 가져왔다.

넷째, 특정 유통경로상에서 정보기술의 도입은 그 산업의 진입장벽 (entry barrier)을 높이는 효과가 있다. 경로구성원들이 막대한 투자비용을 들여 유통정보시스템을 구축한다면, 시스템의 변경이나 경로구성원들의 이탈이 쉽지 않을 것이다. 따라서 American Hospital Supply 사례에서 보는 바와 같이 이러한 시스템 자체가 새로운 진입장벽 요소가 되어 제조업, 도매업, 그리고 소매업에 걸쳐 새로운 경쟁자가 진입하기 어려워진다.

다섯째, 첨단 정보기술의 도입은 업무의 효율을 높일 뿐만 아니라 기업의 경쟁력을 강화시킨다. 예를 들어, 효율적인 재고관리의 가속화를 위하여 도입되었던 이동식 컴퓨터 (handheld computer)는 비용절감은 물론, 신속한 서비스와 시장상황의 신속한 파악 등을 위한 유용한 수단으로 사용되고 있다. 미국 제1의 배달전문업체인 FedEx사는 배달원이 이동식 컴퓨터를 사용하여 현장에서 고객정보와 소포이동정보를 입력함으로써 신속하고 정확한 배달서비스를 제공하고 있다. Hertz 렌털카 회사도 차량반납 시 대금결제, 차량상태 점검 등의 절차를 반납현장에서 처리하여 반납처리시간을 단축함으로써 고객이 빠른 시간에 공항으로 이동할 수 있게 해줌으로써 고객만족을 높였다.

마지막으로, 이 장의 처음에 언급되었듯이 고도로 발달된 유통정보신경망은 시장수요와 공급의 질과 양을 일치시켜 각각의 소비자에게 꼭 필요한 물건을 제공해주는 이상적인 자원배분의 초석이 되며 자원의 낭비와 환경오염을 최소화해 준다.

참고문헌

Kotler and Armstrong(2019). *Principles of Marketing,* 17th edition, Prentice Hall.

안광호, 조재운, 한상린(2019). **유통원론**, 4판, 학현사.

암웨이 위키나무. https://namu.wiki/w/Amway

한국 암웨이 개요 및 소개. https://m.blog.naver.com/blogup79/221537808293

American Hospital SUpply Homepage. http://www.americanhospitalsupply.com/

Amway Korea Homepage. https://www.amway.co.kr/main

Big Data Manipulation &Masking ISV Recognized for Fifth Straight Year. https://www.iri.com/news/press-releases/dbta-names-iri-a-top-100-data-management-company-again

Harrah's Homepage. https://www.caesars.com/harrahs

Information Resources Inc. Homepage. https://www.iri.com/

Information Resources, Inc. – Company Profile, Information, Business Description, History, Background Information on Information Resources, Inc. https://www.referenceforbusiness.com/history2/62/Information-Resources-Inc.html

IRI Wikipedia. https://en.wikipedia.org/wiki/IRI_(company)

Marketing Strategy of Amway. https://www.slideshare.net/ArhamAnsari4/marketing-strategy-of-amway

Secure Cloud Infrastructure Spins Up Fast Data Management and Masking Solutions. https://www.iri.com/news/press-releases/iri-collaborates-with-oracle-to-integrate-and-govern-data-in-the-cloud

부록

공정거래법과 가격경쟁

공정거래법 (fair trade law)은 기업의 경쟁을 촉진시켜 (pro-competitive) 소비자로 하여금 고품질의 제품을 저가격에 구매하도록 하여 소비자복지 (consumer welfare)를 증진시키는 것을 목적으로 하고 있다.

I. 공정거래법 관련 용어

1. pro-competitive: 경쟁 촉진적-기업의 행위가 경쟁을 촉진하는 경우
2. anti-competitive: 반경쟁적-기업의 행위가 경쟁을 저해하는 경우
3. per se legal (당연 합법): 광고, 쿠폰 발행 등 법적 제재를 전혀 받지 않는 기업의 활동
4. per se illegal (당연 불법): 기업 간 가격 담합 등 불법적인 기업의 활동
5. rule of reasoning (법원의 심리에 의한 판단): 기업의 활동이 경쟁을 저해한다고 의심되는 경우 공정거래위원회가 기업을 제소(원고: 공정거래위원회, 피고: 기업)하여 법원의 판결에 따라 합법, 불법여부를 결정

II. 가격경쟁의 유형

1. Inter-brand price competition (상표 간 가격경쟁, 제조업체 간 가격 경쟁):

예 신라면과 진라면 간 가격 경쟁.

제조업체들이 가격담합 (cartel)을 통해 경쟁을 하지 않으면 경쟁이 저해되므로 (anti-competitive) 이는 공정거래법 상 당연불법

2. Intra-brand price competition (상표 내 가격경쟁, 유통업체 간 가격경쟁):

예 이마트와 롯데마트가 점포경쟁력을 확보하기 위해 신라면의 가격을 경쟁적으로 낮춤.

제조업체가 소매업체들이 동일 제품에 대해 특정 가격을 책정하도록 강요하면 상표 내 가격 경쟁이 촉진되지 않으므로 이는 anti-competitive 할 수 있다. 따라서 공정거래법은 재판매가격유지 (resale price maintenance: RPM) 행위를 불법화함으로써 이를 방지하고 있다.

재판매란 제조업체가 유통업체에게 판매하는 것을 1차 판매라고 할 때 유통업체가 소비자에게 재판매하는 것을 지칭한다. RPM을 금지하는 이유는 제조업체가 유통업체와 거래하는 1차 판매가격은 자율적으로 결정할 수 있으나, 제조업체가 유통업체가 소비자에게 판매하는 (재판매) 가격에 관여하여 유통업체로 하여금 동일한 가격을 책정하도록 강제하는 경우 (이를 price maintenance라고 함) 이는 소매업체간 가격경쟁을 저해하므로 소매업체가 자율적으로 가격을 책정하도록 유도하여 가격경쟁 (상표 내 가격경쟁)을 촉진하고자 하기 때문이다. 따라서 RPM은 공정거래법상 당연 불법이다. 단, 저작권이 있는 제품의 경우 (서적, 음반 등) RPM이 허용된다.

그런데 위탁판매제도 (consignment)의 경우 제조업체와 유통업체 간 거래가 제품의 소유권이 이전된 판매가 아니기 때문에 1차 판매가 이루어지지 않았고 (즉 제품의 소유권은 제조업체에게 있음) 유통업체가 소비자에게 판매하는 시점이 1차 판매이므로 이는 재판매가 아니다. 따라서 위탁판매의 경우 RPM은 불법이 아니다. 즉 제조업체는 자신의 제품을 소비자에게 직접 판매하는 것이며 소매업체는 단순 위탁인에 해당하므로 판매 가격의 결정권은 제조업체에게 있다고 보아야 한다.

예를 들어 대부분의 의류는 위탁제도에 의해 판매되므로 제조업체가 소매가격을 책정함으로써 동일 제품의 소매가격은 모든 소매업체에서 동일하다. 따라서 위탁판매 관행은 상표 내 경쟁을 저해하는 판매 관행이며 (anti-competitive) 가격 상승을 야기하는 원인이 될 수 있다.

Ⅲ. 유통구조와 유통관행이 가격경쟁에 미치는 영향

1. 위탁판매제도

전술한 바와 같이 이는 RPM이 허용되므로 소매업체 간 가격경쟁 (intra-brand price competition)을 저해하여 가격 상승을 야기할 수 있다. 조재운의 연구 (1993과 2018)에 의하면 위탁에 의해 판매되는 제품의 연간 소매물가 상승률이 제품의 소유권이 제조업체로부터 소매업체로 이전되는 매입 (또는 사입이라고도 칭함: buying)에 의해 판매되는 제품의 연간 소매물가 상승률에 비해 약 2.5% 높은 것으로 나타났다.

2. 전속대리점 제도 (exclusive dealing)

전속대리점 제도란 제조업체와 유통업제가 전속 계약을 맺고 제조업체는 전속소매상 (exclusive dealer)에게만 제품을 공급하고 전속소매점은 특정 제조업체의 제품만을 판매하는 제도이다. 예를 들어 빈폴 대리점, 나이키 대리점 등이 이에 해당한다. 이와 반대되는 제도는 모든 상표를 한 점포에서 함께 판매하는 공동소매점 (common retailer)이다. 예를 들어 삼성, LG, Sony 등을 함께 판매하는 하이마트가 이에 해당한다.

공동소매점에서는 소비자가 여러 제품을 동시에 비교하여 가격과 품질을 비교할 수 있고 판매 사원도 소비자에게 품질과 가격 면에서 가장 유리한 제품을 추천할 가능성이 크기 때문에 상표 간 경쟁이 촉진된다. 그러나 전속대리점하에서 소비자가 여러 제품을 비교하기 위해서는 여러 전속대리점을 돌아다녀야 하므로 경쟁제품의 비교가능성이 낮아지고 전속대리점의 영업사원은 당연히 자신의 제품만을 추천하므로 이러한 전속대리점 제도는 상표 간 가격 경쟁 (inter-brand price competition)을 저해할 가능성이 크다.

또한 전속대리점 제도 하에서는 제조업체가 전속대리점의 이익을 어느 정도 보장해 주기 위해 일정 지역의 배타적 영업 상권 (exclusive territory)을 보장해 주는 것이 일반적이다. 이러한 관행은 커피 프랜차이즈, 제빵 프랜차이즈, 치킨 프랜차이즈 등에서도 흔히 볼 수 있는 관행이다.

이러한 배타적 영업 상권 보장 관행 하에서는 동일 상표의 판매처가 물리적으로 멀리 떨어져 있기 때문에 동일 상표의 비교가능성이 낮아져서 상표 내 가격경쟁 (intra-brand price competition)이 저해될 가능성이 커진다.

결론적으로 전속대리점 제도는 상표 간 가격경쟁뿐 아니라 상표 내 가격경쟁을 저해할 가능성이 매우 높은 anti-competitive 관행이다.

Ⅳ. 전속대리점 제도하에서의 경쟁 상표의 증가 효과

산업화 초기에는 소수의 제품이 시장을 독과점하는 것이 일반적이다. 이 경우 제조업체는 초과 이익을 실현한다. 그러나 경쟁상표가 늘어나게 되고 특히 이들이 공동소매점에서 판매되는 경우 상표 간 가격경쟁이 심화되는 것은 자명하다.

그러나 유통구조가 전속대리점의 형태를 띨 때는 경쟁상표의 증가가 가격경쟁에 미치는 메커니즘은 보다 복잡하다. 80년대 기성신사복 산업 초기에는 제일모직과 반도패션 (현 LF 패션)이 시장을 독과점하였다. 이 시기에는 경쟁제품이 적으므로 전속대리점에게 넓은 배타적 영업 상권을 보장해 주어도 (즉 작은 수의 대리점) 충분한 이익을 실현할 수 있었다. 즉, 독과점은 제조업체나 전속대리점에게는 많은 수익을 가져다주지만 소비자 복지는 감소시킨다. 그러나 경쟁제품이 늘어나면서 제조업체의 시장점유율은 줄어들고(매출 감소) 이를 타개하기 위해 제조업체는 전속대리점의 배타적 영업 상권을 축소하여 대리점 수를 증가시킨다. 대리점 수의 증가는 점포 간의 물리적 거리를 좁혀줌으로써 동일 상표내의 가격경쟁을 촉진시키는 효과가 있을 수 있다.

결론적으로 경쟁 상표의 증가는 그 자체가 상표 간 경쟁을 촉진하며 대리점 수의 증가를 초래하여 상표 내 가격경쟁을 촉진시키는 효과가 있다. 이러한 가격경쟁은 소비자 복지 증가로 이어진다. 이러한 메커니즘이 독과점에 비해 완전 경쟁이 소비자의 복지를 증가시키는 논리적 근거가 될 수 있다.

1. 매입전속대리점 제도 하에서의 경쟁상표의 증가 효과

전술한 바와 같이 경쟁 상표가 늘어나면 제조업체는 대리점 수를 늘린다. 매입제도하에서는 RPM이 불법이므로 배타적 영업상권이 좁아짐으로써 매출이 줄어든 대리점은 매출을 유지하기 위해 동일 상표의 대리점 간 치열한 가격경쟁을 벌이게 된다. 모든 대리점이 동일 상표를 취급하므로 유일한 경쟁수단은 가격밖에 없다. 따라서 매입제도하에서의 경쟁상표의 증가는 상표 내 가격경쟁을 촉진하는 효과가 있다.

2. 위탁전속대리점 제도하에서의 경쟁상표의 증가 효과

위탁판매제도하에서도 경쟁상표가 늘어나면 제조업체는 매출을 유지하기 위해 대리점 수를 증가시킨다. 그러나 위탁판매하에서는 RPM이 허용되므로 점포수가 늘어나도 제조업체가 모든 소매상에게 동일한 가격을 책정하도록 강요하므로 (RPM) 상표 내 가격 경쟁은 영향을 받지 않는다.

V. 유통구조와 유통관행이 가격경쟁에 미치는 영향에 관한 결론

1. 공동소매점 제도하에서는 경쟁상표의 증가는 가장 즉각적이고도 효율적으로 상표 간, 상표 내 가격경쟁을 촉진시킨다.
2. 매입전속대리점 제도는 상표 간, 상표 내 가격경쟁을 저해하나 경쟁상표가 늘어나면서 이러한 전속대리점 제도의 반경쟁적 (anti-competitive) 효과는 점차 완화될 것으로 판단된다.
3. 위탁전속대리점하에서도 경쟁상표가 늘어나면 제조업체는 매출을 유지하기 위해 대리점 수를 늘릴 것이다. 그러나 대리점 수가 늘어난다 하더라도 RPM이 허용되므로 상표 내 가격경쟁은 심화되지 않는다.

4. 결론적으로 과거 독과점 시대에는 전속대리점 제도, 위탁판매제도의 가격경쟁저해 (anti-competitive) 효과는 매우 심각하였으나 경쟁상표가 증가하면서 이러한 가격경쟁 저해효과는 많이 완화될 것으로 기대된다. 그러나 위탁판매제도는 여전히 반경쟁적 환경을 조장하는 주요 요인이다.

VI. 가격경쟁의 촉진으로 인한 소비자 복지 (consumer welfare) 증대 방안 (정부의 정책 방안 제언)

1. 공동소매점의 육성을 통해 산업의 진입장벽을 낮춤으로써 경쟁상표의 진입을 용이하게 하고 가격 경쟁을 유도한다.
2. 전속대리점 제도는 여전히 바람직하지 않은 유통구조이나 경쟁제품의 수가 증가함에 따라 소비자 복리 차원에서 볼 때 그 폐해가 점차 줄어들고 있고 현실적으로 많은 중산층이 전속대리점을 운영하고 있는 점을 고려하여 점진적 개선방안을 모색하는 것이 바람직한 것으로 판단된다.
3. 제조업체의 상표 간 경쟁은 cartel을 금지하고 경쟁상표의 수가 증가함으로써 점차 격화되고 있다. 이는 소비자 복리 증진을 위해서 바람직한 현상이다. 또한 소매업체 간 가격경쟁인 상표 내 가격경쟁도 매입거래 시에는 RPM을 금지하고 경쟁상표의 수가 증가함으로써 격화되고 있다. 그런데 위탁전속대리점하에서는 RPM이 합법적이어서 경쟁상표의 수의 증가에 의한 경쟁심화 효과가 없다.

공정거래법의 취지가 경쟁을 유도하여 소비자에게 고품질, 저가격의 제품을 제공함으로써 소비자 복지를 증대하는 것을 목표로 한다면 위탁대리점제도는 분명 공정거래법의 취지에 어긋나는 관행이다. 이에 관한 심도 있는 연구와 정책적 판단이 요구된다.

참고문헌

안광호, 조재운, 한상린(2019). **유통원론** 제4판, 학현사.

조재운(1995). "소매형태가 소비자물가에 미치는 영향에 관한 연구". 소비자학연구, 5(2), 79–88.

하춘, 조재운(2007). "전속대리점과 공동소매점의 결정요인에 관한 탐색적 연구". 경영학연구, 36(7), 1843–1864.

Aghion, Philippe and Patrick Bolton(1987). "Contracts as a Barrier to Entry". *American Economic Review, 77*(June), 388–401.

Bernheim, B. D. and M. D. Whinston(1985). "Common Marketing Agency As a Device for Facilitating Collusion". *Rand Journal of Economics, 16*(2), 269–281.

Bork, Robert H.(1978). *The Antitrust Paradox: A Policy at War by Itself*, New York, Basic Books.

Comanor, William S. and H. E. Frech III(1985). "The Competitive Effects of Vertical Agreements?". *American Economic Review, 75*(4), 539–546.

Lin, Y. J.(1990). "The Dampening of Competition effects of Exclusive Dealing". *Journal of Industrial Economics, 39*(1), 209–223.

Marvel, Howard P.(1982). "Exclusive Dealing". Journal of Law and Economics, 25(1), 1–25.

Mathewson, G. Frank and Ralph A. Winter(1987). "The Competitive Effects of Vertical Agreement: Comments". *American Economic Review, 7*(June), 1052–1062.

Salop, Steven C. and David T. Sheffer(1983). "Raising Rival's Cost". *American Economic Review, 73*(4), 267–27.

Sass, Tim R.(2005). "The Competitive Effects of Exclusive Dealing: Evidence from U.S. Beer Industry". *International Journal of Industrial Organization, 23*(2), 203–225.

Williamson, Oliver(1979). "Transaction cost economics: The governance of contractual relations". *Journal of Law and Economics, 22*(2), 233–262.

Zenger, Hans (2010). "When does Exclusive Dealing Intensify Competition for Distribution? Comment on Klein and Murphy". *Antitrust Law Journal, 77*(1), 205–211.

색인

기업, 브랜드

국문

영문

저자약력

조재운 (현) 아주대학교 교수
(전) Arizona State University 조교수
University of Pennsylvania, The Wharton School 마케팅 박사
Northwestern University, The Kellogg School 마케팅 석사
서울대학교 경영대학 학사
삼성물산, 한샘, LG 전자, LG Hausys, 신도리코, 에스콰이어,
Quantum Device, 미디어윌 등 다수 기업 자문역 및 사외이사

이종우 아주대학교 경영학과 박사수료
아주대학교 경영학 석사
단국대학교 경영학 학사
농림식품부 유통자문위원, 중소기업 기술정보원 평가위원
이마트 근무, 아이리스코리아 마케팅 부서장
신세계, GS리테일, 삼성전자 등 다수 기업 컨설팅 및 세미나 진행

조지현 아주대학교 경영대학원 재학
Kansas State University 경영학 학사

배준열 아주대학교 경영대학 학사

최수임 아주대학교 경영대학 재학

이선명 한국과학기술기획평가원 근무
아주대학교 경영학 석사
아주대학교 기계공학 학사

전익재 GS25 근무
아주대학교 경영학 학사

장창근 기업은행 근무
아주대학교 경영학 학사

임우성 아주대학교 경영학 학사

김시윤 아주대학교 경영대학 재학

본서는 주 저자 외에 9명의 공동저자가 집필하였다. 공저자들은 사례자료를 수집하고 집필하였으며 상호 토론을 통해 책의 완성도를 높이는 데에도 크게 기여하였다.

사례로 학습하는 실무지향적 유통전략

조재운 외

1판 1쇄 발행 2020년 10월 20일
1판 2쇄 발행 2021년 4월 12일

발행인 회장 박 철 용
대표 박 세 원

발행처 **학 현 사**
우. 10881 경기도 파주시 직지길 522 파주출판도시
전 화 031) 955-8700(대표)
팩 스 031) 955-8705
메 일 hhspub@chol.com
http://www.hakhyunsa.com

출판등록 1992년 6월 20일
등록번호 제 406-2004-000033호
ISBN 978-89-5853-529-4
정가 33,000원

저자와의 협의하에 인지는 생략합니다.